LIBERDADE VIGIADA

PAULO CÉSAR GOMES

LIBERDADE VIGIADA

1ª edição

EDITORA RECORD
RIO DE JANEIRO • SÃO PAULO
2019

CIP-BRASIL. CATALOGAÇÃO NA PUBLICAÇÃO
SINDICATO NACIONAL DOS EDITORES DE LIVROS, RJ

G616L Gomes, Paulo César
Liberdade vigiada: as relações entre a ditadura militar brasileira e o governo francês: do golpe à anistia / Paulo César Gomes. – 1ª ed. – Rio de Janeiro: Record, 2019.

Inclui bibliografia
Lista de siglas; cronologia; organograma
ISBN 978-85-01-11464-8

1. Brasil – História – Golpe civil-militar, 1964. 2. Brasil – Política e governo – 1964-1985. 3. Brasil – Relações exteriores – França. 4. França – Relações exteriores – Brasil. I. Título.

CDD: 981.063
CDU: 94(81+44)"1964/1985"

19-54626

Leandra Felix da Cruz – Bibliotecária – CRB-7/6135

Copyright © Paulo César Gomes, 2019

Todos os direitos reservados. Proibida a reprodução, armazenamento ou transmissão de partes deste livro, através de quaisquer meios, sem prévia autorização por escrito.

Texto revisado segundo o novo Acordo Ortográfico da Língua Portuguesa.

Direitos exclusivos desta edição reservados pela
EDITORA RECORD LTDA.
Rua Argentina, 171 – Rio de Janeiro, RJ – 20921-380 – Tel.: (21) 2585-2000.

Impresso no Brasil

ISBN 978-85-01-11464-8

Seja um leitor preferencial Record.
Cadastre-se em www.record.com.br
e receba informações sobre nossos lançamentos e nossas promoções.

Atendimento e venda direta ao leitor:
sac@record.com.br

Para o — já não tão pequeno — Nicolas.

"[...] naquele instante, pela primeira vez, tive a intuição falaz de que o passado não é um lugar estável, e sim precário, permanentemente alterado pelo futuro, e que, portanto, nada do que já ocorreu é irreversível."

Javier Cercas, *A velocidade da luz*

SUMÁRIO

AGRADECIMENTOS   13
PREFÁCIO, POR CARLOS FICO   17
APRESENTAÇÃO   25

Parte I: O Brasil e a França na Guerra Fria

1. O contencioso franco-brasileiro   39
2. O conflito da lagosta   43
3. O Conselho Nacional de Resistência e o exílio de Georges
   Bidault no Brasil   49
4. A resolução dos conflitos e o fim do governo João Goulart   57
5. A França e o golpe de 1964   65
6. Exílio, asilo, refúgio e banimento   75
7. O Ato Institucional, as partidas para o exílio e os primeiros
   protestos internacionais contra o governo brasileiro   79
   Notas sobre o serviço secreto francês   80
   Josué de Castro   82
   Samuel Wainer   86
   O caso dos nove chineses   88
   A imagem do Brasil no exterior   91
8. Diplomacia e espionagem   95
   A criação de órgãos de informações no Itamaraty   95
   Georges Albertini, um francês a serviço da ditadura brasileira 102

Parte II: As relações entre o Brasil e a França durante o governo Castelo Branco

9. A missão de Carlos Lacerda   119
10. Adhemar de Barros   125
11. Oposição à ditadura na França   129

12. Antônio Mendes Viana, um novo embaixador em Paris	137
13. A Embaixada brasileira: um braço da ditadura na França	141
14. A viagem de Charles de Gaulle ao Brasil	145
15. Jornalistas estrangeiros	149
16. Os irmãos Miguel e Violeta Arraes	153
17. Juscelino Kubitschek	161
18. Um ano depois do golpe	165
19. A chegada de Bilac Pinto à Embaixada brasileira em Paris	179
20. Dom Hélder Câmara denuncia a ditadura em Paris	185
21. Celso Furtado e outros exilados brasileiros	189

Parte III: As relações entre o Brasil e a França durante o governo Costa e Silva

22. A progressão das tendências autoritárias do regime e o AI-5	203
23. O monitoramento de brasileiros e estrangeiros por órgãos oficiais	213
24. A oposição no Brasil e no exterior de religiosos católicos à ditadura	223
25. Cooperação franco-brasileira	235
Cooperação no domínio da energia nuclear	235
Cooperação técnica e científica	238
26. Maio de 1968 na França e seus desdobramentos	243
A Casa do Brasil na Cidade Universitária de Paris e os estudantes brasileiros	248
27. As relações franco-brasileiras após o AI-5	251

Parte IV: As relações entre o Brasil e a França durante o governo Médici

28. A repercussão internacional dos maus-tratos aos povos indígenas	269
29. Sequestros de diplomatas: ameaças ao embaixador francês	277
30. A expulsão do jornalista François Pelou, diretor da Agence France-Presse no Brasil	283
31. General Lyra Tavares: do Ministério do Exército à Embaixada em Paris	287
32. Cooperação militar: a compra dos aviões Mirage III	289
33. Cooperação técnica e científica franco-brasileira: reunião da Comissão Mista	297

34. Brasil: um país conhecido pela prática de tortura	301
O caso do filme Estado de sítio, *de Costa-Gavras*	314
Dom Hélder Câmara	317
35. França: terra de asilo?	321
Apolônio de Carvalho	329

PARTE V: As relações entre o Brasil e a França durante o governo Geisel, a abertura, a Lei de Anistia e o retorno dos exilados

36. Tribunal Bertrand Russell II: o regime militar no banco dos acusados	351
37. Delfim Netto, um economista à frente da Embaixada brasileira em Paris	355
38. Avanços nas relações franco-brasileiras	357
39. Retrocessos no processo de abertura política	363
40. Viagem de Geisel à França	367
41. Colaboração franco-brasileira no âmbito da perseguição a "subversivos"	373
42. O estado das relações franco-brasileiras no final do governo Geisel	377
43. As mobilizações sociais pela anistia e o retorno dos exilados	391
Considerações finais	399
Lista de siglas e abreviações	407
Organograma de autoridades brasileiras e francesas	409
Cronologia	413
Fontes primárias	421
Bibliografia	423
Notas	449
Índice onomástico	551

Agradecimentos

Este livro é o resultado da pesquisa desenvolvida, entre 2013 e 2017, na Universidade Federal do Rio de Janeiro. Não tenho dúvidas de que, sem o apoio de todos os que mencionarei aqui, este trabalho não teria se concretizado. De todo modo, devo ressaltar que as eventuais falhas e imprecisões das quais dificilmente conseguimos escapar são todas de minha inteira responsabilidade.

Começo mencionando o professor Carlos Fico, meu orientador ao longo da pesquisa que deu origem a este livro, não apenas para cumprir o protocolo, mas como forma de expressar meu profundo agradecimento por estar presente em minha formação desde os meus primeiros momentos no Instituto de História, em 2004. Ao longo desses anos, construímos uma relação de confiança mútua e pude contar, invariavelmente, com seu apoio e estímulo.

Agradeço enormemente à professora Maria Paula Araújo, de quem tive a honra de ser aluno em diversas ocasiões ao longo de tantos anos de estudo no Instituto de História da UFRJ, e a Denise Rollemberg, cuja produção intelectual foi fundamental para que eu conseguisse construir o tema que desenvolvi nesta investigação. A João Roberto Martins Filho e Francisco Carlos Teixeira da Silva, gostaria de expressar minha admiração e o sentimento de prestígio por tê-los como primeiros leitores e comentadores deste texto.

Agradeço também aos professores que, em diferentes momentos da minha longa jornada estudantil, marcaram permanentemente minha formação: Andrea Daher, Daniel Aarão Reis, Nancy Alessio Magalhães (*in memoriam*), Marilene Lopes de Araújo, Paulo Melgaço e Heloísa Almeida.

Ao longo da vida, tive o privilégio de fazer grandes amigos que, durante o período de quatro anos de trabalho que resultaram neste livro, apoiaram-me incondicionalmente em todos os momentos, principalmente nos mais difíceis. Agradeço a Nathalia e Cory Lewis, Letícia Nogueira, Luís Rodrigues, Gabriela Lopez de Haro, Morena Salama, Pablo Áscoli, Eugênio Marques, Mariana Marques, Phelipe Ribeiro, Núbia Gomes, Nádia Gomes, Natasha Buslik, Thiago Blanco, Laura Ferraz, Francisco Azevedo, César Tovar, Rodrigo Ponciano, Rodrigo Brackmann, Juliana Amorim, Guilherme Lopes, Carlos Augusto Silva, Riva Padilha, Rafael Chaves, Rafael Gurgel, João Emanuel, Daniel Leb Sasaki, Ulisses Carrilho e Adi Junior (*in memoriam*), que, lamentavelmente, nos deixou antes de podermos comemorar juntos o fim dessa etapa. Agradeço ainda àqueles que, além de amigos, são também colegas de profissão: Ana Kallás, Diego Knack, Janaína Cordeiro, Lívia Magalhães, Angélica Müller, Renato Franco, Bruno Leal, Aline Monteiro, Gabriela Mitidieri, Camila Correia, Chico Aimara, Natália Sanglard, Iuri Bauler, Nayara Galeno, Heráclio Tavares, Tiago Monteiro, João Teófilo, Daniel Accioly, Larissa Riberti, Graciella Fabrício, Carlos Benitez, João Condé, Lucas Pedretti, Roberta Cerqueira, Daniel Carvalho, Daniel Saraiva e Adrianna Setemy, muitos dos quais me ajudaram a construir e consolidar o site História da Ditadura.

Não posso deixar de registrar meus agradecimentos a Lúcia Barbosa, a André Diniz e aos demais colegas da Fundação de Arte de Niterói, onde iniciei minha vida profissional como historiador em 2008. Agradeço ainda à equipe do escritório carioca da Comissão Nacional da Verdade (CNV), onde talvez eu tenha passado os seis meses mais intensos da minha vida. Menciono especialmente Carolina de Campos Melo e Andrea Mello Schettini.

Devo ainda salientar meu sincero reconhecimento à Capes e à Faperj, que, apesar de todos os problemas por que o Brasil vem passando, buscaram sempre honrar o compromisso de financiar esta pesquisa. Agradeço ainda aos funcionários do Arquivo Histórico do Itamaraty, em particular a Clóvis Aguiar, e aos do Arquivo Nacional, que sempre atenderam com muito profissionalismo aos meus inúmeros pedidos de acesso aos documentos. Não posso deixar de mencionar o querido Ancelmo Gois, que vem me dando a oportunidade, em várias ocasiões, de divulgar minhas pesquisas em sua prestigiosa coluna no jornal *O Globo*.

O período em que estive em Paris para realizar consultas nos arquivos franceses, etapa essencial para a realização deste trabalho, não teria sido possível sem a acolhida do professor Olivier Compagnon, diretor do Institut des Hautes Études de l'Amérique Latine (IHEAL) da Universidade Sorbonne Nouvelle — Paris 3. Enquanto estive sob sua tutoria, nos reunimos em diversas ocasiões para discutir em profundidade o meu projeto de pesquisa e as atividades que eu vinha desenvolvendo nos arquivos. Não posso deixar de mencionar também Stéphanie Robert, secretária do IHEAL, sempre tão solícita quando eu me encontrava perdido em meio a tantos procedimentos burocráticos. Agradeço ainda aos colegas da Association pour la Recherche sur le Brésil en Europe (ARBRE), entidade da qual passei a fazer parte, as discussões muito enriquecedoras.

Gostaria de agradecer aos funcionários do Ministère des Affaires Étrangères, instituição de onde provém a maior parte da documentação francesa que ajudou a fundamentar este trabalho, especialmente a Ariane Morais-Abreu, que, gentilmente, me ajudou a entender o funcionamento do arquivo diplomático. Agradeço ainda aos funcionários da Bibliothèque Nationale de France, do Institut National Audiovisuel, da Fondation Charles de Gaulle, do Institut Georges Pompidou, da Bibliothèque de Documentation Internationale Contemporaine e do Institut d'Histoire Sociale — La Souvarine, onde tive a oportunidade de conversar com o biógrafo de Georges Albertini, Pierre Rigoulot. Gostaria de fazer uma menção especial a Luciana Uchoa, jornalista brasileira radicada na França, que generosamente me cedeu entrevistas que havia feito com personagens centrais da diplomacia francesa no momento do golpe de 1964.

Não posso deixar de agradecer também à minha pequena família francesa — amigos de longa data, que me ajudaram imensamente durante minha permanência na cidade: Maïli Troudart, Monique Bolmin, Françoise Lescoublet, Jean Michel de Alberti, Cédric Leurquin, Alain Gasquez, Christian Conti, Chantal Maoudj, Velleda Prat, Leslie Dion, Vincent Durif, Patricia Sireyjol e Alê Kali. Menciono também os novos amigos, porém não menos importantes, Marcelo Cigarro Rua, Luca Tognon, Alexandre Livonnet, Ioannis Michalopoulos, Paul Boniface, Handa Cheng, Juliette Dumont, Giulia Calderoni, Clément Astruc, Mohamed Rabia, Salwa Zribi e Sergio Coronado. Aos queridos amigos brasileiros que fiz em Paris, Marina Borges, Igor Costoli, Isabel Mansur e Fernanda Pradal, obrigado pelos momentos de alegria quando a saudade de casa apertava.

A confiança depositada em mim e no meu trabalho por Carlos Andreazza, Duda Costa e toda a excelente equipe da editora Record desde o meu primeiro livro foi fundamental para me encorajar a seguir em frente. Menciono especialmente os amigos Lívia Viana, Elisa Rosa, Daniel Louzada, Cláudia Lamego, Ricardo Lisias e Edney Silvestre, que, ao possibilitarem minha entrada no mundo dos livros, fizeram minha vida muito mais feliz.

Tive o privilégio de ser criado por duas grandes mulheres, minhas duas mães, Maria Paula Gomes e Ana Maria Gomes Soares, a quem devo tudo. Ao Guilherme de Freitas, amigo fundamental com quem divido a paternidade do Nicolas, muito obrigado!

Prefácio

Creio que Afonso Arinos de Melo Franco, em sua biografia, também se referiu à capital francesa como "meu Paris", quando quis assinalar suas preferências, posando de *habitué* da cidade. Isso vinha de longe: o padre Antônio Vieira escrevia assim; Eça de Queirós também adotava esse estranho gênero masculino. Em *A cidade e as serras*, Zé Fernandes diz a Jacinto: "Oh, este Paris, Jacinto, este teu Paris!"

O também português Mário de Sá-Carneiro o fazia no início do século XX, desde que desvairou na cidade, abandonando a universidade e caindo na vida alegre e pândega: "O meu Paris! O meu Paris!" A descrição das supostas delícias e belezas parisienses virou tema recorrente. Por isso, muitos se chocaram quando o paraibano José Lins do Rego, em 1950, disse que não gostou do cheiro da cidade.

Albert Camus esteve no Brasil em 1949, em viagem oficial. Após a Segunda Guerra Mundial, com o mundo bipartido entre Estados Unidos e União Soviética, nem mesmo a Inglaterra saíra como uma verdadeira potência de primeiro plano. Que dizer da França? Decadente, o país se valia de intelectuais luminares para tentar manter alguma proeminência internacional, ao menos entre as nações mais pobres como a nossa. Camus veio chateadíssimo, acreditava estar gripado, com bronquite, mas era a tuberculose que voltava. Deprimido, pensou em se matar no navio que o trouxe, mas aportou e horrorizou-se com o trânsito do Rio de Janeiro e seus contrastes sociais. Não devia mais se lembrar da infância pobre em Dréan e Argel... Cumpriu esgotante agenda de compromissos, que incluíam jantares com "mulheres da sociedade" e encontros com nossos intelectuais de plantão, como Murilo Mendes, Jaime Cortesão, Aníbal Machado, Oswald de Andrade, Érico Veríssimo, Otto Lara Resende, Augusto Frederico Schmidt etc. Schmidt causou-lhe péssima impressão, tendo sido descrito como um gordo indolente de olhos empapuçados e boca caída. Ostentar erudição diante de convidado estrangeiro, exibir as maravilhas nacionais e, sobretudo, "falar francês" — todos se esmeravam em aborrecer ao máximo o autor de *A peste*, que, entretanto, bem sabia de seus encargos quando aceitou o papel de ornamento da cultura francesa.

A mais emblemática visita de intelectual francês terá sido a de Jean-Paul Sartre, que veio ao Brasil depois de insistentes convites de Jorge Amado, em 1960, e aqui ficou por dois meses e meio percorrendo dez cidades com ampla cobertura da imprensa local. Parece ter se divertido, embora tenha prometido voltar e jamais o tenha feito. Estava em sua fase de militante político esquerdista, bastante panfletário. Durante encontro com intelectuais no apartamento de José Guilherme Mendes, perguntou aos presentes: "*Où sont les nègres?*" Nos anos seguintes, Nelson Rodrigues glosaria em suas crônicas ácidas a visita como um todo e a frase em particular, ridicularizando as generalidades que Sartre dizia, o deslumbramento das audiências e a cobrança patética contida na pergunta de Sartre: "Onde estão os negros?" Seguramente não estavam no apartamento de José Guilherme no Leblon.

Esse comportamento basbaque diante do estrangeiro não é apenas traço ridículo que marca parte da intelectualidade e outros setores da elite em nosso país. Tratando do que aqui nos interessa, note-se que a preocupação com a imagem do Brasil no exterior sempre foi — como é razoável — uma das principais preocupações dos governos brasileiros. Mas a perspectiva colonizada frequentemente deu o tom no que deveria ser nossa política externa. Durante a ditadura militar, o fenômeno assumiu grande complexidade.

Logo após o golpe de 1964, o governo dos Estados Unidos auxiliou o interregno de Mazzilli, e depois a presidência de Castelo Branco, para obter reconhecimento internacional. Mazzilli havia pedido ao embaixador dos Estados Unidos no Brasil, Lincoln Gordon, que o ajudasse nesse sentido porque havia certa hostilidade na atitude inicial da imprensa e dos governos de alguns países, como França, México, Uruguai e Venezuela. O embaixador francês em Washington disse ao secretário de Estado norte-

-americano que seria importante que o novo governo brasileiro "não se parecesse com um movimento de extrema direita". Ou seja, a França reconhecia o papel preponderante que a Casa Branca desempenhava junto aos golpistas brasileiros. Mas o fato é que — como o demonstra este livro de Paulo César Gomes — desde o início havia clareza, no governo francês, de que as coisas iam politicamente mal no Brasil. Ainda assim, era preciso manter as aparências e, sobretudo, boas relações que preservassem os interesses comerciais. A visita de Charles de Gaulle ao Brasil, poucos meses após o golpe de 1964, por exemplo, serviu para legitimar o governo Castelo Branco ao mesmo tempo que atendia aos interesses franceses. O presidente francês buscava divulgar na América Latina a proposta de se interpor à relação bipolar entre Estados Unidos e União Soviética. De Gaulle havia sido convidado por Goulart e demandou que o convite fosse renovado pelos novos governantes do Brasil. Curiosamente, o general francês teve boa impressão do presidente brasileiro, embora Castelo Branco considerasse o líder europeu senil e criticasse sua proposta de uma "terceira força". De Gaulle era um dos temas preferidos das conversas íntimas que Castelo Branco costumeiramente mantinha com o amigo Vernon Walters, adido militar da embaixada dos Estados Unidos e que conhecera na Itália, durante a Segunda Guerra Mundial.

A importância simbólica da França, sobretudo do ponto de vista cultural, em sentido amplo, e a imagem negativa da ditadura brasileira são os componentes principais da relação entre os dois países no período. A articulação entre esses dois aspectos foi bastante impactada por outros fatores igualmente importantes: a grande presença de exilados brasileiros em território francês e interesses comerciais não desprezíveis — como no episódio da aquisição dos aviões Mirage. Aliás, a compra pelo Brasil dos caças supersônicos franceses não foi apenas um caso de comércio de armas militares, mas envolveu também posicionamentos políticos internacionais sutis, pois os Estados Unidos se negavam a nos vender os F-5, fabricados pela Northrop, de modo que a compra dos aviões franceses foi uma espécie de afirmação internacional de autonomia do Brasil do "milagre", um "tapa na cara" do governo norte-americano. Esse é um dos importantes aspectos a se considerar, porque parte ingênua da historiografia sobre a ditadura supõe que os militares brasileiros se alinhavam automaticamente aos colegas norte-americanos, quando, na verdade, havia muitos desentendimentos — um dos quais era o veto que o "grande irmão do Norte" fazia à venda de armas verdadeiramente estratégicas, como caças táticos supersônicos.

Paulo César nada tem de ingênuo. Embora jovem, é historiador experimentado e com trajetória destacada. Coisa rara, sua dissertação de mestrado tornou-se referência nos estudos sobre os bispos católicos e a ditadura militar, tendo sido publicada também pela Record — reconhecimento muito importante porque as dissertações costumam ter destino sombrio, o oblívio, por sua irrelevância (culpa da pós-graduação, não de nossos mestrandos, diga-se logo). Mas o fato é que *Liberdade vigiada* ultrapassa com folga as exigências da tese de doutorado, que eu tive o prazer de descuidadamente orientar porque, nas vésperas de minha aposentadoria, Paulo me obsequiou com o sonho de todo orientador: não ter trabalho. Mais do que uma tese, o orientador recebeu livro pronto, definitivo, e a sessão de defesa foi a pública consagração do autor. Agora o leitor tem em mãos esta obra sólida, exemplo do que é a verdadeira pesquisa histórica profissional, densa em evidências empíricas, articulada em termos analíticos e teóricos, mas que não perde a graça em sua leveza e elegância narrativa.

O livro de Paulo se insere em tradição recente da historiografia brasileira sobre a ditadura militar que minha admitida imodéstia permite dizer que, de algum modo, ajudei a inaugurar: ela se caracteriza pelo estudo de grandes conjuntos documentais outrora sigilosos oriundos do Estado. Os "documentos secretos da ditadura", cuja análise iniciei tantos anos atrás, foram acrescidos de outros papéis sigilosos, inclusive de países estrangeiros, em movimento de pesquisa que foi sendo seguido não apenas por meus orientandos como também por outros pesquisadores. Hoje conhecemos mais a problemática da ditadura brasileira em relação ao Vaticano, à França, à Inglaterra, à Argentina e a outros países da América Latina, além de, obviamente, aos Estados Unidos. Essa tendência historiográfica serviu para conhecer diversos aspectos da repressão do regime militar brasileiro, outrora percebido apenas do ponto de vista das vítimas, de modo que pudemos compreender, afinal, a lógica, o *modus operandi*, como eles agiam e por que agiam de tal forma. Em suma, passamos a conhecer a maneira de pensar dos responsáveis pelo regime, seus auxiliares, desde os mais brutais, os algozes, os perpetradores, até os mais brandos, os coniventes, os colaboradores — como os diplomatas que ajudaram a vigiar os exilados.

Talvez mais importante, a pesquisa de acervos outrora sigilosos chamou nossa atenção — refiro-me a historiadores do Brasil e alhures — para a possibilidade de acessar acervos equivalentes em outros países, notadamente os arquivos diplomáticos, esse manancial de papéis produzidos por profissionais que sempre se situam como defensores dos interesses públicos, do Estado, e não como representantes circunstanciais dos interesses dos governantes do momento. Ah! Os diplomatas... No caso do Brasil, não há dúvida de que os funcionários do Itamaraty integram um desses poucos ramos da burocracia brasileira de boa cepa, compondo com alguns outros setores (Fazenda, BNDES, certos órgãos da Agricultura, autarquias e fundações, não muito mais) espécie de estamento afinal responsável pela governabilidade do país. Entretanto, a versão segundo a qual, durante a ditadura militar, o Ministério das Relações Exteriores não se contaminou com a repressão — essa, infelizmente, não se sustenta. Não foram apenas alguns poucos diplomatas que auxiliaram o regime militar: a instituição como um todo rodava nesse sentido, e *Liberdade vigiada* não deixa dúvida sobre isso. Do mesmo modo, a imagem da França como país que acolheu tantos brasileiros fica um pouco chamuscada quando vemos que o governo francês os mantinha sob vigilância e chegou a colaborar com as autoridades brasileiras.

Paulo César Gomes fez pesquisa documental ampla, consultando papéis do arquivo histórico do Itamaraty (a massa de telegramas e outros documentos trocados entre o ministério e nossa embaixada em Paris) e também os do Centro de Informações do Exterior (Ciex) e da Divisão de Segurança e Informações do Ministério das Relações Exteriores (DSI-MRE). O Itamaraty era ministério sobrecarregado de órgãos de informações, isso sem considerar que o pessoal regular de uma legação diplomática — embaixadores, adidos, secretários — já cumpre, de ordinário, a função de informar o governo do país. O Ciex e a DSI eram órgãos supervisionados pelo Serviço Nacional do Informações (SNI), funcionavam como uma espécie de enclave ou cunha da ditadura nos ministérios civis, mas que o Itamaraty absorveu sem traumas. Note-se que nos ministérios "comuns" havia apenas uma DSI; no caso do Itamaraty foi necessário instalar também o Ciex (que desavisados costumam confundir com o Centro de Informações do Exército — CIE, uma outra história). A DSI-MRE cuidava de fazer a espionagem a partir de um enfoque interno, e o Ciex coordenava a espionagem a partir dos informes colhidos nas embaixadas brasileiras pelo mundo. Enfim, o que se tem é massa enorme de papéis: os telegramas diplomáticos, a perspectiva mais repressiva e politizada do Ciex a partir do exterior e o mesmo — mas de um ponto de vista local — da DSI-MRE. Paulo César articulou todo esse emaranhado em um conjunto compreensível para o leitor. Não satisfeito, nosso autor foi à França e consultou os documentos do Ministério dos Negócios Estrangeiros daquele país, de modo que também temos a perspectiva do governo francês — o que torna a análise completa. Se você, leitor, gosta de História, tente imaginar a trabalheira necessária para transformar essa massa de documentos em uma narrativa inteligível. Nesse processo minucioso, técnico, metodológico, analítico e teórico reside a vocação, a habilidade e o engenho do historiador. Os procedimentos técnicos e metodológicos eu pude compartilhar com Paulo César como professor; outros aspectos, como a capacidade de transformar uma miríade de informações miúdas em uma história compreensível e relevante, pude apenas reconhecer e admirar — porque, depois de tantos anos como orientador, aprendi que há algo de inato no talento.

Não deixa de ser curioso que a renovação da história política da ditadura militar encontre na história diplomática um de seus campos mais promissores. Aliás, a expressão "história diplomática" é quase anatêmica, já que é associada ao que de pior se fazia no século XIX, no contexto da história factual, "de reis e batalhas", tida como frívola, anedótica e por isso mesmo condenada — especialmente pelos historiadores franceses — como "*événementielle*". Essa história diplomática factual ficaria perdida em um mar de telegramas diplomáticos. Ora, é bem o contrário o que se vê em *Liberdade vigiada*. Paulo César Gomes nos traz conhecimento histórico inédito e relevante sobre o passado recente, reconstituindo episódios muito interessantes e inserindo-os sempre em perspectiva analítica global. Além disso, desmonta leituras simplificadoras por meio de uma história crítica e criteriosa.

O segredo está em sair da esfera do oficialismo, identificando os múltiplos setores da sociedade, pois é claro que nunca se pode falar de um país, "a França", ou "os Estados Unidos da América", porque o que sempre existe é a complexidade de interesses em conflito, uma polifonia, a imprensa, o parlamento, os diversos setores do poder executivo. Portanto, também é necessário diferenciar as várias agências do Estado. À época da visita de Geisel em 1976, por exemplo, enquanto o governo de Valéry Giscard d'Estaing tudo fazia para aproveitar o que fosse possível, em termos comerciais, e manter o pragmatismo em face de uma ditadura militar, muitos protestos animavam a sociedade e a imprensa francesas.

No ano seguinte, várias personalidades francesas enviariam manifesto ao presidente Geisel reclamando anistia para os presos políticos. Sartre era um dos signatários; Camus provavelmente o teria assinado também, apesar de tudo, não fosse o estúpido acidente de carro que o matou com apenas 47 anos. O regime militar brasileiro classificava essas iniciativas como campanhas de deformação da imagem do Brasil no exterior. Eram pequenos gestos, mas que se acumulavam e competiam com a grande política, com a política pragmática. Paulo César analisa tudo isso equilibradamente neste livro, que, posso afirmar com segurança, é grande contribuição para a historiografia sobre as relações internacionais da ditadura militar brasileira.

Carlos Fico
Professor Titular de História do Brasil da UFRJ

Apresentação

Desde os primeiros momentos após o golpe de 1964, os assuntos ligados às relações internacionais alcançaram um enorme prestígio. Para os militares, era de grande importância que o novo governo fosse reconhecido pelos demais Estados e, principalmente, que não fosse visto como uma ditadura. Dessa forma, os recursos diplomáticos foram mobilizados com o intuito de garantir que a legitimidade do novo regime junto à comunidade internacional estivesse assegurada. Além disso, a política externa era considerada pelas autoridades militares um meio que permitiria a realização de projetos considerados estratégicos, como, por exemplo, colocar o país em uma posição mais elevada no sistema internacional. Nesse sentido, o Itamaraty, instituição responsável tanto pela formulação quanto pela execução da política externa brasileira, ocuparia um papel fundamental ao longo de toda a ditadura militar. Naturalmente, nos temas correlatos à segurança nacional, o órgão atuaria em conjunto com as Forças Armadas.

Há muitas formas de abordar as relações entre dois países. Neste livro, optei por analisar as relações entre a ditadura militar brasileira e a França, de 1964 a 1979, por meio da atuação de seus Ministérios das Relações Exteriores e suas representações diplomáticas e consulares.[1] Escolhi utilizar o termo "ditadura militar", e não "governo brasileiro", para enfatizar que meu objetivo central é examinar de que modo as práticas repressivas que caracterizaram esse período da história brasileira, bem como as denúncias de tais práticas no exterior, influenciaram as relações entre os dois países.

A maior parte das fontes nas quais a pesquisa se fundamentou tem em comum o fato de ser proveniente de instituições estatais. Os documentos diplomáticos, resultantes das trocas de informações cotidianas entre a

Embaixada e o Consulado-Geral brasileiros na França e o Ministério das Relações Exteriores,[2] estão localizados no arquivo histórico do Itamaraty, em Brasília. Já os documentos provenientes do Centro de Informações do Exterior (Ciex) e da Divisão de Segurança e Informações do Ministério das Relações Exteriores (DSI-MRE) estão localizados na Coordenação Regional do Arquivo Nacional, também na capital federal. Devo salientar que a Lei de Acesso à Informação,[3] sancionada em 2011, facilitou muito o acesso aos documentos referentes ao período ditatorial brasileiro. Não encontrei empecilho algum para consultá-los.

Os documentos do Ministério dos Negócios Estrangeiros francês estão localizados na Direction des Archives Diplomatiques, situado em La Courneuve, região metropolitana de Paris. O objetivo de analisar esses registros institucionais é buscar compreender de que maneira o governo francês agiu ou reagiu com relação à ditadura em suas diferentes fases. Examino, neste livro, se a supressão das liberdades democráticas pelos militares impactou de alguma forma as relações bilaterais, principalmente após o início da década de 1970, quando as denúncias sobre as práticas repressivas do governo brasileiro contra seus opositores políticos começaram a ser propagadas com maior intensidade na França.

A maior parte do acervo dos arquivos diplomáticos franceses referentes ao Brasil entre 1964 e 1979 está disponibilizada para consulta pública. De acordo com a legislação francesa atual, o prazo geral para a desclassificação de documentos públicos sigilosos concernentes às Relações Exteriores é de 25 anos a contar do último documento incluído no dossiê, salvo se o arquivo for considerado passível de infringir um segredo de segurança nacional ou os interesses fundamentais do Estado, quando passa a valer o período de cinquenta anos. Assim, uma parcela dos documentos que pretendia consultar durante o período de pesquisa na França ainda estava classificada. Para contornar essa limitação, entrei com um pedido de autorização especial para poder acessar os dossiês que ainda não se encontram disponíveis — possibilidade prevista pela lei francesa —, sendo cada solicitação analisada de acordo com o motivo que a fundamenta.[4] Como resultado, consegui a liberação para consultar documentos concernentes ao período entre 1964 e 1970, o que não ocorreu para os anos posteriores.

As fontes biográficas, autobiográficas e memorialísticas de personagens que participaram dos processos decisórios naquele contexto foram utilizadas de modo complementar. Esses documentos evidenciam as disputas pela construção da memória política a respeito das relações entre o Brasil e a França e, portanto, foram cotejados com o restante da documentação selecionada.

Esse conjunto de registros possibilitou a reconstrução da história das relações internacionais franco-brasileiras ao longo do recorte temporal proposto. Seria ingênuo, no entanto, supor que por meio da análise desses documentos fosse possível narrar o passado tal qual ele ocorreu. Há que se considerar, por exemplo, que as fontes utilizadas para o desenvolvimento desta pesquisa foram produzidas com base em determinadas regras de elaboração. No caso em tela, essas regras são inerentes aos gêneros discursivos operados pelas instituições diplomáticas brasileiras e francesas.[5] Em linhas gerais, por intermédio da análise de documentos oficiais, que foram produzidos por diplomatas franceses e brasileiros e por agentes de informações do Estado brasileiro, a história que busquei reconstruir é, principalmente, a do esforço do Itamaraty para zelar pela imagem do Brasil no exterior. Naquele período, em que o país estava submetido a um regime de exceção, sua reputação internacional estava cada vez mais ameaçada em decorrência da divulgação de ações repressivas infligidas a seus opositores.

Na parte I, analiso a história das relações franco-brasileiras ao longo do século XX, sobretudo nos anos que antecederam o golpe de 1964. Em seguida, trato do posicionamento da França diante do golpe e dos primeiros momentos do regime de exceção que, logo depois, foi instaurado. Como será possível observar, ao longo da ditadura, a França foi o país europeu que recebeu o maior número de brasileiros que buscavam escapar de perseguições políticas. Ao mesmo tempo, o governo francês buscou manter esses indivíduos sob vigilância, auxiliando as autoridades brasileiras, em várias ocasiões, a controlar suas atividades de oposição ao regime militar em território francês. Além disso, examino os primeiros protestos iniciados na França contra o arbítrio do Estado brasileiro e, também, como a diplomacia de nosso país buscou lidar com o constrangimento internacional gerado por essas denúncias. Comento, ainda, sobre a criação de órgãos de informações ligados ao Itamaraty, assim como sobre a participação desse ministério no funcionamento do sistema repressivo, que começou a ser montado pouco após a ocorrência do golpe de Estado. Cabe ressaltar que um ministério de relações exteriores é, por natureza, um órgão de informações. Aliás, a informação é o maior capital possuído pelos formuladores da política externa de um país. No entanto, o que pretendo aqui é avaliar de que modo as trocas de informações praticadas cotidianamente pelo MRE foram utilizadas dentro da lógica repressiva e autoritária da ditadura militar então vigente. Por fim, trato do caso de Georges Albertini, antigo colaboracionista do regime de Vichy, no contexto da Segunda Guerra, conhecido na França por sua produção anticomunista. Fundador da revista *Est & Ouest*, que circulou por várias partes do mundo, incluindo a América Latina, Albertini foi contratado pelo Serviço Nacional de Informações (SNI), logo depois do golpe, para produzir matérias elogiosas ao regime brasileiro, combater as críticas que eram correntemente feitas por diversos veículos da imprensa francesa e, mais importante, auxiliar no monitoramento de cidadãos brasileiros que denunciavam, em território francês, a repressão da ditadura brasileira.

Já na parte II, no qual analiso as relações franco-brasileiras ao longo do primeiro governo ditatorial, período em que Castelo Branco esteve no poder, abordo a missão da qual Carlos Lacerda foi incumbido para explicar a nova conjuntura política brasileira na Europa e nos Estados Unidos. Em Paris, as palavras agressivas e a conhecida retórica inflamada de Lacerda, utilizadas em uma entrevista concedida aos principais veículos da imprensa francesa, causaram grande constrangimento às autoridades do país. O general Charles de Gaulle passou a considerá-lo *persona non grata* e, na viagem oficial que faria ao Brasil, em outubro de 1964, recusou-se a receber o então governador da Guanabara. Narro ainda como as atividades de oposição ao regime, iniciadas pouco após o golpe, começaram a se fortalecer na França e de que forma a representação diplomática brasileira no país atuou para tentar controlar os protestos e como reagiu às críticas publicadas na imprensa do país. Nessa parte, examino ainda a viagem oficial que o presidente Charles de Gaulle fez ao Brasil no segundo semestre de 1964, o que representou um ponto de inflexão muito importante para as relações bilaterais. Por fim, averiguo de que modo a diplomacia francesa percebeu a escalada das medidas autoritárias levadas a efeito entre 1964 e 1967.

Na parte III, analiso as relações entre o Brasil e a França ao longo do governo Costa e Silva, marcado por uma guinada nacionalista em sua política externa e, mais impactante, pela publicação do AI-5, que representou o êxito do projeto autoritário sustentado pelos grupos mais radicais das Forças Armadas. Avalio como o AI-5 influenciou o recrudescimento da perseguição a brasileiros e estrangeiros que se opunham ao regime no Brasil e na França e, também, se o mencionado dispositivo legal afetou as relações bilaterais. Além disso, discuto a importância do papel de religiosos católicos ao denunciarem tanto as arbitrariedades do regime de exceção que vigorava no Brasil, quanto a grave desigualdade social que assolava o país. Abordo, ainda, a cooperação técnico-científica franco-brasileira que, nesse período, foi marcada pela assinatura do Acordo de Cooperação Técnica e Científica em 1967. Por último, trato da percepção da Embaixada brasileira em Paris sobre os movimentos de maio de 1968, da presença de brasileiros nas manifestações e de que modo a Casa do Brasil[6] em Paris foi atingida.

Na parte IV, que tem como tema principal as relações franco-brasileiras durante a presidência de Médici, tratará inicialmente do escândalo internacional provocado pelas denúncias de maus-tratos infligidos pelo governo brasileiro contra populações indígenas. Em seguida, discuto os sequestros de diplomatas por grupos armados de esquerda, ocorridos entre setembro de 1969 e janeiro de 1971, e as ameaças que pairavam sobre o embaixador francês — mas que acabaram não se concretizando. Abordo também o episódio de expulsão do território nacional do jornalista François Pelou, diretor da Agence France-Presse no Brasil, acusado de se envolver em atividades "nocivas à segurança nacional". Faço ainda um panorama das relações militares franco-brasileiras, culminando com a compra dos caças supersônicos Mirage, no início dos anos 1970. Nesse período, a imagem do Brasil na França passou a estar associada à prática de tortura contra presos políticos, tema que também será examinado nessa parte.

Por fim, a parte V tratará das relações franco-brasileiras desde a posse de Geisel na presidência até a promulgação da Lei de Anistia, em agosto de 1979, já no governo Figueiredo. Inicialmente, abordo a segunda edição do

Tribunal Bertrand Russell — que, embora tenha sido realizada em Roma, contribuiu para prejudicar ainda mais a imagem do Brasil na França. Trato ainda do período em que Delfim Netto ocupou o cargo de embaixador em Paris, buscando privilegiar as relações bilaterais econômico-financeiras, em detrimento dos aspectos políticos e culturais. Durante o governo Geisel, houve notáveis avanços nas relações franco-brasileiras, sobretudo no âmbito econômico-financeiro. Progressos que foram estimulados, em grande medida, pela viagem oficial que o presidente Geisel fez à França em abril de 1976. Em contrapartida, no plano interno, o projeto de Geisel para conduzir o país, ainda que de forma "lenta, gradual e segura", a um estágio de normalização política, não ocorreu sem enfrentar grandes percalços. Como será possível observar, parte desses obstáculos vinha do exterior, ou seja, brasileiros exilados que, em torno dos temas da luta pela anistia e da defesa dos direitos humanos, se mobilizavam de forma cada vez mais organizada para enfraquecer o regime ditatorial.

O funcionamento do Itamaraty, de acordo com a lógica autoritária e repressiva do regime militar, é irrefutável. Essa constatação permite asseverar que a memória forjada pelo próprio ministério — segundo a qual o órgão e suas representações no exterior, ao longo da ditadura, teriam permanecido incólumes às práticas obscuras adotadas sistematicamente pelas autoridades brasileiras de então — não corresponde às evidências históricas. Ainda hoje, sobressai a perspectiva de que a instituição sempre se manteve autônoma e esteve invariavelmente atrelada às razões de Estado e, portanto, imune aos interesses específicos dos sucessivos governos. Por vezes, há membros do corpo diplomático que admitem, em relatos memorialísticos, a colaboração do ministério com a ditadura, no entanto, consideram-na decorrência de casos isolados. É comum, por exemplo, que o Ciex ou mesmo a DSI-MRE sejam caracterizados como "corpos estranhos" impostos ao Itamaraty pelas autoridades militares. Neste livro, será possível observar que a participação do Ministério das Relações Exteriores nas práticas repressivas do regime ditatorial brasileiro ocorreu não apenas em casos excepcionais, mas teve um caráter sistemático ao longo de todo o período.

A França, por sua vez, tem sua imagem externa tradicionalmente vinculada à de uma terra de asilo. Ao mesmo tempo, as autoridades francesas — agindo sob o princípio realista de não intervenção nas questões internas de outros países — buscaram não se pronunciar sobre a conjuntura política brasileira, com o intuito de manter a regularidade de suas relações com nosso país. De todo modo, o governo francês procurou manter os brasileiros que se encontravam em seu território sob constante vigilância, sobretudo aqueles que tinham participado de ações de grupos armados de esquerda. Não se pode ignorar que, naquele momento, havia a polarização característica do contexto da Guerra Fria. Portanto, o ambiente de liberdades políticas que os brasileiros puderam vivenciar na França não foi concedido espontaneamente pelo governo daquele país. Contrariamente, foi o resultado de uma ampla rede de negociações, muitas vezes velada e nem sempre pacífica, na qual estiveram envolvidas autoridades francesas, representantes de determinados grupos daquela sociedade e autoridades brasileiras. De todo modo, se até os primeiros anos da década de 1970 preponderavam os princípios da *realpolitik*, da mesma forma era muito significativo o peso da ideologia anticomunista. De meados dos anos 1970 em diante, o discurso dos direitos humanos começou a emergir e, paulatinamente, foi ganhando força no cenário internacional. Certamente, não se pode ignorar o papel dos Estados Unidos, a partir do governo Jimmy Carter, nesse processo. Na França, apenas no início da década de 1980, com a chegada de François Mitterrand à presidência (1981-1995), é que a questão dos direitos humanos começou a adquirir certa relevância entre as diretrizes da política externa francesa.

PARTE I

O Brasil e a França na Guerra Fria

Desde o fim da Segunda Guerra Mundial, os vínculos entre o Brasil e a França, tanto políticos quanto econômicos e culturais, encontravam-se bastante frágeis após passarem por um processo de enfraquecimento durante a contenda. Até as vésperas do golpe de 1964, as tentativas de restabelecimento das relações bilaterais, levadas a efeito por diplomatas de ambos os países, pouco frutificaram. Não havia disposição para o diálogo, as duas nações não se reconheciam como parceiras, e houve uma forte tendência para o embate. Em linhas gerais, durante aproximadamente vinte anos, as relações políticas franco-brasileiras estiveram centradas na administração de conflitos.[1] De fato, o Brasil nunca representou uma área economicamente ou comercialmente prioritária para a França. Em contrapartida, mesmo com a crescente importância que os Estados Unidos passaram a assumir para o nosso país após a guerra, a França jamais deixou de figurar como o principal modelo cultural das elites brasileiras. Um país, símbolo de elegância e sofisticação, onde os grupos sociais mais abastados iam comumente passear, estudar ou mesmo buscar cuidados médicos. Além disso, a imagem do país europeu, berço da Revolução Francesa, sempre esteve ligada à ideia de democracia, tendo cumprido "as principais etapas de construção de um Estado moderno".[2]

Não se pode ignorar a grave crise econômica por que os países da Europa Ocidental passavam naquele período e da qual demorariam a se recuperar, mesmo com a ajuda norte-americana fornecida por meio do Plano Marshall. Nesse cenário, em caso de dificuldades econômicas, restavam poucas possibilidades de recursos para os países periféricos, o que acabou contribuindo para o fortalecimento da influência dos Estados Unidos em suas relações internacionais.[3] O Brasil também se aproximou dos norte-americanos, cuja parceria oferecia-lhe maiores vantagens. Esse movimento acabou fazendo com que os índices de trocas comerciais que mantinha com a França antes do grande conflito mundial demorassem a ser novamente alcançados; assim, os investimentos franceses permaneceram exíguos, restando ao nosso país uma posição economicamente marginal e pouco dinâmica com relação àquele.

Em tempos de Guerra Fria, a perda de seu império colonial trouxe muita instabilidade para a Quarta República francesa. A crise estimulou a criação de uma nova agenda para as relações bilaterais com os países do chamado Terceiro Mundo. A política externa do general de Gaulle, já na Quinta República, pautou-se em um pretensioso projeto de cooperação internacional fundamentado na "promoção dos vínculos culturais e da francofonia".[4] O país buscou apresentar-se como um interlocutor para os Estados que pretendessem assegurar sua independência nacional em face da hegemonia norte-americana. A intenção era denunciar o maniqueísmo das configurações ideológicas da Guerra Fria e definir-se como uma espécie de "terceira força da política mundial".[5] Essa perspectiva nacionalista norteou a política externa francesa ao longo de praticamente todo o século XX: "Tratava-se de recolocar a França na sua posição de grande potência, de reatribuir-lhe a grandeza de outros tempos."[6] A estratégia, contudo, nunca chegou a alcançar grande êxito. As condições históricas eram outras. O país tinha altos índices de inflação, havia dificuldade de estabilizar a economia e constantemente aconteciam greves nas indústrias e nos setores públicos. Em suma, os franceses não sabiam lidar com o avanço da presença norte-americana em todo o mundo e, ao mesmo tempo, com o forte recuo da cultura francesa — fator sobre o qual se baseava a maior parte de suas parcerias internacionais.[7] A França tem como traço marcante, em sua diplomacia, o investimento em uma política de trocas culturais institucionalizadas, sendo uma das nações pioneiras "na utilização de sua cultura como instrumento de política externa, pois vê muito cedo nesse recurso uma forma de compensar suas fragilidades econômicas e de conservar seu status de grande potência".[8]

Em 1964, um relatório foi preparado pela embaixada brasileira em Paris para ser entregue ao diplomata Antônio Mendes Viana, que viria a ocupar o cargo de embaixador a partir de agosto daquele ano.⁹ O documento tratava do estado das relações entre os dois países até aquele momento e colocava em evidência a perspectiva brasileira sobre aquela configuração histórica:

> A França não reúne condições para contrapor-se, de modo positivo, à presença estadunidense na América Latina. Os meios a seu alcance, nesse setor, são restritos. A situação se modificaria, talvez, se a Comunidade [*Econômica Europeia*] encarasse com maior seriedade a eventualidade de canalizar parte apreciável de seus recursos para aquela região. Por enquanto, as contribuições são bastante reduzidas e não se divisam melhores perspectivas.¹⁰

Apesar disso, em setores como o do fornecimento de assistência militar, a França sempre buscou, durante o século XX, substituir os Estados Unidos na América do Sul.¹¹ De modo geral, o objetivo era ocupar os espaços porventura deixados por aquele país. Segundo o historiador Rodrigo Nabuco, até meados dos anos 1960, embora o Brasil e a França estivessem afastados política e economicamente, no âmbito militar houve, ao contrário, uma aproximação, que havia sido iniciada com a vinda de uma missão militar francesa em 1919. Isso se devia, em grande medida, ao anticomunismo, ponto em comum entre os militares de ambos os países,¹² bem como ao interesse francês na venda de equipamentos bélicos para o Brasil.

Nesse sentido, João Roberto Martins Filho analisou a importação da doutrina francesa da *guerre révolutionnaire* por militares brasileiros a partir do final dos anos 1950. O principal canal de difusão desse ideário no Brasil, segundo o autor, foi a Escola Superior de Guerra (ESG). No contexto francês, a derrota de seu exército na Indochina e o início dos conflitos na Argélia levaram os militares daquele país à percepção de que não estavam preparados para enfrentar esse novo tipo de guerra, cujas características preponderantes eram "a indistinção entre os meios militares e os não militares e a particular combinação entre política, ideologia e operações bélicas".¹³ Aprimorada ao longo do processo de emancipação das colônias francesas, a doutrina da guerra revolucionária previa, de modo bastante genérico, um "projeto de intervenção militar na sociedade" e, assim, provocou uma grande atração sobre os militares brasileiros que, naqueles anos que antecederam o golpe de 1964, buscavam desenvolver uma ideologia militar de caráter amplo e autônomo. O Brasil, país onde a França instalou uma missão militar permanente em 1960, foi uma entrada privilegiada dessa inovação doutrinária de luta antissubversiva, que funcionou, em grande medida, para justificar a incursão dos militares na cena política brasileira.[14]

1

O contencioso franco-brasileiro

A questão que pautou o processo de retomada das relações franco-brasileiras, de 1945 a 1964, foi o contencioso financeiro, um dos mais significativos conflitos ocorridos entre os dois países no período. Tudo teve início quando Getúlio Vargas, durante a Segunda Guerra, promoveu a incorporação de bens de empresas francesas ao patrimônio do Estado brasileiro para compensar perdas que a União teria sofrido com receitas e lucros sonegados. Algumas dessas empresas eram o Banco Sudameris, o Banco Hypothecário de Minas Gerais, a Companhia Estrada de Ferro São Paulo-Rio Grande, a Companhia Estrada de Ferro Vitória-Minas e a Companhia Port of Pará. O primeiro caso resolvido foi o do Banco Sudameris, com a intervenção direta do Estado francês. Em seguida, resolveu-se, por via judiciária, o caso do Banco Hypothecário de Minas Gerais. As outras organizações compuseram o chamado "contencioso franco-brasileiro".[1] Cabe lembrar, contudo, que os contenciosos foram comuns em toda a América Latina naquele período. Estavam relacionados, de modo geral, ao financiamento de grandes obras ferroviárias em todo o continente por investidores franceses.[2]

O Decreto-lei 2.073 de 1940 incorporou ao patrimônio nacional a Estrada de Ferro São Paulo-Rio Grande e rescindiu o contrato do Estado brasileiro com a empresa. O dispositivo determinava o resgate de debêntures no valor total de 48.300 contos de réis, que o Brasil reconhecia como efetivamente aplicados no país.[3] Os credores franceses informaram, por meio de seu governo, que não aceitariam a indenização — considerada irrisória por eles.[4] No caso da Estrada de Ferro Vitória-Minas Gerais, o Decreto-lei 2.351 de 1940 definiu a incorporação da empresa pela Companhia Brasileira de Mineração e Siderurgia,[5] e o Decreto-lei 4.352 de 1942 estabeleceu que o governo brasileiro deveria resgatar as obrigações da companhia aos acionistas.[6] Com relação à Port of Pará, cujo patrimônio foi incorporado pelo Decreto-lei 2.436 de 1940, o governo determinou que todos os seus bens e dívidas com a União seriam avaliados e, em um momento posterior, as importâncias que fossem legitimamente reconhecidas como devidas seriam negociadas de modo amigável. Em linhas gerais, a discussão centrava-se na fixação de um valor para o resgate das debêntures das duas estradas de ferro e a indenização a ser paga à Port of Pará.[7] O caso da Port of Pará só foi definitivamente resolvido em março de 1968 com o pagamento da última parcela da indenização devida aos credores.[8]

Embora o governo brasileiro tenha começado a negociar os acordos de ressarcimento com os franceses prejudicados ainda nos anos 1940, as controvérsias, entre idas e vindas, continuaram por mais de duas décadas, causando polêmicas frequentes. Em 1958, já no governo Juscelino Kubitschek, sob a pressão da Embaixada francesa, resolveu-se criar um Tribunal Arbitral, que acabou sendo suspenso logo em seguida, pois um dos representantes brasileiros, o advogado Gonçalves de Oliveira, alertou para o fato de que a iniciativa não fora submetida à aprovação do Congresso Nacional. Além disso, algumas disposições do compromisso de arbitramento poderiam entrar em choque com a lei brasileira, e isso deveria ser verificado. Apenas no final de 1959, após passar por todos os trâmites legislativos, o acordo foi aprovado pelo Decreto n. 13, de 6 de outubro.[9] Logo em seguida, quando o ministro francês das Finanças, Antoine Pinay, visitava o Brasil, uma campanha articulada pela imprensa, sobretudo os jornais *Correio da Manhã* e *Última Hora*, tentava provocar a oposição da opinião pública aos compromissos firmados com aquele país. O Congresso Nacional, por iniciativa do deputado José Bonifácio, passou a propor a revogação do acordo. Em 1962, o Senado aprovou a medida, sendo "o primeiro caso de retirada de aprovação dada a acordo internacional verificado na história do Parlamento brasileiro".[10]

Evidentemente, essa decisão provocou sérios atritos com o governo francês, que ameaçou pronunciar-se na Corte Internacional de Justiça. A saída jurídica encontrada pelo Brasil foi alegar que novas circunstâncias no âmbito doméstico haviam surgido desde a promulgação do acordo (cláusula *rebus sic stantibus*).[11] Em nota à Embaixada francesa no Rio, o Itamaraty explicava:

> O Poder Legislativo retirou do Executivo brasileiro uma das condições básicas que permitiriam a este último confirmar ao governo francês [...] a plena eficácia jurídica de todas as cláusulas do acordo. Consequentemente, alterando-se um dos elementos fundamentais da situação jurídica [...], o governo brasileiro informa ao governo francês da impossibilidade de pôr em execução o acordo [...] e, *rebus sic stantibus*, de considerar válido o compromisso de solucionar através de arbitramentos as questões relativas às Companhias São Paulo-Rio Grande, Vitória-Minas e Port of Pará.[12]

A partir daquele momento, o Estado francês afastou-se da questão e as negociações passaram a ocorrer diretamente com os credores daquele país. Essa atitude fez avançar a resolução do contencioso que, como observamos, vinha se arrastando por vários anos. No entanto, com o encaminhamento desastrado do conflito, o Itamaraty ganhou a antipatia do Quai d'Orsay, o que evidenciava a grande sensibilidade do governo francês com relação às demandas da pequena poupança privada de seus nacionais.

2

O conflito da lagosta

A chamada "Guerra da Lagosta" foi outro atrito que ocorreu entre os dois países e exigiu um enorme esforço de negociação por parte dos serviços diplomáticos de ambos.[1] O conflito se iniciou em 1961, quando barcos franceses, após verem esgotadas suas possibilidades de pesca da lagosta no litoral africano, foram autorizados a vir à costa nordestina do Brasil para verificar as possibilidades das reservas do crustáceo na região. Inicialmente o governo permitiu a pesca, desde que os lagosteiros fossem acompanhados por controladores da Marinha de Guerra brasileira. A condição foi aceita pelo governo francês.[2] Segundo o então embaixador brasileiro na França, Carlos Alves de Souza, a licença para a pesca do crustáceo teria sido acordada diretamente entre João Goulart e o embaixador francês, Jacques Baeyens, sem que o Itamaraty tivesse conhecimento.[3] André Villepreux, cônsul-arquivista da Embaixada francesa naquele momento, confirmou que havia contradições entre o que dizia Goulart e o que dizia o Itamaraty.[4] O embaixador Baeyens, por sua vez, em seu livro de memórias, criticou duramente Alves de Souza, responsabilizando-o pela intensificação dos atritos, já que, para evitar aborrecimentos, não informava devidamente o Itamaraty sobre a maneira como a França pretendia se posicionar diante do caso, obrigando ele próprio a lidar diretamente com Goulart.[5] De todo modo, a autorização foi logo revogada pelo governo brasileiro, após fortes pressões de companhias pesqueiras nordestinas, que viam aumentar constantemente o número de barcos franceses na região e temiam a ameaça representada pela exploração intensiva da lagosta por métodos predatórios.

Esse foi o início do maior desentendimento entre os dois países ao longo do século XX. Ao mesmo tempo, foi o último episódio do período de bloqueio que permeou as relações bilaterais até meados da década de 1960. O problema envolvendo a pesca da lagosta esteve relacionado não só à consideração do crustáceo como um recurso natural pertencente à plataforma continental, mas também à sua exploração, de acordo com a legislação nacional, vinculada à autorização ou concessão federal.[6] A proibição brasileira baseou-se na tese de que a lagosta fazia parte da plataforma continental brasileira, dentro dos limites da fronteira marítima do país, e que, portanto, devia ser considerada um recurso nacional, ao contrário da posição defendida pela França.

O desenrolar desse caso provocou um grande mal-estar diplomático. Inicialmente, o governo francês propôs a submissão do problema a uma comissão arbitral, fundamentando-se na Convenção Franco-Brasileira de Arbitragem, de 7 de abril de 1909. O Brasil recusou a proposta, mas aceitou que o assunto fosse regulamentado "mediante um entendimento entre os particulares franceses e brasileiros interessados na indústria da lagosta".[7] Com o intuito de dar andamento à negociação, em janeiro de 1963, a França enviou ao Brasil uma delegação de representantes da Comissão de Marinha Mercante e de armadores franceses. No entanto, não houve progresso na resolução do conflito, pois nenhuma das soluções apresentadas pelos dois lados foi aceita. Nos meses seguintes, apesar das advertências com relação à proibição, os lagosteiros franceses continuaram a atuar na costa brasileira. Assim, no início de 1963, navios de guerra da Marinha brasileira capturaram algumas dessas embarcações, levando-as para o porto de Natal. Isso fez com que a França enviasse o contratorpedeiro *Tartu* para garantir as atividades de seus pescadores, o que causou uma verdadeira celeuma nacionalista no Brasil.

O incidente ganhou ainda mais notoriedade em razão de sua intensa divulgação pela imprensa brasileira, muitas vezes veiculando notícias em tom ofensivo, o que levou ao aumento do desgaste entre os dois países. O jornal *Última Hora*, por exemplo, trazia, em sua capa, no dia 22 de fevereiro de 1963, a manchete: "Ataque francês será recebido à bala".[8] Já o *Correio da Manhã*, no mês seguinte, ironicamente destacava: "Guerra da Lagosta acaba à francesa".[9] Motivados por forte sentimento nacionalista, a tradicional admiração dos brasileiros pela França e pelos franceses ficou bastante abalada. Nem o general de Gaulle foi poupado. Proliferavam nos jornais caricaturas do chefe de Estado francês, que ganhou a alcunha de "vedete da Praça Tiradentes". Da mesma forma, frases de efeito popularizavam-se nas ruas: "A lagosta é nossa!", "O lagostim é intocável!", *"Français go home!"*, "Lagosta sim, de Gaulle não!", entre outras. Até mesmo uma marchinha sobre o tema foi criada para o carnaval de 1964.[10] Todo esse movimento foi interpretado pela diplomacia francesa como um grande desrespeito ao país e ao seu presidente. Além disso, para o embaixador Baeyens, Goulart instrumentalizava a crise a seu favor, pois a ira nacionalista da população acabou tirando o foco das graves crises econômica e social que seu governo enfrentava.[11]

No entanto, a famosa frase *"Le Brésil n'est pas un pays sérieux"*, comumente atribuída a de Gaulle, foi, na verdade, dita por Alves de Souza, informalmente, ao sair de uma audiência com o presidente francês no auge do conflito, e teria sido publicada com a autoria equivocada pelo jornalista brasileiro Luís Edgar de Andrade, correspondente do *Jornal do Brasil* em Paris.[12] Seja como for, a deterioração das relações entre os países causada pelo conflito da lagosta levou a diplomacia francesa a considerá-lo uma "questão de Estado", e não uma simples querela; além disso, as reações nacionalistas brasileiras foram interpretadas como excessivas.[13]

Em março de 1963, Jacques Baeyens foi chamado de volta a Paris para consulta, tendo sido advertido sobre não informar ao governo brasileiro o motivo de sua partida, tampouco prestar esclarecimentos sobre seu possível retorno ao país, o que expressava uma clara manifestação de descontentamento por parte do governo francês.[14] O embaixador teria sido impedido pelo general de Gaulle de ir ao Rio de Janeiro apresentar suas despedidas, tendo sido designado, em seguida, para a Embaixada francesa em Atenas.[15] Segundo o chefe do Departamento da América do Quai d'Orsay, o intuito do presidente francês seria inaugurar uma nova etapa nas relações bilaterais, evitando, com a visita de Baeyens ao Brasil, comentários sobre o passado conflituoso.[16] Após a partida de Baeyens, que havia exercido um importante papel na condução do diálogo nas relações bilaterais, em seu lugar assumiu o então primeiro-conselheiro Jean-Paul Anglès. A concessão da *Légion d'honneur*, tradicional condecoração do governo francês, ficou suspensa para personalidades brasileiras.[17]

Pouco tempo depois, o Brasil tomou atitude semelhante e convocou Alves de Souza para regressar ao país. Após deixar o posto que ocupou por oito anos, Alves de Souza foi nomeado para assumir a Embaixada de Londres, tendo voltado a Paris rapidamente para as despedidas oficiais. Foi, no entanto, advertido pelo Itamaraty de que sua estada na cidade não poderia ser muito longa, pois exporia o ministério a críticas da imprensa e da opinião pública brasileiras.[18] Em seu relatório de viagem, Alves de Souza afirmava estar convencido de que ter sido enviado a Paris por decisão do presidente da República para as últimas formalidades fora uma decisão muito acertada, pois teria contribuído para melhorar as relações bilaterais, inclusive por ter podido encontrar-se com o presidente de Gaulle em duas ocasiões. Essa, segundo ele, seria também a opinião de Louis Joxe, ministro das Reformas do governo francês.[19] Quando Alves de Souza partiu, o encarregado de negócios Raul de Vincenzi ficaria, a contragosto de seu antecessor,[20] à frente da Embaixada brasileira.

No final daquele ano, o governo brasileiro pediu o *agrément* de Vasco Leitão da Cunha para que este ocupasse o lugar deixado por Alves de Souza; contudo, diante da ausência de resposta do Quai d'Orsay, retirou o pedido três meses mais tarde. A intenção era colocar no posto alguém próximo ao general de Gaulle a fim de que o conflito fosse resolvido com mais facilidade. Leitão da Cunha atuara como encarregado de negócios na Argélia quando Charles de Gaulle encontrava-se no país como presidente do Comitê Francês de Libertação Nacional (CFLN), e acabaram tornando-se amigos.[21] Da mesma forma, ao decidir nomear para o posto uma das figuras mais proeminentes de seu corpo diplomático, o Itamaraty reconhecia que houvera falhas da Embaixada ao conduzir a questão da lagosta. Desde a década de 1940, com a saída de Souza Dantas, que ficara por vinte anos em Paris, a Embaixada só havia sido chefiada por diplomatas de pouca expressividade.[22]

A estratégia, contudo, não foi bem-sucedida. Goulart declarou publicamente seus propósitos e de Gaulle, ainda aborrecido com o governo brasileiro, indignou-se e mandou dizer a Leitão da Cunha que seus sentimentos pessoais não poderiam ultrapassar as razões de Estado.[23] Este traço da personalidade do general de Gaulle, caracterizado como um homem que colocava suas obrigações políticas sempre à frente das questões pessoais, é apontado por um de seus biógrafos: "Para o general de Gaulle, a precedência do dever sobre o prazer, assim como a dissociação entre afeto e convívio, eram [...] inquestionáveis."[24]

Em razão desse embate, o general de Gaulle enviou uma nota secreta aos ministros franceses dos Negócios Estrangeiros, dos Negócios Econômicos e das Forças Armadas, na qual determinava como eles deveriam se portar em relação ao Brasil após a resolução do conflito da lagosta. A posição do presidente francês foi taxativa: "Nós não escutaremos doravante nenhum pedido ou proposta de brasileiros sobre nenhum objeto, especialmente econômico."[25] Esse documento foi encaminhado à Embaixada brasileira em Paris pelo Conselho Nacional de Resistência (CNR), entidade que, naquele momento, fazia oposição ao governo gaullista e era presidida pelo ex-ministro de Estado Georges Bidault, que, por ter sido condenado por conspiração, esteve exilado no Brasil entre 1963 e 1967. Na carta enviada à Embaixada, o CNR, autodenominando-se "grupo clandestino de oposição nacional", criticava o posicionamento do presidente francês em relação ao Brasil, acusava-o de "ditador totalitário" e, após agradecer o acolhimento oferecido a Georges Bidault, prometia que, se a organização chegasse ao poder, reataria as tradicionais relações de confiança e amizade entre os dois países.[26]

3

O Conselho Nacional de Resistência e o exílio de Georges Bidault no Brasil

É importante esclarecer que houve dois Conselhos Nacionais de Resistência. O primeiro CNR foi criado em maio de 1943, com a finalidade de congregar os diferentes grupos de resistência ao governo de Vichy, entre os quais órgãos da imprensa, partidos políticos e sindicatos. Esses grupos tinham variadas posições políticas, da esquerda à direita, e, por estarem dispersos, encontravam dificuldade de organizar uma ação comum e eficaz contra o regime nazista. Seu primeiro presidente foi Jean Moulin, indicado pelo general de Gaulle. Pouco tempo depois da criação do CNR, Jean Moulin foi capturado pela *Schutzstaffel* (SS), organização paramilitar nazista, e morreu após ser barbaramente torturado.[1]

A presidência do CNR foi então assumida por Georges Bidault, professor de história, representante da esquerda católica, editor do jornal católico *L'Aube* e um dos principais atores da resistência francesa.[2] Em 1944, durante o Governo Provisório, formado em contraposição ao regime de Vichy, Bidault foi ministro dos Negócios Estrangeiros do general de Gaulle, que foi designado presidente, acumulando as funções de chefe de Estado e chefe de governo. No mesmo período, Bidault fundou o partido cristão-democrata Mouvement Républicain Populaire (MRP), pelo qual foi eleito deputado da região do Pays de la Loire, sucessivamente, de 1945 a 1962.[3] Quando, em janeiro de 1946, Charles de Gaulle renunciou à presidência, o socialista Félix Gouin teve uma rápida passagem pelo cargo e, logo em seguida, Bidault assumiu-o temporariamente entre junho e dezembro daquele ano. No início da Quarta República (1946-1958), sob os mandatos presidenciais de Vincent Auriol e René Coty, ocorreram sucessivas formações e dissoluções de múltiplos governos. Nesse período, Bidault foi novamente chefe de governo (de outubro de 1949 a julho de 1950), ministro dos Negócios Estrangeiros em três ocasiões e, também, ministro da Defesa. Atuou na implantação do Plano Marshall e negociou a Aliança de Defesa do Atlântico, acordo precursor da Organização do Tratado do Atlântico Norte (Otan).[4]

Durante a Quarta República, a França começou a enfrentar problemas crescentes na Argélia, que iniciou sua Guerra de Independência em 1954. Bidault, como se posicionava de modo bastante favorável à política colonialista francesa, passou, com o avanço do conflito, a se envolver cada vez mais na defesa da permanência da Argélia como parte da França.[5] Nesse movimento, Bidault aproximou-se de Georges Albertini, conhecido colaboracionista do regime de Vichy, antigo braço direito de Marcel Déat. Albertini passou a ser seu conselheiro secreto, indicando-lhe leituras, fornecendo-lhe informações privilegiadas sobre o Front de Libération Nationalle (FLN) argelino e até mesmo oferecendo-lhe proteção policial contra as ameaças que passara a receber por parte daquela organização.[6] Logo no início do regime militar brasileiro, como veremos, Georges Albertini seria contratado como colaborador do SNI.

As pressões para que de Gaulle voltasse ao poder e restabelecesse a ordem no país começaram a crescer, e Bidault ofereceu-lhe grande apoio. Ele acreditava que o general apoiaria a causa da Argélia francesa. Em 1958, Charles de Gaulle voltou a ser o primeiro-ministro e, no ano seguinte, foi eleito indiretamente para a presidência. Era o início da Quinta República. Em seu governo, de Gaulle privilegiou as nomeações de caráter técnico. Sua intenção era combater a grave situação econômica deixada pela Quarta República. Naquele momento, Maurice Couve de Murville passou a ocupar o cargo de ministro dos Negócios Estrangeiros, onde permaneceria pelos dez anos seguintes.[7] O novo presidente não ofereceu nenhum ministério aos chamados "mosqueteiros da Argélia francesa". Essa atitude foi vista por eles com desconfiança.[8]

Em junho de 1958, de Gaulle fez seu célebre e ambíguo pronunciamento sobre a autodeterminação da Argélia (*Je vous ai compris*).[9] Sentindo-se traído, Bidault rompeu com o então primeiro-ministro. A partir daquele momento, toda sua atuação parlamentar voltou-se para a defesa da colônia. Em 1962, após o referendo promovido por de Gaulle e por meio do qual 90% dos franceses e 99,7% dos argelinos reconheceram a independência argelina,[10] Bidault criou, junto com Jacques Soustelle, Antoine Argoud e Pierre Sergent, um outro CNR. Este fazia referência à entidade homônima atuante no contexto da Segunda Guerra Mundial e tinha a finalidade de "restabelecer o funcionamento normal das instituições da República".[11] Nos últimos meses da Guerra da Argélia, o CNR se aliou à OAS[12] e passou, assim, a atuar na clandestinidade.

Em julho de 1962, o Poder Executivo solicitou à Assembleia Nacional a suspensão da imunidade parlamentar de Georges Bidault, que foi aprovada por 241 votos contra 72 e 109 abstenções. Em agosto, o carro no qual o general de Gaulle ia para sua casa, em Colombey-Les-Deux--Églises, foi alvejado por tiros de metralhadora quando passava pelo Petit-Clamart, na periferia de Paris. Ele e todos os outros ocupantes do veículo conseguiram, milagrosamente, escapar do atentado planejado pela OAS.[13] No mês seguinte, o CNR foi declarado ilegal. Georges Bidault foi acusado de conspiração contra o chefe de Estado francês e, para escapar da prisão, deixou o país. Em março de 1963, chegou a Lisboa, mas o governo de Salazar não o deixou permanecer. Em seguida, buscou refúgio no Brasil, onde ficou até maio de 1967.[14] Inicialmente, Bidault foi para o interior de Minas Gerais, com o compromisso de que não se envolveria em atividades políticas. Pouco tempo depois, partiu para Campinas (SP) e depois São Paulo, onde acabou se unindo à colônia francesa ali existente, sem manter o acordo inicialmente assumido. Bidault estabeleceu ligações com funcionários da Embaixada de seu país e com chefes de empresas francesas, além de fazer, como veremos adiante, declarações à imprensa. Antes de retornar à França, quando foi anistiado em 1968, passou um período asilado na Bélgica.[15]

O Itamaraty também concedeu asilo a outros franceses envolvidos na oposição à independência argelina; no entanto, recusou-se a admitir alguns membros diretamente envolvidos nas ações armadas da OAS.[16] De todo modo, em 1965, o órgão cogitou receber Georges Watin, conhecido como Chacal, envolvido no já citado atentado do Petit-Clamart. Naquele momento, Watin estava refugiado na Suíça,[17] de onde, após uma passagem pela Espanha, foi para o Paraguai, país onde permaneceu até a sua morte, aos 71 anos, em 1994, mesmo após também ter sido anistiado pela lei de 1968.[18]

Como mencionei, Bidault estava asilado no Brasil desde o início de 1963. Assim que o governo concedeu asilo político ao ex-primeiro-ministro francês, a imprensa brasileira, de modo geral — embora não tenha criticado a medida em si —, foi extremamente rude com relação à sua presença em território nacional. O *Jornal do Brasil*, por exemplo, chegou a afirmar que Bidault não merecia a simpatia da opinião pública brasileira.[19] O governista *Última Hora*, mais enfático, declarou que Bidault até poderia vir, mas devia deixar a OAS de lado.[20] É preciso recordar que aquele ainda era o contexto da guerra da lagosta; assim, a apreensão era de que a concessão do asilo a Bidault pudesse piorar as já tão estremecidas relações franco-brasileiras.[21]

Já no final daquele mês, o encarregado de negócios da Embaixada francesa, Jean-Paul Anglès, em nota, observava que a presença de Bidault no Brasil já havia se tornado tema raro na imprensa. E mais: alguns jornais já acenavam com maior simpatia ao político francês. Para Anglès,

> neste país onde as opiniões as mais contraditórias se exprimem frequentemente sob a pluma de um mesmo autor de um dia para o outro, esses comentários não terão consequências. Eles são frutos de uma impulsividade, não desprovida de sinceridade, que dificilmente deixa traços, e o Itamaraty permanecerá provavelmente surdo aos apelos feitos para mais bondade ou para maior rigor com relação a Bidault.[22]

Logo após sua chegada ao Brasil, Bidault publicou vários artigos em *O Estado de S. Paulo*, sempre discutindo temas gerais de política externa, sem mencionar o governo francês. O tom começou a mudar quando, no dia 30 de junho de 1963, foi publicado o artigo "Autodeterminação... para quem?", no qual o político asilado criticava com veemência o direito à autodeterminação. Para ele, tratava-se de uma ideia transmitida de maneira falseada, atribuída de modo desigual e parcial. Após fazer longa explanação sobre os conceitos de Povo, Nação e Estado, e citar diversos exemplos, Bidault concluía que, embora a independência da Argélia tivesse sido concedida por de Gaulle, o processo teria sido conduzido de maneira artificial e hipócrita, já que, naquele novo Estado, não haveria uma nação, no sentido de um povo compartilhando uma mesma identidade, mas apenas a reunião de dois povos distintos: os árabes e os berberes. Essa foi a primeira ocasião em que Bidault se pronunciou publicamente sobre questões políticas de seu país, desrespeitando assim o compromisso assumido ao receber a concessão de asilo.[23] Em agosto daquele ano, quando sua esposa veio ao seu encontro, no Brasil, Bidault declarou ao *Jornal do Brasil* que seu retorno à França estava próximo, já que o governo de seu país já estaria praticamente derrubado.[24] Tais episódios, contudo, não causaram grandes repercussões no governo francês.[25]

Os atritos começaram a crescer quando, no início de 1964, a imprensa brasileira passou a divulgar rumores de que Bidault teria vendido ao governador de São Paulo, Adhemar de Barros, um plano de ação armada para ser usado contra o governo federal. Por essa razão, a França teria solicitado ao governo brasileiro sua expulsão. O Itamaraty, por sua vez, afirmou não ter recebido qualquer pedido do governo francês e que, além disso, não existia nenhuma convenção sobre o tema da extradição entre os dois países. Bidault negou energicamente a acusação e declarou que, apesar de não reconhecer sua condenação pela Justiça de seu país, pedia aos jornalistas que o deixassem em paz, pois desejava permanecer no Brasil.[26]

No entanto, a notícia de que um membro da OAS, Louis de Condé, teria saído do Brasil em direção ao México, justamente no momento em que o presidente Charles de Gaulle visitava aquele país, desencadeou uma campanha por determinados veículos da imprensa, bem como por alguns setores políticos, para que o governo brasileiro expulsasse Bidault do território nacional. O jornal *Última Hora*, que encabeçou tal campanha, acusava o asilado francês de continuar suas atividades "subversivas" no

Brasil, agindo contra o presidente francês e, em conluio com Adhemar de Barros, contra o governo federal brasileiro.

Seguindo essa mesma posição, o deputado federal João Dória, do Partido Democrata Cristão da Bahia, em um pronunciamento na Câmara dos Deputados, questionou os ministros da Justiça e das Relações Exteriores sobre quais medidas, senão a expulsão, poderiam ser tomadas contra Bidault para impedi-lo de continuar suas atividades "subversivas". Seu argumento era que a presença de Bidault no território nacional representaria um elemento de conflito entre o Brasil e a França, considerando-se o fato de que o general de Gaulle havia sido vítima de um atentado preparado pelo próprio Bidault. Dias depois, o deputado declarou a um primeiro-secretário da Embaixada francesa que sua preocupação era sobretudo com a política interna do Brasil, pois temia que a ligação da extrema direita brasileira com elementos terroristas pudesse causar danos políticos ao país.[27] Cabe observar que esse documento foi enviado ao Quai d'Orsay no dia 20 de março de 1964, isto é, após o famoso comício feito por Goulart na Central do Brasil, quando a situação política brasileira já estava bastante conturbada. De fato, embora Bidault não tenha se envolvido diretamente com as questões internas brasileiras, ele escreveu, logo após o golpe, um artigo que foi publicado em Paris, no qual defendia a intervenção dos militares e criticava a maneira como a imprensa francesa vinha tratando o episódio.[28]

As reações do governo francês contra Bidault não tardaram a começar. No final de junho, quando Bidault solicitou ao Consulado-Geral de São Paulo um *certificat de vie*, que seria essencial para a realização de certos atos da vida civil no Brasil, o Quai d'Orsay respondeu que as instruções consulares eram claras quanto a não conceder tal documento a franceses envolvidos em atividades contrárias à segurança do Estado, como era o caso dele.[29]

Em setembro de 1964, a Embaixada brasileira foi notificada de que Bidault estaria fazendo comentários na imprensa sobre a política interna da França e, por esse motivo, fora advertido pelo MRE de que os compromissos assumidos por ele, ao ser acolhido pelo Brasil, incluíam "abster-se do exercício de atividades políticas relativas ao atual governo francês e não criar dificuldade ao governo brasileiro em suas relações com aquele".[30]

Tratava-se de uma entrevista concedida a *O Jornal*, no dia 16 de setembro, na qual fazia alusão às medidas de segurança que poderiam ser tomadas contra ele na ocasião da visita do presidente francês ao Brasil. Na mesma ocasião, Bidault afirmou que a OAS não estava extinta e que, portanto, deveria retomar suas ações em breve.[31]

Mesmo após ser advertido, Bidault concedeu uma entrevista coletiva à imprensa francesa, gravada no Brasil, na qual afirmava nunca ter se afastado da vida política e enfatizava sua intenção de continuar a lutar contra a Quinta República e o governo do general de Gaulle. Mereceu destaque por parte da Embaixada brasileira o trecho em que Bidault afirmou conhecer o risco de ser expulso do Brasil.[32] Naquele mesmo mês, Carlos Lacerda, governador da Guanabara, convidou o asilado francês, que morava em Campinas, para viver no Rio de Janeiro. Como veremos, em uma visita a Paris, logo após o golpe, o governador teve um forte desentendimento com de Gaulle, que se recusou até mesmo a recebê-lo em sua passagem pelo Rio de Janeiro no início de outubro de 1964. Desse modo, a atitude de Lacerda foi uma clara tentativa de incomodar o presidente francês e, ao mesmo tempo, de criar atrito com Adhemar de Barros, gaullista ferrenho e um de seus adversários nas eleições presidenciais que, até aquele momento, estavam previstas para ocorrer em 1965.[33]

No ano seguinte, havendo Georges Bidault concedido uma entrevista ao jornal *O Globo*, em que, mais uma vez, fazia críticas à política interna francesa, o ministro Vasco Leitão da Cunha enviou-lhe uma carta para relembrá-lo do termo de compromisso que havia assinado, no qual concordava em não fazer declarações de cunho político durante sua permanência no Brasil.[34] A finalidade era evitar que as atividades políticas de Bidault pudessem "perturbar as atuais excelentes relações franco-brasileiras".[35] Havia também a intenção do governo brasileiro de usar esse caso para dar exemplo ao Uruguai, onde vários brasileiros encontravam-se exilados, entre os quais Leonel Brizola. Segundo o diplomata que ocupava o cargo de embaixador francês na época, Dufresne de la Chauvinière, o caso de Brizola preocupava especialmente o governo do Brasil, já que, se o ex-governador do Rio Grande do Sul sentisse sua liberdade restringida, poderia querer refugiar-se em Paris.[36]

Bidault continuou a fazer declarações à imprensa brasileira, sobretudo ao jornal *O Estado de S. Paulo*, porém passou a adotar um tom mais moderado e não causou mais nenhum atrito digno de nota pelo governo francês. No início de 1967, chegou mesmo a cogitar ficar permanentemente no Brasil,[37] o que, como dito, acabou não ocorrendo, já que voltou para a Europa em meados daquele ano.

4

A resolução dos conflitos e o fim do governo João Goulart

Não se pode pensar um país como um bloco monolítico. As decisões na esfera estatal, sobretudo em regimes democráticos, ocorrem geralmente de maneira complexa. As diferentes instâncias de um governo nem sempre estão de acordo sobre determinado tema, e as medidas tomadas ficam expostas às contradições apontadas pelos setores políticos de oposição ou mesmo pela opinião pública. No dia 29 de outubro de 1963, o deputado francês Charles de Chambrun, do partido gaullista Union pour la Nouvelle République (UNR), pronunciou um discurso na Assembleia Nacional em que, após falar sobre a tradicional amizade entre o Brasil e a França, criticou a maneira pela qual o Poder Executivo francês havia administrado a questão da lagosta. Falou também sobre a inadequação da falta de resposta ao pedido de *agrément* para Vasco Leitão da Cunha e, por último, sugeriu que o governo francês passasse a adotar providências no sentido de restabelecer boas relações entre os dois países. No plenário, nenhum deputado governista o apoiou e, no dia seguinte, apenas o jornal *Le Monde* publicou uma pequena nota.[1]

No início de 1964, Charles de Chambrun, presidente do Grupo de Amizade França-Brasil da Assembleia Nacional,[2] participaria de uma delegação parlamentar que veio a terras brasileiras em uma missão comercial.³ Os outros participantes eram os deputados Pierre de Montesquiou, Lucien Neuwirth e Robert-André Vivien. Todos tiveram suas passagens pagas pelo governo brasileiro, já que o convite havia sido feito pelo presidente da Câmara dos Deputados, Ranieri Mazzilli.⁴ Um dos objetivos de Charles de Chambrun, genro do diretor do Monoprix, grande rede francesa de mercados varejistas, era fazer contatos com exportadores de café solúvel, por intermédio do Instituto Brasileiro do Café (IBC), no intuito de aumentar as importações do produto.⁵ Além disso, a missão pretendia vender materiais para a indústria siderúrgica brasileira, comercializar equipamentos de aviação, melhorar o sistema de cooperação técnica com o país etc.⁶

André Villepreux, diplomata responsável por acompanhar as missões parlamentares que vinham ao Brasil, bem como as visitas de personalidades políticas francesas, afirmou que a delegação parlamentar também tinha a finalidade mais ampla de melhorar as relações franco-brasileiras,⁷ tanto que, na ocasião da mencionada viagem, foi constituído o Grupo de Amizade Brasil-França no Parlamento brasileiro.⁸ Ao retornarem a Paris, os quatro deputados participaram de um debate no *Journal Télévisé*, no qual falaram de suas impressões sobre o Brasil e enfatizaram a nítida melhora das relações entre os dois países.⁹ Essa perspectiva já havia sido difundida pela televisão francesa quando, em janeiro daquele ano, uma emissão sobre as mudanças na diplomacia do país europeu analisava a regularização das relações franco-brasileiras.¹⁰

De todo modo, a sequência de eventos desastrosos relacionados aos conflitos bilaterais levou o presidente João Goulart, por recomendação do Itamaraty, a convidar Charles de Gaulle para visitar oficialmente o Brasil em 1964. A carta enviada ao presidente francês acabou servindo como um pedido de desculpas ao lamentar "as declarações feitas por pessoas não autorizadas".¹¹ O convite foi aceito, uma viagem de três ou quatro dias foi agendada para o mês de outubro do mesmo ano,¹² e o clima entre os dois países passou a ser mais amigável. Goulart também foi convidado a visitar oficialmente a França e teria programado sua viagem para o mês de abril.¹³

De Gaulle solicitou o *agrément* para o embaixador Pierre Sébilleau, que foi aceito prontamente,¹⁴ o que faria com que a Embaixada não tivesse mais à sua frente um diplomata de segundo escalão. Pierre Sébilleau era descrito por Raul de Vincenzi como um indivíduo com "excepcionais qualidades pessoais" e sua vinda para o Brasil era vista com entusiasmo.[15] Sébilleau só assumiria a Embaixada em junho de 1964, sendo que, entre setembro e fevereiro do ano seguinte, por motivo de saúde, foi temporariamente substituído por Dufresne de la Chauvinière.[16] A partir daquele momento, o atrito gerado pela chamada para consulta do embaixador Jacques Baeyens ficou resolvido. Tanto que, logo no início de 1964, Charles de Gaulle enviou uma mensagem a João Goulart na qual defendia a importância de que fossem mantidos os tradicionais laços de amizade entre o Brasil e a França, e sequer mencionou os conflitos vivenciados pelos dois países.[17] A troca de correspondências entre os dois chefes de Estado e a visita dos parlamentares franceses geraram uma súbita mudança no comportamento da imprensa brasileira com relação à França. Os ataques que vinham sendo feitos desde o auge da crise da lagosta pelos principais jornais do país deram lugar a uma espécie de "euforia generalizada", e os deputados franceses passaram a ser recebidos acaloradamente por onde passavam.[18]

Nos meses seguintes, o Brasil viveria sérias conturbações políticas, que culminariam no golpe de Estado civil-militar. Esse cenário não passou despercebido na França. O famoso comício que seria realizado por João Goulart, no dia 13 de março daquele ano, em frente à Estação Central do Brasil, no Rio de Janeiro, foi anunciado pelas edições do dia 11 dos jornais *Le Monde*, *Le Figaro* e *Le Combat*. Os recortes das matérias foram enviados pela Embaixada ao Itamaraty, acompanhados de um comentário de Raul de Vincenzi, no qual destacava a "manifestação de apoio à política do presidente João Goulart" por parte daqueles periódicos.

O jornal *Le Monde*, especificamente, alertava para uma ofensiva dos conservadores contra a esquerda e o presidente.[19] Já a edição de *Le Combat* do dia seguinte trazia uma matéria sobre os projetos de Goulart para a questão agrária e afirmava, de acordo com a transcrição do diplomata, que "o comício do dia 13 de março poderá ser marco relevante no processo de democratização do estatuto rural no Brasil, abrindo nossas vistas à conscientização reformista e superando os obstáculos parlamentares, de ordem conservadora".[20] No dia 19 de março, *Le Monde* publicou um editorial intitulado "Virada à esquerda no Brasil",[21] no qual analisava as implicações do comício no cenário político brasileiro. Para o jornal, que possuía uma visão bastante otimista com relação ao governo Goulart, "a batalha que levam alguns líderes conservadores contra a transformação das estruturas brasileiras parece perdida de antemão",[22] com ênfase para a mensagem que o presidente havia transmitido ao Congresso Nacional, na qual afirmava estar decidido a renovar a sociedade brasileira. Mais tarde, após o golpe, os diplomatas brasileiros seriam orientados a interceder junto a determinados veículos da imprensa francesa e ao governo daquele país para tentar moderar o tom de crítica adotado por esses jornais, que passaram a expressar grande frustração com os rumos que a política brasileira havia tomado — esse tema será tratado com mais detalhes na próxima parte.

Todo esse movimento também foi observado pela Embaixada francesa, no Rio. O encarregado de negócios Jean-Paul Anglès, que cumpria as funções de embaixador desde a partida de Jacques Baeyens, no entanto, não via o cenário político brasileiro com o mesmo entusiasmo dos principais jornais franceses. Pelo contrário, para Anglès, Goulart não controlava bem a situação, não era confiável e tampouco "representava realmente algo de muito durável no Brasil".[23] Em um telegrama enviado ao Quai d'Orsay no dia 16 de janeiro de 1964, Anglès explicitava sua percepção da conjuntura brasileira de modo ainda mais enfático:

> Essa grave carência de poder se explica em parte pela pessoa do chefe de Estado: de um nível de cultura medíocre [...] e sem grande senso de interesse geral, o presidente Goulart é apenas um político brasileiro extremamente hábil, não é um estadista. Os aspectos negativos de sua personalidade, no entanto, são compensados por certa forma de orgulho que o torna sinceramente desejoso de marcar sua passagem pela presidência com algumas grandes realizações. [...] Infelizmente, João Goulart é impaciente, seu mandato lhe parece curto e ele quer resultados rápidos.[24]

O emblemático comício do dia 13 de março foi visto por Anglès como uma mensagem de desprezo de Goulart pelo Congresso Nacional, nada menos que uma tentativa de pressionar essa instituição a aprovar as reformas de base ou mesmo de realizá-las à força, ignorando o papel do Parlamento. Para o diplomata, o comício dava margem à interpretação de que se tratava do início de um golpe de esquerda — temido por vários grupos conservadores havia algum tempo —, embora, para ele, Goulart não parecesse ter escolhido a via revolucionária. O presidente defendia reformas profundas, porém pacíficas. De todo modo, a manifestação fora um grande sucesso para Goulart, que usara a ocasião para mostrar ao país o apoio que lhe davam as massas populares. Até aquele momento, segundo o observador francês, os setores de oposição não demonstravam qualquer reação ou mesmo sinais de que pretendiam se organizar[25] — o que foi um evidente equívoco de sua análise, pois ocorreria, logo em seguida, no dia 19 de março, a primeira Marcha da Família com Deus pela Liberdade, que, movida pelo "medo do comunismo", teria sido "a maior manifestação política jamais vista no Brasil".[26]

Em contrapartida, nem todas as manifestações de esquerda eram vistas da mesma maneira pelo diplomata, já que ele elogiava o trabalho que Miguel Arraes vinha fazendo para o desenvolvimento da região Nordeste. Segundo ele, "em todos os países há coisas que se faz bem ou mal, qualquer que seja a filiação política".[27] Em documento enviado ao Quai d'Orsay no início de março de 1964, quando o mandato de Arraes completava um ano, Anglès fazia elogios bastante eloquentes ao governador de Pernambuco. Mesmo estando à frente de um dos estados brasileiros mais marcados pelo subdesenvolvimento e pela miséria, Arraes vinha alcançando resultados muito importantes em sua administração, projetando-o não apenas na região Nordeste, mas também possibilitando-o exercer um papel de destaque no cenário político nacional nos anos seguintes. Em apenas um ano, e apesar das críticas contundentes de grupos conservadores, Arraes havia conseguido modificar o clima político e social de seu estado, agindo sempre dentro da legislação vigente. Entre as medidas destacadas pelo diplomata, estavam o estabelecimento de um salário mínimo obrigatório para os trabalhadores rurais, a utilização da polícia de modo racional e não mais de acordo com os interesses dos grandes proprietários de terras e, também, um audacioso plano de alfabetização em massa, que já vinha apresentando resultados positivos.[28]

Michel Koch, oficial das Forças Armadas da França, atuou como diplomata disfarçado na Embaixada francesa entre junho de 1963 e junho de 1966. Além de auxiliar os diplomatas, por meios nem sempre "necessariamente legais", Koch era responsável por investigar a infiltração comunista no Brasil.[29] Segundo Koch, tratava-se somente de observação, pois ele apenas acompanhava o cenário político brasileiro, sem qualquer envolvimento ou interferência, já que o Brasil não representava uma zona de influência francesa, como era dos Estados Unidos. Michel Koch afirma que seu papel era centralizar informações sigilosas que pudessem representar segredos de Estado e enviá-las diretamente para o Elysée, sem passar pelo Quai d'Orsay. Com relação a Goulart, a avaliação do militar era de que ele "tinha as melhores intenções [...], mas faltava seriedade, faltava previsão econômica e social e [ele] fazia reformas pelo aspecto midiático, mas não pelo bem do país a longo prazo".[30] Nesse sentido, para Koch, nunca houve uma real ameaça de tomada de poder pelos comunistas no Brasil; ele via nada mais que a tomada de medidas de esquerda, por vezes demagógicas, mas totalmente ineficazes. Em suma, constatava: "Quanto à ameaça [...] de uma revolução, não no Brasil. A ameaça de um deslize que pudesse levar ao caos, sim."[31]

Após o sucesso inesperado da primeira Marcha da Família com Deus pela Liberdade, muitas outras foram organizadas por todo o Brasil.[32] O clima político do país passou a ficar cada vez mais agitado, e isso gerava apreensão nos meios diplomáticos. De acordo com o cônsul-geral da França em São Paulo, Geoffroy de La Tour du Pin, a Grã-Bretanha já teria enviado um plano de proteção e de evacuação de famílias britânicas em caso de problemas graves. O mesmo teria feito o governo dos Estados Unidos. Já o cônsul francês informou ao Quai d'Orsay que a única medida tomada por ele era recomendar aos seus compatriotas que deixassem os tanques de combustível de seus veículos completos, armazenassem água e estocassem certa quantidade de alimento, sobretudo se tivessem crianças em casa.[33] Veremos com mais detalhe as reações do governo francês ante o golpe.

Seja como for, a visita do general de Gaulle ao Brasil realizar-se-ia efetivamente em outubro de 1964. Tendo ocorrido, portanto, após a deposição de Goulart, seria o presidente Castelo Branco que receberia o chefe de Estado francês.

Embora a questão da lagosta tenha passado para a história das relações internacionais brasileiras com um tom anedótico e sensacionalista, o episódio ganha importância quando se pretende compreender a maneira como a diplomacia nacional busca resolver seus conflitos.[34] Do mesmo modo, ao se levar em consideração o contexto de conturbação política que antecedeu a queda de Goulart, é possível questionar se esse embate não teria representado um elemento a mais para o fortalecimento da oposição ao seu governo e, assim, concorrido para o seu crescente processo de desestabilização.

5

A França e o golpe de 1964

Às vésperas do golpe de Estado que destituiu João Goulart da Presidência da República, as relações franco-brasileiras encontravam-se em processo de reconstrução. Foi, portanto, no início do governo Castelo Branco que se buscou solucionar todas as pendências ainda existentes entre os dois países. Antes da viagem do general de Gaulle ao Brasil, uma missão negociadora foi enviada a Paris, por ordem do Itamaraty, a fim de concluir a resolução do contencioso financeiro.[1] Decerto, a finalidade era reverter o aborrecimento que a postura do Brasil diante dos conflitos com a França havia causado, colaborando, assim, para melhorar a imagem brasileira no exterior. Como vimos, na ocasião do golpe, nem a representação francesa no Brasil, nem a brasileira na França tinham um embaixador à sua frente, o que era resultado dos atritos decorrentes da chamada Guerra da Lagosta.

Poucos meses antes da intervenção militar, a perspectiva passada pela Embaixada francesa ao Quai d'Orsay era que, embora a conjuntura política brasileira estivesse bastante conturbada, as eleições presidenciais deveriam ocorrer normalmente no final de 1965. De acordo com o órgão, a hipótese de um golpe de Estado de direita, mesmo que possível, começava a se enfraquecer, pois o Exército tradicional vinha perdendo sua força ao ter militares ligados a Goulart e, portanto, partidários de uma esquerda nacionalista, colocados em postos-chave da instituição. Sendo assim, para

Jean-Paul Anglès, o risco de um golpe de Estado viria muito mais da parte do próprio Goulart, que aparentava desejar uma ditadura de esquerda para impor reformas e, talvez, uma revisão constitucional que fortalecesse seu poder e prolongasse seu mandato, ou mesmo permitisse sua reeleição.

Segundo Anglès, teria sido essa sua tentativa quando solicitou ao Congresso Nacional a aprovação do estado de sítio[2] e também quando elaborou um projeto de reforma agrária. Esse projeto previa a expropriação de terras situadas na proximidade de rodovias federais para utilização social, além do estabelecimento de um convênio com as Forças Armadas para que fossem as responsáveis pela execução das desapropriações.[3] Essas medidas geraram, por exemplo, reações violentas dos grandes proprietários fundiários de Minas Gerais, entre os quais vários coronéis aposentados da polícia militar, que estariam dispostos a lutar por todos os meios para impedir a aplicação da reforma agrária.[4]

O próprio Service de Documentation Extérieure et de Contre-espionnage [Serviço de Documentação Exterior e de Contraespionagem] (SDECE), órgão francês de inteligência no estrangeiro, em nota de caráter secreto, informava ao então primeiro-ministro, Georges Pompidou, que a real intenção de Goulart era tornar-se um ditador socialista marxista-leninista, utilizando, a seu favor, a revolta dos sargentos.[5] O presidente brasileiro estaria tentando desesperadamente conservar seu posto, mesmo que a Constituição brasileira não permitisse a reeleição.[6] O discurso proferido por Goulart na sede do Automóvel Clube, no Rio de Janeiro, no dia 30 de março, apenas confirmaria essa perspectiva.[7] Segundo o SDECE, no entanto, o Brasil corria um sério risco de colapso econômico e financeiro, e apenas uma ditadura econômica rigorosa poderia sanar a situação.[8]

Como sabemos, o golpe não partiu de Goulart.

A repercussão da intervenção militar na imprensa francesa incomodou sobremodo o Itamaraty. A Embaixada brasileira em Paris enviava os recortes de todos os jornais que tratavam da situação política do Brasil.[9] O golpe havia repercutido, segundo o diplomata Raul de Vincenzi, em todos os jornais franceses, até mesmo nos populares. O diretor do jornal *Le Monde*, Hubert Beuve-Méry, publicou, na edição do dia 4 de abril, um editorial intitulado "A Ordem contra o Progresso", que dizia: "A legalidade de ontem toma a forma de uma vasta e tenebrosa conspiração comunista, enquanto a rebelião aparece como uma impressionante manifestação do patriotismo e da legitimidade."[10] Além disso, o correspondente no Brasil do referido veículo, o jornalista Irineu Guimarães, bem como o correspondente de *Le Figaro*, Daniel Garric, adotaram posições bastante críticas sobre a intervenção militar. De acordo com Raul de Vincenzi, eles buscavam contestar o fundamento legal da chamada "revolução", de cujos propósitos democráticos duvidavam. A atitude dos militares foi vista por esses jornais como uma reação da direita contra os avanços sociais propostos pela esquerda, e a aplicação do rótulo genérico de "comunista" a qualquer opositor foi duramente criticada. Em uma carta-telegrama, Raul de Vincenzi chamou atenção para a substituição do citado correspondente de *Le Figaro* por Max Olivier-Lacamp, cuja orientação ideológica, diferente de Garric, não o teria feito se posicionar, até aquele momento, de maneira crítica a respeito da situação política brasileira.[11] Ainda de acordo com Raul de Vincenzi, o ministro francês dos Negócios Estrangeiros, Maurice Couve de Murville, teria criticado a influência norte-americana sobre o Brasil; no entanto, logo em seguida, o Quai d'Orsay teria desmentido suas palavras.[12] Cabe ressaltar que o antiamericanismo francês, nascido nos anos 1930, nos meios de extrema direita, passara a fazer parte da vida política e cultural francesa e, em meados dos anos 1960, aproximadamente a partir da intervenção dos Estados Unidos no Vietnã, ganhou ainda mais força.[13]

Logo após o golpe, o novo ministro das Relações Exteriores, Vasco Leitão da Cunha, enviou um telegrama à Embaixada em Paris solicitando que Raul de Vincenzi contatasse, o mais rápido possível, o Quai d'Orsay a fim de explicar os motivos da intervenção militar e a política externa do novo regime. No dia anterior, o recém-nomeado ministro havia difundido um boletim para as representações do Brasil no exterior no qual explicava as novas diretrizes da política externa nacional. Ao assegurar a permanência das alianças internacionais do Brasil, a declaração teve o efeito de garantir a transição pacífica para o novo regime, buscando evitar a perda de confiança e os efeitos negativos do golpe sobre as relações externas brasileiras. No telegrama mencionado, Leitão da Cunha solicitava a Raul de Vincenzi que traduzisse o referido boletim e o entregasse ao Quai d'Orsay. O objetivo era evitar que o governo francês adotasse a mesma perspectiva que a imprensa francesa vinha difundindo sobre a "revolução". Leitão da Cunha reforçava "a estranheza que essas interpretações da imprensa francesa, que se afastam da realidade, [*causavam*], dando à opinião pública uma visão distorcida dos fatos".[14]

No dia 9 de abril, o ministro concedeu uma entrevista coletiva sobre a política externa a ser adotada a partir daquele momento e aproveitou para se queixar da compreensão, segundo ele, equivocada da imprensa internacional, sobretudo a francesa, a respeito do que estava acontecendo no Brasil.[15] Ele afirmava que o Brasil manteria a normalidade de suas relações internacionais, sem restrições ideológicas; porém, admitia poder haver um esfriamento do intercâmbio brasileiro com países socialistas. Leitão da Cunha foi o primeiro ministro a tomar posse e, inicialmente, acumulou a pasta das Relações Exteriores com a da Saúde. Foi nomeado no dia 6 de abril, ainda pelo presidente interino Ranieri Mazzilli, já que Castelo Branco, eleito indiretamente pelo Congresso Nacional no dia 11 daquele mês, assumiria o cargo apenas no dia 15.[16] A relevância internacional de Leitão da Cunha foi muito importante para a consolidação do regime no âmbito externo. Logo após a eleição, o general de Gaulle enviou um telegrama ao novo presidente, o que foi interpretado como o reconhecimento oficial da França sobre o novo governo.[17] Assim, ao contrário dos Estados Unidos, que foram o primeiro país a reconhecer o regime, a França, inicialmente desconfiada, só o fez depois que Castelo Branco foi escolhido presidente, mesmo que o entendimento da Embaixada francesa fosse de que a eleição não fora feita de acordo com a Constituição, mas sim com base no Ato Institucional.[18]

Alguns dias mais tarde, Raul de Vincenzi informou à Secretaria de Estado que havia solicitado uma audiência com o ministro dos Negócios Estrangeiros, Couve de Murville, mas que, na sua ausência, foi atendido pelo ministro das Reformas, Louis Joxe, que havia assumido interinamente a direção do Quai d'Orsay. Nessa reunião, o representante brasileiro entregou a tradução do documento ao ministro, conforme Leitão da Cunha havia solicitado, comentando sobre a preocupação quanto ao governo francês adotar o mesmo posicionamento crítico da imprensa com relação à intervenção militar no Brasil. Louis Joxe, conforme o relato de Vincenzi, deixou claro que a França não se aproximava das "conclusões primárias" difundidas pelos jornais, pois essas eram incompatíveis com as informações recebidas diretamente da Embaixada francesa no Rio. Ressaltou também que era imprescindível não confundir a opinião da imprensa com a do governo, assim como, segundo ele, a França havia feito "impropriamente" na crise da lagosta. Finalizou afirmando que "na França, como no Brasil, [*a imprensa*] gozava de completa liberdade" e que, embora não pudesse influir no seu posicionamento, iria recomendar ao ministro da Informação que orientasse ao rádio e à televisão, meios de divulgação que se encontravam sob o controle do governo, para que adotassem um tom mais moderado e equilibrado em suas interpretações.[19]

A indignação do governo brasileiro acerca das reações da imprensa francesa ante o golpe foi compartilhada pela imprensa de nosso país. Os três maiores jornais brasileiros na época — *O Estado de S. Paulo*, *O Globo* e o *Jornal do Brasil* — atacaram com veemência a forma como os principais veículos da imprensa francesa vinham criticando a maneira como se dera a queda de Goulart. Em linhas gerais, os editoriais dos jornais brasileiros citados atribuíam a perspectiva francesa à ignorância de seus jornalistas sobre o que efetivamente ocorrera no Brasil.[20]

Em 10 de abril, Raul de Vincenzi enviou ao Itamaraty um artigo de Maurice Duverger, professor "de tendência socialista" do curso de Ciência Política da Sorbonne, publicado na primeira página do jornal *Le Monde* do mesmo dia. O texto tratava, de modo geral, da influência dos Estados Unidos na contenção da expansão de movimentos comunistas na América Latina. O autor observava que estaria ocorrendo o fim de um modelo, o qual denominou "kennedismo", que apoiava iniciativas latino-americanas moderadamente reformistas e que, com a designação de Thomas Mann como secretário assistente para Assuntos Interamericanos,[21] teria entrado em vigência um modelo mais explicitamente repressivo. Ao final, fazia uma crítica a essa política repressiva, pois, segundo ele, nenhum regime de força poderia conter indefinidamente as transformações das estruturas sociais obsoletas da região; ao contrário, poderia até mesmo estimular os movimentos sociais revolucionários.[22] Já era possível observar que lidar com as críticas veiculadas pela imprensa seria uma das tarefas mais árduas a serem enfrentadas pela Embaixada.

Naquele mesmo dia, a Embaixada comunicou à Secretaria de Estado que teria recebido com espanto um artigo publicado no semanário *Candide*, edição de 8 a 15 de abril, conhecido por ter suas fontes diretamente ligadas ao Elysée. O jornal divulgou que o general de Gaulle julgava necessário o convite para visitar o Brasil ser reiterado pelo novo governo, já que havia sido feito pessoalmente por João Goulart. O mais surpreendente, contudo, era o presidente francês, desde que tomara conhecimento das agitações sociais que ocorreram no Brasil, no mês de março, ter solicitado a seus assessores que preparassem dois itinerários distintos para sua viagem à América do Sul: um incluiria o Brasil, o outro, não.[23] Efetivamente, a viagem do general de Gaulle só começou a ser organizada após o dia 31 de março[24] e, como se verá, aconteceu em outubro daquele mesmo ano, conforme havia sido planejada.

Seja como for, nem todos os veículos da imprensa francesa se contrapuseram à intervenção militar no Brasil, e esse fator não passou despercebido pela Embaixada. A edição do dia 12 de abril do semanário *Lettres d'Information*, publicação ligada ao Centro de Estudos Superiores de Psicologia Social da França, trazia uma matéria intitulada "Recuo do comunismo no Brasil". A perspectiva do texto destoava da maior parte dos jornais franceses naquele momento, pois a tomada do poder pelos militares era vista com otimismo. O editor-chefe, Georges Sauge, defendia a importância da "revolução pacífica" brasileira por ter impedido o crescimento do comunismo no país, uma ideologia, segundo ele, vazia e que nunca teria trazido nada de positivo para o mundo.[25]

Para o governo francês, mesmo que a chegada dos militares ao poder o tivesse surpreendido e tenha sido vista, de início, com alguma desconfiança, a possibilidade de lidar com um regime que aparentava maior estabilidade foi bem recebida.[26] João Goulart nunca havia sido considerado pelas autoridades francesas um interlocutor com o qual pudessem estabelecer acordos importantes. Nesse sentido, segundo o encarregado de negócios Jean-Paul Anglès, o golpe foi um alívio para a França, ou seja, representou a promessa de ordenação de um cenário que era visto como extremamente caótico. Assim, após o golpe, as relações bilaterais tiveram um considerável progresso. A França tinha um governo de direita, portanto, não há como menosprezar os aspectos ideológicos que levavam a certa incompatibilidade da diplomacia desse país com o governo Goulart, embora houvesse, de fato, uma grande dificuldade de lidar com sua instabilidade e desorganização.[27]

De modo geral, os representantes da França no Brasil viram o golpe como uma intervenção pontual e temporária, que não havia gerado mortes, prisões e torturas em massa.[28] Ainda assim, ao contrário do governo dos Estados Unidos, que, desde o início, ao reconhecer o novo regime, não colocou em dúvida o seu caráter constitucional, até mesmo por ter apoiado o golpe, a Embaixada francesa tinha muitas dúvidas com relação à legalidade da intervenção militar.[29] Nos primeiros dias de abril de 1964, Jean-Paul Anglès relatou ao Quai d'Orsay sua preocupação com a declaração de vacância da Presidência da República pelo presidente do Congresso Nacional, Auro de Moura Andrade, estando Goulart ainda em território nacional. Falou também da sua apreensão com as ações repressivas dos recém-chegados governantes contra os seus adversários, sobretudo aqueles que haviam feito parte do poder destituído.[30] O diplomata, inclusive, receava que a Agence France-Presse (AFP) não pudesse continuar exercendo suas atividades com liberdade e segurança.[31] Ressaltou ainda o ambiente de vitória total que predominava no país e demonstrou surpresa com as "manifestações de alegria que explodiram espontaneamente".[32] Referia-se às Marchas da Família com Deus pela Liberdade.

Em um telegrama secreto, enviado pelo Ministério do Exército francês ao Quai d'Orsay, logo que o nome de Castelo Branco começou a ser cogitado para assumir a presidência, o órgão, provavelmente informado por seu adido na Embaixada francesa no Rio, recomendava que a França não demorasse a "manifestar simpatia" pelo general. Segundo o documento, Castelo Branco, por suas afinidades com a França, poderia abrir o Brasil aos planos políticos e militares franceses.[33] De todo modo, o governo francês logo reconheceu o regime que seria instaurado, embora efetivamente só o tenha feito após a eleição de Castelo Branco. Como mencionei, esse posicionamento foi estimulado, em certa medida, pela atitude dos Estados Unidos diante do golpe. O representante norte-americano na Otan, Thomas Finletter, por exemplo, questionado pelo diplomata francês François Seydoux sobre a opinião dos norte-americanos diante da situação política brasileira, respondeu que o golpe havia sido um sucesso das forças democráticas. Destacou que todo o procedimento de substituição de Goulart havia sido regular e que, portanto, não se tratava de um golpe de Estado militar, mas sim que apenas a estrita aplicação das regras constitucionais teriam garantido a continuidade do regime governamental.[34] Essa também foi a opinião emitida publicamente pelo secretário de Estado norte-americano, Dean Rusk, em uma coletiva de imprensa.[35] Cabe salientar que o Quai d'Orsay, por meio de sua representação em Washington, estava sempre atento às reações norte-americanas aos eventos que vinham ocorrendo no Brasil.

Em que pesem as interpretações contrárias,[36] a ditadura foi deveras violenta desde o seu princípio. Em documento produzido pela Embaixada francesa, ressaltava-se o vigor da repressão em suas ações para eliminar as forças esquerdistas da vida política e administrativa do Brasil. Para Jean-Paul Anglès, as forças armadas brasileiras pareciam se afastar de sua tradição legalista, já que, ao buscarem combater o comunismo, acabavam colocando em risco as garantias constitucionais dos cidadãos. Anglès duvidava de que o relaxamento das ações repressivas ocorreria logo e acreditava que a tendência seria que os militares impusessem à força as reformas julgadas necessárias por eles.[37] Para o diplomata, mesmo a "revolução" tendo uma aparência democrática, o respeito às normas legais havia deixado de ser uma preocupação para os militares. Nos dias que se seguiram ao golpe, a repressão, inicialmente, "expressão de um ódio cego e furioso", passara a ser "fria e sistemática".[38] A edição do Ato Institucional, no dia 9 de abril, viria confirmar essa perspectiva: "A legalidade estava completamente rompida [...] e o Congresso tinha a consciência de viver seus últimos instantes de vida real."[39]

Os brasileiros que buscaram refúgio no exterior e a imprensa internacional foram os primeiros a denunciar as práticas arbitrárias dos militares. Nesse contexto, algumas pessoas procuraram a representação diplomática francesa para sondar as possibilidades de asilo político,[40] como foi o caso de Celso Furtado, que, após o AI-1, perdeu sua função de presidente da Sudene e teve seus direitos políticos suspensos,[41] bem como de Raul Ryff, secretário de imprensa de Goulart, considerado o colaborador do ex-presidente "mais marcado pelas ideias de esquerda", e Beatriz Ryff, sua esposa, os quais, inicialmente, buscaram asilo na Embaixada da Iugoslávia.[42] Vivia-se uma conjuntura política de exceção, e a diplomacia brasileira exerceu um papel fundamental na tentativa de ocultar, no âmbito externo, esse aspecto constitutivo do longo regime que se iniciava.

6.

Exílio, asilo, refúgio e banimento

Há muitas maneiras de se conceituar a noção de "exílio" e é muito difícil delimitar fronteiras claras entre os significados de exilado, asilado, refugiado e migrante. Nem mesmo os especialistas conseguem chegar a um consenso sobre a definição de cada um dos termos. Em linhas gerais, o exílio e, portanto, o exilado são categorias de origem literária e não possuem tipificação jurídica. De acordo com os teóricos do Direito Internacional, há dois tipos de asilo político: o territorial e o diplomático.

O asilo territorial significa o acolhimento de um estrangeiro em determinado território nacional, prescindindo dos requisitos habitualmente exigidos para adentrar suas fronteiras, como forma de proteger o indivíduo de punições ou perseguições decorrentes de crimes de natureza política cometidos no país de origem. É importante salientar que, usualmente, não se extradita o asilado político. Já o asilo diplomático ou extraterritorial, instituto criado na América Latina, no século XIX, e apenas praticado regularmente nessa região, é uma forma provisória do asilo territorial. O asilo diplomático ocorre quando um indivíduo busca proteção em embaixadas, consulados, navios de guerra ou aviões militares no próprio Estado onde é perseguido, pois são zonas consideradas imunes à jurisdição local. O asilo diplomático é sempre temporário e o indivíduo asilado necessita de um salvo-conduto para deixar, com segurança, o país onde se encontra e dirigir-se a um Estado que aceite recebê-lo. De acordo com Mazzuoli, o asilo é "uma instituição humanitária, não sujeito, por isso mesmo, ao critério da reciprocidade". Além disso, um Estado não pode ser forçado a conceder o asilo se sua própria Constituição não o obrigar.[1]

Embora haja constante confusão entre asilo e refúgio, trata-se de categorias com origens históricas e regulamentações distintas. Ao contrário do asilo, regulado por convenções multilaterais, o refúgio tem suas normas elaboradas pelo Alto-Comissariado das Nações Unidas para Refugiados (ACNUR). De acordo com a Convenção sobre o Estatuto dos Refugiados, adotada a partir da Convenção de Genebra de 1951, mas já submetida a atualizações, a concessão do status de refugiado não é feita em decorrência de perseguição política, mas sim em razão do temor de sofrer perseguições por motivo de raça, de religião ou de nacionalidade, ou também por pertencer a determinado grupo social ou possuir determinada opinião política. Assim, o refugiado encontra-se fora de seu país de origem e não pode ou não quer voltar a ele por medo de perseguição. Há também a possibilidade de se conceder refúgio a cidadãos de determinados países onde graves e generalizadas violações aos direitos humanos são cometidas. Aos refugiados são concedidos os direitos e deveres de um estrangeiro em território nacional, o que implica, portanto, assumir o compromisso de não participar de atividades políticas no país de acolhimento.

Dessa forma, o asilo tem caráter claramente individual; já o refúgio tem como uma de suas características englobar situações que atingem uma coletividade. Além disso, o asilo está ligado exclusivamente à soberania do Estado que o concede, diferentemente do refúgio, que se vincula à comunidade internacional organizada e opera sob regras previamente acordadas.[2]

Há também a figura do migrante, que é caracterizada pela motivação econômica de seu deslocamento. A migração, considerada um fenômeno social, ocorre mais frequentemente em locais marcados pelos altos índices de pobreza e desemprego.[3] No entanto, há autores que utilizam a categoria "migração política" em suas análises.[4] Já o banimento, no caso brasileiro, foi adotado por meio do Ato Institucional n. 13, publicado no dia 5 de setembro de 1969, logo após o sequestro do embaixador estadunidense Charles Elbrick, para lidar com os militantes de grupos armados, considerados "inconvenientes, nocivos ou perigosos à segurança nacional".

Feitas essas considerações de ordem conceitual, é necessário ressaltar que, quando analiso a documentação produzida pelo Itamaraty, todas essas categorias são utilizadas indistintamente pelo órgão, com exceção dos indivíduos banidos, sempre tidos como "terroristas" pelo governo brasileiro. É raro que se consiga definir, por exemplo, quando determinado brasileiro era beneficiado pelo instituto do refúgio, o que só é possível fazer com segurança quando são encontrados no acervo do Consulado-Geral em Paris os documentos concedidos pelo Office Français de Protection des Réfugiés et Apatrides (OFPRA). O que posso assegurar é que os indivíduos que eram vistos pelo governo brasileiro como ameaça à segurança nacional motivaram uma produção massiva de registros, fruto das atividades sistemáticas de monitoramento levadas a efeito pelo Itamaraty e suas representações na França, os quais compunham, como veremos, a comunidade de informações gerenciada pelo SNI. Essa constatação permite afirmar que, ao lado da censura, das prisões, das torturas, dos assassinatos, o exílio também pode ser considerado uma das peças que moviam o complexo aparelho repressivo da ditadura.

Assim, embora esses institutos analisados tenham sido fundamentais para a proteção dos brasileiros perseguidos pela ditadura militar, foram pouco eficazes como categorias analíticas neste livro. Desse modo, sempre que lanço mão do termo "exílio" será com o sentido amplo de abarcar todos os indivíduos que buscaram proteção do Estado francês para escapar das perseguições por parte do regime militar, que os acusava de terem cometido crimes políticos no território brasileiro. Cabe ressaltar que, ao longo de toda a duração da ditadura, houve um esforço constante das autoridades brasileiras para negar internacionalmente o caráter político de tais crimes, sempre com o intuito de forjar a imagem externa do Brasil como um país democrático e não persecutório de seus opositores políticos.

7

O Ato Institucional, as partidas para o exílio e os primeiros protestos internacionais contra o governo brasileiro

Após o Ato Institucional, que cassou mandatos legislativos e suspendeu os direitos políticos de dezenas de cidadãos civis e militares, começou um movimento de partida de brasileiros para o exílio. Vários deles eram personalidades de renome internacional. Embora Montevidéu tenha sido o lugar que, nesse momento inicial, recebeu o maior número de indivíduos que buscavam escapar das punições arbitrárias do novo governo, Paris também foi o destino escolhido por alguns deles.[1] Quando, pouco após o golpe, a Embaixada francesa começou a receber pedidos de visto para entrada de brasileiros no país, o Quai d'Orsay não os concedeu imediatamente, mas pediu um período para analisar a decisão que tomaria.[2]

Entre esses solicitantes, é possível citar Almino Afonso, ex-deputado federal e ex-ministro do Trabalho de Goulart, descrito pelo serviço mático francês como um dos representantes da extrema esquerda e um dos participantes da organização do Congresso Internaci Solidariedade a Cuba, realizado no ano anterior, em Niterói;[3] La Távora, ex-deputado federal, e o já mencionado Raul Ryff, que, momento, estava asilado na Embaixada da antiga Iugoslávia no Brasil.[4] Outras pessoas a pedirem asilo foram os professores de História Pedro Celso Uchoa e Joel Rufino dos Santos, o ex-deputado federal Paulo Alberto Monteiro de Barros e o ex-secretário do governo do estado da Guanabara Rogério Monteiro de Souza, os quais estavam na Embaixada da Bolívia.[5] Francisco Heron de Alencar, professor de literatura e um dos fundadores da Universidade de Brasília, após ficar asilado na Embaixada mexicana no Rio, passou por Cuba e estava na Tchecoslováquia.[6] Já Eduardo Quintiliano da Fonseca Sobral, consultor econômico da Petrobras, genro do arquiteto Lúcio Costa, perdeu sua função pública, teve seus direitos políticos suspensos e estava asilado na Embaixada do México.[7]

Uma das questões que influenciariam a concessão de vistos era saber se os solicitantes teriam meios de subsistir na França sem necessidade de auxílio do Estado. Além disso, havia a preocupação de evitar que esses cidadãos atuassem politicamente no país. Por essa razão, como veremos em diversos momentos neste livro, o governo francês buscou monitorá-los. O receio era o governo brasileiro interpretar que a França estivesse encorajando, direta ou indiretamente, a "subversão" e, com isso, afetar negativamente as relações bilaterais.[8]

Quando os primeiros brasileiros começaram a ir para o exílio, o Itamaraty e as suas representações no exterior passaram a atuar informando outras instâncias governamentais sobre as atividades de seus compatriotas em outros países. Esse posicionamento do ministério foi adotado antes mesmo da criação de órgãos de informações especializados em questões externas, isto é, o Ciex, criado em 1966, e a DSI-MRE, criada em 1967, ambos vinculados ao SNI, órgãos que serão analisados em outro momento deste livro.

sobre o serviço secreto francês

comentários sobre o serviço secreto francês, não pretendo analisar lamente o tema.[9] Meu objetivo é tão somente situar historicamente mentos dos órgãos de inteligência franceses aos quais tive acesso por meio do arquivo do Ministério dos Negócios Estrangeiros e da Prefeitura de Polícia de Paris.

Diferentemente do Brasil, onde o SNI acumulava as funções de vigilância interna e externa do país, ou mesmo da KGB soviética, a França possui órgãos diferenciados para cada um desses domínios. O SDECE, atual Direction Générale de la Sécurité Extérieure (DGSE), foi criado pelo general Charles de Gaulle em 1946, com o objetivo de atuar na segurança externa da França. Inicialmente, cogitou-se que o órgão fosse ligado ao Quai d'Orsay; no entanto, de Gaulle rejeitou a proposta subordinando o SDECE ao presidente do Conselho, isto é, o chefe de governo, que, naquele momento, era ele próprio. Tal situação foi mantida ao longo da Quarta República, mesmo com a saída do general de Gaulle do poder.

Desde sua criação, no início da Guerra Fria, o SDECE esteve empenhado no combate ao inimigo comunista, tornando comuns, por exemplo, infiltrações em representações diplomáticas estrangeiras no país. Posteriormente, tornou-se muito atuante nas guerras coloniais francesas, sobretudo no embate com a Argélia (1954-1962). No auge do conflito, de Gaulle voltou à Presidência da República. O general-presidente, no entanto, não dava muita importância para o papel do serviço secreto — ao contrário do valor que atribuía às Forças Armadas, sobre as quais escreveu vários textos. Em verdade, de Gaulle via o SDECE com certa reticência. O órgão, que teve um papel fundamental na luta contra a FLN, não demonstrou, posteriormente, o mesmo empenho no combate à OAS, organização responsável pelo atentado que quase matou o presidente francês. Na Quinta República, de Gaulle passou o comando do órgão para o Ministério da Defesa Nacional, ao qual o atual DGSE permanece ligado.

Já o serviço de vigilância interna foi exercido ao longo do século XX por dois órgãos distintos. A Direction de la Surveillance du Territoire (DST), criada em 1944, era responsável pelas atividades de contraespionagem; já a Direction Centrale des Renseignements Généraux (DCRG), criada em 1907, comumente acusada de atuar como polícia política, tinha a função de produzir informações para garantir a segurança do Estado. Em 2008, os dois órgãos, que sempre foram ligados ao Ministério do Interior, mais especificamente à Direction Générale de la Police Nationale (DGPN), foram fundidos, tornando-se a Direction Centrale du Renseignement Intérieur (DCRI), atual Direction Générale de la Sécurité Intérieure (DGSI). Observa-se que os serviços de inteligência franceses construíram uma tradicional ligação com o Poder Executivo, assim como ocorre no Reino Unido e no Brasil, e ao contrário, por exemplo, dos Estados Unidos e da Alemanha, onde tais órgãos têm um vínculo mais forte com o Poder Legislativo.

O arquivo do SDECE é guardado pelo Serviço Histórico do Ministério da Defesa.[10] Para o período que esta obra abrange, no entanto, ainda há muitas restrições de acesso para os pesquisadores. De todo modo, como havia um agente do SDECE na Embaixada francesa no Brasil,[11] há documentos desse órgão no acervo do Quai d'Orsay, o que nos permitiu analisar a percepção do serviço secreto francês sobre o Brasil nos primeiros anos da ditadura militar.[12] Já os acervos da DST e da DCRG estão sob a guarda do Arquivo Nacional da França; porém, da mesma forma, em razão do prazo de classificação dos documentos, não pude consultá-los.[13] Em contrapartida, tive acesso a alguns dossiês de personalidades políticas brasileiras, que estão arquivados na Prefeitura de Polícia de Paris, entidade subordinada, assim como a DGSI, à citada DGPN. É importante observar que a futura desclassificação dos documentos supracitados abrirá diversas possibilidades de investigação sobre as relações entre a França e o Brasil ao longo do período da ditadura militar.

Josué de Castro

Um dos primeiros cidadãos brasileiros a se exilar na França foi Josué de Castro, intelectual pernambucano reconhecido internacionalmente. Formado em medicina, especializou-se em nutrologia, mas também ensinava geografia e antropologia. Foi o fundador do Instituto de Nutrição da Universidade do Brasil, atual Universidade Federal do Rio de Janeiro (UFRJ). Seus livros *Geografia da fome*, de 1946, e *Geopolítica da fome*, de 1951, tornaram-se clássicos no debate da questão da miséria no Brasil e no mundo. Em linhas gerais, sua perspectiva era de que a fome é um problema social, resultado da orientação econômica dos governos, herança do subdesenvolvimento e do colonialismo, e não uma consequência natural do crescimento populacional. Grande incentivador da organização das Ligas Camponesas, foi duas vezes eleito deputado federal pelo Partido Trabalhista Brasileiro (PTB) do estado de Pernambuco, mas renunciou ao segundo mandato para exercer atividades em organismos internacionais. Ao longo de sua carreira, recebeu diversas premiações e condecorações, entre as quais a de Oficial da *Légion d'honneur* da França.[14]

Nomeado por Goulart como embaixador brasileiro junto à ONU, Josué de Castro encontrava-se em missão oficial na Conferência do Desarmamento e na Conferência Mundial do Comércio, em Genebra, quando soube que seus direitos políticos haviam sido suspensos por dez anos pelo Ato Institucional. Isso ocorreu antes mesmo de ser oficialmente dispensado de sua função pública. Embora houvesse recebido convites de universidades de várias cidades do mundo para compor seus quadros docentes, Josué de Castro acabou optando por Paris, onde fora convidado para dirigir o Centro Internacional para o Desenvolvimento (CID).

Algum tempo mais tarde, a Seção de Segurança Nacional do MRE solicitaria à Embaixada em Paris informações detalhadas sobre a entidade, tais como os nomes dos seus dirigentes e financiadores, o tamanho de suas instalações e seus projetos.[15] A resposta viria alguns meses depois, por meio de um ofício secreto. O CID foi oficialmente criado em dezembro de 1964, com sede em Genebra e um escritório-executivo em Paris. Seus fundadores eram, entre outras personalidades, o então presidente do Senegal, Léopold Senghor, um ex-ministro francês, Robert Buron, um professor do Collège de France, François Perroux, e um professor de Ciência Política da Sorbonne, Georges Balandier. Segundo a Embaixada, até o final de 1965, a instituição, fundada com o objetivo principal de promover o desenvolvimento do Terceiro Mundo, não teve nenhuma atividade pública.[16] Nos anos posteriores, o CID teria destacada atuação internacional, inclusive contando com a colaboração da professora brasileira Maria Yedda Linhares.[17]

No dia 17 de abril de 1964, a Embaixada encaminhou ao Itamaraty várias cartas recebidas de trabalhadores metalúrgicos franceses por meio das quais protestavam contra a forma arbitrária como o governo brasileiro vinha tratando os operários, os sindicalistas e, especialmente, Josué de Castro.[18]

É possível afirmar que essas foram as primeiras manifestações de cidadãos franceses contrárias à onda de punições "revolucionárias" desencadeadas pelo golpe de 1964. A chamada "operação limpeza", defendida pelos mais radicais, objetivava reprimir os militares e os políticos "corruptos" que apoiavam Goulart, além de todos aqueles considerados genericamente "subversivos" ou "comunistas", isto é, não apenas aqueles indivíduos partidários da doutrina marxista-leninista, mas também qualquer adversário político que defendesse ideias mais à esquerda.[19]

O primeiro Ato Institucional, posteriormente mais conhecido como AI-1, puniu, de início, cerca de cem pessoas com a suspensão dos direitos políticos, entre as quais, quarenta parlamentares, que tiveram seus mandatos cassados. Logo em seguida, mais de cem militares foram transferidos para a reserva. Essa primeira vaga repressiva foi particularmente severa na região Nordeste, onde houve dezenas de denúncias de tortura a presos políticos, além de assassinatos de sindicalistas e camponeses.[20] A espécie de "caça às bruxas", levada a efeito pelos meios de extrema direita, chegou a chamar a atenção do SDECE, que, em nota, avaliava:

> É certo que tal onda de prisões e de execuções, se não iniciar imediatamente reações brutais da parte de uma esquerda desorganizada e ainda sob o golpe de seu colapso inesperado, pode apenas, em longo prazo, dar frutos envenenados e fazer o jogo dos comunistas.[21]

No final do mês de abril de 1964, a Embaixada encaminhou ao Itamaraty uma matéria do jornal *Le Monde*: "Privado de seus direitos políticos no Brasil, Josué de Castro pretende se fixar em Paris", visando informar o governo brasileiro da decisão de Josué de Castro.[22] A Embaixada, ao longo da permanência do intelectual na capital francesa, enviava ao MRE todas as publicações de Josué de Castro na imprensa, que frequentemente o consultava, diante de sua proeminência intelectual, sobre questões latino-americanas. Em outubro daquele mesmo ano, Mozart Gurgel Valente, chefe de gabinete do ministro Leitão da Cunha, informou ao Ministério da Guerra que Josué de Castro, devido aos seus bons contatos com o meio intelectual europeu, vinha recebendo vários convites para reuniões e conferências, tais como o IV Simpósio Teilhard de Chardin e o evento inaugural da Grande Conferência Católica, na Bélgica.[23] Aos 65 anos, ocupando o cargo de professor da Universidade de Vincennes, Josué de Castro morreu em Paris, em 1973, sem nunca ter conseguido voltar ao Brasil, embora vivesse em território francês portando passaporte brasileiro.[24]

Em minhas investigações, encontrei, nos arquivos da Prefeitura de Polícia de Paris, um dossiê sobre Josué de Castro, iniciado em 1958, quando ele era professor universitário no Rio de Janeiro, presidente da Associação Mundial de Luta contra a Fome, da qual era um dos fundadores, já tendo ocupado anteriormente a Presidência da Organização das Nações Unidas para Agricultura e Alimentação (FAO). O primeiro documento do dossiê trata de suas frequentes viagens a Paris, onde habitualmente se hospedava no Hotel de Stockholm, no 8º *arrondissement* da cidade, e mantinha contatos frequentes com o célebre sacerdote católico Abbé Pierre.[25] Em 1959, a polícia monitorou uma visita de Josué de Castro à capital francesa, onde iria se encontrar com senadores e com o ministro da Agricultura, Henri Rochereau, para pedir apoio a seu projeto de luta contra a fome.[26]

Após 1964, quando Josué de Castro instalou-se definitivamente em Paris, todos os seus principais movimentos continuaram sendo registrados no citado dossiê. É possível mesmo notar que algumas informações transmitidas pela Embaixada brasileira em Paris para o Itamaraty, como no caso mencionado anteriormente, podem ter sido fabricadas pela polícia francesa e passadas para a representação diplomática brasileira. Um documento do dossiê, produzido em agosto de 1965, trata detalhadamente do CID, do qual ele era presidente.[27] São exatamente as mesmas informações que foram enviadas, dois meses mais tarde, pela Embaixada ao Itamaraty em ofício secreto, conforme vimos anteriormente.

Nos anos seguintes, até sua morte, em 1973, haveria vários outros momentos em que as atividades de Josué de Castro seriam anotadas no dossiê elaborado pela polícia francesa. Por exemplo, quando foi convidado por lorde Bertrand Russell, filósofo inglês e ganhador do prêmio Nobel da Paz, para compor o tribunal internacional concebido por ele para se pronunciar contra os crimes de guerra cometidos pelos Estados Unidos no Vietnã;[28] ou, ainda, quando foram registrados dados detalhados sobre o funcionamento da Associação Mundial de Luta contra a Fome e informações pessoais de seus membros, entre os quais o seu presidente, Josué de Castro, "bem conhecido por suas convicções pacifistas e mundialistas, [e por] militar há muito tempo para fazer triunfar suas ideias".[29] Em outro momento, acrescenta-se: "sua vida privada não dá lugar a nenhuma crítica".[30] A última menção sobre Josué de Castro em seu dossiê ocorreu poucos meses antes de seu falecimento, quando, em um relatório sobre a Associação Médica Internacional para o Estudo das Condições da Vida e da Saúde, da qual era presidente, foi feita a seguinte observação:

> Ainda que suas opiniões permitam classificá-lo entre as personalidades internacionais de esquerda, o senhor Castro jamais se fez destacar de forma particular por sua atividade política em nosso país, notadamente ao longo de suas funções de professor da Universidade de Paris.[31]

Samuel Wainer

Logo depois do golpe, Samuel Wainer, diretor do jornal *Última Hora*, após refugiar-se inicialmente na Embaixada do Chile no Rio, também foi para Paris, onde permaneceu por quatro anos. Wainer fundara *Última Hora* no início da década de 1950, com amplo apoio de Getúlio Vargas. Nos anos 1960, após a renúncia de Jânio Quadros, o jornal defendeu a posse de Goulart, bem como esteve ao seu lado durante todo o mandato. Wainer, assim como Josué de Castro, foi um dos atingidos pelo AI-1, tendo seus direitos políticos suspensos.[32] Após exilar-se, o jornalista solicitou ao governo francês autorização para atuar como correspondente do *Última Hora* em Paris, cargo até então ocupado por Edouard Bailby.[33] Com relação a Wainer, as instruções do MRE para a Embaixada foram muito claras: a representação brasileira em Paris não poderia oferecer qualquer proteção diplomática a ele enquanto permanecesse como "asilado territorial" no exterior.[34]

De fato, a representação diplomática brasileira na França não só não ofereceu proteção a Wainer como também ajudou o governo a manter o jornalista sob vigilância. Em agosto de 1964, por exemplo, o MRE foi informado de que Samuel Wainer ofereceria um jantar para Claude Julien, jornalista do *Le Monde* e responsável por matérias bastante críticas ao governo Castelo Branco. Esse evento contaria também com a presença do deputado cassado Luiz Bocayuva Cunha, que passou a viver em Paris após o golpe de Estado.[35] Alguns dos textos de Claude Julien eram publicados no *Última Hora* antes mesmo de saírem no *Le Monde*, e isso gerava grande desconfiança no governo brasileiro com relação à proximidade entre os dois jornalistas.[36] Em sua autobiografia, Wainer revela que havia feito um contrato com a direção do *Le Monde* que lhe dava direito de reproduzir as matérias do jornal no *Última Hora*. Esse acordo teria durado apenas alguns meses, quando, por não conseguir sustentar o alto custo que representava, resolveu transferir a prerrogativa para a *Folha de S.Paulo*.[37]

Em 11 de julho de 1967, a Secretaria de Estado expediu autorização ao Consulado-Geral em Paris para que emitisse, em nome de Samuel Wainer, um passaporte comum, válido para todos os países da Europa Ocidental e para os Estados Unidos. A justificativa para tal decisão, após "atenta reflexão", baseava-se no compromisso assumido por Wainer a respeito da linha política que pretendia conferir ao jornal *Última Hora*, isto é,

> uma oposição honesta e construtiva, oposta à subversão e aos extremismos, confiante na evolução final das bases revolucionárias lançadas em abril de 1964, respeitadora e capaz de reconhecer quando necessário o esforço que vem sendo empreendido pelos diversos setores nacionais e governamentais para solução dos problemas brasileiros, sem compromisso com grupos pequenos ou grandes aos quais possa vir a aliar-se, desligado das realidades e do verdadeiro destino do país, somente para participar da conquista eventual de uma parcela do poder. Estas observações a serem transmitidas ao senhor Wainer visam desfazer qualquer equívoco de parte a parte e significam também os bons propósitos que inspiram as autoridades brasileiras ao tomarem a decisão de aceitar o diálogo com o senhor Wainer.[38]

Ao tomar conhecimento de tal decisão, segundo o embaixador Bilac Pinto, Wainer teria afirmado que a orientação política do jornal cabia ao seu presidente, ou seja, o jornalista Danton Jobim. De todo modo, afirmou que, embora com atuação bastante limitada, por encontrar-se exilado em Paris, eram de sua autoria os slogans que sintetizavam as diretrizes do periódico nos três anos anteriores: "oposição sem subversão" e "oposição para reconstrução".[39]

Seja como for, a pedido do Itamaraty, Samuel Wainer continuou a ser vigiado pela Embaixada. Em telegrama secreto enviado a Paris, a Secretaria de Estado solicitou que "comportamentos, atitudes, declarações ou iniciativas políticas do jornalista suscetíveis de censura" fossem observados e informados ao ministério.[40] Bilac Pinto, ao fazer, por meio de "fonte fidedigna", as apurações demandadas, advertia, no entanto, que era necessário diferenciar as iniciativas políticas ostensivas e não ostensivas de Wainer, uma vez que, de modo geral, a Embaixada tinha dificuldades para averiguar as atividades políticas não ostensivas dos exilados residentes em Paris. Em se tratando de seus comportamentos públicos, concluía: "O jornalista, durante sua permanência em Paris, não tomou ostensivamente atitudes ou iniciativas, nem fez declarações políticas censuráveis."[41]

Assim como Josué de Castro, Samuel Wainer também possui um dossiê nos arquivos da Prefeitura de Polícia de Paris, órgão ligado ao Ministério do Interior responsável por conceder autorização de residência para os estrangeiros que desejam viver na França. Cabe ressaltar que, ao que tudo indica, no caso de determinadas pessoas, sobretudo aquelas com algum tipo de atividade política no país de origem, como era o caso de Wainer, era feita uma análise mais apurada de sua trajetória. Afora o relato de dados biográficos detalhados — principalmente ligados à sua atuação no *Última Hora* e à sua proximidade com Goulart e JK —, seu dossiê é, no entanto, bastante sintético e chama atenção a ênfase dada à sua participação em movimentos comunistas na juventude e a uma longa viagem que teria feito à URSS e à China, onde teria sido recebido por Mao Tsé-Tung.[42]

O caso dos nove chineses

Não demorou para que as notícias sobre as arbitrariedades cometidas pelo governo brasileiro chegassem ao exterior. As representações diplomáticas sempre estiveram atentas a essas denúncias para que pudessem manter as autoridades nacionais a par do que era divulgado sobre o país. Pouco depois do golpe, a Embaixada em Paris recebeu uma carta da Federação Internacional dos Direitos do Homem para ser encaminhada ao presidente Castelo Branco. Tratava-se de um protesto contra a prisão de nove cidadãos chineses que, vítimas da paranoia anticomunista, estavam detidos para averiguação no Dops da Guanabara desde o dia 3 de abril de 1964. Esses prisioneiros, capturados por ordem do coronel Gustavo Borges, secretário estadual de Segurança da Guanabara, estavam sendo acusados de espionagem internacional e, segundo denúncias, haviam sido submetidos a torturas. O documento solicitava a libertação imediata dos detidos e sua entrega às autoridades chinesas.[43] Esse episódio é considerado o primeiro escândalo internacional provocado pela polícia política da ditadura militar.

A convite do presidente Jânio Quadros durante a visita de Goulart à China, os nove cidadãos residiam legalmente no Brasil integrando uma missão oficial que objetivava expandir o intercâmbio comercial com a República Popular da China. No entanto, em setembro de 1964, foram condenados a dez anos de prisão por conspirar contra o regime e, no ano seguinte, após forte pressão internacional, foram expulsos do Brasil. O episódio tornou os nove chineses heróis nacionais em seu país, onde passaram a ser conhecidos como "Nove Estrelas" ou "Nove Corações Vermelhos voltados para a Pátria".[44]

Na ocasião do escândalo, o encarregado de negócios da China em Paris visitou Raul de Vincenzi e manifestou sua apreensão com relação à prisão de seus compatriotas. O diplomata chinês — esclarecendo que três deles eram funcionários do escritório comercial mantido por Pequim no Rio de Janeiro, quatro eram integrantes da missão responsável por organizar uma exposição chinesa no Brasil e dois eram representantes da agência oficial de notícias Xinhua (Nova China) — solicitou ao brasileiro que tentasse interceder pela sorte dos detentos. Mesmo sem ter informações oficiais sobre o caso, Raul de Vincenzi respondeu que era inadmissível afirmar que aquela prisão havia sido ilegal ou arbitrária e, mais, que eles houvessem sido torturados. Segundo Vincenzi, o representante chinês teria se recusado a conceder informações mais detalhadas sobre as atividades de seus concidadãos, pois não teria sido autorizado a proceder de tal forma, alegando que sua intenção era apenas preservar as boas relações entre os dois países.[45] Pouco tempo mais tarde, a Embaixada do Brasil em Paris receberia cartas de associações francesas protestando contra a prisão dos chineses.[46] Além disso, um grupo internacional de advogados, incluindo os franceses Maillard e Germaine Sénéchal, teria ido ao Brasil para acompanhar a situação dos detidos.[47]

Diante disso, a Secretaria de Estado instruiu Vincenzi a informar ao diplomata chinês, ou a qualquer pessoa que viesse a fazer questionamentos sobre o caso, que os chineses, apesar de terem sido presos "no dia seguinte à vitória da Revolução", vinham despertando a desconfiança das autoridades brasileiras havia vários meses, antes mesmo da chegada dos militares ao poder. Em seguida, eles teriam sido submetidos a um processo na Justiça Militar e, após quatro meses e meio, condenados. Vincenzi deveria reforçar o fato de eles terem tido a devida assistência jurídica, sendo representados pelo reconhecido advogado Sobral Pinto. Para finalizar, era necessário esclarecer também que as justificativas para a presença dos chineses em território brasileiro haviam sido desmentidas pelas investigações. Além disso, antes de serem detidos, em uma atitude considerada muito suspeita, eles haviam incinerado uma grande quantidade de documentos, dos quais a polícia havia conseguido salvar alguns. De acordo com a versão do órgão, tratava-se de listas de pessoas que deveriam ser eliminadas, tais como o presidente Castelo Branco, o general Amaury Kruel e o governador Carlos Lacerda. A polícia teria ainda encontrado uma relação das pessoas que recebiam contribuições mensais do governo chinês, entre as quais conhecidos políticos de esquerda, além de "fotos, livros, panfletos e revistas subversivos, [...] regulamentos da maioria dos estabelecimentos e organizações militares brasileiros, grande cópia de fortificações brasileiras, [...] seringa especial para veneno, pistola especial para execuções", entre outros.[48]

Posteriormente, verificou-se que essas provas foram forjadas pela polícia política e que o processo teve várias irregularidades.[49] O governo e a imprensa chineses, que já haviam caracterizado o golpe de 1964 como "fascista", iniciaram uma grande e violenta campanha contra o Brasil.[50] No início do ano seguinte, os dois advogados franceses que participaram da defesa dos nove chineses promoveram uma conferência para tratar do caso e, principalmente, "demonstrar que os chineses detidos e condenados não eram espiões, que os documentos eram falsos e atacar os processos usados pelo governo [brasileiro] contra o comunismo". O evento contaria com a presença de jornalistas de *Le Monde, Figaro, France Soir, France-Presse* e *Chine Nouvelle*. Ao tomar conhecimento da conferência, o embaixador brasileiro Mendes Viana informou ao Itamaraty que tomaria providências junto ao Quai d'Orsay e falaria com a imprensa para desmentir a versão dos advogados.[51] Durante a pesquisa, não encontrei documentos que tratassem do desfecho desse caso. Em outra ocasião, para discutir o caso da prisão dos chineses, a Associação Franco-Chinesa agendou uma reunião na Aliança Francesa de Paris. Ao saber do evento, Mendes Viana intercedeu junto à entidade que o sediaria e conseguiu que a autorização concedida à mencionada associação e a reunião fossem canceladas.[52]

Em tempos de Guerra Fria, parece ingênuo supor, por um lado, que os nove chineses estivessem no Brasil tão simplesmente para uma missão comercial. Há indícios de que a Agência Nova China funcionava como fonte de informações do serviço secreto chinês.[53] Por outro lado, não se pode desconsiderar que os militares brasileiros, recém-chegados ao poder, em sua gana anticomunista, não hesitaram em forjar provas para ratificar a tese de que os chineses estavam no país com o objetivo de atentar contra a segurança nacional. Como teremos oportunidade de observar em diversos momentos desta pesquisa, a ideologia anticomunista, bastante difundida nesse contexto histórico, ganhou tons de paranoia e passou a moldar com progressivo vigor as posturas das forças repressivas brasileiras.

A imagem do Brasil no exterior

Não é de estranhar que o Itamaraty tenha se incumbido da função de zelar pela imagem externa do Brasil, o que é tarefa comum dos serviços diplomáticos em qualquer regime político. Naquele contexto, as especificidades do órgão estavam relacionadas à sua atuação para impedir a divulgação, por qualquer meio, de notícias sobre as práticas repressivas do regime militar brasileiro, bem como ao seu esforço para propagar uma imagem positiva do país no exterior. Assim, o serviço diplomático passou a desenvolver programas de difusão da cultura brasileira, patrocinava viagens de jornalistas franceses ao Brasil em troca de matérias elogiosas, tentava intervir no tom crítico adotado pela imprensa francesa sobre a situação política do Brasil, além de se esforçar para estabelecer acordos de cooperação técnica e econômica com o governo da França, buscar monitorar e, quando possível, cercear as atividades políticas contestatórias de brasileiros em território francês, entre outras estratégias. A finalidade última era não apenas divulgar uma imagem favorável do Brasil, reafirmando constantemente que o país vivia sob as regras de um regime democrático, mas também controlar a forma como deveríamos ser vistos pelo Estado e pela opinião pública franceses.

A preocupação com a imagem externa do Brasil sempre foi muito comum entre determinados setores das elites brasileiras ao longo da história, e a veiculação de notícias negativas do país no exterior com frequência provocava certa mobilização dos ânimos nacionalistas da população. No período da ditadura militar, a repercussão das arbitrariedades cometidas pela polícia política contra os chamados "subversivos" causava grande constrangimento aos governantes, que se empenhavam constantemente em "corrigir" essa imagem, considerada "deformada", do país. Em 1970, chegou-se a aventar a criação de um órgão de propaganda oficial, com orçamento próprio, e ligado à pasta das Relações Exteriores, o que acabou nunca se concretizando.[54] No final desse ano, contudo, o governo brasileiro, por meio do Conselho de Segurança Nacional, estabeleceu a "Política Governamental de Comunicação Social no Campo Externo", cujas diretrizes eram o resultado das atividades de um grupo de trabalho integrado por representantes do SNI, da Assessoria Especial de Relações Públicas (Aerp) — órgão de propaganda vinculado à Presidência da República —, do MRE e do Estado-Maior das Forças Armadas (EMFA). O objetivo era propor medidas coordenadas para "fazer face à guerra psicológica adversa no campo externo, em especial a campanha de difamação do Brasil no exterior [...] deliberadamente forjada por grupos de asilados brasileiros e elementos da ala progressista da Igreja Católica". De acordo com o documento, a campanha vinha atingindo diretamente o prestígio internacional do Brasil e, por essa razão, podia ser identificada como um problema de segurança nacional.

Diante desse cenário, duas estratégias de ação foram determinadas: uma de emergência e outra de caráter permanente. Os principais países visados eram Alemanha Ocidental, França, Grã-Bretanha, Itália e Estados Unidos. Chama atenção que uma das resoluções da nova política era agir junto a empresas estrangeiras com interesses no Brasil para que pressionassem os veículos de comunicação de seus países de origem, de modo que melhorassem o tratamento dado ao nosso país. A regra também passava a valer para empresas brasileiras com investimentos no exterior. As novas diretrizes deveriam ser adotadas por toda administração pública, mas quem iria dirigir a execução das ações era o MRE.[55]

É possível afirmar, portanto, que, com o decorrer dos anos da ditadura, o Itamaraty consolidou-se como uma agência estatal de relações públicas em âmbito internacional, papel que foi desempenhado internamente pela Assessoria Especial de Relações Públicas (Aerp), entre 1968 e 1973, e, em seguida, pela Assessoria de Relações Públicas (ARP), entre 1973 e 1978. Houve inclusive momentos em que esses órgãos atuaram em conjunto com o MRE. O setor cultural da Embaixada envolveu-se diretamente na divulgação de aspectos positivos do Brasil na França, como, por exemplo, a divulgação da música brasileira em rádios francesas, o patrocínio de shows de artistas nacionais, o ensino da língua portuguesa em universidades, o financiamento da tradução de obras da literatura brasileira e a distribuição de material turístico foram algumas das iniciativas utilizadas para promover a imagem do Brasil na França. No entanto, apesar de todo esse empenho, que pode ser interpretado como uma das maneiras de legitimar o regime militar no exterior, as possibilidades de ingerência na percepção que se tinha sobre as arbitrariedades cometidas pelo governo brasileiro naquele período acabaram se mostrando muito limitadas.

8
Diplomacia e espionagem

A criação de órgãos de informações no Itamaraty

Na ditadura militar, as trocas de informações diplomáticas, por meio de telegramas, despachos e ofícios, passaram a servir como um instrumento do aparato repressivo em seu objetivo de apoiar o combate ao comunismo internacional.[1] Os diplomatas colaboravam com o sistema exercendo atividades rotineiras, como a redação de informes sigilosos sobre atividades políticas de oposição ao governo brasileiro feitas no exterior. O Itamaraty e suas representações — que são, por natureza, agências de informações do Estado brasileiro — passaram a atuar, por meio de funções inerentes à diplomacia, dentro da lógica repressiva do regime. Como veremos, o Ciex e a DSI-MRE, órgãos ligados ao MRE, foram fundamentais para o funcionamento da estrutura repressiva que foi sendo paulatinamente construída naqueles anos. Além disso, há evidências que permitem afirmar que foram estabelecidas também conexões entre o governo brasileiro e órgãos públicos franceses, por intermédio da Embaixada brasileira em Paris.[2] Essas articulações tencionavam manter as atividades de oposição ao regime militar em território francês sob constante vigilância e, quando possível, até mesmo impedi-las.

O Sistema Nacional de Informações (Sisni) começou a ser concebido em 1964, com a criação do SNI.[3] O órgão, estruturado a partir de um projeto do general Golbery do Couto e Silva, surgiu para atender à necessidade de consolidar o novo regime. Em pouco tempo, o SNI passou a ter muitos privilégios na esfera governamental e se tornou o órgão central do sistema. Seu primeiro chefe foi o próprio Golbery, que assumiu o cargo de ministro de Estado. O Serviço dispunha de fartos recursos e não sofria nenhum tipo de controle externo; além disso, todos os seus atos podiam ser implementados sem necessidade de publicação, ao contrário do que acontecia com os outros órgãos estatais.[4]

Nos anos seguintes, o SNI começou a se ramificar, inserindo-se em todas as áreas da administração pública. Foi assim que, em 1966, foi criado, por meio de uma portaria ultrassecreta, assinada pelo secretário-geral do Itamaraty, Manoel Pio Corrêa, o Ciex. Tal portaria, contudo, nunca foi publicada ou encontrada, e esse órgão, que supostamente estava subordinado ao MRE, tampouco constava no organograma oficial do ministério. Era, em verdade, vinculado ao SNI.[5] O Ciex, cuja função especializada era produzir informações sobre assuntos estrangeiros e cujos funcionários eram diplomatas de vários escalões, deveria "existir dentro do mais absoluto grau de sigilo"; além disso, a "'clandestinidade' é fundamental para a segurança e eficiência de seu funcionamento, bem como para impedir que suas atividades possam, em alguma contingência crítica, comprometer o serviço diplomático brasileiro e, de forma geral, o governo brasileiro".[6]

Em 1975, criou-se uma base do Ciex na Embaixada em Paris. A decisão dessa iniciativa foi tomada a partir de um acordo estabelecido entre o já mencionado SDECE e o SNI para acompanhar "a evolução da situação política em Portugal".[7] No entanto, o diplomata Guy Mendes Pinheiro de Vasconcellos, designado para chefiar a base do Ciex na capital francesa, em depoimento à Comissão Nacional da Verdade, afirmou que o real motivo para a instalação de tal estrutura era vigiar o então embaixador Delfim Netto, que havia estabelecido vínculos suspeitos com meios empresariais franceses e tinha ambições políticas que desagradavam grupos ligados ao presidente Geisel.[8] Apesar da instalação dessa base do Ciex em Paris apenas em 1975, o órgão já atuava na capital francesa desde sua criação, como será possível observar a partir da análise da documentação produzida sobre os exilados brasileiros e as atividades de oposição à ditadura que realizavam na França.

Em 1967, as Seções de Segurança Nacional dos ministérios civis, existentes desde 1939, passaram a se chamar Divisões de Segurança e Informações (DSI) e seriam instaladas em todos os treze ministérios existentes naquele momento.[9] As DSIs eram subordinadas ao titular da pasta, mas estavam vinculadas ao SNI. Os ministérios militares também possuíam órgãos de informações em sua estrutura, porém, ao contrário dos outros citados, o Centro de Informações do Exército (CIE), o Centro de Informações da Aeronáutica (Cisa) e o Centro de Informações da Marinha (Cenimar), efetuavam operações de segurança. Todos esses órgãos, reunidos, formavam o que se usou denominar "comunidade de informações". No entanto, mesmo antes da criação da DSI-MRE e até mesmo do SNI, a Seção de Segurança Nacional do MRE passou por uma reformulação para atender os propósitos da "revolução". A pedido do ministro Vasco Leitão da Cunha, o Ministério da Guerra enviou ao MRE o tenente-coronel Marcello A. R. da Roza para auxiliar os "trabalhos de organização e implantação de sistemas" da SSN.[10]

No final de 1969, o Itamaraty, por intermédio da Embaixada francesa no Brasil, solicitou informações ao Ministério dos Negócios Estrangeiros daquele país a respeito da maneira como o órgão lidava com questões confidenciais relacionadas à segurança do Estado. O MRE também pedia informações sobre o funcionamento dos órgãos franceses que correspondessem ao Conselho de Segurança Nacional (CSN) e o SNI.[11] O Quai d'Orsay respondeu enviando um exemplar da Instrução Geral sobre a Proteção do Segredo de Defesa Nacional e um conjunto de textos sobre a organização geral da defesa francesa. De acordo com o ministério, essas disposições estabeleciam as regras de funcionamento dos diferentes órgãos do poder público francês. Por fim, acrescentavam que não havia na França órgãos similares ao CSN e ao SNI.[12]

Sob o comando do general Emílio Médici (1967-1969), o SNI, além de buscar e analisar informações, passou a ter também a incumbência de estudar os problemas do país nas áreas política, econômica e social. Não tardou para que o Serviço se convertesse em uma referência para o presidente em quase todos os assuntos.[13] Uma característica do Sisni foi, além de invadir a vida privada de supostos "subversivos" no Brasil e, muitas vezes, no exterior, manter íntimas relações com outras instâncias da repressão, como é o caso da polícia política e da censura.[14]

O Ciex monitorava as atividades de oposição à ditadura militar no exterior e informava às autoridades brasileiras, além de recolher informações estratégicas relacionadas à política, à economia e às questões militares de países que interessavam ao Brasil. Também era usual que acompanhasse a cobertura da imprensa estrangeira sobre o nosso país, bem como as publicações de oposição ao regime, normalmente redigidas por brasileiros exilados.[15] Todavia, sempre se destacou a produção de informações relativas a brasileiros que se dedicavam a denunciar, no exterior, a tortura e as demais práticas repressivas. Nesse sentido, a importância das observações do Ciex sobre determinado país era diretamente proporcional à presença de brasileiros naquela localidade. Isso se evidencia, por exemplo, pelo aumento da produção de informações sobre países europeus à medida que brasileiros chegavam ao continente, principalmente após o golpe no Chile, bem como pela grande diminuição dessa produção após a Lei de Anistia e o paulatino retorno dos exilados ao Brasil. Nota-se que, com o passar do tempo, esse órgão foi desenvolvendo um sofisticado aparelho de coleta, análise e distribuição de informações referentes a atividades políticas, intimidades e relações pessoais de brasileiros que, por diversos motivos, estavam no exterior.[16] Também foram vigiados estrangeiros que se empenharam em atividades de oposição ao regime, e o Itamaraty, como forma de controle, adotou, entre outras práticas, uma rígida política de concessão de vistos.[17]

Antes da criação do Ciex, contudo, o Itamaraty e os diplomatas já tinham um tradicional e consolidado envolvimento com a produção de informações para monitorar brasileiros que viviam no exterior. A partir da década de 1930, já se observava o esforço do Poder Executivo brasileiro em criar um serviço de informações que ultrapassasse as fronteiras do país.[18] Desde então, a diplomacia brasileira começou a servir como mediadora dessas trocas de informações. Essa visão se contrapõe à memória construída pelo próprio Itamaraty de que o órgão, ao longo dos anos, teria servido apenas a interesses atemporais e suprapartidários e, mais importante, não teria colaborado com o lado mais obscuro do regime militar.[19] Prevalecem as leituras enaltecedoras de seu pretenso caráter inabalavelmente democrático, atrelado às razões de Estado e imune às ideologias e aos interesses específicos dos sucessivos governos. Nessa lógica, os órgãos de informações atuantes no MRE durante o regime militar teriam sido "corpos estranhos" dentro daquela instituição, impostos pelos militares, o que, como veremos, não corresponde às evidências históricas.[20]

Em suma, o Ciex e a DSI-MRE tinham como função produzir informações sobre tudo o que dissesse respeito às relações exteriores do Brasil com o intuito de alimentar o Sisni. De acordo com o depoimento concedido à Comissão Nacional da Verdade (CNV) pelo embaixador Adolpho Corrêa de Sá e Benevides, diretor da DSI-MRE entre 1971 e 1980, o Ciex tanto utilizava documentos sigilosos produzidos cotidianamente pelo serviço diplomático, entre outros, como também lançava mão de meios secretos, muitas vezes clandestinos, para exercer suas funções. Além disso, possuía agentes, notadamente diplomatas, no exterior.[21] Já a DSI, em contrapartida, era um órgão de coleta de informações, isto é, empregava apenas meios lícitos para cumprir suas atribuições e funcionava exclusivamente dentro da Secretaria de Estado. De modo geral, entre as atividades que esses dois órgãos exerciam rotineiramente, estavam a produção de relatórios sobre a conjuntura internacional; o monitoramento no exterior de inimigos do regime vigente, brasileiros ou estrangeiros; o controle estrito da emissão de passaportes e de vistos; a vigilância de estrangeiros no território nacional; a regulação do fluxo de pessoas nas fronteiras aéreas, marítimas e terrestres; a fiscalização de seu próprio corpo de funcionários no exterior;[22] a investigação de crimes de brasileiros na esfera internacional, enfim, tudo o que, em sua ótica, pudesse colocar em risco a segurança nacional.

Com relação aos estudos sobre o Ciex, há que se destacar os trabalhos de Pio Penna.[23] Esse autor foi quem primeiro chamou atenção para a importância do órgão dentro da estrutura repressiva da ditadura. Todavia, até o presente momento, nenhuma pesquisa aprofundada conseguiu analisar esse órgão em todas as suas minúcias, o que também acontece com a DSI-MRE, que apenas recentemente teve o seu acervo documental liberado para consulta pública. Se produzir informações sempre esteve entre as funções dos diplomatas e, como mencionamos, se as tentativas de se criar um órgão com esse objetivo dentro do Itamaraty já vinham desde muito antes do golpe, a instalação do Ciex não representou exatamente uma ruptura na trajetória daquela instituição. Mesmo que haja um rico debate historiográfico acerca do aparato repressivo do regime militar, muitas questões sobre o envolvimento da diplomacia com a produção de informações naquele contexto ainda não foram respondidas. O Itamaraty foi o único ministério contemplado com um órgão de informações com esse nível de especificidade e que funcionou como braço do SNI para além das fronteiras do Brasil. Nesse sentido, é importante salientar que, de acordo com o Plano Setorial de Informações, de novembro de 1970, a abrangência da comunidade de informações no MRE não se limitava à DSI e ao Ciex. Toda a estrutura administrativa do ministério deveria colaborar para o funcionamento do sistema.[24]

Em dezembro de 1970, já sob a vigência do Plano Setorial de Informações, a Embaixada de Paris foi orientada a enviar para a Secretaria de Estado relatórios semestrais sobre os seguintes temas:

— Expansão do poder naval soviético, particularmente no Atlântico, e suas implicações;
— Estudos sobre os centros de irradiação do Movimento Comunista Internacional;
— As organizações internacionais de frentes comunistas: sede, histórico, processos de atuação, campanhas desencadeadas ou projetadas; líderes e militantes; congresso, assembleia, resoluções e atividades; agentes de influência; slogans difundidos; bases de apoio; temas explorados; objetivos a curto e a longo prazo.
— Possibilidade da conquista do poder pelos comunistas, seja pela via eleitoral, seja pela ação violenta, em particular na América Latina;
— Tensões existentes entre nações e a estimativa da sua evolução;
— A propaganda comunista: origem, incidência e temas explorados; graus de intensidade no seio das diferentes camadas sociais; agentes de influência; receptividade obtida;
— Caracterização de pressões de toda a ordem contrárias ao nosso prestígio internacional: forças de atuação; bases internas de apoio, liderança, associações a outras pressões.[25]

Além disso, a partir da década de 1970 tornou-se comum que o SNI enviasse seus agentes para realizar estágios no serviço de informações francês.[26] Em maio de 1973, por exemplo, o capitão de mar e guerra Paulo Freire e o tenente-coronel Roberto Pacífico Barbosa estagiaram por quinze dias em Paris "em diferentes órgãos de informações do governo francês", sendo a experiência considerada de grande proveito, "sobretudo [...] para a escola de informações já em funcionamento no Brasil".[27]

Há que se falar ainda do papel dos adidos militares nas representações diplomáticas ao longo da ditadura. Pouco se sabe sobre a atuação desses personagens, já que os documentos que versam sobre suas atividades, provavelmente guardados nos arquivos das instituições militares, nunca foram disponibilizados. Sabe-se, contudo, que os oficiais designados como adidos faziam parte da elite das Forças Armadas, tendo em vista que os ex-presidentes Costa Silva, Emílio Médici e Ernesto Geisel exerceram o prestigioso cargo ao longo de suas carreiras. De acordo com o "Regulamento para os adidos e adjuntos de adidos militares junto às representações diplomáticas brasileiras", publicado pela CNV, o adido estava subordinado ao chefe da missão diplomática, mas era autônomo em suas atividades. Ao longo do regime, houve embates entre adidos militares e funcionários diplomáticos e, como veremos, até mesmo um caso de monitoramento do embaixador Bilac Pinto (1967-1970), em Paris, pelo adido do Exército. No entanto, as evidências mostram que os conflitos entre as duas instâncias foram excepcionais; a regra teria sido a cooperação na troca de informações.[28] Nos acervos documentais do MRE, da DSI-MRE e do Ciex, há muitos exemplos de como os adidos militares das três forças armadas atuaram como uma extensão dos órgãos repressivos no exterior, vigiando brasileiros asilados e suas atividades de oposição e alimentando as redes de informações do regime.

Quando se iniciou o processo gradual de abertura política, no governo Ernesto Geisel, embora os órgãos da estrutura repressiva tenham sido paulatinamente desarticulados, as atividades do Ciex não foram afetadas, e ele continuou funcionando sem interrupção e se reportando diretamente aos outros componentes da comunidade de informações. A manutenção de um serviço de informações vigoroso era vista como indispensável por grande parte do governo. Exemplo disso foi a nomeação do ex-chefe do Gabinete Militar de Médici, João Figueiredo, para dirigir o SNI, uma das primeiras medidas de Geisel. Este conhecia como poucos os meandros da repressão e, mesmo que sua tarefa fosse controlar o serviço secreto na abertura, ele atuou continuamente para preservar e valorizar a comunidade de informações.

Como será possível observar, quando se lê os documentos produzidos pelos órgãos de informações, torna-se claro o seu empenho em multiplicar os perigos que estariam ameaçando a segurança do Brasil. Esses órgãos esforçavam-se para estimular o aumento da repressão e legitimar sua própria permanência. O SNI, por exemplo, atingiu o ápice de seu funcionamento durante o governo Figueiredo, sendo considerado um quarto poder naquele período. Embora, àquela altura, o discurso radical da comunidade de informações já estivesse bastante desacreditado, o Ciex foi extinto apenas em 1985, e o SNI, bem como as DSI, cinco anos depois pelo então presidente Fernando Collor de Melo.

Georges Albertini, um francês a serviço da ditadura brasileira

Logo no início de minhas pesquisas, no arquivo histórico do Itamaraty, em Brasília, deparei com um nome que se repetia em vários documentos de caráter sigiloso e então recentemente desclassificados. O que mais me chamou atenção foram as quantias que um homem de nome francês recebia do governo brasileiro. Tais valores eram comprovados por ordens de pagamento e por seus respectivos recibos, devidamente assinados. Em seguida, encontrei um documento enviado pelo MRE à Embaixada em Paris, em que o SNI autorizava o uso do *bureau* de informações de Georges Albertini. Esse dado em si não dizia muita coisa, mas indicava uma importante pista. Com o avançar da investigação, auxiliado pela consulta do arquivo pessoal de Georges Albertini, na França, fui desvendando uma história bastante significativa.

Poucos dias após o golpe, Georges Albertini, que já era conhecido em âmbito internacional por sua produção anticomunista, foi chamado ao

Brasil, onde se reuniu com o presidente Castelo Branco e com Golbery do Couto e Silva, diretor do SNI. A ocasião serviu para que pudessem discutir sobre uma possível colaboração entre Albertini e o governo brasileiro.[29] Conforme mencionado, em setembro de 1964, o SNI autorizou a Embaixada a utilizar, em caráter experimental, os serviços do *bureau* de informações de Georges Albertini. O valor dessa contratação inicial foi 3.600 dólares, pagos com verba secreta.[30] A partir de março de 1965,[31] Albertini foi oficialmente contratado e passou a enviar "relatórios mensais sobre atividades comunistas, em particular as que diziam respeito ao Brasil, procurando fornecer à Embaixada as informações que lhe fossem pedidas sobre atividades de brasileiros na França".[32] Além de pagamentos trimestrais no valor de 3.600 dólares, Albertini tinha passagens para vir eventualmente ao Brasil financiadas pelo governo.[33] Ele dirigia a revista anticomunista *Est & Ouest*, editada em francês e em espanhol, e o pagamento arrecadado servia para financiar propaganda anticomunista e elogiosa ao regime militar na publicação e em outros veículos da imprensa francesa.[34] Também houve casos em que o periódico foi utilizado para combater matérias críticas ao governo brasileiro.[35] Além disso, por ter fortes ligações com a polícia e com os órgãos de inteligência franceses e até mesmo estrangeiros, ele passou a auxiliar o monitoramento dos exilados brasileiros em Paris.

Nascido em 1911, Georges Albertini começou ainda jovem a militar na Section Française de l'Internationale Ouvrière (SFIO), o partido socialista francês. A partir de 1934, tornou-se membro do Comité de Vigilance des Intellectuels Antifascistes, organização que visava combater o crescimento do fascismo na Europa. Também exerceu o cargo de secretário-geral adjunto da Confédération Générale du Travail (CGT), no departamento francês de Aube. No período da Ocupação, Albertini engajou-se na colaboração com o regime de Vichy. Próximo ao político socialista Marcel Déat, entrou no Rassemblement National Populaire (RNP), partido que buscou unir os movimentos colaboracionistas da zona ocupada, além de ter escrito diversos artigos sobre a colaboração franco-alemã para o jornal do partido, *Le National Populaire*. Albertini desprezava a democracia parlamentar e nutria grande admiração pelo socialismo alemão, como defendia Hitler. Quando Déat foi nomeado ministro do Trabalho e da Solidariedade Nacional,

Albertini tornou-se secretário-geral do RNP. Embora não se considerasse antissemita, defendia que judeus não eram capazes de serem assimilados pela sociedade francesa e que, por essa razão, deviam construir uma nação fora da França.[36]

Na Libération, em 1944, foi condenado a cinco anos de trabalhos forçados em decorrência de sua colaboração com o regime de Vichy. Tal pena foi mais branda que a recebida por outros indivíduos com acusações semelhantes, muitos dos quais condenados à morte por fuzilamento. Em 1949, após ser agraciado pelo presidente socialista Vincent Auriol, Albertini dedicou-se ao estudo do movimento comunista internacional. No mesmo ano, criou a revista *Est & Ouest* e, em 1951, fundou o Centre d'Archives et de Documentation Politiques et Sociales, ambos dedicados a combater o comunismo em âmbito mundial. O mais importante apoio financeiro recebido por Albertini para esses empreendimentos veio da CIA, com a qual estabeleceu um sistema regular de troca de informações e, em menor proporção, das indústrias da região parisiense, amedrontadas pela presença do comunismo entre o operariado.[37]

Por ser reconhecido como um grande especialista em anticomunismo e antissovietismo, passou a atuar como uma espécie de eminência parda da política francesa. Entre 1940 e 1981, aconselhou praticamente todas as figuras políticas francesas de primeiro plano, do socialista Guy Mollet ao presidente Georges Pompidou, passando por Jacques Chirac e Jacques Chaban-Delmas. Não é citado, contudo, na biografia de nenhum deles, com exceção de Edgar Faure.

Albertini conheceu como poucos os bastidores da política francesa naqueles anos. Coordenou campanhas eleitorais, foi autor de centenas de artigos e produziu numerosos discursos políticos. Não raro teve suas atividades patrocinadas por grandes empresários e por serviços secretos estrangeiros como o próprio SNI. Talvez por isso, sempre recusou a possiblidade de voltar para a vida pública, pois julgava-se muito marcado pela colaboração.

Não satisfeito em lutar contra o comunismo apenas dentro da Europa, Albertini queria criar um instrumento que permitisse expandir suas atividades para a América Latina e a África.[38] Essa era a função do boletim da Associação de Estudos e Informações Políticas Internacionais, a revista *Est & Ouest*, que passou a circular em 1949 com edições quinzenais. A edição em língua italiana, *Documenti sul comunismo*, começou a ser publicada em 1961, e a edição em espanhol, chamada *Este & Oeste*, em 1962, na Venezuela.[39] Eram compostas por uma parte de artigos traduzidos da edição francesa e outra com textos específicos e originais sobre a infiltração do comunismo na Itália e no continente latino-americano. Assim, possuía colaboradores de diferentes partes do mundo, além do Brasil. Havia aqueles que recebiam uma remuneração regular e outros que forneciam informações, por meio de cartas, gratuitamente e por iniciativa própria. Em razão da demanda de determinadas organizações brasileiras anticomunistas como o Ipes (Instituto de Pesquisa e Estudos Sociais) e a SEI (Sociedade de Estudos Interamericanos),[40] que já utilizavam a revista como fonte de informações, Albertini chegou a cogitar a produção de uma edição em português, com adaptações específicas para o país.[41] Tal projeto, contudo, nunca foi adiante.[42] Albertini acreditava que a América Latina era a região do mundo mais ameaçada pelo "perigo comunista".

O primeiro registro que encontrei de uma viagem de Albertini à América Latina data de 1961, quando foi convidado por uma organização oposicionista tchecoslovaca para falar sobre o comunismo em diversos países latino-americanos. Chegou no dia 17 de julho ao Brasil, onde passou por várias cidades. No Rio, deu uma entrevista à rádio Globo; em São Paulo, falou para estudantes da Faculdade de Direito do Largo de São Francisco; em Minas Gerais, fez conferências na Universidade de Uberaba e no Colégio Diocesano. Além disso, passou por Goiânia, Recife e Natal, sempre, segundo ele, discursando para grandes grupos de estudantes e contando com ampla divulgação da imprensa.[43] A partir de então, Albertini iria à América Latina ao menos duas vezes por ano.[44]

Como vimos, a revista *Este & Oeste* começou a circular nos países latinos em 1962. Logo no ano seguinte, Albertini começou a elaborar um projeto de expansão do impresso. Os 5 mil exemplares da tiragem quinzenal feita na Venezuela não estavam sendo suficientes para alcançar todo o continente de modo satisfatório. A proposta era aumentar cada edição em 2 mil exemplares. Cabe lembrar que o objetivo principal era distribuir a revista para veículos da imprensa, emissoras de rádio e instituições políticas, universitárias, religiosas, sindicais e camponesas, para, assim, impulsionar a difusão das ideias anticomunistas com mais eficácia.[45] Em julho de 1964, a publicação já atingia a tiragem de 18 mil exemplares na América Latina, enquanto na Europa chegava a 100 mil exemplares.[46] A edição em espanhol da revista foi publicada até 1977, já a francesa durou até 1993.

No início de 1963, Georges Albertini produziu um estudo sobre o grave problema representado pela presença de estudantes latino-americanos em instituições de ensino parisienses. Para ele, as universidades francesas estariam impregnadas pelo pensamento marxista, e a entrada dos estudantes, "sem proteção", nessas instituições expunha-os a uma forte influência da ideologia comunista. Os jovens, que chegavam à França "em bom estado ideológico", voltavam aos seus locais de origem atuando como vetores de propagação do marxismo. Para driblar essa situação, Albertini propôs que fosse criado um centro de convivência, onde os estudantes encontrariam livros e revistas e, também, onde seriam organizadas conferências, discussões, projeções de filmes, entre outras atividades, sempre com o objetivo de "combater diretamente a propaganda comunista". Dessa forma, estariam contribuindo para formar progressivamente quadros instruídos para uma real ação anticomunista nos meios intelectuais, "os mais perigosos nesse assunto na América Latina".[47] Em 1966, Albertini passou a promover, no Instituto de História Social, um curso para estudantes latino-americanos sobre os problemas do comunismo e do capitalismo. Ao final seria oferecida, como modalidade de estágio, uma viagem à URSS.[48]

O Brasil foi citado pela primeira vez na revista *Est & Ouest* na edição n. 306, de 1º a 15 de outubro de 1963, em uma matéria, de autoria do próprio Albertini, que tratava do crescimento do comunismo na América Latina. Mesmo partindo do princípio de que os países latino-americanos eram consideravelmente diferentes entre si e que, portanto, as generalizações tornavam-se arriscadas, o autor afirmava que o avanço da ideologia comunista no continente, em suas quatro vertentes — soviética, chinesa, cubana e iugoslava — era indiscutível. Ele destacava ainda que a Igreja Católica seria a maior força moral da América Latina e que seria inconcebível resistir ao comunismo sem o seu apoio. Com relação especificamente ao Brasil, embora o país estivesse bastante ameaçado pela ideologia comunista, a avaliação de Albertini era de que muitos homens estavam atentos a esse perigo e, portanto, desde que a ligação com a Igreja, com as Forças Armadas, com o Parlamento e com o mundo econômico permanecesse forte, não haveria risco de dominação comunista.[49]

Logo após o golpe, *Est & Ouest* publicou uma edição inteiramente dedicada a explicar o que havia ocorrido no Brasil.[50] Em linhas gerais, a revista fazia uma contundente crítica à maneira como a imprensa francesa vinha tratando a política brasileira. O governo Goulart, segundo Albertini, era apresentado falsamente como um regime de grande progresso social e com largo apoio da população. Já os seus opositores eram apontados como conservadores obsoletos, em busca apenas da preservação de privilégios. Assim, para refutar essa "indecente propaganda", Albertini buscava mostrar como Goulart "mereceu ser derrubado". Em primeiro lugar, Goulart teria conduzido o país à ruína econômica, financeira e monetária, sem, contudo, fazer avançar um reformismo construtivo, demonstrando uma total inaptidão para dominar os problemas do país. Em seguida, três colaboradores de Goulart foram apontados como agentes do comunismo internacional: Raul Ryff, seu assessor de imprensa, "manipulava um imenso aparelho de propaganda"; o general Assis Brasil, chefe da Casa Militar, ao ser colocado como diretor do Conselho de Segurança Nacional, equivaleria a um embaixador da URSS presidindo o FBI; e, por fim, Darcy Ribeiro, chefe da Casa Civil, ligado a "tudo o que a extrema esquerda brasileira considerava mais revolucionário e menos nacional". Desse modo, embora Goulart não pudesse ser considerado um comunista, estaria fazendo uma política desejada pelos comunistas e, graças a ele, "os comunistas puderam continuar uma política de infiltração em todos os setores do Estado e em todos os meios sociais". Nesse sentido, os principais pilares do comunismo na sociedade brasileira seriam os operários, os camponeses, os estudantes, os partidos políticos e a imprensa.[51]

O embaixador Mendes Viana, dois dias depois de sua chegada a Paris, foi ao encontro de Albertini por orientação do presidente Castelo Branco e do general Golbery. Os dois deveriam elaborar um programa de trabalho para combater "a campanha de ataque internacional feita pelos comunistas contra o novo regime brasileiro". Segundo Albertini, o novo embaixador entregaria ao presidente francês, junto com suas credenciais, uma carta de Castelo Branco, o que teria sido um conselho do próprio Albertini como parte da estratégia de reforçar os laços de amizade franco-brasileiros naquele momento delicado da nossa história.[52]

Uma semana mais tarde, os dois voltaram a se encontrar. Mendes Viana relatou a Albertini como havia sido o encontro com o presidente Charles de Gaulle, que teria ficado visivelmente emocionado com a carta de Castelo Branco. Um dos pontos principais da audiência se deu quando Mendes Viana afirmou o desejo brasileiro de restabelecer vínculos estreitos com a França, mas sem que, para isso, tivesse de enfraquecer suas ligações com os Estados Unidos. O presidente francês teria recebido de bom grado a proposição. Em seguida, o embaixador relatou a visita que recebera do deputado Charles de Chambrun, presidente do Grupo de Amizade França-Brasil na Assembleia Nacional, que teria sido encarregado por de Gaulle de lhe transmitir alguns avisos. Viana foi alertado de que de Gaulle, durante sua visita ao Brasil, não gostaria de encontrar Carlos Lacerda nem queria receber pedidos de dinheiro; também que a França não contribuiria para a criação de uma indústria atômica no Brasil, pois, em sua concepção, o país ainda não havia alcançado uma consciência nacional sobre esse tema. Por último, Chambrun reforçou que de Gaulle achava lamentável a eliminação política de Kubitschek.[53]

Em setembro do mesmo ano, Albertini e Mendes Viana voltaram a se reunir. Entre outros assuntos, discutiram sobre a preocupação do governo brasileiro quanto às "atividades subversivas" de partidários de Goulart. Um dos personagens que mais inquietavam o embaixador naquele momento era o ex-diretor do jornal *Última Hora*, Samuel Wainer. Ele suspeitava de que os contatos de Wainer com o jornalista Claude Julien eram responsáveis pela "virulência da imprensa francesa contra o novo regime brasileiro" e, portanto, pediu informações sobre o brasileiro a Albertini. O embaixador também desejava confirmar se o pintor Di Cavalcanti, ex-adido cultural da Embaixada em Paris, havia efetivamente doado mil dólares ao Partido Comunista francês, conforme a denúncia que houvera recebido. Por fim, solicitou informações sobre as atividades do deputado Bocaiúva Cunha, que passara a viver em Paris havia pouco tempo.[54] Cabe ressaltar que os serviços prestados por Albertini ao governo brasileiro eram bastante bem-vistos por Golbery e pelo presidente Castelo Branco, que avaliavam suas atividades como "uma medida de melhor resistir à ofensiva comunista".[55] Assim, por determinação oficial, os encontros de Mendes Viana com Albertini foram constantes ao longo da permanência do embaixador em Paris.

A pedido do governo brasileiro, dom Hélder Câmara, durante suas viagens à Europa, foi um dos indivíduos vigiados por Albertini. Em novembro de 1964, na ocasião da terceira reunião do Concílio Vaticano II, em Roma, Albertini produziu um relatório sobre a participação do bispo no evento. Dom Hélder estaria liderando um grupo que estava produzindo um manifesto para propor a discussão imediata da liberdade religiosa.[56] Ele teria o apoio do cardeal holandês Alfrink, que teria colocado um escritório à disposição permanente do bispo brasileiro. Segundo Albertini, dom Hélder não teria conseguido grande apoio entre os religiosos brasileiros, já que "esses o conheciam melhor". Além disso, acusava o bispo de passar informações secretas do concílio para jornais como *Le Monde* e *Témoignage Chrétien*.[57]

No final de 1964, a revista *Est & Ouest* apontava para um recuo do comunismo na América Latina. No caso do Brasil, isso se devia à eliminação do governo Goulart, "marionete dos comunistas", por "um movimento popular em ligação com o Exército, cujas tradições legalistas são antigas". A matéria exaltava a lucidez dos homens que tomaram o poder e a coragem das massas populares de recusarem o projeto político de Goulart. Assim, a tese defendida era que a vitória do golpe de Estado no Brasil teria gerado uma reação em cadeia, impedindo o avanço do comunismo nos outros países do continente.[58]

Quando o golpe completou um ano, a *Est & Ouest* mais uma vez editou um número inteiramente dedicado ao Brasil. O texto "Defesa e ilustração de um aniversário", além de exaltar a importância da intervenção política de grupos civis e militares contra a suposta escalada comunista do governo Goulart, buscava rebater as principais críticas sofridas pelo regime brasileiro. O primeiro tópico tratado foi a supressão das liberdades. Para demonstrar que o Brasil era um país livre, o autor, o próprio Albertini, apontava que a imprensa vinha se comportando de modo bastante hostil com o governo e, no entanto, não era censurada. Citava também, como exemplo, que livros "escritos por comunistas" eram livremente comercializados e, ainda, que um deputado tinha lido na tribuna do Parlamento um manifesto bastante violento, escrito por Goulart. Com relação à onda de prisões de opositores que ocorrera sobretudo nos meses seguintes ao golpe, Albertini diminuía sua importância. Ele afirmava que, mesmo que algumas prisões, entre milhares, prisões tivessem sido feitas em condições irregulares – o que seria normal em um momento de mudança política brusca –, não houvera nenhuma condenação à morte, e os detentos haviam sido logo libertados. Albertini menosprezava ainda o que chamava de "terrorismo intelectual", ou seja, afirmava que as prisões feitas nas universidades haviam sido insignificantes, considerando o tamanho do conjunto de docentes e pesquisadores do ensino superior brasileiro.[59]

Em 1967, quando Costa e Silva assumiu a Presidência da República, a chefia do SNI passou a ser exercida por Emílio Garrastazu Médici. Na ocasião, Albertini enviou ao SNI um relatório com tudo o que havia produzido sobre o Brasil desde 1964, a pedido de Golbery. O objetivo era poder continuar oferecendo seus serviços para o governo brasileiro.[60] No entanto, em maio de 1967, o Itamaraty solicitou ao embaixador Bilac Pinto que o *bureau* de Albertini fosse dispensado a partir de 30 de junho seguinte: "Vossa Excelência deverá agradecer ao senhor Albertini os serviços prestados e comunicar-lhe que não serão mais utilizados."[61] Após tomar conhecimento da decisão, Albertini esforçou-se para que suas ligações com o governo brasileiro não fossem interrompidas. Em carta a Otávio de Medeiros, diretor adjunto do SNI desde a criação do órgão, Albertini buscava justificar a importância de sua colaboração, ressaltando o crescimento dos movimentos de guerrilha na América Latina, "nova tática do movimento comunista internacional", e oferecia-se para ir pessoalmente ao Brasil, às suas próprias expensas, para reunir-se com as autoridades brasileiras de modo a tentar estabelecer conexões com o novo governo.[62]

No início de junho de 1967, Albertini reuniu-se com Castelo Branco, em uma viagem pessoal do ex-presidente a Paris. Castelo Branco teria tecido vivos elogios ao trabalho que Albertini havia feito pelo Brasil, produzindo análises e fornecendo informações para o governo brasileiro. Ao saber que os serviços de Albertini haviam sido dispensados, demonstrou surpresa e afirmou que isso se devia à mudança de orientação da política externa brasileira e ao desinteresse do novo chanceler, Magalhães Pinto, pelos problemas do comunismo. Castelo Branco prometeu ajudá-lo no estabelecimento de conexões com as autoridades brasileiras e aconselhou-o a encontrá-lo no Brasil, no mês de agosto. O general, contudo, faleceria no final de julho.[63]

A colaboração de Albertini com o governo brasileiro efetivamente não foi retomada. O argumento utilizado pelo SNI foi que o preço dos serviços de Albertini era muito elevado para o novo orçamento do órgão.[64] No entanto, os contatos com autoridades brasileiras não foram interrompidos. No acervo pessoal de Albertini, encontrei várias cartas enviadas ao ministro-conselheiro da Embaixada em Paris, Paulo Henrique Paranaguá, por meio das quais remetia diversas matérias sobre comunismo publicadas pela imprensa internacional.[65] De todo modo, o próprio Albertini afirmou, em uma de suas notas pessoais, que Paranaguá era contrário a que se fizesse uma réplica às campanhas da extrema esquerda contra o Brasil.[66]

Em 1968, Albertini realizou no Brasil uma série de conferências sobre o tema do comunismo. A primeira delas foi realizada em São Paulo, em abril; depois, no Rio e, por último, em Manaus.[67] Em São Paulo, o convite foi feito pelo presidente da Fiesp, Theobaldo de Nigris, e o evento realizou-se no salão nobre "Roberto Simonsen", na sede da instituição, no dia 3 de maio. A palestra, chamada "A América Latina segundo o ponto de vista europeu", foi amplamente divulgada pela imprensa paulistana.[68] Já em Manaus, discursou sobre "Como o Brasil é considerado no campo internacional".[69] O evento foi promovido pela Fundação Cultural do Amazonas, instituição ligada à Secretaria de Educação e Cultura do estado, no dia 13 de agosto. A plateia, segundo descrição do próprio Albertini, era composta sobretudo por intelectuais e personalidades universitárias.[70] Não encontrei mais detalhes sobre a palestra realizada no Rio de Janeiro.

Mesmo não sendo mais remunerado pelo governo brasileiro, Albertini ainda produziu alguns relatórios sobre o país, por exemplo, quando analisou a situação política brasileira após a decretação do AI-5, vista por ele como mais controlada e estável. Não foi possível averiguar se essa análise foi enviada para as autoridades brasileiras.[71] A revista *Est & Ouest* também continuou publicando matérias sobre o Brasil.[72] Suponho que, para Albertini, mais importante que estar conectado diretamente ao serviço secreto brasileiro era o combate ideológico ao comunismo internacional. Em suas notas pessoais, ele nunca deixou de defender que a América Latina era a região onde o crescimento do comunismo representava o maior risco. Além disso, como pudemos observar, suas atividades tinham muitas outras fontes de apoio e financiamento.

O último registro que encontrei de uma contribuição de Albertini para a comunidade de informações brasileira data de junho de 1969. Naquela ocasião, ele enviou, por intermédio da Embaixada em Paris, os dossiês dos bolsistas da AFAL (provavelmente Association France-Amérique Latine) do ano letivo 1968-1969.[73] Tratava-se de parte do resultado do trabalho realizado por Albertini, desde 1966, junto aos estudantes latino-americanos de Paris.[74] Naquele momento, segundo ele, a instituição que mais o preocupava era a Uniflac (Centre Universitaire Franco-Latino-Américain), criada em 1967 pelo CCFAL (Comité Culturel Franco-Latino-Américain), dirigido pelo diplomata La Chauvinière, embaixador da França no Brasil na época da visita de Charles de Gaulle ao país. De orientação católica, segundo Albertini, a Uniflac havia se mantido como uma entidade estritamente religiosa em seu primeiro ano de funcionamento. A partir de 1968, teria passado a viver um processo de progressiva politização esquerdista, sobretudo a partir do mês de maio, quando teriam sido realizadas palestras dos bispos dom Hélder Câmara, dom Cândido Padim e dom Antônio Fragoso, três membros do episcopado brasileiro bastante perseguidos pelo regime militar. Como se pode perceber, Albertini vinha atuando de modo bem próximo à instituição. Cabe lembrar que a Embaixada brasileira também mantinha a Uniflac sob constante vigilância. Por exemplo, em 1967, Celso Furtado proferiu uma palestra na instituição sobre o processo de industrialização latino-americano, a qual, apesar de ter como ouvintes uma plateia "visivelmente engajada numa posição marxista", teria prevalecido em sua argumentação a ausência de preconceitos ideológicos marcados.[75]

Toda iniciativa de Albertini junto aos estudantes latino-americanos contava com o apoio de grandes organismos internacionais, como o norte-americano Council for Latin America, presidido por David Rockefeller;

a multinacional Shell; o Conselho do Comércio e Produção, presidido por Roberto Campos, entre outros. Albertini, segundo ele próprio, dispunha de um orçamento de 50 mil dólares.[76]

De um ponto de vista realista das relações internacionais, a política externa de um Estado possui grande autonomia com relação às questões internas do país. Há autores que defendem que, em regimes autoritários, essa autonomia é ainda mais pronunciada e tende a funcionar como um instrumento de conquista de legitimidade tanto interna quanto externa. Sabe-se que, mesmo em governos ditatoriais, a obtenção de consentimento é primordial para a manutenção do regime político.[77]

O golpe militar de 1964 não prejudicou as relações políticas franco-brasileiras; ao contrário, a chegada de um novo grupo ao poder foi vista pelas autoridades francesas como um sinal de maior estabilidade na política brasileira. Para eles, tudo parecia apontar para uma melhoria das relações bilaterais. Embora a intervenção militar tenha sido vista, a princípio, com alguma desconfiança, logo após a eleição de Castelo Branco, o novo regime, que aparentemente teria curta duração, foi reconhecido pelo governo francês. Da mesma forma, para o governo brasileiro, que tradicionalmente via a França como um exemplo de democracia consolidada, era fundamental ter a sua legitimidade reconhecida por esse país. Mesmo que as relações econômicas e comerciais franco-brasileiras não representassem uma área prioritária para nenhum dos dois, os modelos culturais franceses sempre foram cruciais para a formação das elites nacionais. Houve também um empenho constante por parte das autoridades brasileiras para que as relações com a França não fossem afetadas pela conjuntura interna. Nesse sentido, a visita do presidente Charles de Gaulle ao Brasil, no segundo semestre de 1964, simbolizaria o ápice da retomada dos vínculos entre os dois países.

PARTE II

As relações entre o Brasil e a França durante o governo Castelo Branco

A eleição de Castelo Branco e do vice-presidente José Maria Alkimin, no dia 11 de abril de 1964, foi comunicada oficialmente ao governo francês, por carta, no dia 14.[1] O documento ressaltava o fato de o processo eleitoral ter ocorrido em conformidade com a Constituição Federal, além de ser também um convite para a posse, que ocorreria no dia 15, "com a presença das missões diplomáticas creditadas junto ao governo brasileiro". No dia seguinte, o ministro dos Negócios Estrangeiros enviou uma nota à Embaixada brasileira, na qual agradecia o convite e transmitia as "vivas felicitações" do governo francês para os recém-eleitos. Aproveitou também para relembrar que, assim que tomou conhecimento do resultado das eleições, o general de Gaulle enviou uma mensagem ao novo presidente da República do Brasil.[2]

Castelo Branco tinha o respeito das autoridades francesas. Para elas, o marechal, considerado um verdadeiro francófilo, reunia todas as condições para executar as reformas de que o Brasil necessitava. Além disso, viam com otimismo o que diziam ser o nascimento de uma tecnocracia militar e o surgimento de uma espécie de ordem moral, antes inexistente.[3] Ao longo de seu mandato, os aspectos antidemocráticos jamais foram publicamente apontados pelo governo francês, que tendia a ressaltar seu caráter moderado, apesar de todas as pressões que sofria dos grupos da chamada "linha dura". De todo modo, no âmbito das análises diplomáticas de caráter secreto, poucos dias após o golpe, a formação de uma ditadura codificada pelo Ato Institucional já era insinuada. O objetivo seria a destruição das condições da vida política brasileira existentes não apenas sob o governo Goulart, mas também herdadas da Presidência de Getúlio Vargas, quando a corrupção teria começado a fazer parte da estrutura do sistema político nacional.[4]

No entanto, um mês após o golpe, a percepção do SDECE, por exemplo, era que, nos meios populares, se estimava que a "revolução" havia sido feita apenas para afastar Goulart do poder, colocando, em seu lugar, especuladores e aproveitadores de toda espécie. Já os universitários e os camponeses, segundo o órgão, de modo geral criticavam a forma como a polícia os vinha tratando e denunciavam que a repressão, muitas vezes, funcionava como instrumento de vinganças pessoais. Em linhas gerais, a "revolução" teria causado decepção aos brasileiros comuns, que se queixavam da ausência de medidas positivas. Não se sabe, contudo, os tipos de dados em que o citado órgão do serviço secreto francês se baseou para chegar a tais conclusões.[5]

9
A missão de Carlos Lacerda

Nas primeiras semanas após o golpe, Carlos Lacerda foi designado por Castelo Branco para explicar, em visita à Europa e aos Estados Unidos, a nova conjuntura política brasileira, visto que "a imagem da Revolução estava sendo muito deformada pela imprensa estrangeira".[1] O governador do estado da Guanabara era um dos nomes mais expressivos do radicalismo autoritário e havia sido, por meio de seus discursos agressivamente anticomunistas e de acentuado moralismo, um dos mais veementes apoiadores civis da intervenção militar. Na Europa, sua primeira parada seria a França, depois Inglaterra, Itália, Grécia e Portugal. Antes da partida, Lacerda advertiu o MRE de que havia recebido informações sobre o planejamento de manifestações contra ele, organizadas por brasileiros residentes em Paris, sobretudo estudantes. O aviso fez com que a Secretaria de Estado solicitasse à Embaixada um reforço em sua segurança enquanto estivesse no país, inclusive porque ele havia ameaçado reagir às possíveis hostilidades.[2]

Carlos Lacerda chegou a Paris no dia 23 de abril e, logo após desembarcar no Aeroporto de Orly, concedeu uma entrevista coletiva à imprensa francesa, que, em razão do tom agressivo adotado por ele em suas colocações, gerou uma repercussão fortemente negativa. Quando perguntado sobre sua fama de "derrubador de presidentes", Lacerda respondeu que o general de Gaulle também já havia derrubado um presidente, referindo-se a René Coty, último governante da Quarta República.³ Questionado se ainda havia comunistas no Brasil após a intervenção militar, respondeu afirmativamente, pois, segundo ele, ao contrário da França após o período da Libération, o Brasil não havia fuzilado os seus opositores. Em outro momento da entrevista, ao comentar o posicionamento dos jornais franceses sobre a política brasileira, afirmou:

> Os correspondentes franceses falsearam completamente a questão. São imbecis ou bandidos. Creio que na imprensa francesa não se aprendeu nada desde 1939, quando uma parte da imprensa vendeu a França aos nazistas. Agora querem vender a França aos comunistas, colocando correspondentes comunistas ou pró-comunistas em meu país.⁴

Lacerda citou ainda, como exemplo, o correspondente do jornal *Le Monde* no Brasil, Irineu Guimarães, qualificando-o como "comunista militante". Na sequência, foi indagado sobre uma "caça às bruxas" que estaria ocorrendo em nosso país e, sobre isso, disse: "Não conheço feiticeiras. Conheço um feiticeiro, e mau feiticeiro, que é o senhor Beuve-Méry, diretor do *Le Monde*."⁵ E completou, com um comentário ainda mais radical: "Em 1939, a *grande presse* da França apresentou Hitler com um tom pacifista, porque falava em paz, e agora apresentou Goulart como reformista, porque falava de reformas." Indagado sobre suas expectativas com relação à visita do general Charles de Gaulle ao Brasil, falou que não esperava nada além de banquetes e discursos. E concluiu dizendo que admirava de Gaulle, que o considerava um grande estadista, mas que se portava como se a França fosse uma monarquia.

Como não é de espantar, as afirmações de Carlos Lacerda repercutiram da pior maneira possível. A imprensa francesa foi unânime em repudiar suas declarações, especialmente as que se referiam aos jornalistas franceses e a Charles de Gaulle. O jornal *Le Monde* posicionou-se afirmando que a violência das palavras de Lacerda impedia de levá-las a sério. Já o *Aurore* considerou os excessos de sua fala "incompatíveis com as regras da hospitalidade". A entrevista causou grande incômodo também ao governo francês. O presidente da Comissão de Relações Exteriores da Câmara dos

Deputados, futuro ministro dos Negócios Estrangeiros, Maurice Schumann, chegou a sugerir que a viagem do general de Gaulle ao Brasil fosse cancelada.[6] Tal hipótese foi efetivamente considerada pelo governo francês, tamanho havia sido o dano provocado pelas declarações de Lacerda.[7]

Quando o Quai d'Orsay aventou a possibilidade de chamar o encarregado de negócios brasileiro, Raul de Vincenzi, para esclarecer se as polêmicas declarações de Lacerda representavam a opinião do governo brasileiro, a orientação do Itamaraty era que ele respondesse negativamente.[8] O próprio ministro Leitão da Cunha declarou que Lacerda havia tão somente exprimido suas opiniões pessoais.[9] Quanto ao general de Gaulle, por se encontrar hospitalizado, não se pronunciou sobre o caso imediatamente.[10] O deputado Charles de Chambrun, presidente do Grupo de Amizade França-Brasil, também manifestou no jornal *Le Monde*, no dia 24 de abril, sua dúvida sobre até que ponto o governo brasileiro partilharia da mesma avaliação de Lacerda sobre a França.[11] Além disso, Chambrun enviou uma carta a Luiz Vianna, ministro-chefe do Gabinete Civil da Presidência da República, buscando esclarecimentos.[12] Já Jean Jungersen, chefe do Departamento da América do Quai d'Orsay, informou à Embaixada francesa que a intenção do Ministério dos Negócios Estrangeiros era não entrar em polêmica com Lacerda, que não representava a opinião do Estado brasileiro. A única medida que o Quai d'Orsay pretendia tomar era impedir que o político tivesse qualquer contato com autoridades francesas — desejo, aliás, expresso por Lacerda desde o momento em que começou a preparar sua viagem à Europa.[13] Para a Embaixada francesa no Rio, os ataques feitos por Lacerda não se deviam somente à sua personalidade explosiva, mas também tinham a intenção deliberada de sabotar a viagem de Charles de Gaulle ao Brasil por influência dos norte-americanos.[14]

Lacerda, ao contrário, diminuiu a importância de sua entrevista e atribuiu o mal-entendido criado com o governo francês à responsabilidade da Embaixada brasileira, que teria retirado imediatamente o caráter oficial de sua viagem à França, tratando-o junto às autoridades francesas como mero "jornalista da oposição, um governador assim meio atrabiliário e que absolutamente não representava a opinião do Brasil".[15] Posteriormente, por interpretar a atuação da Embaixada brasileira por esse viés, Carlos Lacerda chegou a afirmar em uma de suas entrevistas que praticamente não havia representação diplomática brasileira em Paris. Essa colocação fez Raul de Vincenzi, indignado, pedir à Secretaria de Estado que ele próprio fosse transferido para outro posto.[16] Em contrapartida, o presidente Castelo Branco teria enviado a Lacerda um telegrama, elogiando-o por ter defendido a "revolução" em sua entrevista.[17] Consta que Lacerda, buscando a conciliação, enviou telegramas aos diretores dos jornais *Le Monde* e *Le Figaro* para esclarecer que não havia tido a intenção de desonrar a França, mas sim de apenas criticar alguns provocadores específicos.[18] De todo modo, apesar dos reforços de Castelo Branco acerca do caráter oficial da visita de Lacerda à França, bem como da insistência de Vincenzi junto ao Quai d'Orsay,[19] de Gaulle efetivamente recusou-se a receber o político brasileiro, que não foi recepcionado de fato por nenhuma autoridade francesa.[20]

Os prejuízos causados pelas declarações de Lacerda continuaram reverberando ainda por algum tempo. No final de maio de 1964, o Partido Comunista Francês organizou uma manifestação contra ele em frente ao hotel Plaza Athenée, onde ficaria hospedado por alguns dias, após ter passado por várias cidades europeias divulgando a "revolução".[21] Nessa segunda passagem por Paris, as autoridades francesas continuaram resistentes em recebê-lo. O próprio governo brasileiro teria enviado a Paris a secretária de Assistência Social da Guanabara, Sandra Cavalcanti, para, segundo a Embaixada francesa, tentar controlar suas ações.[22] Por precaução, o governo francês o manteve sob estrita vigilância, monitorando todos os seus movimentos durante sua permanência na cidade.[23]

Com o intuito de melhorar sua imagem, auxiliado pelo fotógrafo francês residente no Brasil, Jean Manzon, Lacerda concedeu uma entrevista ao programa *Europe Midi*, da emissora Radio Europe n. 1, uma das mais ouvidas do país naquele período. Na ocasião, além de falar sobre a situação política brasileira, buscou esclarecer seus posicionamentos polêmicos, expostos na entrevista coletiva à imprensa no início de seu périplo na Europa. Lacerda conduziu a entrevista de modo a transparecer que os mal-entendidos causados por suas colocações deviam-se às perguntas maliciosas feitas pelos jornalistas franceses, às quais ele teria tratado apenas de rebater. Reforçava, no entanto, sua admiração por Charles de Gaulle e pela França, país cujos interesses sempre teria procurado respeitar e defender no decorrer de sua atuação política no Brasil.[24]

Até o final daquele ano, o atrito entre Lacerda e de Gaulle continuou causando prejuízos. O embaixador brasileiro se queixou à Secretaria de Estado, por exemplo, de que vinha encontrando muitas dificuldades para conseguir contribuições francesas para as comemorações do IV Centenário do Rio de Janeiro. Segundo ele, várias parcerias que já estavam acertadas sofreram forte abalo após aquele conflito. Diante disso, o diplomata sugeriu que se divulgasse a ajuda de outros países para que isso pudesse servir como mecanismo de persuasão ante os franceses.

10

Adhemar de Barros

Em maio de 1964, o governador de São Paulo, Adhemar de Barros, enviou uma carta ao general de Gaulle, por intermédio do parlamentar Charles de Chambrun, para explicar "os acontecimentos relacionados com a vitoriosa revolução de 31 de março" e "restaurar a verdade histórica".[1] De acordo com Raul de Vincenzi, a carta teria causado uma excelente repercussão no Elysée. Adhemar de Barros afirmava que a realidade brasileira vinha sendo deturpada pela imprensa francesa e que isso poderia colocar em risco as boas relações entre os dois países. A necessidade desse esclarecimento estava relacionada à importância da opinião do "povo gaulês" sobre o Brasil. Para o governador, ao contrário do que vinha sendo propagado pelos principais jornais franceses,

> o governo deposto convertera-se em presa dócil dos agentes de Moscou, de Pequim e de Havana, que, aqui, ditava ordens. Postos-chave de administração estavam entregues a comunistas declarados. As cartilhas escolares, editadas pelo Ministério da Educação, inoculavam, na alma das crianças, o germe do marxismo. [...] Não restava, senhor presidente, outra alternativa: o recurso às armas ou a transformação do Brasil em bengala de Moscou. [...] Agora, o Brasil, eternamente Terra de Santa Cruz, respira tranquilo, livre da malta de malfeitores. Agora, usa bisturi e cautério, para extirpar

os últimos focos de contágio. [...] A Revolução apregoa as excelências das liberdades humanas, as magnificências dos direitos dos cidadãos. A Revolução é *Liberté, Egalité, Fraternité*.[2]

Desde os anos 1950, Adhemar de Barros vinha tentando projetar seu nome em nível nacional, visando às eleições presidenciais. No pleito de 1960, ficou em terceiro lugar, atrás de Jânio Quadros e do marechal Henrique Teixeira Lott, o que o fez nutrir grande expectativa com relação às eleições de 1965. Ele foi, assim como Carlos Lacerda, um apoiador radical da intervenção militar contra a pretensa "ameaça comunista" e em defesa dos valores tradicionais da sociedade brasileira. Ao lado de sua esposa, Leonor, liderou em São Paulo as Marchas da Família com Deus pela Liberdade[3] e esteve diretamente envolvido na escolha de Castelo Branco para o cargo de presidente da República.

Com o passar dos meses, suas críticas ao regime começaram a se intensificar. Quando o mandato presidencial foi prorrogado, Adhemar de Barros viu suas chances de chegar à presidência minguarem. Em março de 1966, defendeu publicamente a renúncia de Castelo e divulgou um manifesto em que denunciava o que definia como "manobras continuístas" do presidente.[4] No dia 4 de junho de 1966, Castelo Branco, ao lado de Golbery do Couto e Silva, chefe do SNI, e de Ernesto Geisel, titular do Gabinete Militar, decidiram cassar seu mandato de governador de São Paulo e suspender seus direitos políticos por dez anos.[5] Poucos dias depois, por estar ameaçado de prisão, Adhemar de Barros deixou o Brasil para viver em Paris. Tendo seu passaporte diplomático brasileiro invalidado, pediu asilo político às autoridades francesas.[6] Ao conceder autorização para que ele ali residisse, inicialmente, por um ano, o governo francês advertiu-o de que ele não poderia exercer qualquer espécie de atividade política.[7] Adhemar de Barros chegou a declarar à imprensa francesa que pretendia retornar a seu país em breve, com "uma entrada triunfal",[8] o que nunca chegou a ocorrer em decorrência de sua morte, em Paris, no dia 12 de março de 1969.[9] Após conseguir um passaporte comum,[10] o político chegou a visitar o Brasil em algumas ocasiões durante o exílio, porém já se encontrava bastante fragilizado politicamente.

No entanto, mesmo estando distante, Adhemar de Barros nunca deixou de preocupar o regime. Em meados de 1966, a Embaixada foi informada de que estava para se tornar pública uma lista de condecorações relacionada à viagem do general de Gaulle ao Brasil, na qual estava incluído o nome de Adhemar por ter sido recebido pelo presidente francês em São Paulo, quando era governador do estado. O embaixador Bilac Pinto tentou eliminar da lista o nome do político cassado, mas as autoridades francesas recusaram-se a proceder de tal forma. O Quai d'Orsay, no entanto, ressaltou que o oferecimento dessa condecoração não deveria ser interpretado pelo Brasil de modo desfavorável, tampouco causar mal-estar nas relações entre os dois países.[11] O Itamaraty afirmou compreender as razões do governo francês, porém pediu o esforço da Embaixada para tentar postergar a entrega da insígnia, a fim de que fossem evitadas "repercussões desagradáveis" na imprensa.[12] O governo francês, por fim, acabou aceitando retirar o nome de Adhemar de Barros da lista, e ele, efetivamente, nunca recebeu a *Légion d'honneur* da França.[13]

11

Oposição à ditadura na França

Logo após o golpe, a imprensa francesa começou a noticiar as ações arbitrárias do governo brasileiro. Com o passar dos anos, essas denúncias seriam cada vez mais frequentes e passariam a mobilizar parte da opinião pública francesa contra as violações que vinham ocorrendo no país. Por esse motivo, a Secretaria de Estado julgava muito importante ser diariamente informada do que era veiculado na imprensa francesa sobre o Brasil. Assim, instruiu a Embaixada a enviar os recortes das publicações, acompanhados de comentários sobre os autores das matérias, os veículos nos quais haviam sido publicadas e, mais importante, se a Embaixada ou as pessoas a ela ligadas poderiam ter influenciado na produção desses textos.[1]

Em razão do que o governo brasileiro considerava uma interpretação equivocada da "revolução" por parte da imprensa estrangeira, Raul de Vincenzi redigiu uma carta explicando os propósitos da intervenção militar e a enviou aos diretores dos jornais *Le Monde*, *Le Figaro*, *La Nation*, *Combat*, *L'Aurore*, *France-Soir*, *L'Information Latine* e à Agence France-Presse. O *France-Soir* e o *L'Aurore*, por exemplo, embora não fossem muito influentes no âmbito internacional, reuniam um número muito expressivo de leitores franceses. Já o *La Nation*, porta-voz do partido Union pour la Nouvelle République, era muito lido pelos setores governamentais, e o *L'Information Latine* era destinado ao público latino-americano de Paris.[2] Como *Le Mon-*

de e *Le Figaro* eram, no entanto, os mais importantes, Vincenzi foi à redação desses jornais para falar diretamente com seus respectivos diretores, Beuve-Méry e Pierre Brisson. O resultado foi diferente para cada um dos encontros. Enquanto Pierre Brisson aceitou publicar a carta integralmente, Beuve-Méry não ficou convencido quanto à necessidade de dar visibilidade a tal documento. O *Le Monde*, contudo, acabou optando por publicá-lo; no entanto, ao enunciar do que se tratava o texto, teceu críticas bastante contundentes às medidas de exceção praticadas pelo governo brasileiro.[3]

A carta afirmava que João Goulart havia traído o povo brasileiro ao permitir a infiltração de "elementos comunistas" na administração pública, nos sindicatos, nas universidades e até mesmo nas Forças Armadas, colocando em risco o processo constitucional e provocando a destruição da democracia representativa. Nesse sentido, a reação contra seu governo teria contado com amplo apoio da população brasileira, o que teria provocado sua saída voluntária do cargo, pois teria deparado com a absoluta impossibilidade de continuar seu mandato. Foi apenas por ter deixado a presidência vazia que teria surgido a necessidade de se eleger um novo ocupante para o cargo. Vincenzi reforçou ainda que, em nenhum momento, teriam sido impostas restrições à imprensa, tampouco aos direitos e garantias individuais, a não ser para limitar as ações de "elementos subversivos que estavam infiltrados em todos os setores da vida nacional".[4]

No dia 12 de maio, a Embaixada encaminhou ao Itamaraty um manifesto do Groupe Brésilien de Résistance Anti-fasciste. O documento foi encontrado na Casa do Brasil e não foi possível identificar seus autores. De todo modo, o comunicado, datado de abril de 1964, buscava denunciar o golpe que havia destituído o presidente da República, bem como o governador de Pernambuco, Miguel Arraes, além de ter cassado mandatos de parlamentares e submetido o Congresso Nacional aos desígnios autoritários de um grupo de generais. Mencionava ainda a prisão de centenas de sindicalistas e camponeses, a expulsão de militares e a demissão de funcionários públicos e professores universitários. O objetivo do manifesto era declarar a indignação dos estudantes brasileiros na França e expressar sua solidariedade àqueles que haviam sido submetidos a um golpe de direita em seu país.[5]

Esse episódio fez com que a Casa do Brasil em Paris passasse a chamar a atenção do governo brasileiro pela suspeita de funcionar como um local de protestos contra o regime. A pedra fundamental da residência estudantil fora colocada na Cidade Universitária em 1954 pelo embaixador da época, Caio de Mello Franco. O projeto de Lúcio Costa e de Le Corbusier foi inaugurado em 1959, durante o governo JK, quando o embaixador era Carlos Alves de Souza. O primeiro diretor foi um ex-ministro da Educação de Vargas, Péricles Madureira de Pinho.[6] No momento do golpe, quem estava à frente da instituição era Luís Lisanti Filho.[7] Apesar de ser considerado por Vincenzi um bom administrador, Lisanti sempre afirmava desconhecer a prática de "subversão" dentro da residência estudantil, e isso levou o encarregado de negócios brasileiro a levantar suspeitas contra ele.[8]

No final de maio de 1964, o jornal *Le Monde* noticiou que, em razão do manifesto mencionado ter sido encontrado na Casa do Brasil, o ministro brasileiro da Educação, Flávio Suplicy de Lacerda, havia solicitado ao diretor da instituição que fosse instaurado um inquérito para apurar a autoria do documento e que, no prazo de quinze dias, fosse entregue um relatório.[9] Como vários dos estudantes brasileiros na França recebiam bolsas de estudos do governo brasileiro, a Secretaria de Estado comunicou à Embaixada que, a partir do segundo semestre de 1964, a concessão do auxílio seria feita com maior rigor, de modo a não contemplar aqueles que estivessem envolvidos na publicação do manifesto.[10] A Embaixada, contudo, respondeu que não pôde identificar os autores, tornando impossível a indicação dos estudantes que não deveriam receber financiamento do governo brasileiro.[11] A Secretaria de Estado, por sua vez, insistiu para que a Embaixada mantivesse o MRE informado das atividades "subversivas" dos estudantes brasileiros.[12] Para isso, deveria entrar em contato com o diretor da Casa do Brasil e até mesmo com "as próprias autoridades policiais que mantêm vigilância no ambiente estudantil".[13] Em resposta ao pedido de Raul de Vincenzi, o chefe da Polícia de Paris, Maurice Papon, comprometeu-se a investigar as "atividades subversivas" dos estudantes brasileiros. No entanto, ao final da apuração, assegurou que nenhum dos estudantes da Casa do Brasil havia chamado a atenção dos serviços do Departamento de Polícia por seu possível envolvimento com atividades políticas.[14] Cabe lembrar que Maurice Papon, que ocupou o referido posto de 1958 a 1967, foi condenado a dez anos de reclusão, em 1998, por cumplicidade em crimes contra a humanidade cometidos no regime de Vichy. Naquele período, Papon foi secretário-geral da prefeitura do departamento de Gironde, no sudoeste da França, e esteve envolvido na prisão e no envio de várias dezenas de judeus, entre os quais muitas crianças, para campos de concentração. No final da Segunda Guerra, contudo, Papon se aproximou da resistência francesa, tendo inclusive sido homem de confiança de Charles de Gaulle.[15]

Ainda em maio de 1964, Vincenzi recebeu um telegrama assinado por dois professores da Sorbonne, o físico Alfred Kastler e o matemático Laurent Schwartz. Eles protestavam contra a prisão dos cidadãos angolanos Fernando Costa Andrade e José Lima de Azevedo, bem como do guineano Fidelis Cabral. O texto ressaltava a necessidade de que fossem respeitadas as regras do asilo político.[16] O encarregado de negócios solicitou ao MRE informações sobre a detenção dos estrangeiros para poder se posicionar ante o questionamento dos citados professores. Os três haviam feito parte de movimentos de independência em seus respectivos países e, por terem sofrido perseguições políticas, haviam buscado asilo no Brasil. O estudante Lima de Azevedo foi preso no dia 4 de abril e, alguns meses mais tarde, após ser torturado no Cenimar, foi expulso do país. Costa Andrade era poeta e estudante de arquitetura em São Paulo e foi preso em duas ocasiões, uma no dia 7 de abril, logo após o golpe, e outra no dia 1º de julho. Quando foi solto pela segunda vez, em meados de julho, foi obrigado a sair do país. Fidelis Cabral, que era representante do Partido Africano da Independência da Guiné, também foi preso no dia 4 de abril.[17]

Da mesma forma como Lacerda havia sido designado por Castelo Branco para explicar, na França, os propósitos da "revolução", a Embaixada foi informada pelo Departamento da América do Quai d'Orsay de que Leonel Brizola, "chefe da resistência clandestina",[18] iria a Paris no final do mês de maio para, em nome de João Goulart, expor sua versão dos últimos acontecimentos políticos no Brasil para o general de Gaulle e para a imprensa.[19] Raul de Vincenzi, no entanto, conseguiu a garantia por parte de Jurgensen, chefe do Departamento mencionado, de que Brizola não seria recebido por nenhuma autoridade do governo francês.[20] O serviço secreto francês, por sua vez, informou ao Quai d'Orsay que Brizola, mesmo estando no Uruguai, estava envolvido na organização de grupos de guerrilha junto a membros do PCB.[21]

Ao tomar conhecimento da viagem de Brizola à França, o ministro Leitão da Cunha emitiu uma circular para as missões diplomáticas brasileiras na Europa Ocidental, alertando-as sobre o esforço que deveriam fazer para que o deputado cassado, ou qualquer outro representante do governo anterior, fosse impedido de ter acesso às autoridades locais, já que "a repercussão que tais contatos teriam no Brasil não poderiam ser senão prejudiciais ao bom entendimento que o governo brasileiro pretendia manter [*com as nações europeias*]".[22] De todo modo, até o final daquele mês, Brizola não havia chegado a Paris.[23]

Dias depois, Raul de Vincenzi foi avisado, por telefone, pelo chefe do serviço diplomático da Radiodiffusion-Télévision Française [Radiodifusão-Televisão Francesa] (RTF) que, por meio de um telegrama enviado de Montevidéu pela Associated Press, havia chegado a informação de que João Goulart e sua esposa viajariam a Paris na semana seguinte.[24] O encarregado de negócios foi orientado pela Secretaria de Estado a ir ao Quai d'Orsay o mais rápido que pudesse para solicitar "que o governo francês não concedesse ao senhor João Goulart (...), ou a representante seu, tratamento distinto daquele dispensado pelo Brasil ao senhor Bidault ao dar-lhe visto de entrada, e a representantes da FLN quando estiveram [*no território brasileiro*]". Pediu ainda que o visto de entrada só fosse concedido se Goulart e Brizola assumissem o compromisso de não fazerem comentários de natureza política enquanto estivessem em solo francês. O representante francês respondeu que seria inviável atender a esse pedido, já que não havia a obrigatoriedade de visto para portadores de passaporte brasileiro.[25]

Com o passar dos meses, a imprensa francesa multiplicava suas denúncias contra o governo brasileiro. Em meados de maio de 1964, o jornal *Le Monde* denunciou a prisão ilegal do chefe do Departamento de Física da Universidade de São Paulo, Mário Schenberg.[26] O professor, ligado à direção do PCB, tivera seu apartamento invadido, fora detido pelo Dops de São Paulo uma semana após o golpe e permanecera encarcerado por dois meses.[27] No dia 16 de maio, o mesmo jornal noticiou a prisão de um diplomata tchecoslovaco, Zdenek Kvita, acusado de espionagem.[28] O segundo-secretário da Embaixada da Tchecoslováquia foi detido por agentes do Dops-GB ao tentar obter documentos secretos de um suposto informante que, na realidade, era um policial. Tratava-se de uma emboscada. Esses documentos eram, entre outros papéis, a planta da refinaria de Duque de Caxias e o plano brasileiro de monitoramento de representações diplomáticas de países socialistas.[29] Após ser interrogado, Kvita foi libertado e, tendo sido convidado a deixar o país, foi embora com a família pouco tempo depois.[30]

As arbitrariedades do governo brasileiro não paravam de chamar a atenção da imprensa francesa. O jornal *Le Monde*, no dia 2 de junho, noticiou o expurgo ocorrido no estado de Goiás, onde Castelo Branco havia cassado o mandato de três deputados estaduais e suspendido os direitos políticos de dezoito cidadãos.[31] O mesmo periódico divulgou, alguns dias mais tarde, a prisão de Francisco Julião,[32] ex-deputado que tivera seu mandato cassado pelo AI-1 e, no ano seguinte, iria para o exílio no México.[33] Divulgou também a suspensão dos direitos políticos de Juscelino Kubitschek, "uma das cabeças mais ilustres da história brasileira" e de quem, segundo o jornal, havia sido retirada arbitrariamente qualquer possibilidade de defesa, além da cassação de seu mandato de senador pelo estado de Goiás.[34] *Le Figaro* também expôs o tema da suspensão dos direitos políticos de JK, mas, segundo Vincenzi, teria se limitado a apenas expor os fatos.[35] Cabe lembrar que, de início, JK comprometeu-se formalmente com a candidatura de Castelo Branco e, por essa razão, não sofreu nenhuma punição logo após o golpe.[36] Além disso, até ter seus direitos políticos suspensos por dez anos, a partir de junho de 1964, JK, ao lado de Carlos Lacerda e de Adhemar de Barros, era um dos candidatos mais bem-cotados para chegar ao Planalto, já que havia a expectativa de que ocorreriam eleições presidenciais em 1965. Enquanto ao *Le Figaro* poderia ser atribuída, desde os primeiros momentos do regime, alguma serenidade em suas avaliações sobre o Brasil, *Le Monde*, desde o início, passou a ser visto como um jornal de "orientação geral (...) contrária ao governo do presidente Castelo Branco". As matérias de seu correspondente no Brasil, o jornalista Irineu Guimarães, eram sempre muito criticadas pelo serviço diplomático brasileiro em Paris, sobretudo quando começou a divulgar "a pretensa recrudescência da repressão às atividades intelectuais e operárias antirrevolucionárias".[37]

Em agosto de 1964, um artigo de *Le Monde* intitulado "Terrorismo Cultural no Brasil. Seiscentos homens da Ciência denunciam os excessos do governo" falava da manifestação feita por cientistas ao final da 16ª reunião da Sociedade Brasileira para o Progresso da Ciência (SBPC). O texto criticava duramente a perseguição do governo brasileiro a cientistas e professores universitários, presos sem acusação formal ou demitidos de suas funções sem julgamento. A divulgação de tal manifestação na França foi criticada pelo embaixador Mendes Viana, que, em nota, afirmava que as acusações não correspondiam à realidade. Acusava o jornal de utilizar má-fé e de prejudicar a imagem do Brasil na França.[38]

12

Antônio Mendes Viana, um novo embaixador em Paris

No final de maio de 1964, foi solicitado o *agrément* para o diplomata Antônio Mendes Viana.[1] A França já havia feito o mesmo pedido para Pierre Sébilleau, e este chegaria ao Brasil no final de junho. Para o Quai d'Orsay, a designação de embaixadores contribuiria muito para a regularização das relações entre os dois países.[2] Assim, prontamente concedeu o *agrément*.[3] O maranhense Antônio Mendes Viana ingressou no Itamaraty no início dos anos 1930 como cônsul de terceira classe. Formou-se em Direito, no Rio de Janeiro, e, em 1958, obteve o diploma da ESG, quando se aproximou de Castelo Branco. Ao longo de sua carreira, cumpriu algumas missões importantes como delegado brasileiro na I Sessão da Assembleia Geral das Nações Unidas, em 1946; delegado do MRE no Congresso Nacional, em 1949; delegado suplente na XI Sessão do Conselho Econômico e Social das Nações Unidas (Ecosoc), em Genebra, em 1950; representante do Brasil na Comissão das Nações Unidas para eleições na Alemanha, em 1952; assistente do Comando da ESG, tendo presidido a Comissão encarregada da construção do novo edifício do ministério em Brasília, no final da década de 1950. Foi, ainda, secretário-geral do MRE entre 1958 e 1959. Mendes Viana exerceu papel fundamental na resolução do contencioso franco-

-brasileiro, tendo participado como delegado na XII Conferência Plenária do Bureau Internacional de Pesos e Medidas, realizada em Paris, em 1964.[4] Segundo o diplomata Enrique Bernstein Carabantes, embaixador do Chile na França entre 1965 e 1970, que havia conhecido Mendes Viana quando este servira em Santiago, o diplomata brasileiro tinha uma excepcional proximidade com os mais altos círculos franceses, inclusive com o próprio de Gaulle.[5] Posteriormente, em 1969, Mendes Viana foi investigado por uma comissão criada pelo Itamaraty para averiguar os servidores que tivessem comportamentos considerados "desviantes" pelo órgão. No relatório de conclusão dos trabalhos da mencionada comissão, recomendou-se que o embaixador fosse severamente vigiado, já que ele vinha se destacando por "desmedida incontinência verbal e conduta escandalosa, dando sempre péssimos exemplos aos seus subordinados e comprometendo o nome do Brasil". Caso ele continuasse a agir de tal maneira, deveria ser definitivamente afastado do Itamaraty.[6] No entanto, tal medida não chegou a ser adotada pelo ministério.

Em 18 de julho de 1964, Mendes Viana assumiu a Embaixada em Paris. Sua primeira tarefa como novo embaixador, por ordem da Secretaria de Estado, foi reiterar, em nome do presidente Castelo Branco, o convite ao general de Gaulle para visitar o Brasil. Mendes Viana deveria também finalizar as negociações do contencioso franco-brasileiro.[7]

Em sua primeira audiência com de Gaulle, Mendes Viana reforçou a importância do movimento de abril de 1964, que, segundo ele, "viera salvaguardar a tradição democrática e o espírito ocidentalista do nosso povo". Já o presidente francês discorreu sobre o afeto da França pelo Brasil e os importantes laços mantidos entre os dois países.[8] Na mesma ocasião, Mendes Viana entregou a de Gaulle uma carta de Castelo Branco refazendo o convite oficial para ir ao Brasil, ao qual o presidente francês respondeu que essa visita era uma antiga aspiração e que o Brasil, para ele, era "o país de maior futuro nas Américas". O presidente emendou ainda que via como extremamente necessária a formulação de uma política franco-brasileira. Para finalizar, o embaixador anunciou as expectativas do Brasil com relação a tal viagem, sobretudo nos planos da assistência técnica e científica e da cooperação no campo da energia nuclear para uso pacífico.[9] O Brasil nutria grande expectativa com relação a este tema. Logo após sua chegada, Mendes Viana começou uma articulação com figuras políticas francesas para que a possibilidade de cooperação no campo da energia atômica fosse uma das principais questões a serem acordadas durante a visita do presidente francês ao Brasil. A França, segundo ele, poderia, "juntamente conosco, preparar uma usina nuclear em benefício do desenvolvimento do programa energético brasileiro".[10]

Nesse mesmo período, decidiu-se, por meio de uma emenda constitucional, pela prorrogação do mandato de Castelo Branco até 15 de março de 1967. O mesmo dispositivo fixava as eleições presidenciais para novembro de 1966. Segundo a avaliação do recém-chegado embaixador francês, Pierre Sébilleau, a sucessão presidencial provavelmente aconteceria de modo a favorecer a continuidade do regime.[11] A legalidade da Emenda n. 6 à Constituição de 1946 era, segundo o diplomata, bastante discutível. A revisão não apenas havia desobedecido às regras constitucionais previstas na Carta de 1946, como também nem mesmo havia respeitado os procedimentos definidos pelo Ato Institucional.[12] Para o SDECE, essa reforma, estimulada pelo Departamento de Estado norte-americano, indicava a desconfiança dos militares com relação aos dirigentes civis e tendia a consolidar a predominância castrense no país.[13] No início de 1965, o SDECE também constatou que os militares estavam firmemente decididos a apenas organizar as eleições de 1966 se essa consulta não apresentasse nenhum risco para o "governo revolucionário". Caso contrário, "as eleições seriam pura e simplesmente suprimidas".[14]

13

A Embaixada brasileira: um braço da ditadura na França

Logo nos primeiros meses após o golpe, a Embaixada já se delineava como o principal meio de monitoramento dos brasileiros que haviam buscado acolhimento na França ou mesmo daqueles que estavam no país apenas de passagem. Em memorando de maio de 1964, o diretor do Serviço de Segurança Nacional, departamento que seria transformado em DSI após 1967, solicitou que fossem enviados para aquele setor todos os telegramas secretos que tratassem de "asilados brasileiros, atividades subversivas e comunistas, informações sobre personalidades brasileiras e estrangeiras e outras informações que digam respeito à segurança nacional".[1] Nesse momento inicial, as figuras mais visadas eram os políticos de esquerda que tinham alguma proximidade com o governo destituído.

Em agosto de 1964, Antônio Mendes Viana comunicou à Secretaria de Estado que Darcy Ribeiro, chefe da Casa Civil no momento do golpe, estivera em Paris no mês anterior. Darcy Ribeiro, que estava exilado em Montevidéu, tentara se encontrar com Juscelino Kubitschek, porém este se recusou a recebê-lo. O objetivo do encontro seria obter do ex-presidente sua assinatura em um manifesto "não só contrário à revolução, mas ainda acusando os Estados Unidos da América de terem possibilitado o movimento de 31 de março".[2] O embaixador acrescentou ainda que havia recebido de variadas fontes a informação de que Darcy Ribeiro não era bem-visto pelos brasileiros, mesmo aqueles que eram próximos a Goulart, já que o consideravam "uma pessoa inquieta e de pouco critério".[3] Mendes Viana ressaltou que o ex-ministro tinha em mãos um passaporte diplomático, que não havia sido cassado.[4] Juscelino Kubitschek, por sua vez, sempre buscou manter uma postura discreta ante a imprensa internacional, evitando tecer comentários depreciativos à situação política brasileira.[5] O manifesto de Goulart foi redigido e lido na Câmara dos Deputados pelo líder do PTB, Doutel de Andrade, no simbólico dia 24 de agosto e, efetivamente, não teve a assinatura de JK. O conteúdo do documento foi considerado "de pouco interesse" pelo serviço diplomático francês.[6] No entanto, serviu como um dos motivos que levaram à cassação de Doutel de Andrade, em 1966.

Em setembro de 1964, Mendes Viana comunicou a Leitão da Cunha que um informante recomendado pelo general Golbery havia descoberto que alguns brasileiros exilados em Paris, especialmente aqueles ligados ao Partido Comunista, estavam se organizando para iniciar uma grande campanha de oposição ao governo. A principal tática utilizada seria a publicação de artigos na imprensa francesa, dos quais já se viam vários exemplos veiculados nos principais jornais.[7] É possível que o informante mencionado fosse Georges Albertini, do qual tratei anteriormente.

Ainda com relação a esse tema da vigilância de brasileiros pelo serviço diplomático, Mendes Viana, em dezembro de 1964, foi informado de que estudantes brasileiros ligados à UNE estariam chegando a Paris para se encontrar com "meios estudantis de extrema esquerda". Ao ter conhecimento dessa viagem, o embaixador solicitou à Secretaria de Estado que enviasse informações mais precisas daqueles indivíduos para que, assim, pudesse "acompanhar os movimentos desse grupo".[8] Em resposta, o órgão afirmou que as autoridades brasileiras não tinham tomado conhecimento da viagem, mas que o serviço de passaportes do Dops já havia recebido do Ministério da Educação uma lista dos estudantes ligados à UNE.[9]

Também naquele primeiro ano do regime, a Secretaria de Estado enviou a várias de suas representações diplomáticas, entre as quais a de Paris, uma circular em que instruía sobre os procedimentos a serem adotados caso houvesse brasileiros que quisessem renunciar ao asilo territorial para serem repatriados. A Embaixada deveria entrevistar os interessados, exigir que a renúncia fosse formalizada por escrito e, caso necessário, financiar o seu repatriamento.[10] No ano seguinte, o Consulado-Geral receberia a instrução de conceder passaportes aos asilados que desejassem voltar para o Brasil, sem a necessidade de consultar previamente a Secretaria de Estado.[11]

Raul Ryff e sua esposa, Beatriz, foram alguns dos que solicitaram repatriamento, alegando, segundo o Consulado-Geral em Paris, dificuldades financeiras.[12] O órgão concedeu um passaporte comum a Beatriz, pois seu marido teria desistido da viagem.[13] Em 1967, Ryff teve um pedido de passaporte com validade para todos os países negado pelo Consulado, "tendo em vista as circunstâncias de sua saída do Brasil como asilado político e ao fato de que seu nome estava envolvido em diversos inquéritos e processos", sendo-lhe permitido apenas regressar ao Brasil com seu título de nacionalidade.[14] No entanto, ao final, o casal só voltou para o Brasil em 1968, justificando o novo pedido de passaporte pelo "desejo de voltar [...] por motivo pessoal".[15] Durante o período em que viveu em Paris, Raul Ryff trabalhou na Office Radiodiffusion-Télévision Française [Ofício da Radiodifusão-Televisão Francesa] (ORTF).[16] Ele teve sua vida monitorada pela representação diplomática brasileira e pelos órgãos de informações ligados ao Itamaraty. Um informe do Ciex, de julho de 1966, afirma que Ryff vinha demonstrando desinteresse "por uma atividade subversiva efetiva" e queixava-se constantemente de Paris e dos franceses em geral. Morava em um pequeno apartamento e estava sempre "rodeado de grande quantidade de jornais brasileiros que parece não ter chegado a ler".[17]

Um ponto que merece ser ressaltado é o controle do trânsito de cidadãos brasileiros, exercido pelo Ministério da Relações Exteriores e suas representações. O acervo da Embaixada brasileira em Paris guarda numerosos exemplos da preocupação do serviço diplomático com esse tema. O órgão buscou monitorar a viagem do político cassado, ex-consultor-geral da República, Waldir Pires, de Montevidéu, onde estava asilado desde o AI-1, a Paris, onde passaria a viver. A autorização para o trânsito fora dada à revelia da Embaixada.[18] O ex-guerrilheiro Amarantho Jorge Rodrigues Moreira, preso na serra do Caparaó, também estava asilado no Uruguai e, no início de 1966, quando a Secretaria de Estado soube da notícia de que ele havia recebido um documento de viagem e que pretendia ir para a França, solicitou à Embaixada informações "sobre a data de chegada e atividades que o mesmo venha a exercer".[19] Já Ruy Rodrigues da Silva, ex-secretário de Educação de Goiás durante o governo Mauro Borges, foi para Paris pouco depois do golpe. No final de 1966, pediu a prorrogação de seu passaporte ao Consulado-Geral em Paris e, por conta disso, a Secretaria de Estado solicitou informações sobre seu comportamento e suas atividades políticas na França antes de autorizar o pedido.[20] Em resposta, o diplomata Carlos Calero Rodrigues, funcionário da Embaixada de Paris, afirmava que, após as devidas averiguações, não foram constatadas "atividades comprometedoras"[21] e, sendo assim, sugeria que o passaporte de Ruy Rodrigues da Silva fosse prorrogado, inicialmente, por mais seis meses.[22] É possível também mencionar o caso da provável ida do deputado cassado, Francisco Julião, à França, o qual estava asilado no México.[23] Na ocasião, Calero Rodrigues não conseguiu apurar se Julião havia chegado ao país. Pediu auxílio às autoridades francesas, que, ao procederem a uma investigação, chegaram à conclusão de que era muito provável que Julião tivesse entrado no país com uma identidade falsa.[24] Além desses exemplos, é possível afirmar que os indivíduos que mais motivaram a vigilância por parte do serviço diplomático eram aqueles que passavam por Paris em trânsito para a República Popular da China, para a República Democrática Alemã ou tendo passado por um desses países antes do ingresso na França. Nesses casos, a passagem por um país comunista precisava ser justificada com uma declaração de próprio punho explicando o motivo da necessidade de tal viagem. Cabe ressaltar que essa regra era aplicada a qualquer pessoa e não apenas àqueles que tivessem algum tipo de atividade de cunho político registrado nos órgãos oficiais. Nesse sentido, em maio de 1967, o Ciex apurou que a China comunista teria instalado na sua Embaixada em Paris um centro de apoio para latino-americanos que desejassem ir até o país para fazer "cursos de adestramento em técnicas revolucionárias em geral, com ênfase em guerrilhas".[25]

14

A viagem de Charles de Gaulle ao Brasil

Conforme mencionei em outras ocasiões, após certo suspense sobre o Brasil ser ou não incluído na viagem de Charles de Gaulle à América do Sul, a visita ocorreu entre os dias 13 e 16 de outubro de 1964 — a primeira de um chefe de Estado francês ao nosso país. Cerca de um mês antes da partida, Mendes Viana teve uma audiência com o presidente francês para falar sobre a programação de sua estada. Segundo de Gaulle, a ida ao Brasil seria "o ponto principal de sua viagem". Todavia, uma das questões centrais tratadas no encontro foi a participação de Carlos Lacerda nas cerimônias oficiais durante sua passagem pela Guanabara. O general de Gaulle demonstrou que não gostaria da presença do governador do estado, tendo em vista que, durante missão na França, Lacerda havia dito que sua viagem ao Brasil se resumiria a discursos e banquetes.[1] De fato, os dois acabaram não se encontrando. Naquele momento, Lacerda já se afastava do governo pelas duras críticas que vinha fazendo a Castelo Branco. Apenas o presidente brasileiro esteve presente na faustosa recepção no Rio de Janeiro a Charles de Gaulle — pelo qual, inclusive, teve grande empatia.[2]

    Essa visita estava incluída em um extenso roteiro que abarcava dez países da América Latina ao longo de 25 dias, com o objetivo de fortalecer a presença francesa no continente e, ao mesmo tempo, apresentar-se como uma alternativa à predominância norte-americana, sobretudo no âmbito cultural. A ocasião foi vista como uma oportunidade de estabelecer projetos de desenvolvimento e, efetivamente, fortaleceu os vínculos entre o Brasil e a França, muito abalados pela Política Externa Independente. Não se pode esquecer, no entanto, de que o governo Castelo Branco caracterizou-se pela grande prioridade concedida às relações com os Estados Unidos, um dos mais importantes apoiadores do golpe de 1964.[3] Essa dominação norte-americana sobre a América Latina causava grande desagrado aos franceses.[4]

Alguns dias antes da partida do general de Gaulle, a Secretaria de Estado solicitou ao Ministério da Guerra uma lista dos cidadãos franceses que residiam no Brasil. O documento, que também foi encaminhado para a Embaixada francesa, objetivava manter esses indivíduos sob vigilância, de modo a garantir a segurança do presidente francês.[5] Certamente, o MRE estava se referindo aos franceses envolvidos na oposição à independência da Argélia que haviam passado a viver asilados no Brasil. Também houve a preocupação com cidadãos franceses que viriam ao Brasil no mesmo período em que de Gaulle aqui estivesse. A instrução da Secretaria de Estado para o Consulado-Geral era que a triagem de candidatos à concessão de vistos deveria ser feita com muita cautela. O Consulado-Geral havia recebido uma informação da polícia francesa de que dois cidadãos franceses que acabavam de seguir para São Paulo, François Aubrun e Hubert Bassot, eram considerados "ativistas perigosos" partidários da Argélia francesa.[6]

Quando chegou à América do Sul, de Gaulle solicitou que o programa de sua estada no Brasil tivesse maior teor político. Assim, deviam-se evitar, por exemplo, os festejos folclóricos. Também não requisitou segurança ostensiva, de modo que não transparecesse estar "separado da massa". De forma geral, o presidente gostaria de ter encontros com personalidades políticas e homens de negócios para dar a impressão de estar vivendo intensamente sua experiência no país.[7] Naquela ocasião, Pierre Sébilleau estava doente e tinha retornado à França temporariamente. Quem o substituía e, por isso, organizou a visita do chefe de Estado francês foi o embaixador Dufresne de la Chauvinière.

A permanência de Charles de Gaulle no país abriu perspectivas muito positivas para o início de um processo de cooperação bilateral. Começou-se a discutir, por exemplo, a ampliação do Acordo de Cooperação Técnico-Administrativa de 1959, que se limitava a definir a participação francesa na formação do funcionalismo público brasileiro. O resultado foi a assinatura, no início de 1967, do Acordo de Cooperação Técnica e Científica, que representou um marco para essa questão, pois permitiu o desenvolvimento de um amplo programa de formação de recursos humanos em diversas áreas. Este acordo passou, nos anos seguintes, por diversas modificações que visavam aperfeiçoá-lo.[8]

Em seus discursos na América Latina, Charles de Gaulle buscou valorizar a noção de "latinidade".[9] O objetivo era aproximar a França dos países da região, reforçando a origem cultural comum: todas as nações latinas seriam herdeiras da cultura humanista romana. Tal característica, de acordo com essa perspectiva, conferiria traços políticos e intelectuais comuns aos povos latinos. Cabe lembrar que, desde o final da Segunda Guerra, a cultura francesa vinha perdendo espaço para a cultura anglo-saxã na América Latina. Portanto, não se pode ignorar o caráter estratégico na evocação da latinidade na passagem de Charles de Gaulle pelo continente.

Ao término da longa viagem do presidente francês, a Embaixada brasileira julgou que os resultados haviam sido muito satisfatórios, tendo correspondido às expectativas, embora fossem bastante claras as limitadas possibilidades de ação da França, sobretudo nos campos econômico e financeiro.[10] É também inegável que a presença do presidente francês em território nacional contribuiu para a legitimação do governo Castelo Branco no cenário internacional.

A visita de Charles de Gaulle ao Brasil foi noticiada com bastante destaque na imprensa francesa, e a Embaixada enviou grande número de recortes sobre o tema. Alguns deles tratavam de um incidente ocorrido com jornalistas franceses na chegada ao Rio, o que contribuiu muito para sua indisposição com o país, situação que teria acabado por transparecer em algumas matérias. O fato ocorreu no pátio do Ministério da Marinha, onde o chefe de Estado francês seria recebido. Alguns jornalistas franceses teriam desrespeitado a determinação de permanecerem na área reservada à imprensa. Ao tentarem sair do local, foram violentamente impedidos pelos fuzileiros navais. Três dos jornalistas teriam agredido um soldado e, por essa razão, foram imobilizados pelos agentes de segurança do local. A ação causou profundo incômodo entre os representantes da imprensa estrangeira.[11]

No entanto, apesar de algumas notas desfavoráveis, o tom geral das matérias publicadas havia sido elogioso e, segundo Mendes Viana, a imagem do Brasil se apresentou bastante melhorada na imprensa francesa.[12] Com isso, a sociedade francesa pôde ter mais acesso a informações sobre o nosso país e o seu regime político. No entanto, as edições do dia 14 de outubro dos jornais *Le Figaro* e *Paris-Presse, L'Intransigeant*, por suas perspectivas críticas ao Brasil, motivaram o embaixador Mendes Viana a enviar-lhes cartas de protesto.[13] O diretor do *Paris-Presse, L'Intransigeant*, Pierre Charpy, respondeu à carta do embaixador desculpando-se pela reportagem desagradável de seu colaborador Jean-Pierre Renard e reafirmou as boas relações que o jornal sempre manteve com o Brasil.[14] Ainda assim, a Secretaria de Estado expediu uma circular impedindo suas repartições consulares de concederem visto de entrada no Brasil para Jean-Pierre Renard, "por causa de seus comentários altamente injuriosos ao Brasil".[15] O texto de Renard serviu de mote para o editorial da *Tribuna da Imprensa* do dia 15 de outubro de 1964, intitulado "Insulto à honra do Brasil".[16]

15

Jornalistas estrangeiros

A diplomacia brasileira não media esforços para divulgar uma imagem positiva do Brasil no exterior. No final de 1964, ocorreu na cidade de Estrasburgo, no leste da França, um congresso de jornalistas promovido, com o apoio da Unesco, pelo Centro Internacional de Ensino Superior de Jornalismo. O adido cultural da Embaixada de Paris, Guilherme Figueiredo, irmão do futuro presidente brasileiro João Figueiredo, foi ao evento para falar sobre a imprensa brasileira e, ainda, sobre "a liberdade de opinião de que gozam os jornalistas e jornais no Brasil". Nessa ocasião, Figueiredo expôs a intenção do governo brasileiro de convidar jornalistas "de boa-fé" e demais participantes do evento para visitarem o Brasil e, segundo ele, constatarem por si próprios suas afirmações. Algumas pessoas candidataram-se a receber tal convite, entre as quais o professor V. Berger-Vachon, catedrático da Faculdade de Direito de Paris.[1]

Efetivamente, ao longo do regime militar, o convite a jornalistas estrangeiros para viajarem ao Brasil tornou-se prática comum do governo, desde que esses indivíduos demonstrassem a intenção de escrever matérias elogiosas ao país quando voltassem a seus locais de origem. O jornalista Louis Sapin, por exemplo, do jornal *L'Aurore*, recebeu apoio do governo brasileiro para ir ao Brasil com a finalidade de produzir uma série de artigos sobre o país. Além do Rio de Janeiro e de São Paulo, Sapin visitou a região Nordeste e a cidade de Belém. O embaixador Mendes Viana ressaltava a necessidade de que fosse fornecida toda a assistência necessária ao jornalista, pois "dela dependerá, provavelmente, o sentido das reportagens que fizer".[2] Também fazia parte das estratégias do serviço diplomático negociar com veículos da imprensa para que promovessem o Brasil. Na ocasião dos preparativos do IV Centenário do Rio de Janeiro, por exemplo, a revista semanal *Jours de France* editou um número especial sobre o país. A missão diplomática procurou acordar junto à direção do hebdomadário os temas a serem tratados na reportagem, que deveriam ressaltar "os aspectos interessantes e característicos do Brasil, principalmente da cidade do Rio de Janeiro".[3]

Essas iniciativas não eram despropositadas. A maior parte dos veículos da imprensa francesa continuava apresentando um posicionamento bastante crítico ao governo militar. O jornal *Combat*, no dia 3 de janeiro de 1965, por exemplo, trouxe um artigo assinado por Georges Andersen, "A última etapa da revolução brasileira", em que fazia uma breve avaliação dos primeiros nove meses após a derrubada de João Goulart. Para o autor, Castelo Branco já estava solidamente instalado no poder e, por essa razão, as dissimulações que previam apenas uma intervenção militar pontual não se faziam mais necessárias. Andersen defendia que as reformas estruturais democráticas que haviam sido propostas por Goulart estavam estritamente de acordo com as concepções capitalistas. O que, de fato, teria ocorrido foi uma forte oposição dos grupos dominantes da sociedade brasileira que viram muitos de seus interesses ameaçados, tendo-os levado a pedir auxílio aos detentores do capital estrangeiro para interromper o avanço das políticas reformistas de Goulart. O texto afirmava também que, embora o presidente brasileiro tivesse anunciado a realização de eleições dentro de dois anos, seus ministros e assistentes mais próximos, além de alguns chefes militares, defendiam que o restabelecimento de um regime civil só aconteceria quando o Brasil pudesse retomar o caminho da prosperidade. Para concluir, Andersen tratou do programa de austeridade econômica levado a efeito pelo então ministro do Planejamento, Roberto Campos, cuja implementação vinha causando grandes dificuldades para as camadas sociais desfavorecidas. Ao encaminhar a matéria para a Secretaria de Estado, Mendes Viana caracterizou a postura do jornalista como uma "evidente má-fé"; no entanto, ressaltou que, ainda assim, Andersen reconhecia "a seriedade com que o governo brasileiro se empenhava no programa de combate à inflação".[4]

Da mesma forma, o jornal católico *La Croix* publicou, ao longo da primeira quinzena de janeiro de 1965, uma série de artigos sobre o Brasil intitulada "Brasil de todos os dias: samba, miséria e 'revolução'", de Christian Rudel, nos quais foram "feitas considerações desfavoráveis à revolução de 31 de março".[5] Os textos teciam uma imagem bastante pessimista do país naqueles anos. Um dos artigos criticava a falsa imagem de pacifismo que se tinha do Brasil; outro denunciava a questão da fome e da falta de água, especialmente na região Nordeste; havia ainda outro que discutia a privação de direitos civis à qual uma considerável parcela da população estava submetida e, por último, um que atacava diretamente os militares, chamando-os de "os loucos do Planalto".

As críticas ao regime brasileiro também foram feitas pela televisão. A ORTF difundiu um programa sobre o Brasil chamado "A longa etapa", produzido por Charles Brabant e Frédéric Ptecher, com patrocínio da ONU e da Unesco. A reportagem tratava da educação brasileira e, segundo o embaixador Mendes Viana, focava apenas "os aspectos mais desfavoráveis do problema da infância e adolescência" no país. Afora um breve comentário de Roger Bastide, toda a emissão baseava-se no pensamento de Paulo Freire, sendo, de acordo com o diplomata, "a inspiração ideológica que os animava". Com o objetivo de expressar sua desaprovação no que se refere à postura adotada pela produção do programa com relação ao Brasil, Mendes Viana enviou uma carta para a direção do canal.[6]

O diretor-geral da ORTF, Jacques-Bernard Dupont, respondeu desculpando-se com o embaixador, já que a intenção do canal não teria sido fazer uma "campanha antibrasileira". Dupont argumentou que, tendo a produção sido feita em parceria com a Unesco, não haveria como tal organização internacional ter apoiado uma emissão que tratasse com hostilidade um de seus membros. Concluiu afirmando que, ao contrário do que pudesse ter parecido, o desejo da ORTF seria reforçar a amizade entre a França e o Brasil.

A partir de uma proposta do deputado Charles de Chambrun, foi programada uma missão de jornalistas franceses ao Brasil com o objetivo de incentivar a divulgação de uma imagem favorável do país.[7] Ao acolher a sugestão, a diretriz da Secretaria de Estado era que fossem convidados representantes dos periódicos *Le Figaro*, *La Vie Française*, *Progrès de Lyon*, *Dépèche du Midi* e *France Soir*. No entanto, devia-se evitar o convite ao correspondente do *Le Monde*, visto que "sua vinda ao Brasil poderia ser contraproducente ao objetivo dessa missão".[8] Em resposta a essa orientação, o deputado Chambrun sugeriu os seguintes nomes: Philippe Halpen, do *France Soir*; George Suffert, de *L'Express*; Juliette Boisriveaud, do *Nouveau Candide*; Sonia de Wilde, do Sindicato Nacional de Periódicos da Província e da Agence Centrale Presse, e, por último, Joseph Poli, do *Paris Jour* e do *Sud Ouest*. A lista havia sido aprovada pelo Departamento da América do Quai d'Orsay e, em seguida, teve também o aval do MRE.[9] A visita foi agendada para o período entre 15 e 23 de julho de 1966 e incluiria visitas ao Rio de Janeiro, a São Paulo e a Brasília.[10]

16

Os irmãos Miguel e Violeta Arraes

Em março de 1965, um grupo de personalidades francesas enviou uma carta ao presidente Castelo Branco em protesto contra a prisão de Miguel Arraes. Henri Bartoli, Roger Bastide, Jacques Beaumont, Gilbert Blardonne, R. P. Chenu, Henri Desroches, Jean-Marie Domenach, René Dumont, Pierre Emannuel, Joseph Folliet, Paul Fraisse, Pierre Goutet, Georges Hourdin, Pierre Monbeig, Charles Morazé, Paul Ricoeur, Joseph Rovan, Alfred Sauvy, entre outros, reclamavam de que a prisão do governador de Pernambuco havia acontecido sem nenhuma justificativa legal e pediam que Castelo Branco "usasse de sua autoridade a fim de que Miguel Arraes fosse libertado ou que fosse regularmente inculpado diante de um tribunal civil por meio de um processo público".[1] Algumas semanas antes, o religioso belga Joseph Cardijn, fundador da Juventude Operária Católica (JOC), posteriormente nomeado cardeal, também havia escrito a Castelo Branco para interceder por Arraes. O mesmo fez Ramon Sugranyes de Franch, do movimento internacional de intelectuais católicos Pax Romana, já que os meios legais de defesa haviam sido negados ao ex-governador pernambucano. Outro que se remeteu diretamente ao presidente brasileiro em nome de Arraes foi o renomado escritor francês François Mauriac. Para Mendes Viana, a iniciativa das citadas personalidades era inspirada por Violeta Arraes, irmã de Miguel Arraes, que vivia em Paris e circulava nos meios intelectuais, políticos e culturais franceses.

Formada em Sociologia pela PUC-RJ, Violeta Arraes foi presidente da Juventude Universitária Católica (JUC) entre 1948 e 1950, tendo, nesse período, se tornado assistente de dom Hélder Câmara. No ano seguinte, estagiou no Centro Internacional de Economia e Humanismo de Paris, onde conheceu o economista francês e católico de esquerda Pierre Gervaiseau, com quem viria a se casar pouco tempo depois. Em 1962, Violeta se mudou para Recife; Pierre iria no ano seguinte. Lá participaram ativamente do Movimento de Cultura Popular (MCP), fundado por Miguel Arraes, e do Movimento de Educação de Base (MEB), juntamente com Paulo Freire. Logo após o golpe, foram presos quando iam ao encontro de dom Hélder Câmara na sede da Arquidiocese de Recife. Quatro meses depois, após enfrentarem várias dificuldades impostas pelas autoridades brasileiras, os dois partiram para o exílio em Paris com o auxílio do governo francês, já que, segundo a Embaixada no Rio, a permanência do casal em Recife tornara-se arriscada.[2]

Pierre Gervaiseau estava no Brasil em missão oficial pelo Institut National de la Statistique et des Etudes Économiques (Insef), e o golpe o teria impedido de continuar seu trabalho.[3] Nos anos seguintes, Violeta cursou uma pós-graduação em Psicologia e passou a exercer a função de psicoterapeuta, tendo auxiliado muitos brasileiros traumatizados pela tortura e pela experiência do exílio. Seu papel foi fundamental nas denúncias das violações aos direitos humanos praticadas pelos militares brasileiros, o que a tornou uma espécie de líder da oposição ao regime militar em território francês. Por sua atuação no acolhimento e apoio aos exilados, ficou conhecida como a "Rosa de Paris". Sua casa tornou-se uma referência para os brasileiros residentes na França, bem como um centro de divulgação da cultura brasileira em Paris.[4] Assim, suas atividades foram constantemente monitoradas pelos órgãos de informação brasileiros.[5]

A primeira vez que Miguel Arraes elegeu-se para um cargo público foi como deputado estadual de Pernambuco pelo Partido Social Trabalhista (PST), nas eleições de 1954. No pleito seguinte, foi eleito para o cargo de prefeito de Recife. Seu governo ficou marcado por ter grande apoio popular. Realizou uma série de melhorias urbanas como a ampliação das redes de água, esgoto, eletricidade e iluminação, criou projetos de urbanização de áreas carentes e se destacou pela implementação do MCP, que visava a alfabetização e a educação política de jovens e adultos. Por essa iniciativa, foi tachado de comunista pelos setores conservadores da sociedade pernambucana. Em 1963, elegeu-se governador do estado. Suas primeiras realizações objetivaram assegurar direitos a trabalhadores urbanos e rurais como garantia de salário mínimo para os camponeses, aumento do crédito agrícola, subvenções a gêneros de primeira necessidade, fornecimento de remédio a preços populares etc. No entanto, as tensões sociais que se fortaleciam por todo o país não pouparam Arraes, que tomava posições cada vez mais à esquerda. Logo após o golpe, quando os principais líderes populares e sindicais começaram a ser presos, Arraes declarou que não renunciaria ao seu mandato.[6] Segundo o SDECE, a falta de coordenação entre os diferentes grupos de esquerda da região — partidos comunistas, ligas camponesas, sindicatos rurais, entre outros — teria sido a principal razão para não ter havido uma resistência organizada ao golpe e à onda repressiva que se seguiu.[7]

Arraes foi deposto e preso na ilha de Fernando de Noronha, onde permaneceu incomunicável por dois meses. Posteriormente, foi transferido de volta para Recife. Seu nome constava da primeira lista de cassações e suspensões de direitos políticos publicada pelo novo governo. Essas medidas repressivas contra o então governador de Pernambuco foram muito malvistas pela Embaixada francesa, pois, de acordo com o órgão, Arraes, em seu mandato, havia "tentado sinceramente, sem demagogia e por meios válidos, resolver os graves problemas econômicos e sociais de sua região".[8] Além disso, para o governo francês, os militares nunca conseguiram caracterizar suficientemente o "crime de subversão" do qual o acusavam.[9]

Em abril de 1965, por meio da concessão de um *habeas corpus* pelo STF, Arraes foi libertado, mas, em seguida, foi submetido a vários interrogatórios. O pedido havia sido inicialmente negado pelo Superior Tribunal Militar e, após a decisão do STF, houve um conflito entre as duas instâncias judiciárias. O fato é que, embora a libertação de Arraes tenha desagradado aos setores militares mais severos, ao governo não restou outra alternativa senão acatar a sentença. A repercussão negativa em âmbito internacional do caso de Arraes já vinha tomando proporções alarmantes.

Ao publicar um manifesto criticando o governo e os IPMS, aos quais atribuía o caráter de "instrumentos de perseguição política", Arraes foi enquadrado na Lei de Segurança Nacional. O risco de ser novamente preso o fez perceber que era mais prudente deixar o país. Pediu asilo na Embaixada da Argélia, tendo partido para a capital desse país alguns dias mais tarde. A escolha de Arraes por esse local pareceu estranha para a representação diplomática francesa no Rio. Para Sébilleau, a ida para a Argélia poderia ser atribuída a uma suposta maior facilidade de chegar à França, onde o pernambucano tinha laços familiares, ou, segundo informações que teria recebido, pelo fato de o país ter sido pretensamente eleito como um novo polo de ação do Movimento Comunista Internacional. Contudo, o próprio Sébilleau reconhecia que Arraes não era comunista, mas tinha concebido uma espécie de "socialismo avançado".[10]

O voo que conduziu Arraes a Argel faria uma parada em Paris. Tanto a Embaixada brasileira como o Quai d'Orsay foram alertados para ficarem atentos à passagem do político pela cidade.[11] Assim, na escala feita no aeroporto de Orly, os jornalistas foram impedidos de falar com ele e mesmo sua família só pode encontrá-lo após mais de uma hora de negociações. Apenas quando chegou à Argélia Arraes pôde responder à imprensa. Ele concedeu uma entrevista ao jornal *Le Monde*, na qual relatava suas dificuldades para conseguir sair do Brasil. Disse que, após refugiar-se na Embaixada argelina, obteve um salvo-conduto que o autorizava a deixar o país, contudo, no último momento, as autoridades militares opuseram-se à sua partida. Segundo Arraes, teria sido necessário que o embaixador ameaçasse recusar os vistos de saída de jogadores de futebol brasileiros que estavam no país africano. Arraes afirmou ainda que, em meio à política repressiva do governo Castelo Branco, a qual tornava cada vez mais difícil o exercício da liberdade, sua única esperança era a atitude de determinados membros da Igreja que erguiam suas vozes para condenar o regime.[12]

Ao tomar conhecimento da entrevista, a Secretaria de Estado autorizou o embaixador Mendes Viana a desmentir publicamente as palavras de Arraes. O diplomata deveria afirmar que o salvo-conduto havia sido expedido com grande celeridade e que, como o Brasil não estava ligado à Argélia por nenhum convênio sobre asilo, a permissão da saída do ex-governador de

Pernambuco deveria ser vista como uma concessão do governo brasileiro.[13] Seja como for, a soltura do político pernambucano e a maneira como se deu sua saída do Brasil acabaram sendo vistas como um abrandamento do regime não apenas pelo grupo da chamada "linha dura", mas também pela opinião pública internacional.[14] Já no exílio, foi condenado pelo Tribunal Militar de Recife a 23 anos de prisão por crimes contra a segurança nacional.[15]

Mesmo não vivendo em Paris, Arraes ia frequentemente à cidade, onde morava sua irmã, Violeta, e vários de seus correligionários. Além disso, seu nome aparecia frequentemente nos jornais franceses. Em protesto contra outra entrevista de Arraes publicada por *Le Monde*, no mês seguinte, na qual contava sobre sua prisão e fazia críticas mordazes contra o governo Castelo Branco — por exemplo, a de ter "entregue o país aos Estados Unidos" —,[16] o ministro-conselheiro, Carlos Calero Rodrigues, remeteu uma carta ao diretor do jornal, Beuve-Méry. Para Rodrigues, as palavras de Arraes eram a prova "da dialética comunista e da interpretação que os ingênuos da demagogia, aliados aos astutos discípulos de Moscou (ou de Pequim), dão à realidade brasileira". Em seguida, o diplomata defendeu que a "revolução" havia livrado o país de um abismo provocado por "idealistas imbecis" e por "comunistas convencidos das maravilhas do marxismo". Ao final, sugeria que o responsável no periódico pelos assuntos latino-americanos, Marcel Niedergang, deveria,

> apesar de suas simpatias ideológicas (que estão onde nós sabemos), entrar em contato com algumas personalidades da atualidade brasileira [...], membros da equipe que trabalha pelo Brasil — não contra o Brasil — e de apresentar honestamente suas opiniões e pontos de vista. Isso seria evidentemente inimaginável de ver publicado por *L'Humanité*, onde a entrevista do senhor Arraes encontraria, aliás, seu verdadeiro lugar. De todo modo, parece-me que uma publicação da ordem sugerida não ficaria tão deslocada em *Le Monde*.[17]

Ao encaminhar tanto a entrevista quanto a carta enviada ao jornal para o MRE, Mendes Viana ressaltava não ver necessidade de uma intervenção junto ao governo francês, apesar do grande destaque conferido a Arraes pelo jornal. O embaixador lembrava que, na ocasião da partida do político para Argel, ele havia procurado o ministro dos Negócios Estrangeiros francês para manifestar a preocupação do governo brasileiro com as possíveis atividades de Arraes na França e, ainda, expressar sua oposição a que ele fosse admitido nesse país, podendo ali permanecer. Segundo Mendes Viana, embora não tenha feito nenhum compromisso formal, Couve de Murville teria dado a entender que o governo francês não aceitaria receber Arraes.[18] Nesse sentido, todas as entradas e saídas de Arraes do território francês eram detidamente monitoradas pela representação brasileira na França. Nos acervos documentais do MRE e Ciex, são numerosos os exemplos desse controle.[19] Portanto, tem fundamento a desconfiança que Arraes sempre teve de que a diplomacia brasileira esforçava-se para impedir, muitas vezes com sucesso, o seu livre trânsito, sobretudo entre países europeus.[20]

A documentação diplomática francesa de caráter secreto também apresenta evidências de que o trânsito de Arraes pela França era monitorado pelas autoridades. E, embora ele nunca tenha feito um pedido de asilo político no país europeu, o Quai d'Orsay já estava decidido pela negativa, caso viesse a receber tal demanda. Há evidências também de que, logo depois da chegada de Arraes à Argélia, Pierre Gervaiseau procurou o Ministério dos Negócios Estrangeiros com a finalidade de pedir autorização para que seu cunhado, utilizando passaporte diplomático argelino, pudesse ir periodicamente à França para fazer trabalhos de pesquisa e, eventualmente, dar conferências no Centro de Altos Estudos Latino-americanos.[21] A resposta chegou no dia seguinte: "Estima-se preferível que ele não dê seguimento a seu projeto neste momento."[22] Em setembro de 1965, Arraes foi a Paris para consultar um médico e, também nessa circunstância, Gervaiseau precisou assumir o compromisso junto às autoridades francesas de que seu cunhado adotaria um comportamento discreto durante sua permanência na cidade, abstendo-se de qualquer tipo de declaração.[23] Além disso, está presente nesse mesmo acervo um documento em que o ministro do Interior francês afirma ter sido autor de um procedimento de expulsão de Arraes, a pedido do Ministério dos Negócios Estrangeiros, datado de julho de 1965.[24] No entanto, ele nunca foi notificado oficialmente sobre essa medida. Por essa razão, não consta da biografia do político que, em algum momento, ele tenha sido obrigado a se retirar do território francês.

Em julho de 1970, o encarregado de negócios da Embaixada brasileira em Paris, Paulo Paranaguá, foi alertado informalmente por funcionário do Ministério do Interior da França de que Arraes teria entrado com pedido formal de residência naquele país. O político brasileiro era portador de um passaporte diplomático argelino e era nessa condição que tinha encaminhado sua solicitação. O representante do governo francês teria orientado Paranaguá sobre a necessidade de o Itamaraty intervir junto ao Quai d'Orsay caso desejasse impedir a ida de Arraes para Paris.[25] Ao comunicar a questão ao MRE, o diplomata brasileiro recebeu a incumbência de ir até o Quai d'Orsay com urgência para informar que o governo brasileiro interpretaria "como um significativo gesto de compreensão e colaboração do governo francês a recusa de autorização de permanência do senhor Miguel Arraes".[26]

O arquivo do Ministério dos Negócios Estrangeiros da França guarda um dossiê sobre Miguel Arraes que foi constituído em agosto de 1970 e contém documentos desde 1965, quando o político brasileiro buscou asilo político na Argélia. Seguramente, esse dossiê foi montado para que o Ministério do Interior tomasse sua decisão a respeito do pedido de residência que Arraes havia feito. Além de todos os procedimentos administrativos efetuados por Arraes junto ao governo francês até então, o dossiê reúne cópias de pronunciamentos do político, recortes de jornais que mencionam suas atividades públicas e até mesmo o relato da ida de Paulo Paranaguá ao Quai d'Orsay para solicitar a negativa do pedido de residência de Arraes. Ao final, a decisão do Ministério do Interior foi pela negativa do pedido e pela manutenção da medida de expulsão, já que

> suas relações políticas não permitem duvidar dos procedimentos que ele tenciona implementar para alcançar suas ideias. [...] Não há dúvida de que seu retorno à França tenderia a fazer de Paris o centro das atividades dirigidas contra o atual governo do Brasil. Permiti-lo entrar e residir livremente na França teria ainda como efeito atrair para nosso país uma fração não desprezível dos revolucionários brasileiros atualmente em Alger e que poderiam provocar um precedente.[27]

17

Juscelino Kubitschek

Outro político que esteve sob a vigilância do governo brasileiro era o ex-presidente Juscelino Kubitschek, um dos homens públicos mais perseguidos pelo regime. Em junho de 1965, a Secretaria de Estado, obedecendo a um pedido do Conselho de Segurança Nacional, solicitou à Embaixada de Paris que investigasse um imóvel de propriedade de JK no 16º *arrondissement* da cidade. O órgão queria ser informado não apenas dos detalhes do registro da escritura de compra e venda, dos titulares da transação e do valor pago, mas também sobre quem estaria pagando os tributos devidos à Prefeitura de Paris e como o imóvel estava sendo usado naquele momento.[1] Posteriormente, descobririam que o bem pertencia, de fato, ao príncipe Carlos Tasso de Saxe-Coburgo e Bragança e havia sido adquirido em 1960 por 3 milhões de francos.[2] Com isso, a aquisição do apartamento de JK no Rio de Janeiro também foi colocada sob suspeita. O imóvel, afinal, teria sido comprado ilicitamente, tendo o ex-presidente usado como testa de ferro o ex-ministro da Fazenda de seu governo, Sebastião Paes de Almeida. Ao final, acabou sendo absolvido pelo STF da acusação de ter adquirido o imóvel irregularmente.[3]

Dada a importância política de JK, o governo brasileiro usava de seu serviço diplomático para monitorá-lo constantemente. Em agosto de 1965, a Secretaria de Estado solicitou à Embaixada uma lista de todos os parlamentares brasileiros que estiveram em Paris ao mesmo tempo que o ex-presidente e, especialmente, aqueles que haviam mantido contato direto com ele. O órgão pedia também a cópia de um pronunciamento que JK havia feito na televisão e na rádio francesas.[4] Quando voltou ao Brasil, no segundo semestre de 1965, logo após as eleições, Juscelino foi submetido a uma série de interrogatórios por suspeita de corrupção e por ter apoio dos "comunistas".[5] No entanto, por apresentar problemas de saúde, as sessões impostas a JK acabaram por ser interrompidas, e ele voltou, temporariamente, ao seu exílio — naquela ocasião, para os Estados Unidos.[6] O ex-presidente veio mais uma vez ao Brasil, por um curto período, para o sepultamento de sua irmã, em junho de 1966, e só regressou definitivamente em abril de 1967.[7]

Tais interrogatórios eram feitos pela Comissão Geral de Investigações (CGI), órgão criado logo após o golpe com a função de centralizar os IPMs iniciados na primeira leva de punições revolucionárias, a já citada "operação limpeza". No entanto, cabe lembrar que, ao longo do regime militar, houve duas CGIs. A primeira, chefiada pelo general Taurino de Resende, tinha a função de eliminar da cena pública os inimigos do regime, tendo aplicado punições aos acusados de "subversão" e corrupção, incluindo muitos militares que não concordavam com os rumos dados por Castelo Branco à "revolução". Essa CGI teve intensa atuação inicialmente, mas não tardou a ser considerada pouco eficaz aos olhos dos militares que defendiam um maior rigor nas punições. Durou até a extinção do AI-2, no início de 1967.

A segunda CGI foi criada no final de 1968, logo após o AI-5, como uma espécie de tribunal de exceção que, por meio de investigações secretas, tinha o intuito de penalizar, com o confisco de bens, os agentes públicos condenados pelo próprio órgão por corrupção — que era entendida, sobretudo, como enriquecimento ilícito. Muitos processos iniciados pela primeira CGI foram aproveitados pela segunda como prova das acusações. Além disso, era permitido ao órgão utilizar a produção do sistema de informações do regime. Como se pode perceber, apenas recentemente a historiografia tem se voltado para a análise da perseguição a políticos e funcionários públicos acusados de corrupção, tema que, embora seja fundamental para o entendimento da complexidade não apenas do golpe, mas também do regime militar em toda a sua duração, acabou tornando-se menor em face do destaque, compreensível em um primeiro momento de análise, conferido ao estudo das prisões, torturas e assassinatos cometidos pelo aparato repressivo naquele período.[8]

Kubitschek também foi alvo do serviço secreto francês mesmo antes de partir para o exílio. Em nota de maio de 1964, o SDECE informou ao primeiro-ministro que o ex-presidente brasileiro buscava, de todas as formas, angariar o apoio da esquerda. Ele teria abrigado várias personalidades, como o líder do PTB na Assembleia Legislativa da Guanabara, Paulo Alberto Monteiro de Barros, e José Serra, presidente da UNE. Além disso, teria recebido um grupo de membros do PCB, que o teria procurado para pedir que tentasse utilizar seu nome para interromper as perseguições contra membros do partido. Em troca, o PCB garantiria o apoio de Luís Carlos Prestes à candidatura de JK para as eleições de 1965. Kubitschek teria aceitado a proposta. É preciso recordar que, naquele momento, JK ainda não tinha tido seus direitos políticos suspensos, o que só ocorreria em junho de 1964.[9] Esse episódio desagradou o serviço diplomático francês — sempre simpático a JK —, que via na medida uma forma de os militares eliminarem da cena política um homem que tinha reais chances de ser eleito presidente nas eleições programadas para o ano de 1965.[10]

18

Um ano depois do golpe

Quando o golpe completou um ano, o Brasil, mais uma vez, esteve em evidência na imprensa francesa. As edições do jornal *Combat* dos dias 31 de março e 1º de abril de 1965 trouxeram reportagens que defendiam a ideia de que o Brasil não vivia sob uma ditadura. Pelo contrário, as alas mais radicais do governo reclamavam justamente da moderação do presidente Castelo Branco, que, segundo o jornalista Jean-Marc Kalflèche, havia montado uma equipe com o objetivo de restaurar as bases fundamentais da política e da economia do país.[1] O jornal *Le Figaro* do dia 2 de abril, da mesma forma, ressaltava que, após um ano da chamada "revolução de abril", o Brasil não corria o risco de uma ditadura de estilo nasseriana, pois a linha militar legalista preponderava no governo.

De acordo com o jornalista Philippe Noury, podia-se realmente falar em "revolução", já que, pela primeira vez na história, as Forças Armadas brasileiras permaneceram no poder após uma intervenção militar. O jornalista via com otimismo a realização de eleições presidenciais, que estavam programadas para o ano seguinte, e elogiava o esforço do governo para, apesar das adversidades, estabilizar as finanças. Chamava a atenção, no entanto, para os "excessos" e injustiças cometidos ao longo da luta contra a corrupção — o que, de todo modo, vinha fazendo com que o país estivesse voltando a uma situação de normalidade, por exemplo, a intenção de promover eleições livres. Já a edição do dia 1º de abril de *Le Monde*, embora ressaltasse as iniciativas de restauração das finanças públicas e aplaudisse a intenção de realizar eleições, criticava duramente a ingenuidade de uma "vontade furiosa de purificação" do novo regime, que vinha executando uma política repressiva brutal contra os seus opositores.[2]

A avaliação da Embaixada francesa, passado um ano da intervenção militar, era, de modo geral, positiva. Segundo o embaixador Pierre Sébilleau, as Forças Armadas teriam conseguido restabelecer a autoridade do Estado, reforçando o Poder Executivo Federal em detrimento dos estados e do Poder Legislativo. Em contrapartida, o diplomata percebia que havia uma tendência cada vez mais forte à adoção de medidas autoritárias. Mesmo a realização de eleições estaduais, previstas para novembro de 1966, que renovariam os governos de onze entes federativos, foi vista como uma demonstração de autoritarismo, pois evidenciaria que o regime estava forte o suficiente para não temer as urnas — ainda que, aos olhos da opinião pública internacional, a medida pudesse parecer altamente liberal e democrática.[3] Além disso, mesmo se o país não vivesse um clima de terror, como alguns jornais estrangeiros poderiam fazer supor, a polícia militar vinha atuando de maneira violenta na repressão a grupos de esquerda. De todo modo, de acordo com Sébilleau:

> Na realidade, a massa de brasileiros, indolente e indiferente por natureza, se acomoda mais ou menos a esse regime, autoritário sem dúvida, mas que demonstra uma grande preocupação com as formas legais, [...] e que obtêve certos resultados em um dos únicos domínios que apaixonam a população: o da luta contra a corrupção.[4]

A percepção otimista do jornal *Le Figaro*, no entanto, não tardou a se modificar. No mês de junho, uma reportagem, também de Philippe Noury, criticou duramente uma nova onda de prisões efetuada por coronéis que defendiam o combate a um complô comunista permanente, com o qual não haveria coexistência possível. O texto também condenava o presidente Castelo Branco por não impedir as ações arbitrárias desses militares.[5] Alguns dias mais tarde, o mesmo jornalista escreveu um artigo sobre as tentativas presidenciais para conter os militares da chamada "linha dura", citando como exemplo a prisão por insubordinação do coronel Osnelli Martinelli, um dos responsáveis pela condução dos IPMs logo após o golpe e um dos críticos do governo por sua "tolerância excessiva" ao não punir com vigor os "subversivos e os corruptos". Noury também salientava as estratégias do governo para impedir que o maior número possível de opositores participasse das eleições estaduais, principalmente aqueles que tiveram alguma participação no governo anterior. Assim, levantava a suspeita sobre a real disposição do regime de enfrentar "o teste de verdadeiras eleições populares".[6]

Ainda sobre o processo eleitoral que ocorreria no mês de novembro seguinte, o jornal *Le Monde* do dia 20 de julho trouxe uma matéria de Irineu Guimarães criticando a aprovação de uma lei que emendava a Constituição no que concernia às condições de elegibilidade. Desse modo, o governo poderia orientar as candidaturas de acordo com as suas intenções. A nova lei impedia, por exemplo, que os ministros civis de Goulart participassem do pleito. Apesar disso, o jornalista reconhecia que a iniciativa de um governo "revolucionário" realizar eleições teria proporcionado algum relaxamento na atmosfera política brasileira, provocando inclusive fortes críticas das alas mais duras das Forças Armadas.[7]

No final de agosto de 1965, o governo francês pediu o *agrément* para um novo embaixador. O diplomata Jean André Binoche iria substituir Pierre Sébilleau na representação francesa no Brasil.[8] Binoche era visto como um profissional muito bem-qualificado e era conhecido por admirar a América do Sul.[9] Entre as instruções dadas pelo Quai d'Orsay ao embaixador, estava informar ao ministério sobre as candidaturas do Brasil a postos na ONU ou outras instituições internacionais, assim como relatar as tendências ideológicas das personalidades indicadas para exercer tais funções. O principal motivo dessas determinações era o alinhamento do Brasil às posições adotadas pelos Estados Unidos em sua política externa. O que se dava em razão da grande assistência econômico-financeira oferecida pelos norte-americanos ao país.[10]

Naquele momento, tornara-se comum a mobilização de certas personalidades francesas em torno das denúncias contra o governo brasileiro.

Em setembro de 1965, a Embaixada recebeu a informação de que Jean-Luc Godard havia recusado um convite para participar do Festival Internacional do Filme do Rio de Janeiro. Ao procurar averiguar a informação, Mendes Viana confirmou que o cineasta havia cancelado junto à Varig a passagem aérea que lhe havia sido oferecida.[11] No dia 24 de setembro, o jornal *Le Monde* noticiou que Godard enviara uma carta aos organizadores do festival afirmando que não poderia participar do evento em nome de sua amizade com Goulart e em protesto contra as perseguições que o ex-presidente vinha sofrendo.[12] O cineasta, de fato, não compareceu ao festival. Da mesma forma, a Embaixada recebeu uma carta do renomado geógrafo Pierre Monbeig, endereçada ao adido cultural brasileiro, Guilherme Figueiredo, buscando saber sobre a provável prisão do filósofo e professor da USP João Cruz Costa. Por essa razão, Mendes Viana pediu à Secretaria de Estado dados mais detalhados sobre o caso, pois, para ele, devia-se "procurar convencer Monbeig, muito iludido por seus amigos de esquerda, de que não há no Brasil, como ele pensa, um regime de exceção".[13]

Nesse mesmo sentido, *Le Monde* havia veiculado uma matéria que foi considerada por Mendes Viana "um ataque contra o Brasil". O artigo começava comparando os militares brasileiros e os argentinos, pois aqueles não estariam conseguindo impedir o retorno dos apoiadores de Getúlio Vargas, e estes, os de Juan Perón. Em seguida, acusava o presidente Castelo Branco de cercear a liberdade das eleições que ocorreriam no mês de outubro seguinte. Atribuía a queda de João Goulart aos setores conservadores da sociedade com apoio de parte da classe média e afirmava que, apesar de terem agido em nome da democracia, ficavam indiferentes às punições arbitrárias promovidas pelos militares e à saída de cidadãos brasileiros para o exílio. O texto chamava a atenção do embaixador, sobretudo por condenar com veemência a prisão e a expulsão de Arraes e por tecer comentários elogiosos a JK, chamado de advogado do pan-americanismo e do desenvolvimento econômico. Para finalizar, apontava para a forte oposição aos militares exercida pela maioria dos intelectuais brasileiros e por consideráveis setores da Igreja Católica, ressaltando ainda o fim do apoio de políticos civis que haviam estado ao lado do "movimento de abril".[14]

Após as eleições estaduais de outubro, o jornal *Le Monde* do dia 7 daquele mês publicou um editorial com críticas vigorosas ao Brasil. O texto, intitulado "O fim de um equívoco", afirmava que os eleitores haviam "condenado com calma e dignidade a pretensa revolução", ao contrário das expectativas do governo Castelo Branco, que pretendia obter com o pleito a legitimação do golpe de Estado. O resultado não deixava de ser surpreendente, já que todos os candidatos considerados perigosos foram afastados da disputa eleitoral, incluindo um homem sem a menor suspeita de simpatia com os chamados "comunistas", como o marechal Teixeira Lott. Dois candidatos da oposição foram vitoriosos em dois importantes estados brasileiros: Negrão de Lima, na Guanabara, e Israel Pinheiro, em Minas Gerais, ambos do PSD. O êxito desses candidatos foi considerado uma conquista para JK, cuja força política amedrontou constantemente os militares, e uma derrota para o governo Castelo Branco. Esse desfecho acabou servindo como pretexto para que, poucas semanas mais tarde, fosse decretado o segundo Ato Institucional, que teve como algumas de suas determinações o restabelecimento da vigência das cassações de mandatos parlamentares e suspensões de direitos políticos, a extinção do pluripartidarismo e o aumento da possibilidade de intervenção do Poder Executivo federal nos governos estaduais. Não há dúvida de que os militares tinham a intenção de tirar JK definitivamente do cenário político brasileiro. Para o jornal, estava claro que os militares, tomados "pela loucura e pela violência", não haviam conseguido conquistar a população submetendo-a a múltiplas pressões. Criticava até mesmo o progresso da economia, apontando que os projetos ambiciosos do ministro Roberto Campos haviam alcançado resultados bastante modestos, deixando a situação econômica do país ainda mais precária que no fim do governo Goulart.

Indignado com a postura do jornal, o ministro-conselheiro da Embaixada, Carlos Calero Rodrigues, remeteu uma carta ao diretor do impresso, alegando que este havia excedido tudo o que tinha publicado na campanha empreendida contra o Brasil desde abril de 1964. O diplomata acusava o jornal de não ter informações objetivas sobre o nosso país e afirmava nunca ter lido na imprensa não comunista tal quantidade de mentiras e de má-fé.[15] Calero Rodrigues expediu também uma carta para o diretor do semanário

L'Express para queixar-se da reportagem "Brasil: à beira da explosão", de autoria de Edouard Bailby, veiculada na edição dos dias 11 a 17 de outubro de 1965. O diplomata iniciava sua missiva declarando sua convicção de que o jornalista não sabia diferenciar realidade de ficção e que o artigo seria apresentado a estudantes como um texto a ser corrigido, tantos eram os erros de interpretação. A avaliação de Bailby de que o governo brasileiro teria libertado Francisco Julião para não afastar definitivamente a oposição de esquerda foi contestada por Rodrigues com a afirmação de que Julião havia recebido um *habeas corpus* e que as autoridades brasileiras respeitavam as decisões do Poder Judiciário. Rodrigues também refutou o tom crítico com que foi tratada a visita a Moscou do ministro do Planejamento, Roberto Campos, para negociar um acordo econômico. Bailby, em seu texto, havia ressaltado que a aproximação com a URSS teria sido justamente uma das justificativas para a derrubada de João Goulart.

Para Rodrigues, a visita à capital soviética teria acontecido com o objetivo de defender os interesses brasileiros, uma vez que o governo não tinha preconceitos quando se tratava de examinar possibilidades de comércio e de crédito que pudessem beneficiar o país. Em seguida, o diplomata rejeitava uma série de dados que haviam levado Bailby à conclusão de que a situação econômica do Brasil, naquele momento, era dramática e havia regredido com relação ao governo anterior. Em sua carta, Rodrigues defendia que todo programa de combate à inflação teria como consequência, em um primeiro momento, a diminuição do ritmo da atividade econômica e industrial, acarretando um agravamento no nível de desemprego, problema que, no entanto, já havia sido solucionado. Falava ainda do resultado das eleições, considerado pelo artigo "uma derrota esmagadora" para o regime. Com relação a esse tópico, o ministro-conselheiro alegava que, embora a apuração ainda não houvesse sido concluída, caso o resultado se confirmasse, a derrota dos partidos governistas seria apenas 4,3% de diferença em relação à "oposição liberal". E concluía: "Com a esperança que *L'Express* seja, no futuro, um pouco mais objetivo em suas informações sobre o Brasil."[16]

Para o serviço diplomático francês, o resultado das eleições havia representado um momento de crise para o regime. De acordo com Sébilleau, a "revolução" continuava, mas, em vez de uma "democracia verdadeira", tratava-se em verdade de uma espécie de "democracia controlada". O Brasil estaria se esforçando para achar a dose exata entre democracia e autoridade que estivesse adaptada ao seu grau de desenvolvimento. Naquele momento, duas alternativas pareciam se apresentar para o governo Castelo Branco: a conciliação com as forças moderadas do sistema político anterior ou a recusa de qualquer tipo de acordo, optando-se por uma via de reforço do autoritarismo. Como se sabe, escolheu-se trilhar o segundo caminho.[17]

Outro momento em que o Brasil ganhou visibilidade na imprensa francesa foi logo após a decretação do AI-2, no dia 27 de outubro de 1965. Todos os principais jornais — cujos artigos foram encaminhados para a Secretaria de Estado — condenavam a iniciativa de Castelo Branco. Para Philippe Noury, de *Le Figaro*, o dispositivo iria decidir a nova orientação do regime, que, ao se inclinar para a ditadura, daria à opinião pública mundial uma prova de fraqueza, e a imagem que Castelo Branco havia tentado construir, ao se afastar da linha dura, estaria definitivamente arruinada. Já Irineu Guimarães, correspondente do *Le Monde*, afirmava que a aprovação dessas "leis de ferro" abriria as portas para uma ditadura, cujo final seria impossível de prever. Em *L'Express*, a opinião veiculada era que o AI-2 acentuaria o caráter fascista de uma política incondicionalmente submetida às vontades de Washington.[18]

A partir do AI-2, a opinião da diplomacia francesa, ao menos no âmbito das correspondências secretas, passou a estar mais afinada com a imprensa local. Quando a Embaixada francesa informou ao Quai d'Orsay sobre a publicação do Ato, o novo dispositivo foi descrito como o símbolo do fim da política de conciliação e da legalidade, política esta que teria marcado o regime até aquele momento. O governo brasileiro teria atribuído plenos poderes a si próprio, o que não havia ousado fazer após o golpe, e o país teria passado a viver "um período de ditadura no qual o único limite verdadeiro reside no termo que ela própria estabelece".[19]

No final de 1965, François Mitterrand, deputado que fora candidato à Presidência da República francesa nas eleições ocorridas naquele mesmo ano, concedeu uma entrevista à revista semanal *Le Nouvel Observateur*, na qual fazia referências críticas ao Brasil. Quando perguntado sobre qual seria a diferença de sua política para o chamado "Terceiro Mundo" com relação à empregada pelo general de Gaulle, após discorrer rapidamente sobre o tema, comentou: "Se o Terceiro Mundo é o xá do Irã ou o marechal Castelo Branco, é uma coisa. Para mim, o Terceiro Mundo é aquele dos sindicalistas agrícolas do Brasil, em que se mata com uma bala na nuca porque os guardas dos domínios privados têm lá direito de vida e de morte sobre eles." Essa breve passagem provocou a reação de Mendes Viana, que enviou uma carta ao político. O embaixador criticou o modo desagradável como ele havia usado o nome do presidente brasileiro, além de ter feito uma referência lamentável aos sindicalistas agrícolas do Brasil.[20] Não encontrei vestígios sobre uma possível resposta de Mitterrand.

Após anunciar-se candidato à sucessão presidencial, no início de 1966, o ministro da Guerra, general Costa e Silva, fez uma visita oficial à França a convite do ministro das Forças Armadas francês, Pierre Messmer. Nos seis dias em que permaneceu no país, Costa e Silva ocupou-se, sobretudo, de visitar instalações militares. Ao falar com a imprensa, diminuiu o peso de sua candidatura, afirmando que ainda necessitava da aprovação dos novos partidos políticos brasileiros. Afirmou também que falar em anistia no Brasil, naquele momento, ainda era precipitado e que esse tema não seria discutido no governo de então, tampouco no subsequente.[21] A visita teve como objetivo central reforçar a cooperação franco-brasileira no domínio militar, que, segundo suas próprias palavras, "já era considerada uma tradição antiga".[22] No entanto, o que se pôde verificar é que a finalidade mais específica da ida de Costa e Silva a Paris era conversar sobre a compra de material militar da França pelo Brasil. Após sua passagem pelo país europeu, o ministro foi à Grã-Bretanha para tratar do mesmo tema.[23]

Em um documento do acervo pessoal de Georges Albertini, no qual relata um dos encontros que teve com o embaixador Mendes Viana,[24] deparei com a informação de que Costa e Silva havia expressado o desejo de se reunir com o presidente de Gaulle durante sua passagem por Paris. Contudo, segundo Albertini, o diplomata brasileiro temia promover tal encontro, pois sua atuação poderia provocar o aborrecimento de Castelo Branco, que tinha considerado o anúncio da candidatura presidencial de Costa Silva um ato de indisciplina. Estabelecia-se, portanto, um dilema: se marcasse a audiência, desagradaria Castelo Branco; se não o fizesse, contrariaria o futuro presidente do país. Assim, pediu auxílio a Albertini para resolver o problema. Este o aconselhou a procurar um amigo, o diplomata Étienne Burin de Roziers, chefe de gabinete de Charles de Gaulle, que faria com que o presidente francês não aceitasse receber o ministro brasileiro da Guerra.[25] Não há mais dados sobre o caso. Sabe-se apenas, contudo, que Costa e Silva efetivamente não se reuniu com de Gaulle naquela ocasião.

Em janeiro de 1966, o Itamaraty solicitou que a Embaixada de Paris lhe enviasse uma relação dos principais veículos da imprensa francesa com suas respectivas tendências políticas, além dos endereços de suas sedes. A informação certamente serviria para que o ministério pudesse analisar com maior precisão a percepção da opinião pública francesa sobre o Brasil. Os jornais *L'Aurore* e *Parisien Libéré* foram classificados politicamente como de direita. *Le Figaro*, o mais antigo da imprensa parisiense, e *Paris-Jour* foram identificados como de centro-direita. Já os impressos vistos como de esquerda eram o *Libération*, o *Nouvel Observateur* e *L'Express*. Havia ainda os de centro-esquerda *Combat* e *Le Monde*, este considerado um dos órgãos mais prestigiosos da imprensa mundial no que tange aos temas políticos. Foram citados também os jornais católicos *La Croix*, o segundo mais antigo de Paris, e o *Témoignage Chrétien*, que havia começado a ser publicado de modo clandestino em 1941. Os jornais *Les Echos*, *L'Information* e, o mais difundido deles, *La vie française* eram especializados em temas econômico-financeiros. *L'Humanité* era vinculado ao Partido Comunista e o *Nouveau Candide* era fundamentalmente gaullista. Por último, foi relacionado o *France Soir*, jornal fundado em 1944 e que, sem dar muita ênfase às questões políticas, tornara-se o de maior circulação no país e de mais ampla distribuição no exterior.

Em seguida, Mendes Viana fez uma breve análise do posicionamento dos jornais com relação ao governo francês. O *France Soir* e o *Paris Jour* eram partidários de Charles de Gaulle; os periódicos considerados de esquerda e de direita faziam oposição sistemática ao governo; já *Le Monde* e *Le Figaro* faziam uma análise mais nuançada e, em certos casos, favorável à política do general. O embaixador não examinava a posição dos jornais no que concerne ao regime político brasileiro, com exceção do *Combat*, que, apesar de ter tendência de centro-esquerda, se destacava pela simpatia com que tratava os "acontecimentos políticos posteriores à Revolução de 31 de março".[26]

Assim como ocorrera com o AI-2, a outorga do AI-3, no dia 5 de fevereiro de 1966, também causaria constrangimento aos diplomatas brasileiros em Paris. A partir do terceiro ato institucional, as eleições para governador passariam a ser indiretas e os prefeitos seriam indicados pelos governadores, não mais sendo eleitos. Além disso, nenhuma ação praticada com base nas determinações do dispositivo poderia ser questionada judicialmente. Com o paulatino fechamento do regime, tornava-se mais difícil contestar diante da opinião pública francesa que os instrumentos autoritários adotados pelo governo brasileiro estavam levando o país a uma ditadura. Ainda assim, a Embaixada continuou adotando a estratégia de interceder junto aos veículos da imprensa na tentativa de moderar o tom crítico adotado por eles com relação ao Brasil.

Já o serviço diplomático francês não viu o AI-3 como uma medida surpreendente. O embaixador naquele momento, Jean Binoche, afirmava que o dispositivo apenas definia alguns pontos deixados em suspenso no AI-2, apesar do caráter espetacular de sua publicação. Além disso, o Ato serviria para que Castelo Branco continuasse garantindo legitimidade entre os setores mais radicais das Forças Armadas.[27]

Após a publicação do artigo "Verdadeira ditadura instaurada no Brasil", em *Le Figaro*, no dia 7 de fevereiro, o qual analisava com pessimismo o aumento das concessões feitas à ala mais reacionária das Forças Armadas, o encarregado de negócios Carlos Calero Rodrigues, que substituía o embaixador na ocasião, enviou uma carta ao diretor daquela publicação, Louis Gabriel Robinet. O diplomata dizia estar "muito surpreso" com o posicionamento do jornal ao afirmar que a concentração do poder do Estado nas mãos dos militares teria provocado o estabelecimento de uma ditadura no Brasil. Criticava, ainda, a alegação de que o presidente Castelo Branco terminaria seu mandato sem conseguir encaminhar o processo de redemocratização. E afirmava também não poder aceitar a opinião de que o AI-3 suprimiria ainda mais os direitos dos eleitores, bem como faria avançar as restrições da liberdade de expressão em todo o país. Rodrigues defendia que o fato de terem sido adotadas eleições indiretas para governadores e presidente da República não significava que o país passaria a viver uma ditadura, pois, se assim fosse, a França teria sido uma ditadura durante quase um século. Além disso, reforçava que o Brasil mantinha os poderes Executivo, Legislativo e Judiciário funcionando de maneira livre e independente. No que tange às restrições de liberdade de expressão, o diplomata advertiu que o jornal *Tribuna da Imprensa* havia publicado, alguns dias antes, um apelo da oposição nacionalista para um golpe militar, visto que, de acordo com aquele veículo, o marechal Castelo Branco havia "traído a Revolução". Rodrigues ressaltava inclusive que o citado jornal não sofrera qualquer tipo de censura.[28]

Foi Roger Massip, diretor de Relações Exteriores de *Le Figaro*, que respondeu ao diplomata brasileiro, afirmando ter ficado atônito com a carta recebida e sustentando que o título dado ao artigo não alterava a verdade. Para confirmar a posição do jornal, Massip sugeria que Rodrigues lesse o texto publicado por *Le Monde* no dia anterior, intitulado "Escalada da ditadura no Brasil", pois essa leitura serviria como resposta à carta enviada a *Le Figaro*, dispensando, assim, comentários mais amplos. Para concluir, Massip ironizava:

> Eu me permito acrescentar que não seria de seu interesse que nós façamos eco ao seu ponto de vista em nossas colunas, pois assim nós seríamos obrigados a tomar mais claramente posição contra a sua interpretação dos fatos, nos referindo notadamente ao excelente artigo de nosso colega.[29]

Não satisfeito, Carlos Calero Rodrigues remeteu uma nova missiva a *Le Figaro*. Após reclamar, mais uma vez, da falsa impressão sobre a situação brasileira que o jornal estaria gerando em seus leitores, o diplomata acusava *Le Monde* de ser um dos veículos mais hostis ao Brasil e que, por essa razão, não poderia ser tido como parâmetro. Ao final, cobrava de *Le Figaro* a sua tradicional objetividade, sem rancores fundamentados em preconceitos ideológicos.

Essas publicações levaram o embaixador Mendes Viana a reunir-se, em uma viagem ao Brasil, com o secretário-geral do MRE para discutir uma ação que iriam empreender junto às autoridades francesas para que elas estivessem aptas a informar a imprensa do país quanto "à verdadeira situação do Brasil", evitando, desse modo, o mal-estar causado por artigos que vinham sendo veiculados. Nesse sentido, a Secretaria de Estado produziu um texto que deveria fundamentar as ocasiões em que a Embaixada precisasse defender o regime político brasileiro:

> É curioso verificar a maneira como foi recebida no exterior a Revolução brasileira de 31 de março de 1964. A reação negativa dos países comunistas era de esperar e é consolador que nos Estados Unidos da América tenha sido o movimento encarado como o que verdadeiramente foi: praticamente o único recuo de envergadura imposto ao comunismo internacional desde o fim da guerra. Causa espécie, no entanto, a reação dos setores liberais da Europa Ocidental, sobretudo porque as críticas mais acerbas vêm daqueles que nunca deixaram de aconselhar moderação e espírito de justiça diante dos avanços da tirania de esquerda. A ideia cediça de que "o mundo marcha para a esquerda", ou considerações eleitoreiras de que é pagante cortejar os setores de esquerda parecem estar na origem dessas críticas. O mérito da Revolução de 31 de março foi justamente o de ter feito explodir no Brasil o grande mito esquerdista, pondo a nu a inanidade intelectual e administrativa do regime anterior, que levara um país fabulosamente rico às portas da falência. Dezoito meses após a instalação do novo governo, o balanço é impressionante: 200 milhões de dólares de atrasados comerciais foram pagos; 300 milhões de dólares de reservas em moedas fortes sustentam a nova política econômica, que já pode acusar um saldo positivo de 400 milhões de dólares na balança comercial. No plano das finanças internas, o déficit ocorrido em 1965 foi menor do que o previsto, fato virgem no mundo, e, em 1966, não haverá déficit algum. As emissões não cessaram, é certo, mas têm agora por lastro ingressos correspondentes de divisas. Mas será o governo que conseguiu isto uma "ditadura militar"? No Brasil atual, a oposição funciona e ganha eleições. Dos quinze ministros de Estado, só dois são militares da ativa. A opinião das Forças Armadas tem, por certo,

peso considerável no novo Brasil, mas o importante é que sua participação na vida pública se faz não através de homens, individualmente, mas como um todo. Trata-se de organização que durante século e meio acompanhou a evolução da política brasileira sem tomar partido e que agora aceitou o encargo de um papel político, sem, contudo, descartar a colaboração da nova classe de funcionários civis, eficientes e honestos, que como os seus correspondentes das Forças Armadas buscam dar corpo a uma nova ordem dentro de um espírito de justiça social, de probidade funcional e de eficiência administrativa.[30]

19

A chegada de Bilac Pinto à Embaixada brasileira em Paris

Em fevereiro de 1966, Mendes Viana foi nomeado para a Embaixada do Brasil em Santiago do Chile.[1] Sua missão em Paris foi considerada decepcionante pelo Quai d'Orsay, pois ele teria falhado no projeto de reunir uma comissão mista franco-brasileira, que trataria dos problemas pendentes entre os dois países.[2] Para substituí-lo, foi designado Olavo Bilac Pinto. Nascido em Minas Gerais, Bilac Pinto formou-se em Direito e iniciou sua carreira política quando foi eleito deputado estadual, em 1934. Em 1950, foi eleito deputado federal pela UDN, cargo para o qual seria reeleito nos três pleitos seguintes. Foi um dos principais líderes civis do golpe militar de 1964 e esteve diretamente envolvido na elaboração do AI-1. Em fevereiro de 1965, foi eleito presidente da Câmara dos Deputados, com o franco apoio do general Castelo Branco. Após a extinção do pluripartidarismo, filiou-se à Arena. Chegou a ser cogitado para a Presidência da República, mas o largo apoio da oficialidade acabou por consolidar o nome de Costa e Silva como sucessor de Castelo Branco. Assumiu a Embaixada de Paris em abril de 1966, onde permaneceu até abril de 1970.[3] Na cerimônia de entrega de credenciais, o general de Gaulle falou a Bilac Pinto que, para aquele momento, o Brasil aparecia para a França como uma realidade considerável, e, para o futuro, como uma realidade enorme. Acrescentou ainda que havia todas as razões para que as relações entre os dois países se desenvolvessem.[4] Na primeira visita de Bilac Pinto ao ministro dos Negócios Estrangeiros, Couve de Murville, foram discutidas questões relativas ao comércio franco-brasileiro, incluindo as restrições francesas à importação de determinados produtos. Falou-se também sobre o projeto do Acordo Bilateral de Assistência Técnica, das relações do Brasil com a Comunidade Econômica Europeia (CEE) e, ainda, do ensino da língua portuguesa em universidades francesas.[5] Para as autoridades diplomáticas do país europeu, o novo embaixador brasileiro, um homem do primeiro plano político nacional, era de uma retidão perfeita, de temperamento moderado e de grande inteligência. Além disso, ele gozaria da confiança absoluta de Castelo Branco e da maior parte dos dirigentes de então.[6]

Antes da chegada de Bilac Pinto, a Secretaria de Estado preparou um extenso relatório para orientar o novo ocupante do cargo.[7] O embaixador chegaria a Paris em um momento delicado da história da França. Após sete anos de mandato, o general Charles de Gaulle acabara de ser reeleito em uma disputa bastante acirrada, na qual François Mitterrand ficara em segundo lugar, com 45,5% dos votos.[8] Conforme o documento, o presidente, a partir daquele momento, passaria a se ocupar com a sua sucessão, já que concorrer a um novo pleito poderia ser desastroso para ele. Corria também o boato de que a decepção com esse resultado havia feito com que o presidente considerasse abandonar a vida pública.[9] A população francesa estaria cada vez mais resistente ao estilo de governo gaullista, pautado em seu poder pessoal, e parecia desejar a consolidação de suas tradições democráticas. As tentativas de Charles de Gaulle de recolocar o país em uma posição de potência maior e mais autônoma nunca haviam alcançado grandes avanços. O país encontrava-se em declínio com a redução de seu poder colonial. Ainda assim, em uma perspectiva realista, a França havia conseguido ampliar suas parcerias e intercâmbios, intensificando a defesa de seus interesses e resguardando sua soberania.

A visão do serviço diplomático brasileiro era que, em seus sete anos seguintes de mandato, de Gaulle deveria se dedicar de maneira crescente à política interna e teria de "abster-se, na esfera internacional, de gestões e iniciativas que não representem sucesso certo, imediato e estrondoso, uma vez que não podia dar-se ao luxo de colher derrotas, ou êxitos incolores".

No que tangia ao Brasil, verificava-se uma grande melhora nas relações bilaterais após o fim da crise da lagosta, vivida de maneira passional por ambos os países. O serviço diplomático brasileiro ressaltava, contudo, que a iniciativa para solucionar as tensões havia sido tomada pela França. O próprio general de Gaulle, que estivera diretamente envolvido na controvérsia e, de certo modo, contribuíra inicialmente para retardar sua solução, pôde verificar, em sua visita ao Brasil, que o povo brasileiro não havia guardado nenhuma mágoa e que sua tradicional admiração pela França e pelos franceses não havia sido abalada. Partindo do princípio de que os anos seguintes seriam dominados por "sobressaltos e tormentas", a recomendação era de que a diplomacia brasileira devia evitar, de todo modo, os conflitos, concentrando-se nos seguintes pontos: a intensificação das trocas culturais, a cooperação financeira e técnica, o encerramento das questões do contencioso franco-brasileiro e a dinamização do intercâmbio comercial. Nesse sentido, fazia-se necessário que a Embaixada se esforçasse para "reajustar" na opinião pública francesa, de acordo com o ministro, "a imagem verdadeira do Brasil, tão deturpada, ultimamente, em certos órgãos jornalísticos inspirados em preconceitos e em informações tendenciosas".

O contencioso franco-brasileiro, que vinha se arrastando havia muitos anos, estava praticamente solucionado, restando apenas a questão decorrente da encampação da Companhia Port of Pará, que não era considerada um problema fundamentalmente bilateral. Embora o caso tivesse sido discutido nos acordos de resolução do contencioso entre Brasil e França, tratava-se de empresa norte-americana, com acionistas ingleses, franceses e belgas, e com a qual o governo brasileiro negociaria diretamente, sem envolver o governo francês.

No que concernia às trocas comerciais, verificava-se certo equilíbrio na balança comercial franco-brasileira. Os principais produtos da pauta de exportação eram café, algodão em rama, óleo de mamona, fumo em folha e minério de ferro. Quanto às importações, os principais itens eram ácido adípico, aviões a jato, polímero de butadieno, máquinas para metalurgia e equipamentos industriais. Naquele momento, no entanto, estimava-se que as exportações brasileiras, caracterizadas pela grande concentração de itens primários, não apresentavam perspectivas de aumento, considerando as particularidades do mercado francês e os vínculos do país com territórios africanos. Desse modo, a principal diretriz do setor de promoção comercial da Embaixada seria, a partir de então, a diversificação da pauta de exportações, buscando incluir itens manufaturados e interceder junto às autoridades locais para remover restrições, como acontecia com tecidos de algodão e máquinas de costura.

O relatório também tratava da cooperação em matéria de energia nuclear para fins pacíficos. Em 1962, foi assinado um acordo entre os dois países que só viria a ser ratificado após aprovação pelo Congresso Nacional, em 1964. A colaboração vinha ocorrendo sobretudo por meio do auxílio técnico prestado pela França às pesquisas no país. Foram concedidas bolsas de estudo para formação e aperfeiçoamento de professores e estudantes brasileiros, e pequenas quantidades de equipamentos e materiais nucleares foram fornecidos. A intenção última do Brasil era obter ajuda para a implantação de uma usina núcleo-elétrica no país, o que só iria se concretizar na década seguinte, com o início da construção de Angra 1, em 1972, pela companhia norte-americana Westinghouse.

O documento tratava ainda de um importante tópico das relações bilaterais: a difusão cultural. Na área do cinema, constatava-se que a produção audiovisual brasileira vinha chamando atenção do mercado francês, tendo em vista que alguns filmes nacionais haviam sido consagrados em festivais franceses. Além disso, vinha crescendo o interesse de cineastas daquele país por temas relacionados ao Brasil.

No ramo das artes plásticas, Paris representava um importante polo de atração para artistas que ali buscavam se aperfeiçoar e estabelecer contatos profissionais. A Embaixada mantinha uma sala de exposições, a Galeria Debret, que era usada para promover a arte e os artistas brasileiros. Com relação ao mercado editorial, o serviço diplomático deveria se empenhar na publicação de autores brasileiros por editoras francesas. Outro campo que também deveria ser incentivado era o da cooperação intelectual. Naquele momento, o Brasil possuía apenas um professor visitante na França, o renomado intelectual Antônio Cândido de Melo e Souza, que atuava como professor de Literatura Brasileira na Sorbonne. O relatório mencionado tratava ainda dos dezessete leitores brasileiros que atuavam em diferentes universidades francesas, isto é, jovens estudantes que desejavam obter o grau de doutor e, ao mesmo tempo, ensinavam temáticas brasileiras nessas instituições.[10]

20

Dom Hélder Câmara denuncia a ditadura em Paris

Alguns religiosos exerceram papel fundamental ao denunciarem no exterior as arbitrariedades cometidas pelo Estado brasileiro contra seus adversários. O bispo católico dom Hélder Câmara foi um dos personagens mais destacados desse período. Como, a partir de certo momento, seu nome passou a estar impedido pela censura de ser veiculado pela imprensa nacional, ele usava de sua prerrogativa como membro da Igreja Católica e das garantias que essa posição lhe conferia para divulgar em outros países as violações aos direitos humanos que eram cometidas no Brasil. Decerto, essa atitude incomodou sobremodo as autoridades brasileiras, e não foram poucas as tentativas que o governo fez para impedir suas viagens internacionais.[1] Sendo Paris uma cidade que, desde os momentos iniciais do regime, passou a receber brasileiros que buscavam escapar das perseguições políticas, além de ser um local que concentrava veículos da imprensa com grande prestígio internacional, dom Hélder fez diversas viagens para a capital francesa, onde não raro atraía numerosos ouvintes para suas conferências. Em abril de 1965, falou na sede da organização Mutualité Française, em um evento que contou com a presença de Josué de Castro e de Samuel Wainer. A Embaixada tratou de enviar um representante para presenciar a palestra intitulada "O apelo do Terceiro Mundo" e resumi-la para enviar à Secretaria de Estado. Ao encaminhar o documento ao Itamaraty, Mendes Viana colocou em dúvida se as ideias do bispo não estariam contrariando os princípios católicos e lamentou:

> Não houve por parte de dom Hélder uma única palavra de reconhecimento aos esforços honestos que hoje se fazem para melhorar de fato a situação das populações brasileiras, nem a menor restrição à campanha de descrédito do Brasil, na qual se unem, desgraçadamente, marxistas e católicos de esquerda.[2]

A oposição de setores católicos aos militares foi um dos temas cuja ressonância no exterior tendeu a se acentuar com o decorrer do regime. A Igreja, que tinha oficialmente apoiado o golpe, começou a tecer críticas ao governo à medida que as denúncias de violações aos direitos humanos praticadas por agentes do Estado se intensificaram, principalmente quando a repressão atingia os religiosos. Alguns representantes da instituição eclesiástica como o já citado dom Hélder Câmara, arcebispo de Recife,[3] provocaram grandes atritos com as autoridades militares, e isso causava profundo mal-estar nos meios oficiais. A tendência era que os conflitos se agravassem com o passar dos anos.

O jornal *Le Monde*, no dia 3 de agosto, tratou de um manifesto lançado pelos bispos da região Nordeste no qual denunciavam a miséria e as injustiças às quais a população estava submetida. Já o *Combat* também chamou atenção para o conflito entre o governo e os bispos da região Sul do país. Esse jornal, no entanto, apesar de veicular as críticas feitas pelos religiosos, ao criticar o "irrealismo" das reformas propostas pelos bispos nordestinos, "aproveitava o ensejo para tecer considerações favoráveis ao regime brasileiro".[4] Apreensiva com a reverberação que tal posicionamento do clero brasileiro pudesse ter nas instituições católicas da França, a Secretaria de Estado solicitou à Embaixada informações sobre as filiações ideológicas do "Comitê Católico contra a fome e para o desenvolvimento", cujo secretário-geral era Fred Martinache.[5] Essa entidade francesa, criada em 1961 e ligada ao Partido Democrata Cristão, tinha o apoio de boa parte do episcopado e era quem organizava as conferências públicas de dom Hélder na França; no entanto, de acordo com os dados obtidos pela Embaixada, não devia ser considerada entre os movimentos "progressistas".[6] Apesar dos esforços realizados, as possibilidades de impedir a difusão das declarações de dom Hélder na imprensa francesa eram muito pequenas. De todo modo, em algumas ocasiões, as pressões exercidas pela Embaixada sobre esses veículos eram bem-sucedidas. Isso ocorreu, por exemplo, em outubro de 1966, após o envio de uma carta de Bilac Pinto para a ORTF, quando uma emissão com dom Hélder, que já havia sido anunciada, foi cancelada. Essa atitude foi vista com esperança pelo diplomata, que se comprometeu a acompanhar o noticiário da ORTF "a fim de verificar se alcançará maior objetividade no que tange ao Brasil".[7]

21

Celso Furtado e outros exilados brasileiros

Em outubro de 1966, Bilac Pinto almoçou com o diretor do *Le Monde*, Beuve-Méry. No encontro, o jornalista expressou sua preocupação com Celso Furtado, que vinha sendo tratado com injustiça pelo governo brasileiro. Dois fatores foram citados por ele como base para sua reclamação: a interferência do governo brasileiro junto à ONU para que Furtado não fosse aceito na Missão Técnica no Oriente Médio e a recusa da extensão do seu passaporte para outros países além da França e da Inglaterra. Beuve--Méry ressaltou que considerava a questão do passaporte uma "violação a direitos elementares" e ameaçou criticar tal atitude em seu jornal. A partir dessa conversa, Bilac Pinto sugeriu à Secretaria de Estado que cedesse ao pedido de Celso Furtado para, desse modo, evitar mais uma crítica por parte do *Le Monde*.[1] Em sua defesa, a Secretaria de Estado alegou que era normal um país querer evitar que seus inimigos declarados ocupassem posições em organismos internacionais, o que era prática comum de todas as potências mundiais. Salientava ainda que o Brasil vinha tendo problemas sérios com o desempenho de seus inimigos em organismos dessa natureza. Por essa razão, além da intervenção junto à ONU, o governo brasileiro impedia que Celso Furtado transitasse livremente pelo mundo, já "que tinha se mostrado inimigo acérrimo do regime e vinha aproveitando todas as ocasiões para tentar desacreditar o governo de sua pátria". Por fim, dizia lamentar a postura de censura sistemática que o Brasil vinha adotando com relação a *Le Monde*, mas que isso ocorria apenas porque o jornal vinha favorecendo a propaganda persistente feita no exterior pelos inimigos do regime.[2] Como forma de melhorar o tratamento conferido ao Brasil por *Le Monde*, Bilac Pinto buscou se aproximar de Beuve-Méry, "visando obter objetividade e isenção do noticiário e criar clima simpático".[3] Ao final, o Itamaraty acabou cedendo e autorizou a extensão do passaporte de Celso Furtado para os países que o economista mesmo indicasse.[4] A concessão serviria para demonstrar ao diretor do *Le Monde* a boa vontade do governo brasileiro. Poucos meses depois, Bilac Pinto concedeu um visto no *laissez--passer* de Aída Furtado, irmã de Celso Furtado, a pedido da Unesco, já que ela estava em missão oficial.[5] Ao informar à Secretaria de Estado, o embaixador foi repreendido, pois não poderia ter procedido de tal forma sem consultar previamente o órgão, mesmo em se tratando de portadores de *laissez-passer* da ONU.[6]

De acordo com o Ciex, Celso Furtado não deveria ser motivo de inquietação para o governo brasileiro. Segundo o órgão, o economista era tratado com respeito pelas autoridades francesas "por suas qualidades intelectuais e por sua dedicação ao seu trabalho técnico". Além disso, ele vinha se mantendo recluso, vivia fora do centro de Paris e buscava evitar contatos com outros brasileiros exilados. Celso Furtado, aparentemente, não estava envolvido em nenhuma atividade política que prejudicasse a imagem externa do Brasil.[7] Tanto que, em julho de 1968, foi convidado pela Câmara dos Deputados para ir ao Brasil dar sua opinião sobre os problemas do país no campo econômico.[8] De qualquer forma, durante todo o período em que permaneceu em Paris, em razão dos inúmeros convites que recebia para participar de eventos em todo o mundo, Celso Furtado teve todos os seus deslocamentos monitorados pelo governo brasileiro.

No final de 1966, a Embaixada recebeu do MRE o pedido de uma relação completa dos asilados políticos que se encontravam na França.[9] Naquele momento, a representação brasileira se viu com dificuldades de cumprir a tarefa. Não havia no país europeu, a não ser em casos raros, tratamento especial para asilados políticos. Além disso, não havia necessidade de visto para brasileiros entrarem no país como turistas. Assim, se o cidadão brasileiro não fizesse nenhum pedido à Embaixada ou ao Consulado (por exemplo, a prorrogação do passaporte), era difícil controlar sua presença em território francês e, principalmente, monitorar suas atividades políticas sem a ajuda do governo local ou sem o uso de meios clandestinos. Portanto, para atender à solicitação da Secretaria de Estado, Carlos Calero Rodrigues decidiu verificar os nomes dos brasileiros que haviam recebido autorização para residir na França; contabilizou 742 pessoas, sendo 397 homens e 345 mulheres. O diplomata ressaltou que, para chegar a essa informação, havia recorrido a "meios particulares", pois, em um caso como o daquela consulta, não poderia contar com a cooperação dos meios oficiais. De todo modo, sugeria que uma outra forma de se chegar à informação pretendida seria submeter uma lista nominal aos serviços oficiais. Daquela forma, poderiam descobrir se as pessoas indicadas estavam ou não autorizadas a viver no país.[10]

Outro episódio diz respeito aos casos de Valério Regis Konder e Clóvis Ferro Costa, investigados pela Secretaria de Estado no início de 1967.[11] Valério Konder, comunista histórico, era um médico sanitarista, pai do filósofo Leandro Konder, e foi demitido do serviço público na primeira onda de perseguições revolucionárias.[12] Já Ferro Costa, deputado cassado pelo AI-1, era filiado à UDN e foi um dos únicos do partido que apoiaram os projetos reformistas de Goulart.[13] Também houve o caso do monitoramento da viagem do estudante José Vieira da Silva Júnior, que teria chegado a Paris vindo da China e cujo nome verdadeiro era André Grabois, militante do PCdoB, que viajara ao país comunista para participar de cursos militares e, em 1973, desapareceria na Guerrilha do Araguaia.[14] Naquela ocasião, Grabois estava acompanhado por Nelson Lima Piauhy Dourado, outro militante que desapareceu no Araguaia.[15] A Secretaria de Estado pedia para ser informada sobre as atividades que o estudante viesse a realizar na França; porém, não foram encontrados mais detalhes sobre esse caso.

Ao longo do governo Castelo Branco, como vimos, as denúncias das arbitrariedades cometidas pelo governo brasileiro começaram a ser difundidas no exterior. Os principais agentes responsáveis por essa divulgação foram os exilados brasileiros e a imprensa internacional. Embora Paris não tenha recebido grande número de brasileiros em um primeiro momento — o que só viria a ocorrer após o golpe do Chile, em 1973 —, algumas figuras importantes e ligadas ao governo destituído pelos militares passaram a viver naquela cidade. Por exemplo, a presença de Josué de Castro, Samuel Wainer, Celso Furtado e Violeta Arraes contribuiu enormemente para que o contexto interno do Brasil fosse publicamente conhecido na França.

As análises feitas pela Embaixada francesa eram também muito críticas à escalada repressiva do governo brasileiro. Em seus últimos dias na presidência, por exemplo, Castelo Branco assinou um decreto-lei sobre a segurança nacional. O dispositivo foi o último de uma série de medidas supressoras dos direitos dos cidadãos brasileiros — rigor que, de modo geral, havia marcado os seus três anos no poder. De acordo com a diplomacia francesa, a nova lei era muito abrangente, ou seja, todo brasileiro passava a ser responsável pela manutenção da segurança nacional, e, ao mesmo tempo, pouco precisa, já que "toda tentativa de se opor, por qualquer meio que fosse, à realização dos objetivos nacionais em matéria de política interna e externa" poderia ser condenada.[16] No entanto, esse tipo de avaliação era sempre feito no âmbito sigiloso das trocas de correspondências diplomáticas, de modo que não afetasse as relações entre os dois países.

Em se tratando da esfera pública, a França sedia até hoje importantes veículos da imprensa internacional, cujo peso das denúncias era bastante prejudicial para a imagem externa do Brasil. Aos poucos, parte da opinião pública francesa começou a se unir aos brasileiros que ali viviam mobilizando-se contra as violações aos direitos fundamentais da pessoa humana cometidas pelos militares. Assim, ao contrário do que alguns autores defendem,[17] a imprensa francesa não se caracterizou pela discrição nos primeiros anos do regime militar. Os principais jornais franceses, sobretudo *Le Monde*, deram grande abertura para a publicação de críticas contra o Brasil. Ao final do mandato de Castelo Branco, o tom geral era de grande pessimismo. Afora o ambiente de descontentamento popular com a política econômica do governo, as análises apontavam para um progressivo recrudescimento dos aspectos autoritários do regime. De modo que não demorou para que a França passasse a ser vista pelas autoridades brasileiras como um centro privilegiado de contestação do regime.

Nesse sentido, o Itamaraty, por meio de sua representação diplomática em Paris, exerceu um papel fundamental no que concerne à preservação da imagem brasileira. Naquele contexto, os diplomatas brasileiros estiveram empenhados em impedir a divulgação de notícias sobre as práticas repressivas do regime militar e, junto a isso, esforçavam-se continuamente para propagar um quadro positivo do governo nacional, que não deveria, em hipótese alguma, ser identificado como um regime autoritário. A criação de mecanismos de controle da imagem que se tinha do Brasil na França começou a ser feita logo nos momentos seguintes ao golpe. A diplomacia brasileira tornou corrente a tentativa de censurar a imprensa francesa ao enviar cartas aos diretores das publicações e tentar interceder junto ao governo francês para que a ajudasse a conter o tom das críticas divulgadas. Além disso, como foi possível observar, o serviço diplomático brasileiro atuou para monitorar os brasileiros que viviam em território francês, buscando impedir, muitas vezes com sucesso, que esses indivíduos expusessem a perseguição a que os opositores do regime eram submetidos. Deste modo, torna-se fundamental compreender como atores institucionais agiram e reagiram diante da oposição ao regime na França.

PARTE III

As relações entre o Brasil e a França durante o governo Costa e Silva

No dia 15 de março de 1967, Arthur da Costa e Silva tomou posse como presidente da República. Segundo a Embaixada francesa, o novo mandatário, "um homem de ação mais que de pensamento", assumiria o poder em um país bastante dividido e com forte oposição de certos militares da chamada "linha dura", assim como de setores democráticos, entre os quais o grupo ligado a Kubitschek. Para o embaixador Jean Binoche, naquelas condições, seria difícil para Costa Silva se manter no poder sem "fazer funcionar a fundo os dispositivos de repressão e as leis de exceção já utilizadas por seu antecessor". Além disso, seus contatos internacionais eram bastante limitados aos meios militares. No entanto, a política externa do novo governo, de caráter mais nacionalista que os anteriores, parecia apontar para uma aproximação maior com a França como parte do movimento de evitar a aliança tão exclusiva com os Estados Unidos.[1] Tal movimento era visto com certa desconfiança, pois, de acordo com Binoche, ainda era precipitado afirmar que o Brasil sairia "da clientela dos Estados Unidos".

Para o SDECE, Costa e Silva, que jamais havia tido atuação no cenário político brasileiro antes de 1964, fora o braço da revolução, do mesmo modo como Castelo Branco fora a cabeça. A avaliação do serviço secreto francês era de que o novo presidente não liderava nenhuma tendência ideológica dentro das Forças Armadas, mas vinha sendo instrumentalizado pelos militares mais radicais. Esses oficiais o tinham escolhido como sucessor de Castelo Branco porque o viam como a única possibilidade de garantir "a irreversibilidade da política revolucionária". De acordo com o órgão, Costa e Silva tinha boas relações com o então presidente argentino Juan Carlos Ongania, e os dois teriam assinado um pacto comum de luta antissubversiva.[2] Além disso, o Departamento de Estado norte-americano tinha uma opinião favorável sobre o novo governo, apesar de sua tendência nacionalista, pois Costa e Silva garantiria a estabilidade política brasileira e evitaria "um renascimento da ameaça comunista no país".[3]

No entanto, ao contrário de seu antecessor, Costa e Silva propunha-se fazer um governo mais popular e humano. Em sua primeira coletiva de imprensa, o novo presidente chegou a declarar que não se opunha à criação de novos partidos políticos, tampouco ao retorno ao Brasil das vítimas de sanções políticas nos primeiros anos do regime. Contudo, naquele momento, não tratou de anistia, pois os asilados que resolvessem regressar deveriam se apresentar aos tribunais para cumprirem as penas às quais haviam sido condenados.[4] Foi nesse contexto que ocorreu a volta definitiva de Juscelino Kubitschek ao Brasil. Considerando a propalada disposição liberalizante do novo governo, o embaixador Jean Binoche chegou a desconfiar de que o fim do exílio de JK poderia ter sido uma manobra articulada por Costa e Silva e seus assessores para reforçar perante a opinião pública que sua intenção de abrandamento do regime era verdadeira.[5] Baseado nas fontes às quais tive acesso, não foi possível confirmar se tais suspeitas eram corretas. De todo modo, pouco tempo após tomar posse, Costa e Silva logo teve de enfrentar protestos de grupos de oposição, sobretudo de estudantes das principais universidades do país. Concomitantemente, alguns oficiais da chamada "linha dura" também se opunham ao governo, buscando apontar suas fragilidades. Entre eles estavam, por exemplo, o coronel Amerino Raposo, ligado ao SNI, e o próprio ministro do Exército, general Lyra Tavares.[6]

Visando adotar medidas mais apaziguadoras, o ministro do Planejamento, Hélio Beltrão, sucessor de Roberto Campos, ao ser nomeado, fez severas críticas à maneira como a luta contra a inflação vinha sendo feita. Para o novo ministro, era necessário passar o problema da balança de pagamentos para segundo plano, privilegiando o desenvolvimento do mercado interno — medida que, em sua opinião, conquistaria apoio popular.[7]

Ainda em março de 1967, Marcel Niedergang, responsável pelo departamento de assuntos latino-americanos do jornal *Le Monde*, pediu auxílio ao Itamaraty para facilitar seus contatos com autoridades brasileiras em uma viagem que faria a várias regiões do país. O jornalista, que já havia sido criticado pela Embaixada brasileira por suas posições políticas simpáticas à esquerda, ressaltava sua intenção de se comunicar com a direção da Sudene e com o comando do IV Exército, em Recife, além de entrevistar o presidente Costa e Silva; o vice-presidente Pedro Aleixo; o ministro das Relações Exteriores, Magalhães Pinto; o ministro das Minas e Energia, José Costa Cavalcanti; o ministro da Fazenda, Delfim Netto; o ministro do Planejamento, Hélio Beltrão, entre outras autoridades. O embaixador do Brasil na França, Bilac Pinto, reforçou a frequência com a qual Niedergang vinha criticando o regime em suas publicações. No entanto, recomendou que o Itamaraty colaborasse com o jornalista, pois "a visão direta da realidade nacional poderia contribuir para dar maior objetividade a suas apreciações futuras tanto mais que, em seus últimos contatos com a Embaixada, ele vinha revelando uma certa tendência a equilibrar sua posição meramente ideológica".[8]

A viagem de Niedergang ocorreria de acordo com a programação inicialmente anunciada. O jornalista começou seu roteiro pela região Nordeste, onde conversou com dom Hélder Câmara. Ao ter acesso ao conteúdo da entrevista, na qual "as posições de esquerda em geral assumidas pelo citado senhor Niedergang aparecem bastante vincadas", Bilac Pinto reavaliou sua posição e sugeriu ao secretário de Estado que reconsiderasse a conveniência de atender à solicitação do jornalista para obter uma entrevista individual com o presidente da República.[9] O encontro entre Niedergang e Costa e Silva efetivamente acabou não ocorrendo. Dessa viagem resultou a série de artigos intitulados "*Le Brésil de la faim et de l'espoir*", publicados entre 22 e 27 de julho de 1967.[10]

No final de agosto de 1967, a Embaixada em Paris enviou à Secretaria de Estado exemplares da revista francesa *Esprit*, que, naquele mês, trazia dois artigos sobre o Brasil, assinados, respectivamente, pelo escritor católico Jean-Marie Domenach e por Márcio Moreira Alves.[11] O periódico, editado por um grupo de intelectuais de esquerda, foi analisado por funcionários do Ciex. O artigo de Domenach, diretor da revista, era um relato feito com base na visita que fizera ao Brasil a convite da Faculdade Cândido Mendes para participar de um ciclo de palestras intitulado "A Esquerda, impasses e alternativas". O analista do Ciex chamava atenção para a "apreciação favorável às esquerdas do Brasil". Miguel Arraes e Oscar Niemeyer eram citados pelo autor como modelo de perseguidos políticos, apesar de ele criticar a "falta de agressividade dos esquerdistas brasileiros". De acordo com o informe, o ponto mais alarmante do texto era a defesa da organização Ação Popular (AP), "francamente aplaudida como sucessora valente dos arremedos das organizações esquerdistas que a Revolução de 1964 desmantelou". O artigo de Moreira Alves, "A repressão no Brasil", fazia ataques diretos ao governo brasileiro, qualificando-o como uma ditadura. Em suma, o órgão via a revista como parte de uma persistente campanha internacional contra o Brasil, promovida sobretudo na França e com grande participação de brasileiros de esquerda.[12]

O caso supracitado é um exemplo de como a estrutura administrativa do Itamaraty, incluindo suas representações no exterior, fazia parte da comunidade de informações. Os componentes desse aparato, portanto, se retroalimentavam. Como vimos em outros momentos deste livro, ao se analisar, em conjunto, a documentação produzida pelos órgãos ligados ao MRE, é possível observar a circulação sistemática das informações dentro dessa estrutura, que era um dos sustentáculos do SNI e, seguramente, funcionava como braço repressivo da ditadura no exterior.

A edição do jornal comunista *L'Humanité* do dia 31 de outubro de 1967 trouxe um artigo de Manuel Pinho com fortes críticas à política econômica do governo brasileiro. Para o jornalista, os trabalhadores vinham sendo sacrificados pelos ajustes feitos na economia do país; além disso, os índices econômicos vinham sendo manipulados pelo governo de modo a esconder essa realidade. Sendo assim, o ritmo de crescimento do Brasil estava inferior ao período pré-golpe, e a solução mais adequada, segundo Pinho, seria a inserção da população rural no mercado de consumo, o que só poderia acontecer se fosse realizada uma reforma agrária radical. O embaixador brasileiro, ao encaminhar o recorte do jornal à Secretaria de Estado, avaliou a matéria como "grotesca" e solicitou que a Assessoria Especial de Relações Públicas (Aerp) fosse informada sobre a publicação.[13]

Passados seis meses da posse de Costa e Silva, a percepção da Embaixada francesa era de que ele vinha conseguindo manter a ordem no país. Logo no início de seu mandato, por exemplo, a guerrilha de Caparaó foi eliminada.[14] O embaixador francês, Jean Binoche, considerava bastante acertada a escolha do país por focar sua economia nos setores do minério, da energia e dos portos. O maior problema econômico do nosso país, segundo ele, era a dificuldade de reduzir o déficit estrutural do orçamento federal. Em suma, Binoche avaliava o governo como centrista e presumia que essa era "sua vocação verdadeira". Ainda assim, não via uma verdadeira intenção de Costa e Silva de conduzir o país a uma direção mais democrática, tendo em vista o extremo rigor das ações que vinha empregando contra os movimentos de oposição ao regime.[15] Ao lado dessas questões, Binoche notava ainda uma atitude algo messiânica das Forças Armadas depois da intervenção militar de 1964. Tornara-se muito comum, de acordo com ele, que os chefes militares exaltassem publicamente a necessidade de sua presença no cenário político nacional e o seu "papel civilizador". Assim, o Exército vinha se revelando como "o único elemento dinâmico e organizado do país".[16]

Os documentos diplomáticos franceses permitem afirmar que a criação sucessiva de dispositivos legais autoritários pelo governo brasileiro era apontada e, de certo modo, criticada pelos funcionários do Quai d'Orsay em suas análises sobre o país. No entanto, os diplomatas franceses evitavam tratar desses temas com as autoridades brasileiras, de modo a evitar atritos, sempre defendendo a importância de não interferirem nos assuntos internos do país. As relações políticas franco-brasileiras vivenciavam uma sensível melhora desde a chegada dos militares ao poder, gerando expectativa por parte dos governantes franceses com relação à possibilidade de reforçar os vínculos, sobretudo comerciais e financeiros, da França com o Brasil. Essas questões serão tratadas com maior detalhamento ao longo desta parte.

Em contrapartida, a percepção da imprensa francesa sobre a ditadura militar continuava, em geral, bastante negativa. As intenções democratizantes de Costa e Silva logo se revelaram irrealizáveis, e os principais jornais franceses não deixavam de denunciar as práticas das forças repressivas do governo brasileiro contra os seus opositores. A Embaixada em Paris, atenta a tudo o que era divulgado sobre o Brasil nos jornais da França, preocupava-se não apenas com o impacto negativo que tais notícias poderiam ter sobre a opinião pública francesa, mas também com os possíveis prejuízos para as relações franco-brasileiras. Como veremos, os dois países tinham acabado de assinar um importante acordo de cooperação técnico-científica, as negociações para a compra de aviões militares pelo Exército brasileiro estavam em andamento, e investimentos franceses na siderurgia nacional estavam sendo avaliados.

22

A progressão das tendências autoritárias do regime e o AI-5

No início de 1968, o reforço do papel do Conselho de Segurança Nacional (CSN), aprovado pelo Decreto-lei 348, chamou atenção da representação diplomática francesa. A predominância da influência militar no seio da entidade era tanta, e suas competências, tão largas, que aparentemente o Exército deveria controlar todas as atividades governamentais. Isso se devia à amplitude da noção de segurança nacional naquele contexto, que abrangia quase todos os aspectos políticos, econômicos e sociais do país. Em se tratando da política externa, por exemplo, o CSN deveria analisar a totalidade dos projetos de acordos internacionais feitos pelo Brasil. Também era destacada pelo órgão a ingerência do CSN na administração pública, por meio das DSIs, cuja direção só poderia ser ocupada por civis diplomados pela ESG ou por militares com ensino militar superior. O que se percebia era um fortalecimento do controle do governo pelos militares e, ao contrário da expectativa criada pela chegada de Costa e Silva ao poder, a possibilidade do restabelecimento de um regime civil se distanciava.[1]

Outro fator que indicava o recrudescimento paulatino do autoritarismo do regime foi a aplicação de uma das disposições mais antidemocráticas da Constituição de 1967: a nomeação, realizada pelos governadores, dos prefeitos das capitais e das cidades consideradas sensíveis para a segurança nacional, isto é, aquelas onde havia bases militares, indústrias e concentração de operários, que poderiam gerar "focos de subversão". Ao todo, 236 municípios eram abrangidos por esses quesitos. A lista fora elaborada pelo CSN, órgão responsável por emitir parecer sobre as nomeações dos prefeitos antes da aprovação final do presidente da República.[2]

O pedido de aumento do contingente de oficiais do Exército feito por Costa e Silva ao Congresso Nacional também indicava a crescente militarização do Estado. O argumento utilizado pelo ministro do Exército, Lyra Tavares, para justificar tal solicitação foi o fato de o Brasil não ser mais um país onde o Exército tinha apenas o papel estritamente militar de defender as fronteiras; mais que isso, a instituição, acima de tudo, passara a ter função primordial na ocupação e no desenvolvimento do território.[3] Cabe ressaltar que, no ano anterior, Castelo Branco havia passado o controle das polícias militares estaduais, antes subordinadas aos governadores, para as mãos do Exército. Essas medidas geravam apreensão em parte da opinião pública brasileira. Fica claro, com isso, que alguns setores das Forças Armadas pressionavam o governo para que este reforçasse progressivamente o aparato estatal contra os movimentos de oposição.

Mesmo que, nos primeiros anos do regime, ainda se vivesse um período de relativa liberdade, a sociedade brasileira já podia perceber, em seu cotidiano, aspectos do sistema repressivo que, paulatinamente, era institucionalizado. A censura teatral, por exemplo, que era exercida até então por comissões estaduais, foi centralizada em Brasília por meio da Portaria n. 11, de fevereiro de 1967. O objetivo era uniformizar o tratamento dado às peças teatrais, que acabava ficando vinculado às concepções morais dos integrantes de cada uma dessas comissões. Medidas como a proibição de algumas peças e a suspensão por trinta dias de atores por suposto desrespeito aos censores geraram numerosos protestos no Rio e em São Paulo. Os artistas fizeram greve de três dias e uma grande manifestação em frente ao Theatro Municipal do Rio de Janeiro. Tal movimento chamou atenção da Embaixada francesa pelo ministro da Justiça, Gama e Silva, que, em busca de uma solução para os protestos, procurou a representação diplomática para solicitar informações sobre como a censura era praticada na

França. O Serviço Cultural da Embaixada respondeu que, na França, não havia censura prévia a peças teatrais. O embaixador, Jean Binoche, observou que dificilmente uma medida liberal seria aceita por Costa e Silva e pelos militares que o assessoravam, pois estes "viam subversão por todo lado". E acrescentava: "O teatro, frequentemente de boa qualidade no Rio ou em São Paulo, é ainda aqui, como na Europa no século XIX, a ocasião para estudantes e intelectuais inclinados a manifestar uma barulhenta oposição ao regime."[4]

Cabe lembrar que a censura de questões morais e comportamentais já existia no Brasil desde a época colonial e, no século XX, passou por várias reformulações. Ocorre que, a partir do AI-5, um claro exemplo disso, a censura de diversões públicas proveu-se de instrumentos mais eficazes para controlar o tratamento de temas políticos pelo teatro, pelo cinema e pela televisão.[5] Portanto, a ideia de que, no Brasil, só houve censura a partir do final de 1968 é inverídica e facilmente desmontada pela análise dos registros ostensivos e sigilosos da época.

No decorrer de 1968, o cenário urbano brasileiro foi marcado por protestos. Manifestações de artistas, estudantes e até mesmo de setores do operariado estouravam nos grandes centros do país. Segundo a Embaixada francesa, as manifestações objetivavam "minar a autoridade e colocar abaixo o governo do marechal Costa e Silva e o regime". Na mesma época, o país começou a viver uma onda de atentados dos quais, inicialmente, não se sabia a autoria. Desconfiava-se de que seriam planejados por políticos cassados após o golpe ou por grupos de extrema esquerda. Tais episódios provocaram, segundo o cônsul-geral em São Paulo, um conflito entre o partido governista e um grupo de militares que defendia a instauração do estado de sítio como única medida adequada para restabelecer a ordem social.[6]

Em julho daquele ano, no teatro da Maison de France — mesmo local onde até hoje se localiza o Consulado da França no Rio de Janeiro —, estava em cartaz uma peça de Molière, dirigida por Paulo Autran, quando um grupo de militantes anticomunistas pichou, na parede do edifício, a frase "Morte aos comunistas", acompanhada do desenho de uma pessoa pendurada em uma forca. Em seguida, atearam fogo no painel de anúncio da peça. Após o episódio, o embaixador francês solicitou ao Itamaraty o reforço da segurança da representação diplomática.[7] O incidente ocorreu dias depois da invasão do Teatro Ruth Escobar, em São Paulo, por integrantes do Comando de Caça aos Comunistas, que agrediram os atores que encenavam a peça *Roda Viva*, de Chico Buarque. No dia 22 de julho, uma bomba foi descoberta na sede da Associação Brasileira de Imprensa, no Rio, onde horas antes havia acontecido uma reunião de protesto de um grupo de atores.

No decorrer de 1968, a Embaixada francesa enviou ao Quai d'Orsay vários relatórios sobre as tensões sociais do país, com ênfase nos ataques violentos provocados tanto por grupos de extrema esquerda como de extrema direita. Se houve um aspecto que caracterizou os protestos de 1968 no Brasil foi a demonstração de insatisfação com o regime militar. Os documentos narram também o crescimento paulatino das ações repressivas das forças policiais, sobretudo contra os grupos oposicionistas de esquerda. O famoso caso da prisão de mais de setecentas pessoas, entre as quais vários jornalistas, durante o 30º Congresso da UNE, realizado na cidade de Ibiúna, no estado de São Paulo, foi uma das principais consequências desse "endurecimento das autoridades".[8] A rebelião estudantil foi personagem central do contexto de manifestações sociais do ano de 1968 não apenas no Brasil: reivindicavam sobretudo melhores condições de ensino e pesquisa nas escolas e universidades, aumento das possibilidades de acesso à educação pelos estudantes mais pobres e uma maior participação na formulação das políticas educacionais. Em suma, lutavam pela ampla democratização das instituições de ensino.[9]

Uma análise superficial pode nos fazer supor que o progressivo reforço dado ao aparato repressivo do Estado brasileiro ao longo daquele ano, culminado com a publicação do AI-5, tenha sido uma resposta às ações dos grupos oposicionistas. Esse era o motivo alegado pelo governo para o endurecimento do regime. Nas palavras do general Lyra Tavares, a justificativa para o AI-5 era parar "a marcha da subversão manifestada pela desordem nas ruas, os atentados, os ataques ao pudor e à moral pública, as incitações ao ódio de classes, os insultos às forças armadas e a degradação dos valores morais".[10] Contudo, é preciso ressaltar que um projeto autoritário já vinha sendo forjado por militares da chamada "linha dura" desde os momentos seguintes ao golpe. A partir do governo Castelo Branco, tal grupo passou a exercer constante pressão junto ao Poder Executivo para implantar os mecanismos repressivos que viriam a constituir a "comunidade de segurança e informações". É possível afirmar que havia mesmo o propósito de impor à sociedade brasileira tanto a consolidação do modelo de desenvolvimento econômico-social em vigor, como uma ordem moral tradicional e fortemente conservadora.

Naquele momento, um novo embaixador francês foi designado para o Brasil. Jean Binoche foi substituído por François Lefebvre de Laboulaye, que serviria no país até 1971. Inicialmente, Laboulaye fora enviado ao Brasil em uma missão temporária para avaliar o estado das relações bilaterais, quando presenciou a decretação do AI-5 e relatou sua percepção diretamente ao general de Gaulle. Naquela ocasião, o embaixador chamou a atenção do presidente para a necessidade de mudar a política francesa com relação ao Brasil, já que o país estava perdendo oportunidades de negócios, deixando o espaço livre para outras potências mundiais.[11] Nas instruções que recebeu logo após sua designação, Laboulaye foi advertido de que deveria enviar ao Quai d'Orsay, com a maior presteza possível, e constantemente, suas observações sobre a vida política brasileira, bem como as reações do regime militar aos acontecimentos no exterior. A principal tarefa de Laboulaye consistiria em desenvolver as relações franco-brasileiras em todos os domínios que uniam os dois países; no entanto, foi advertido a estar atento às turbulências políticas que vinham ocorrendo no Brasil e a observar se tais eventos "deveriam justificar ou não um abrandamento da ação francesa, ao menos por certo tempo". De todo modo, as relações políticas e culturais bilaterais foram avaliadas como bastante satisfatórias. E, mesmo considerando a estreita aliança do Brasil com os Estados Unidos, o país demonstrava estar disposto a evitar uma união exclusiva com os norte-americanos. Sendo assim, como forma de impulsionar as relações econômicas franco-brasileiras, que vinham passando por dificuldades, o novo embaixador deveria concentrar seus esforços no sentido de favorecer a participação francesa no ramo siderúrgico, no qual a França tinha muito interesse.[12]

A publicação do AI-5, no dia 13 de dezembro, foi vista como "triunfo do grupo militar mais radical". Após quatro anos e dez meses da "derrubada pelo Exército das instituições constitucionais", um grupo de militares atacou com um novo golpe contra o regime que eles próprios haviam ajudado a legalizar. A rigorosa censura imposta à imprensa nos momentos seguintes à divulgação do dispositivo, incluindo a Agence France-Press (AFP), alarmou a Embaixada francesa. Os escritórios de vários jornais foram invadidos por militares que buscavam controlar o que era difundido, sobretudo no exterior.[13] A ocupação da sede da AFP por dois oficiais da Marinha levou a Embaixada francesa a alertar François Pelou, representante da agência no Brasil, de que todas as informações que enviasse para Paris, por qualquer meio que fosse, não deveriam ser identificadas como provenientes do Rio, de modo a despistar os censores.[14]

O poder conferido aos comandantes das diferentes regiões militares parecia ilimitado: era-lhes permitido fazer o que julgassem útil naquele contexto. Assim,

> a manutenção do marechal Costa e Silva como chefe de Estado não havia outro significado que a preocupação dos militares radicais de manter as aparências da legalidade, em um momento em que, além disso, o Congresso acabava de ser colocado em recesso por tempo indeterminado.

Surpreendia o recém-chegado embaixador que a promulgação do AI-5, cujas determinações suspendiam diversos direitos constitucionais, não houvesse encontrado resistência da sociedade brasileira e que a calma reinasse no país.[15] No dia seguinte ao "golpe de força", a apatia da população espantava o diplomata: "Não havia inquietude nos rostos dos transeuntes, as pessoas iam à praia nos dias do final de semana para retomarem com calma na segunda-feira suas ocupações habituais." Para Laboulaye, a maioria da população brasileira parecia não saber o que era um regime democrático e, por essa razão, não parecia se dar conta do desaparecimento de direitos. Tampouco os dirigentes políticos ou mesmo os empresários aparentavam valorizar a democracia. Estes, inclusive, desde que o progresso de seus negócios estivesse garantido, estavam dispostos a tudo perdoar por parte do governo. Os únicos que pareciam se preocupar com os princípios democráticos eram alguns jornalistas e religiosos católicos, isto é, os grupos mais visados pelo regime naquele momento. Em suma, "ninguém contestando — bem ao contrário — a sua autoridade, os novos governantes se esforçavam para impor ao público a imagem de um retorno às origens revolucionárias, acompanhado de uma moralização dos costumes políticos".[16]

Para o serviço secreto francês, o AI-5 representou a vitória do grupo liderado pelo general Albuquerque Lima, ministro do Interior, com apoio do general Sizeno Sarmento, comandante do I Exército. O SDECE julgava que Costa e Silva seria afastado do poder caso não apoiasse a "retomada do processo revolucionário". O presidente teria agido de tal forma a contragosto, pois tinha intenção de continuar mantendo a aparência de legalidade democrática do processo político brasileiro. Ainda assim, os "jovens oficiais" estariam frustrados com os rumos que a situação teria tomado, já que julgavam que as medidas repressivas determinadas pelo AI-5 não eram severas o bastante.[17]

Segundo o relato do embaixador francês em Washington, o AI-5 havia sido recebido com pesar na capital. O Departamento de Estado, que acompanhava atentamente o desenrolar dos acontecimentos políticos brasileiros, via com pessimismo o que chamava de "um golpe de Estado sem mudança de regime". A percepção era de que Costa e Silva tinha deixado a situação escapar de seu controle. De todo modo, o governo dos Estados Unidos optara por adotar uma postura de neutralidade, pois temia provocar reações nacionalistas brasileiras, que poderiam ser "nefastas para os dois países". Assim, contrariamente aos rumores veiculados na imprensa, o rompimento de relações diplomáticas nunca tinha sido cogitado, tampouco a suspensão da ajuda econômica ao Brasil, o que poderia ser interpretado como represália e ingerência nas questões internas do país.[18]

A imprensa francesa deu ampla repercussão à publicação do AI-5. Segundo o embaixador Bilac Pinto, o elemento que teria causado maior surpresa foi o fechamento do Congresso, já que "grande parte da opinião pública, dependente do noticiário jornalístico imediatamente anterior ao dia 13, desconhecia a ocorrência de qualquer crise de maior vulto no cenário político brasileiro". Em seguida, o que mais chamou atenção dos principais jornais franceses foram a suspensão das garantias individuais e a prisão de políticos e jornalistas. As restrições impostas à liberdade de imprensa foi outro ponto de destaque nas matérias veiculadas sobre o Brasil naquele contexto, já que, apesar dos aspectos repressivos do regime inaugurado em 1964, até os jornais hostis ao governo brasileiro reconheciam a permanência de uma imprensa relativamente livre. Em se tratando dos empresários franceses que tinham negócios no nosso país, apesar de a notícia os ter, inicialmente, sobressaltado, Bilac Pinto afirmava não notar qualquer impacto negativo nas relações econômicas franco-brasileiras.[19] As informações que chegavam à Embaixada eram que, para os setores financeiros da França, os resultados obtidos pelo governo brasileiro com as medidas de combate à inflação e o crescimento do PNB eram dados mais significativos e duradouros do que aquela crise passageira, de caráter "eminentemente político".[20]

A orientação do Itamaraty à Embaixada brasileira em Paris a respeito da veiculação de notícias negativas sobre o Brasil, especialmente após o AI-5, era que fosse adotada uma ação esclarecedora junto à imprensa francesa. Ainda assim, o ministério reforçava que o país não devia explicações de qualquer natureza sobre "assuntos domésticos e de decisões que dizem respeito exclusivamente à soberania nacional", fosse aos governos estrangeiros, fosse aos órgãos da imprensa internacional. Portanto, afora essa ação a ser empreendida pela Embaixada, o governo brasileiro não julgava necessário fazer um pronunciamento oficial sobre a conjuntura política nacional.[21]

No início de 1969, o correspondente do jornal *Le Monde* no Brasil, Irineu Guimarães, foi detido pela polícia política brasileira. A Embaixada foi imediatamente contatada pelo diretor do jornal, Beuve-Méry, que buscava informações detalhadas sobre a prisão de seu funcionário, antes mesmo "de fazer qualquer gestão junto ao Quai d'Orsay".[22] Poucos dias mais tarde, a Secretaria de Estado informou a Bilac Pinto que o jornalista havia sido "detido para averiguações", acusado de realizar atividades contrárias ao regime, mas que já se encontrava em liberdade desde a tarde do dia anterior.[23] *Le Monde*, em sua edição do dia 10 de janeiro, publicou que Irineu Guimarães fora preso por ordem do ministro da Justiça, após divulgar notícias sobre o AI-5.[24] O episódio não causou maiores atritos entre os governos dos dois países. De todo modo, no início do ano seguinte, o jornalista seria detido novamente pelo Dops, o que viria a se repetir diversas vezes ao longo do regime.[25]

No dia 15 de janeiro, Carlos Lacerda concedeu uma entrevista a Philippe Noury, ex-correspondente de *Le Figaro* no Rio de Janeiro, transmitida pelo canal 2 da televisão francesa.[26] Lacerda declarou que a "revolução brasileira" havia sido desviada de seu caminho para a democracia devido à oposição de um pequeno grupo de generais do Exército. Defendeu a necessidade de uma inversão política no Brasil, já que o país não podia mais "aceitar as velhas ditaduras de opereta fora de moda". Criticou ainda sua condição de "morto civil por dez anos", mas ressaltou que sua esperança era de que os generais não durassem tanto tempo no poder. Ao reportar para o Itamaraty a transmissão da entrevista, Bilac Pinto salientou que, mesmo tendo feito críticas severas ao regime militar, Lacerda tinha evitado ataques pessoais, preferindo se manter no plano geral da apresentação de suas perspectivas políticas.[27]

Algumas semanas após a edição do AI-5, Laboulaye avaliou que a harmonia e a unanimidade aparentes que marcaram os momentos iniciais da "revolução dentro da revolução" começavam a conhecer os primeiros obstáculos. Ao longo dos primeiros dias de 1969, a repressão passava a atingir gradativamente novos setores da sociedade. Nem os estrangeiros eram poupados, o que demonstrava uma "tentação xenófoba" do regime. Os chamados "aproveitadores contrarrevolucionários" eram um dos grupos mais visados naquele período, isto é, aqueles indivíduos acusados pela CGI — espécie de tribunal de exceção do qual já tratei anteriormente — de especulação e enriquecimento ilícito. Da mesma maneira, a perseguição aos veículos de imprensa continuava muito rigorosa. No início do ano, por exemplo, Niomar Sodré Bittencourt, presidente do jornal *Correio da Manhã*, teve seus direitos políticos suspensos por dez anos, bem como ficou presa preventivamente por 30 dias.[28] Ao mesmo tempo, o ritmo das reformas administrativas, econômicas e financeiras parecia se arrefecer.[29] O embaixador francês duvidava da seriedade e da competência técnica da "equipe revolucionária" para promover verdadeiras reformas estruturais. Para Laboulaye, estando protegidas das forças de oposição, as ações do governo visavam tão somente uma expansão regular da economia, mas sem se importar de fato com que a riqueza produzida fosse dividida geograficamente ou mesmo socialmente no país. E ressaltava: "Podemos nos interrogar sobre a real capacidade 'revolucionária'" do governo. As autoridades mostravam-se obcecadas por manter a ordem e não exibiam nenhum sinal de que desejavam conduzir o país para a normalização de sua situação política: "O regime recusava qualquer abertura."[30]

23

O monitoramento de brasileiros e estrangeiros por órgãos oficiais

O editorial *Espoirs calculés*, do jornal *Le Monde* do dia 16 de março de 1967, divulgou que o célebre arquiteto Oscar Niemeyer havia sido privado de seus direitos políticos por dez anos pelo governo brasileiro. O embaixador Bilac Pinto tratou de pedir a retificação da informação junto ao veículo. Mesmo tendo feito parte do grupo de mais de duzentos professores da Universidade de Brasília que, em 1965, demitiu-se coletivamente em protesto contra o regime militar, Niemeyer nunca sofreu nenhuma sanção direta do governo.[1] Quando viu suas possibilidades de trabalho no Brasil rarearem, passou a viver em Paris, onde obteve licença para atuar como arquiteto em território francês.[2] De todo modo, a ditadura não deixou de usar o prestígio internacional de Niemeyer em proveito da imagem externa do Brasil. Em 1969, por exemplo, o Itamaraty disponibilizou-se a patrocinar a circulação, por várias cidades da Europa, de uma exposição do arquiteto que havia sido exibida, inicialmente, no Museu de Artes Decorativas de Paris.[3]

Ao contrário do que se possa supor, não eram apenas os brasileiros considerados subversivos que mobilizavam a diplomacia brasileira. Os estrangeiros que, de alguma forma, pudessem contrariar os princípios ideológicos do regime também passavam pelo crivo do Itamaraty. Em junho de 1967, a

Universidade da Bahia cogitou convidar o professor Georges Vedel, titular da Faculdade de Direito da Universidade de Paris, para lecionar um curso de Ciência Política. Por essa razão, para que o convite pudesse ser feito, a Secretaria de Estado solicitou um parecer da Embaixada de Paris sobre o professor.[4] A avaliação de Bilac Pinto foi a seguinte: "Trata-se de pessoa idônea, ex-*doyen* da Faculdade de Direito e Ciências Econômicas. Se bem de tendência socialista não está afiliado a qualquer partido. Conceituado como catedrático de Direito Constitucional e Administrativo. Tem várias obras publicadas."[5] A partir das fontes às quais tive acesso, não foi possível descobrir se o convite ao professor Vedel foi feito.

As movimentações de determinados opositores do regime sempre estiveram na mira do Itamaraty. No final de abril, a Secretaria-Geral procurou verificar junto à Embaixada de Paris se Miguel Arraes, exilado na Argélia, havia transitado pela capital no início daquele mês.[6] Após buscar informações junto a autoridades francesas, Bilac Pinto, em resposta, afirmou não haver registro da passagem de Arraes pelo país.[7] O político foi um dos indivíduos mais vigiados pela comunidade de informações ligada ao MRE. Neste livro, mostro vários episódios que permitem afirmar que o monitoramento de Arraes e, principalmente, de suas atividades políticas durante o exílio teve um caráter sistemático ao longo do regime.

Como vimos, não há muitas pesquisas que investigam a percolação da lógica repressiva do regime militar nas estruturas e no funcionamento do Itamaraty ao longo daquele período. Há numerosas evidências de que o envolvimento do Itamaraty e de suas representações no exterior no combate ao comunismo, em âmbito internacional, foi se ampliando e se sofisticando com o passar dos anos. Para se ter uma compreensão mais ampla e acurada sobre a atuação da instituição durante a ditadura, seria importante analisar, por exemplo, temas como os posicionamentos da diplomacia brasileira em organismos internacionais, o papel dos adidos militares nas Embaixadas e mesmo a maneira como o Brasil, por meio de suas representações diplomáticas, relacionou-se com os países comunistas.

Em maio de 1967, a Embaixada em Paris recebeu da Secretaria de Estado a informação de que o embaixador brasileiro na Bélgica fora procurado por um dominicano chamado Maedo, sobre o qual nada foi possível verificar.

O homem solicitou ao diplomata que comunicasse ao adido da Aeronáutica em Paris, coronel Castelo Branco, a posse do material sobre "movimentos subversivos na América Latina", conforme houvera prometido. Como preferiu não tratar do assunto por telefone com Bilac Pinto, o embaixador na capital belga pediu instruções à Secretaria de Estado.[8] Em resposta, Bilac Pinto esclareceu ao órgão central que o senhor Maedo estivera em contato com o adido aeronáutico e que este já havia enviado ao Estado-Maior da Aeronáutica algum material resultante dessa relação. O embaixador ressaltou que qualquer providência tomada por parte da Secretaria de Estado ou da Embaixada poderia ser contraproducente. Além disso, acrescentou, os adidos militares trabalhavam constantemente para averiguar a veracidade das informações que recebiam.[9]

Em relação aos documentos sigilosos, sobretudo aqueles que versam sobre assuntos considerados de segurança nacional, observa-se a preocupação dos diplomatas em enviar cópias das informações obtidas cotidianamente para os adidos militares. Cabe ressaltar que os documentos resultantes das atividades dos adidos militares não compõem o arquivo histórico do Itamaraty. Como esses oficiais remetiam-se diretamente às suas respectivas Armas, é provável que os registros mencionados estejam guardados em arquivos militares, que, conforme assinalei anteriormente, não foram liberados para a consulta pública até o presente momento.

Em agosto de 1967, a Embaixada recebeu a informação de que João Goulart declarara ter sido convidado pelo presidente Charles de Gaulle para visitá-lo na viagem que programava fazer à Europa. Ao pedir esclarecimentos a Bilac Pinto sobre o suposto convite, a Secretaria de Estado pediu que fosse apurado se o ato se tratava "de uma manobra dos círculos ligados àquele ex-presidente ou de um gesto rotineiro de cortesia do chefe de Estado francês".[10] No entanto, o embaixador brasileiro foi comunicado pelo Quai d'Orsay de que não havia qualquer fundamento nessa informação, pois tal convite nunca houvera sido feito.[11] Em outros momentos, o mesmo mal-entendido voltou a se repetir.[12] Naquele período, a preocupação do governo brasileiro estava fundamentalmente ligada à união entre Goulart, Kubitschek e Lacerda, por iniciativa deste último, por meio da Frente Ampla, criada como um mecanismo de oposição ao regime. Houve inclusive um boato de que o general de Gaulle estaria encorajando a formação da Frente Ampla, o que foi logo desmentido pelo serviço diplomático francês.[13]

Por meio da análise da documentação diplomática, a forma de controle exercida de maneira mais evidente pela diplomacia brasileira sobre os opositores políticos era o monitoramento de seus deslocamentos. Nesse sentido, o Itamaraty alinhava-se aos propósitos autoritários do regime e auxiliava não apenas a perseguição de seus inimigos, mas também mantinha-os sob vigilância. No final de setembro de 1967, a Secretaria de Estado recebeu a denúncia de que o militante revolucionário Carlos Marighella teria passado por Praga e, em seguida, por Paris ou Zurique ao voltar de uma viagem a Cuba. De uma dessas duas cidades, deveria embarcar para algum país fronteiriço com o Brasil, provavelmente o Uruguai, por onde adentraria com documentos falsos. De posse desses indícios, a instituição solicitou à Embaixada em Paris que apurasse, junto às autoridades francesas, todos os detalhes da eventual passagem de Marighella pela França.[14] Em auxílio à tarefa dos diplomatas brasileiros, a Secretaria de Estado enviou também uma foto do militante e um relatório sobre suas atividades políticas.[15] Não foram encontrados mais detalhes sobre o desenrolar desse caso.

Conforme já mencionei, o serviço diplomático brasileiro também buscava monitorar estrangeiros. Os cidadãos chineses eram especialmente visados. Em outubro de 1967, por exemplo, Pu Ping Shu apresentou-se ao Consulado-Geral em Paris para solicitar visto de entrada no Brasil. Seu passaporte havia sido emitido pela Embaixada chinesa no Rio. A cônsul Beata Vettori desconfiou da autenticidade do documento e das intenções do cidadão chinês, visto que ele quase não falava português. Embora tenha concedido o visto, a diplomata limitou sua validade para que pudesse ser renovado com maior segurança pelas autoridades no Brasil. Além disso, solicitou ao MRE que informasse às autoridades de imigração sobre a entrada do chinês no país.[16] Por ter procedido de tal maneira, a funcionária foi repreendida pela Secretaria de Estado, pois, como tinha dúvida sobre a autenticidade do passaporte apresentado, deveria ter consultado o órgão antes da concessão do visto.[17]

Outro caso, ocorrido pouco tempo depois, em novembro de 1967, diz respeito ao brasileiro Dejean Magno Pellegrin. A Secretaria de Estado pediu que a Embaixada apurasse, "com extrema discrição", informações sobre as tendências ideológicas do cineasta.[18] O brasileiro já tinha feito vários cursos na França, trabalhado na ORTF, na Cinemateca francesa e no comitê do filme etnográfico do Museu do Homem, em Paris. Conforme averiguação do embaixador Bilac Pinto, o cineasta efetivamente partilhava de ideias da esquerda, porém não pertencia ao Partido Comunista. É provável que tal pedido de informações estivesse relacionado ao trabalho que Pellegrin viria a exercer, ligado ao Itamaraty, na URSS para promover o cinema brasileiro. Posteriormente, trabalhou como chefe do setor de difusão e planejamento da Embrafilme.[19]

O ex-secretário de Educação do estado de Goiás, Ruy Rodrigues da Silva, sobre o qual comentei na parte anterior, após a solicitação junto ao Consulado-Geral de Paris e a devida autorização da Secretaria de Estado, teve a vigência de seu passaporte estendida por seis meses, com validade para França, Inglaterra, Espanha e Portugal.[20] No entanto, após a concessão do passaporte, o Consulado recebeu uma carta do Service Œcuménique d'Entraide (Cimade), entidade de origem protestante que se ocupava de imigrantes e refugiados políticos, protestando contra a limitação geográfica do documento. O secretário-geral da Cimade, pastor Michel Wagner, afirmava que Ruy Rodrigues estava empregado pela organização e, como a sede do Conselho Ecumênico das Igrejas, da qual a Cimade era representante na França, localizava-se em Genebra, ele ficava impedido de fazer o trânsito entre os dois países.[21] Ao final, o Consulado acabou sendo autorizado a estender a validade do passaporte para a Suíça.[22]

É bastante comum encontrar, nos documentos secretos provenientes do Itamaraty, a referência a "fontes fidedignas" que teriam fornecido informações sobre as atividades políticas de indivíduos considerados "subversivos" pelo governo brasileiro. Tratava-se de variadas fontes de informações às quais os diplomatas e os adidos militares tinham acesso. Como vimos, o Ciex e, de acordo com o que busco demonstrar neste livro, a própria Embaixada lançavam mão de meios clandestinos para exercerem suas atividades — o que contribuiu para fazer funcionar o sistema repressivo que foi sendo construído pelo governo brasileiro. Assim, quando analisei em conjunto a documentação produzida pelas diferentes instâncias do MRE, foi possível constatar que as informações obtidas pelos componentes da instituição circulavam entre eles e, finalmente, eram enviadas, normalmente por intermédio da DSI, ao SNI, a cabeça do sistema.

Em ofício enviado pela Embaixada em Paris à Secretaria de Estado, em novembro de 1967, a representação brasileira remeteu material relativo a Violeta Arraes. Contudo, os informes mencionados não foram encontrados no arquivo do MRE.[23] O mesmo ocorre em outro encaminhamento, no qual a Embaixada diz enviar dados provenientes de "fonte autorizada" sobre supostos "planos de preparação contrarrevolucionária" liderados por Miguel Arraes.[24] Não é possível afirmar com segurança se essas lacunas da documentação se devem à característica desorganização e má conservação dos arquivos diplomáticos brasileiros ou à ação deliberada de exclusão de determinados itens do conjunto documental. Em se tratando especificamente dos arquivos desse ministério, tendo a deduzir que, na maior parte dos casos, trata-se da primeira alternativa.

No início de abril de 1968, Jacques de Grignon Dumoulin, representante da ORTF na América do Sul, estava, com o cinegrafista Galeotti, registrando protestos populares que ocorriam nas proximidades da Igreja da Candelária do Rio de Janeiro, quando foi interpelado pela polícia. Tratava-se de manifestações que ocorriam concomitantemente à missa de sétimo dia do estudante Edson Luís, morto por forças policiais na semana anterior. Por não ter apresentado seus documentos de identificação, o jornalista foi levado para uma delegacia e, de lá, transferido para um lugar desconhecido. O cinegrafista ficou em liberdade, porém foi obrigado a entregar o filme que estava em sua câmera. Os agentes policiais incineraram a película imediatamente; no entanto, Galeotti possuía uma cópia que havia guardado consigo. A prisão de Grignon Dumoulin alarmou o embaixador francês, que buscou auxílio junto ao Itamaraty para libertá-lo.[25] Embora o jornalista tenha sido solto no dia seguinte, o governo francês preferiu não veicular as imagens registradas por ele na televisão francesa.[26] De todo modo, o episódio não causou atritos diplomáticos entre os dois países.

Encontrei um documento produzido pelo SDECE, em janeiro de 1969, sobre a criação do Movimento Popular de Libertação (MPL), "organização clandestina que se propunha a unificar as diversas formações brasileiras de extrema esquerda". O MPL já teria entrado em contato com Carlos Marighella, que havia fundado a Ação Libertadora Nacional (ALN), no final do ano anterior, com o Partido Comunista Brasileiro (PCB), o Partido Operário Comunista (POC), o Partido Comunista Brasileiro Revolucionário (PCBR) e com a Ação Popular (AP). Embora a tentativa de unificação ainda não houvesse prosperado, o MPL tinha a expectativa de fazer uma reunião ainda em 1969 para expor os seus pontos de vista e o seu programa. No entanto, um documento confidencial, difundido pela organização em dezembro do ano anterior, foi obtido pelo SDECE e, a partir desse registro, foi possível que o órgão tivesse acesso aos propósitos do MPL.

Em linhas gerais, as manifestações sociais que haviam marcado o cenário político brasileiro no ano anterior davam sinais de que a esquerda brasileira estava muito dividida, o que permitia a ação da "direita que controla o aparelho do Estado". Assim, ficava clara a necessidade de "criação de uma vasta frente revolucionária". Mesmo que o próprio MPL reconhecesse sua reduzida capacidade de ação, planejava estratégias de expansão, tais como a criação de uma imprensa de massa para as zonas de concentração operária; a organização da ação política de estudantes, parlamentares e intelectuais com base em propaganda democrática e anti-imperialista; a união de sindicatos e movimentos populares católicos; a conexão dos grupos de luta revolucionária etc. O SDECE atribuía a direção do MPL a Marcos Limas, "antigo assessor do ex-governador de Pernambuco, Miguel Arraes de Alencar"; no entanto, as investigações me levaram a concluir que se tratava, na verdade, de Marcos Lins Correia, que havia partido para o exílio na Argélia, mas que, naquele momento, vivia no Rio de Janeiro.[27]

Em outubro de 1966, o Ciex teve acesso a uma carta que Marcos Lins Correia enviara "a um amigo residente no Rio de Janeiro", em julho de 1965, quando ainda vivia em Argel. Segundo o órgão, a missiva tratava da ligação entre o "grupo de Arraes" e o FLN, além de expor as ideias do ex-governador de Pernambuco sobre as questões políticas brasileiras e traçar estratégias de ação para a oposição ao regime. Em síntese, Arraes propunha a organização de uma "frente única revolucionária", cujo objetivo imediato seria lutar contra a "ditadura" [...]. Tal "frente" deveria abarcar todos os setores oposicionistas e descontentes, sem quaisquer distinções ideológicas, a liderança da "frente" caberia ao próprio Arraes, secundado pelas lideranças dos "três grandes movimentos nacionais", a saber, o PCB, a área sindical e o movimento estudantil.[28]

O famoso *Orvil*, obra produzida nos anos 1980 pelo Exército como tentativa de justificar suas ações repressivas contra os grupos armados de esquerda, traz vários dados sobre o MPL.[29] Segundo consta do mencionado texto, o MPL começou a ser arquitetado por indivíduos afastados da vida pública pelo golpe, ainda em 1964. Os propósitos da organização começaram a ser delineados em reuniões promovidas por Arraes durante seu exílio na Argélia. Nesse sentido, Marcos Lins Correia teria sido incumbido por Arraes de voltar para o Brasil para "arregimentar descontentes".[30] Considerando o envolvimento de Arraes com o MPL, é compreensível o interesse do serviço secreto francês pela organização, já que, além de o político estar asilado na ex-colônia francesa, sua presença em Paris era bastante frequente naqueles anos. No início de 1967, tendo recebido a notícia de que os políticos e as organizações contatadas por Lins Correia haviam aceitado participar da organização, Arraes fez várias viagens a Paris para se reunir com outros asilados brasileiros. O MPL teria sido finalmente fundado em São Paulo, em maio de 1968, com a participação do então deputado Márcio Moreira Alves; do governador cassado de Goiás, Mauro Borges; do próprio Marcos Lins Correia, entre outros. No entanto, mesmo que as informações presentes — tanto em documentos da comunidade de informações brasileira, quanto do serviço secreto francês — sejam bastante semelhantes, não há evidências claras de que as duas instâncias estabeleceram algum tipo de colaboração para tratar do caso em tela.

No final de março de 1969, a Embaixada francesa enviou ao Quai d'Orsay um relatório sobre o comunismo no Brasil, feito com base em informações recebidas a partir de agosto de 1965 de "fonte a proteger". O documento destacava alguns aspectos da evolução do movimento comunista no país, como o surgimento do PCBR e do POC, o desempenho cada vez mais destacado do grupo liderado por Marighella e o enfraquecimento do PCB. Com relação a este último, liderado por Luís Carlos Prestes, a Embaixada mencionava sua perda de influência, sobretudo após os conflitos entre estudantes e forças policiais em abril do ano anterior. O partido vinha buscando combater o que considerava seu principal adversário: o grupo de Marighella. Além disso, teria estabelecido uma aliança com o governador de São Paulo, e essa "colaboração inesperada" teria, inclusive, resultado na prisão de participantes do Congresso da UNE em Ibiúna por denúncia de membros do partido. Em se tratando do PCBR, o documento ressaltava a importância conferida pela entidade a uma estratégia de guerrilha generalizada, tanto rural quanto urbana, e também os seus contatos frequentes com o grupo de Marighella, embora se tratasse de organizações bastante distintas. Já o POC não defendia o desencadeamento imediato de ações armadas, mas privilegiava "um trabalho de propaganda e doutrinamento em profundidade", que deveria ser realizado nos principais centros industriais e nas regiões rurais próximas a esses centros. Em seguida, descrevem-se, no relatório, as principais atividades dessas organizações ao longo de 1968, quando houve "uma recrudescência da agitação terrorista nas principais cidades do Brasil", além da intensificação de protestos estudantis e greves.[31]

Alguns meses mais tarde, Jean-Jacques de Felice, advogado francês e militante dos direitos humanos, decidiu publicar o *Anuário Internacional dos Prisioneiros Políticos*, cujo objetivo era "fazer um levantamento de todas as pessoas que, atualmente e no mundo inteiro, estivessem detidas por delito de opinião ou atividades consideradas subversivas". Felice ficara conhecido na França durante a Guerra da Argélia por ter defendido militantes da FLN. Ao ser contatado por Felice, que desejava obter dados a respeito dos presos políticos brasileiros, Bilac Pinto procurou uma "autoridade francesa ligada aos serviços de segurança" para solicitar informações sobre o cidadão francês. De acordo com a resposta que recebeu, a publicação tratava-se de "operação comercial que escondia uma operação política em que o senhor Felice era contumaz". A recomendação da autoridade francesa era que o pedido de Felice não fosse atendido.[32] Impressiona que o diplomata brasileiro tenha podido ter acesso a informações pessoais de um cidadão francês fornecidas por uma autoridade francesa.

Da mesma forma, surpreende que não eram apenas os opositores da ditadura que viraram alvo da comunidade de informações. Um acontecimento tratado no relatório da CNV evidencia que houve, por exemplo, casos em que até mesmo as autoridades governamentais civis foram monitoradas.[33] Um documento produzido pelo SNI demonstra que Bilac Pinto, por exemplo, foi vigiado pelo adido do Exército no ano de 1969, período em que exercia o cargo de embaixador em Paris. Constam do registro não apenas anotações sobre as atividades profissionais de Bilac Pinto, mas também passagens de conversas privadas de membros de seu círculo mais íntimo, por exemplo, quando sua esposa teria confidenciado à esposa do adido militar:

> Não estou gostando desta onda de jornais sobre o Olavo [*Bilac Pinto*], não gosto da Arena nem de políticos, parece que estão querendo lançar o Olavo na fogueira para queimá-lo, em proveito do hóspede lá de casa [*Magalhães Pinto*], que está louco para ser presidente da República, talvez esteja querendo lançar até o Abreu Sodré para abrir caminho.

Ao final, consta como uma das conclusões da chamada "Operação Europa" que, apesar dos rumores em torno de sua possível candidatura à sucessão presidencial, "o embaixador Olavo Bilac Pinto procura manter-se em posição discreta e adotou uma posição defensiva em face das manobras políticas que envolveram seu nome".

O documento traz ainda informações sobre o monitoramento do ministro das Relações Exteriores, Magalhães Pinto; do ministro da Fazenda, Delfim Netto; do governador de São Paulo, Abreu Sodré; e do ex-ministro do Planejamento, Roberto Campos, na viagem que cada um deles realizou à Europa, em junho de 1969. Nota-se que as informações recolhidas versam não apenas sobre as atividades realizadas durante o período em que essas autoridades permaneceram naquele continente, principalmente as relacionadas aos interesses estratégicos do Brasil, mas, sobretudo, havia também o objetivo de verificar como essas autoridades pretendiam atuar na política brasileira. A preocupação da comunidade de informações estava relacionada à eventual sucessão dos militares por um civil, como mostra a transcrição de declarações feitas por esses políticos à imprensa, principalmente a internacional, acerca dessa temática.[34]

24

A oposição no Brasil e no exterior de religiosos católicos à ditadura

Os religiosos católicos foram aqueles que mais chamaram atenção da opinião pública internacional para o regime de exceção que vigorava no Brasil naquele contexto, bem como para os graves problemas sociais que assolavam o país. Mesmo a Igreja tendo apoiado oficialmente o golpe, nos anos seguintes, sobretudo a partir do momento em que padres começaram a ser atingidos pelas forças repressivas, o conflito entre a Igreja brasileira e o governo ultrapassou as fronteiras do país. Não tardou para que os diplomatas franceses passassem a analisar as desavenças entre as duas instituições, que, em grande medida, também eram fruto de disputas entre diferentes alas da hierarquia eclesiástica.

Em maio de 1967, a VII Assembleia Geral da CNBB, realizada em Aparecida do Norte (SP), sob a presidência de dom Agnelo Rossi, cardeal arcebispo de São Paulo, deixou claro haver um grupo do episcopado, liderado por dom Hélder Câmara, que insistia em denunciar as injustiças sociais do Brasil. O bispo de Teresina, dom Avelar Brandão, menos célebre que seu confrade cearense, também passava a se destacar pelo trabalho que vinha realizando em uma das dioceses mais pobres do Brasil. No entanto, no documento publicado ao final do encontro, triunfou a visão daqueles bispos que julgavam mais importante discutir as questões propriamente religiosas e litúrgicas, representados pela ala liderada por dom Jaime Câmara, arcebispo do Rio de Janeiro, e dom Vicente Scherer, arcebispo de Porto Alegre. Assim, os problemas políticos, sociais e econômicos brasileiros foram abordados com muita prudência.[1]

Alguns meses mais tarde, bispos e padres da ala dita progressista publicaram, no cotidiano francês *Informations catholiques internationales*, um manifesto no qual denunciavam a injustiça social brasileira, criticavam o imperialismo norte-americano e o capitalismo e faziam um apelo à fraternidade de todos os povos. O documento levou o embaixador francês à conclusão de que esse grupo de religiosos desejava "que a Igreja se dessolidarizasse definitivamente com as classes dirigentes".

A imprensa brasileira, de modo geral, reagiu negativamente ao manifesto dos religiosos. *O Estado de S. Paulo*, por exemplo, em editorial, condenou "a incompetência em matéria política e econômica dos bispos, a má-fé de alguns padres que assinaram o manifesto e cujas vidas não seriam exemplo da caridade que eles defendiam abertamente". Segundo o embaixador francês Jean Binoche, o tom predominante adotado pelos principais jornais brasileiros teria sido o de pôr em questão a sinceridade dos religiosos que criticavam as condições sociais do país, chegando a lhes atribuir interesses políticos. Binoche, contrariamente, defendia o posicionamento dos padres e bispos, que teriam tão somente buscado "denunciar uma realidade social que os observadores estrangeiros, sobretudo no norte do país, eram unânimes em qualificar de insuportável". E concluía:

> Em um país onde a oposição "oficial" está enquadrada no Movimento Democrático Brasileiro, onde aquela [*oposição*] defendida por Lacerda dificilmente leva a perspectivas revolucionárias, onde os partidários das reformas de base como Miguel Arraes ou Leonel Brizola são perseguidos ou estão no exílio, as declarações como essas que os representantes da Igreja Católica fazem têm uma ressonância ainda maior.[2]

Em todo caso, embora o embaixador reconhecesse que as vozes oposicionistas ainda eram minoritárias dentro da Igreja, ele considerava equivocado subestimar a força desse movimento. Segundo o diplomata, as críticas que, de início, eram feitas apenas por alguns bispos isoladamente, vinham ganhando cada vez mais espaço entre os diferentes níveis do clero, sobretudo na região Nordeste. Em suas próprias palavras: "Parece que serão cada vez mais idos os tempos em que a Igreja era solidária com a grande propriedade e com o poder." Os anos seguintes do regime militar, sobretudo o período posterior ao AI-5, confirmariam a previsão do embaixador francês: a Igreja brasileira, representada pelos principais membros de sua hierarquia, se revelaria, tanto no âmbito nacional como no internacional, como um dos atores mais significativos entre os opositores da ditadura militar.

Contudo, logo o governo brasileiro começou a se dar conta de que teria de lidar não apenas com as críticas feitas por religiosos brasileiros no país e, mais alarmante, no exterior, mas também com integrantes estrangeiros do clero católico, que, estando no Brasil, acabavam se envolvendo com os problemas político-sociais nacionais e, consequentemente, apoiavam as denúncias que seus pares vinham fazendo. No início de novembro de 1967, Guy Michel Thibault, um jovem diácono francês, foi preso em Volta Redonda (RJ), sede da Companhia Siderúrgica Nacional (CSN), junto com outros quatro religiosos pertencentes à Ação Popular, quando distribuíam folhetos que denunciavam as más condições de vida da população operária. O carro que os transportava pertencia ao bispo daquele município, dom Waldir Calheiros. Por essa razão, o tenente-coronel Gladstone Teixeira, comandante do 1º Batalhão de Infantaria Blindada, usou da prerrogativa que a lei de segurança nacional lhe conferia e ordenou que fosse feita uma investigação na residência do bispo, o que gerou severas críticas por parte da imprensa brasileira e protestos veementes de dom Waldir junto a autoridades religiosas e governamentais.

Thibault, que estava no Brasil para se dedicar ao apostolado, e seus companheiros foram presos preventivamente por trinta dias para realização do inquérito. Segundo análise da Embaixada francesa, o episódio servia bem para ilustrar a ingerência cada vez maior dos militares de todas as escalas hierárquicas na vida cotidiana dos cidadãos e, especialmente, nas questões envolvendo religiosos. Para Binoche, ficava cada vez mais claro o papel assumido pelas Forças Armadas de zelar pelas ordens social e moral do país, função que havia sido amplamente encorajada pela publicação da

Lei de Segurança Nacional, em março de 1967. Tal atitude, segundo o embaixador, trazia o risco de gerar impopularidade dos governantes junto às massas, das quais vinham, até então, obtendo amplo apoio.[3] De todo modo, Binoche não aceitou abrigar o religioso na Embaixada, conforme pedia dom Waldir Calheiros. Thibault acabou fixando domicílio na residência do bispo auxiliar do Rio de Janeiro, dom José Alberto Castro Pinto.

Por fim, Guy Thibault retornou à França em abril de 1968, enquanto o processo do qual era réu ainda tramitava. Isso foi resultado de um acordo entre autoridades brasileiras e francesas para evitar sua expulsão e, consequentemente, uma repercussão internacional negativa do caso. Havia também a preocupação de impedir o agravamento da crise entre a Igreja e o regime militar. O retorno de Thibault foi mantido em segredo até o último momento para que nenhuma manifestação pudesse atrapalhar o embarque. Embora alguns jornalistas que estavam no aeroporto tenham reconhecido o diácono, não houve maiores incidentes, e o regresso a seu país ocorreu normalmente.[4]

O crescente envolvimento de religiosos estrangeiros em atividades políticas no Brasil levou a Secretaria de Estado a enviar para suas representações no exterior uma instrução relacionada à concessão de vistos para indivíduos desse grupo. Daquele momento em diante, toda vez que um religioso solicitasse visto para o Brasil, deveria ser feito um controle mais acurado do pedido. O Itamaraty deveria ser comunicado confidencialmente sobre os dados pessoais do solicitante e os detalhes da viagem para, a partir dessas informações, poder dar seu parecer sobre a concessão do visto.[5] A partir do final de 1970, após a chegada de Salvador Allende à presidência do Chile, a exigência de consulta prévia para concessão de visto também passaria a valer para cidadãos daquele país.[6]

Em dezembro de 1967, motivada pelo aumento das tensões entre membros da Igreja e integrantes do governo brasileiro, a Secretaria-Geral da CNBB emitiu uma nota oficial definindo como deveria ser o relacionamento entre a instituição eclesiástica e a sociedade civil do país. Em linhas gerais, o documento publicado criticava aqueles que defendiam a limitação da ação da Igreja à esfera religiosa. Os bispos defendiam mudanças econômicas e sociais profundas no país e sustentavam que não abdicariam da liberdade de se pronunciar sobre elas. Para o embaixador Binoche, essa clara tomada de posição da Igreja brasileira levaria à multiplicação dos atritos da instituição com um governo que se investia da tarefa de restabelecer e manter a ordem, mesmo que o próprio presidente Costa e Silva declarasse, publicamente, desconhecer qualquer conflito. De todo modo, o diplomata afirmava ter chegado ao seu conhecimento que estava sendo planejada a reunião de uma comissão de representantes da Igreja e do governo para que fosse redigido um programa de reformas sociais que contemplasse as propostas defendidas pelos religiosos.[7] É provável que Binoche estivesse se referindo à Comissão Bipartite, fórum secreto de discussões entre autoridades da Igreja e do Estado que se reuniu periodicamente a partir do início da década de 1970 com o intuito de tratar das divergências entre as duas entidades.[8]

No primeiro semestre do ano seguinte, dom Hélder Câmara foi à França, a convite dos estudantes latino-americanos de Paris para realizar uma conferência intitulada "A violência é a única opção? Um bispo brasileiro se interroga".[9] O evento teve patrocínio do periódico católico de esquerda *Témoignage Chrétien* e foi amplamente divulgado pela imprensa francesa.[10] As matérias destacadas pelo embaixador Bilac Pinto foram as publicadas pelos jornais *Combat* e *Le Monde*. A primeira, de autoria de Jean Toulat, versava sobre a luta contra a miséria empreendida pelo "profeta do Terceiro Mundo", como denominavam dom Hélder, e seus conflitos com o governo brasileiro. Já o artigo de Marcel Niedergang, publicado em *Le Monde*, também falava das atividades sociais do bispo em prol dos mais pobres, mas enfatizava sua liderança no "movimento progressista cristão em toda a América Latina".[11]

O acervo do Quai d'Orsay guarda um documento produzido pela Prefeitura de Polícia francesa que narra, com detalhes, essa exposição feita por dom Hélder na Maison de la Mutualité. Vários trechos da fala de dom Hélder foram textualmente transcritos pela polícia. O evento contou com a presença de cerca de 3 mil pessoas e teve a participação de várias organizações católicas francesas, tais como Ad Lucem, Christianisme Social, Croissance des Jeunes Nations, Informations Catholiques Internationales,

Terre Entière e Vie Nouvelle, além de personalidades como o ministro chileno do Interior, Bernardo Leighton, e o embaixador do Chile na França, Enrique Bernstein Carabantes.

Segundo o relato, era possível notar que havia integrantes de movimentos de extrema direita na plateia, mas eles não causaram nenhum incidente grave, exceto o general aposentado René Chambé, "conhecido por militar em movimentos da direita francesa", que, ao final da palestra, se exaltou e acabou sendo expulso da sala.[12] Em um primeiro momento, é surpreendente verificar que dom Hélder foi monitorado pela polícia francesa. Contudo, quando se insere esse relato nesta análise sobre as relações diplomáticas franco-brasileiras ao longo dos anos do regime militar, compreende-se que, como o governo francês tinha interesse em manter boas conexões com o nosso país, era necessário manter os inimigos do governo brasileiro sob vigilância, o que foi feito dentro das regras democráticas. Embora a França tenha acolhido cidadãos brasileiros perseguidos politicamente pela ditadura — respeitando, portanto, sua tradição de terra de asilo —, tal conduta foi resultado de uma ampla rede de negociações, muitas vezes velada e nem sempre pacífica, na qual estiveram envolvidas autoridades francesas, representantes de determinados grupos dessa sociedade e autoridades brasileiras.

Em julho de 1968, em Osasco (SP), após um movimento em que cerca de 3.500 operários entraram em greve, o padre francês Pierre Wauthier foi preso no Dops-SP, durante a desocupação da sede do sindicato dos metalúrgicos, por seu envolvimento com os protestos.[13] Ele foi acusado pelas autoridades policiais brasileiras de conferir "uma caução moral de peso à greve de Osasco" e, portanto, poucas horas após sua prisão, iniciou-se o procedimento para sua expulsão. A Lei 4.330, promulgada em junho de 1964, regulamentava o direito de greve e previa, em seu artigo 29, que os estrangeiros que infringissem suas determinações seriam "passíveis de expulsão do território nacional a juízo do governo".[14] De acordo com o cônsul francês em São Paulo, Geoffroy de La Tour du Pin, a rapidez da medida contra o padre Wauthier poderia estar relacionada à expulsão de alguns brasileiros da França após os eventos de maio de 1968.

No dia seguinte ao da prisão, o padre Wauthier, ao lado do cardeal de São Paulo, dom Agnelo Rossi, fez uma declaração à imprensa, na qual afirmava nunca ter feito parte de organizações políticas nem na França, nem no Brasil. Suas atividades em Osasco teriam se limitado "à promoção social da classe operária". De todo modo, ao contrário do que ocorreu com o diácono Guy Thibault, Wauthier pediu que as autoridades francesas não interviessem junto ao governo brasileiro para evitar sua expulsão, já que, caso assim procedessem, estariam fazendo o jogo do regime autoritário. Além disso, sua "partida voluntária" poderia passar a impressão de que ele estaria se beneficiando de um favor, dando a entender que estava assumindo a culpa por uma acusação que julgava arbitrária e desproposita. Assim, Wauthier passou a residir na casa de dom Agnelo Rossi até que a decisão final fosse tomada pelos militares. Ao final, o padre francês acabou de fato sendo expulso em agosto de 1968.[15]

A exacerbação da crise entre a Igreja e o governo brasileiro atingiu nível preocupante quando, em outubro daquele ano, dom Agnelo, presidente da CNBB à época, recusou a Ordem Nacional do Mérito, prestigiosa condecoração que lhe seria entregue por Costa e Silva em uma viagem que este faria a São Paulo. O presidente só tomou conhecimento da negativa momentos antes de deixar Brasília. O bispo justificou sua atitude com base no incômodo que lhe gerava o simbolismo político que alguns grupos católicos conferiam àquela insígnia. Sendo aquele um momento delicado das relações entre a Igreja e o Estado, dom Agnelo não desejava gerar um motivo de discórdia para com seus diocesanos. De acordo com La Tour du Pin, embora o eclesiástico fosse um homem bastante moderado em seus posicionamentos, "o incidente causou sensação em São Paulo". O diplomata considerava que a forma como fora conduzida a expulsão do padre Wauthier teria sido um dos motivos que influenciaram sua recusa.[16]

No final de 1968, houve uma nova questão com religiosos franceses. Os padres assuncionistas Michel Le Ven, François-Xavier Berthou e Hervé Croguennec foram presos pela polícia política de Belo Horizonte sob acusação de terem participado de cursos preparatórios para guerrilha e de fazerem propaganda "subversiva".[17] A Ordem dos Assuncionistas, cuja sede está localizada na cidade de Bordeaux, estava presente no Brasil desde 1934 e mantinha uma representação na capital mineira "para preparar os jovens que desejassem iniciar seus estudos teológicos". O episódio foi divulgado na imprensa francesa e houve um protesto de estudantes dentro da capela da Sorbonne, durante uma missa. O cônsul brasileiro, Hélio Scarabotolo, temia a ocorrência de outras manifestações estudantis contra o governo brasileiro. Assim, recomendou:

> quanto mais rápido for o processo de apuração de culpa dos referidos padres, menor será a repercussão neste país. Se for contemplada a hipótese de expulsão, que seja ela sumária e expedita. Esse processo rápido evitaria muita exploração e adesões de pessoas e instituições interessadas na subversão da ordem pública no Brasil.[18]

O núncio apostólico no Brasil, dom Sebastiano Baggio, escreveu para o Vaticano queixando-se de que a hierarquia católica brasileira havia sido deixada, por mais de uma semana, sem informações sobre os padres franceses. Somente após esse período, um coronel teria ido procurar dom Agnelo Rossi para mostrar os documentos "subversivos" encontrados na casa dos religiosos. Para Baggio, as evidências apresentadas não justificavam a detenção preventiva dos assuncionistas, e era lamentável que o caso tivesse como desfecho uma medida de expulsão, como já havia ocorrido com outros religiosos estrangeiros. A opinião do núncio, bem como da própria CNBB, era que a questão deveria ser resolvida por meio de um processo público que esclarecesse a inocência ou a culpa dos acusados. Segundo a Embaixada francesa em Roma, essa era também a posição da Santa Sé.[19] Após a queixa de que os assuncionistas haviam sofrido maus-tratos em seus primeiros interrogatórios, a CNBB solicitou que seu secretário-geral, dom Aloísio Lorscheider, estivesse presente nos momentos em que os religiosos fossem ouvidos pelas autoridades militares. O pedido foi aceito.

O episódio acarretou vários protestos na França. A polícia parisiense registrou um recebimento vultoso de cartas enviadas por grupos católicos franceses à Embaixada brasileira naquela cidade.[20] Os três padres foram libertados no dia 4 de fevereiro de 1969, já que o prazo da prisão preventiva havia expirado,[21] e continuaram suas funções paroquiais enquanto o processo continuava em andamento. O nome de Hervé Croguennec foi definitivamente excluído dos autos, mas os outros dois tinham de se apresentar às autoridades militares uma vez por semana. Segundo o embaixador francês, o processo tomava um rumo cada vez mais teórico, passando a tratar da doutrina social da Igreja e se afastando progressivamente do caso particular dos religiosos assuncionistas.[22]

Houve também o caso de outro padre francês, Jules Vitte, que foi expulso do estado do Acre, onde trabalhava como auxiliar do bispo dom Giocondo Grotti, sob acusação de "servir à causa do comunismo internacional e estimular as atividades subversivas na região". O sacerdote trabalhava como copiloto de um dos aviões da diocese que eram destinados a transportar pessoas doentes e assegurar a chegada de mantimentos naquela região isolada do país. O secretário de Justiça estadual afirmava que o padre Vitte havia transportado "agitadores comunistas" no avião que pilotava. Já o argumento de dom Grotti era que o governo acreano visava atingi-lo pelo trabalho social que vinha realizando naquele estado. Desde sua chegada, Vitte teria realizado apenas duas viagens e transportado somente estudantes que participavam do projeto Rondon. Dom Grotti solicitou ao embaixador francês que este se pronunciasse publicamente contra a expulsão do padre; no entanto, ele preferiu não se envolver na questão, buscando apenas garantir a Jules Vitte o benefício da proteção consular. O sacerdote respondeu ao inquérito em São Paulo, onde vivia sob a proteção de dom Agnelo Rossi, e acabou sendo inocentado.[23] O caso ganhou grande repercussão internacional, e até mesmo a Amnesty International interviu junto ao governo brasileiro em nome de Jules Vitte.[24]

Após a morte do padre Antônio Henrique Pereira Neto, em 27 de maio de 1969, dom Hélder Câmara fez circular internacionalmente uma nota em que denunciava o assassinato de seu assessor e acusava as forças repressivas brasileiras de tentar coibir as denúncias feitas por ele contra a ditadura. Quando o protesto chegou à França, alguns membros do episcopado francês difundiram um abaixo-assinado a favor de dom Hélder. Segundo o embaixador Bilac Pinto, um mês depois de divulgado, o documento já contava com mais de mil adesões.[25]

No mesmo contexto, a Juventude Operária Católica também publicou um abaixo-assinado em diversas cidades francesas, no qual pedia que "o governo brasileiro fizesse cessar as perseguições contra os militantes jocistas e os trabalhadores que reivindicavam o respeito de sua dignidade".[26] No início de julho de 1969, Bilac Pinto reuniu-se com representantes da JOC, que foram até a Embaixada para reiterar os protestos que vinham sendo feitos por meio dos abaixo-assinados que chegavam constantemente à representação brasileira. Além disso, entregaram um telegrama que fora enviado pela entidade ao secretário-geral da ONU e uma carta aberta ao presidente Costa e Silva. O embaixador respondeu que não possuía informações sobre as perseguições que eles denunciavam e que tampouco seus protestos faziam menção a casos de militantes específicos, o que dificultaria o esclarecimento por parte do governo brasileiro. Durante a reunião, cerca de 150 militantes jocistas permaneceram no exterior da Embaixada.[27] Após o referido encontro, a representação brasileira continuou a receber atualizações do abaixo-assinado, que continuava circulando pela França. Naquele mês, o número de assinaturas, recolhidas por todas as regiões do país, já ultrapassava 8 mil.[28]

Ainda no início de julho, os padres franceses Bruno Bibollet e Antoine Guérin deram entrada com pedido de visto no Consulado-Geral em Paris. Os dois haviam sido recrutados pelo Comité Episcopal France-Amérique Latine, a convite de dom Hélder Câmara, para trabalhar em sua diocese. O cônsul Hélio Scarabotolo, ao receber a solicitação, enviou um ofício ao ministro das Relações Exteriores, Magalhães Pinto, por meio do qual pedia instruções sobre como agir no referido caso. Os sacerdotes haviam apresentado corretamente toda documentação exigida. No entanto, o diplomata desconfiava de que o motivo declarado para a viagem "não caracterizava o objetivo verdadeiro da missão". Segundo ele, Bibollet e Guérin haviam sido arregimentados com o objetivo de trabalhar pela "conscientização das massas com propósitos políticos", assim como vários outros clérigos estrangeiros que atuavam no Brasil naquele momento. Portanto, sugeria ao ministro que o governo brasileiro recusasse os vistos, pois "as atividades de vários sacerdotes estrangeiros têm dado sérias preocupações ao nosso governo, sobretudo na zona explosiva do Nordeste". Para Scarabotolo, tal decisão deveria ser tomada mesmo considerando que haveria fortes protestos de instituições católicas tanto no Brasil quanto no exterior.[29] Magalhães Pinto aceitou a recomendação do cônsul, e os vistos não foram concedidos.[30]

A política restritiva e autoritária na concessão de vistos a religiosos católicos continuou guiando o trabalho do Consulado brasileiro em Paris. Em agosto de 1970, os padres André Lucien Lepoutre, Jean-Marie Desmeurmaux, Jean-Denis Perrin e os leigos André Gérard e Bernard Everwyn, todos pertencentes ao grupo Frères des Hommes, após terem seus pedidos de visto permanente negados pela representação brasileira em Paris, recorreram à Divisão de Imigração do Departamento de Mão de Obra do Ministério do Trabalho. Ao tomar conhecimento de que, agindo daquela maneira, o grupo havia recebido autorização para obter o visto, o cônsul-geral Hélio Scarabotolo, indignado, protestou junto à Secretaria de Estado. Para o diplomata, a documentação apresentada por eles escamoteava sua real intenção, que seria pregar a "doutrina social da subversão". Da mesma forma, os membros desse grupo poderiam exibir filmes e fotografias de seu trabalho nas favelas brasileiras para arrecadar fundos, o que, além de gerar uma quantia prescindível pelos serviços sociais do governo, produziria "uma péssima imagem do Brasil no exterior". Assim, Scarabotolo defendia que a entrada de padres católicos franceses para residir permanentemente no Brasil deveria ser tratada como um assunto de segurança nacional.[31] A resposta da Secretaria de Estado demonstrou contrariedade com o posicionamento um tanto rude do cônsul, que poderia fazer crer que ele era "a única autoridade preocupada com os aspectos de política interna e de segurança". Reforçou também que todos os pedidos de visto de candidatos a funções religiosas eram submetidos "à apreciação da mais alta autoridade de segurança e informações do país"; no entanto, naquele caso específico, orientou pela negativa do visto aos membros do grupo Frères des Hommes.[32]

25

Cooperação franco-brasileira

Cooperação no domínio da energia nuclear

As primeiras conversas a respeito da cooperação franco-brasileira no domínio nuclear começaram no final da década de 1950. A partir de 1961, iniciou-se a discussão sobre o projeto de construção de uma central nuclear na região centro-sul do Brasil, carente de potencial hidráulico. Assim, o posto de adido para assuntos nucleares foi criado na Embaixada francesa, em março de 1962. Nesse ano, Brasil e França firmaram um acordo de cooperação sobre os usos pacíficos da energia atômica, que tratava principalmente de questões técnicas e da formação de mão de obra especializada.[1] O governo brasileiro tinha interesse em se desenvolver no campo da energia nuclear, alcançando autonomia nesse domínio com base no urânio natural (a mesma opção feita pela França após a Segunda Guerra). No entanto, não conseguiria alcançar esse intento utilizando apenas o capital e a técnica nacionais. Diante disso, segundo o engenheiro Louis Peffau, adido para assuntos nucleares da Embaixada francesa, seria vantajoso para a França investir no programa brasileiro.[2]

Em novembro de 1964, após a visita de Charles de Gaulle ao Brasil, os presidentes dos dois países publicaram uma mensagem comum, esclarecendo que a cooperação franco-brasileira no domínio nuclear seria voltada para a produção de eletricidade. A ideia inicial era criar a filial de uma central nuclear francesa no Brasil, que ficaria sob responsabilidade conjunta do Commissariat à l'Énergie Atomique (CEA) e da Comissão Nacional de Energia Nuclear (CNEN), criada, em 1956, durante o governo JK.[3] Para Peffau, Castelo Branco tinha sido o primeiro dirigente brasileiro a estabelecer diretrizes tão claras e precisas sobre as questões nucleares, conferindo igual importância aos fatores políticos, estratégicos e energéticos. Pela primeira vez, o tema da energia atômica havia sido alçado ao proscênio das preocupações do governo federal. O objetivo seria afastar toda iniciativa privada estrangeira e concentrar a responsabilidade desse assunto nas mãos da CNEN — órgão que, segundo essa perspectiva, fora subaproveitado pelos governos anteriores.[4] De todo modo, o programa nuclear em âmbito nacional ainda demorou a se concretizar.

No final de fevereiro de 1966, Louis Peffau deixou a adidância e, naquela ocasião, preparou um relatório no qual analisava o estado das relações franco-brasileiras no domínio da energia nuclear. O engenheiro observava que, a partir de 1961, a presença de geólogos franceses propiciou grandes avanços no trabalho de prospecção de minérios. Após o golpe, a situação foi se deteriorando aos poucos, já que o novo regime privilegiava as relações com o governo estadunidense. O caráter centralizador da ditadura militar não favoreceu o desenvolvimento da CNEN, que carecia de independência para exercer suas atividades. Com relação ao projeto da central nuclear, que recebeu um apoio inicial do governo Goulart, depois da chegada dos militares ao poder, passou a sofrer grande oposição da Eletrobras e do Ministério de Minas e Energia, que sofriam grande influência dos partidários da energia hidráulica. Para Peffau, os obstáculos impostos ao desenvolvimento da produção de energia nuclear também adviriam da pressão estadunidense. Dito de outro modo, "tudo que existia sob Goulart devia ser rejeitado e a autonomia do urânio natural estava bem posicionada para ser sacrificada". Ainda assim, como mencionamos, o governo Castelo Branco apresentara um interesse pelas questões nucleares nunca antes visto, o que, no entanto, não resultou em avanços consideráveis nessa área, gerando um verdadeiro impasse.

Assim, Peffau atribuía o emperramento da parceria franco-brasileira à falta de precisão dos objetivos governamentais brasileiros para o campo nuclear. A França tinha grandes ambições no desenvolvimento de projetos de energia atômica no nosso país, e a criação do posto de adido para assuntos nucleares é uma evidência dessas intenções. Embora o Brasil possuísse acordos nucleares com outros Estados, o único país que possuía um adido especializado nessa questão na América do Sul, afora a França, eram os Estados Unidos; no entanto, o adido ficava lotado em Buenos Aires.[5]

O governo francês pretendia fazer prospecção de minérios uraníferos de modo a diversificar suas fontes de abastecimento no exterior, além de construir, no Brasil, reatores franceses de alta potência. No entanto, até aquele momento, os únicos ramos do convênio que funcionavam a contento eram a pesquisa básica e aplicada, o aprovisionamento de material para os laboratórios universitários, o fornecimento de estágios técnicos em instituições francesas e o oferecimento de consultorias especializadas.[6]

Poucos meses após a chegada de Costa e Silva e sua equipe ao poder, o secretário-geral do Itamaraty, Sérgio Correa da Costa, foi a Paris para se reunir com membros do CEA e discutir questões relacionadas à participação técnica e financeira da França no desenvolvimento de projetos de energia nuclear no Brasil. Nesse encontro, basicamente duas questões foram discutidas: a prospecção de urânio brasileiro por uma missão francesa, que já havia começado suas pesquisas, e a criação de um centro de ensino e pesquisa de física nuclear em nosso país. A impressão do Quai d'Orsay era de que o novo governo daria maior importância a esse domínio da cooperação bilateral, já que, até então, os diálogos não haviam se aprofundado, tampouco gerado resultados econômicos.[7]

A partir da análise de uma conferência feita pelo embaixador dos Estados Unidos no Brasil, John Thuthill, na ESG, na qual dedicou uma longa passagem à discussão sobre o uso da energia atômica para fins pacíficos, Jean Binoche indicava que aquele país, propondo-se colaborar com o nosso nesse setor, só havia tomado tal iniciativa como reação ao progresso da cooperação franco-brasileira no domínio nuclear.[8]

Efetivamente, as questões relacionadas à energia atômica tiveram maior importância no governo Costa e Silva. Os acordos de cooperação nuclear com a França foram impulsionados, assim como foram estabelecidos novos acordos com outros países.[9] O Brasil também havia acabado de assinar o Tratado de Tlatelolco, que versava sobre a não proliferação de armas nucleares na América Latina e no Caribe. No entanto, após a posse de Costa e Silva, a política nuclear passaria a ser pautada por um viés mais nacionalista. A partir daquele momento, a diplomacia brasileira advogaria em foros internacionais "o direito soberano de um dia vir a fabricar explosivos nucleares — ainda que para fins nitidamente pacíficos", opondo-se, assim, aos termos do Tratado de Tlatelolco.[10]

A energia nuclear representava para o Brasil a possibilidade de ascender a um nível superior de tecnologia e, portanto, alcançar um grau mais avançado de desenvolvimento nacional. O país contava usar o recurso tanto para a produção de energia elétrica como para trabalhos de engenharia civil — por meio de explosivos atômicos. No entanto, os investimentos empregados no setor, segundo avaliação das autoridades francesas, embora consideráveis, ainda não eram suficientes para suprir as necessidades de um amplo plano de desenvolvimento.[11] Além disso, os projetos brasileiros nessa área eram muito dispersos e careciam de continuidade — situação que teria se agravado após a partida de numerosos técnicos e especialistas que, naquele momento, buscavam oportunidades mais vantajosas no exterior (parte deles como forma de escapar de perseguições políticas).[12]

Cooperação técnica e científica

Em meados da década de 1960, a assistência técnica francesa era bastante representativa para o Brasil. Mais de 25% dos investimentos franceses nesse domínio na América Latina vinham para nosso país. Após a passagem de Charles de Gaulle pelo Brasil, durante sua viagem à América Latina, a ação francesa cresceu consideravelmente, por exemplo, em números de bolsas de estudo concedidas e de profissionais especializados enviados em missão ao país. Os setores nos quais essa troca mais se desenvolvia eram administração pública, agricultura, formação profissional e ensino científico superior. No que se refere à administração pública, o país europeu acolheu um número relevante de estagiários na École Nationale d'Administration (ENA), bem como enviou várias missões de professores para a Escola Brasileira de Administração Pública da Fundação Getulio

Vargas. Na agricultura, o Institut National de la Recherche Agronomique (Inra) prestava assistência ao Ministério da Agricultura, à Sudene e à Sudam para o aperfeiçoamento da cultura de espécies tropicais. A França também fez vários inventários de recursos naturais brasileiros. Com relação à formação profissional, aquele país prestava auxílio para a criação de mão de obra especializada, sobretudo nas esferas da eletricidade e da mecânica. Por último, acerca do ensino científico, é possível afirmar que se tratava de um dos temas de maior importância da cooperação franco-brasileira. As universidades francesas promoviam constantes intercâmbios com suas congêneres brasileiras em todas as áreas científicas.[13]

Nesse sentido, a cooperação técnica francesa não se diferenciava da de outros países industrializados que buscavam investir na formação profissional e no envio de especialistas para órgãos públicos brasileiros em missões com fins específicos. Os principais países prestadores de assistência técnica ao Brasil eram Estados Unidos, França, Suíça, Grã-Bretanha, Japão e Alemanha. No entanto, o papel dos norte-americanos dificilmente poderia ser comparado ao de outras nações, já que, além de estar presente em um maior número de setores (cultura, agricultura, indústria, saúde, administração pública, entre outros), os investimentos ocorriam na forma de capitais. A França ocupava o segundo lugar. Em 1966, o país possuía 130 professores e mais de cinquenta profissionais especialistas de diversas áreas em missão no Brasil, mais de 30 mil alunos na Aliança Francesa, dois grandes liceus (um no Rio e outro em São Paulo) e oferecia 64 bolsas culturais, vinte bolsas religiosas, trezentas bolsas de cooperação técnica por ano, além da doação de livros e de material de pesquisa para diversas instituições.[14]

Em 16 de janeiro de 1967, na ocasião da visita do ministro Juracy Magalhães a Paris, realizou-se, na capital francesa, com a presença do ministro francês Couve de Murville, a cerimônia de instalação da Comissão Mista Franco-Brasileira, quando foi assinado o Acordo de Cooperação Técnica e Científica.[15] Esse acordo visava completar o convênio cultural firmado em 1948 e, ao mesmo tempo, definir as diretrizes da cooperação técnica, científica, administrativa e de formação profissional, bem como regulamentar alguns problemas práticos. O acordo foi ratificado pelo Congresso Nacional em fevereiro de 1968.[16]

De modo geral, a Comissão Mista seria encarregada de discutir e estudar as relações franco-brasileiras em todos os domínios. Mais especificamente, objetivava estabelecer as regras para as trocas comerciais entre os dois países, os investimentos franceses no Brasil e a cooperação técnica. Assim, além da assinatura do acordo, foram discutidas questões alfandegárias, regime de créditos e de investimentos estrangeiros, bem como normas para transportes marítimos. Ao Brasil interessava aumentar suas exportações de produtos agrícolas para a França, principalmente café e carne. Já a França pretendia intensificar a venda de bens de produção para o Brasil, sobretudo equipamento siderúrgico. Com relação à concessão de créditos, o governo francês mantinha-se bastante prudente: embora nosso país houvesse conseguido estabilizar sua economia, a alta dos preços e o endividamento exterior excessivo ainda preocupavam. Portanto, a política do Ministério das Finanças francês seria analisar projetos específicos. Naquele momento, por exemplo, a França havia acabado de fazer uma oferta de créditos para a construção da usina hidrelétrica de Ilha Solteira, no estado de São Paulo.

Tendo em vista todos esses aspectos, decidiu-se enfim pela criação de duas subcomissões: uma responsável pelos temas culturais e técnicos, e outra, pelos negócios financeiros e econômicos. Os problemas relativos à energia nuclear e à pesca seriam tratados por funcionários específicos e levados a uma das subcomissões. Determinou-se ainda a criação de um comitê de contatos franco-brasileiros, que visava facilitar as trocas de informações, os estudos e as viagens de industriais e comerciantes dos dois países. No Brasil, o comitê ficaria sob a responsabilidade da Fiesp e, na França, do Centre National du Commerce Extérieur.[17] Mencionou-se na reunião o fato de o Brasil e a França possuírem uma fronteira em comum por meio da Guiana, ressaltando-se não haver nenhum problema particular naquela região. Em contrapartida, no âmbito das informações sigilosas produzidas pelos órgãos brasileiros de informações, as autoridades de segurança eram alertadas sobre o fato de a França fazer vistas grossas "à utilização de Caiena como ponto de trânsito para elementos comunistas". Assim, era preciso atentar-se para a possibilidade de ocorrer agitações políticas na região.[18]

O território francês na América Latina tinha na extração do ouro e do magnésio a base de sua riqueza e, conforme foi discutido na mencionada reunião, seria beneficiado pelos acordos de cooperação franco-brasileira quanto à pesca.[19] Ainda como consequência do Acordo de Cooperação Técnica e Científica, em julho de 1967, o Centre National d'Études Spatiales (CNES) e a Comissão Nacional de Atividades Espaciais (CNAE) assinaram um protocolo de colaboração no que se refere a pesquisas espaciais, o qual favorecia o assessoramento por especialistas e as trocas de informações científicas. O protocolo previa, após a criação do centro espacial guianês, a instalação de uma estação de telemetria em Fortaleza.[20] Em sequência à cerimônia de criação, a primeira reunião da Comissão Mista ocorreria nos dias 14 e 15 de dezembro de 1970, em Brasília.

26
Maio de 1968 na França e seus desdobramentos

No final de abril de 1968, a Embaixada brasileira em Paris enviou as primeiras informações sobre o movimento estudantil europeu para o Itamaraty. A organização dos estudantes naquele continente havia começado no início de 1966, quando houve, em Bruxelas, uma reunião das principais agremiações existentes. Segundo Bilac Pinto, o que unia os diferentes grupos era a bandeira da luta por uma revolução na Europa. De todo modo, em 1968, quando as manifestações estudantis começaram a se intensificar, sobretudo na França, os protestos voltaram-se contra o *status quo* e, mais especificamente, em defesa da liberdade de expressão política e do direito de participar da elaboração dos programas universitários. No caso da Universidade de Nanterre, na região parisiense, local que simbolizou o início do movimento de maio de 1968, a superlotação era um dos motivos das queixas dos estudantes, que reivindicavam mudanças radicais na administração da entidade.[1] As universidades vinham sendo vistas como espaços que propiciavam a formação de uma nova categoria social, cujas reivindicações ganhavam força na sociedade. A revolta generalizada da juventude universitária apontava para uma nova configuração social com a qual a classe política não sabia lidar, senão utilizando medidas autoritárias e repressivas.

Naquele contexto, chamado por Marcelo Ridenti de "a época de 1968", diversas nações, incluindo o Brasil e vários países do mundo socialista, viveram movimentos de contestação que, guardadas as particularidades de cada local, tinham em comum a difusão de uma contracultura, o anti-imperialismo — simbolizado pela Guerra do Vietnã —, os protestos contra a ordem social estabelecida e contra formas autoritárias de poder, a adoção de novos estilos de vida e o menosprezo pelas modalidades tradicionais de fazer política. A ocorrência da radicalização foi marcada pela violência e por confrontos recorrentes com as forças policiais. Concomitantemente, houve um recrudescimento da obsessão do Estado pela manutenção da ordem, o que levou à multiplicação dos mecanismos de vigilância e controle sociais.[2]

Quando, a partir de maio daquele ano, os protestos dos estudantes começaram a ganhar a cidade de Paris, a representação diplomática brasileira passou a relatar cuidadosamente os acontecimentos para a Secretaria de Estado. Logo no início daquele mês, as autoridades francesas impuseram sanções a sete participantes do movimento estudantil e determinaram a intervenção policial no interior da Universidade Sorbonne, "interditada aos estudantes pela primeira vez desde a sua fundação". Por essa razão, uma manifestação, que reuniu aproximadamente 10 mil participantes, incluindo professores universitários, foi realizada no Quartier Latin, local que reúne diversas instituições universitárias de Paris. O protesto foi seguido de violenta repressão policial, deixando cerca de setecentos feridos. Em seguida, a Union Nationale des Étudiants de France (Unef) e o Syndicat National de l'Enseignement Supérieur determinaram o início de uma greve geral, que foi seguida por várias universidades de todo o país.[3]

Nos dias subsequentes, as manifestações continuaram a ocorrer, bem como os choques com as forças policiais. O presidente Charles de Gaulle admitia a necessidade de mudanças radicais no sistema universitário, porém reforçava a importância precípua da manutenção da ordem. De acordo com a Embaixada brasileira, "a evolução dos acontecimentos parecia evidenciar um arrefecimento de ânimos que poderia conduzir ao início de um diálogo entre autoridades e estudantes".[4] No entanto, o movimento continuava a se intensificar e acabara de ganhar apoio do Partido Comunista, da Federação da Esquerda e de vários sindicatos.

Dessa maneira, novas categorias profissionais aderiram à greve geral, que se iniciou no simbólico dia 13 de maio, no décimo aniversário da instalação da Quinta República. Para o encarregado de negócios da Embaixada, Paulo Henrique Paranaguá, a situação política na França fazia com que se levantasse uma questão: "Seria o objetivo do movimento combater a política educacional do governo gaullista ou a própria ordem institucional que o regime representava?"[5]

O cenário era crítico. As greves paralisavam a economia do país, e a crise, inicialmente política, atingia quase todos os setores da vida francesa. As reivindicações sociais multiplicavam-se e preocupavam o governo. O presidente de Gaulle, que tinha viajado à Romênia, em missão oficial, voltou antecipadamente. Logo após sua chegada, reuniu-se com o ministro do Exército e com outras autoridades da área da segurança pública para discutir medidas que garantissem a ordem.[6] No dia 24 de maio, de Gaulle concedeu uma entrevista coletiva televisionada, na qual fez questão de afirmar que, apesar da greve geral, o Estado vinha mantendo a ordem pública e os serviços básicos para a população. O ponto central da alocução presidencial foi a proposição de um referendo por meio do qual os cidadãos franceses o autorizariam a empreender as reformas necessárias. Contudo, naquele momento, o presidente não foi muito claro quanto ao conteúdo das medidas. De todo modo, de Gaulle condicionou sua permanência no poder à aprovação do referendo; assim, "o pós-gaullismo passou a ser uma hipótese prevista e antecipada pelo próprio de Gaulle". A proposta encontrou resistência imediata dos grupos de oposição, especialmente dos meios sindicais.[7]

No início de junho, a situação começou a se normalizar. A greve foi sendo interrompida em vários setores, e a produção tendia a ser retomada. Contudo, os trabalhadores da marinha mercante, do setor portuário, da metalurgia e da indústria automobilística ainda prosseguiam paralisados.[8] Em nova entrevista à televisão, o presidente de Gaulle deixou para segundo plano, sem data definida, a realização do referendo. Seu discurso foi marcado pela ênfase ao anticomunismo e pelas críticas ao capitalismo, defendendo um sistema de participação dos cidadãos em todos os domínios da sociedade.[9]

Após a morte de um estudante por afogamento em Melun, mesmo sendo considerada acidental pelo governo, houve uma nova onda de protestos. A polícia tentou impedir que os manifestantes conseguissem formar grandes aglomerações, o que resultou na fragmentação do movimento. Ainda assim, o número de feridos chegou a 190 e foram efetuadas cerca de 1.500 detenções. Naquele contexto, vários estrangeiros estavam sendo detidos e alguns foram expulsos da França.[10] Encontrei registros de cinco brasileiros detidos durante as manifestações no Quartier Latin, sendo que um foi expulso do país por ter participado do conflito entre estudantes e grevistas contra a polícia na fábrica da Renault de Flins-sur-Seine. Eram eles: Eduardo Lins Clark Ribeiro, Deusdedith Almeida do Carmo, Nádia Moreno, Yvonne Teixeira de Almeida e Albertino Bittencourt Pereira, sendo este o que foi expulso do território francês.[11]

A crise de maio de 1968 levou Charles de Gaulle a dissolver a Assembleia Nacional e convocar novas eleições legislativas. A campanha eleitoral foi acompanhada por medidas governamentais bastante autoritárias, como a dissolução por decreto de vários movimentos de extrema esquerda e a proibição de manifestações nas ruas em toda a França. O resultado do pleito representou a vitória do gaullismo e, de acordo com os analistas, um sinal do apego dos franceses às instituições da Quinta República e à unidade da nação.[12]

No final de julho, a percepção da Embaixada brasileira era de que as expectativas geradas pelas grandes reformas — universitária, administrativa e empresarial — propaladas por de Gaulle haviam sido frustradas. Mesmo as alterações efetuadas em seu gabinete, como a saída de Pompidou, não modificaram sua "coloração política". As correntes políticas ligadas ao governo permaneceram as mesmas. Segundo Bilac Pinto, o ímpeto reformista do presidente teria sido arrefecido por Couve de Murville, que entrou no lugar de Pompidou, e pela prioridade que concedia à recuperação da economia antes da resolução de qualquer outro problema do governo. A presença no gabinete de figuras que, no auge da crise, defendiam uma repressão severa aos manifestantes parecia indicar a "continuação do desmantelamento da extrema esquerda, estudantil ou política".[13]

Durante algumas semanas, a crise francesa ocupou um espaço central na imprensa brasileira. De acordo com o embaixador Jean Binoche, o contexto francês foi tratado com respeito e parcimônia pelos veículos midiáticos de nosso país. A principal questão tratada pela imprensa não foram as reivindicações dos estudantes e dos trabalhadores, mas sim o clima de mudança que envolvia os protestos, que chegaram a ser denominados de "a nova revolução francesa". Tendia-se a ressaltar que os movimentos estudantis estavam acontecendo em vários lugares do mundo, inclusive no Brasil. Quando a situação começou a se normalizar, os comentários registravam a importância conferida pelo governo francês aos procedimentos legais.[14] Os jornais que criticavam a maneira como o regime militar vinha se comportando ante os protestos estudantis em nosso país elogiaram a atitude de Charles de Gaulle, que aceitou as reivindicações dos estudantes franceses consideradas pertinentes por ele.[15]

O referendo que havia sido aventado por de Gaulle em meio à crise de maio, após vários adiamentos, foi realizado em abril do ano seguinte. Charles de Gaulle, ao longo de sua carreira política, principalmente após sua volta ao poder, em 1958, tendia a recorrer ao voto popular, ignorando, em muitas ocasiões, o papel do Parlamento. O referendo buscava aprovação popular para definir uma mudança na autonomia das regiões francesas, propiciando maior descentralização administrativa, e para promover uma reforma do Senado. No entanto, 52,4% dos eleitores recusaram a proposta. A derrota da posição defendida pelo presidente francês motivou sua renúncia, logo após a consulta popular. Conforme a Constituição do país, a presidência da República passaria a ser exercida pelo presidente do Senado, Alain Poher, até que fosse eleito um novo mandatário em um prazo de 20 a 35 dias.[16] A eleição foi decidida no segundo turno entre o presidente interino e o ex-primeiro-ministro, Georges Pompidou, candidato que saiu vitorioso.

Charles de Gaulle efetivamente se retirou da vida política e logo veio a falecer, no dia 9 de novembro de 1970. O governo brasileiro decretou luto oficial de três dias. Os grandes feitos do presidente francês foram tirar a França do caos civil em que se encontrava em 1958 e, posteriormente, dar fim à guerra da Argélia e transformar o restante do império francês em um conjunto de países livres e autônomos.[17] A crise de 1968 sinalizava o colapso de uma ordem antiga, e de Gaulle não acompanhou essa mudança. O general parecia não compreender as transformações de costumes da sociedade francesa: permanecia adepto de métodos políticos que tendiam ao autoritarismo.[18]

A Casa do Brasil na Cidade Universitária de Paris e os estudantes brasileiros

Em abril de 1968, cerca de quatrocentos estudantes promoveram uma grande manifestação na Cidade Universitária de Paris, que abrigava a Casa do Brasil. A principal reivindicação era a livre circulação entre os alojamentos residenciais masculinos e femininos, bandeira que fazia parte do movimento que eclodia em toda a França. Naquela ocasião, o embaixador Bilac Pinto convocou uma reunião emergencial com o conselho administrativo do pavilhão brasileiro, na qual foi decidido que as visitas de ambos os sexos passariam a ser permitidas em caráter experimental.[19]

Com o agravamento da crise nos meios estudantis, alguns governos europeus resolveram fazer regressar aos seus respectivos países de origem os estudantes que cursavam universidades francesas. A posição do Brasil foi não tomar a mesma iniciativa, a não ser no caso daqueles estudantes que se sentissem "atemorizados ou que, pelo seu estado nervoso, devessem ser aconselhados a regressar".[20]

No final de maio, a Embaixada recebeu denúncias de estudantes residentes na Casa do Brasil de que o local estava sendo ocupado por indivíduos que não viviam ali. Ao avisar ao Quai d'Orsay, Bilac Pinto recebeu como resposta que a Cidade Universitária era considerada "um santuário e que nenhuma providência seria tomada pelo governo". Como os ocupantes permaneceram no andar térreo e não chegaram aos quartos privados, o diplomata relatou ao Itamaraty que os estudantes estavam todos bem.[21] No entanto, o diretor da Casa, Luís Lisanti, foi expulso pelos manifestantes.[22] Além disso, em todos os vidros das salas que davam para a parte interna da Cidade Universitária, estavam pintados, em tinta vermelha, a foice e o martelo, e também dizeres em português como "Criemos novos Vietnãs!" e "Viva a Revolução!".[23]

Na ocasião da ocupação da Casa do Brasil, dois bolsistas brasileiros, o médico estagiário Gilberto Maurício Pradez de Faria e o professor da UFRJ Paulo Alcoforado, declararam terem sido vítimas de violência por parte dos invasores. Seus dormitórios foram revistados, e os dois foram submetidos a longos interrogatórios, sob maus-tratos físicos e morais. Paulo Alcoforado foi inquirido por mais de dez horas e, em seguida, preso em seu quarto, de onde acabou conseguindo escapar. Já Pradez Faria foi submetido a 29 horas ininterruptas de interrogatório, feito por indivíduos de várias nacionalidades que, provavelmente, eram estranhos à Cidade Universitária. Ao final, o médico, após ser vítima de extorsão, foi obrigado a assinar um documento no qual se comprometia a colaborar com "a organização revolucionária na luta de libertação nacional do povo brasileiro". Logo depois, foi liberado.[24] O incidente foi confirmado por outros residentes.[25] Pouco após a ocupação da Casa do Brasil, quase todos os estudantes brasileiros que ali viviam deixaram o local e foram para pequenos hotéis na região.[26] A instituição ficou ocupada até o dia 14 de junho.[27]

No mesmo contexto, a Embaixada foi informada de que Sérgio Vieira de Mello, estudante brasileiro matriculado na Sorbonne, havia sido espancado pela polícia francesa ao regressar para a Cidade Universitária, onde residia. Por essa razão, encontrava-se internado no Hospital Saint Vincent, apresentando ferimentos leves e hemorragia no olho esquerdo, com risco de descolamento de retina.[28] Sérgio Vieira de Mello foi funcionário da Organização das Nações Unidas por mais de trinta anos e, desde 2002, passou a atuar como Alto-Comissário da ONU para Direitos Humanos. Foi morto em 2003, em Bagdá, vítima de um atentado terrorista contra a sede local da ONU.

No final de 1969, começou-se a discutir a elaboração de um novo regulamento para a Casa do Brasil. A posição do governo brasileiro estabelecia que as novas regras deveriam conceder ao diretor da instituição plenos poderes para expulsar residentes que participassem de manifestações hostis ao regime militar. E mais: caso a direção da Casa não conseguisse evitar a repetição de protestos, o Brasil ameaçaria cancelar sua participação na entidade.[29] Ao responder às considerações do Itamaraty a respeito do tema, o embaixador Bilac Pinto afirmou que as exigências eram incompatíveis com o estatuto da Cidade Universitária. Quando o governo brasileiro doou o imóvel Casa do Brasil à Universidade de Paris, ficou estipulado que sua administração seria exercida por um conselho de dez membros, dos quais cinco franceses e cinco brasileiros. Esse grupo indicaria o diretor, que seria então nomeado pelo reitor da Universidade de Paris. Assim, as normas da Casa estavam sujeitas à aprovação do reitor e não poderiam estar em desacordo com as regras gerais da Cidade Universitária. Embora o governo brasileiro concedesse uma subvenção anual para a manutenção da Casa, sua ingerência ficava limitada por essa moldura institucional. Além disso, levando em consideração a situação universitária da França naquele momento, que ainda vivia sob a atmosfera dos movimentos de maio de 1968, tornava-se inviável que o diretor da Casa exercesse o controle determinado. Portanto, Bilac Pinto advertia que a suspensão do subsídio pago pelo governo brasileiro poderia representar "muito mais uma vitória da minoria extremista interessada em desenvolver a divulgação tendenciosa de uma imagem distorcida da realidade brasileira do que uma vantagem efetiva no combate a esses grupos".[30] A opinião do Ciex foi semelhante: de acordo com o órgão, "a suspensão pura e simples do pagamento da subvenção brasileira à Casa do Brasil tiraria das autoridades brasileiras qualquer possibilidade de intervir na administração da Casa e na seleção dos estudantes que nela residem".[31] O governo brasileiro não chegou a se desligar da Casa do Brasil. No entanto, diversos estudantes que se envolveram em atividades de protesto contra a ditadura tiveram o auxílio financeiro oferecido pelo Itamaraty suspenso.[32]

27

As relações franco-brasileiras após o AI-5

O AI-5 levou à retomada dos ideais que motivaram o golpe de 1964. Nos primeiros meses de 1969, as autoridades do governo dedicaram-se a colocar em prática medidas saneadoras da vida política, bem como da economia e das finanças públicas. No plano político, novas cassações de mandatos parlamentares nas esferas federal, estadual e municipal, incluindo numerosos políticos da Arena, foram efetuadas; as atividades de algumas assembleias legislativas, entre as quais a do Rio e a de São Paulo, foram suspensas; e determinados municípios passariam a ser governados por interventores. O poder Judiciário tampouco foi poupado: três ministros do STF foram aposentados compulsoriamente, bem como onze juízes estaduais. Além disso, dezenas de sindicalistas foram privados de suas funções. Para o embaixador Laboulaye, não houve nenhuma atitude importante de resistência com relação às determinações governamentais, contra as quais a possibilidade de recurso jurídico estava excluída. Os grupos de oposição eram detidamente monitorados, e suas ações, reprimidas com severidade. Portanto, "o governo e, atrás dele, os militares, provocaram uma espécie de vazio político".

No que diz respeito à economia e às finanças públicas, havia um aspecto moralizador nas reformas tencionadas. O governo pretendia ser mais popular, assim congelou os preços de alguns bens de consumo, passou a obrigar os comerciantes a declararem suas margens de lucro e modificou o cálculo do imposto de renda de modo a favorecer os pequenos contribuintes. Foram instaladas comissões de investigação de enriquecimento ilícito, as CGIS, das quais falei anteriormente, que levaram à prisão, com grande estardalhaço, de alguns deputados e outros sonegadores de impostos. Também, como meio de reduzir o déficit orçamentário, houve aumento das taxas alfandegárias de vários produtos alimentares e produtos de luxo, diminuição da participação federal nas despesas públicas e, ainda, enrijecimento das formas de acesso às funções públicas.

As relações econômicas franco-brasileiras estavam em processo de crescente melhoria. Em 1968, o Brasil era o principal parceiro comercial da França na América Latina. As vendas de bens de capital tinham aumentado, mas, segundo a análise de Laboulaye, ainda estavam aquém das possibilidades de financiamento que a França podia oferecer ao Brasil. Isso se dava, em grande medida, pela falta de um acordo que eliminasse a bitributação.[1] Naquele momento, estavam sendo desenvolvidos dois grandes projetos que contavam com o apoio francês: a construção de um complexo petroquímico em São Paulo pela Lummus-France e um projeto de extensão da indústria siderúrgica brasileira, para a qual havia sido assinado um protocolo de financiamento que beneficiaria três grandes empresas nacionais: a Cosipa, a CSN e a Usiminas.[2] Longe de se deixarem desencorajar pelas questões políticas internas, os investidores estrangeiros, de modo geral, prosseguiam seus esforços sistemáticos para penetrar e se estabelecer na economia brasileira.

Já com relação à política externa, embora o país continuasse sob a influência predominante dos Estados Unidos, o governo Costa e Silva, com sua "diplomacia da prosperidade", tentava se mostrar mais independente que o anterior. Para a diplomacia francesa, a disposição do governo brasileiro em negociar a compra dos aviões franceses Mirage era uma evidência desse movimento. De todo modo, Costa e Silva, contrariamente a Castelo Branco, não possuía formação militar francesa ou o mesmo sentimento de amizade por aquele país, o que acabava dificultando as relações do governo francês com a administração brasileira. Laboulaye ressaltava também a importância que a Alemanha e Israel representavam para o Brasil, sobretudo em relação aos domínios da cultura e da cooperação técnica. No entanto, qualquer país que buscasse estabelecer vínculos mais estreitos com o Brasil acabava tendo de enfrentar a forte concorrência estadunidense.[3] Logo após o AI-5, a Embaixada francesa notou uma diminuição das atividades diplomáticas brasileiras, em razão da prioridade conferida ao restabelecimento da ordem e da concentração nas questões internas. Embora tenham circulado rumores de que a publicação do dispositivo legal traria consequências negativas para as relações do Brasil com os Estados Unidos, não havia nenhum sinal de que Washington suspenderia os auxílios ao nosso país, e tampouco houve atritos significativos entre as duas nações.[4]

Como foi mencionado anteriormente, o embaixador francês percebia certa "tentação xenófoba" por parte dos governantes brasileiros. O tratamento cada vez mais severo ao qual eram submetidos os cidadãos estrangeiros considerados "indesejáveis" causava perplexidade a Laboulaye, que via na medida um grave desrespeito a garantias fundamentais. O Decreto-lei n. 417 de 10 de janeiro de 1969, por exemplo, simplificava os procedimentos de expulsão de estrangeiros do território nacional ao diminuir os prazos e suprimir os recursos judiciais.[5] Logo ficou claro que a repressão a estrangeiros não era excepcional, mas se tornara uma política de Estado. O governo brasileiro intencionava não limitar aos cidadãos nativos a política saneadora que vinha empreendendo. Em suma, qualquer cidadão estrangeiro que fosse acusado de atentar contra as noções vagas de "segurança nacional" e "ordem político-social", determinadas pelo governo brasileiro, poderia ser expulso do país.[6] Assim, a percepção do embaixador Laboulaye era que a situação política brasileira só era mantida em ordem em decorrência da aplicação de numerosas ações repressivas. A apatia da população, a contenção da classe política e a censura à imprensa também haviam contribuído para que o presidente Costa Silva tivesse conseguido atribuir a si próprio plenos poderes sem tropeçar em grandes obstáculos. Com relação aos grupos armados de esquerda, Laboulaye ressaltava a importância de não superestimar sua força e apontava a incapacidade de as autoridades brasileiras lidarem com esses "movimentos subversivos" a não ser por meio de "recursos revolucionários".

O endurecimento paulatino do regime não assinalava uma normalização da política brasileira. Contrariamente, os militares tinham uma desconfiança persistente com relação à classe política e, por essa razão, sentiam-se incumbidos de controlá-la do interior. Assim, a participação dos militares na gestão política demonstrava que as Forças Armadas desejavam seguir controlando com mão de ferro, por muitos anos, o destino do país. A proclamada vontade de "retorno ao Estado de direito" consistia, portanto, em "dar uma caução jurídica ao estado de exceção instaurado em 13 de dezembro de 1968",[7] o que ocorreria com a reforma do texto da Constituição de 1967, por meio da Emenda Constitucional n. 1, de 17 de outubro de 1969.[8] De acordo com Laboulaye, a modificação do texto constitucional firmaria "o estabelecimento no Brasil de uma verdadeira ditadura — de direito e de fato — temperada somente por um controle parlamentar ilusório e também por acomodações próprias do caráter brasileiro".[9] Mesmo que os diplomatas franceses criticassem, em suas correspondências com o Quai d'Orsay, os aspectos autoritários e as medidas repressivas do regime militar, nunca foi feita publicamente nenhuma declaração crítica ao governo brasileiro, considerado "muito forte para ser colocado em perigo pelas oposições que ele suscita [e] muito fraco para ser liberal".[10]

Nos últimos dias de agosto de 1969, Costa e Silva sofreu um acidente vascular encefálico e foi afastado da presidência. Laboulaye alertou o Quai d'Orsay de que os três ministros militares desrespeitariam as regras constitucionais relativas ao papel do vice-presidente e exerceriam conjuntamente a chefia do Poder Executivo, "mostrando mais uma vez que eles avaliavam dever continuar a assumir diretamente a responsabilidade do governo". O embaixador ainda não sabia exatamente qual era o problema de saúde de Costa e Silva e estimava que ele devesse ficar afastado por aproximadamente um mês.[11] O médico que cuidava do presidente, doutor Ackermann, antes de se pronunciar sobre suas chances de recuperação, solicitou a opinião de François Lhermitte, chefe do serviço de neurologia do Hospital de la Salpêtrière, em Paris, o qual veio ao Brasil, em caráter secreto, para examiná-lo.[12] Lhermitte constatou que o futuro de Costa e Silva era incerto, pois, embora sua consciência e lucidez não tivessem sido atingidas, seu estado de saúde era delicado e exigia repouso absoluto.[13]

De todo modo, Laboulaye percebia que a doença do presidente tinha sido vista como "providencial" pelo Alto-Comando militar, que considerava muito ousadas as modificações constitucionais que seriam feitas por Costa e Silva.[14] Tudo indicava que o triunvirato permaneceria na presidência pelo tempo que considerasse necessário, já que os ministros militares, "verdadeiros detentores do poder", é que teriam constatado o impedimento de Costa e Silva e seriam eles que, de acordo com Laboulaye, julgariam o seu restabelecimento completo. Portanto, mesmo que o enfermo retornasse a seu posto em poucas semanas, os eventos ocorridos naqueles dias tinham definitivamente antecipado o curso da sucessão presidencial.[15]

Os jornais *Le Monde* e *Figaro* noticiaram, com tom bastante crítico, o fato de o vice-presidente Pedro Aleixo ter sido impedido pelos ministros militares de assumir o poder. De acordo com os veículos, a junta governativa era contra os planos de Costa e Silva de reconstitucionalização do país e de reabertura do Congresso. Portanto, a impossibilidade de Pedro Aleixo tornar-se presidente decorria do fato de ele estar alinhado com tais planos. Ao transmitir essas informações ao Itamaraty, o embaixador Bilac Pinto reforçava que o governo francês não havia se manifestado sobre a situação política brasileira.[16] Naquela mesma semana, *Le Monde* publicou uma matéria sobre a prática de tortura no Brasil. O jornal afirmava que a tortura passara a ser utilizada de maneira corrente durante os interrogatórios feitos pelas Forças Armadas e pela polícia, sobretudo após o AI-5, quando houve a multiplicação das prisões e o endurecimento dos métodos repressivos empregados por autoridades civis e militares. No entanto, o rigor da censura imposta à imprensa explicaria o fato de os protestos contra a tortura terem sido, até aquele momento, muito limitados.[17]

No dia 4 de setembro de 1969, o embaixador estadunidense Charles Elbrick foi sequestrado pelas organizações armadas de esquerda ALN e MR-8.[18] No dia seguinte, a junta governativa publicou o AI-13, que previa a expulsão de qualquer brasileiro que fosse considerado "inconveniente, nocivo ou perigoso" para a segurança nacional.[19] Como veremos na próxima parte, o sequestro de Charles Elbrick provocou muita apreensão nos meios diplomáticos franceses, pois temiam que o embaixador Laboulaye pudesse também ser vítima das ações dos grupos guerrilheiros.

Poucos dias após o sequestro do embaixador estadunidense, o jornalista francês Grignon Dumoulin fazia uma reportagem no Centro do Rio de Janeiro, questionando alguns passantes qual sua opinião sobre a situação política do Brasil. O primeiro entrevistado, um homem que aparentava ter cerca de 30 anos de idade, respondeu que tudo ia bem e que não havia nenhuma crise. Um segundo homem afirmou que todo mundo deveria permanecer calmo, pois mesmo que as medidas tomadas pela Junta Militar fossem desagradáveis, elas eram necessárias. O mesmo entrevistado falou ainda que torcia pela recuperação de Costa e Silva, pois pensava que seu retorno à presidência seria muito positivo para o Brasil. O terceiro homem a quem Dumoulin fez a mesma pergunta identificou-se como membro da polícia secreta e, após afirmar que, por essa razão, não podia responder à questão, intimou o jornalista a acompanhá-lo até uma delegacia. Assim, Grignon Dumoulin foi detido diante da câmera e as imagens foram veiculadas pela televisão francesa.[20]

A mobilização de determinados setores da sociedade francesa contra as práticas repressivas do governo brasileiro iniciou-se pouco depois do golpe e se tornou uma prática recorrente ao longo de toda a ditadura militar. Em julho de 1969, a Embaixada em Paris recebeu uma carta assinada por Robert Bengel, fundador da JOC, buscando interceder em favor do antropólogo Darcy Ribeiro, que estava detido em uma unidade da Marinha.[21] Naquele mesmo mês, a representação diplomática brasileira recebeu um abaixo-assinado promovido por um movimento denominado Appel pour le Brésil. O documento objetivava prestar solidariedade a "todos que são injustamente vítimas da violência e da repressão no Brasil". Entre os subscritores estavam várias personalidades públicas francesas, tais como François Mauriac e Pierre-Henri Simon, escritores membros da Academia Francesa; Gérard Huygue, bispo da diocese de Arras; Paul Chauchard, diretor da École Pratique des Hautes Études; Pierre Haubtmann, reitor do Instituto Católico de Paris; o ex-ministro Robert Buron; o sociólogo René Dumont; o geógrafo Pierre Monbeig; o professor Robert Aubreton, entre outros.[22] No final de julho, foi encaminhado outro abaixo-assinado para a Embaixada. Este fora produzido pelo "Comitê de Defesa dos Universitários Brasileiros" e continha a assinatura de 227 físicos da região parisiense, que protestavam contra a exoneração de dezenas de professores universitários brasileiros, entre os quais Elisa Frota Pessoa, José Leite Lopes, Mário Schenberg, Plínio Sussekind e Jayme Tiomno. O documento foi publicado no jornal *Le Monde* do dia 27 de julho.[23]

Assim como Castelo Branco e os presidentes militares que o sucederiam, Costa e Silva chegou à presidência apontando para uma maior abertura do regime — o que, como sabemos, não ocorreu em seu governo. Pelo contrário, o que se observou foi uma progressão de mecanismos discricionários, dos quais as autoridades lançavam mão constantemente para combater seus opositores. Essa escalada autoritária do regime foi cuidadosamente acompanhada pelo serviço diplomático francês, que, no âmbito de suas comunicações sigilosas com o Quai d'Orsay, se tornou bastante crítico das medidas excepcionais do governo brasileiro, cujo ápice foi o AI-5. De todo modo, apesar desse posicionamento da Embaixada, o governo francês, sob a alegação de que se tratava de questões da política interna brasileira, optou por não se manifestar contra as práticas autoritárias do regime, pois temia que as relações franco-brasileiras fossem prejudicadas. Nos últimos anos da década de 1960, o Brasil começou a experimentar altos índices de crescimento econômico e, por essa razão, a França tinha muito interesse em aprimorar suas relações com nosso país, sobretudo econômicas e financeiras. Naquele contexto, as nações industrializadas buscavam se beneficiar do chamado "milagre brasileiro". Tal iniciativa era favorecida pelo viés nacionalista da política externa de Costa e Silva, que, buscando abrandar o exclusivismo de seus vínculos com os Estados Unidos, abria mais espaço para as relações com outros países capitalistas.

Em contrapartida, a maior parte dos periódicos franceses tinha um olhar predominantemente negativo a respeito do governo brasileiro. A publicação do AI-5 foi difundida com destaque pelos principais jornais franceses, que deram muita ênfase para o fechamento do Congresso, a suspensão das garantias constitucionais, a grande onda de prisões de políticos e jornalistas e a supressão da liberdade de imprensa. Essas medidas atingiram, inclusive, a Agence France-Presse e o correspondente do jornal *Le Monde* Irineu Guimarães, que foi detido no início de 1969 por divulgar notícias sobre o AI-5.

Embora não deixasse de ressaltar o extraordinário crescimento econômico do país, a imprensa francesa destacava sobremaneira o recrudescimento autoritário do regime político brasileiro e a desigualdade social brasileira, que não dava sinais de diminuição — ou seja, o país enriquecia, mas apenas uma pequena parcela da população era beneficiada.

É possível afirmar que o grupo de opositores à ditadura cujas denúncias tiveram maior impacto tanto no âmbito interno quanto no externo foram os religiosos católicos brasileiros e estrangeiros. Relativamente protegidos do arbítrio das autoridades militares por seu pertencimento à Igreja Católica — que, ao lado das Forças Armadas, era a instituição mais respeitada do país —, os religiosos católicos usaram da prerrogativa que sua posição naturalmente lhes conferia para divulgar, no Brasil e no exterior, as perseguições políticas a opositores, a prática de tortura e os graves problemas sociais brasileiros. De todo modo, como vimos, nem mesmo os religiosos católicos, brasileiros ou estrangeiros, estiveram imunes ao jugo da comunidade de segurança e informações.

PARTE IV

AS RELAÇÕES ENTRE O BRASIL E A FRANÇA DURANTE O GOVERNO MÉDICI

Emílio Garrastazu Médici, após ser escolhido pelo Congresso Nacional como novo presidente da República, buscou, em seu discurso, transmitir serenidade e equilíbrio — o que foi avaliado pela Embaixada francesa como uma tentativa de buscar soluções conciliadoras para as dificuldades vividas pelo Brasil naquele momento. Após homenagear Castelo Branco e Costa e Silva e reforçar o caráter "revolucionário" do mandato que pretendia exercer, Médici enfatizou que daria prioridade à manutenção da ordem pública. Salientou também a necessidade de manter o país longe dos extremismos, tanto da esquerda quanto da direita, ratificando seu compromisso com os valores ocidentais.

O novo presidente reconhecia que o Brasil não vivia sob um regime plenamente democrático, mas afirmava que a repressão havia sido necessária para a realização de reformas indispensáveis para o país. Apesar disso, comprometeu-se a fazer uma grande consulta nacional para poder formular seus programas administrativos e econômicos. De todo modo, o embaixador Laboulaye via Médici como um homem que apresentava ideias imprecisas e que encarnava um "sincretismo tipicamente brasileiro", incorporando, ao mesmo tempo, "as tradições da ordem, do progresso e do liberalismo".[1] Para o embaixador, seu pronunciamento havia sido de tal amplitude que qualquer pessoa poderia encontrar, em suas palavras, motivos para satisfação e esperança.[2] Médici sinalizava uma reabertura política, contudo, Laboulaye observava, o próprio meio que o levara ao poder não tinha nada de democrático.[3]

A Embaixada brasileira na França, por sua vez, informou ao Itamaraty que a mensagem de Médici havia tido "magnífica repercussão em Paris". A imprensa teria visto o novo presidente com simpatia, e os meios oficiais e econômicos teriam acolhido com grande satisfação a afirmação de que, ao final de seu mandato, o regime democrático estaria restabelecido no Brasil.[4]

Na primeira reunião ministerial convocada por Médici, buscou-se definir as principais diretrizes do novo governo. Na área econômica, optou-se pela continuidade da política anterior, com Delfim Netto como ministro da Fazenda. Fixaram-se, na reunião, três objetivos principais para a economia brasileira nos anos seguintes: o aumento do PIB, a redução da inflação para menos de 20% e o aumento da reserva de divisas por meio do crescimento da taxa de exportações. Já o ministro do Planejamento, João Paulo dos Reis Veloso, determinou quatro grandes prioridades para médio e longo prazos: uma revolução nos domínios da saúde e da educação, um grande estímulo ao crescimento da agricultura e do abastecimento, a aceleração do desenvolvimento científico e tecnológico e a ampliação da competitividade da indústria nacional.

De maneira geral, o embaixador Laboulaye enxergava uma maior preocupação de Médici e sua equipe com o grave problema da injustiça social brasileira: a maior parte da população vivia em condições de miséria. Ao final do encontro, o presidente afirmou seu compromisso com a repartição mais equilibrada da renda geral do país, para que toda a sociedade pudesse se beneficiar do aumento da riqueza nacional.[5] Como sabemos, tal intenção não foi concretizada. Aquele período, ao qual comumente se atribui a ocorrência de um "milagre econômico", foi marcado por altas taxas de crescimento, porém com baixíssimos índices de distribuição de renda. O Brasil passou a ser a oitava economia do mundo, mas apenas uma estreita camada da sociedade foi beneficiada. A tensão política dos chamados "anos de chumbo" não impedia o país de realizar grandes avanços econômicos, ainda que por meios autoritários.

Em se tratando das relações franco-brasileiras, Laboulaye, em nota enviada ao Quai d'Orsay, reafirmava o bom estado das conexões políticas entre os dois países. No domínio técnico-científico, assim como no campo cultural, as colaborações bilaterais avançavam progressivamente. No que concerne à área econômico-financeira, embora o Brasil fosse o primeiro parceiro comercial da França na América Latina, um grande crescimento ainda poderia ser realizado.[6] De todo modo, o avanço das relações franco-brasileiras nos âmbitos econômico, financeiro e comercial havia contribuído sensivelmente para a melhora das relações intergovernamentais dos dois países.

Quanto à política externa, o discurso feito por Médici na inauguração do Palácio do Itamaraty, em Brasília, foi a primeira ocasião em que o presidente expôs publicamente as principais diretrizes pretendidas por seu governo no cenário internacional, sustentando que o Brasil reforçaria o viés nacionalista de seu posicionamento. Sua perspectiva de defesa dos interesses nacionais, que se mostrou deveras intransigente, deveria conciliar o desenvolvimento econômico com a garantia da segurança nacional, rejeitando, porém, as lideranças hegemônicas internacionais. O país se dispunha a uma solidariedade ativa com os outros países em desenvolvimento — o que segundo Laboulaye, no entanto, não escondia certa vontade de liderar esse movimento. Tal intenção foi vista pela França como um fator que, além de expor um sentimento antiestadunidense, causaria indisposição do Brasil com seus países vizinhos. Portanto, mesmo que a via do nacionalismo tivesse a vantagem de provocar o consenso social, a margem de manobra de que Médici dispunha para realizar sua política externa parecia muito limitada.[7]

Apenas quatro meses após a posse, o projeto democratizante anunciado por Médici apresentou seu primeiro sinal de fragilidade. No dia 26 de janeiro de 1970, o presidente editou o Decreto-lei 1.077, que instituía a censura prévia de publicações contrárias à moral e aos bons costumes, incluindo publicações estrangeiras que fossem distribuídas no Brasil.[8] Para o embaixador Laboulaye, a finalidade dessa regulamentação de caráter repressivo ia além da intenção de estabelecer uma ordem moral na sociedade; ela objetivava, em verdade, impor certa ordem político-social defendida pelos governantes brasileiros. O grande risco apontado pelo diplomata era que, em nome da proteção da moral e dos bons costumes, as autoridades responsáveis pela aplicação da lei a usassem como instrumento de repressão política. As regras passavam a representar, indubitavelmente, um novo obstáculo para a produção intelectual brasileira, já bastante cerceada naquele momento.[9]

Segundo Laboulaye, o Brasil vivia "um regime marcado por certa incoerência institucional e que, por isso, escapava a todas as classificações habituais". O povo encontrava-se quase totalmente excluído do jogo político, e a indiferença popular "aos golpes de Estado de 1964 e 1968" seria uma evidência dessa perspectiva. Desde que Castelo Branco extinguira arbitrariamente o pluripartidarismo, os dois partidos criados, Arena e MDB, constituíam, na realidade, de acordo com o diplomata, "Estados-Maiores sem tropas", cujas atividades limitavam-se à preparação de eleições. Além disso, ressaltava, era figurativa a independência do Congresso Nacional com relação ao "todo-poderoso" presidente da República. O próprio Poder Executivo estava, de certa forma, subordinado ao Alto-Comando das Forças Armadas, como tinha sido possível observar na ocasião do impedimento de Costa e Silva e na designação de seu sucessor. Portanto, o comportamento das autoridades governamentais, militares e policiais atingia um nível de arbitrariedade cada vez mais expressivo. A realidade, em contrapartida, mostrava mais nuances. Os movimentos de oposição capitaneados por grupos da Igreja Católica, pelos considerados "subversivos" e mesmo por membros das Forças Armadas, desestabilizavam o cenário de ordem pretendido pelo regime. Laboulaye percebia ainda, nas massas populares, "um sentimento de difícil definição", mas que apontava para uma "moderação instintiva", acompanhada pelo horror ao extremismo — característica que não deveria ser confundida com indiferença.[10]

Os meses seguintes confirmariam a percepção do embaixador francês: os esforços de Médici para estabelecer certa normalização política no Brasil mostravam-se cada vez mais enfraquecidos. Como o presidente demonstrava não possuir a autoridade necessária para impor sua vontade, a impressão de Laboulaye era que o poder real estava nas mãos de um pequeno grupo radical de seu *entourage*, profundamente conservadora e anticomunista, mais afeita à manutenção da ordem a todo custo que à democracia e às reformas. Em sua primeira coletiva de imprensa, em março de 1970, Médici passou a maior parte do tempo a justificar a necessidade de manter o AI-5 em vigor. Em suma, a "subversão" e a "contrarrevolução" ainda estavam nas ruas e era preciso combatê-las.[11] A "penetração comunista" era posta como a fonte de todos os problemas da sociedade política brasileira. Assim, mesmo que o presidente afirmasse que garantiria as liberdades públicas e que qualquer brasileiro poderia fazer oposição ao governo, advertiu que as perturbações à ordem não seriam admitidas, o que, na prática, abria espaço para a repressão a quase todo tipo de crítica feita às ações do Poder

Executivo e afastava a propalada intenção de abertura política. Na realidade, o regime condenava toda oposição verdadeira e qualquer mudança social efetiva.[12]

Para caracterizar o regime político brasileiro, o jornalista Edouard Bailby, do jornal *Le Monde*, chegou a cunhar o termo "fascismo tropical", expressão com a qual, no entanto, Laboulaye discordava. Para o diplomata, o sistema brasileiro nada tinha de fascista; ao contrário, estava mais próximo do liberalismo, uma vez que a propriedade dos meios de produção era apenas parcialmente pública. O domínio em que o Estado exerce mais controle era o da infraestrutura industrial (transportes, telecomunicações e produção de energia), da qual administrava cerca de 75% do capital e, em segundo lugar, das indústrias de base (siderúrgica, petrolífera e metalúrgica), com participação de 50% do capital. Em linhas gerais, o governo estava presente sobretudo nas áreas não rentáveis, deixando a via aberta para a iniciativa privada. Contudo, a divisão dos meios de produção era profundamente desigual: naquele período, 1% da população brasileira detinha mais da metade da renda nacional.

Mesmo a ideologia nacionalista, típica do fascismo, quando exacerbada, e tão reforçada por Médici, tinha limites muito estreitos. O país demonstrava certa vontade de autonomia, sobretudo com relação aos Estados Unidos, buscando tirar o máximo proveito de seus recursos naturais; em contrapartida, tolerava uma considerável inserção do capital estrangeiro em setores estratégicos da economia. De todo modo, o maior limite do nacionalismo brasileiro estava na "solidariedade política fundamental" que mantinha com os Estados Unidos na "defesa do mundo livre contra a subversão comunista", esta representada, na América Latina, por Cuba. Na prática, essa conexão anticomunista impedia qualquer iniciativa de grande autonomia.

No entanto, o Brasil apresentava uma importante analogia com os regimes de cunho fascista: uma "alergia à democracia parlamentar" e uma reação de hostilidade com relação à classe política. O regime militar fechou o Parlamento duas vezes em cinco anos, privou arbitrariamente a instituição de algumas dezenas de seus membros e suprimiu várias de suas tradicionais funções. Além disso, o partido de oposição não passava de um álibi do governo. Assim, afligidas por um "complexo de perseguição", as autoridades brasileiras adotavam medidas cada vez mais extremadas, consolidando no país uma "ditadura militar-policial", na qual as prisões políticas se multiplicavam e a tortura já havia se tornado prática administrativa corrente. Além disso, ressaltava Laboulaye, o Decreto-lei n. 200 de 1967, que implantara uma "antena" do SNI em cada ministério, conferia um poder desmesurado ao sistema de informações, dando a entender que a "caça às bruxas" não tinha prazo para terminar.

De todo modo, para Laboulaye, não havia dúvidas de que o Brasil necessitava de um "regime forte", já que era a única forma de administrar "os recursos e os homens de um país grande, dezessete vezes maior do que a França".[13] O grande risco seria impedir o povo brasileiro de definir seu próprio destino. O sistema político brasileiro estava tão enfraquecido, e as possibilidades de contestação legal do regime, tão cerceadas, que mesmo as eleições de 1970,[14] por exemplo, foram consideradas pela Embaixada francesa um encorajamento para que os opositores partissem para a ilegalidade.[15] Aliás, esse era o aspecto do governo Médici considerado mais problemático: o impedimento da expressão legal da oposição, ou seja, a impossibilidade do funcionamento de um regime democrático.[16]

No final de julho de 1970, o ministro francês dos Negócios Estrangeiros, Maurice Schumann, concedeu uma entrevista ao *Jornal do Brasil*, a primeira a um veículo brasileiro. Schumann ressaltou seus objetivos de aproximação com a América Latina — continuação de uma iniciativa tomada pelo general de Gaulle a partir de sua viagem ao continente —, com a qual continuaria a se relacionar por meio de uma política de não intervenção nas questões internas dos países do continente. Afirmou também que estava muito impressionado com o nível de desenvolvimento econômico e financeiro alcançado pelo Brasil naqueles anos, o que motivava o governo Pompidou e várias empresas francesas a investirem no país. A França já havia obtido bons resultados nos ramos petroquímico e siderúrgico e estudava sua participação em vários outros projetos no Brasil.[17]

De fato, os principais problemas no âmbito econômico-financeiro entre os dois países haviam sido sanados. Naquele momento, a França ocupava a sétima posição mundial entre os parceiros comerciais do Brasil, com a balança pendendo a favor de nosso país, e a terceira posição entre os investidores estrangeiros, atrás apenas dos Estados Unidos e da Alemanha. As exportações do Brasil para a França centravam-se principalmente em café, minerais metalúrgicos, algodão, grãos e óleos de origem animal. Já as importações eram bens de produção, produtos químicos e cereais. Segundo o embaixador Laboulaye, a concessão de créditos para que o Brasil comprasse bens de produção, que havia sido muito tímida até 1966, já havia sido consideravelmente expandida naquele contexto.[18]

No final de 1971, foi realizada, em São Paulo, uma exposição industrial francesa com o intuito de mostrar ao público brasileiro um panorama dos avanços por que tinha passado o país nesse domínio. O evento "França 71: Indústria, Ciência e Técnica", que recebeu quase meio milhão de visitantes, tinha o objetivo de intensificar a entrada da indústria francesa no mercado brasileiro.[19] Às vésperas do início do evento, o Quai d'Orsay foi alertado sobre o risco de ataques terroristas contra os representantes da França no Brasil; no entanto, nada aconteceu.[20] De modo geral, o tratamento dado ao evento pela imprensa francesa foi considerado muito positivo pela diplomacia brasileira. Até mesmo os veículos que costumavam se posicionar de modo bastante crítico ao Brasil foram elogiados pelo embaixador Lyra Tavares.[21] Para abrir a exposição, o ministro francês da Economia, futuro presidente Giscard d'Estaing, veio ao Brasil, ocasião na qual foi assinada uma convenção para evitar a dupla taxação de produtos comercializados entre os dois países, eliminando assim o que era considerado uma barreira para as trocas comerciais franco-brasileiras.[22]

O grande esforço de recuperação econômico-financeira que o governo brasileiro vinha fazendo desde os momentos posteriores ao golpe havia favorecido a restauração da confiança dos investidores internacionais. Em 1970, o país registrara um recorde no afluxo de capital estrangeiro. Contudo, para a grande maioria dos veículos da imprensa internacional, notadamente a francesa, o Brasil era uma ditadura militar que fazia uso da tortura contra seus opositores. Assim, como veremos em outro momento desta parte, a imagem externa do Brasil estava associada ao desrespeito sistemático dos direitos humanos e, a partir do início dos anos 1970, os protestos de vários setores da opinião pública internacional começaram a se intensificar, impulsionados, em grande medida, pelas denúncias feitas por religiosos católicos.[23]

No plano interno, Médici, que havia herdado um regime em dificuldade, gozava de altos índices de popularidade e se empenhava para forjar a imagem de um chefe de Estado respeitado.[24] Suas medidas para impulsionar a economia vinham acompanhadas de um plano de integração regional do território brasileiro, além de um grande programa de alfabetização e da realização de obras monumentais, entre outras iniciativas. Esse projeto de desenvolvimento do país buscava conciliar toda população brasileira e estava alinhado ao já mencionado afã nacionalista de alçar o Brasil ao rol das grandes potências mundiais. Munido de um eficiente aparato de propaganda, Médici soube "reinventar o otimismo" da sociedade brasileira. A realização das modificações estruturais propostas por seu governo se mostraria, no entanto, muito mais complexa do que a imagem que, ao menos internamente, vinha conseguindo construir. Como veremos, a diplomacia francesa logo percebeu que a epopeia brasileira concebida por Médici era, de fato, uma utopia.

28

A repercussão internacional dos maus-tratos aos povos indígenas

As primeiras denúncias contra maus-tratos infligidos pelo governo brasileiro às populações indígenas começaram a chegar à Europa por volta de 1965. Em fevereiro daquele ano, o filme *Fraternelle Amazonie*, realizado pelo etnólogo Paul Lambert, causou controvérsia nos meios governamentais franceses. O filme fazia críticas acerbas contra a atitude das autoridades brasileiras com relação aos índios e, ao ter acesso às gravações, o governo da França passou a temer que sua divulgação pudesse gerar protestos por parte do Brasil. A decisão sobre a maneira como o filme deveria ser enquadrado, fosse impedindo sua exportação para a América do Sul, fosse solicitando a Lambert que suprimisse as cenas mais polêmicas, seria tomada pelo Ministério da Informação francês.[1] Não se sabe qual foi a deliberação do órgão; de toda forma, o filme só foi lançado na França em 1969.

A partir de 1968, a imprensa estrangeira passou a divulgar o que era chamado de genocídio das populações indígenas do Brasil.[2] Nesse contexto, a repercussão de múltiplas denúncias de maus-tratos às comunidades indígenas praticados pelo governo brasileiro causou grande escândalo internacional. Trabalhos forçados, prisões clandestinas, apropriação indevida de recursos naturais de territórios indígenas, massacres com armas de fogo, torturas, sequestros de crianças, contágios propositais de doenças, fornecimento de alimentos envenenados, estupros, uso de napalm por aviões da Força Aérea Brasileira, entre outros, eram os métodos de tratamento desumano e degradante impostos aos indígenas. Chegou-se a aventar, à época, a morte de cerca de 30 mil indivíduos. Atualmente, estima-se que, no mínimo, 8.350 indígenas morreram em decorrência da ação direta ou omissão de agentes do Estado naquele período.[3]

Essas denúncias começaram a repercutir quando a imprensa internacional teve acesso ao conteúdo do *Relatório Figueiredo*, documento produzido em 1967 pela Comissão de Investigação do Ministério do Interior, coordenada pelo então procurador Jader de Figueiredo Correia.[4] O relatório veio a público em março de 1968, quando o ministro do Interior, general Albuquerque Lima, divulgou seus resultados em uma coletiva de imprensa, que teve vasta ressonância internacional. Sobre o Serviço de Proteção ao Índio (SPI), órgão ligado ao Ministério da Agricultura, pesavam graves acusações a respeito de ações ocorridas desde a década de 1940. Os principais suspeitos eram os ex-diretores do órgão, o general Moacir Ribeiro Coelho (1962-1964) e o major Luís Vinhas Neves (1964-1967), mas as denúncias envolviam diversos escalões do SPI, além de personalidades políticas de projeção nacional e grandes proprietários rurais. O relatório indicava não apenas um caso de corrupção generalizada, mas também a omissão do Poder Judiciário. A crise do SPI levou o governo a extingui-lo, criando, em 1967, a Fundação Nacional do Índio (Funai), ligada ao Ministério do Interior, o mesmo responsável pela implantação da política desenvolvimentista do regime militar.[5]

Em 1968, foi criada uma Comissão Parlamentar de Inquérito para investigar o SPI. No entanto, embora as denúncias de massacres de povos indígenas tenham sido o estopim da crise, em grande medida pela pressão internacional exercida sobre o Brasil, a comissão versou principalmente sobre a questão da corrupção. Os agentes do SPI teriam se aproveitado dos cargos que possuíam para tirar proveito financeiro das atividades agrícolas e artesanais dos indígenas, bem como teriam promovido a venda de minerais descobertos nas terras reservadas a essas populações. A conclusão da CPI resultou na aplicação de sanções administrativas a treze funcionários do órgão. Não foram aplicadas penalidades no âmbito criminal ou punições a outros indivíduos.

A iniciativa de abafar as questões relacionadas ao escândalo humanitário do massacre indígena, transformando-o em meras faltas administrativas, foi interpretada pelo serviço diplomático francês como uma tentativa das autoridades de reforçar a imagem do Brasil como um país multirracial.[6] Em julho de 1969, o senador socialista Georges Rougeron fez uma consulta por escrito ao Quai d'Orsay, buscando saber se o governo francês tinha conhecimento da ocorrência, "na Amazônia brasileira, de safáris humanos" e das "verdadeiras caças aos índios" que ali ocorriam. Interpelou, diante da hipótese, se não julgaria necessário que a França denunciasse tais práticas, que violavam os direitos humanos e, portanto, tornavam incompatível o pertencimento de um Estado que as tolerasse aos organismos internacionais. A resposta do ministério foi que o governo francês desconhecia tais fatos. Tudo o que se sabia era que, após as notícias veiculadas na imprensa sobre "o escândalo do massacre dos índios" por funcionários do SPI, o governo brasileiro havia procedido a uma investigação, e os resultados haviam apontado para um caso de corrupção, afastando, portanto, as suspeitas de assassinato.[7]

No final de 1969, o presidente do Grupo de Trabalho Internacional das Questões Indígenas, o sueco Lars Persson, fez uma conferência em Haia, em um evento promovido pela Amnesty International, na qual defendeu que as mudanças promovidas pelo governo brasileiro vinham alcançando bons resultados. No entanto, embora ele afirmasse que os assassinatos haviam sido interrompidos, o processo de integração das populações indígenas à sociedade brasileira continuava — o que, de acordo com sua perspectiva, destruiria as culturas dos autóctones. A transcrição da palestra foi enviada pela Embaixada brasileira em Paris ao Quai d'Orsay, com intuito de defender a imagem do Brasil.[8]

De todo modo, a forte repercussão internacional desse caso, sobretudo as críticas sofridas na assembleia das Nações Unidas, obrigou o governo brasileiro a se posicionar publicamente. O ministro brasileiro do Interior, José Costa Cavalcanti, enviou uma carta a todas as missões diplomáticas presentes no Brasil. Cavalcanti iniciava sua missiva criticando a maneira "sensacionalista" e "tendenciosa" como os meios de comunicação internacionais vinham acusando o governo brasileiro de praticar "genocídio indígena". Atribuía essa atitude com relação ao Brasil a jornalistas estrangeiros e "pseudoantropólogos, ávidos por notoriedade", que divulgavam "fatos deformados" sobre a realidade brasileira, buscando a condenação, "sem provas e sem possibilidade de defesa", de uma nação cristã. O ministro afirmava que a Funai havia franqueado todas suas unidades, incluindo reservas indígenas, à visitação de jornalistas, antropólogos, médicos e outros profissionais. O próprio presidente da Fundação havia se disponibilizado a oferecer todas as informações solicitadas pela imprensa internacional. De acordo com Cavalcanti, a Organização Mundial do Trabalho havia recebido dois relatórios anuais de atividades da Funai e não havia feito qualquer ressalva com relação às suas atividades.[9] O presidente Médici, em uma coletiva para a imprensa estrangeira, declarou que qualquer jornalista que quisesse visitar o Brasil para verificar as condições em que viviam os indígenas teria suas despesas pagas pelo governo brasileiro.[10]

No entanto, as notícias de que o Brasil submetia as populações indígenas a tratamentos cruéis já haviam ganhado o mundo, e as autoridades esforçavam-se continuamente para combater o que diziam ser "um equívoco monstruoso que compromete no exterior o renome do Brasil". No início de 1970, por exemplo, o jornalista Lucien Bodard lançou, pela editora Gallimard, o livro *Le Massacre des Indiens*, que, segundo o embaixador Bilac Pinto, havia tido grande repercussão na imprensa francesa, tendo sido resenhado no *Figaro* pelo escritor J. M. G. Le Clézio, que viria a ganhar o Nobel de Literatura em 2008.[11] A defesa do governo brasileiro baseava-se em dois pontos fundamentais: o país reconhecia que abusos, e até mesmo crimes, haviam sido cometidos contra indígenas, mas tratava-se de fatos isolados, praticados por particulares e, de forma alguma, poderiam ser apontados como genocídio; a política brasileira para os povos indígenas propunha-se a integrá-los à comunidade nacional, respeitando, portanto, seus costumes.[12]

O representante da ORTF para a América Latina, Pierre Lantenac, e o cinegrafista Jean-Pierre Gosse aceitaram o convite que havia sido feito por Médici e fizeram uma visita de cinco dias à região amazônica.[13] Dessa viagem resultou um vídeo que seria veiculado no programa *Panorama*, na televisão francesa. Ao ser informado "confidencialmente" de que o vídeo teria uma sequência dedicada à tortura no Brasil, incluindo a questão indígena, o embaixador Bilac Pinto solicitou que o encarregado de negócios, Paulo Paranaguá, procurasse o diretor-geral da ORTF, Raymond Poussard, para tentar evitar que o material fosse ao ar. Apesar de ter ressaltado sua limitada capacidade de ingerência na programação da ORTF, já que a política francesa de então buscava conceder maior autonomia à entidade, Poussard acabou conseguindo tirar o vídeo da programação.[14]

Em maio de 1970, Paranaguá foi ao encontro do chefe da Direção da América do Quai d'Orsay, Jean Jungersen, para entregar uma nota da Aerp sobre as acusações constantemente feitas pela imprensa francesa sobre a tortura a presos políticos e o genocídio indígena. Jungersen respondeu ao diplomata brasileiro que a imprensa francesa fruía de plena liberdade e que, portanto, ele não poderia influenciá-la. No entanto, afirmou que, se as acusações fossem falsas, o governo brasileiro poderia publicar uma contestação no veículo que houvesse publicado a matéria em questão, fazendo jus ao seu direito de resposta. De acordo com Jungersen, o diplomata brasileiro não teria demonstrado interesse em sua sugestão. Para ele, a razão poderia ser que o governo brasileiro não tinha meios de refutar tamanha precisão dos dados apresentados pela imprensa do país europeu.[15]

Nos primeiros anos da década de 1970, as comunidades indígenas brasileiras continuaram presentes nas páginas da imprensa francesa e nos relatórios diplomáticos, porém de modo menos frequente. O foco voltou-se para os conflitos decorrentes do projeto governamental de ocupação e desenvolvimento do interior do país, principalmente na região Norte. Em dezembro de 1971, por exemplo, um posto da Funai no estado de Rondônia foi atacado e um funcionário do órgão, Possidônio Cavalcanti Bastos, foi assassinado por integrantes da tribo Cintas-Largas. Embora o sertanista estivesse mantendo boas relações com os indígenas, eles estariam reagindo às incursões feitas em seus territórios não apenas pela Funai, mas também por empresas privadas que, apoiadas pelo governo, estavam empenhadas em explorar a região. No norte do estado de Goiás, atual Tocantins, por exemplo, os agentes da Funai, quando trabalhavam para a demarcação do território dos Xerentes, precisavam da proteção da polícia, já que as agressões também poderiam partir dos proprietários fundiários, caso tivessem parte de suas terras amputada.

O clima de tensão tornara-se comum nas zonas de implantação de colônias agrícolas, nas áreas de construção da Transamazônica e nos locais de prospecção de minérios. Em âmbito internacional, começou a haver muitas denúncias de que o avanço desenvolvimentista proposto pelo regime militar tornara frequente a eliminação física dos indígenas. A Funai, apesar dos esforços que vinha empreendendo, não conseguia conter a agressividade dos chamados "representantes da civilização". Assim, os efeitos para as populações indígenas eram nefastos. Quando não eram simplesmente assassinados, o encontro com o sistema socioeconômico capitalista tinha como principal consequência um forte processo de degradação cultural. Dito de outro modo, os indígenas eram brutalmente retirados de suas sociedades tradicionais e, não sendo devidamente integrados à comunidade nacional, permaneciam em uma posição marginal, não adaptados a um novo modo de vida. A percepção da diplomacia francesa era de que a política de integração nacional dos militares optava pelo "desaparecimento das tradições e dos costumes particulares às minorias étnicas".[16] Assim, a Funai, abandonava aos poucos sua função de proteção dos indígenas e passava a atuar como auxiliar do desenvolvimento. As pesquisas mais recentes a respeito da atuação da Funai ao longo da ditadura evidenciam que o órgão funcionou como um fiel escudeiro do Exército nos projetos desenvolvimentista e integracionista do governo.[17]

Com o passar dos meses, os temas relacionados aos indígenas do Brasil foram deixando de ser comentados tanto pela imprensa como pelos diplomatas franceses. Tanto que, em junho de 1973, quando o general Oscar Bandeira de Mello, presidente da Funai, foi a Paris, e o Itamaraty solicitou à Embaixada brasileira que entrasse em contato com entidades ou pessoas interessadas em esclarecimentos sobre a política indígena brasileira, o embaixador Lyra Tavares afirmou que achava desnecessário voltar a falar sobre esse tema na França. Para Lyra Tavares, o assunto dos indígenas no Brasil já estava superado, e voltar a mencioná-lo publicamente poderia reacender a polêmica, que, segundo ele, tanto prejudicava a imagem brasileira naquele país. A recomendação do embaixador foi aceita pela Secretaria de Estado, e o presidente da Funai limitou-se a proferir uma palestra para os funcionários diplomáticos da Embaixada sobre as atividades da instituição.[18] De fato, não há registros na imprensa francesa a respeito da presença do general Bandeira de Mello em Paris.

29

Sequestros de diplomatas: ameaças ao embaixador francês

Seis meses depois do sequestro do embaixador estadunidense no Brasil, Charles Burke Elbrick, o cônsul-geral do Japão em São Paulo, Nobuo Okuchi, foi o segundo diplomata capturado por uma organização armada brasileira. O sequestro foi planejado pela Vanguarda Popular Revolucionária (VPR), à qual pertencia o ex-militar Carlos Lamarca. Okuchi ficou quatro dias em cativeiro e foi solto após o governo aceitar libertar cinco presos políticos. Embora o episódio tenha causado grande comoção entre os nipônicos, o ministro das Relações Exteriores do Japão interpretou o sequestro como uma ação política e não como um ato de hostilidade contra o país. Assim, as relações nipo-brasileiras não foram afetadas negativamente. Naquela época, a comunidade japonesa no Brasil ultrapassava 600 mil indivíduos.[1]

O sequestro de Okuchi alarmou, contudo, as outras representações estrangeiras no Brasil, pois temiam que novos casos como aquele pudessem acontecer. O próprio governo brasileiro viu-se em uma situação muito delicada frente à comunidade internacional. Logo após a libertação do cônsul-geral do Japão, a DST, órgão francês de contraespionagem, alertou o Quai d'Orsay sobre o risco de novos sequestros de diplomatas. O Consulado da França em São Paulo, por exemplo, adiantou-se e, antes de receber orientações de segurança vindas do Ministério dos Negócios Estrangeiros, solicitou ao governo brasileiro proteção especial para o corpo consular francês naquela cidade.[2]

Em 11 de junho de 1970, um terceiro diplomata foi sequestrado: o embaixador alemão Ehrenfried Von Holleben. O diplomata ficou cinco dias em cativeiro e foi libertado depois que o governo brasileiro aceitou a exigência dos membros da VPR e da Ação Libertadora Nacional (ALN), isto é, a soltura de quarenta presos políticos — entre os quais Apolônio de Carvalho, sobre o qual tratarei ainda nesta parte —, que, em seguida, partiram para a Argélia. De acordo com a Embaixada francesa, o episódio causou uma série de atritos entre o Brasil e a Alemanha Ocidental, os quais exacerbaram o sentimento nacionalista brasileiro, mas foram rapidamente sanados por iniciativa alemã. Para Laboulaye, o sequestro do embaixador alemão mostrava que os guerrilheiros viam-se incapazes de conseguirem se fazer ouvir a não ser por meio do rapto de diplomatas. Ao mesmo tempo, o governo Médici não conseguia impedir essas ações da guerrilha urbana e enfrentava cada vez maior oposição das autoridades militares, que resistiam em aceitar a libertação de presos políticos. Todos os sinais indicavam que outros diplomatas seriam sequestrados.[3]

Em meados de julho, o embaixador francês sofreu uma ameaça de sequestro. Segundo informações apuradas pelo serviço secreto da França, Laboulaye seria raptado no simbólico dia 14 de julho.[4] Paulo Paranaguá, encarregado de negócios pelo Brasil, foi convocado com urgência ao Quai d'Orsay, onde recebeu do secretário-geral do ministério, Hervé Alphand, a seguinte mensagem:

> Segundo informe chegado ao conhecimento das autoridades francesas através de fontes vinculadas aos meios brasileiros hostis à revolução que se encontram na Europa, os grupos subversivos empenhados em atividades de guerrilha teriam designado o embaixador Laboulaye para ser a próxima vítima dos raptos de representantes diplomáticos creditados no Brasil.[5]

Os órgãos de informações brasileiros não conseguiram identificar o autor da mensagem. No entanto, o Itamaraty junto à Polícia Federal e aos demais órgãos de segurança buscaram fortalecer o esquema de segurança de Laboulaye, que estava de férias em Paris e recebeu recomendações oficiais de que postergasse sua volta ao Brasil. Além disso, foi enviado ao país um técnico de segurança francês para ajudar na proteção do diplomata. Todos os representantes franceses na América Latina haviam sido orientados a reduzir seus deslocamentos, buscando permanecer o maior tempo possível em suas residências. As autoridades brasileiras também foram alertadas de que, caso as organizações não conseguissem capturar o embaixador Laboulaye, o alvo passaria a ser seu colega britânico. Sendo assim, o governo da Grã-Bretanha já havia sido informado dessa ameaça.[6]

Todavia, no final daquele mês, o serviço secreto francês informou às autoridades do país que o comitê central da ALN acabara de decidir não mais sequestrar o embaixador Laboulaye. A ação deixara de ser prioritária em razão da política humanitária da França e da atitude da imprensa do país. Em contrapartida, o embaixador britânico continuava a ser alvo das operações do grupo.[7] Seja como for, em agosto de 1970, as imprensas francesa e brasileira veicularam informações, que mais tarde revelaram-se falsas, sobre a intenção da França de retirar seu embaixador do Brasil como forma de protegê-lo de um eventual sequestro.[8]

Desde que Miguel Arraes tinha ido para o exílio na Argélia, as relações entre o Brasil e a antiga colônia francesa passaram a ser mais sensíveis. Essa situação foi alçada a um novo patamar quando a Argélia recebeu os quarenta presos políticos libertados em troca da soltura do embaixador alemão. Assim, quando o governo argelino nomeou Tayeb Boulahrouf como novo embaixador no Brasil, as autoridades diplomáticas brasileiras foram orientadas a se informar pormenorizadamente a seu respeito, já que ele havia participado da FLN durante a guerra de independência de seu país. O governo brasileiro queria evitar que a vinda de Boulahrouf para o Brasil virasse motivo de atritos com a França. Lyra Tavares fez um pedido de informações ao Quai d'Orsay e recebeu, em resposta, um relatório produzido pelo SDECE.[9] Boulahrouf foi um dos responsáveis pelo braço francês da FLN até 1957, quando passou ao cargo de chefe da delegação da organização em Roma. Durante esse período, foi preso e condenado em diversas ocasiões por tribunais civis e militares franceses na Argélia. De todo modo, o governo francês não colocou nenhum empecilho: o *agrément* de Boulahrouf foi aceito e ele permaneceu como embaixador no Brasil até 1975, quando passou a exercer a mesma função em Buenos Aires.

No dia 7 de dezembro de 1970, o embaixador da Suíça no Brasil, Giovanni Enrico Bucher, foi sequestrado por militantes da VPR. Foi o quarto e último diplomata a ser vítima da série de sequestros praticados pelas organizações armadas e o que permaneceu mais tempo em poder dos guerrilheiros. Para sua libertação, entre outras condições, exigia-se a soltura de setenta presos políticos. As demandas seriam recebidas, em primeira mão, pelo jornalista da Agence France-Presse, François Pelou, que, por tê-las divulgado, como veremos, seria expulso do Brasil. O governo brasileiro resistiu inicialmente em aceitar a principal imposição, mas, após infrutíferas negociações, acabou cedendo — embora tenha recusado alguns nomes que constavam da lista inicial divulgada pelos guerrilheiros. Bucher foi libertado no dia 16 de janeiro, e os setenta presos foram conduzidos para o Chile.[10]

Naquele contexto, novas ameaças de sequestro voltaram a pairar sobre a representação diplomática francesa. Laboulaye foi chamado ao Itamaraty para ser informado de que seu nome constava na primeira posição de uma lista de embaixadores que poderiam ser raptados, encontrada "com subversivos recentemente presos". O diplomata aproveitou a ocasião para ressaltar, junto ao ministério, que a segurança de membros de missões estrangeiras cabia ao governo brasileiro.[11] De todo modo, em razão dos riscos apresentados pelo Itamaraty, bem como pela polícia brasileira, o ministro Maurice Schumann determinou que Laboulaye deveria retornar à França no início do ano seguinte.[12] Para tratar da proteção do embaixador francês, Lyra Tavares foi convocado ao Quai d'Orsay. Segundo o secretário-geral Hervé Alphand, os procedimentos de segurança não estavam sendo corretamente cumpridos.[13] Como sabemos, o embaixador francês não foi sequestrado e permaneceu no posto até janeiro de 1972, quando foi substituído por Paul Fouchet.

30

A expulsão do jornalista François Pelou, diretor da Agence France-Presse no Brasil

Em dezembro de 1970, o diretor da Agence France-Presse no Brasil, o jornalista François Pelou, após ser detido pelo Dops-GB, teve uma medida de expulsão do território nacional decretada contra si pelo presidente Médici. Além disso, sua credencial para atuar profissionalmente no Brasil foi revogada. Para tentar evitar a repercussão negativa de uma expulsão, o governo brasileiro sugeriu, como já havia se tornado hábito, que Pelou deixasse o país voluntariamente em quatro dias, abstendo-se de qualquer declaração pública. A nota oficial do governo brasileiro esclarecia que, após o jornalista ser convocado para prestar depoimento a respeito do sequestro do embaixador suíço, e, levando em consideração outros dados recolhidos pelas autoridades, havia se chegado à conclusão de que Pelou se envolvera em "atividades contrárias à segurança nacional".[1] Não havia nenhuma acusação específica: tudo dizia respeito ao fato de Pelou ter recebido, no escritório da AFP, a lista de exigências feitas pelos sequestradores do embaixador suíço em troca de sua libertação, o que o levava a ser visto como colaborador dos guerrilheiros.

Em Paris, o chefe do serviço de imprensa do Quai d'Orsay solicitou o comparecimento de algum representante diplomático brasileiro ao ministério para expressar a preocupação do governo francês com a situação do jornalista. A intenção era assegurar que não houvesse nenhum tipo de denegação de justiça a Pelou, conforme documento acerca das garantias internacionais de jornalistas assinado, havia poucos dias, tanto pelo Brasil quanto pela França na ONU. Apesar disso, o governo francês acatou todas as medidas determinadas pelas autoridades brasileiras com relação a Pelou, de modo que as tensões criadas pelo caso não prejudicassem as relações entre os dois países.[2]

O governo brasileiro, no entanto, não conseguiu evitar a repercussão negativa da expulsão do jornalista, o que acabou potencializando a onda de protestos da qual o país vinha sendo alvo. Assim que chegou a Paris, Pelou concedeu uma entrevista à ORTF, que foi transmitida pelo rádio e pela televisão.[3] O jornalista narrava a brutalidade dos policiais brasileiros. Segundo seu relato, ele estava em seu local de trabalho, quando chegaram quatro agentes do Dops informando-lhe que ele devia acompanhá-los à delegacia. Ao prosseguir com os agentes, percebeu que o quarteirão onde estava localizado seu escritório estava todo cercado pelas forças policiais. Na delegacia, foi interrogado por cerca de vinte homens durante doze horas, sete delas seguidas, mas se recusou a responder a todas as questões que lhe foram feitas. Estas tratavam sobretudo de suas fontes de informação e de seus contatos com jornalistas brasileiros. Em seguida, foi colocado em uma cela, onde havia um colchão manchado de sangue. Durante sua permanência na sede do Dops, o escritório da Agence France-Presse (AFP) foi inteiramente vasculhado, vários documentos foram levados e os funcionários não puderam deixar o local. Pelou afirmou que a polícia havia escapado do controle do governo e declarou ainda que as autoridades brasileiras tinham elaborado dossiês sobre todos os jornalistas estrangeiros que atuavam no país.[4] Nos dias que seguiram, os principais veículos da imprensa francesa repercutiram a expulsão de François Pelou do Brasil e as denúncias que fizera sobre a polícia brasileira.

O jornalista francês chegou a comparecer à Embaixada brasileira em Paris para protestar contra a forma como o governo brasileiro o havia tratado, além de expor o que havia visto no Dops. Contudo, o embaixador não aceitou recebê-lo; apenas lhe enviou um recado, informando-lhe que deveria entrar em contato com a Embaixada francesa no Brasil, órgão ao qual cabia defender os interesses da França no país. Pelou chegou a declarar que enviaria uma carta ao presidente francês, mas não há indícios de que o tenha feito.[5] Para o embaixador Laboulaye, o episódio era mesquinho e refletia "o espírito dos serviços de polícia" brasileiros.[6] De todo modo, outro profissional logo foi enviado para ocupar o posto deixado por François Pelou. Esse foi o único caso de expulsão de um jornalista ao longo da ditadura militar.

31

General Lyra Tavares: do Ministério do Exército à Embaixada em Paris

Em abril de 1970, o Brasil pediu ao governo francês o *agrément* para o general Aurélio de Lyra Tavares. Nascido em 1905, no estado da Paraíba, Lyra Tavares foi promovido a general de Exército em novembro de 1964. Antes de ser nomeado ministro do Exército pelo presidente Costa e Silva, exerceu as funções de chefe do Departamento de Produção e Obras e, em seguida, de comandante da ESG. Como vimos, após o impedimento de Costa e Silva, em setembro de 1969, Lyra Tavares, ao lado dos ministros da Marinha e da Aeronáutica — respectivamente, almirante Augusto Rademaker e brigadeiro Márcio de Sousa Melo —, exerceu provisoriamente a Presidência da República. Teve vários livros publicados e, pouco antes de ser nomeado embaixador em Paris, foi eleito membro da Academia Brasileira de Letras para a cadeira n. 20, cujo patrono é o romancista Joaquim Manuel de Macedo.[1]

Lyra Tavares chegou a Paris no final de julho de 1970. Na reunião de apresentação de credenciais ao presidente Pompidou, o novo embaixador brasileiro ressaltou a tradição francesa de sua formação militar e afirmou que a França poderia oferecer mais possibilidades novas para o Brasil que os Estados Unidos, sobretudo em termos de armamentos e de energia nuclear

— domínios nos quais o país vinha buscando desenvolver uma política de independência. Na ocasião, Lyra Tavares lamentou o que interpretava como uma falta de objetividade da imprensa francesa com relação ao Brasil e suas Forças Armadas. Além disso, afirmou sua intenção de agir junto aos meios de comunicação franceses para melhorar a imagem do Brasil no país.[2] Uma das estratégias adotadas pelo general foi centralizar todos os contatos que as repartições brasileiras na França mantinham com a imprensa, de modo que pudesse controlar a divulgação das informações sobre o Brasil.[3]

Para se analisar de maneira mais aprofundada o significado da presença, durante os chamados "anos de chumbo", de um dos militares mais destacados do Exército brasileiro como embaixador em Paris, seria fundamental ter acesso à documentação produzida pelos adidos militares da Embaixada. É possível observar que, naquele período, com auxílio da Aerp, a representação diplomática brasileira buscou exercer um controle mais estrito sobre o que era divulgado a respeito do Brasil na França, tendo inclusive criado, no início de sua gestão, um serviço de imprensa na sede da Embaixada, que passou a exercer as funções outrora atribuídas ao serviço cultural. Além disso, como veremos, foi com Lyra Tavares à frente da Embaixada que ocorreu a maior transação comercial de equipamentos militares ao longo da ditadura: a compra dos aviões Mirage.

Selo comemorativo em homenagem à visita do presidente Charles de Gaulle ao Brasil em outubro de 1964.

Acervo do autor

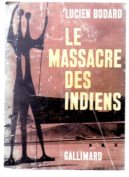

Livro que o jornalista Lucien Bodard lançou pela editora Gallimard em 1970. A obra teve grande repercussão na imprensa francesa, tendo sido resenhada no *Figaro* pelo escritor J. M. G. Le Clézio.

Acervo do autor

Publicação editada pela agência de propaganda política da ditadura para fazer o registro oficial da viagem de Geisel à França.

Acervo do autor

Obra que, embora tenha sido encomendada pelo governo brasileiro a Frédéric Mauro, professor titular de História Econômica da Universidade de Nanterre, foi publicada, em 1974, sem a aprovação oficial, já que, segundo o embaixador Lyra Tavares, o autor fazia "apreciações sobre a atualidade brasileira [...] em termos ofensivos e caluniosos".

Acervo do autor

Maquete da Casa do Brasil, projeto de Lúcio Costa e de Le Corbusier. O edifício foi inaugurado, na Cidade Universitária de Paris, em 1959, durante o governo JK.

Arquivo Nacional / Agência Nacional – BR RJANRIO EH.0.FOT, EVE.2385, foto 2

Chegada de Valéry Giscard d'Estaing, presidente da França, na Base Aérea do Galeão, no Rio de Janeiro, em 4 de outubro de 1978.

Arquivo Nacional / Agência Nacional – BR RJANRIO EH.0.FOT, PPU.8610, foto 14

O presidente João Goulart recebe Jacques Baeyens, embaixador da França no Brasil (1960--1964), no Palácio da Alvorada.

Arquivo Nacional / Agência Nacional – BR RJANRIO EH.0.FOT, PRP.8180, foto 1

População aguardando a passagem do presidente francês, general Charles de Gaulle, pela avenida Rio Branco, no Rio de Janeiro, em sua viagem ao Brasil.

Arquivo Nacional / Agência Nacional – BR RJANRIO EH.0.FOT, PRP.8424, foto 15

O presidente Castelo Branco recebe Jean André Binoche, embaixador da França no Brasil (1965-1968), no Palácio Laranjeiras, no Rio de Janeiro.

Arquivo Nacional / Agência Nacional – BR RJANRIO EH.0.FOT, PRP.8627, foto 1

O bispo dom Hélder Câmara foi uma das mais importantes personalidades brasileiras a utilizar sua projeção internacional para denunciar no exterior a tortura praticada pelo governo brasileiro durante a ditadura.

Arquivo Nacional / Correio da Manhã – BR RJANRIO PH.0.FOT.13958, foto 100

Josué de Castro atuava como embaixador junto à ONU quando soube que seus direitos políticos haviam sido suspensos pelo AI-1, o que ocorreu antes mesmo de ser oficialmente dispensado de sua função pública. Ele continuou sua atuação no combate à fome em Paris, onde residiu até a morte, em 1973.

Arquivo Nacional / Correio da Manhã – BR RJANRIO PH.0.FOT.15672, foto 8

Carlos Lacerda e Adhemar de Barros, dois dos principais líderes civis do golpe de 1964, acabariam sendo ceifados da vida pública pelos militares. Adhemar de Barros se exilou na França, onde faleceu em 1969.

Arquivo Nacional / Correio da Manhã – BR RJANRIO PH.0.FOT.18090, foto 49

Chegada de Georges Bidault ao Rio de Janeiro, em 9 de abril de 1963. O ex-primeiro-ministro da França viveu exilado no Brasil até maio de 1967.

Arquivo Nacional / Correio da Manhã – BR RJANRIO PH.0.FOT.11812, foto 21

Paul Fouchet, embaixador da França no Brasil (1972-1975), foi bastante crítico às violações dos direitos humanos praticadas pelo governo brasileiro, mas nunca deixou sua opinião transparecer publicamente.

Arquivo Nacional / Correio da Manhã – BR RJANRIO PH.0.FOT.22141, foto 4

O embaixador francês François Laboulaye (1968-1972) sofreu ameaças de sequestro por parte dos grupos da esquerda armada, e acabou sendo poupado em razão da política de acolhimento de exilados políticos brasileiros adotada pela França.

Arquivo Nacional / Correio da Manhã – BR RJANRIO PH.0.FOT.28176, foto 1

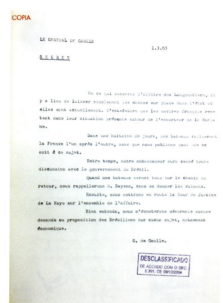

Nota do general Charles de Gaulle aos ministros franceses dos Negócios Estrangeiros, dos Negócios Econômicos e das Forças Armadas sobre a questão da lagosta: "No que concerne à questão das lagostas, deixaremos as coisas simplesmente em seus lugares, no estado onde estão atualmente. O que significa dizer que os navios franceses permanecem na sua situação presente, em volta do navio de escolta da Marinha. Em cerca de oito dias, nossos barcos se reunirão na França um após o outro, sem que publiquemos o que quer que seja sobre esse assunto. Enquanto isso, nosso embaixador terá terminado toda a discussão com o governo do Brasil. Quando nossos barcos estiverem todos no caminho de retorno, chamaremos Bayens [sic] de volta, sem explicar os motivos. Em seguida, recorreremos à Corte de Justiça de Haia acerca da questão. Bem entendido, nós não escutaremos doravante nenhum pedido ou proposta de brasileiros sobre qualquer objeto, especialmente econômico. G. de Gaulle."

AHMRE, Embaixada do Brasil em Paris, Ofícios recebidos, Secreto, sem outra classificação. 1/3/1963.

Logo após o golpe de 1964, o Itamaraty solicitou à Embaixada em Paris que prestasse esclarecimentos sobre a situação política brasileira junto ao governo francês, criticando o posicionamento da imprensa francesa acerca da intervenção militar.

Telegrama n. 98. AHMRE, Embaixada do Brasil em Paris, Telegramas expedidos, Ostensivos, Deoc/DI/500.591.7(85). 8/4/1964.

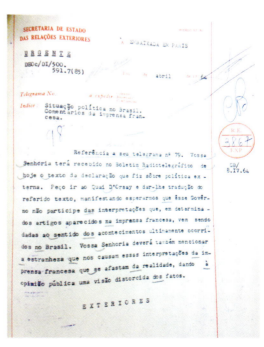

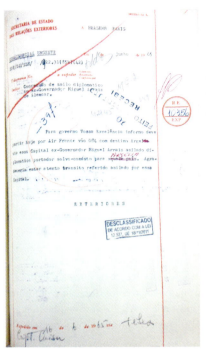

Telegrama da Secretaria de Estado para a Embaixada brasileira na França solicitando que a representação diplomática brasileira monitorasse a passagem de Miguel Arraes por Paris.

Telegrama n. 397. AHMRE, Embaixada do Brasil em Paris, Telegramas expedidos, Confidencial, DOP/DJ/SSN/397. 16/6/1965.

Telegrama da Secretaria de Estado para a Embaixada em Paris pedindo que fosse feito um pedido junto às autoridades francesas para que a permanência de Miguel Arraes em Paris fosse impedida.

Telegrama n. 254. AHMRE, Embaixada do Brasil em Paris, Telegramas expedidos, Secreto, DSI/DEOc/AIG/501.34(85). 3/7/1970.

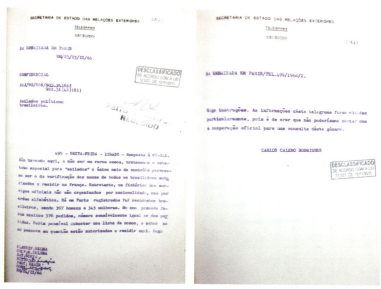

No segundo ano do regime militar, o encarregado de Negócios da Embaixada em Paris, Carlos Calero Rodrigues, buscou informar ao Itamaraty a quantidade de brasileiros que estavam "asilados" na França naquele momento.

Telegrama n. 499. AHMRE, Embaixada do Brasil em Paris, Telegramas recebidos, Confidencial, DAJ/SG/SSN/499/922.31(42)(85). 23/9/1966.

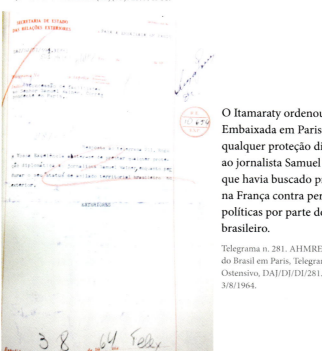

O Itamaraty ordenou que a Embaixada em Paris não desse qualquer proteção diplomática ao jornalista Samuel Wainer, que havia buscado proteção na França contra perseguições políticas por parte do governo brasileiro.

Telegrama n. 281. AHMRE, Embaixada do Brasil em Paris, Telegramas expedidos, Ostensivo, DAJ/DJ/DI/281.501.34(85). 3/8/1964.

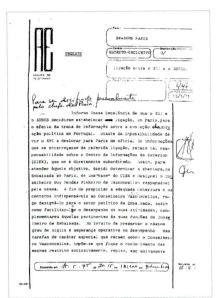 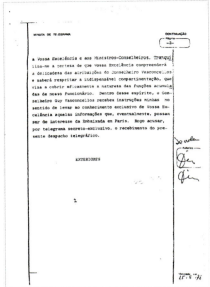

Informe sobre a criação de uma base do Ciex em Paris.

Arquivo CNV, 00092.000256/2015-20: Despacho-telegráfico secreto-exclusivo n. 446, de 15 de maio de 1975.

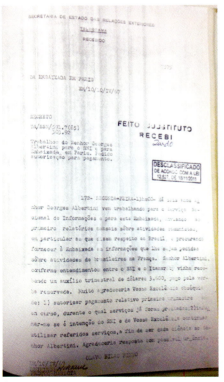

Relatório do embaixador Bilac Pinto sobre os trabalhos prestados por Georges Albertini para o SNI e para a Embaixada do Brasil em Paris.

Telegrama n. 172. AHMRE, Embaixada do Brasil em Paris, Telegramas recebidos, Secreto, DA/SSN/591.7(85). 10/4/1967.

1ᵉʳ-15 MAI 1964 — BIMENSUEL — 16ᵉ Année (Nouvelle Série). — Nᵒ 320

EST & OUEST

BULLETIN DE L'ASSOCIATION D'ÉTUDES ET D'INFORMATIONS POLITIQUES INTERNATIONALES

B.E.I.P.I.

RÉDACTION ET ADMINISTRATION
86, Bd HAUSSMANN — PARIS-8ᵉ
Téléphone : EURope 47-08

SOMMAIRE

GEORGES ALBERTINI. — Ce qui s'est passé au Brésil	1
Ce qu'on a trouvé	6
SAINT-HELIER. — L'infiltration communiste au Brésil	7
I. La situation politique	7
II. L'infiltration dans les organisations de masse	9
III. L'infiltration dans les organisations politiques	12
IV. L'infiltration dans l'administration	15
V. L'infiltration dans les Etats	17
Les derniers mois du régime Goulart	22
ROCCO ASTORI. — La création du parti socialiste d'unité prolétarienne	26

Ce qui s'est passé au Brésil

LA plus grande partie de ce numéro est consacrée au Brésil. La façon dont les événements qui viennent de s'y dérouler ont été rapportés par la presse nous a incités à publier cette mise au point. Des journaux aussi différents que *Le Monde*, le *Figaro*, *France-Soir* ou *Paris-Presse* (pour ne rien dire de certaines dépêches de l'*Agence France-Presse*) ont présenté de la réalité un tableau si déformé (volontairement pour certains, par ignorance pour les autres) que leurs lecteurs n'ont évidemment pu comprendre ce qui s'est passé dans ce pays. Pendant des mois et même des années, ils ont présenté le régime Goulart comme un régime de progrès social, appuyé par des masses enthousiastes. Et, par voie de conséquence, ils ont décrit les opposants comme les tenants d'un conservatisme périmé, n'exprimant pas autre chose que les intérêts d'une poignée de privilégiés. Le comble a probablement été atteint lors d'un reportage de la télévision française, en mars dernier, alors que les milieux progressistes croyaient à la victoire de Goulart, et où les limites d'une indécente propagande furent largement dépassées. Pour expliquer les événements, on montra aux Français les images de la misère brésilienne — hélas ! trop réelle — mais n'importe quel reporter se promenant dans les bidonvilles de Nanterre ou dans les ruelles du 13ᵉ arrondissement à Paris peut donner de la France une idée aussi partiale du pays.

Laissons cela. Nous voudrions essayer de voir clair. Goulart n'était-il qu'un réformateur un peu pressé ou un instrument de la pénétration communiste ? Cette pénétration fut-elle une réalité ou un mythe inventé par les « maccarthystes » des deux mondes ? Si Goulart avait l'appui du peuple brésilien, pourquoi une chiquenaude fut-elle suffisante pour le renverser, et pourquoi pas un ouvrier, pas un paysan, pas un syndicat, ne se leva-t-il pour le défendre ? Et ceux qui l'ont renversé sont-ils des conservateurs égoïstes, des fascistes ennemis de la démocratie, des maniaques de l'anticommunisme, qui auraient déjà commencé à faire régner la terreur dans ce grand et beau pays ?

Capa do boletim anticomunista *Est & Ouest*, editado por Georges Albertini, em número dedicado a explicar a situação política brasileira após o golpe de 1964.

Est & Ouest, n. 320, 1 a 15/5/1964, ano 16. BIHS, Fundo Est & Ouest.

Recibo assinado por Georges Albertini por serviços prestados ao governo brasileiro.

Ofício n. 230. AHMRE, Embaixada do Brasil em Paris, Ofícios recebidos, Secreto, DA/230/303.92. 23/5/1965.

Tentativa do governo brasileiro de eliminar Adhemar de Barros, ex-governador do estado de São Paulo, da lista de condecorações que a França iria conceder. Ao final, Adhemar de Barros, que passara a viver exilado na França após perder seu mandato e ter seus direitos políticos cassados pelos militares, não receberia a homenagem.

Telegrama n. 337. AHMRE, Embaixada do Brasil em Paris, Telegramas recebidos, Secreto, C/DEOc/337/483.1(85). 18/6/1966. 22/6/1964.

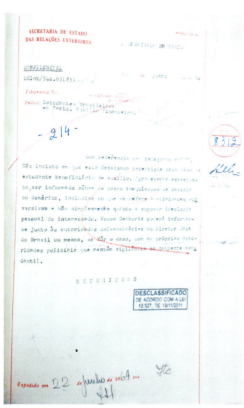

Pedido de informações sobre "atividades subversivas" de estudantes brasileiros na França. O objetivo era impedir que tais estudantes continuassem a receber auxílio financeiro do governo brasileiro.

Telegrama n. 214. AHMRE, Embaixada do Brasil em Paris, Telegramas expedidos, Confidencial, DCInt/542.63(85).

Lista de temas de telegramas secretos que deveriam ser enviados à Seção de Segurança Nacional do Itamaraty.

Memorando. AHMRE, Serviço de Segurança Nacional, Memorandos Expedidos, Secreto, SSN/346. 15/5/1964.

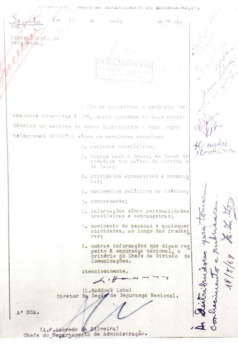

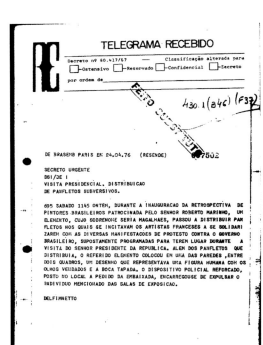

Protesto contra o governo brasileiro na ocasião da visita do presidente Geisel à França em 1976.

Telegrama n. 695. AHMRE, Embaixada do Brasil em Paris, Telegrama recebido, Secreto, DSI/DE-I/430.1(B46)(F37). 24/4/1976.

Relatório sobre reunião realizada em Paris em 1977 acerca das violações aos direitos humanos praticadas pelo governo brasileiro.

Informe n. 127. AN, Ciex, Secreto. BR.AN,BSB.IE,16.3, p. 22/55. 17/3/1977.

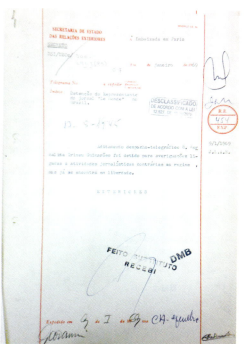

Informe sobre a detenção do jornalista Irineu Guimarães, correspondente do jornal *Le Monde* no Brasil.

Telegrama n. 17. AHMRE, Embaixada do Brasil em Paris, Telegrama expedido, Secreto, DSI/DEOc/500.1(85). 9/1/1969.

Informe sobre a detenção de brasileiros envolvidos nas manifestações de maio de 1968 em Paris. Um dos brasileiros detidos, Eduardo Lins Clark Ribeiro, é filho da artista Lygia Clark.

Telegrama n. 335. AHMRE, Embaixada do Brasil em Paris, Telegrama recebido, Confidencial, DCInt/DSI/DEOc/600(85). 22/6/1968.

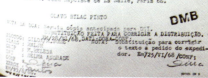

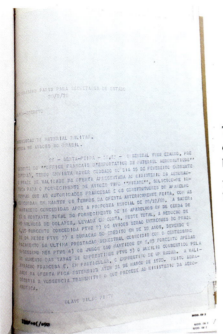

Telegrama ultrassecreto sobre a aquisição dos caças supersônicos franceses Mirage pelo governo brasileiro.

Telegrama n. 26. AHMRE, Embaixada do Brasil em Paris, Telegrama recebido, Ultrassecreto. 20/2/1970.

Após várias negociações com autoridades francesas, o governo brasileiro conseguiu, ao menos inicialmente, que Apolônio de Carvalho fosse impedido de entrar na França.

Telegrama n. 351. AHMRE, Embaixada do Brasil em Paris, Telegrama recebido, Confidencial, DSI/500. 26/8/1970.

32

Cooperação militar: a compra dos aviões Mirage III

As relações franco-brasileiras no domínio da cooperação militar seguiram, em linhas gerais, o mesmo movimento que as conexões entre os dois países nas demais áreas: um declínio após a Segunda Guerra, embora com menor intensidade em relação a outros campos. Após a visita do presidente Charles de Gaulle ao Brasil, em setembro de 1964, a França passou a se concentrar no desenvolvimento da ajuda militar ao país, mesmo que de modo limitado. O auxílio consistia, fundamentalmente, na oferta de formação em instituições militares francesas e em facilidades financeiras para compra de material bélico. O Ministério das Forças Armadas francês julgava que "o progresso da cooperação militar franco-brasileira seria sempre limitado pela preponderância da ação e das possibilidades dos Estados Unidos nesse domínio". De todo modo, por sua extensão e seus recursos, o Brasil era visto como um cliente que poderia gerar, a longo prazo, lucros consideráveis por meio da implantação de uma indústria armamentista, sobretudo aeronáutica, e da ampliação da cooperação no campo do ensino militar.[1]

As negociações para a compra de aviões supersônicos franceses pelo governo brasileiro, os célebres Mirage, começaram ainda durante o governo Goulart. Após o golpe, o coronel Pierre Lallart, adido militar francês no

Brasil, reapresentou a proposta ao novo ministro da Aeronáutica, o brigadeiro Nelson Freire Lavanère-Wanderley, bem como entregou-lhe a maquete do avião, que substituiria os britânicos Gloster Meteor. A posição do ministro era que não haveria nenhuma descontinuidade na política daquela pasta, apesar da mudança de titular.[2] A primeira impressão do encarregado de negócios da Embaixada francesa, Jean-Paul Anglès, foi de que, mesmo após a "revolução", o Brasil não se voltaria exclusivamente para os Estados Unidos em se tratando de questões militares, já que várias autoridades bem posicionadas no governo demonstravam boa disposição em negociar com a França.[3] Inicialmente, a FAB tinha intenção de comprar doze Mirage de um assento e três de dois assentos. Ao mesmo tempo, o governo brasileiro também mantinha conversas com os Estados Unidos, produtor dos aviões F5, e com a Grã-Bretanha, por cujos Lightning se interessava.

No início do governo Castelo Branco, começou-se a discutir sobre a possibilidade de se criar uma indústria aeronáutica no Brasil, com apoio técnico da França. Em março de 1965, o deputado Charles de Chambrun, presidente do grupo parlamentar de amizade França-Brasil, reuniu-se com o presidente brasileiro para apresentar as propostas francesas no domínio aeronáutico.[4] Em junho desse ano, o brigadeiro brasileiro Balloussier, chefe da Diretoria de Material Aeronáutico, ex-aluno da École Nationale Supérieure de l'Aéronautique, foi à França para visitar o Salão Internacional de Aeronáutica Paris-Le Bourget, a maior feira da indústria aeroespacial no mundo. O militar expressou a intenção da FAB de renovar sua frota, bem como o interesse de fabricar seus próprios aparelhos em solo nacional, contando, para isso, com a cooperação técnica e financeira da França. O general Balloussier foi encarregado pelo ministro da Aeronáutica de negociar com a França a construção dos aviões Potez 95 e Nord 262 no Brasil. No entanto, as transações não avançaram.[5]

Em meados de 1967, o serviço secreto do país europeu informou ao Quai d'Orsay que a corrente militar brasileira favorável à aquisição de equipamento aeronáutico francês havia crescido consideravelmente. O EMFA estaria interessado pela compra de aviões do tipo Mirage III e Mystère e, portanto, teria solicitado autorização ao presidente Costa e Silva para efetuar a transação.[6] No início de agosto do mesmo ano, uma comissão brasileira de oficiais da Aeronáutica foi a Paris para discutir com o governo francês os preços e as condições de financiamento para compra de vinte Mirage.[7] Em contrapartida a essas negociações, Bilac Pinto sugeria à Secretaria de Estado que fosse pleiteado o consentimento da França para que o Instituto Brasileiro do Café (IBC) empregasse, no mercado do país, o mesmo processo de comercialização que, segundo o embaixador, vinha obtendo ótimos resultados na Itália. Tal anuência consistiria apenas no comprometimento de que o Estado francês não fizesse qualquer retaliação contra o café brasileiro, produto cuja participação no mercado francês vinha sofrendo crescente queda.[8] Houve também a tentativa por parte do governo brasileiro para que a compra dos Mirage tivesse como compensação o apoio francês para o desenvolvimento da indústria aeronáutica no Brasil.[9]

No contexto da discussão sobre a compra dos supersônicos, chegou à Secretaria de Estado um telegrama sigiloso, proveniente da Embaixada brasileira em Washington, tratando de uma visita que o antigo adido militar norte-americano no Brasil, Vernon Walters, faria à França. De acordo com o documento, retransmitido para a Embaixada em Paris, o general Alger, presidente da Junta Interamericana de Defesa, em visita à Embaixada em Washington, havia confidenciado ao diplomata Jorge de Sá Almeida, encarregado de negócios, que Vernon Walters, em sua viagem à França, estaria incumbido de "importante e delicada" missão junto ao presidente Charles de Gaulle, com quem teria relações pessoais de longa data. O mesmo telegrama relata a informação recebida por Sá Almeida, em uma visita ao Departamento de Estado, de que o governo dos Estados Unidos estava apreensivo diante da possibilidade de o Brasil ser o primeiro país do hemisfério a possuir caças supersônicos franceses. Conforme a percepção norte-americana, esse fator poderia desencadear uma reação em cadeia no continente, uma espécie de corrida armamentista que acarretaria uma péssima repercussão no Congresso do país. Por esses motivos, o Itamaraty desconfiou de que a citada missão de Walters poderia ter como propósito intervir junto ao presidente francês contra a compra dos Mirage pelo Brasil. Assim, o órgão pediu a Bilac Pinto que verificasse a procedência dessa suspeita.[10]

Alguns dias mais tarde, após investigar a questão com o próprio Vernon Walters, o embaixador brasileiro comunicou ao Itamaraty que a missão do militar norte-americano em Paris estava relacionada à tarefa de melhorar a imagem dos Estados Unidos na França, a qual, especialmente após a Guerra do Vietnã, estava bastante desprestigiada. De acordo com Bilac Pinto, a hipótese de que Walters tivesse a incumbência de tentar impedir a compra dos aviões supersônicos pelo Brasil parecia muito improvável. Além disso — sustentava o embaixador —, tal ingerência por parte dos norte-americanos seria firmemente rechaçada pelo governo francês.[11]

A partir de 1969, várias missões militares francesas visitaram o Brasil. O jornal *Le Monde* do dia 12 de maio noticiou a chegada ao Rio de Janeiro do general Louis Bonte, chefe da Diretoria de Material da Aeronáutica. A convite do brigadeiro Sousa Melo, ministro da Aeronáutica no Brasil, Bonte veio discutir a modernização dos equipamentos da aviação militar brasileira, notadamente a venda dos Mirage.[12] No mesmo mês, membros do Centro de Altos Estudos do Exército e do Instituto de Altos Estudos da Defesa Nacional também vieram ao Brasil com o intuito de conhecer instalações militares brasileiras e, ao mesmo tempo, reforçar os vínculos de cooperação militar entre os dois países.[13]

A proposta do governo francês apresentada ao Ministério da Aeronáutica incluía a venda de dezesseis aparelhos Mirage por 45 milhões de dólares. Após o fechamento do contrato, os aviões seriam entregues no prazo de 24 meses. O crédito concedido deveria ser quitado em dez anos, com taxa de juros de 6,85%. O documento que selaria a venda dos Mirage incluiria um acordo de cooperação aeronáutica.[14]

Em março de 1970, o ministro Delfim Netto foi a Paris com o objetivo principal de discutir a respeito da compra dos Mirage. Ele reuniu-se com Giscard d'Estaing, ministro francês da Economia, que confirmou a proposta de financiamento já apresentada, mas nenhuma decisão foi tomada. O governo do nosso país continuava insistindo na possibilidade de obter vantagens comerciais para as exportações brasileiras à França e, ao mesmo tempo, pleiteava a assinatura de um convênio franco-brasileiro de assistência técnica e de formação de pessoal para operar os aparelhos a serem comprados.[15] Essas questões acabaram provocando atraso nas negociações.

Assim, em maio daquele ano, concomitantemente à decisão do governo brasileiro de comprar os aviões Mirage III, fabricados pela companhia francesa Marcel Dassault, foi assinado um complemento ao Acordo de Cooperação Técnica e Científica franco-brasileira de 1967. Além dos aviões, a compra incluía a aquisição de armamentos, munições e equipamentos de terra. Já os termos da cooperação técnica haviam sido definidos diretamente com o Ministério da Defesa francês e previam o auxílio do país europeu em todos os aspectos da utilização dos Mirage. Em linhas gerais, os franceses comprometiam-se a fornecer todos os suprimentos necessários para o funcionamento dos aparelhos, bem como todo conhecimento técnico para operá-los.[16]

A venda dos aviões para o Brasil provocou vários protestos na França. A imprensa desse país noticiou que dois franceses, o padre Jean Desbois e o professor Jean-Marie Muller, fizeram greve de fome por duas semanas para denunciar a transação. Dom Guy-Marie-Joseph Riobé, bispo de Orléans, cidade do norte da França, divulgou um comunicado em apoio ao protesto, citando uma declaração feita por dom Hélder Câmara, que também se opôs publicamente à venda do equipamento aeronáutico. O religioso francês acusava o governo de seu país de enriquecer apoiando uma nação que privava seus cidadãos "de pão e de liberdade". Houve também o caso de um grupo de 150 pessoas da região de Toulouse, no sul da França, entre as quais o padre católico Jean Laffargue e o pastor protestante Georges Siguier, que enviou uma carta de protesto ao presidente Pompidou. Desse grupo, sessenta pessoas jejuaram e realizaram um dia de exposições sobre a situação sociopolítica no Brasil.[17] O bispo Joseph Goupy, da cidade de Blois, na região central da França, também protestou, por meio de greve de fome, contra a venda dos Mirage.[18] Já o arcebispo de Reims, na região de Champagne, publicou uma carta em que criticava arduamente a política francesa de exportação de armamentos, referindo-se especificamente ao Brasil.[19] Na assembleia geral do episcopado francês, realizada em Lourdes, em dezembro de 1970, mais uma vez, a venda dos Mirage ao Brasil foi criticada.[20] Como é de se supor, esses protestos não foram divulgados pela imprensa brasileira.

Em 1970, a França ocupava o terceiro lugar mundial entre os países exportadores de armamentos, atrás apenas dos Estados Unidos e da União Soviética. A receita do país nesse domínio quase triplicou comparativamente ao ano anterior, impulsionada pela exportação de equipamentos aeronáuticos, que correspondia a 87% do total.[21] Pela primeira vez, o país ultrapassou a Grã-Bretanha nesse quesito, não apenas em razão da encomenda de 218 aviões Mirage, além de helicópteros e mísseis táticos, por Líbia, Espanha, Brasil, Argentina, Colômbia e Paquistão. A venda de armamentos representava 8% no conjunto de exportações francesas.[22]

No ano seguinte, o Brasil voltou a negociar a compra de equipamentos aeronáuticos com os franceses. O governo brasileiro adquiriu oito aviões de patrulha marítima Breguet Atlantique. O ministro brasileiro da Aeronáutica, brigadeiro Márcio de Sousa Melo, autorizado pelo presidente Médici, foi a Paris para realizar pessoalmente a negociação, que foi acompanhada pelo presidente Pompidou.[23] No final de 1971, o Exército brasileiro comprou mísseis antiaéreos Roland da Societé Nationale Industrielle Aérospatiale.[24]

Ainda assim, em exposição feita pelo adido francês do Exército na Embaixada da França no Brasil, o militar avaliou que, mesmo que essas aquisições tivessem elevado o potencial de operação da Aeronáutica brasileira, a FAB permanecia fraca em termos de aviões, infraestrutura e pessoal, levando em conta as dimensões territoriais brasileiras e considerando "as ambições de um país que tem um lugar tão importante no continente sul-americano".[25]

Seja como for, o período em que a cooperação franco-brasileira no comércio de armamentos atingiu o seu ápice foi justamente aquele que, habitualmente, denominamos de "anos de chumbo". A encomenda dos aviões de caça Mirage III, em 1970, pelo Brasil simbolizou essa excelente fase do comércio militar entre os dois países. Os caças chegaram ao Brasil em agosto de 1973 e foram exibidos ao público no tradicional desfile da Independência, no dia 7 de setembro, em Brasília, o qual foi transmitido pela televisão.[26]

A compra dos aviões Mirage motivou a instauração, por iniciativa do governo francês, de um acordo bilateral de segurança sobre a troca de informações de caráter sigiloso. As discussões sobre os termos do convênio tiveram início em fevereiro de 1973.[27] Naquele contexto, os únicos países com os quais a França havia assinado esse tipo de tratado eram os membros da Otan e, mesmo depois de sua saída da organização, o país continuava participando do intercâmbio de informações sigilosas.[28] De acordo com a Embaixada brasileira, o protocolo tornara-se indispensável não apenas para a realização de treinamentos de estagiários brasileiros em instituições militares francesas, mas também para permitir o acesso de oficiais e técnicos brasileiros a informações relativas a equipamentos militares que o Brasil vinha adquirindo da França, reforçando assim a cooperação militar franco-brasileira.[29] O acordo, enfim, foi assinado em Brasília, no dia 2 de outubro de 1974.[30]

Essa configuração estava relacionada tanto à guinada nacionalista da política externa do Itamaraty como as diretrizes dos Estados Unidos mais restritivas com relação à venda de armas para o governo brasileiro.[31] Não se deve esquecer, no entanto, que esse período, marcado pelo auge do comércio de armamentos, é justamente o mesmo em que o general Lyra Tavares ocupava o posto de embaixador em Paris. De acordo com o historiador Rodrigo Nabuco de Araújo, em se tratando das relações bilaterais franco-brasileiras, o comércio de armas é o único a evoluir sensivelmente no período ditatorial brasileiro. Araújo também afirma que, em termos mundiais, a França acabou se especializando no domínio da exportação de armamentos.[32]

33

Cooperação técnica e científica franco-brasileira: reunião da Comissão Mista

No início da década de 1970, a França continuou insistindo em seu projeto de extração de minérios uraníferos no Brasil. Todavia, o governo brasileiro permanecia demonstrando desinteresse pela proposta francesa. O Ministério de Minas e Energia resistia em aceitar um acordo que envolvesse, ao mesmo tempo, a prospecção e a eventual comercialização do urânio. Além disso, o órgão julgava insuficiente para suas necessidades o crédito, em um prazo de cinco anos, de 3 milhões de dólares oferecido pela França. O Brasil desejava estabelecer um convênio com empresas ou Estados estrangeiros que assumissem parte das despesas da prospecção ou aceitassem cooperar sob a forma de um contrato de prestação de serviços. Quanto à política de comercialização, esta seria definida apenas após o país ter os recursos em minérios uraníferos inventariados e se assegurar de possuir o estoque necessário para suas necessidades. De todo modo, o governo brasileiro daria prioridade aos países que houvessem contribuído técnica ou financeiramente com a prospecção. Posicionando-se dessa maneira, o Brasil buscava demonstrar que gostaria de continuar contando com o auxílio francês nos domínios do ensino e da pesquisa.[1] No entanto, a postura brasileira de manter o monopólio estatal da exploração uranífera acabou sendo revista em favor da Alemanha, a partir do acordo nuclear de 1975, o que causou grande decepção para as autoridades francesas.[2]

Nos dias 14 e 15 de dezembro de 1970, ocorreu em Brasília a primeira reunião da Comissão Mista Franco-Brasileira, presidida pelos diplomatas Pierre Laurent e Vasco Mariz. A partir daquele momento, a Comissão se reuniria anualmente. A cooperação bilateral técnico-científica, até então, caracterizava-se pelos seguintes aspectos: acontecia quase totalmente nos âmbitos científico e universitário, era bastante dispersa geograficamente, acompanhava um crescimento da cooperação no campo médico e, por último, era considerada ainda insuficiente com relação às necessidades do Brasil e ao que a França podia oferecer. Para os anos seguintes, o programa de bolsas de estágio seria expandido e aplicado em duas modalidades distintas: os estágios de grupos, que participariam de programas com temas preestabelecidos, e os estágios individuais. Já o foco das missões francesas no Brasil estaria voltado para a assistência técnica a pequenas e médias empresas, projetos regionais de planejamento hidrográfico e agrícola, programas de formação técnica em eletricidade, mecânica de precisão, petroquímica, siderúrgica e telecomunicações. A Comissão Mista ressaltava a necessidade de melhor compreender as prioridades do governo brasileiro, levando em consideração as particularidades técnicas e geográficas de um país tão diversificado. Em seu conjunto, a cooperação francesa nos domínios cultural, técnico e científico continuava atrás apenas dos Estados Unidos.

No plano da energia atômica, não houve grandes novidades. Por não ser um expoente industrial em relação ao tipo de usina nuclear desejada pelo Brasil, a França foi excluída da consulta feita à Alemanha, à Grã-Bretanha, aos Estados Unidos e à Suécia. De todo modo, os franceses ocuparam-se de preparar o ambiente técnico, isto é, mão de obra e material qualificados para a instalação da usina. Já estava definido que a central nuclear ficaria próxima à cidade de Angra dos Reis (RJ).[3] Portanto, o diálogo entre a CEA e a CNEN centrava-se na colaboração que a França ofereceria na prospecção de minérios atômicos e, principalmente, no setor de reatores rápidos. A França ficaria responsável pela assistência técnica para instalação de um reator rápido, oferecendo formação de pesquisadores e colaboração de professores para preparar pessoal especializado. De todo modo, para o governo francês, até aquele momento, os objetivos industriais pretendidos pelo país, ao criar o posto de adido nuclear no Brasil, não haviam sido atingidos.[4]

34

Brasil: um país conhecido pela prática de tortura

O serviço diplomático brasileiro empreendia uma luta constante para que a imagem externa do país não fosse associada à de uma ditadura. Como busco demonstrar, nem sempre esse esforço era bem-sucedido, já que a possibilidade de ingerência do nosso governo sobre a opinião pública internacional era muito reduzida. Contudo, em algumas ocasiões, as autoridades brasileiras puderam contar com o apoio de instituições privadas francesas. Em dezembro de 1969, o banco Crédit Lyonnais, um dos principais estabelecimentos financeiros da França, promoveu uma mostra de documentários sobre o Brasil realizados pelo fotógrafo Jean Manzon, conhecido por suas produções elogiosas ao regime militar. O evento "Viagem filmada e comentada através do Brasil moderno e tradicional" tinha o objetivo de divulgar "entre os meios econômicos e financeiros mais expressivos deste país uma imagem correta do Brasil". A solenidade também contou com a presença de representantes da sociedade parisiense do campo das artes e da política e, de acordo com Bilac Pinto, foi um grande sucesso. Foram exibidos cinco filmes. Um deles tinha como tema a Amazônia e teria permitido "uma visão objetiva de vários núcleos indígenas já aproximados da civilização, embora guardando seus usos e costumes, o que só por si constituiu uma resposta à falsa imagem de nosso país ultimamente divulgada". Ao final, o presidente do Conselho de Administração do Crédit Lyonnais fez um discurso enaltecendo as relações franco-brasileiras.[1]

Naquele momento, a campanha contra a prática de tortura pelas forças repressivas brasileiras estava a todo vapor. Conforme discutiu-se na parte anterior, muitos religiosos católicos, tanto brasileiros quanto estrangeiros, denunciavam sistematicamente as violações aos direitos humanos cometidas pelo regime militar. Os movimentos católicos de oposição tenderam a se acentuar com o passar dos anos. No dia 29 de dezembro de 1969, por exemplo, Bilac Pinto encaminhou para o Itamaraty uma carta do padre Marcel Piot, diretor da Escola Superior de Teologia de Lyon, na qual questionava sobre a responsabilidade do governo brasileiro com relação ao emprego corrente de tortura contra presos políticos. Piot desejava saber se as forças policiais brasileiras haviam saído do controle do governo ou se suas práticas repressivas eram referendadas pelas autoridades militares.[2]

Na mesma semana, o número 94 da publicação católica *Croissance des Jeunes Nations*, dedicada aos países do chamado Terceiro Mundo, trouxe uma matéria intitulada "Terror e tortura no Brasil". O periódico contava com o apoio da Associação Internacional de Juristas Democratas, da Juventude Estudantil Católica Internacional, da Liga Belga para a Defesa dos Direitos Humanos, do Movimento Internacional dos Estudantes Católicos, do Movimento Internacional pela União Fraterna entre as Raças e os Povos, além de personalidades como o presidente da Liga dos Direitos do Homem, Daniel Mayer, e do diretor da Escola Prática de Altos Estudos de Paris, Paul Chauchard.[3]

Logo no início do ano seguinte, a *Croissance des Jeunes Nations*, ao lado de outras publicações católicas e protestantes, realizou o evento "Solidariedade com a luta do povo brasileiro". A ocasião serviria para denunciar a prática de tortura contra presos políticos no Brasil e seria comandada por Georges Casalis, professor da Faculdade de Teologia Protestante de Paris. Além dele, participariam da reunião o filósofo Jean-Paul Sartre, o advogado Jean-Jacques de Felice, o economista Pierre Jalee, o historiador e filósofo Michel de Certeau, o padre belga Jan Honoré Talpe — que havia sido expulso do Brasil — e Miguel Arraes.⁴ Cerca de 3.500 pessoas estiveram presentes no evento, que foi amplamente divulgado pela imprensa local.⁵

A publicação de uma carta redigida pelo cardeal canadense Maurice Roy, presidente da Comissão Pontifical Justiça e Paz, na qual denunciava as práticas abusivas das autoridades policiais e militares brasileiras, causou grande impacto. O texto afirmava que o Sumo Pontífice acompanhava com atenção a situação política no Brasil e que a tortura contrariava os preceitos católicos. As denúncias de Roy baseavam-se em um relatório produzido por jovens católicos e que havia sido amplamente difundido internacionalmente. Na França, o relatório fora publicado no já mencionado número 94 da revista *Croissance des Jeunes Nations*. Quando essas informações começaram a circular pelo mundo, várias personalidades e instituições de diversos países declararam sua solidariedade para com o povo brasileiro, e o Vaticano recebeu muitos pedidos para que se posicionasse publicamente contra a ação das forças repressivas no Brasil.⁶ Assim, o papa Paulo VI, ao proferir sua mensagem na Páscoa de 1970, condenou nações católicas que lançassem mão da tortura, o que foi entendido como uma referência ao Brasil, cuja imagem estava bastante marcada por esse crime contra os direitos humanos.

A Embaixada francesa no Rio de Janeiro passou a receber, regularmente, numerosas denúncias de maus-tratos aos quais os presos políticos eram submetidos. O próprio embaixador Laboulaye afirmava conhecer várias famílias brasileiras que possuíam algum membro vítima da violência praticada pelas forças repressivas. Nos relatórios enviados ao Quai d'Orsay, Laboulaye dizia ficar atônito com a obsessão antissubversiva das elites dirigentes do Brasil. Para ele, o "perigo comunista" era de tal modo superdimensionado que acabava sendo usado como justificativa para todo tipo de arbitrariedade. De acordo com sua percepção, a tortura, quando usada para combater a "subversão", era largamente aceita ou vista com leniência — comportamento que, para ele, ia ao encontro da tradição de "convivência" do povo brasileiro.⁷

Se, internamente, a prática de tortura era desconhecida ou, quando vinha à tona, era apoiada ou mesmo tratada com desinteresse, no âmbito externo, sua repercussão era bastante negativa e prejudicava sobremodo a imagem brasileira. Assim, as denúncias no exterior contra a tortura eram cada vez mais frequentes e causavam grande incômodo às autoridades brasileiras. No dia 22 de março, foi realizada, na igreja de Saint Germain-de-Prés, a cerimônia "Paixão segundo Cristino", com letra e música de Geraldo Vandré. Em uma capela lotada, a apresentação exibiu uma escultura representando um "Cristo torturado sobre uma cruz suástica". No topo da cruz, no lugar da legenda INRI, havia um círculo de madeira azul com a inscrição "Ordem e Progresso" e desenhos de estrelas brancas, fazendo menção à bandeira brasileira. Aos pés do Cristo, havia uma placa com um desenho de caveira e, ao lado, estava escrito, em português, "Esquadrão da Morte". O corpo da escultura estava rodeado por fios elétricos, inclusive em seus órgãos genitais, e havia uma mangueira de água que penetrava sua boca. A intenção seria simbolizar os diversos métodos de tortura empregados no Brasil.

O ato foi amplamente divulgado na imprensa francesa, sobretudo nos jornais *Le Monde* e *France-Soir*.[8] Após o evento, a escultura intitulada "Cristo das torturas" permaneceu exposta ao lado da entrada da igreja e provocou forte reação da representação diplomática brasileira em Paris. A Secretaria de Estado cobrou medidas junto às autoridades francesas para que "a grotesca peça de estatuária", considerada um insulto à dignidade nacional, fosse retirada.[9] A escultura foi removida depois que o encarregado de negócios, Paulo Paranaguá, solicitou ao pároco da igreja.[10]

No final de abril, o senador francês Charles Bosson escreveu ao ministro dos Negócios Estrangeiros mostrando-se escandalizado pelas notícias de desprezo à pessoa humana, de perseguição e de torturas sistemáticas praticadas pelo governo brasileiro. Bosson sugeriu intervenções internacionais para colocar fim ao regime brasileiro e solicitou ao ministro informações sobre as atitudes que o governo francês pretendia tomar acerca da questão. Em sua resposta ao senador, Maurice Schumann afirmou que reprovava as "práticas escandalosas" das autoridades brasileiras e que desejava contribuir para que aquela situação intolerável fosse resolvida. No entanto, ressaltou que a França, tradicionalmente, adotava a prática de não se imiscuir nas questões internas de outros Estados soberanos. Nesse sentido, o governo francês não podia tomar partido sobre o problema da tortura, sob pena de prejudicar suas relações com o Brasil e até mesmo com outros países da América Latina. De acordo com Schumann, esse era o posicionamento de todas as nações democráticas, entre as quais nenhuma havia julgado oportuno se manifestar oficialmente para fazer cessar a prática da tortura.[11]

Assim, não resta dúvida de que o governo francês estava a par das graves violações aos direitos humanos que ocorriam no Brasil. Havia uma percepção muito clara de que as autoridades brasileiras eram coniventes com as sevícias infligidas aos presos políticos. A tortura tornara-se prática corrente e tolerada pelos governantes do país sob a justificativa de que se vivia uma "guerra revolucionária" e aqueles eram os métodos mais adequados para combater o "inimigo comunista". Quando as pressões internacionais começaram a se intensificar, a primeira atitude do governo brasileiro foi, em nota oficial, negar as acusações: no Brasil, não haveria tortura, tampouco presos políticos, mas apenas terroristas culpados de crimes de direito comum. Ao mesmo tempo, o governo brasileiro afirmava que não toleraria ser submetido ao controle de personalidades estrangeiras.[12]

Levando em consideração a maneira como a imprensa francesa vinha tratando o Brasil em suas páginas naquele momento, a Embaixada em Paris elaborou um plano de trabalho para orientar seus posicionamentos frente aos veículos de comunicação franceses. O objetivo era combater a "margem de deformação da realidade brasileira, atuante na opinião pública francesa, especialmente através da imprensa". Bilac Pinto começou a apontar como infrutíferas as tentativas de influir diretamente sobre o conteúdo político do noticiário. No entanto, persistia na estratégia de estabelecer contatos pessoais com jornalistas e até mesmo convidá-los para visitar o Brasil, com a finalidade de chamar sua atenção para aspectos que poderiam ter reflexos positivos na imagem externa do país. Sendo assim, era preferível, por exemplo, difundir dados econômicos e culturais para tirar o foco das questões políticas.

Dentro desse propósito, Bilac Pinto informou ao Itamaraty que havia negociado com o editor responsável pelo jornal *L'Information latine*, Ramón de Alderete Granados, uma "colaboração discreta e não oficial". A publicação, especializada em notícias sobre países latinos, vinha mantendo com a Embaixada, segundo Bilac Pinto, um contrato para publicação periódica de informações sobre o Brasil. O objetivo era não apenas divulgar os aspectos positivos a respeito do país, mas também usar os contatos profissionais de Granados para alcançar outras publicações, incluindo a imprensa das diferentes regiões da França. O jornalista seria uma espécie de agente de distribuição de material divulgado pela Embaixada. Contudo, o nome da representação brasileira não seria envolvido, de modo que a "imparcialidade da fonte" seria mantida. Para realizar esse trabalho, Granados receberia a quantia de 2.500 francos mensais. De acordo com o embaixador, não se tratava apenas "de exercer uma campanha negativa, no sentido de retificar notícias já publicadas, mas sim de atuar positivamente na difusão do que depõe a favor do nome do Brasil na França".[13]

A edição de maio do jornal *Le Monde Diplomatique* trazia na capa uma matéria do jornalista Edouard Bailby, "conhecido por suas opiniões sistematicamente contrárias ao regime brasileiro", intitulada "Um fascismo pintado de tropicalismo foi instalado recentemente no Brasil". Bailby apontava a inércia do governo brasileiro diante das acusações de tortura contra presos políticos e atacava diretamente o presidente Médici e o ministro da Justiça, Alfredo Buzaid. A passagem do texto que mais chamou atenção do encarregado de negócios, Paulo Paranaguá, foi o apelo feito pelo jornalista para que a opinião pública internacional se mobilizasse contra o Brasil. O objetivo era provocar a aplicação de sanções ao governo brasileiro em foros internacionais, sugestão que também fora feita pelo senador estadunidense Edward Kennedy. Essa articulação da opinião internacional, "tendente a censurar o Brasil em âmbitos de real importância", causava sérias preocupações às autoridades brasileiras.[14]

Após a publicação da matéria mencionada, Paranaguá foi ao Quai d'Orsay para colocar em prática o plano de trabalho que vinha sendo desenvolvido pela Embaixada com o intuito de melhorar a imagem externa do Brasil. Ao comentar com Jean Jurgensen, chefe da Direção de Negócios Políticos, sobre a "insistente e inquietante má-fé" de certos setores da imprensa francesa com relação ao Brasil, citando como exemplo o texto de Edouard Bailby, Paranaguá recebeu sua solidariedade. No entanto, como era de costume, o diplomata francês lamentou não poder interferir na liberdade da imprensa, da qual, segundo ele, o próprio governo francês era vítima frequentemente. Paranaguá ressaltou os prejuízos que essa "campanha deliberadamente negativista e tendenciosa" acarretava para a cooperação franco-brasileira, mas Jurgensen, apesar de reconhecer a delicadeza da questão, destacou a inconveniência de entrar em conflito com a imprensa.[15]

De todo modo, a Embaixada distribuiu um comunicado para os principais veículos midiáticos franceses buscando desmentir as acusações feitas ao governo brasileiro a respeito da prática de tortura. O jornal *Le Monde* reproduziu alguns trechos da nota ao lado de uma matéria sobre uma conferência de dom Hélder Câmara, em Paris, na noite anterior. O *La Croix* também citou textualmente as principais passagens do documento e fez críticas acerbas ao que considerou "um desmentido ao desmentido". Em suma, a posição da imprensa francesa era categórica: no Brasil a prática de tortura era corrente e precisava ser denunciada.[16]

A imprensa nacional, em contrapartida, responsabilizava constantemente os veículos internacionais por uma "campanha de difamação contra o Brasil". Para o embaixador Laboulaye, o que poderia parecer uma simples expressão de um sentimento nacionalista, tratava-se, na verdade, do eco de uma sólida doutrina urdida por setores das forças armadas que interpretavam as críticas feitas ao regime militar como um grande complô de elementos comunistas. De acordo com Laboulaye, ele próprio havia tido acesso confidencialmente a um levantamento produzido pela 2ª Seção do Exército sobre todos os artigos publicados, desde 1964, pela imprensa estrangeira. O documento apontava Paris como um dos principais centros de propaganda contra o Brasil e qualificava os jornais *Le Monde* como um cotidiano comunista e *Le Figaro* como um veículo de esquerda. De acordo com a análise do embaixador francês, o levantamento era carregado de um maniqueísmo simplório e era redigido de maneira medíocre; no entanto, estava de acordo com as ideias de uma parcela dos militares que pressionava o governo para evitar medidas de liberalização do regime.[17]

A campanha contra o Brasil na França fez com que a Embaixada em Paris recebesse muitos protestos de organizações religiosas, sindicais, estudantis, entre outras, de várias regiões do país. Nesse período, o tema principal das cartas recebidas pela representação brasileira era a tortura.

Ao longo dos meses, a onda de denúncias começou a estimular episódios de boicote contra o Brasil. Em meados de julho de 1970, por exemplo, a Federação Luterana Mundial — cuja sede encontra-se na Suíça, mas que possui grande representatividade na França — cancelou sua quinta assembleia geral, que estava marcada para ocorrer no final do mês, em Porto Alegre. O evento contava com o apoio da Igreja Católica e teria sua sessão inaugural aberta pelo presidente Médici. No entanto, a poucos dias do início do encontro, o secretário-geral da entidade declarou que o Brasil não apresentava as condições necessárias de recebê-lo. A anulação foi considerada uma ofensa grave pelo governo brasileiro, e a Igreja Evangélica de Confissão Luterana no Brasil pediu a seus membros que se desligassem da entidade mundial.[18]

A pressão internacional da Juventude Operária Católica também gerava efeitos negativos para o Brasil. Desde os primeiros momentos após o golpe de 1964, a entidade vinha denunciando os maus-tratos aos quais seus membros brasileiros vinham sendo submetidos. A partir de 1970, quando as notícias sobre a prática de tortura no Brasil ganharam o mundo, o posicionamento da JOC se fortaleceu. Após receber uma carta da vice-presidente da vertente francesa da instituição, Colette Dubail, o ministro Maurice Schumann solicitou à Embaixada francesa no Brasil que investigasse a veracidade das acusações feitas ao governo de nosso país. O embaixador Laboulaye confirmou que os membros da JOC, em razão de sua participação nas lutas operárias, encontravam-se expostos ao rigor da repressão, "em um país onde os trabalhadores são privados do direito de greve e os sindicatos não possuem autonomia real". Em contrapartida, a presidência da entidade vinha insistindo sobre a necessidade de sua seção brasileira voltar a se concentrar na formação cristã dos jovens operários, deixando de lado a ação sindical.[19]

Os casos de repressão a integrantes da JOC eram intensamente repercutidos pela imprensa francesa. Em setembro de 1970, agentes do Dops da Guanabara invadiram a sede do Instituto Brasileiro de Desenvolvimento Social, organização ligada à CNBB, à procura de material "subversivo". Na ocasião, os agentes prenderam diversos padres e leigos ligados à JOC, além de terem detido o bispo dom Aloísio Lorscheider, que ocupava o cargo de secretário-geral da CNBB.[20] O episódio causou profundo incômodo para a representação diplomática brasileira na França, principalmente quando os jornais franceses noticiaram que mesmo autoridades da hierarquia católica, que normalmente estavam ao lado do governo, como dom Jaime Barros Câmara, haviam feito críticas veementes à ação da polícia naquele caso.[21] Como vimos, a chancelaria brasileira em Paris recebia muitas cartas e abaixo-assinados contra a repressão aos membros da JOC. Também tornou-se comum que integrantes da entidade se reunissem em frente à representação diplomática brasileira para realizar protestos.[22]

A divulgação pela imprensa de casos de repressão a religiosos levou a Embaixada brasileira a elaborar mais uma nota de esclarecimento para combater a chamada "campanha antibrasileira". O documento admitia que, entre os indivíduos julgados pela justiça brasileira, estavam alguns padres e leigos da religião católica, mas que, em todos os casos, o processo legal havia sido devidamente cumprido. Ressaltava-se que o governo brasileiro estava empenhado na prevenção e na repressão de crimes, portanto, todos os indivíduos processados estavam sendo acusados de infringir as leis do país, não havendo perseguição a qualquer pessoa pela realização de culto religioso ou pela prática de evangelização. Além de refutar a prática de tortura, como já virara hábito, o texto desmentia ainda a existência de presos políticos, "sendo livre o militante da oposição política, para combater o governo, inclusive na imprensa e no Parlamento, nos limites da lei".[23]

Naquele contexto, uma das medidas implementadas pelo governo brasileiro para melhorar a imagem do país na França foi o estabelecimento de um acordo entre a TV Cultura de São Paulo e a ORTF. O projeto, que tinha o aval da Aerp, previa a troca de programas entre os canais televisivos das duas estatais. Em outubro de 1970, Paulo Planet Buarque, diretor da TV Cultura, foi a Paris para se reunir com os responsáveis pelas relações internacionais da ORTF, William Studer, Lucien Renault e Bernard Blin. No encontro, Buarque estava acompanhado pelo diplomata brasileiro Paulo Paranaguá e pelo primeiro-secretário da Embaixada, Álvaro da Costa Franco. Após a assinatura do acordo, que não incluía transferências financeiras, a TV Cultura enviaria a lista de programas disponíveis para iniciar o processo da cooperação.[24] Todas as produções enviadas pelo Brasil à França deveriam passar pela avaliação prévia do Itamaraty, para, desse modo, evitar "a divulgação falsificada, parcial ou tendenciosa da realidade brasileira".[25]

No ano seguinte, a tendência de fortalecimento das denúncias contra a tortura no exterior continuou avançando. Ao lado de dom Hélder Câmara, outro bispo católico começaria a ocupar as páginas da imprensa francesa, o recém-nomeado arcebispo de São Paulo, dom Paulo Evaristo Arns. No entanto, ao contrário de dom Hélder, dom Paulo não teve sua trajetória marcada pela atuação internacional. Logo após sua designação, no final de 1970, a percepção da diplomacia francesa era de que, em razão de sua ação social junto aos grupos desfavorecidos, "tudo indicava que ele teria uma atuação mais firme que seu predecessor", dom Agnelo Rossi.[26] Não demorou para que as impressões do cônsul francês em São Paulo, Gabriel Rosaz, se confirmassem. Em fevereiro de 1971, uma matéria publicada pelo jornal *Le Figaro* tratava da denúncia feita por dom Paulo a respeito das torturas infligidas ao padre italiano Giulio Vicini e à assistente social Yara Spadini por agentes do Dops. Logo após a denúncia, o Itamaraty apressou-se em enviar uma nota publicada pela Secretaria de Segurança Pública de São Paulo, na qual o órgão se comprometia a averiguar as acusações feitas por dom Paulo, punir os responsáveis — caso sua culpa fosse comprovada — e, além disso, assumia a responsabilidade de garantir a integridade física dos dois "terroristas e subversivos".[27] O documento foi publicado de forma resumida pelo jornal católico *La Croix*.[28]

Em 15 de dezembro de 1971, os muros da Embaixada brasileira em Paris amanheceram pichados com frases de protesto contra o governo brasileiro. Lyra Tavares mandou limpar os locais imediatamente para que "a manifestação não tivesse o efeito desejado". Alguns panfletos assinados pela Liga Comunista (seção francesa da Quarta Internacional) foram deixados ao lado do edifício. No mesmo dia, uma passeata contra a construção da rodovia Transamazônica, a qual reuniu cerca de trezentos estudantes, foi impedida pela polícia francesa.[29]

Esse tipo de manifestação estimulava o serviço diplomático brasileiro a se empenhar cada vez mais em divulgar uma imagem positiva do país. Em fevereiro de 1972, foi estabelecido um acordo com o cineasta francês

Georges Pessis para que fosse produzido um documentário a partir do material audiovisual desenvolvido pela Aerp. O filme seria veiculado em cinemas e canais de televisão e não faria nenhuma menção explícita ao apoio cedido pelo governo brasileiro. Aliás, como analisou o historiador Carlos Fico, no livro *Reinventando o otimismo*, a principal característica da propaganda engendrada pela ditadura militar foi a despolitização de seu conteúdo. Estratégia que nada tinha de ingênua; ao contrário, buscava impor certa ordem política e moral à sociedade brasileira, considerada despreparada pelos militares.[30] No caso em tela, de acordo com a Embaixada brasileira, haveria ainda a vantagem de "dar penetração internacional aos documentários da Aerp" de forma pouco dispendiosa.[31]

Ainda em se tratando de cinema, no final de abril de 1972, a Secretaria de Estado foi alertada pela Polícia Federal de que o filme *Prata Palomares*, de André Luiz de Souza Faria, seria exibido no Festival de Cannes. No entanto, a obra havia tido sua exibição proibida pela Censura Federal em todo o território nacional e, não possuindo o certificado de "livre para a exportação", não poderia sair do Brasil. Assim, o embaixador Lyra Tavares entrou em contato com a organização do evento para informar que o filme "fora exportado ilegalmente do Brasil" e solicitar que sua exibição fosse suspensa. O filme só seria liberado pela censura em 1984.[32]

Em junho de 1972, o jornal norte-americano *Washington Post* publicou um documento sigiloso da OEA, obtido de modo clandestino, que tratava da prática de tortura nas prisões brasileiras. Embora a organização internacional tenha afirmado que o documento tratava de denúncias ainda não comprovadas, a discussão sobre o tema, tão constrangedor para o governo brasileiro, foi reacendida no plano internacional. A matéria do diário norte-americano ressaltava que o pedido da OEA para que fosse realizada uma investigação por juízes independentes da influência militar ou policial, com a participação de um observador externo, havia sido negado pelo governo brasileiro. A imprensa nacional também fez menção à matéria publicada pelo *Washington Post*. O *Jornal do Brasil*, por exemplo, reproduziu, em sua edição do dia 6 de junho de 1972, longos trechos do texto, incluindo a passagem que menciona que as denúncias recebidas tratavam de casos de tortura a presos políticos.[33]

Ao informar o Quai d'Orsay a respeito dessa questão, o embaixador Paul Fouchet reforçou que a notícia havia causado grande impacto no governo brasileiro. Os ministros da Justiça, Alfredo Buzaid, e do Interior, José Costa Cavalcanti, reuniram-se em duas ocasiões para elaborar a resposta que dariam à OEA. A estratégia brasileira seria tratar do plano de modernização das prisões. De todo modo, continuariam a recusar a presença de uma comissão internacional de investigação no país. O fato de a imprensa nacional, "habitualmente silenciosa sobre o tema da tortura", tratar das denúncias causava espanto ao diplomata francês.[34] No entanto, a abordagem era feita de modo a considerar a ocorrência de maus-tratos como casos isolados, resultado de eventuais excessos das forças militares ou policiais. Raramente a expressão "preso político" foi utilizada pelos periódicos brasileiros.

Em setembro de 1972, a Amnesty International publicou, em seu relatório anual, um conjunto de denúncias acerca da prática de tortura pelo governo brasileiro.[35] O documento, que mencionava o nome de mais de mil indivíduos que haviam sido vítimas de sevícias pelas forças repressivas brasileiras, foi divulgado por vários veículos da imprensa internacional. A Amnesty International também havia feito o levantamento de nomes de torturadores; porém, esses dados foram, inicialmente, informados apenas para algumas organizações internacionais e para autoridades brasileiras.[36] Em Paris, o jornal *Le Monde* destacava que, de acordo com o relatório, no Brasil, havia 12 mil presos políticos, 15 mil exilados, 130 banidos, 500 mortos sob tortura ou desaparecidos e 2 mil processos políticos a cada ano, entre 1969 e 1972. Além disso, o jornal tecia várias críticas à maneira como os procedimentos eram conduzidos.[37] A revelação de detalhes acerca de como os maus-tratos eram impostos e a constatação de que tal prática era sistemática, generalizada e constantemente aperfeiçoada voltaram a chocar a opinião pública francesa, além de reforçar os protestos contra o governo brasileiro. Ao contrário do que ocorreu com o vazamento do documento da OEA pelo *Washington Post*, o relatório da Amnesty International não foi difundido pela imprensa brasileira.[38]

No final de outubro, a seção francesa da Amnesty International realizaria, na Universidade Paris IX (atual Paris-Dauphine), um debate sobre o Brasil.

Uma carta foi enviada à representação diplomática brasileira convidando o embaixador ou algum de seus assessores para participar do evento. Seguindo instruções da Secretaria de Estado, Lyra Tavares não respondeu ao convite.[39] No entanto, enviou, de modo sigiloso, um espectador para fazer um relatório sobre o encontro. O debate foi coordenado pelo jurista Jean Maurice Verdier, ex-reitor da Universidade Paris X, e teve a participação da advogada brasileira Annina de Carvalho, do jornalista Hubert de Germiny, dos advogados Louis Pettiti[40] e Georges Pinet, do professor Alain Rouquier, do padre Michel Schooyans e do sociólogo brasileiro Roberto Lascases. Embora a discussão tenha sido orientada em torno do tema da tortura, o foco principal foi sua prática corrente pelas forças militares e policiais brasileiras. Logo no início de sua apresentação, após falar sobre os números levantados pelo relatório da Amnesty International, Verdier criticou a maneira como o governo brasileiro vinha tentando encobrir suas práticas repressivas com os índices de desenvolvimento econômico alcançados pelo país. Em seguida, foi exibido um filme com depoimentos dos banidos em troca da libertação do embaixador norte-americano, Charles Elbrick. Após a projeção, cada um dos participantes falou brevemente sobre algum tema da realidade brasileira, por exemplo: estrutura processual jurídica, papel da Igreja, relatos de torturas e influência das Forças Armadas no regime. De acordo com Lyra Tavares, os oradores, de modo geral, demonstravam grande desconhecimento sobre o Brasil e teriam baseado suas colocações em dados ultrapassados.[41]

Após a divulgação do relatório anual de 1973, a Amnesty International promoveu mais um evento em Paris. Nessa ocasião, o tema principal era a internacionalização da tortura, que, no caso do Brasil, já era considerada "prática administrativa". O evento, que teve a participação de membros da Comissão Interamericana dos Direitos Humanos, estava programado para ocorrer na sede na Unesco em Paris. No entanto, a poucos dias da realização do encontro, a organização informou que não poderia sediá-lo. A reunião acabou sendo realizada em outro local da periferia parisiense, em dezembro de 1973. Para Lyra Tavares, o cancelamento por parte da Unesco devia-se à pressão recebida de diversos Estados que eram acusados, no relatório da Amnesty International, de praticar tortura, tais como Portugal, URSS,

Argentina, entre outros. Embora o Brasil não tenha sido o foco principal das discussões, o diretor-geral da entidade declarou, ao final do congresso, que seria lançada uma campanha específica sobre a tortura no Brasil, a ser iniciada em janeiro de 1974 e com duração de dois meses, para coincidir com a realização das eleições presidenciais indiretas.[42]

No mesmo contexto das eleições, diversas organizações francesas de esquerda realizaram, nos dias 12 e 13 de janeiro de 1974, no Palácio de Luxemburgo, sede do Senado, um grande colóquio sobre o Brasil. O evento, coordenado por François Mitterrand, teve a participação do Partido Comunista, da Confederação Geral do Trabalho, do Partido Socialista, da Liga dos Direitos do Homem, do Movimento dos Radicais de Esquerda, da Associação Francesa dos Juristas Democratas, de várias entidades sindicais, entre outras. De acordo com a Embaixada brasileira em Paris, o evento objetivava "provar que o desenvolvimento do Brasil só era benéfico para 5% da população". Além disso, seriam discutidos temas como o expansionismo brasileiro nos domínios econômico, político e territorial, o milagre econômico e os direitos humanos. A imprensa, incluindo a estatal ORTF, demonstrou, segundo Lyra Tavares, grande interesse pelas discussões do colóquio, realizado, entre outros, pelo jornal *L'Humanité*. Como é de supor, o "Colóquio europeu sobre o Brasil" foi detidamente acompanhado pela representação diplomática brasileira, que enviou para a Secretaria de Estado, além de um relatório detalhado, todas as publicações da imprensa sobre o encontro.[43]

O caso do filme Estado de sítio, de Costa-Gavras

No início de 1973, a Secretaria de Estado foi informada pela Embaixada brasileira em Santiago do Chile de que o filme *Estado de sítio* — do cineasta grego, naturalizado francês, Costa-Gavras —, rodado parcialmente em Santiago, continha referências hostis ao Brasil.[44] A descoberta provocou uma intensa troca de correspondências entre o Itamaraty e sua representação em Paris. De acordo com a informação recebida, em uma cena do filme, o personagem Philip Michael Santore, baseado no agente do governo norte-americano Dan Mitrione, e interpretado por Yves Montand, quando raptado pelos Tupamaros, teria tido o seguinte diálogo com os sequestradores: "Em São Paulo, em Belo Horizonte, em Pernambuco e na Guanabara, foram feitos cursos sobre a tortura, com exercícios práticos em seres vivos. E você, conselheiro da polícia brasileira, não soube de nada, senhor Santore?"[45]

Naquele mês, a exibição do filme já estava sendo anunciada em Paris. De todo modo, o embaixador Lyra Tavares comprometeu-se a ir ao Quai d'Orsay para pedir a intervenção do chefe da Divisão da América Latina junto ao Ministério dos Negócios Culturais, entidade responsável por autorizar a liberação do filme, para suprimir "todas as cenas e alusões que possam ser consideradas ofensas diretas ao Brasil e as suas autoridades". Mesmo que o funcionário francês tenha ressaltado as dificuldades legais que teria para alterar um filme já aprovado para a exibição pública, prometeu ir ao "extremo limite legal" para atender à solicitação do embaixador.[46] Poucos dias mais tarde, um representante da Embaixada brasileira foi chamado ao Quai d'Orsay, onde foi informado de que, apesar da questão ter sido examinada pelo próprio ministro Schumann, não foram encontradas maneiras de impedir a exibição do filme no formato em que fora inicialmente aprovado pelo Ministério dos Negócios Culturais. Ademais, havia um agravante: a França estava em período eleitoral e uma intervenção como aquela, por parte do governo, poderia provocar graves críticas da oposição. Um escândalo não beneficiaria a imagem da França, tampouco a do Brasil, e apenas serviria para chamar atenção para o filme, considerado "bastante medíocre [...] do ponto de vista técnico e artístico". Por fim, de acordo com o representante do Quai d'Orsay, as referências feitas ao Brasil não causariam nenhum impacto especial nos espectadores, já que estavam diluídas nas críticas feitas a outros governos latino-americanos, aos Estados Unidos e à própria França, que não tinha o costume de interferir nas produções cinematográficas nacionais por discordâncias acerca de suas abordagens de temas políticos.[47]

As primeiras críticas ao filme publicadas pela imprensa confirmaram a perspectiva do Quai d'Orsay: apesar de refletirem sobre todos os aspectos políticos tratados por *Estado de sítio*, não faziam qualquer menção ao Brasil.[48] No entanto, quando funcionários da Embaixada assistiram ao filme, consideraram as passagens que remetiam ao Brasil "extremamente prejudiciais ao alto conceito de que — como resultante de grande trabalho — já desfrutava na França o governo brasileiro". Segundo Lyra Tavares, o Brasil era mencionado repetidas vezes como exemplo de país onde as torturas eram praticadas rotineiramente como método de interrogatório policial. Causou indignação ao general uma cena na qual um grupo de oficiais do Exército brasileiro assistia a uma aula sobre métodos de tortura, ministrada por um agente norte-americano. Além disso, foram usadas réplicas das malas diplomáticas utilizadas pelo Itamaraty — que, no filme, serviam para transportar instrumentos elétricos de tortura — e eram mostrados aviões da Varig. Com base nessas evidências, Lyra Tavares buscou reforçar, junto ao Quai d'Orsay, a contrariedade que o filme havia causado às autoridades brasileiras. Mesmo ciente de que o governo francês não mudaria seu posicionamento, em razão "da extrema liberalidade da censura francesa", o embaixador desejava "evitar a repetição de liberações abusivas de obras cinematográficas e outras ofensivas a nosso país".[49] Da mesma forma, o secretário-geral do Itamaraty, Jorge de Carvalho Silva, chamou um representante da Embaixada francesa no Brasil ao ministério para enfatizar o desagrado do governo brasileiro a respeito do filme.[50] O próprio ministro Schumann enviou uma carta ao Itamaraty, assinalando as dificuldades de seu governo diante do assunto e ressaltando que os poderes das autoridades francesas eram muito limitados na questão do controle cinematográfico, tanto por questões políticas quanto por questões morais. Schumann encerrava a missiva afirmando esperar que tal questão não prejudicasse as relações franco-brasileiras.[51]

Poucos meses mais tarde, o filme de Costa-Gavras voltou a causar atritos entre os serviços diplomáticos brasileiro e francês. A Embaixada francesa em Praga fez uma exibição de *Estado do Sítio* em sua sede, à qual compareceram membros dos corpos diplomáticos de vários países e estudantes estrangeiros. Ao tomar conhecimento da realização do evento, a Secretaria de Estado solicitou que Lyra Tavares protestasse, mais uma vez, a respeito do filme junto ao Quai d'Orsay, "mostrando o caráter inamistoso, e mesmo provocador, da iniciativa em questão".[52] O embaixador francês em Praga, Jacques Vimont, foi advertido pelo Quai d'Orsay de que eventos como aquele deveriam ser previamente autorizados pelo Departamento de Difusão Cultural do ministério. Além disso, deveria enviar um relatório detalhado sobre as circunstâncias da projeção do filme.[53] O caso, no entanto, não teve maiores desdobramentos. Cabe lembrar que, no Brasil, o filme só foi liberado pela censura na década de 1980, porém a cena na qual aparecia a bandeira nacional foi cortada.

Dom Hélder Câmara

Ao longo da ditadura, dom Hélder Câmara nunca deixou de atuar internacionalmente denunciando as violações aos direitos humanos praticadas pelo governo brasileiro contra prisioneiros políticos e populações indígenas, bem como os problemas relacionados à desigualdade social do país. O bispo fez várias viagens à França e participou de diversos eventos públicos, nos quais usava de sua respeitabilidade e de sua projeção internacional para protestar contra a ditadura militar, atualizando, desse modo, a opinião pública francesa a respeito das questões internas brasileiras. Assim, dom Hélder ocupou constantemente as páginas da imprensa francesa, e suas aparições na televisão do país também foram bastante frequentes.

As autoridades brasileiras logo o tacharam como um dos maiores inimigos do regime, e diversas foram as tentativas para impedir sua atuação mundo afora. Internacionalmente, seu nome passou a ser associado à defesa dos direitos humanos — tanto que, na década de 1970, foi cogitado, em mais de uma ocasião, para ser agraciado com o prêmio Nobel da Paz. Atualmente, há comprovação documental de que o governo brasileiro interferiu de várias formas para impedir a homenagem, pressionando os governos de países escandinavos e ameaçando empresários noruegueses, dinamarqueses, suecos e finlandeses que tinham negócios no Brasil. De fato, a premiação do bispo nunca ocorreu.[54] Contudo, a ditadura não conseguiu impedir que, em 1974, ele recebesse o Prêmio Popular da Paz, uma espécie de Nobel alternativo, criado por organizações cristãs norueguesas para homenagear o bispo. Tal láurea não era tão prestigiosa como o Nobel, mas a condecoração de dom Hélder foi intensamente difundida pelos principais veículos da imprensa internacional, causando imenso desconforto para as autoridades brasileiras.[55] Previsivelmente, a censura brasileira impediu que a premiação fosse noticiada pela imprensa nacional.[56]

Para o embaixador François de Laboulaye, dom Hélder era uma personalidade brilhante, mas frequentemente sarcástica, o que o levava a suscitar paixões extremadas com muita facilidade. O diplomata, no entanto, via-o como um indivíduo menos radical do que os seus detratores costumavam afirmar. De todo modo, em razão de sua estratégia de denunciar o governo brasileiro no exterior, o religioso tornara-se uma das personalidades mais vigiadas pelas autoridades militares. O embaixador francês afirmava que dom Hélder sabia dos riscos que corria, mas que ele, ainda assim, resolvera assumi-los, sobretudo porque não tinha liberdade de se expressar em território nacional. Alguns membros do governo francês, como o próprio Laboulaye, viam-no com simpatia, e alguns parlamentares chegaram a cogitar apoiar oficialmente sua candidatura ao Nobel da Paz. Cabe lembrar que tal premiação é decidida por um grupo de cinco membros designados pelo Parlamento da Noruega. Não foi possível averiguar se, de fato, os parlamentares franceses chegaram a se pronunciar a favor do bispo. Contudo, pode-se afirmar que o governo brasileiro fez várias advertências de que tal iniciativa poderia prejudicar as relações entre os dois países.[57]

Em maio de 1970, dom Hélder foi convidado pelo arcebispo de Paris, dom François Marty, e pelo Comitê Católico dos Intelectuais Franceses (CCIF) para participar de um grande evento intitulado "As torturas e a injustiça no Brasil".[58] A conferência de dom Hélder ocorreu no Palácio dos Esportes e reuniu 6 mil espectadores no interior do recinto, sendo que mais de 2 mil pessoas ficaram do lado de fora.[59] Antes de denunciar as práticas de violência pelas forças repressivas do Brasil, citando casos concretos de indivíduos seviciados, o bispo ressaltou a importância de falar para um público tão amplo em um país como a França, para o qual a opinião pública internacional olhava com atenção. Em seu discurso, dom Helder desafiou o governo brasileiro a aceitar a ida de uma comissão internacional que avaliasse as condições carcerárias do país. Na segunda parte do evento, que ao todo durou cerca de duas horas, o religioso dedicou-se a responder algumas questões do público. De acordo com um relatório produzido pela Prefeitura de Polícia parisiense, o motivo principal das viagens de dom Hélder, naquele momento, não apenas à França como também a outros países, era sensibilizar a opinião pública internacional e alguns grupos de pressão, antes da XIII Reunião das Nações Unidas sobre o Comércio e o Desenvolvimento, para pleitear melhorias nas condições de vida dos povos subdesenvolvidos.[60]

A conferência de dom Hélder repercutiu amplamente na imprensa francesa, e a Embaixada brasileira difundiu uma nota oficial desmentindo as declarações do bispo. De todo modo, o encarregado de negócios, Paulo Paranaguá, dirigiu-se ao Quai d'Orsay para solicitar que o ponto de vista brasileiro fosse também transmitido pela ORTF, o que ocorreu naquele mesmo dia.[61]

A passagem de dom Hélder por Paris continuou repercutindo nos meses seguintes. Em agosto de 1970, o Itamaraty enviou um pedido de informações a respeito das atividades do bispo na cidade-luz, além da conferência no Palácio dos Esportes. O objetivo era averiguar se dom Hélder havia se reunido com um grupo chamado Frères du monde, que vinha divulgando textos "altamente ofensivos ao governo brasileiro". O ministério também solicitava dados mais detalhados sobre o mencionado grupo. Em sua resposta, o general Lyra Tavares manifestou as dificuldades que encontrava para obter aquele tipo de informação sem expor os funcionários da Embaixada nem comprometer sua posição oficial junto ao governo francês. Afirmou que recorreria aos seus contatos com a polícia francesa para atender ao pedido do Itamaraty. De todo modo, sugeriu que o SNI enviasse um emissário para instalar, na Embaixada, um sistema de comunicação sigilosa com o ministro de Estado, "tendo em vista a importância geográfica e política de Paris na presente conjuntura". Alguns dias mais tarde, em novo telegrama, Lyra Tavares esclareceu que dom Hélder havia, na verdade, se reunido com a Comunidade Católica Latino-Americana, grupo que congregava estudantes, seminaristas, padres e leigos visando "à orientação esquerdista, à conscientização e à evangelização das massas nos países latino-americanos". A associação buscava enviar religiosos católicos para o Brasil com o intuito de reforçar "a ação esquerdista através da Igreja".[62]

Ao longo dos anos, foram múltiplas as tentativas das autoridades brasileiras de desqualificar dom Hélder Câmara e suas atividades. Associá-lo ao comunismo acabou se tornando prática corrente, assim como a tentativa de resgatar a ligação que havia mantido com o integralismo em sua juventude. Também acusaram-no de incitar a violência e questionaram o financiamento de suas viagens internacionais. A partir do início da década de 1970, dom Hélder passou a limitar o número de suas idas ao exterior a três ou quatro por ano e resolveu sempre divulgar publicamente a origem do convite e o modo como a viagem seria custeada. Ele também optou pela conduta de não ir a países que estivessem sob regime comunista. De todo modo, como tratei em meu livro anterior, *Os bispos católicos e a ditadura militar brasileira*, uma das principais estratégias que a ditadura tentou adotar para reprimir suas atividades foi impedir legalmente que ele viajasse para o exterior.[63] Essas tentativas, no entanto, nunca foram bem-sucedidas.

35

França: terra de asilo?

A partir de 1969, quando houve o sequestro do embaixador estadunidense, a Junta Militar, que substituíra Costa e Silva na presidência, criou, por meio do Ato Institucional n. 13, a figura do banido.[1] Daquele momento em diante, os presos políticos que eram enviados ao exterior em troca da libertação dos diplomatas sequestrados passaram a ser considerados banidos do território nacional, pois, de acordo com a legislação "revolucionária", eles eram considerados "inconvenientes, nocivos ou perigosos à segurança nacional". Assim, os banidos passaram a representar uma nova preocupação para o governo brasileiro, o Itamaraty e os órgãos de informações responsáveis por assuntos externos. A principal estratégia utilizada pelas autoridades para proteger a imagem externa do Brasil quanto a possíveis declarações feitas contra o regime militar por esses indivíduos foi caracterizá-los como terroristas, eliminando qualquer caráter político de suas ações. Nesse sentido, foi mais fácil obter, por exemplo, o apoio das autoridades francesas para monitorar esses "terroristas" e dificultar ou até impedir sua entrada no território francês. Como veremos, o caso de Apolônio de Carvalho, que havia sido condecorado na França por ter participado da resistência contra os nazistas durante a Segunda Guerra, evidencia a que ponto a pressão exercida pela ditadura brasileira sobre o governo francês poderia ser eficaz com relação aos banidos.

De todo modo, os demais brasileiros que viviam na França e os franceses que viviam no Brasil não deixaram de ser motivo de inquietação constante das autoridades brasileiras. O governo brasileiro, como de hábito, continuou seu esforço em vigiá-los e, quando possível, reprimir suas atividades políticas, evitando, assim, que as denúncias acerca das práticas autoritárias do regime militar ganhassem ainda maior relevo no exterior.

É curioso observar que nem todas as instâncias governamentais francesas adotavam o mesmo tom, geralmente crítico, das análises provenientes da Embaixada francesa a respeito da ditadura brasileira. Em um documento produzido pelo Ministério da Defesa, por exemplo, no qual são feitas observações acerca das atividades dos grupos armados de esquerda, a avaliação sobre o regime é bastante positiva. De acordo com o registro, assinado pelo coronel Paul Bourgogne, chefe do Centre d'Exploitation du Renseigment, órgão de informações ligado às Forças Armadas, após quatro anos de governo forte, o Brasil havia alcançado um equilíbrio. Segundo o militar, o presidente Médici vinha buscando combater a subversão por meio da adoção de reformas sociais e não por medidas de exceção.[2] Esse caso evidencia que, quando analisamos aspectos políticos de determinado Estado, é necessário não apenas diferenciar a sociedade — e as complexas relações entre os variados grupos que a compõem — e o governo do país, mas também as diversas instâncias governamentais. Conforme mencionei, um país não é um bloco monolítico; as decisões de um governo, principalmente em regimes democráticos, são definidas de modo multifacetado e, de forma geral, estão expostas à apreciação da opinião pública. Com relação ao acolhimento de perseguidos políticos estrangeiros, por exemplo, era comum haver divergências de orientação entre o Quai d'Orsay e o Ministério do Interior, que tendia a ser mais restritivo.

Ao mesmo tempo, a imagem da França, tradicional terra de asilo, estava ligada à de um país acolhedor onde as liberdades políticas podiam ser exercidas. Assim, não raro a Embaixada francesa era procurada por brasileiros que se sentiam perseguidos politicamente. Em maio de 1970, dois religiosos católicos, um brasileiro e uma francesa, foram à procura do embaixador Laboulaye para expressar sua preocupação a respeito do sindicalista José Monteiro Barbosa. O operário vivia na clandestinidade desde as manifestações de maio de 1968, na região de Santo André (SP), das quais foi um dos principais líderes. Em fevereiro de 1970, um padre daquela região foi preso pelo Dops, onde permaneceu por três semanas, sendo interrogado em diversas ocasiões. Ao ser libertado, foi à procura de Monteiro Barbosa para alertá-lo de que as forças policiais tinham ordem de capturá-lo "vivo ou morto". De posse da informação, o líder sindicalista entrou clandestinamente na Guiana Francesa, portando documentos falsos, razão pela qual foi preso. As autoridades brasileiras solicitaram ao governo francês que Monteiro Barbosa fosse extraditado para o Brasil, pois, segundo elas, Barbosa seria um criminoso comum.

O principal motivo dos dois religiosos terem ido ao encontro de Laboulaye foi reafirmar que era o caráter político das atividades do sindicalista que motivava sua perseguição pela polícia brasileira. O embaixador recomendou que Monteiro Barbosa, que havia pedido asilo político à França, não fosse entregue ao governo brasileiro, pois isso traria consequências graves para o prestígio francês. Solicitou ainda, caso a decisão do governo francês fosse não conceder asilo, mas sim expulsá-lo, que Barbosa não fosse expulso pela fronteira da Guiana com o Brasil.[3] As autoridades francesas concordaram em não entregá-lo ao governo brasileiro e tampouco enviá-lo a um país que pudesse fazê-lo.[4] O secretário-geral da Confédération Générale du Travail (CGT), Georges Séguy, também intercedeu junto ao ministro dos Negócios Estrangeiros em favor do sindicalista. No entanto, José Monteiro Barbosa teve seu pedido de asilo recusado pelo Ministério do Interior, foi julgado e, por fim, expulso da Guiana Francesa. Inicialmente auxiliado pelo Alto-Comissariado das Nações Unidas para os Refugiados (ACNUR), foi para a Suíça e, em seguida, de acordo com seu próprio desejo, foi enviado para a Argélia.[5] Desde o final dos anos 1960, as autoridades brasileiras de segurança já afirmavam que a Guiana Francesa "estaria sendo utilizada como base e ponto de trânsito para atividades subversivas dirigidas contra o Brasil".[6]

Como observamos, a constância do monitoramento, no exterior, pelas autoridades brasileiras, sobretudo aquelas ligadas ao serviço diplomático, das atividades políticas e do trânsito de brasileiros e estrangeiros que eram considerados subversivos nos leva à conclusão de que tal prática repressiva foi sistemática ao longo de toda a duração do regime militar. O ideal seria efetuarmos um levantamento quantitativo de todos os indivíduos que, em algum momento da ditadura, foram vigiados ou tiveram suas vidas prejudicadas em decorrência das atividades do Itamaraty, de suas representações no exterior e dos órgãos de informações ligados ao ministério. No entanto, os limites deste livro nos impedem de realizar tal empreendimento. De todo modo, é necessário salientar que a preocupação das autoridades brasileiras com as atividades que julgavam prejudicar a imagem externa do Brasil foi contínua, como procuro destacar neste livro. A documentação produzida apenas pela representação brasileira na França é surpreendentemente copiosa e nos leva a inferir que um largo trabalho de pesquisa que englobasse todos os postos brasileiros no exterior seria muito importante para conhecermos a dimensão da importância que o Ministério das Relações Exteriores teve no funcionamento da lógica autoritária do regime militar. Embora não seja possível elaborar o mencionado levantamento quantitativo, serão feitas algumas considerações a respeito desse tema.

Após perder seu mandato de deputado federal e ter seus direitos políticos suspensos no final de 1968, com base no AI-5, Márcio Moreira Alves foi inicialmente exilar-se no Chile. Em meados de 1970, a Embaixada do Brasil em Paris foi informada, por intermédio de Câmara Canto, embaixador brasileiro em Santiago, de que Moreira Alves passaria a viver, naquele momento, com sua família na França. A representação diplomática brasileira foi então advertida de que, caso a mudança efetivamente ocorresse, todas as suas declarações públicas deveriam ser transmitidas com urgência para a Secretaria de Estado.[7] No entanto, como houve a suspeita de que o passaporte utilizado pelo ex-deputado estava vencido desde o final de 1968 e como não havia sido feito nenhum pedido de prorrogação, desconfiou-se de que ele poderia estar portando um documento falso. Sendo assim, a Embaixada em Paris recebeu a incumbência de avisar às autoridades francesas de imigração que "o governo brasileiro não reconhecia a validade do passaporte caduco nem a de qualquer ato ou situação legal decorrente de seu uso".[8] De todo modo, Márcio Moreira Alves conseguiu entrar na França e lá viveu entre 1971 e 1973, período em que conquistou o título de doutor pelo Instituto de Estudos Políticos de Paris e atuou como um dos dirigentes da Frente Brasileira de Informações (FBI) — grupo criado na Argélia, em 1969, com o intuito de protestar contra a ditadura.[9] Em seguida, mudou-se para Havana, onde, segundo informe do EMFA, trabalharia no treinamento de jovens para torná-los especialistas em assuntos brasileiros.[10]

A partir de julho de 1970, a Secretaria de Estado ordenou que lhe fosse enviada, periodicamente, tanto pela Embaixada quanto pelo Consulado-Geral, a "relação de elementos asilados, cassados ou banidos" que se encontravam na França.[11] Um dos objetivos de reunir esses dados era a atualização do "Álbum dos brasileiros banidos do território nacional", documento elaborado pelo Ministério do Exército e distribuído, por meio do Itamaraty, para todas as representações diplomáticas e consulares do Brasil.[12] Embora a documentação à qual tive acesso indique a existência do citado álbum, não consegui encontrá-lo. Sabemos, no entanto, que mantê-lo constantemente atualizado era uma preocupação da ditadura, tendo ocorrido, inclusive, o envio de funcionários do Itamaraty ao Consulado-Geral do Brasil em Paris para recolher dados para a realização de tal tarefa.[13]

Nos arquivos secretos do Itamaraty, encontrei dados pessoais e profissionais dos seguintes cidadãos brasileiros que, provavelmente, compuseram o álbum mencionado: Francisco Heron de Alencar (asilado territorial, sem passaporte),[14] Hermano de Deus Nobre Alves (cassado, direitos políticos suspensos, estatuto de refugiado),[15] Edmundo Moniz de Aragão (asilado territorial, passaporte expirado), Niomar Muniz Sodré Bittencourt (direitos políticos suspensos, não passou pelo Consulado), Roberto Décio de las Casas (demitido da UnB, com passaporte), Josué de Castro (direitos políticos suspensos, com passaporte), Celso Furtado (cassado, direitos políticos suspensos, com passaporte), Hugo Gouthier de Oliveira Gondim (direitos políticos suspensos, com passaporte), Maria Yedda Leite Linhares (aposentada pelo AI-5, com passaporte),[16] José Leite Lopes (aposentado pelo AI-5), Bento Prado (aposentado pelo AI-5, não passou pelo Consulado), Beatriz Bandeira Ryff (asilada territorial), Raul Francisco Ryff (direitos políticos suspensos, voltou para o Brasil em maio de 1968), Max da Costa Santos (cassado, direitos políticos suspensos, com passaporte), Ruy Rodrigues da Silva (cassado, direitos políticos suspensos, com passaporte) e Moacyr Vasconcellos (asilado territorial, não passou pelo Consulado).[17]

À mesma época, as campanhas de denúncias contra o governo brasileiro feitas pela recém-mencionada FBI, incluindo sua delegação argelina, e pelo Comitê Francês Europa-América Latina começaram a chamar atenção da comunidade de informações e, por esse motivo, essas entidades passaram a ser monitoradas com o auxílio do serviço diplomático brasileiro na França.[18] Em julho de 1970, a Embaixada foi informada de que as duas organizações, ao lado da Association Républicaine des Anciens Combattants de la Résistance, promoveriam uma série de manifestações em Paris contra o regime militar.[19] Ao tomar conhecimento do evento, a Secretaria de Estado ordenou que fosse solicitado ao Quai d'Orsay uma intervenção junto às autoridades francesas para que o programa fosse suspenso ou que, ao menos, fossem "contidos os excessos verbais que poderiam resultar em ofensa para o governo brasileiro, com evidente reflexo e prejuízo das relações entre os dois países".[20]

A atuação do Comitê Francês Europa-América Latina também deixou o Quai d'Orsay em alerta, tanto que esse órgão solicitou ao Ministério do Interior informações sobre a entidade. É possível que tal iniciativa tenha ocorrido em resposta à demanda da Embaixada brasileira em Paris. De acordo com os dados reunidos pelo Ministério do Interior, o Comitê havia sido criado em março de 1969, com o objetivo de dar suporte aos movimentos revolucionários na América Latina. A entidade tinha o apoio de diversas organizações de esquerda e havia se destacado quando protestou contra a interdição, na França, do livro *Pour la libération du Brésil*, de Carlos Marighella.[21] A obra tivera sua circulação, distribuição e venda proibidas na França por uma portaria do Ministério do Interior de fevereiro de 1970, fundamentada em um decreto de 1939 que integrava, originalmente, a legislação excepcional estabelecida em função das necessidades de defesa nacional, às vésperas da Segunda Guerra. A proibição teve significativa repercussão na imprensa francesa e foi vista como uma vitória pelo governo brasileiro.[22] No entanto, em julho daquele ano, 23 editores franceses se reuniram e decidiram publicar a obra sob a justificativa de que, embora não concordassem integralmente com o conteúdo do texto, não podiam admitir que, em um período democrático, o poder público pudesse interditar a circulação de um livro estrangeiro sem solicitar previamente autorização à Justiça.[23]

Em meados de 1970, a Secretaria de Estado solicitou ao Consulado-Geral que investigasse "com discrição" o cidadão francês Georges Matei, já que seu nome e endereço haviam sido encontrados em poder de um militante da organização VAR/Palmares, capturado pelas forças repressivas.[24] A mesma medida foi solicitada com relação ao brasileiro residente em Paris, Luiz Itunaldes, cujas informações sobre nome e endereço foram encontradas em posse de Cláudio Jorge Câmara, também militante da VAR/Palmares, e que, de acordo com seu depoimento, guardava consigo, por medida de segurança, 55 mil dólares da organização.[25] O Ciex averiguou que o endereço de Itunaldes correspondia ao de Eduardo Abramovay, militante brasileiro que estaria envolvido no assassinato do militar estadunidense Charles Chandler.[26] Não encontrei documentos com os possíveis resultados dessas investigações.

No início do ano seguinte, a Secretaria de Estado foi informada de que o cidadão banido Jean Marc von der Weid, que havia sido trocado pela libertação do embaixador suíço e estava exilado no Chile, programava fazer conferências críticas ao governo brasileiro em diversos países europeus. O primeiro desses eventos ocorreria na Suíça, país cuja nacionalidade o militante herdou de seus pais. Assim, o embaixador Lyra Tavares enviou uma carta ao Quai d'Orsay para advertir as autoridades francesas de que se tratava de um indivíduo condenado pela Justiça brasileira "a dois anos de reclusão por ter participado de atos de terrorismo". O objetivo era conseguir que o governo francês impedisse que ele realizasse manifestações públicas no país.[27] O Quai d'Orsay transmitiu a solicitação ao Ministério do Interior, porém, com a observação de que provavelmente não seria possível interditar as atividades do ex-prisioneiro político em território francês, caso isso não representasse nenhum perigo para a manutenção da ordem pública.[28] Em novembro de 1971, o Ciex apurou que Jean Marc teria deixado o Chile no início de julho e ido para Genebra, onde teria conseguido retirar a quantia de 10 mil dólares da conta de uma organização brasileira. O objetivo seria enviar o dinheiro para "o Chile a fim de ativar a conspiração contra o Brasil".[29]

Quando, em outubro de 1972, João Quartim de Moraes, militante da ALN que vivia exilado na França, pediu a prorrogação de seu passaporte ao

Consulado-Geral do Brasil, a orientação dada ao órgão pela Secretaria de Estado foi de que lhe pedissem para preencher normalmente o formulário de solicitação e que fornecesse fotografias recentes, bem como o endereço onde pudesse ser encontrado. Na ocasião, o funcionário consular deveria fotocopiar seus documentos e apreender seu passaporte, informando-lhe que não receberia outro em substituição. Em seguida, os documentos e as fotografias deveriam ser enviados diretamente para a DSI do MRE.[30] Naquele momento, Quartim atuava como professor da Universidade Paris I e possuía uma carteira de residente, com validade até janeiro de 1973. A pedido do Consulado brasileiro, as autoridades policiais francesas passariam a vigiá-lo e, caso ficasse comprovado seu envolvimento com atividades políticas, não renovariam seu documento.[31]

No início de 1973, por iniciativa do governo francês, começou a ser discutida a elaboração de um acordo franco-brasileiro sobre extradição. Em 1974, o Ministério da Justiça francês enviou um projeto de convenção ao governo brasileiro, que, por sua vez, propôs algumas modificações. No entanto, quando recebeu as alterações sugeridas pelas autoridades brasileiras, o governo francês observou que havia uma divergência bastante significativa a respeito do que cada uma das partes definia como infrações políticas, para as quais a extradição não seria concedida por nenhum dos dois países. A desavença estava relacionada sobretudo aos casos em que o delito político estivesse conectado a uma infração da lei penal comum. Para o governo brasileiro, a proposta francesa tipificava o crime político de forma muito precisa e, portanto, sugeriu-se alterar o texto de modo que cada Estado pudesse definir a presença ou não de caráter político nas infrações cometidas por seus próprios cidadãos.[32] Também havia discordância sobre a possibilidade de extradição no caso de infrações fiscais ou alfandegárias e sobre as condições de prisão provisória em caso de urgência.[33] A elaboração de um tratado sobre extradição também estava relacionada à intenção do governo francês de lidar com o problema da imigração ilegal de brasileiros no território da Guiana Francesa.[34] No final de 1974, a França, com apoio do governo brasileiro, iniciou uma operação de repatriamento de brasileiros que estavam irregularmente na Guiana. A primeira embarcação que saiu de Caiena com destino a Macapá, em dezembro de 1974, por exemplo, levava 470 brasileiros de volta ao país. Outras viagens seriam realizadas em direção a Manaus e Santarém (PA).[35] Um ofício secreto da Embaixada brasileira em Paris, de março de 1975, afirma que um total de 2.500 brasileiros foram repatriados naquele período.[36] De todo modo, apesar das constantes negociações entre os dois países, foi apenas em 1996 que o tratado de extradição foi firmado, tendo entrado em vigor somente em 2004, após ratificação pelo Congresso Nacional.[37]

Apolônio de Carvalho

O militante comunista Apolônio de Carvalho, nascido em fevereiro de 1912, em Corumbá (MT), esteve entre os fundadores da Aliança Nacional Libertadora (ANL) e atuou no Levante Comunista de 1935. Oficial do Exército, foi preso e expulso da instituição em 1936. Após sua libertação, passou a integrar o PCB. Em setembro de 1937, embarcou para a Europa, onde participou, com outros vinte brasileiros, da Guerra Civil espanhola nas fileiras das Brigadas Internacionais. Com a vitória iminente de Franco, refugiou-se na França junto com outros brigadistas. Durante a Segunda Guerra, participou de ações armadas na Resistência francesa em várias regiões do país, período no qual conheceu a francesa Renée Laugier, com quem se casou e teve dois filhos: René-Louis e Raul. Sua atuação o fez ser condecorado na França com a *Légion d'Honneur*, a *Croix de Guerre* e a *Médaille de la Résistance*. Após a guerra, Apolônio mudou-se com a família para o Rio de Janeiro, onde continuou sua militância no recém-legalizado Partido Comunista. O golpe de 1964 o fez passar a viver na clandestinidade. Em abril de 1968, ao lado de Mário Alves e Jacob Gorender, fundou o Partido Comunista Brasileiro Revolucionário (PCBR). Foi preso em janeiro de 1970, fato que foi vastamente divulgado pela imprensa francesa.[38]

O nome de Apolônio de Carvalho aparece pela primeira vez nos registros do Quai d'Orsay no final de março de 1970, dois meses após sua prisão e um mês depois da prisão de seus dois filhos, no Rio de Janeiro. O encarregado de negócios da Embaixada francesa no Rio, Pierre Dessaux, informou ao ministro Schumann a respeito da situação da família franco-

-brasileira, detida pelas Forças Armadas brasileiras por motivos políticos. De acordo com o relato do diplomata francês, Apolônio, René-Louis e Raul eram mantidos sob regime de incomunicabilidade e haviam sido submetidos a torturas. No entanto, pelas leis brasileiras, as autoridades consulares francesas não podiam interferir em favor de Raul, que havia nascido em território brasileiro, nem de Apolônio. Com relação a René-Louis, que tinha nacionalidade francesa, o Consulado-Geral da França solicitou autorização ao Itamaraty para, imediatamente, exercer o direito de visita. O Ministério do Exército, contudo, negou a autorização, pois afirmava não reconhecer a nacionalidade estrangeira de René-Louis. O serviço diplomático francês contestou a decisão das autoridades brasileiras, já que, segundo a Constituição de 1967, os filhos de pai ou mãe brasileiros nascidos no exterior e que estabelecessem residência no Brasil antes da maioridade, para obter a nacionalidade brasileira, deveriam declarar junto às autoridades competentes sua opção em até, no máximo, quatro anos após atingir a maioridade plena, que, naquele período, era de 21 anos. René-Louis não havia feito tal declaração, sendo, portanto, um cidadão francês.[39] Após insistir continuamente pelo direito de visitar René-Louis e ter de apresentar documentos que comprovassem sua nacionalidade francesa, o encarregado de negócios consulares franceses foi autorizado a visitá-lo[40] — ocasião em que tomou conhecimento de que o filho de Apolônio de Carvalho havia sido torturado, sobretudo por meio de choques elétricos.[41] O passo seguinte seria solicitar sua liberação sob a condição de repatriá-lo imediatamente, tal como havia ocorrido com o padre Thibault.[42] Como veremos, a iniciativa não foi bem-sucedida.

A atitude da diplomacia francesa com relação à família de Apolônio acabou chamando atenção das autoridades brasileiras a respeito da importância atribuída pela França ao papel de Apolônio na história do país europeu. Naquele momento, a opinião pública francesa vinha tomando conhecimento dos métodos repressivos aplicados pela polícia política e pelas Forças Armadas brasileiras. De acordo com o embaixador Laboulaye, o caso de Apolônio, que envolvia cidadãos franceses, advertia as autoridades brasileiras sobre a sensibilidade que um combatente da resistência gerava na sociedade francesa, além do impacto negativo que o mau gerenciamento daquela situação poderia gerar para a imagem brasileira na França.[43]

No mesmo contexto, ao tomar conhecimento da prisão de Apolônio, a Association Républicaine des Anciens Combattants de la Résistance, presidida por Jacques Debu-Bridel, enviou diversas cartas ao Quai d'Orsay solicitando a intervenção do governo francês em favor da "grande figura da resistência francesa, que participou ativamente na libertação da França da ocupação nazista". A entidade também se dirigiu à Embaixada brasileira em Paris.[44] De todo modo, mesmo considerando o prestígio dessa associação, o posicionamento do governo francês foi, como de hábito, afirmar que "a intervenção [...] em favor do brasileiro exporia as autoridades francesas, se elas interviessem oficialmente, à desaprovação por interferir nas questões internas de um Estado soberano". A alternativa apontada pelo Quai d'Orsay era o embaixador Laboulaye continuar intercedendo informalmente junto aos seus interlocutores habituais do governo brasileiro e ressaltar as preocupações da França no plano humanitário com relação ao caso de Apolônio e sua família.[45] No mesmo sentido, o ministro conselheiro Paulo Paranaguá foi chamado ao Quai d'Orsay, onde o diretor-adjunto de Negócios Políticos, Jean Jurgensen, expôs a preocupação que Apolônio causava ao governo francês, em razão de sua efetiva atuação política na França no contexto da Segunda Guerra e, por conseguinte, da pressão que vinha sendo exercida por organizações de ex-combatentes. Apolônio contava com o apoio tanto de grupos comunistas como de não comunistas, o que reforçava o impacto da opinião pública francesa sobre o governo do país. Em contrapartida, a postura assumida pelo diplomata brasileiro era de que o militante comunista havia participado de ações terroristas e, por esse motivo, deveria ser julgado pela Justiça brasileira.[46]

Como mencionamos, Apolônio de Carvalho estava entre os quarenta presos políticos libertados em junho de 1970, em troca da soltura do embaixador alemão, sequestrado por militantes da VPR e da ALN. Esse grupo foi banido do território nacional e foi levado para a Argélia. Os filhos de Apolônio permaneceram detidos no Brasil, e sua esposa, Renée, optou por não ir para o exterior, com o intuito de ficar próxima deles. René-Louis só seria solto em janeiro de 1971, quando foi banido para o Chile, junto com outros 69 presos políticos trocados pela libertação do embaixador suíço. Já Raul saiu da prisão em setembro de 1972.

Apolônio chegou a Argel no dia 15 de junho. Pouco tempo depois, os meios governamentais franceses começaram a aventar a possibilidade de que ele pediria asilo político na França. Assim, a primeira atitude do Ministério do Interior francês foi se opor formalmente a que fosse concedido qualquer tipo de visto a Apolônio, levando em consideração o seu envolvimento com ações armadas no Brasil.[47] No final de julho, ele fez o seu primeiro pedido de entrada no território francês, onde pretendia permanecer por trinta dias, utilizando o passaporte concedido pelo governo argelino.[48] Por meio de informações obtidas por fontes sigilosas, a Embaixada brasileira em Paris teria sido alertada de que a intenção de Apolônio era realizar uma coletiva de imprensa organizada pela Association Nationale des Anciens Combattants de la Résistance. Por essa razão, o serviço diplomático brasileiro, por intermédio do Quai d'Orsay, começou a pressionar as autoridades francesas para que impedissem a citada entrevista, pois esta serviria apenas para "dar lugar a violentos ataques contra o Brasil [...], gerando manifestações suscetíveis de alterar o bom clima das relações franco-brasileiras".[49] Além disso, ressaltava-se que o grupo de quarenta banidos do qual Apolônio fazia parte mantinha "amizade política" com os guerrilheiros que haviam designado o embaixador francês, Laboulaye, como sua próxima vítima.[50] Naquela ocasião, o ministro francês do Interior, Raymond Marcellin, acabou decidindo não conceder o visto para Apolônio.[51]

Em novembro de 1970, a convite da Liga Suíça pelos Direitos Humanos e da Comissão Internacional de Juristas, Apolônio de Carvalho, Ladislau Dowbor e Angelo Pezzuti foram à Suíça para palestrar sobre a situação política brasileira, testemunhando acerca do comportamento da polícia brasileira e sobre a tortura. Dowbor e Pezzuti também faziam parte do grupo de quarenta banidos que estavam exilados na Argélia. Durante sua estada em Berna, além da conferência para a qual haviam sido convidados, os três brasileiros concederam diversas entrevistas. Assim, pressionados por autoridades brasileiras, o governo helvético, acusando-os de apologia ao terrorismo, ordenou que saíssem do território suíço em 24 horas. A decisão foi mal recebida por parte da opinião pública suíça. Algumas organizações, como o Partido Socialista, a JOC e a própria Liga dos Direitos

Humanos, protestaram junto ao governo suíço, porém sem conseguir reverter a decisão.[52]

Nos meses seguintes, Apolônio continuou insistindo em obter um visto para a França. Em agosto de 1971, o deputado socialista Michel Rocard questionou, por escrito, o ministro do Interior francês sobre o motivo da recusa do visto ao exilado brasileiro, considerando sua importante atuação na história da resistência francesa contra a ocupação nazista. A resposta do ministro Marcellin foi taxativa: "A decisão desfavorável foi tomada levando em consideração as atividades e o comportamento presentes desse estrangeiro." O deputado Rocard também enviou uma carta ao primeiro-ministro, na qual reclamava da decisão do Ministério do Interior e pedia detalhes sobre quais aspectos do comportamento de Apolônio o impediam de entrar na França. Além disso, reforçava que suas atividades no Brasil contra o fascismo do regime militar assemelhavam-se à sua atuação como resistente na França. Rocard também colocava em questão o fato de a França receber outros brasileiros que fugiam de perseguições políticas, mas que não tinham uma atuação tão destacada contra o fascismo brasileiro, como era o caso de Apolônio. O protesto do deputado Rocard foi difundido pelos principais jornais franceses.[53] Ao final, Apolônio de Carvalho só obteria permissão para ir à França em junho de 1972 e, apenas no ano seguinte, o restante de sua família foi encontrá-lo no país.

O "milagre brasileiro", grande slogan do governo Médici, foi obrigado a conviver, no plano internacional, com as graves denúncias de violações aos direitos humanos. Naquele momento, a imagem externa do Brasil estava vinculada tanto aos altos índices de crescimento econômico quanto ao arbítrio de seus governantes, sobretudo à prática de tortura. Seja como for, para a diplomacia francesa, os resultados do "milagre" precisavam ser nuançados. De acordo com essa perspectiva, era necessário considerar a extrema desigualdade na distribuição de renda, tanto entre as regiões do país como entre as diferentes categorias sociais, apesar de se observar o crescimento progressivo de uma classe média. Ainda assim, o regime recusava-se a adotar políticas distributivistas, pois defendia que tal medida aumentaria a pressão inflacionária e comprometeria o crescimento do país. Para as autoridades brasileiras, a melhoria da organização social teria como contrapartida a redução do ritmo de expansão econômica. Portanto, o "milagre brasileiro", apesar de espetacular, era parcial, pois acabava por beneficiar principalmente uma minoria privilegiada. Assim, a partir da segunda metade de seu mandato, o projeto de integração social proposto por Médici mostrava-se cada vez mais ilusório.[54]

Da mesma forma, embora a percepção da diplomacia francesa fosse de que o país vivia uma situação de estabilidade política sem precedentes, a esperada normalização democrática era constantemente postergada em nome do combate à subversão e da manutenção da segurança. Segundo o embaixador Paul Fouchet, no cotidiano das grandes cidades, as ações dos grupos guerrilheiros acabavam se confundindo com o banditismo propriamente dito. O clima geral de violência, portanto, não se diferenciava do que ocorria em outras aglomerações urbanas ao redor do mundo. Por sua vez, a ação das forças repressivas não dava sinais de arrefecimento. A brutalidade policial, as prisões arbitrárias, o encarceramento em condições desumanas e a tortura permaneciam como práticas correntes, que tendiam a se acentuar. Ademais, qualquer manifestação oposicionista continuava sendo praticamente impossível, mesmo quando pacífica. Se, por um lado, os movimentos de guerrilha urbana, embora enfraquecidos, continuavam suas ações e pressionavam o regime, por outro, o governo buscava razões para manter o estado de exceção, garantindo assim seu projeto político autoritário. Dessa forma, em diferentes domínios, tais como a liberdade de expressão, a atuação do Poder Legislativo ou mesmo as relações com a Igreja Católica, notava-se uma recrudescência dos mecanismos de controle e dos atos discricionários exercidos em nome dos poderes especiais dos governantes.[55] Ao final do governo Médici, era possível afirmar, portanto, que ele havia falhado em seu projeto de restabelecer uma "normalidade institucional".

Nas áreas rurais, os conflitos eram mais pontuais e estavam quase sempre relacionados a disputas fundiárias entre camponeses e sociedades agrícolas ou grandes fazendeiros, resultado da forma extremamente desigual da distribuição da terra no Brasil. Tais embates permaneceriam desconhecidos por um público mais amplo, não fossem as denúncias feitas sobretudo por religiosos brasileiros e estrangeiros acerca da violência policial, desmedida e perpetrada em favor dos latifundiários. Esse foi o caso do padre francês François Jentel, que, durante suas atividades religiosas no município de Santa Terezinha (MT), na região do Araguaia, chamou a atenção da opinião pública internacional para as ações repressivas do governo brasileiro contra pequenos posseiros e populações indígenas. Em 1975, o padre Jentel, após longo processo judicial e de ter passado cerca de um ano detido, acabou sendo expulso do Brasil, onde residia desde 1954.[56] Esse conjunto de fatores levavam Fouchet à conclusão de que o maior perigo para a estabilidade do regime vinha de suas contradições internas, e não dos movimentos de oposição, que estavam devidamente controlados.[57]

No plano das relações franco-brasileiras, o regime militar esforçava-se continuamente para que as reações da opinião pública francesa às denúncias contra as forças repressivas brasileiras não influenciassem de modo negativo o clima amigável dos negócios bilaterais. A exposição industrial francesa realizada em São Paulo, no final de 1971, continuou gerando efeitos positivos nos anos seguintes. De acordo com a avaliação do conselheiro comercial da Embaixada da França, o evento havia proporcionado a redescoberta do Brasil pelos meios industriais e comerciais franceses. A França, assim como várias outras nações industrializadas, queria se beneficiar do extraordinário sucesso econômico que ocorria no Brasil naquele momento. De todo modo, a posição francesa na economia brasileira permanecia inferior à ocupada pelos Estados Unidos, Alemanha, Grã-Bretanha, Japão, Itália e Países Baixos.[58]

No final do governo Médici, as modestas trocas comerciais franco-brasileiras permaneciam deficitárias para a França, o que ocorria desde 1965. Enquanto o Brasil vinha expandindo suas vendas para esse país, as exportações francesas não acompanhavam o mesmo ritmo: a França ocupava o sétimo lugar tanto como fornecedora quanto como cliente do Brasil. No entanto, nosso país era o primeiro parceiro comercial da França na América Latina. Já no campo financeiro, a França ocupava o terceiro lugar em capital investido no Brasil, com 6,5% do total de investimentos estrangeiros, atrás apenas dos Estados Unidos, que tinham 50% da participação, e da Alemanha, com 13%. As autoridades francesas viam no desenvolvimento industrial brasileiro uma oportunidade para expandir a venda de bens de produção ao país, a qual deveria ser acompanhada por facilidades na concessão de créditos. Os investimentos franceses no ramo siderúrgico, por exemplo, já vinham alcançando resultados bastante satisfatórios. Outras áreas em que a presença francesa também se destacava eram as indústrias mecânica, química, farmacêutica e têxtil.[59]

Em seu último discurso de final de ano, transmitido em rede nacional pelo rádio e pela televisão, o presidente Médici fez uma apreciação geral de sua administração, sobretudo nos campos político e econômico. Segundo a Embaixada francesa, o tom geral de sua exposição foi de otimismo. No início, Médici defendeu a estabilidade das instituições políticas brasileiras que, em sua percepção, garantiam a segurança e, por consequência, permitiam o desenvolvimento. Em seguida, o presidente enfatizou a legitimidade popular da "revolução de 1964" e de seus desdobramentos, usando como exemplo os resultados das então recentes eleições legislativas de 1970 e municipais de 1972. Para o embaixador Paul Fouchet, contudo, a utilização desses índices como evidência da aprovação popular do governo Médici precisava ser relativizada, tendo em vista as sucessivas intervenções arbitrárias da Presidência da República no funcionamento dos poderes Executivo e Legislativo das unidades da federação, tanto no nível estadual como no municipal. Fouchet considerava que o sucesso econômico que havia marcado aquele governo contribuía enormemente para que as insuficiências no plano político fossem aceitas pela população. Em 1973, o PIB havia crescido 11,4%, registrando uma progressão de 63% com relação aos cinco anos precedentes. As exportações haviam aumentado 53% comparativamente ao ano anterior, levando o país a constituir um saldo positivo de 2,1 bilhões de dólares em sua balança comercial. Além disso, com 6,3 bilhões de dólares em reservas de divisas, o Brasil posicionava-se entre os países que possuíam o mais alto nível de poupança de todo o mundo.[60]

De modo geral, em meados dos anos 1970, as relações franco-brasileiras não apresentavam grandes problemas. O Brasil, assim como outros países da América Latina, havia se posicionado nas instâncias internacionais de modo contrário aos testes nucleares franceses no Pacífico. No entanto, tal postura não havia causado constrangimentos relevantes entre os dois países, pois foi vista pela França como expressão da solidariedade latino-americana. Em contrapartida, como já foi demonstrado ao longo deste livro, as autoridades brasileiras mostravam-se bastante cuidadosas com a imagem do país na França. Assim, reagiam prontamente a cada ocasião em que o regime político brasileiro era colocado em questão em solo francês. Como vimos, diversos foram os episódios em que o serviço diplomático brasileiro no país agiu junto às autoridades francesas para defender a imagem brasileira das denúncias que eram constantemente feitas pela imprensa e por determinados setores da sociedade. Para os governantes brasileiros, era constrangedor que o regime político que dirigiam fosse visto internacionalmente como uma ditadura que praticava usualmente a tortura e outros tipos de maus-tratos aos seus opositores, além de adotar diversos mecanismos repressivos que tolhiam a liberdade de expressão dos cidadãos. Embora os altos índices de crescimento econômico experimentados pelo país naqueles anos fossem exibidos com orgulho mundo afora, as autoridades não conseguiam evitar a circulação internacional de imagens das condições miseráveis nas quais vivia grande parte da população brasileira. Assim, o Brasil também passou a ser visto como um país que, apesar de rico, não conseguia sanar o grave problema da desigualdade social.

PARTE V

As relações entre o Brasil e a França durante o governo Geisel, a abertura, a Lei de Anistia e o retorno dos exilados

O nome de Ernesto Geisel começou a aparecer nas listas extraoficiais de candidatos à sucessão presidencial ainda nos últimos meses de 1972, quando ele era presidente da Petrobras. Naquele contexto, os jornais que abordaram, direta ou indiretamente, questões relacionadas ao processo sucessório foram repreendidos pelo governo, por meio da Polícia Federal. A insistência de *O Estado de S. Paulo* em tratar do tema, por exemplo, foi vista como desobediência e, a partir de então, o veículo foi obrigado a aceitar a presença de um censor em sua redação. O diretor do jornal, Ruy Mesquita, reagiu violentamente enviando um telegrama ao ministro da Justiça, Alfredo Buzaid. Médici buscava controlar rigidamente todos os aspectos de sua sucessão, pois desejava evitar que disputas entre os diferentes grupos militares acabassem levando ao surgimento de candidaturas inoportunas.[1]

Apesar do esforço das autoridades, logo ficou evidente que o cenário político brasileiro em 1973 seria pautado pelos debates acerca da sucessão presidencial. No entanto, o nome do candidato só deveria ser revelado publicamente no dia 15 de janeiro de 1974, diante do Colégio Eleitoral, que apenas sancionaria a escolha feita previamente pelas Forças Armadas.[2] O aumento das especulações em torno do nome de Geisel nos primeiros meses de 1973 acabou levando Médici a fazer o anúncio oficial de sua candidatura no dia 18 de junho, o que não causou nenhuma surpresa ao serviço diplomático francês. De acordo com as informações apuradas pela Embaixada francesa, o então futuro presidente brasileiro era um homem "austero, reservado e pouco loquaz". Além disso, embora fosse tímido, Geisel era considerado bastante enérgico, muito eficiente e tinha grande capacidade decisória.[3] Restava a dúvida se seu governo revelaria tendências liberais, característica atribuída a seus posicionamentos políticos, ou nacionalistas, tal como a postura que vinha adotando na direção da Petrobras. Era manifesta, no entanto, a intenção de pautar sua administração pelo binômio segurança e desenvolvimento, preceitos inaugurados pelo golpe de 1964 e obedecidos por todos os governos militares desde então. Assim, Geisel declarou que o AI-5 não seria imediatamente suprimido.[4]

Tal como seus antecessores, Geisel, homem de confiança de Castelo Branco, também chegou à presidência anunciando as tendências liberalizantes do governo que pretendia fazer. Desde o golpe de 1964, o regime vinha evoluindo de acordo com os desejos dos partidários de medidas fortes e autoritárias, e a chegada de Geisel ao Poder Executivo foi vista como uma forma de acalmar os grupos de oposição. É certo que a imprensa e aqueles que haviam tido seus direitos políticos suspensos esperavam que o novo presidente iniciasse um processo de abertura política, o que, em contrapartida, inquietava os militares da chamada "linha dura".[5]

No dia 15 de janeiro de 1974, Ernesto Geisel foi eleito por quatrocentos votos dos 503 membros do Colégio Eleitoral, em uma "encenação organizada pelo regime com atores manipulados, dóceis e desiludidos". O candidato do MDB, Ulysses Guimarães, e seu vice, Barbosa Lima Sobrinho, obtiveram simbólicos 76 votos. De todo modo, a campanha eleitoral e o discurso de Ulysses Guimarães na sessão plenária foram muito importantes para dar visibilidade ao partido de oposição diante da opinião pública. Segundo o embaixador Paul Fouchet, o resultado já poderia ter sido anunciado no dia 18 de junho do ano anterior, quando o então dirigente da Petrobras foi designado oficialmente como candidato à sucessão presidencial. Fouchet observou que os dois jornais mais importantes do país nem sequer noticiaram em primeira página o resultado da escolha eleitoral, decerto para "evitar o ridículo de proclamar um fato consumado".[6]

Geisel tomou posse no dia 15 de março. Em seu primeiro discurso, o presidente enfatizou sua intenção de dar continuidade ao "projeto revolucionário", mantendo o rigor das medidas repressivas contra a chamada "subversão", o que considerava fundamental para prosseguir o desenvolvimento do país. Todavia, embora reconhecesse os graves problemas da desigualdade social brasileira, ele logo descartou o que chamou de "distributivismo emocional" para resolver a questão. Segundo ele, para conciliar progresso econômico e melhores índices de distribuição de renda, seriam necessários tempo e uma postura racional. De todo modo, Geisel anunciou seu objetivo de promover o aperfeiçoamento democrático do regime, sem, inicialmente, explicar o que isso significaria, buscando, portanto, maior comedimento a respeito desse tema que seu antecessor. Desde os momentos iniciais, o presidente dava mostras de que faria uma administração centralizadora. Para a Embaixada francesa, a composição de seu governo guardava traços de continuidade com a de Castelo Branco.[7]

O presidente Geisel definiu sua política externa, a ser conduzida pelo ministro Azeredo da Silveira, como "pragmatismo responsável", pautado pelo ecumenismo e pelo mundialismo. Em termos gerais, o país não levaria em consideração as barreiras ideológicas em suas relações exteriores. Havia uma expressa vontade de independência em nome do interesse nacional, linha que já vinha sendo seguida pelo governo anterior. Certamente, essa posição era influenciada pelo desequilíbrio na balança comercial gerado pelo choque do petróleo, o que impelia o país a estimular suas exportações.[8] Desse modo, a ação diplomática brasileira passava a ter uma clara conotação econômica, e o país se esforçava para assumir o papel de primeira potência do Atlântico Sul. A função central a ser exercida pelo Itamaraty passava a exigir um desempenho eficaz por parte do ministério.[9]

Logo no início do governo Geisel, a Embaixada francesa começou a questionar a validade do lema "desenvolvimento e segurança". A crise do petróleo, iniciada no Oriente Médio em 1973, colocava em xeque o ritmo das altas taxas de crescimento econômico do Brasil. Ao mesmo tempo, o país não dava o menor sinal de redução de suas enormes disparidades sociais: uma aristocracia assalariada continuava mantendo privilégios muito elevados, e esse grupo parecia intocável. Em contrapartida, crescia o número de empregos pagos com o salário mínimo, que, segundo essa análise, não garantia mais que uma vida de penúria. Apesar disso, os sindicatos, enfraquecidos sob o rígido controle das instâncias governamentais, viam-se impedidos de reivindicar melhores condições para os trabalhadores.[10]

O choque do petróleo também atingiu fortemente a economia francesa. Para a população, a primeira evidência da crise foi o aumento da taxa de desemprego, o que, no entanto, tinha origem em desequilíbrios econômicos anteriores. Naquele contexto, a França vinha passando por grandes transformações: o fim do império colonial, que provocou modificações significativas em mercados antes protegidos pela dominação política francesa; a abertura de fronteiras determinada pelo Tratado de Roma, o que expunha o país à concorrência; a chegada de gerações mais numerosas ao mercado de trabalho; o aumento da participação feminina em atividades remuneradas; e, ainda, a utilização de mão de obra estrangeira pelas empresas. Inicialmente, a crise de 1973 foi avaliada como conjuntural e localizada, percepção que só foi alterada com a ocorrência do segundo choque do petróleo, em 1979, quando ficou evidente que as turbulências não se limitavam ao país europeu e tampouco à esfera econômica.[11] Naquele período, a França buscava se aproximar dos países do leste europeu, incluindo a URSS, com a assinatura de acordos econômicos e cooperativos, visando, mais uma vez, marcar sua independência com relação à polarização mundial.[12]

Logo após o falecimento de Pompidou, em abril de 1974, novas eleições presidenciais foram realizadas. A decisão se deu no segundo turno entre os candidatos François Mitterrand, representante do Partido Socialista, que concorria pela terceira vez ao cargo, e Valéry Giscard d'Estaing, ministro da Economia e Finanças do governo Pompidou, que acabou sendo eleito com 50,71% dos votos. Aquele pleito foi o que contou com o maior comparecimento de eleitores desde que o presidente da República francesa passou a ser escolhido por meio do sufrágio universal.[13]

No que diz respeito à cooperação franco-brasileira, os eixos principais continuaram sendo o ensino, a formação profissional e o auxílio técnico.[14] Do total de créditos destinados à cooperação da França com a América Latina, 25% iam para o Brasil. Naquele momento, havia mais de cem professores franceses nos dois liceus franco-brasileiros, sendo um no Rio de Janeiro e outro em São Paulo. Havia também 45 unidades da Aliança Francesa no país, que possuíam cerca de 28 mil alunos. No início do governo Geisel, a França recebia em seu território o total de duzentos estudantes brasileiros. Do mesmo modo, 30% das trocas comerciais franco-latino-americanas eram feitas com nosso país, o que nos tornava o principal parceiro comercial francês na região.

No início de 1974, o diretor do CEA, André Giraud, visitou o Brasil para expressar o desejo da França de participar do programa de desenvolvimento nuclear nacional, sobretudo na prospecção e no enriquecimento de urânio e na fabricação de reatores. A intenção era também discutir a renovação do acordo bilateral de cooperação no campo da energia nuclear, que venceria em setembro de 1974.[15] Naquele contexto, a indústria atômica brasileira estava em processo de reestruturação e, no final de 1974, o Ministério de Minas e Energia criaria a Nuclebrás (Empresas Nucleares Brasileiras Sociedade Anônima), entidade que substituiria a Companhia Brasileira de Tecnologia Nuclear (CBTN) e teria a função de auxiliar a CNEN, responsabilizando-se pelas atividades de execução dos projetos. A expectativa da diplomacia francesa era que tal mudança simplificaria os procedimentos da participação estrangeira na exploração de minérios.[16]

Aquele era um momento em que as taxas de crescimento econômico do Brasil ainda impressionavam o restante do mundo e amedrontavam as outras nações latino-americanas. O país havia chegado ao final de 1973 ocupando a sexta posição global em quantia de reservas monetárias. No entanto, o endividamento externo, a inflação e, sobretudo, as largas zonas de subdesenvolvimento, que reforçavam a grave desigualdade social, permaneciam impedindo o país de alçar voos mais altos, como a tão almejada transformação em potência mundial.[17] De todo modo, o Brasil, visto pelas nações desenvolvidas como um país despossuído de uma diplomacia de envergadura internacional, nunca deixou de ter importância secundária para os interesses franceses.

No plano da política interna, principalmente com relação ao tema da repressão pelo regime militar a opositores políticos, a Embaixada francesa continuava a alertar o Quai d'Orsay sobre a permanência do arbítrio das forças de segurança. Em junho de 1974, por meio de uma denúncia feita pelo arcebispo dom Paulo Arns, o embaixador francês tomou conhecimento da prisão de estudantes no interior do campus da Universidade de São Paulo por agentes do Dops. Naquela ocasião, ao publicar na imprensa uma nota de esclarecimento, o secretário estadual de Segurança, coronel Antônio Erasmo Dias, admitiu a detenção de cinco estudantes acusados de "fazer propaganda subversiva por meio de panfletos [...] em nome do Comitê de Defesa de Presos Políticos, contendo insultos às autoridades constituídas, assim como listas manipuladas de pessoas detidas". Surpreendia o embaixador Paul Fouchet que a autoridade brasileira reconhecesse publicamente a existência da repressão contra estudantes. Segundo ele, o governo Geisel parecia inaugurar um novo estilo de lidar com o tema: não mais acobertava as práticas arbitrárias das forças repressivas, porém buscava minimizar sua relevância e enfatizava a intenção de conter os excessos policiais.[18] Com relação aos movimentos de guerrilha rural, a opinião do diplomata francês era que o governo fazia grande estardalhaço, exagerando os problemas que poderiam causar, já que esses movimentos seriam fracos e pouco significativos.[19] O embaixador referia-se à guerrilha do Araguaia, debelada pelas forças repressivas no final de 1974.

Com o passar dos meses, o serviço diplomático francês começou a duvidar das reais intenções do governo Geisel de promover a abertura política. Se havia alguns indícios de abrandamento do regime, seu caráter autoritário ainda era notório e, portanto, bastante criticável. De acordo com Fouchet, era possível observar o ressurgimento dos debates políticos que, até então, eram praticamente inexistentes. Naquele período, a Ordem dos Advogados do Brasil (OAB) começou a emergir como uma das principais vozes a fazer coro com a CNBB em defesa dos direitos humanos e da liberdade de expressão.[20] No Congresso Nacional, algumas críticas à legislação excepcional por parte de parlamentares do MDB voltaram a ser ouvidas. Houve também o reaparecimento da discussão acerca do pluripartidarismo. E ainda foi possível notar certa reaproximação entre a Igreja e o Estado, com a multiplicação de contatos entre autoridades das duas hierarquias, como o encontro entre dom Paulo Arns e o presidente Geisel, estampado nas capas dos principais jornais do país.

Em março de 1975, a universidade Sorbonne em Paris conferiria o título de doutor *honoris causa* a dom Hélder Câmara. Apesar de todos os constrangimentos que o bispo costumava causar em âmbito internacional às autoridades brasileiras, a Embaixada enviou o encarregado de assuntos culturais, secretário Fernando Fontoura, para representar o governo do país na cerimônia.[21] Em contrapartida, o embaixador Fouchet, consultado pelo Quai d'Orsay a respeito de sua opinião sobre o tema, mostrou-se apreensivo. Para ele, dom Hélder, "uma personalidade complexa", vinha buscando firmemente ser preso pelo regime brasileiro, para que, dessa forma, pudesse alcançar a reputação de mártir, armadilha que as autoridades brasileiras estavam sabendo contornar. No entanto, assim como havia ocorrido com o Prêmio Popular da Paz, que o bispo recebera na Noruega, a condecoração pela Universidade de Paris fortaleceria a campanha internacional a seu favor, desagradando o governo brasileiro. Por esse motivo, o embaixador temia que, após a concessão do diploma, como reação, as autoridades brasileiras pudessem criar empecilhos para a ação cultural da França no país.[22] Não encontramos, portanto, nenhuma evidência de que o governo brasileiro tenha agido para impedir que o religioso recebesse o mencionado título. De todo modo, o Quai d'Orsay solicitou à Universidade de Paris que postergasse a cerimônia para depois da visita do ministro Azeredo da Silveira à França, agendada inicialmente para junho de 1975.[23]

Seja como for, as relações da Igreja com o governo brasileiro haviam melhorado. O embaixador Fouchet observava que as autoridades eclesiásticas haviam decidido dar um voto de confiança a Geisel. A decisão do presidente de reabrir as investigações sobre a morte do padre Antônio Henrique Pereira Neto, assessor de dom Hélder assassinado em 1969, foi vista pela Igreja como um sinal de que Geisel estava aberto ao diálogo e que suas intenções de abrandamento do regime eram sinceras. A CNBB, por exemplo, já não se negava a colaborar com o governo no processo de abertura, sobretudo após receber de Geisel uma carta de felicitações durante a realização da primeira reunião da entidade do ano de 1975. A CNBB teria inclusive evitado a divulgação de um manifesto sobre os direitos humanos contendo uma lista de desaparecidos para não contribuir com o desgaste da imagem do governo.[24]

Contudo, para a Embaixada francesa, restava uma dúvida: esses traços de descompressão política estavam sendo permitidos em razão do período pré-eleitoral e, portanto, poderiam desaparecer após as eleições gerais, que ocorreriam em outubro e novembro daquele ano?[25] Considerando que as intenções de Geisel de fomentar o retorno à democracia eram verdadeiras, ficava claro que o processo seria detidamente controlado, o que a manutenção da legislação excepcional deixava evidente.

As eleições apenas confirmaram a lentidão que teria a propalada abertura política. No entanto, cada vez mais se ouviam vozes clamando pela normalização constitucional. Em protesto contra as eleições indiretas para governadores, realizadas no dia 3 de outubro, o MDB não apresentou candidato para nenhum estado da federação e se recusou a participar do escrutínio, que, ao final, serviria apenas para homologar os nomes arbitrariamente designados por Geisel.[26] Já o pleito de 15 de novembro, que escolheria deputados federais e estaduais, além de um terço do total de senadores, foi marcado por protestos contra a condenação e prisão do deputado Francisco Pinto, por ter feito comentários negativos sobre a ditadura de Pinochet em uma entrevista, o que foi considerado uma ofensa pelas autoridades brasileiras.

Seja como for, naquele contexto, as críticas ao regime militar brasileiro ainda eram feitas por grupos restritos. O partido de oposição aproveitava os momentos de campanha para expor suas ideias nas tribunas do Congresso Nacional, entre as quais estavam a extinção do AI-5, do Decreto-lei 477 e da censura, o retorno do sufrágio universal e o respeito aos direitos humanos. Em contrapartida, a maioria da população continuava bastante apática. Ainda assim, as eleições foram avaliadas pela Embaixada francesa como o primeiro passo da "descompressão gradual" prometida pelo presidente Geisel. De acordo com o embaixador Fouchet, fora nítido o esforço para combater as fraudes eleitorais e conter, o tanto quanto possível, a influência do poder econômico no resultado das urnas, sobretudo nas zonas rurais. Além disso, os dois partidos haviam tido as mesmas condições de acesso gratuito ao rádio e à televisão, e todas as contendas relativas ao pleito haviam sido resolvidas pela Justiça Eleitoral, sem que se tivesse notado a intervenção do Poder Executivo. O processo eleitoral tinha sido o mais livre ocorrido no Brasil desde o golpe de 1964, contando com a participação de 80% do eleitorado e tendo como resultado o sucesso do MDB, que passou a ocupar cerca de um terço das assembleias legislativas estaduais e ultrapassou essa proporção na Câmara Federal.[27]

Ao mesmo tempo, a censura prévia à imprensa parecia não dar sinais de arrefecimento. Contrariamente, de acordo com o serviço diplomático francês, a incoerência das ordens recebidas pelos periódicos dava a entender que havia decisões tomadas por autoridades policiais que escapavam ao controle do poder central. Os chamados "bilhetinhos" permaneciam chegando cotidianamente às redações dos jornais, o que evidenciava certo descompasso entre o relaxamento do rigor censório anunciado pelo Ministério da Justiça e a prática efetiva dos censores.[28]

O otimismo, tanto da Embaixada francesa quanto de vários setores da sociedade brasileira, com relação à progressiva abertura política não tardou a ficar estremecido. Logo no início de 1975, as forças repressivas descobriram, no Rio de Janeiro e em São Paulo, gráficas clandestinas do jornal *Voz Operária*, periódico ligado ao PCB. O material encontrado foi recolhido e diversas prisões foram efetuadas, como, por exemplo, a do ex-deputado Marco Antônio Tavares Coelho, cassado em 1964. O ministro da Justiça, Armando Falcão, fez um pronunciamento na televisão acusando o partido, que era considerado ilegal, de apoiar parlamentares que haviam sido eleitos no final de 1974, porém não citou nomes. O endurecimento provocado por uma nova onda de prisões arbitrárias com base no AI-5 colocou os setores oposicionistas em alerta, embora alguns veículos da imprensa, como o *Jornal do Brasil* e *O Globo*, tenham interpretado a ação policial como "um incidente de percurso no difícil caminho da abertura". Em contrapartida, de acordo com a avaliação do embaixador Fouchet, a atitude do ministro Falcão, ao falar publicamente sobre o assunto, mostrava-se distinta da adotada pelos governos militares que sucederam o golpe de 1964: "A repressão se tornava legal e pública." Ao mesmo tempo, o diplomata francês punha em dúvida o real objetivo da operação: tanto o *Voz Operária* já circulava havia seis anos, como o apoio da militância comunista a alguns deputados do MDB era publicamente conhecido.[29]

O ministro Armando Falcão adotaria permanentemente a postura de falar em público sobre as questões que envolviam as forças repressivas, como, por exemplo, quando foi interpelado pelo MDB a respeito do desaparecimento de pessoas detidas. Também foi à televisão negar que o ex-deputado Marco Antônio Tavares Coelho, preso em janeiro de 1975, tivesse sido torturado, conforme sua esposa denunciara, atribuindo a acusação "à campanha que se desenvolvia no interior e no exterior do país contra as autoridades brasileiras". Embora adotasse um tom vago em suas explicações, Falcão diferenciava-se de seus antecessores que se limitavam a ignorar ou negar o problema. No início de fevereiro, por exemplo, o ministro publicou uma lista com 27 nomes de prisioneiros desaparecidos como forma de evitar a proliferação das denúncias publicadas nos jornais a respeito desse tema. A iniciativa não foi bem-sucedida, já que a pressão exercida pelas famílias de militantes desaparecidos era cada vez mais intensa. Por esses motivos, segundo informações recebidas pela Embaixada francesa por meio de fontes confidenciais, os militares da linha dura, principalmente aqueles ligados ao SNI, acusavam o governo Geisel de ser fraco, e isso fazia com que Fouchet questionasse a respeito da possibilidade de um novo golpe de Estado.[30]

36

Tribunal Bertrand Russell II: o regime militar no banco dos acusados

A criação do Tribunal Bertrand Russell II começou a ser veiculada pela imprensa internacional no início de 1973. O jornal italiano *Avvenire*, por exemplo, noticiou em sua edição do dia 20 de maio o artigo "Sob acusação, o regime no Brasil", no qual comentava sobre a preparação da segunda edição do tribunal organizado pelo filósofo inglês e ganhador do Nobel de Literatura, lorde Bertrand Russell. De acordo com a publicação, a iniciativa já contava com apoiadores em diversas partes do mundo, incluindo os pastores Martin Niemöller e Georges Casalis e vários representantes do episcopado católico latino-americano. O primeiro encontro estaria sendo articulado pelo senador italiano Lelio Basso e deveria ocorrer em Roma.[1] O periódico italiano de extrema esquerda *Il Manifesto* também abordou o tema por meio da reportagem "Contra a repressão no Brasil".[2] Já o hebdomadário *L'Espresso* publicou declarações de Apolônio de Carvalho sobre o tribunal e ressaltou que a intenção do empreendimento era não apenas denunciar casos específicos de perseguições políticas ocorridas no Brasil, mas elaborar um relato detalhado das difíceis condições nas quais vivia a população do país.[3]

O primeiro Tribunal Russell foi formado em Londres por iniciativa de Bertrand Russell com a finalidade de examinar e julgar os crimes que haviam sido cometidos pelos Estados Unidos no Vietnã. O júri foi presidido por Jean-Paul Sartre. O Tribunal Russell II começou a ser concebido em 1971 em resposta aos apelos feitos ao senador Lelio Basso, relator do primeiro tribunal, por exilados brasileiros residentes no Chile. Com a reedição, o político desejava mobilizar a atenção da opinião pública internacional para a situação política da região latino-americana. De acordo com a historiadora Denise Rollemberg, é possível questionar se a continuidade entre as duas edições tratou-se de uma estratégia para obter legitimidade e angariar apoio da imprensa internacional. Enquanto o Tribunal Russell I conseguiu reunir grupos dos mais variados matizes do espectro político, a segunda versão ficou marcada pela radicalização, o que acabou restringindo sua audiência a segmentos da esquerda.[4]

Todas as informações sobre o tribunal eram transmitidas para a Secretaria de Estado pela Embaixada brasileira em Roma. No entanto, a representação diplomática em Paris recebia constantes questionamentos por parte do Itamaraty a respeito da repercussão que a constituição do referido fórum estaria tendo na França.[5] Nesse sentido, a Embaixada em Paris averiguou que o jornal *Le Monde* vinha noticiando todas as movimentações para a criação do tribunal, como, por exemplo, a primeira reunião preparatória que havia sido realizada em Roma no dia 16 de julho de 1973. O mesmo periódico publicou, na edição de 16 de outubro, que o secretariado do Tribunal Russell vinha fazendo apelos à opinião pública internacional em favor de "brasileiros [que] foram torturados em Santiago pelos militares".[6] Outras matérias sobre o assunto foram publicadas pela imprensa francesa nas semanas seguintes, como, por exemplo, quando o jornal *La Croix* informou que o Tribunal Russell II que, inicialmente, iria tratar apenas do caso da ditadura brasileira, após o golpe no Chile, ampliaria seu campo de investigação para abranger o referido país, bem como o restante da América Latina.[7] No entanto, ficou decidido que o Brasil teria um destaque especial e seria considerado uma espécie de modelo para analisar outros regimes ditatoriais no continente. Por fim, definiu-se que o tribunal se reuniria em sessão plenária entre os dias 30 de março e 7 de abril de 1974 em Roma.[8] O júri seria composto por 25 membros, entre os quais o antigo presidente da República Dominicana, Juan Bosch; o escritor argentino Júlio Cortázar; o escritor colombiano Gabriel García Márquez; o teólogo italiano Giulio Girardi, professor do Instituto Católico de Paris; o vencedor do Nobel de Física de 1966, Alfred Kastler; entre outros.[9]

No dia 8 de abril de 1974, vários periódicos da imprensa francesa noticiaram a condenação pelo Tribunal Bertrand Russell II do Brasil, Chile, Uruguai e Bolívia por crimes contra a humanidade. Além disso, foi divulgado que o pastor Georges Casalis e o professor François Rigaux, diretor do Instituto de Direito Internacional de Louvain, na Bélgica, haviam tido uma atuação muito destacada no júri.[10] O evento também consta dos relatórios do Ciex. Em um documento do dia 4 de abril de 1974, o órgão relatou em detalhes a grande repercussão do tribunal na imprensa italiana. Miguel Arraes teria sido o responsável por apresentar as acusações ao governo brasileiro, lançando mão de dados estatísticos sobre distribuição de renda, desnutrição e mortalidade infantil. Além disso, foi apresentada em uma das sessões uma criança que teria sofrido torturas no Brasil. O professor Ettore Biocca, diretor do Instituto de Antropologia da Universidade de Roma, apresentou ao tribunal fotografias de corpos seviciados pelos chamados "Esquadrões da Morte", recolhidas quando visitou o Brasil em 1969. Também prestaram depoimentos Denise Crispim, Fernando Gabeira, Wellington Diniz, entre outros. De modo geral, os principais temas abordados foram as torturas, individuais ou coletivas, de homens, mulheres, adultos e crianças, a atuação dos Esquadrões da Morte, com especial menção ao delegado Fleury, e a Operação Bandeirantes. Em entrevista coletiva à imprensa, Lelio Basso declarou que na conclusão das reuniões do Tribunal seria proferida uma sentença de caráter simbólico e moral.[11]

Embora outros dois encontros do Tribunal Russell II tenham sido realizados, sendo um em Bruxelas, no ano de 1975, e outro novamente em Roma, em 1976, não houve mais nada que tenha sido digno de nota por parte da Embaixada em Paris e tampouco do Ciex. É provável que a razão para isso tenha sido a preponderância das discussões sobre a situação política do Chile nas referidas reuniões.

37

Delfim Netto, um economista à frente da Embaixada brasileira em Paris

Em fevereiro de 1975, o economista Delfim Netto assumiu o posto de embaixador na França. O paulista Antônio Delfim Netto, nascido em 1929, foi nomeado pela primeira vez para um cargo na administração pública em 1959, como membro da equipe de planejamento do estado de São Paulo, durante o mandato de Carvalho Pinto. Em 1965, passou a compor o Conselho Nacional de Economia do governo Castelo Branco e, no ano seguinte, foi designado secretário de Fazenda de São Paulo, período em que ele conseguiu reduzir em dois terços o déficit estatal. Em 1967, Costa e Silva o nomeou ministro da Fazenda, cargo no qual permaneceu também durante o governo Médici. Os sete anos em que esteve à frente do ministério foram marcados pelas altas taxas de crescimento econômico do Brasil e por sua luta malsucedida contra a inflação. Para o Quai d'Orsay, sua nomeação como embaixador em Paris estava relacionada à intenção de Geisel de afastá-lo da cena política brasileira, onde gozava de significativa popularidade, sobretudo em São Paulo, estado onde pretendia se candidatar ao cargo de governador. Aliás, o tema das pretensões eleitorais de Delfim Netto deixava o Ciex em alerta. Em fevereiro de 1976, o órgão informou à Presidência da República que o embaixador continuava a alimentar a esperança de participar do processo eleitoral. Nesse sentido, ele teria determinado a adulteração de telegramas sobre a situação política interna da França a serem enviados para a Secretaria de Estado. De acordo com o Ciex, o objetivo seria

> dar uma ideia mais otimista da situação, principalmente no que dizia respeito a greves, a fim de que não ficasse no governo brasileiro a impressão de que a democracia é sinônimo de agitação social, o que poderia contribuir para prejudicar uma eventual abertura.[1]

Após a chegada de Delfim Netto a Paris, o Itamaraty propôs uma reorganização da Embaixada que, segundo o órgão, permitiria dinamizar o relacionamento entre a representação diplomática no país, a Secretaria de Estado e o setor privado brasileiro. A intenção era criar um modelo de funcionamento que pudesse ser utilizado em outras missões brasileiras no exterior. Seguindo esse propósito, foram elaboradas novas regras para simplificar as comunicações diplomáticas (ofícios e telegramas) e as remessas de publicações.[2] Uma das metas para aquele ano era que o Brasil pudesse conseguir financiamento francês para a compra de equipamentos siderúrgicos e de armamentos. Pretendia-se, ainda, acertar a participação brasileira no projeto espacial Ariane, criado pela Organização Europeia de Pesquisas Espaciais, mas que tinha sua execução coordenada pelo CNES. O projeto tinha o objetivo de desenvolver um foguete apto a colocar em órbita satélites para fins pacíficos. O Brasil colaboraria permitindo a instalação de estações de rastreamento em seu território. Essas e outras questões deveriam ser discutidas na visita que o ministro brasileiro das Relações Exteriores, Azeredo da Silveira, faria à França em outubro de 1975.[3] Delfim Netto reforçou o setor econômico da Embaixada, em detrimento dos setores político e cultural. Anos mais tarde, como veremos, seria acusado de se beneficiar cobrando altas comissões nas negociações de grandes projetos franco-brasileiros de desenvolvimento, sobretudo relacionados às indústrias de base e à infraestrutura energética.

38
Avanços nas relações franco-brasileiras

Em abril de 1975, Paul Fouchet deixou a Embaixada francesa e foi substituído por Michel Legendre. Em seu relatório de fim de missão, Fouchet avaliou que, durante sua permanência no Brasil, o país havia passado por profundas transformações, tanto no plano interno quanto externo. Para o diplomata, embora a presença econômica da França no Brasil viesse crescendo regularmente e tivesse alcançado resultados consideráveis, o país tinha potencial para ocupar uma posição mais significativa entre os interesses franceses. Em linhas gerais, o Brasil, mesmo que avançasse em seu processo de industrialização, continuava sendo um fornecedor de matérias-primas para a França.[1] No que concerne às relações políticas franco-brasileiras, Fouchet constatava não haver qualquer problema entre os dois países. No entanto, tampouco havia o que se pudesse considerar um verdadeiro diálogo. No mais, a elite brasileira continuava, como sempre esteve, fascinada pela França.

O diplomata tinha uma posição bastante crítica acerca do tratamento dado ao Brasil pela imprensa francesa, que tendia a ressaltar apenas os aspectos negativos do país, ou seja, o caráter arbitrário do regime militar. Para Fouchet, destacar os altos índices de crescimento econômico do país, por exemplo, melhoraria a imagem externa brasileira, estimulando, assim, os investimentos franceses. Contudo, as críticas internacionais ao Brasil continuavam a se intensificar, já que o modelo econômico adotado pelo regime acentuava as distorções sociais, tornando os ricos ainda mais ricos e empobrecendo os que já eram pobres. Dessa forma, a crise do petróleo, que acentuou o aumento da inflação, colocava em risco a política econômica arquitetada pelo então ministro da Fazenda Delfim Netto, pautada no "crescimento industrial a qualquer preço". Geisel, portanto, buscava implementar medidas que reequilibrassem a economia. No plano político, Fouchet apontava que a ascensão do novo presidente ao poder não havia sido democrática. Geisel, porém, vinha sustentando, assim como seus antecessores haviam feito no início de seus mandatos, a intenção de promover a abertura política. Contudo, Fouchet reforçava que, pela primeira vez, o discurso do presidente parecia ter resultados efetivos na realidade política brasileira.[2]

Nas instruções que recebeu ao assumir a Embaixada em Brasília, Michel Legendre foi orientado a levar em conta as preocupações liberais francesas acerca de aspectos políticos para encorajar as medidas de "descompressão gradual" propostas por Geisel. Além disso, o diplomata deveria estimular a divulgação de notícias que tratassem das ações implementadas pelo governo francês para transformar a sociedade, de modo a fornecer suporte às iniciativas relacionadas à abertura política brasileira. Essas instruções estavam afinadas com o projeto de modernização social concebido por Giscard d'Estaing.[3] A intenção do governo francês era manter a estabilidade das relações políticas franco-brasileiras, sobretudo em um momento em que a política externa do Brasil estava estritamente voltada para seu desenvolvimento econômico. Naquele contexto, o país continuava se esforçando para escapar do predomínio econômico e tecnológico estadunidense e, nesse sentido, buscava parcerias com países europeus, tendo estabelecido, em 1974, um acordo comercial com a Comunidade Econômica Europeia e, em 1975, o convênio nuclear com a República Federal da Alemanha. Já a França, até aquele momento, havia obtido benefícios muito limitados, resultantes de suas parcerias com o Brasil.[4]

No início de junho de 1975, houve, em Brasília, uma nova reunião da Comissão Mista Franco-Brasileira. O encontro foi dividido em duas sessões: cooperação cultural e cooperação técnico-científica. Em linhas gerais, ficou definido que os projetos bilaterais deveriam estar de acordo com o II Plano Nacional de Desenvolvimento, que visava ser uma resposta aos problemas econômicos decorrentes do choque do petróleo. Sendo assim, toda ação francesa no Brasil deveria privilegiar empreendimentos originais, de grande dimensão e com alcance nacional, evitando concentrar os esforços em um único setor. O foco continuava sendo, portanto, a cooperação francesa em projetos de ensino técnico e científico, como, por exemplo, o Plano Nacional de Pós-graduação coordenado pela Capes e o convênio, que estava em discussão, entre o Centre National de la Recherche Scientifique (CNRS) e o CNPQ.[5]

É curioso notar que um dos temas discutidos no encontro foi a tentativa do governo brasileiro de alterar a maneira, considerada "incorreta ou incompleta", como os capítulos sobre História e Geografia dos manuais escolares e enciclopédias da França tratavam o Brasil. Os representantes franceses declararam que não poderiam interferir no funcionamento de editoras, que possuíam caráter privado, e que, caso achasse necessário, a Embaixada brasileira deveria entrar em contato diretamente com autores e editores.[6] Cabe lembrar que, em 1972, o governo nacional havia encomendado a Frédéric Mauro, professor titular de História Econômica da Universidade de Nanterre, especialista em história quantitativa do Brasil, um livro sobre a História de nosso país, que seria publicado pela editora Presses Universitaires de France na célebre coleção "Que sais-je?". Contudo, quando a obra foi publicada, em 1974, o embaixador Lyra Tavares concluiu que esta "não correspondia, infelizmente, aos objetivos a que se destinava e às expectativas que lhe havíamos reservado". O professor Mauro teria feito "apreciações sobre a atualidade brasileira [...] em termos ofensivos e caluniosos". Portanto, Lyra Tavares decidiu que "a Embaixada não se associaria, sob qualquer forma, à sua edição, tornando nulos os compromissos de aquisição de exemplares originariamente prevista".[7]

Tendo em vista os interesses franceses no domínio da energia atômica, a Embaixada ficou bastante atenta às negociações que levaram à assinatura do mencionado acordo nuclear germano-brasileiro. Naquele período, a questão tornou-se o tema principal das discussões nos meios governamentais e diplomáticos, bem como entre o empresariado. Da mesma forma, a imprensa passou a dar grande espaço à celebração do convênio, frequentemente destacando o assunto na primeira página de seus veículos. O acordo era visto como um avanço de extrema importância para o processo de desenvolvimento brasileiro. Segundo o embaixador Legendre, alguns jornais criticavam o exclusivismo que tal compromisso estabelecia com a Alemanha, lamentando o fato de a França não ter uma maior participação no campo da energia nuclear. Para o diplomata, não se podia ignorar a origem alemã do presidente Geisel, bem como seus vínculos afetivos com o país, o que poderia ter influenciado a escolha do projeto germânico para o Brasil, resistindo a toda tentativa de interferência dos Estados Unidos nas negociações. O embaixador defendia que a França precisava desenvolver novos métodos para sua ação econômica no Brasil, de modo a garantir uma presença mais significativa no país.[8] No segundo semestre de 1975, alguns projetos de infraestrutura e de desenvolvimento industrial e agrícola foram apresentados, como, por exemplo, a construção da usina hidrelétrica de Porto Primavera, no estado de São Paulo, que acabou só sendo construída na década de 1980 pelo governo Paulo Maluf; a extensão de instalações siderúrgicas da Usiminas; as obras de expansão do complexo petroquímico de São Paulo; o fornecimento de material para as obras ferroviárias do subúrbio do Rio de Janeiro, entre outros.[9]

Obviamente, o acordo com a Alemanha foi utilizado pelo regime para estimular o sentimento nacionalista da sociedade. O convênio foi divulgado como uma demonstração da soberania brasileira, já que, apesar das pressões estrangeiras, sobretudo advindas dos Estados Unidos, o país havia perseverado em seu projeto de alcançar maior autonomia no campo da energia nuclear. De todo modo, as autoridades militares insistiam em reafirmar os fins unicamente pacíficos do acordo.[10]

Em contrapartida, durante o XXVII Encontro Nacional da SBPC, realizado em julho de 1975, em Belo Horizonte, foram feitas severas críticas à maneira como a política nuclear vinha sendo conduzida pelo regime, sem que especialistas brasileiros fossem consultados. O convênio era visto com reservas e foi avaliado por muitos dos presentes na reunião como questionável dos pontos de vista ético e técnico. Além disso, a opinião dos cientistas era que o Brasil não possuía um número suficiente de profissionais qualificados para assegurar a execução autônoma do projeto nuclear brasileiro sem ficar dependente do auxílio constante da Alemanha. Assim, conforme essa perspectiva, o acordo germano-brasileiro teria sido muito mais uma operação comercial do que uma real tentativa de resolver os problemas energéticos do país. Para o embaixador Legendre, aquele era um momento crucial para promover a cooperação francesa na formação de especialistas.[11]

Entre os dias 23 e 24 de outubro de 1975, o ministro brasileiro das Relações Exteriores, Azeredo da Silveira, visitou oficialmente a França, onde foi recebido tanto pelo ministro dos Negócios Estrangeiros, Jean Sauvagnargues, como pelo presidente Giscard d'Estaing. Azeredo da Silveira reuniu-se também com o ministro da Indústria, Michel d'Ornano, e com o ministro do Comércio Exterior, Norbert Ségard. Na ocasião, ficou decidido que seria criada a chamada "Grande Comissão" franco-brasileira, que serviria para definir as diretrizes das relações bilaterais nos domínios político, econômico e de cooperação cultural, científica e técnica, substituindo a então existente comissão mista. No mais, os ministros discutiram sobre os pontos de convergência entre os dois países com relação à política externa: a recusa a todo tipo de hegemonia e alinhamentos automáticos, o apoio à autodeterminação dos povos e ao princípio de não ingerência nos assuntos de outras nações, a defesa da responsabilidade da comunidade internacional no estabelecimento de uma nova ordem econômica mundial e o desejo de que os países emergentes tivessem um papel mais destacado na cena internacional. No encontro, os ministros assinaram um acordo de cooperação marítima, que deveria estimular a realização de projetos conjuntos de construção naval e de equipamentos portuários. Durante sua permanência em Paris, Azeredo da Silveira também acertou os detalhes da viagem oficial que Geisel faria à França em abril de 1976.[12]

No início do ano seguinte, foi a vez do ministro Sauvagnargues retribuir a visita.[13] Ele esteve no Brasil, acompanhado do ministro francês do Comércio Exterior e futuro primeiro-ministro, Raymond Barre, entre os dias 28 de janeiro e 1º de fevereiro de 1976. Durante sua permanência, foi instalada a Grande Comissão franco-brasileira, que tinha como propósito reunir-se todos os anos alternadamente nos dois países. Na ocasião, ficou decidido que, a partir de 1977, seria estabelecido um programa plurianual de cooperação técnico-científica para que as áreas definidas como prioritárias fossem impulsionadas — isto é, administração pública e privada, geologia, formação de engenheiros, questões energéticas, aeronáutica, transportes, telecomunicações, saúde e agricultura.[14]

39

Retrocessos no processo de abertura política

Desde os últimos meses de 1975, o contexto brasileiro vinha sendo marcado pelo desgaste das relações entre os poderes Executivo e Legislativo. O AI-5 foi utilizado para efetuar prisões em mais de uma ocasião, principalmente nos meios universitários, intelectuais e jornalísticos. Em outubro de 1975, ocorreu a morte do jornalista Vladimir Herzog nas dependências do DOI--Codi de São Paulo. Houve ainda a cassação do senador do MDB Wilson Campos, acusado de corrupção eleitoral. Tinha-se a impressão de que o processo de distensão política recuava. Ao mesmo tempo, as alas militares radicais usavam o perigo dissimulado das atividades subversivas para bloquear a abertura, que consideravam prematura.[1]

A crise do "milagre brasileiro", em decorrência da grave recessão econômica mundial, também marcava aquele período. Vivia-se uma deterioração da balança comercial, fazendo com que o governo buscasse uma elevação progressiva das restrições para importação e estimulasse as exportações. Concomitantemente, buscou-se incentivar a compra de bens de produção pelas indústrias, de modo a favorecer a venda de produtos industrializados para o exterior. No entanto, com o aumento das taxas de desemprego, intensificou-se o descontentamento dos trabalhadores, gerando novas tensões sociais.

No decorrer de 1976, as cassações do deputado federal Marcelo Gato e do deputado estadual por São Paulo Nelson Fabiano Sobrinho, ainda no movimento de reação do regime contra o apoio clandestino dado pelo Partido Comunista a candidatos do MDB, foram vistas pela Embaixada francesa como um claro aviso do governo sobre o que seria tolerado da oposição. Os parlamentares criticaram publicamente, por meio de nota, a ação dos órgãos de segurança. Assim, para Legendre, a verdadeira razão das cassações teria sido evidenciar "a influência potente da polícia política", mostrando que "o regime revolucionário [estava] cada vez mais fechado em um círculo vicioso de atos de força".[2] De acordo com o embaixador francês:

> Desde o início de 1976, o país se encontrava em uma fase de recrudescência das atividades repressivas e de intensa propaganda anticomunista. Com a aproximação das eleições municipais de novembro de 1976, os dirigentes brasileiros pareciam querer restringir ao máximo a liberdade de manobra da oposição legal e clandestina.[3]

Conforme avaliação do embaixador Delfim Netto, o Brasil era o país latino-americano que mais tinha espaço na imprensa francesa, tanto escrita como audiovisual. O jornal *Le Monde*, por exemplo, mantinha um enviado especial permanente, entre os países da região, apenas no Brasil. Naquela ocasião, esse jornalista era Charles Vanhecke. No entanto, embora os periódicos reconhecessem o êxito dos programas de desenvolvimento econômico adotados pelo governo brasileiro, ressaltando a importância de se estimular o comércio francês com nosso país, as análises sobre política interna permaneciam adotando um tom geral de crítica ou, segundo Delfim Netto, "um esquema interpretativo preconceituoso".[4] A retomada de medidas autoritárias pelo governo, que foi avaliada pela Embaixada francesa como um retrocesso do processo de abertura, não passou despercebida pela imprensa do país.

A conjuntura francesa também vinha sendo pautada pela crise econômica, o que havia gerado um clima de inquietude social. O presidente Giscard d'Estaing, que iniciara seu mandato em maio de 1974, enfrentava forte oposição dos grupos de esquerda. A taxa de desemprego aumentou expressivamente e o governo tentou intervir junto às empresas para tentar evitar que dispensassem seus funcionários. Giscard d'Estaing tinha um projeto político liberal, modernizador e pró-europeu.[5] Ele propunha uma série de reformas que buscavam diminuir o impacto da crise econômica mundial sobre a França.[6] No campo da política externa, o país continuava mostrando sua vontade de independência dos norte-americanos e a preferência por uma política de distensão, cooperação e solidariedade com os demais Estados do mundo. Posturas que seguiam a orientação gaullista. Em contrapartida, Giscard d'Estaing posicionava-se de modo menos grandiloquente que Charles de Gaulle, buscando afastamento das questões internacionais que não afetassem diretamente a França. O presidente também se esforçava para levar adiante o projeto de construção europeia, dando ênfase às relações bilaterais. Também, procurou fortalecer os vínculos com a comunidade francófona, estabelecendo relações mais dinâmicas.[7]

40

Viagem de Geisel à França

O convite para que o presidente Geisel visitasse a França foi feito por Giscard d'Estaing em agosto de 1975 e foi prontamente aceito.[1] Seria a primeira viagem oficial à França de um presidente brasileiro e a primeira de um chefe de Estado da América Latina, desde a visita do presidente mexicano Echeverría, em 1973.[2] Geisel iria acompanhado estrategicamente pelos ministros das Relações Exteriores, Azeredo da Silveira; da Indústria e Comércio, Severo Gomes; de Minas e Energia, Shigeaki Ueki; e do Planejamento, João Paulo dos Reis Veloso — áreas consideradas prioritárias em seu relacionamento com a França. A percepção do Quai d'Orsay era que, às vésperas da viagem de Geisel, as relações franco-brasileiras vinham experimentando um movimento de intensificação. O clima pesado que havia se criado entre os dois países após a assinatura do acordo nuclear germano-brasileiro já havia melhorado e a tendência observada era que a viagem faria muito bem para os negócios bilaterais.[3]

A poucos dias da partida de Geisel, a Secretaria de Estado recebeu a informação de que um atentado estaria sendo preparado contra o presidente brasileiro pelos militantes Ronaldo Dutra Machado (ALN) e Ricardo Zarattini (PCBR). Ambos estavam vivendo exilados em Portugal. Zarattini era acusado de participar do atentado a bomba no aeroporto de Recife, em julho de 1966, que tinha por objetivo atingir o então ministro do Exército, marechal Costa e Silva.[4] Os órgãos de segurança foram alertados e a representação brasileira em Paris deveria fornecer fotos dos dois indivíduos, que constavam do "Álbum dos brasileiros banidos do território nacional", citado na parte anterior.[5] Algumas semanas mais tarde, a Secretaria de Estado enviou para o posto em Paris um levantamento mais detalhado a respeito dos dois militantes.[6] No entanto, ao que tudo indica, o caso realmente não passou de suspeita, pois não encontrei outros documentos que o mencionasse.

Além disso, a Embaixada recebeu um abaixo-assinado entregue por um representante do Comité Brésil Amnistie, Guy Aurenche.[7] O documento possuía cerca de 5 mil subscrições de membros de diversas organizações jurídicas, religiosas e humanitárias, assim como de personalidades de várias tendências políticas. Sua finalidade principal era aproveitar a visita de Geisel à França para solicitar ao governo brasileiro uma anistia geral no país para todos os presos políticos, banidos e exilados. Ao encaminhar o requerimento à Secretaria de Estado, Delfim Netto sugeria que os nomes ali presentes deveriam ser informados à polícia francesa, para que "pudessem ser objeto de verificações". A notícia da entrega da petição à Embaixada foi noticiada pelo jornal *Libération*.[8] De todo modo, até aquele momento, de acordo com o embaixador, nenhum evento parecia suscetível de interferir no desenrolar da viagem do presidente brasileiro.[9]

No entanto, outras manifestações contra a visita de Geisel foram feitas. No dia 15 de abril, o Partido Socialista, por meio de seu boletim de imprensa, pediu o cancelamento "da viagem à França do ditador brasileiro". A publicação afirmava ainda que

> o Brasil está mergulhado na repressão, a única resposta da ditadura militar à renovação do movimento oposicionista. Prisões, torturas, assassinatos de jornalistas, de militantes políticos e sindicais, exílios e banimentos se sucedem. Para milhares de brasileiros, a liberalização do regime é uma palavra vazia de sentido. O general Geisel vem a Paris pedir ao governo e às grandes empresas francesas para investirem no seu país a fim de tentar sair da crise econômica que doze anos de ditadura militar o colocaram.

O documento foi publicado no jornal *L'Humanité*, o qual acrescentava que o manifesto tinha o apoio de organizações tais como France-Amérique Latine, Movimento de Radicais de Esquerda, Partido Comunista Francês, Partido Socialista, Partido Socialista Unificado, Frente Progressista, Confederação Francesa Democrática do Trabalho, Confederação Geral do Trabalho, Federação da Educação Nacional, Associação Francesa de Juristas Democráticos, seção francesa do Movimento Internacional de Juristas Católicos e Cimade.[10]

Além disso, de acordo com apurações feitas pela Embaixada, um protesto estava sendo organizado pela Associação dos Estudantes Latino-Americanos na França para ser realizado na Cidade Universitária de Paris na noite do dia 21 de abril. O convite para a manifestação era uma folha mimeografada na qual havia um mapa da América Latina e a silhueta de um homem em uniforme. Ao lado do mapa, aparecia a frase: "Geisel, carrasco do povo brasileiro, fora da França!" A finalidade seria "denunciar o expansionismo brasileiro no continente".[11] No mesmo contexto, os órgãos brasileiros de segurança averiguaram que o deputado cassado Lysâneas Maciel teria recebido um convite do Partido Comunista Francês para ir a Paris participar das manifestações contra a visita de Geisel. Além de uma ordem emitida pela Secretaria de Estado para que a polícia francesa fosse comunicada, não encontrei mais dados sobre a possível presença de Maciel na França.[12] Houve também protestos dos frades dominicanos de Eveux-sur-l'Arbresle, no departamento de Rhône, que enviaram uma carta ao presidente francês, publicada pela AFP.[13] A mesma Agência divulgou o protesto do deputado socialista Daniel Benoît feito na Assembleia Francesa.[14] Já o jornal *L'Humanité* publicou um manifesto feito pelos deputados comunistas e também uma declaração da Confederação Geral do Trabalho.[15] O *Quotidien de Paris* veiculou o artigo "Brasil: clamores de protestos contra a visita de Geisel a Paris", no qual afirmava que não era possível listar todas as personalidades e organizações que tinham enviado cartas de protestos ao jornal, mas destacava algumas, tais como: Amnesty International ("é escandaloso que as mais altas autoridades francesas rendam homenagem acolhendo oficialmente o chefe de um país onde existe um verdadeiro regime de exceção"), Comité France-Amérique Latine,

Partido Socialista Unificado, entre outros.[16] No dia 23 de abril, *Le Monde* publicou um texto intitulado "Inúmeros protestos contra a próxima visita do presidente Geisel a Paris" e, no dia seguinte, um outro, "Testemunho: vida cotidiana e torturas policiais", que tratava das mortes de militantes políticos, sindicalistas e camponeses, vítimas da violência do regime militar. O artigo trazia o depoimento do agricultor "sobrevivente" Manuel Conceição Santos, presidente de um sindicato de trabalhadores rurais no Maranhão.[17] A Embaixada registrou ainda, durante a inauguração de uma exposição de pintores brasileiros em Paris, patrocinada por Roberto Marinho, uma distribuição de panfletos incitando os artistas a se solidarizarem com os protestos contra a ditadura militar.[18]

A poucos dias da chegada de Geisel, uma das matérias mais mordazes contra o governo brasileiro foi publicada pelo jornal católico *La Croix*, no dia 22 de abril, sob o título "A ordem que reina no Brasil". O texto criticava duramente o presidente Giscard d'Estaing por saudar o chefe de uma ditadura militar que, "desprezando as liberdades públicas e os direitos os mais elementares da pessoa humana, impõe sua lei de opressão a todo um povo". De acordo com o periódico, embora o regime brasileiro fosse menos espetacular que o de Pinochet, os dois equivaliam-se em imprudência ao se declararem defensores da civilização cristã. Em seguida, condenavam-se os métodos repressivos que, sob o pretexto de acabar com a chamada "subversão", vinham sendo usados sistematicamente desde o golpe de Estado de 1964 contra todos aqueles que se opunham à institucionalização da ditadura e aos seus atos criminosos. Também, acusava-se o governo do Brasil de impor um modelo de desenvolvimento que permitia às empresas multinacionais, bem como aos grandes monopólios nacionais, explorar sem limites as riquezas naturais do país, deixando cerca de 80% da população à margem dos resultados do "milagre econômico". Ressaltava-se ainda que a única instituição que o regime ainda não havia conseguido submeter aos seus desígnios era a Igreja Católica, que nunca havia cessado de denunciar as injustiças sociais e os crimes de um governo que se dizia cristão. Por fim, dirigindo-se ao presidente francês, interrogavam-no: "A solidariedade, senhor Giscard d'Estaing, você que ama olhar os franceses no fundo dos olhos, a solidariedade da França, a quem você irá oferecê-la? Ao torturador que traz contratos econômicos sem dúvida rendosos ou às suas vítimas?"[19]

No mesmo dia, o jornal *Le Figaro* divulgou uma longa entrevista feita com o presidente Geisel, na qual foram tratados principalmente temas sobre as relações franco-brasileiras nos domínios político, comercial e econômico, além da importância da viagem para o fortalecimento dos vínculos bilaterais. Nota-se que, para Geisel, era importante ressaltar que tanto a França quanto o Brasil estavam ligados aos mesmos valores da civilização e do mundo ocidental. As questões foram respondidas por escrito e não houve perguntas mais diretas acerca das críticas geralmente feitas aos aspectos repressivos do governo brasileiro. Geisel ressaltou apenas que esperava poder "dissipar possíveis visões equivocadas do Brasil" e que considerava menos importante "definir os limites do que se podia chamar de 'liberalização' do que o de tornar eficiente o exercício das liberdades individuais".[20] O presidente brasileiro concedeu entrevistas a vários outros veículos midiáticos do país, porém a abordagem adotada foi fundamentalmente a mesma em todos eles.[21] A reportagem que foi ao ar pelo canal televisivo TF1, por exemplo, foi considerada pelo serviço diplomático brasileiro bastante objetiva em sua intenção de realizar um balanço da visita de Geisel ao país.[22]

A imprensa brasileira, de modo geral, avaliou a viagem de Geisel, que também incluiria a Grã-Bretanha e o Japão, como uma espécie de manifestação de uma "potência emergente que aspira depender menos exclusivamente dos Estados Unidos".[23] Ao mesmo tempo, havia uma clara preocupação diante do que era considerado um teste para o governo brasileiro, isto é, pela primeira vez um presidente militar seria exposto diretamente a apreciações e julgamentos de um segmento da opinião internacional muito crítico, se não hostil, ao regime.[24]

Segundo o Quai d'Orsay, a viagem, ocorrida entre 26 e 28 de abril, havia sido muito proveitosa para as relações bilaterais. No campo político, foi possível reafirmar a convergência franco-brasileira sobre várias questões, notadamente sobre o diálogo Norte-Sul e a situação da África. Os principais resultados econômicos foram: o acordo sobre a participação francesa no programa hidrelétrico de Tucuruí, a concessão de crédito bancário para a construção do complexo petroquímico de Porto Alegre e do terminal açucareiro de Santos e a definição da participação francesa no projeto siderúrgico da Açominas. Além disso, foi estabelecido um acordo de cooperação em matéria de energia solar. Para o Quai d'Orsay, apesar dos inúmeros protestos — que, afinal, foram considerados menos intensos do que era esperado —, a visita havia transcorrido de modo bastante satisfatório e pacífico.[25]

O mesmo otimismo pautava a imprensa brasileira, inicalmente apreensiva com a repercussão da viagem. A presença de Geisel na França foi avaliada como uma vitória política além das expectativas. Para o jornal *O Estado de S. Paulo*, por exemplo, Giscard d'Estaing havia aberto as portas da respeitabilidade internacional ao presidente Geisel. Assim, o peso das reações negativas de parte da opinião pública francesa foi reduzido.[26] Nesse sentido, a Assessoria de Relações Públicas (ARP) editou uma publicação para fazer o registro oficial da viagem. Composto pelo cronograma detalhado da visita de Geisel à França, o pequeno livro traz fotos, transcrições dos discursos pronunciados pelas autoridades e a repercussão do evento na imprensa dos dois países. Obviamente, as críticas veiculadas pelos meios de comunicação franceses não foram citadas. Fez-se apenas uma breve menção a alguns comentários desfavoráveis ao governo brasileiro, extraídos de "jornais de extrema esquerda",[27] tais como o *Le Monde*. Há também a menção ao fato de que, durante sua passagem por Paris, Geisel inaugurou o funcionamento do sistema telefônico DDI entre o Brasil e a Europa. Em suma, a viagem foi avaliada pela presidência como extremamente positiva:

> À credibilidade e respeitabilidade que no plano político foram consolidadas nas nossas relações com a França, cabe acrescentar os resultados alcançados no plano da cooperação econômica. A França está decididamente interessada em participar de substanciais projetos aos quais a viagem presidencial deu impulso definitivo.[28]

41

Colaboração franco-brasileira no âmbito da perseguição a "subversivos"

Em março de 1974, o jornalista Laymert Garcia dos Santos, correspondente do jornal *Opinião* em Paris, estava na mira do serviço diplomático brasileiro, a pedido da comunidade de informações e com auxílio da polícia francesa. Garcia dos Santos estaria participando, em conjunto com exilados chilenos, de reuniões "de caráter político" na Universidade Paris VII. Tais eventos estariam sendo organizados por grupos trotskistas. De acordo com os dados levantados pelos serviços especiais da polícia francesa, o jornalista recebia regularmente recortes de periódicos brasileiros enviados pelo correio em nome de "Mademoiselle Garcia dos Santos". Para apurar informações mais detalhadas sobre o jornalista, Lyra Tavares solicitou autorização ao Itamaraty para consultar o serviço de imprensa do Quai d'Orsay. O intuito era averiguar se Garcia dos Santos possuía autorização do governo francês para atuar legalmente como jornalista no país.[1] Em resposta, a Secretaria de Estado comunicou que não havia registros sobre Garcia dos Santos nos arquivos dos órgãos de informações, no entanto, afirmava: "[*Ele*] certamente não teria sido designado correspondente do *Opinião* se não possuísse afinidades com a esquerda militante." Em contrapartida, recomendava que o embaixador não recorresse ao Quai d'Orsay, "que deveria ser mantido [...] alheio às buscas que a polícia francesa estava procedendo e a essa troca de informações, que se estava revelando muito proveitosa". Assim, aproveitava para requerer ao embaixador, a pedido da comunidade de informações, que procedesse a um levantamento de dados, junto às autoridades francesas, sobre Márcio Moreira Alves.[2]

O mecanismo de colaboração também funcionava por iniciativa da polícia francesa.[3] Em setembro de 1974, a imprensa francesa noticiou que o cidadão Guy Valette havia sido preso em Porto Alegre e, por essa razão, o comissário de polícia Protti, "que repetidas vezes vinha colaborando com a Embaixada", solicitou esclarecimentos às autoridades brasileiras.[4] A Secretaria de Estado informou que o cidadão francês tivera sua prisão administrativa decretada pelo Ministério da Justiça, enquanto aguardava a conclusão do processo de expulsão do qual era vítima por estar "envolvido em atividades contrárias ao interesse nacional". Guy Valette trouxera para o território brasileiro correspondências de "subversivos [...] e estava envolvido na coleta de dados a serem utilizados em campanha difamatória contra o Brasil".[5] A Embaixada recebeu a visita de quatro professores franceses que foram entregar uma petição pela soltura de Valette, foram eles: Alfred Kastler, membro da Academia de Ciências da França; Jean Picart le Doux, artista plástico; Jean Schapira, diretor do Instituto de Patologia Molecular; e Laurent Schwartz, matemático e membro correspondente da Academia de Ciências do Brasil.[6]

No programa de trabalho da Embaixada para 1975, há uma seção intitulada "Análise e acompanhamento da ação de brasileiros nocivos à segurança nacional na França", na qual a representação diplomática era orientada, por ordem do Sisni, a monitorar os opositores do regime em solo francês. O grupo mais visado era o de estudantes universitários, muitos dos quais bolsistas do governo francês, que promoviam "campanhas contra o governo brasileiro". De acordo com o documento, as gestões da Chancelaria junto às autoridades francesas, no sentido de "evitar a permanência na França de brasileiros ligados às atividades em questão ou de mantê-los sob controle, só teriam sucesso caso esses brasileiros desenvolvessem atividades ilícitas perante a legislação francesa". Assim, as ações de grupos ou indivíduos que pudessem prejudicar a imagem do Brasil deveriam ser imediatamente comunicadas à Secretaria de Estado.[7] De todo modo, de acordo com a Embaixada, o contato frequente com as autoridades francesas vinha gerando trocas de informações muito úteis "sobre as atividades subversivas de certos grupos ou indivíduos".[8] Além disso, as Circulares 2.456 e 9.870, de 1973 e 1974, respectivamente, determinavam que a concessão de passaportes ou títulos de nacionalidade deveria ser obrigatoriamente precedida de consulta à Secretaria de Estado.[9]

Na 32ª reunião da Comissão de Direitos Humanos das Nações Unidas, realizada em março de 1976, seria analisado o caso específico das denúncias contra o Brasil. Desconfiava-se que o representante da França, Pierre Juvigny, iria se pronunciar de modo desfavorável ao governo brasileiro. Assim, nos bastidores, os representantes diplomáticos na França foram orientados a interceder junto ao Quai d'Orsay para ter a garantia de que o Brasil não fosse condenado na supracitada Comissão. O conselheiro René Gros, encarregado da divisão de Direitos Humanos do ministério, afirmou que a França adotava a postura de não "votar medidas que, sob a capa de razões humanitárias, interferissem na política interna de outros países". De todo modo, Juvigny atuava em caráter pessoal e, portanto, não seria possível influenciar sua apreciação sobre o caso do Brasil.[10] Apesar de ser indicado pelo governo francês, o representante do país era escolhido entre pessoas sugeridas por associações francesas de direitos humanos e tinha um posicionamento independente.[11]

Em uma reunião preliminar da Comissão, ocorrida em Genebra, em janeiro de 1976, concluiu-se que nenhuma medida deveria ser tomada contra o Brasil. No entanto, o representante francês "manteve, isoladamente, atitude de condenação" ao país. O parecer resultante dessa reunião seria votado pela Comissão de Direitos Humanos no mês seguinte. Por esse motivo, a Embaixada brasileira deveria fazer uma nova tentativa de interferir junto ao Quai d'Orsay para mudar o posicionamento de Juvigny e este passasse a apoiar o arquivamento do dossiê ou ao menos se abster.[12]

No dia 3 de março, quando efetivamente ocorreu, em caráter secreto, a 32ª sessão da Comissão de Direitos Humanos, o relatório da reunião preliminar foi votado e optou-se pela não condenação do Brasil. Apenas Estados Unidos, Canadá e Áustria se opuseram à decisão. Ao final, ao lado de Cuba, Reino Unido, Itália, Alemanha e Lesoto, a França resolveu se abster. O dossiê seria, portanto, arquivado. De acordo com a Secretaria de Estado, Juvigny — que inicialmente discordava do arquivamento — acabou por defender a tese de que "o Brasil vinha adotando medidas judiciosas e oportunas para a defesa dos direitos humanos de sua população". Assim, a Embaixada em Paris deveria "transmitir ao governo local o reconhecimento pela atitude de cooperação demonstrada na fase de consideração final do dossiê brasileiro".[13]

42

O estado das relações franco-brasileiras no final do governo Geisel

Ao final da primeira metade do governo Geisel, o Brasil continuava a ser o primeiro parceiro comercial francês na América Latina. Embora as trocas permanecessem em níveis modestos, o Brasil estava em 19º lugar geral entre os fornecedores de produtos para a França e era o 28º cliente daquele país, sendo que a balança comercial favorecia o lado brasileiro, com tendência a acentuar ainda mais o desequilíbrio. Já a França era o sexto parceiro comercial do Brasil, tendo havido um crescimento significativo do volume de compras de produtos agrícolas, destacando o café e a soja. Além disso, a indústria francesa teve um papel muito relevante no esforço de industrialização do nosso país. Naquele contexto, alguns contratos importantes foram firmados como, por exemplo, o projeto de trens suburbanos do Rio de Janeiro e de São Paulo,[1] a eletrificação da rodovia entre Santos (SP) e Uberaba (MG), a cooperação na construção da hidrelétrica de Tucuruí,[2] além da participação em projetos de siderurgia, petroquímica (polo do Rio Grande do Sul), energia elétrica (Central de Itaparica, Central de Itaipu) e telecomunicações. Os investimentos franceses no Brasil representavam dois terços do que aquele país aplicava na América Latina. No entanto, a avaliação de Legendre era de que o volume das transações franco-brasileiras ainda estava aquém das potencialidades do Brasil e da capacidade da indústria francesa. Naquele período, em razão da crise econômica, o Brasil fazia um movimento para favorecer suas exportações e restringir as importações. Além disso, procurava fortalecer suas relações com a África e o Oriente Próximo, o que levava Legendre à conclusão de que possivelmente "em vez de um parceiro, [*a França*] encontraria [*no Brasil*] cada vez mais um concorrente".[3]

Dentro da lógica de uma política externa subordinada ao binômio segurança nacional e desenvolvimento econômico, ocorria também nesse contexto uma aproximação brasileira com relação aos regimes militares dos países vizinhos — Uruguai, Paraguai, Bolívia e Chile —, buscando exercer o papel de líder na região. Observava-se também um esforço de modernização das Forças Armadas.[4] Contudo, a crise levou a uma queda do comércio de armas, o que fez o Brasil buscar constituir uma produção nacional nesse domínio, como evidencia a fundação da Indústria de Material Bélico do Brasil (Imbel), em julho de 1975. As Forças Armadas passavam, gradativamente, a importar apenas para satisfazer as necessidades pontuais e circunstanciais.[5]

No plano da política interna, as consequências que um possível crescimento do MDB nas eleições municipais de novembro de 1976 poderia gerar já causavam apreensão nos meios diplomáticos franceses desde o início daquele ano. Para Legendre, seria difícil prever quais seriam os efeitos da Lei Falcão sobre os resultados das eleições, pois o dispositivo tendia a favorecer os candidatos da Arena. A Embaixada francesa interpretou a lei como uma contenção do processo de abertura política. O pleito era considerado um teste pelo governo. Em linhas gerais, o novo regulamento previa a restrição do acesso aos meios audiovisuais pelos candidatos às eleições de 1976. Os veículos midiáticos podiam apenas mencionar a identidade do candidato, seu currículo e número de registro no TRE. Os parlamentares da oposição se recusaram a votar a citada lei, pois a consideravam obscurantista, servindo como uma forma de impedir o debate político.[6]

As eleições de 1976 deram motivos de comemoração para os dois partidos. A Arena conseguiu vencer na maior parte dos municípios, obtendo a maioria dos assentos. Em contrapartida, embora o MDB não houvesse apresentado candidatos em muitas circunscrições rurais, o partido foi vitorioso em várias localidades importantes e com mais de 100 mil eleitores. O MDB conseguiu sessenta das cem maiores cidades do país e 11 das 24 capitais, incluindo São Paulo, Rio de Janeiro, Belo Horizonte e Porto Alegre, apesar das depurações que havia sofrido e dos constrangimentos impostos pela Lei Falcão. Segundo Legendre, "o objetivo principal dessas eleições era, sem se arriscar excessivamente, demonstrar à opinião pública, no interior como no exterior do país, que o regime não temia o recurso ao sufrágio universal".[7]

O contexto das eleições coincidiu com a publicação pela CNBB de um documento bastante crítico ao governo: "Comunicação pastoral ao povo de Deus". A mensagem saía em defesa das populações indígenas, condenava a supressão das garantias individuais, o abuso do poder do Estado, as prisões arbitrárias, a tortura e a injustiça do sistema social.[8] A relativa paz que vinha pautando as relações entre a Igreja e o Estado desde o início do governo Geisel foi interrompida. Tal conjuntura foi agravada por episódios ocorridos ao longo de 1976: o sequestro de dom Adriano Hipólito, a morte dos padres Lubenkeim e Burnier, a prisão do padre Florentino Maboni, a expulsão do padre Fontanella, e a censura a dom Helder, por meio de uma ordem por escrito da Polícia Federal.[9]

No mesmo contexto, o episcopado de Genebra junto à Comissão do Terceiro Mundo da Igreja Católica denunciou em um relatório as perseguições sofridas por membros da Igreja na América Latina, citando nominalmente o Brasil. Os religiosos faziam apelo aos católicos europeus para que se mobilizassem em favor da Igreja latino-americana. A denúncia foi publicada pelo jornal *Le Monde*.[10] Os conflitos ganhavam uma extensão muito mais ampla que as relações entre a Igreja Católica e os governos ditatoriais latino-americanos.

A sucessão presidencial começou a ser discutida desde o final de 1976. Muitos nomes eram cogitados, mas Geisel fazia questão de afirmar que o processo sucessório pertencia a ele, decerto buscando reforçar sua posição de autoridade. De todo modo, após as eleições municipais de 1976, segundo a Embaixada, o presidente pôde preparar sua sucessão com mais tranquilidade e voltar-se para as questões internas do país, sobretudo o equilíbrio econômico-financeiro. Geisel vinha conseguindo manter a estabilidade política interna, apesar do crescimento paulatino da força oposicionista do MDB, bem como de outros grupos da sociedade civil. Para a Embaixada, não era possível prever ainda se o calendário eleitoral seria respeitado e de que modo seria aplicado. Poderiam surgir surpresas para limitar os riscos do sufrágio universal, tal como havia ocorrido com a Lei Falcão.[11]

No âmbito externo, o país continuava a reafirmar seu objetivo de independência nacional, o que foi muito reforçado com a pressão que começou a ser exercida pelos Estados Unidos após a eleição de Jimmy Carter. O governo estadunidense passou a dar mostras de adesão às ideias de Carter a respeito dos direitos humanos e da não proliferação nuclear. As críticas feitas ao regime militar por diversos grupos da sociedade civil norte-americana, incluindo membros do Congresso, passaram a ganhar o apoio do Poder Executivo do país.[12] Um relatório da Comissão de Estudos sobre as Relações entre os Estados Unidos e a América Latina, vinculada ao Departamento de Estado, classificou o regime brasileiro como uma "ditadura militar repressiva", insistindo sobre a proteção dos direitos humanos, e isso passou a gerar real temor de que o país pudesse tomar medidas concretas contra o Brasil. Uma das recomendações do documento era que os Estados Unidos reforçassem sua ajuda aos mecanismos de controle da Comissão Interamericana de Direitos Humanos (CIDH). Além disso, o auxílio militar e a venda de armamentos deveriam ser interditados para países que violavam sistematicamente e de maneira flagrante os direitos fundamentais do homem. Essa situação possibilitou a observação dos limites do pragmatismo responsável brasileiro. Segundo Legendre, "as autoridades logo se deram conta de que elas não poderiam manter a situação de confronto com os Estados Unidos. Sem dúvida, a prioridade seria o restabelecimento de relações normais com Washington".[13]

Nesse contexto, houve inicialmente, em março de 1977, a recusa da assistência militar especial dos Estados Unidos em protesto contra o que as autoridades brasileiras consideravam uma ingerência em seus assuntos internos. Dias depois, o regime denunciou o Acordo de Assistência Militar entre Brasil e Estados Unidos, que estava em vigor desde 1952.[14] Naquele momento, tal atitude representava muito mais um posicionamento político, um mero incidente diplomático, que uma medida para romper efetivamente as relações militares entre os dois países.

Ao mesmo tempo, o governo estadunidense opunha-se arduamente à execução do acordo nuclear com a Alemanha. Além da instalação de centrais eletronucleares, o convênio previa o fornecimento, com transferência de tecnologia, de usinas de enriquecimento de urânio, o que, quando executado, daria ao Brasil os meios de constituir eventualmente seu próprio armamento nuclear. Tal cenário desagradava muito os Estados Unidos. O acordo não havia sido afetado até aquele momento, no entanto, as campanhas da imprensa diziam que o futuro das relações do Brasil com os norte-americanos dependeria de saber se Carter possuiria os meios de impedir a efetivação do convênio.

Internamente, uma política de maior austeridade foi colocada em execução em vista da desaceleração econômica. Não havia expectativa de melhora para a segunda metade do mandato de Geisel. No início de abril de 1977, o presidente brasileiro resolveu colocar o Congresso Nacional em recesso temporário, já que a emenda constitucional sobre a reforma judiciária havia sido rejeitada. Os meios audiovisuais estavam impedidos de comentar a crise entre o Poder Executivo e o Congresso. Contudo, a imprensa escrita, com rara liberdade, foi bastante crítica, julgando a medida como uma tentativa de marginalizar o Parlamento e um sinal da falência das instituições. O MDB, por sua vez, pronunciou-se de maneira bastante severa por meio de uma nota, na qual recusava ser responsabilizado por uma crise que julgava artificial e apenas um pretexto mal disfarçado para esconder os erros governamentais e os problemas econômicos criados ou não resolvidos por incompetência. Para Legendre, certamente, as iniciativas do governo dos Estados Unidos de condenar as violações aos direitos humanos e os alertar para os riscos da proliferação nuclear na América Latina teriam contribuído para o endurecimento do regime, que passou a adotar posições nacionalistas e antiliberais. O MDB vinha conseguindo se constituir no plano interno como uma das forças de oposição ao regime mais significativas, ao lado da Igreja, das universidades, dos estudantes secundaristas e, mais tarde, também dos meios sindicais.[15]

O presidente Geisel aproveitou os quinze dias de suspensão do Congresso para, além da reforma judiciária, impor uma série de medidas que modificariam substancialmente as regras do jogo político brasileiro. O chamado "Pacote de Abril" previa o aumento do mandato presidencial de cinco para seis anos, o adiantamento das eleições em três meses, a realização de eleições indiretas para governadores dos estados, a escolha de um terço dos senadores por via indireta e a determinação da proporcionalidade do número de deputados com relação à população de cada estado e não mais ao número de eleitores.[16] É possível afirmar que a crise de abril deixaria traços profundos na política brasileira.

Em junho de 1977, em uma reunião dos embaixadores da CEE em Brasília, o representante da Grã-Bretanha, Norman Statham, sugeriu que fosse elaborado um relatório comum sobre a questão dos direitos humanos no Brasil. A ideia do diplomata foi apoiada por vários participantes da reunião, sendo que o embaixador da Bélgica sugeriu que o documento preparado pelos norte-americanos deveria ser tomado como base. Já o embaixador francês foi instruído pelo Quai d'Orsay a opinar que a proposta deveria ser antes amadurecida para que, em seguida, o relatório fosse preparado.[17] Para a reunião seguinte, que seria realizada no mês de agosto, Legendre solicitou ao serviço de arquivo do Ministério dos Negócios Estrangeiros que lhe enviasse o relatório que havia sido feito pelos juristas Louis Joinet e Mario Stasi.[18] O documento fora elaborado como resultado de uma investigação sobre a prática de tortura no Brasil feita, em fevereiro de 1977, por Joinet e Stasi, a pedido do Movimento Internacional de Juristas Católicos da Pax Romana.[19]

Em seguida, a Embaixada francesa produziu um relatório a partir de informações recolhidas pelo estagiário Gilles Baudoin, aluno da École Nationale d'Administration, por meio de documentos, publicações da imprensa e entrevistas com personalidades brasileiras. De acordo com Legendre, ficava claro que, embora

> o Brasil estivesse verdadeiramente submetido [...] a uma regulamentação de princípio extremamente pesado e restritivo, a aplicação das regras era constantemente temperada por uma certa lassidão inerente ao caráter brasileiro e uma relativa moderação devida às ordens e à ação perseverante de Geisel.

Conforme o relatório enviado ao Quai d'Orsay, a ordem jurídica em vigor criava uma ameaça permanente ao exercício das liberdades essenciais, afetando frontalmente as liberdades políticas. Após fazer uma análise de como a legislação brasileira, ao conceder poder ilimitado ao presidente da República, afetava a vida política brasileira, Legendre concluía que, no Brasil, o excepcional virava a norma. Além disso, examinava a maneira como o governo vinha reagindo às pressões exercidas por grupos de oposição e pela opinião pública internacional. Em seguida, avaliava a impotência do direito internacional para lidar com a questão do respeito aos direitos humanos nos regimes autoritários, sendo que as violações haviam permanecido durante longo tempo como uma preocupação de ordem humanitária e restrita a algumas organizações internacionais, tais como Amnesty Internacional, Comissão de Justiça e Paz, entre outras, ou a alguns Estados isolados que tradicionalmente se sensibilizavam com a questão, como era o caso dos países escandinavos. Ainda de acordo com o documento,

> o controle das liberdades políticas no Brasil não era um simples acidente da história ligado à emergência de um Estado de fato, [mas] procedia de uma doutrina cujos principais elementos já haviam sido elaborados muito antes de 1964, [ou seja], na esteira das discussões após a II Guerra Mundial, os círculos militares brasileiros, desde 1948, dedicaram-se a definir os principais objetivos do país. O conjunto desses trabalhos, dos quais o presidente Geisel havia participado, foram condensados e formalizados posteriormente em um livro do general Golbery, a *Geopolítica do Brasil*.

Assim, o binômio segurança e desenvolvimento havia sido reafirmado por todos os governos brasileiros após a golpe de 1964 como diretrizes fundamentais da política do país. O relatório deixava claro que, ao menos até o governo Geisel, o Brasil reunia as características de uma ditadura, traduzidas por um clima de caça às bruxas e altos índices de violência policial. Ainda assim, mesmo nos momentos mais autoritários, o país conservou uma fachada democrática, o que seria devido à tradição legalista de alguns grupos militares. A ocorrência de tortura nos presídios teria diminuído consideravelmente após a chegada de Geisel ao poder. Na prática, desde

1964, o Brasil vinha tentando limitar o papel da CIDH, impedindo que a organização fizesse investigações em seu território. Na conferência da CIDH realizada em Granada, em 1977, o Brasil havia se recusado a votar pelo aumento dos recursos para a entidade, tampouco aceitou que fossem adotadas medidas que facilitariam seu trabalho. O país temia ter sua soberania questionada e, por essa razão, buscava relativizar a noção de direitos humanos. Para Azeredo da Silveira, a maneira como eram tratados os direitos humanos deveria estar ligada ao nível de desenvolvimento econômico dos Estados, portanto o Brasil não poderia se permitir a sofisticação dos países mais desenvolvidos a respeito dessa temática.[20] Publicamente, o país insistia no discurso da não ingerência em seus assuntos internos. De acordo com o relatório, a saída estava na mobilização da sociedade civil em busca de maior abertura, que poderia levar a mudanças institucionais importantes. Isto é,

> o sucesso de toda iniciativa de redemocratização do regime é ligado à modificação da relação de forças entre a linha dura e a fração legalista das Forças Armadas. Contrariamente às suas intenções aparentes, a política americana de direitos humanos, se não for conduzida com discernimento, arrisca favorecer mais o primeiro grupo que o segundo e atrasar por muito tempo o advento de um funcionamento democrático do Estado.

O chanceler criticava o destaque excessivo dado ao tema dos direitos humanos pela OEA. Sendo assim, não votou a resolução sobre o respeito aos direitos humanos, inspirada pelos Estados Unidos. Votou a favor de uma resolução proposta pela Argentina, que ligava todos os atos considerados "terrorismo e subversão" às violações aos direitos humanos. Contudo, essa resolução não obteve o número de votos necessários para ser aprovada.[21]

Ao deixar o posto em setembro de 1977, a avaliação do embaixador Legendre sobre o Brasil era de que o país era uma ditadura, onde "o Parlamento e a Constituição serviam de fachada". Ainda assim, não havia um único ditador, mas um presidente eleito periodicamente, com poder quase absoluto, mas sempre calcado nos desígnios do Alto-Comando das Forças Armadas. Legendre observava que havia um grande abismo entre aqueles que exerciam o poder e "as massas populares, sem organização e sem representação real, e que não tinham participação nem nos órgãos essenciais do poder, nem nas grandes decisões". Para ele, os dois partidos tinham uma formação artificial e não eram representativos da sociedade como um todo. Portanto, um dos princípios fundamentais do regime era jamais deixar livre a organização de uma força de oposição, que fosse sindical, política ou de qualquer outra natureza. Legendre defendia a perspectiva de que o Brasil seria uma potência no século XXI, mas que os caminhos para alcançar essa posição ainda eram muito incertos. Embora tudo indicasse que o próximo presidente seria o então chefe do SNI, João Figueiredo, ainda pairavam muitas dúvidas sobre a sucessão e sobre como o governo continuaria lidando com a anunciada abertura política. Da mesma forma, no plano econômico-financeiro, o país enfrentava muitas incertezas e desequilíbrios, sendo que o ritmo de desenvolvimento estava muito mais lento que nos anos anteriores.[22]

O novo embaixador, Jean Béliard, estava servindo anteriormente no México e ficaria no Brasil até abril de 1981.[23] Um dos primeiros episódios presenciados por ele, após chegar em Brasília, foi a crise gerada em decorrência da publicação pelo general Silvio Frota, recém-destituído do cargo de ministro do Exército, de um documento denunciando o que considerava ser a deformação e o abandono dos objetivos da "revolução". O militar fazia acusações graves contra o presidente Geisel e críticas veementes com relação à forma como vinha conduzindo o país. Tal forma, segundo ele, dava espaço para a "subversão" e afastava as Forças Armadas dos processos decisórios do país. Não se pode esquecer que, naquele período, Frota havia sido cotado entre os presidenciáveis para as eleições de 1979, contra a vontade de Geisel.[24] No mais, segundo o embaixador Béliard, o regime continuava a misturar habilmente a repressão policial com a manipulação do sufrágio universal, e Geisel vinha procurando se livrar dos perigos que tanto a esquerda quanto a direita pudessem representar para sua autoridade.[25]

O serviço diplomático francês notava que a atmosfera social do país ficava cada vez mais conturbada. Mesmo que Geisel lançasse mão de seus poderes excepcionais, um vasto movimento de reivindicações começava a ganhar corpo, desencadeado principalmente por iniciativas ligadas à

Igreja Católica e às universidades. Não demoraria para que os sindicatos também começassem a entrar em ebulição. Todos clamavam pelo retorno ao Estado de direito e pelo restabelecimento das garantias fundamentais. Para o embaixador Béliard, até o final de 1977, o governo brasileiro vinha agindo com "cumplicidade tácita" com relação aos protestos sociais, já que intencionava se mostrar liberal e democrático. No entanto, a partir de 1978, quando os movimentos contestatórios começaram a se avolumar, a postura das autoridades tomou outra forma e os protestos passaram a ser duramente reprimidos.[26]

A confirmação da escolha de Figueiredo como sucessor presidencial, revelada no início de 1978, acabou não representando nenhuma surpresa para a diplomacia francesa, pois, apesar de outros nomes terem sido cogitados, como o do general Silvio Frota, o então chefe do SNI era o escolhido de Geisel e, por conseguinte, o candidato indicado pela Arena. A repercussão da escolha foi bastante satisfatória para o regime, bem como teve boa recepção entre os meios empresariais.[27]

Logo após a indicação de Figueiredo como candidato à sucessão de Geisel, uma entrevista concedida por ele ao jornal *Folha de S.Paulo* causou constrangimento ao governo francês por ter criticado a democracia do país. Figueiredo afirmou que o poder do chefe do Executivo francês era exacerbado e que, após ter estudado minuciosamente a Constituição do país, concluiu que seu 16º artigo, que regulamenta as medidas a serem tomadas em caso de grave crise institucional, era "bem pior e muito mais discricionário que o AI-5". O militar declarou ainda que o sistema democrático francês era altamente manipulável de acordo com a vontade do presidente do país.[28] O Quai d'Orsay reagiu imediatamente enviando uma nota à sua Embaixada no Brasil na qual mencionava que as afirmações de Figueiredo revelavam um completo desconhecimento do sistema político francês e que, portanto, gostaria de confirmar se o jornal teria distorcido as palavras do futuro presidente brasileiro.[29] Em resposta, o porta-voz da Presidência da República declarou que as entrevistas concedidas pelo general tinham por objetivo informar o povo brasileiro a respeito de seus pensamentos sobre questões políticas e econômicas.[30] Já a *Folha de S.Paulo*, em nota, assegurou que havia reproduzido com exatidão as palavras proferidas por Figueiredo.[31]

A Embaixada em Paris, por sua vez, foi instruída a minimizar o incidente, dizendo que os jornalistas haviam publicado com má-fé uma conversa informal com o candidato oficial à presidência do Brasil. Buscaram atribuir as declarações de Figueiredo a uma suposta ingenuidade decorrente de sua falta de experiência em lidar com jornalistas, já que havia passado grande parte de sua carreira atuando no serviço secreto brasileiro.[32]

O adido francês das Forças Armadas, coronel Tretjak, defendia que, embora as concepções de Figueiredo fossem pouco conhecidas, ele não levaria "o país em direção ao horizonte democrático e liberal com o qual muitos sonhavam". Tretjak o considerava o mais bem preparado entre os militares para assumir a presidência, já que vinha mantendo contato estreito com o poder ao longo de muitos anos, além de ter sido eminência parda de dois presidentes sucessivamente e ter atuado no SNI. De acordo com o adido, por dispor de uma massa de documentos com informações sigilosas, era possível que ele fosse o mais habilitado para barrar as ações da oposição contra seu próprio governo.[33] Conforme estava previsto, no dia 15 de novembro de 1978, Figueiredo foi eleito pelo Colégio Eleitoral por 355 votos contra 226 e tomaria posse no dia 15 de março, permanecendo no poder pelos seis anos seguintes.[34]

A saída de Delfim Netto da Embaixada em Paris começou a ser divulgada em dezembro de 1977. Ele pediu ao presidente Geisel que fosse dispensado do posto pois queria voltar para o Brasil. O embaixador francês informou ao Quai d'Orsay que tal iniciativa estaria relacionada ao fato de que Delfim Netto pretendia se candidatar ao governo de São Paulo e, portanto, não poderia exercer funções públicas por seis meses antes das eleições. Como vimos, essa pretensão de Delfim já era anunciada desde o momento em que deixou a equipe econômica do governo, no início do mandato de Geisel.[35] No entanto, a Arena acabou optando por indicar Paulo Maluf como candidato do partido ao governo de São Paulo. A partir de meados de 1978, começaram a ser veiculadas graves críticas à atuação de Delfim tanto como ministro, quando teria manipulado dados divulgados pelo governo sobre inflação, quanto como embaixador, acusado de receber propinas em transações comerciais franco-brasileiras que ajudou a realizar. As acusações foram reunidas pelo então adido militar na Embaixada em

Paris, coronel Raimundo Saraiva Martins, em um documento que ficou conhecido como "Relatório Saraiva". Tais denúncias, no entanto, nunca foram comprovadas e acabaram não maculando o prestígio de Delfim Netto, que foi nomeado ministro da Agricultura no governo Figueiredo.[36]

Entre os dias 4 e 8 de outubro de 1978, ocorreu a visita oficial de Giscard d'Estaing ao Brasil. Durante sua estada, o presidente francês passou pelo Rio de Janeiro, Brasília, Manaus e Salvador. A viagem de Giscard d'Estaing ao nosso país estava inserida em uma conjuntura propícia a uma aceleração das relações bilaterais, iniciada desde quando Geisel estivera na França, em abril de 1976. De acordo com o Quai d'Orsay, o evento representava "o reconhecimento, por esse país de tradição, cultura e influência que é a França, da qualidade e do papel que atribuíam ao Brasil enquanto grande potência".[37] Ao final do encontro, foi assinado um contrato com a companhia francesa Alsthom-Atlantique para a fabricação de equipamentos elétricos de alta-tensão.[38] Na mesma ocasião, foi acertada a instalação de um entreposto brasileiro no Porto do Havre na França.[39]

Para a imprensa brasileira, de modo geral, a passagem do presidente francês pelo Brasil havia sido um sucesso. Naqueles primeiros dias de outubro de 1978, os editoriais dos principais jornais do país saudavam com entusiasmo a presença no Brasil de "um dos homens de Estado mais eminentes do mundo atual". Além disso, todos conservavam a expectativa de que a viagem de Giscard d'Estaing promoveria o fortalecimento das trocas franco-brasileiras em variados domínios.[40]

A situação das relações econômicas franco-brasileiras no término do governo Geisel continuava sendo avaliada pelo serviço diplomático da França como aquém das possibilidades que poderiam alcançar. No final de 1978, a França ocupava o sexto lugar entre os fornecedores do Brasil, atrás dos Estados Unidos, da Alemanha Ocidental, da Arábia Saudita, do Japão e do Iraque, detendo apenas 3% do mercado do país, o que representava 0,7% do comércio exterior francês. A balança comercial franco-brasileira continuava superavitária para o Brasil. Já no campo das finanças, a França estava em sétima colocação entre os investidores estrangeiros, atrás dos Estados Unidos, da Alemanha, do Japão, da Suíça, do Canadá e do Reino Unido, possuindo 3,8% dos investimentos estrangeiros no Brasil. Naquele contexto, segundo avaliação do Quai d'Orsay, a iniciativa de ganhar uma fatia maior do mercado brasileiro encontrava um obstáculo adicional, além da concorrência com alemães e norte-americanos, que era o crescimento das capacidades técnicas e industriais do país e, também, uma postura protecionista do governo com relação às contribuições estrangeiras para o desenvolvimento econômico brasileiro. Ainda assim, as empresas francesas estavam presentes em vários dos grandes projetos nacionais.[41] Entre a formação da Grande Comissão, em 1975, e o final de 1978, quando foi realizada a primeira reunião da Comissão Econômica Franco-Brasileira, as trocas comerciais bilaterais haviam crescido cerca de 80%, taxa superior à média daquela obtida com outros parceiros. O aumento tinha ocorrido de modo favorável às exportações brasileiras, pois as vendas francesas haviam caído pela metade no mesmo período. Já no âmbito financeiro, os investimentos de sociedades francesas no Brasil haviam crescido 32%, contra a média de 25% dos outros parceiros estrangeiros do país.[42]

Em seu último discurso de final de ano, em dezembro de 1978, Geisel iniciou sua fala comentando sobre a crise econômica mundial, considerada a mais grave desde o término da Segunda Guerra. No entanto, frisou que o Brasil vinha sendo afetado de maneira mais branda que o restante dos países, apesar do esperado aumento da inflação e do desemprego. A ênfase maior de sua exposição foi o fim das leis de exceção, entre as quais o AI-5, que, extintas pela Emenda Constitucional n. 11, passariam a deixar de valer no início de 1979. Para o embaixador Béliard, ficava a expectativa de como Figueiredo lidaria com as turbulências políticas e socioeconômicas que o país enfrentava sem ter as "medidas draconianas" a seu dispor. De todo modo, de acordo com o diplomata francês, os problemas brasileiros eram muito complexos e não era apenas a legislação que impedia o país de viver uma verdadeira democracia.[43]

Seja como for, a Embaixada francesa avaliava que, com as medidas de abertura política adotadas por Geisel, o Brasil dera fim ao regime de exceção iniciado em 1964. Retornava-se ao equilíbrio dos três poderes, os direitos políticos não poderiam mais ser proscritos, o *habeas corpus* e a inviolabilidade dos magistrados e parlamentares foram restabelecidos, a pena de morte e a prisão perpétua foram abolidas, bem como não poderia mais haver o banimento. Em contrapartida, logo nos primeiros dias de seu governo, Figueiredo teve que enfrentar a grande greve dos operários metalúrgicos do ABC paulista, tratando o movimento com extrema repressão policial. O movimento continuaria nos meses seguintes, tornando a situação política do país bastante conturbada.[44] Assim, como sabemos, o caminho do Brasil rumo ao estabelecimento de um regime democrático ocorreria com o enfrentamento de grandes percalços.

43
As mobilizações sociais pela anistia e o retorno dos exilados

A Lei de Anistia só foi sancionada no final de agosto de 1979,[1] ou seja, já durante a presidência de Figueiredo. No entanto, o tema já era discutido desde os momentos posteriores à chegada de Geisel ao poder. Para Geisel, a concessão da anistia deveria ser gradual, assim como a abertura. Ele defendia a necessidade de "sentir e acompanhar a reação, o comportamento das duas forças antagônicas: a área militar, sobretudo a mais radical, e a área política da esquerda e dos remanescentes subversivos".[2]

De todo modo, foge ao escopo deste trabalho discutir os meandros do percurso dos debates governamentais, assim como das pressões exercidas pelos diversos movimentos sociais pela anistia, até a elaboração do texto final da lei.[3] Aqui, cabe tecer considerações acerca da percepção do governo francês sobre o processo que culminou com a publicação da lei. Compete-me também observar de que modo o Itamaraty, suas representações no exterior, bem como os órgãos da comunidade de informações ligados ao ministério agiram diante das implicações que os movimentos sociais pela anistia tiveram em suas atividades.

Inicialmente, a Lei de Anistia foi vista pela Embaixada francesa como um gesto espetacular que permitia ao regime afirmar que o Brasil consolidava-se como uma democracia no sentido europeu do termo, mas que, ao mesmo tempo, era usado para desviar a atenção da sociedade brasileira dos graves problemas por que passava o país, sobretudo no âmbito das questões socioeconômicas. Além disso, a lei, considerada uma "concessão feita aos grupos de oposição", não ofereceria grandes riscos ao governo, já que, em um primeiro momento, não alterava o jogo eleitoral. De acordo com o embaixador Béliard, era preciso não superestimar a iniciativa. Cabe lembrar que a primeira versão da lei não abrangia os considerados terroristas, ou seja, os condenados por ataque à mão armada, sequestro e homicídio — o que, de acordo com os cálculos do governo, deixaria cerca de duzentas pessoas não anistiadas. De todo modo, estimava-se, na época, que a lei beneficiaria cerca de 5 mil pessoas. No entanto, tratava-se, fundamentalmente, de autorizar o retorno dos antigos líderes políticos e reconstituir os partidos até então proibidos como forma de fragmentar e enfraquecer o MDB.[4] Cabe lembrar que a Lei dos Partidos foi sancionada por Figueiredo em dezembro de 1979.[5] Embora a nova lei atendesse grande parte das reivindicações da oposição, o MDB, que nas eleições anteriores havia recolhido mais da metade do total de votos, chegou a expressar sua preferência pela manutenção do bipartidarismo, o que poderia facilitar sua ascensão ao poder. Essa não era, entretanto, a vontade dos líderes políticos que voltavam do exílio, como Brizola, Arraes e Prestes.

Os órgãos da comunidade de informações especializados em questões externas — o que incluía, como vimos, as representações diplomáticas brasileiras — buscavam monitorar todos os movimentos sociais que lutavam no exterior pela anistia. Em abril de 1976, o Ciex teve acesso a um panfleto do Comitê Brasil pela Anistia (CBA), entidade criada em Paris com a finalidade de "mobilizar a opinião pública francesa e europeia em favor de um movimento em âmbito internacional pela anistia geral no Brasil para todos os prisioneiros e condenados políticos e para todos os banidos e exilados".[6] O CBA, fundado em 1975, se tornaria uma das organizações mais atuantes no exterior.[7] Em setembro de 1976, o Ciex interceptou uma carta enviada por Vicente Campinas, residente na cidade francesa de Saint--Ouen, na qual solicitava sua inscrição como sócio do Comitê Pró-Anistia Geral no Brasil (CPAGB) com sede em Lisboa.[8] Dois meses mais tarde, o órgão detectou a existência de uma representação do CPAGB em Paris.[9] Os comitês pela anistia, criados em várias cidades da Europa, a partir de meados da década de 1970, foram, segundo Denise Rollemberg,

> uma expressão da redefinição dos exilados, em direção à luta pela defesa dos direitos humanos. Assumindo a campanha pela anistia, redefiniam substantivamente a própria concepção da volta, que não se daria mais em um quadro de enfrentamento direto com o regime, mas com a aprovação de uma lei que os reintegrasse à sociedade.[10]

Em maio de 1979, de acordo com a Embaixada em Paris, o jornal *Le Monde* noticiou que o CBA acabara de publicar seu primeiro boletim de informações destinado à divulgação no exterior. A publicação trazia uma lista "de todas as vítimas da ditadura desde 1964" e, também, um manifesto a favor de uma anistia "ampla, geral e irrestrita", já que, segundo a organização, a anistia parcial prometida pelo presidente Figueiredo não correspondia "aos anseios do povo brasileiro".[11] Assim, em agosto de 1979, ainda conforme o relato da Embaixada, a imprensa francesa deu grande divulgação à votação pelo Congresso Nacional da Lei de Anistia proposta por Figueiredo, sem, no entanto, "conseguir desvencilhar-se dos seus velhos preconceitos e estereótipos sobre a situação política no Brasil". Até mesmo os jornais de tendência conservadora, como *Le Figaro* e *L'Aurore*, tinham destacado o caráter restritivo da lei.[12]

É possível observar que, a partir de meados da década de 1970, cresceu o número de brasileiros que passaram a procurar o Consulado-Geral em Paris para obter documentos que comprovassem sua nacionalidade. Provavelmente, o fortalecimento dos movimentos pela anistia, que tinham em Paris um de seus centros mais importantes, tenha estimulado os indivíduos que sofriam perseguições de cunho político a tentar regularizar sua situação jurídica no Brasil. Nota-se que os brasileiros sobre os quais pesava a mácula da "subversão", da "corrupção" ou do "comunismo" foram frequentemente prejudicados, de diferentes formas e variadas intensidades, pelas ações da representação consular do Brasil em Paris, que, por sua vez, atuava em consonância com a comunidade de segurança e informações do regime militar.

No entanto, não é possível fazer um levantamento quantitativo exato a respeito desses indivíduos, pois, como já mencionei em outras passagens deste livro, o acervo consultado nos arquivos do Itamaraty apresenta diversas falhas, que consistem sobretudo na descontinuidade da sequência cronológica dos documentos disponibilizados aos pesquisadores. É muito comum, por exemplo, que só seja encontrado o registro de uma demanda que um cidadão fez ao Consulado brasileiro em Paris, sem que se consiga saber qual foi a resposta do órgão. Em outros casos, contrariamente, há apenas o resultado de determinada solicitação. Raras são as ocasiões em que é possível traçar o percurso completo de um requerimento de um cidadão brasileiro à representação consular, o que nos deixa com muitas perguntas sem solução. Todavia, isso não nos impossibilita de tecer considerações gerais sobre o *modus operandi* do serviço consular brasileiro em Paris no contexto ditatorial. Decerto, como ressaltei anteriormente, o ideal seria poder acessar a documentação em sua totalidade, bem como seria possível chegar a conclusões mais precisas se fosse realizada uma pesquisa global sobre a atuação das representações consulares do Brasil nas outras cidades francesas[13] e até mesmo em outros países. A partir das investigações que fiz até o presente momento, é possível inferir, por exemplo, que havia diretrizes de trabalho específicas para os consulados brasileiros em países sob regimes comunistas.

Conforme foi mencionado, as respostas às solicitações feitas por brasileiros ao Consulado-Geral em Paris deveriam ser precedidas por uma consulta à Secretaria de Estado, que, por sua vez, recorria aos órgãos de informações para obter dados detalhados do requerente. O objetivo era averiguar se o solicitante poderia ser considerado nocivo à segurança nacional de acordo com os parâmetros autoritários do regime então vigente. Normalmente, os principais pedidos feitos à representação consular eram relacionados ao passaporte, isto é, quando precisavam requerer um novo documento, por perda ou expiração de sua validade, ou mesmo quando havia a necessidade de estender sua abrangência territorial para outros países. Outras demandas menos frequentes eram o registro de crianças nascidas no exterior e a lavratura de procurações. Geralmente, a resposta negativa era o padrão para requerentes considerados prejudiciais de acordo com a lógica da segurança nacional.

Ao longo dos anos, com o auxílio da comunidade de segurança e informações e mesmo de órgãos do Estado francês, além dos dados obtidos por meio de suas próprias práticas administrativas cotidianas, o Consulado foi constituindo o que se denominou Lista Nacional de Controle Consular (LNCC). Era comum, por exemplo, que, quando um indivíduo fosse à representação consular fazer alguma solicitação, os funcionários retivessem seus documentos ou os fotocopiassem. Ao mesmo tempo, buscavam obter informações o mais precisas e atualizadas possível, por meio do preenchimento de formulários pretensamente oficiais para poder alimentar a base de dados do Sisni. Pessoas que tivessem transitado por países como México, Chile, Uruguai, Argentina, Argélia, China, Cuba, República Democrática Alemã e União Soviética eram consideradas suspeitas de antemão. Na citada LNCC, constavam os indivíduos considerados "indesejáveis" e para os quais não se deveria conceder a proteção consular garantida pelas regras do Direito Internacional. Não tive acesso ao documento, no entanto, este é frequentemente citado nas correspondências sigilosas trocadas entre o Consulado-Geral e a Secretaria de Estado.

Aos indivíduos que tinham seu pedido de passaporte negado, mas que ainda assim manifestavam o desejo de retornar ao Brasil, era-lhes oferecido o chamado "título de nacionalidade". Esse documento era válido exclusivamente para regressar ao Brasil pelo prazo máximo de 48 horas e deveria ser concedido, preferencialmente, no mesmo dia da partida. Além disso, a viagem deveria ocorrer em um voo com o mínimo de conexões possível. O diretor da DSI-MRE teria que ser, obrigatoriamente, comunicado da chegada do indivíduo com ao menos cinco dias de antecedência, ao mesmo tempo que seria informado dos dados detalhados da viagem — datas e horários de partida e chegada, nome da companhia aérea, número do voo etc. Também fazia parte do procedimento informar à pessoa requerente do título de nacionalidade de que, ao chegar ao Brasil, ela deveria cumprir todas as pendências que porventura tivesse junto à Justiça brasileira. Nesse sentido, tornou-se habitual que, quando um cidadão fosse ao Consulado entrar com pedido de passaporte, ele levasse diversas certidões que comprovassem sua quitação tanto com a Justiça comum quanto com a militar.

Houve também casos em que o indivíduo, pelo contrário, tentava provar que a perseguição da qual era vítima era injusta, pois ele nunca teria participado de atividades de cunho político oposicionista. Esse foi o caso, por exemplo, de Carlos Scliar, geólogo que declarou em seu pedido de passaporte que estava no Chile no dia do golpe de Estado em 11 de setembro de 1973, mas, como havia perdido seus documentos, ficou impossibilitado de comprovar que não possuía envolvimento com atividades políticas. Não conseguindo obter um passaporte no Consulado do Brasil em Santiago, foi orientado a pedir refúgio junto às Nações Unidas, que o enviaram para Paris. Chegando àquela cidade, recorreu ao Consulado-Geral, no entanto, mais de um ano após dar entrada no pedido de passaporte, não havia obtido resposta. Assim, escreveu uma carta de próprio punho buscando demonstrar o equívoco da situação em que se encontrava.[14] Houve também o caso de Martha Albina Rosa, que, por ter trabalhado como empregada doméstica de Márcio Moreira Alves, foi automaticamente colocada sob suspeição ao pedir a prorrogação de seu passaporte. Nesse sentido, também escreveu uma carta ao Consulado com o intuito de comprovar que "jamais esteve envolvida em atividades de caráter político-ideológico".[15]

Com relação aos religiosos franceses que solicitavam visto para entrar no Brasil, havia, conforme mencionei anteriormente, diretrizes específicas determinadas pela Secretaria de Estado, já que a atuação desses indivíduos em atividades de assistência social em regiões pobres do Brasil era vista com muita desconfiança pelas autoridades brasileiras.[16] Assim, a resposta-padrão para pedidos de visto por religiosos, sobretudo quando eram convidados por alguma organização ligada à ala progressista da Igreja, era a negativa.[17]

No mesmo contexto, o Consulado-Geral se deparou com uma situação um tanto inusitada, mas que demonstra com clareza os parâmetros de ordem moral que pautavam o funcionamento do serviço diplomático brasileiro. A partir de agosto de 1979, começaram a comparecer à repartição indivíduos em busca da renovação de seus passaportes para regularizar sua situação jurídica. No entanto, como tratava-se de travestis, o agente consular solicitou instruções urgentes sobre como deveria agir em tais casos, já que a presença cada vez mais numerosa desses cidadãos, além de gerar uma sobrecarga de trabalho, causava "constrangimentos pelo aumento da frequência de travestis no recinto da repartição".[18]

A partir da Circular 11.361, de 3 de janeiro de 1979, ficou estabelecido que todos aqueles que renunciassem por escrito ao asilo territorial passariam a ter direito a obter um passaporte comum, com validade e extensão territorial normais. Em todos os períodos, quando o passaporte era concedido a um menor, havia a advertência expressa de que o documento não poderia ser utilizado por seus responsáveis legais. Com a promulgação da Lei de Anistia, em 28 de agosto de 1979, não foram mais concedidos títulos de nacionalidade. Além disso, no caso específico do Consulado-Geral de Paris, o crescimento do número de pedidos de passaporte ao longo de 1979 foi muito expressivo com relação aos anos anteriores, sendo que o ápice ocorreu a partir da publicação da referida lei. É muito provável que essa asserção possa ser estendida ao funcionamento de outros consulados brasileiros no exterior. Tal comprovação, no entanto, demandaria a realização de pesquisas específicas para cada um dos casos. Cabe ainda salientar que as fontes consultadas não nos permitem averiguar se os cidadãos brasileiros, após conseguirem um passaporte, efetivamente regressaram ao Brasil ou decidiram permanecer na França, salvo nos casos de figuras públicas, como Miguel Arraes, Apolônio de Carvalho e alguns outros.

A avaliação geral da Embaixada francesa acerca do contexto brasileiro entre o final do governo Geisel, marcado pelo início do processo de abertura, e o início do mandato de Figueiredo, responsável pela promulgação da Lei de Anistia, foi feita pelo embaixador Béliard em seu relatório de final de missão. O diplomata afirmava que, embora as reformas viessem ocorrendo em passos lentos, não havia dúvidas de que o país caminhava finalmente para o regime democrático. Não se podia ignorar, contudo, que as manifestações oposicionistas ainda eram reprimidas com vigor pelas forças policiais e que o país vivia um momento de notável instabilidade política. No campo das relações franco-brasileiras, para Béliard, embora as taxas brasileiras de crescimento econômico não mais alcançassem as altas cifras do período do "milagre", a França deveria continuar investindo no país, tendo em vista não apenas os ganhos que poderia obter, mas também para ajudar a evitar a desestabilização da economia brasileira que, em sua perspectiva, seria muito prejudicial para o mundo ocidental. Béliard avaliava que a desconfiança que o Brasil vinha mantendo com relação aos Estados Unidos deveria continuar sendo aproveitada pela França para reforçar as trocas bilaterais de ordem econômico-financeiras.[19]

Considerações finais

Ao se analisarem as relações franco-brasileiras desde os momentos que antecederam o golpe de Estado de 1964 até o início do processo de abertura política, que coincidiu com o governo do presidente Ernesto Geisel, é possível concluir que houve o predomínio de uma concepção realista das relações internacionais. Afirmar isso significa que a França e o Brasil basearam suas estratégias diplomáticas nos preceitos da *realpolitik* e no princípio da não intervenção nos assuntos internos do outro país. Além disso, em todo o período em questão, as políticas externas tanto da França quanto do Brasil mantiveram significativa autonomia com relação ao debate público nacional.

A França, por exemplo, fez prevalecer seus interesses comerciais e financeiros, abstendo-se de emitir qualquer tipo de comentário negativo acerca das violações aos direitos humanos praticadas pelo Estado brasileiro durante o regime militar. Nem mesmo as pressões advindas de parte da opinião pública francesa, as quais tenderam a se avolumar ao longo daqueles anos, foram o suficiente para que o governo francês mudasse sua postura. Houve um esforço constante de ambos os países para que as relações bilaterais não fossem afetadas pela conjuntura interna atribulada do Brasil. Como vimos, a política externa arquitetada pelo general Charles de Gaulle, no início da Quinta República, possuía como características marcantes não apenas o papel preponderante do chefe de Estado em sua elaboração, em detrimento do ministro dos Negócios Estrangeiros, mas também a reduzida sensibilidade às pressões exercidas internamente. Há consenso entre estudiosos de que, em linhas gerais, a política externa gaullista pautou todos os governos da Quinta República, ao menos até o início da década de 1980. Após a chegada de François Mitterrand à presidência, em 1981, a agenda dos direitos humanos começou a triunfar em detrimento das diretrizes da *realpolitik*.[1]

Conforme busquei evidenciar, a França, assim como outras potências mundiais, valeu-se veementemente da diplomacia cultural como forma de exercer influência sobre o restante do mundo; no entanto, destacou-se particularmente pela difusão de determinados valores civilizatórios que, ainda hoje, costumam caracterizar a cultura francesa. Não se pode esquecer que, ao longo do século XX, a França era considerada um celeiro de grandes pensadores e, sem dúvida, o país tornou-se modelo de formação da cultura universitária de diversas nações, notadamente o Brasil. Após a Segunda Guerra, com a queda do prestígio mundial do estilo francês, em contraste com a ascensão estadunidense, mais associada à cultura de massa, o país passou a estimular a institucionalização de suas relações culturais com o restante do planeta, criando, com essa finalidade, um setor específico no Quai d'Orsay — política essa que cresceu expressivamente após o fim da Guerra da Argélia. Isso não significa que a França tenha menosprezado seus interesses comerciais e financeiros; pelo contrário, sua influência cultural, em muitas ocasiões, favoreceu a inserção dos negócios franceses em vários países. No caso do Brasil, por exemplo, não é novidade a admiração exacerbada das elites econômicas e culturais do país pela França, associada às ideias de liberdade e democracia, bem como à elegância e à sofisticação cultural. Nesse sentido, as embaixadas francesas ao redor do mundo sempre atuaram não só como centros de difusão cultural, mas também como espaços de promoção comercial e industrial. Como mencionamos, a França ocupou lugar destacado no mercado internacional de venda de armamentos, em forte concorrência com os Estados Unidos e a Grã-Bretanha.

Com relação ao Brasil, os sucessivos governos autoritários que estiveram no poder entre 1964 e 1979 tentaram fazer da política externa uma alavanca para elevar o país ao patamar de potência mundial. De modo geral, apesar das especificidades da política externa de cada um dos governos militares, é possível afirmar que a busca por autonomia internacional e o pragmatismo, variando entre desenvolvimento nacional associado e nacional-desenvolvimentismo, nortearam a ação do Itamaraty ao longo de todo o período. Aliás, um traço marcante da política externa brasileira é o papel central desse ministério em sua concepção e execução.

Além disso, no atual estágio dos estudos sobre a atuação do Itamaraty durante a ditadura militar, é possível assegurar que esse órgão funcionou como braço do governo brasileiro no combate aos inimigos do regime em âmbito internacional, isto é, os comunistas, os subversivos e os corruptos. Como busquei demonstrar, o Ministério das Relações Exteriores, com auxílio de suas missões diplomáticas, bem como do Ciex e da DSI-MRE, adotou diversas estratégias que demonstravam seu alinhamento com a ideologia autoritária do regime. Além do monitoramento das atividades de oposição feitas por estrangeiros ou brasileiros no exterior, esses órgãos elaboravam relatórios sobre a conjuntura internacional, procediam a um rigoroso controle da emissão de passaportes e de vistos, vigiavam estrangeiros suspeitos que estivessem em território nacional, policiavam o fluxo de pessoas nas fronteiras brasileiras, entre outras práticas que, na perspectiva da ditadura, resguardavam a segurança do país. Houve ainda um esforço reiterado para tentar impedir a publicação de notícias críticas ao regime brasileiro, sobretudo relacionadas a práticas repressivas, assim como para divulgar uma imagem positiva do país. O objetivo era, além de tentar conter os protestos internacionais contra o regime, controlar a forma como o Brasil deveria ser visto internacionalmente. Esse propósito, como se pode perceber, revelou-se deveras ineficaz. Cabe relembrar que o Itamaraty, fundamentado na lógica repressiva e persecutória da ditadura, fez também uma depuração em seu próprio quadro de funcionários.

As relações franco-brasileiras, bastante enfraquecidas no período pós-Segunda Guerra, foram marcadas, no intervalo entre 1945 e 1964, pela tentativa de retomada dos negócios bilaterais e pela resolução de conflitos — marcadamente o contencioso franco-brasileiro e a guerra da lagosta. Foi com o intuito de melhorar as relações entre os dois países que Goulart fez o convite para que o presidente Charles de Gaulle fizesse uma visita oficial ao Brasil. Nesse contexto, embora inicialmente tenha sido recebido com alguma desconfiança pelo governo francês, o golpe não gerou qualquer desavença entre os dois países.

Já a imprensa francesa, que em grande medida apoiava as medidas reformistas de Goulart, teve uma reação bastante negativa à tomada do poder pelos militares. Assim, nesse período, iniciou-se uma prática que se tornaria constante ao longo de todo o regime: a intervenção dos diplomatas brasileiros, por ordem dos novos governantes, junto aos editores de jornais e revistas, bem como junto às autoridades francesas, para tentar moderar o tom crítico adotado pelos veículos midiáticos. Cabe lembrar que a França possuía jornais, tais como *Le Monde* e *Le Figaro*, com forte influência sobre a opinião pública internacional.

Em contrapartida, após a intervenção militar, as relações governamentais entre Brasil e França permaneceram inabaladas. É possível afirmar que, inclusive, houve uma melhoria dos vínculos bilaterais. A deposição de Goulart, cuja administração era sempre avaliada de modo bastante negativo pelo governo francês, foi vista como uma possibilidade de fortalecimento do intercâmbio franco-brasileiro em diversos domínios. Tanto foi assim que, logo após a posse de Castelo Branco, o país europeu reconheceu oficialmente o novo regime.

Ao lado da imprensa, os brasileiros que iam buscar proteção na França contra as perseguições políticas das quais eram vítimas foram os primeiros a denunciar, naquele país, as práticas arbitrárias dos militares. A primeira onda repressiva após o golpe, desencadeada pelo ato institucional, a chamada "Operação Limpeza", foi muito impactante e não deixou de ser percebida pelo serviço diplomático francês, conforme os relatos transmitidos ao Quai d'Orsay por meio de correspondências sigilosas. No entanto, a postura adotada, desde os primeiros momentos após o golpe e ao longo de todo o regime, foi impedir que as turbulências políticas do Brasil afetassem as relações franco-brasileiras. Alegando o respeito ao princípio da não ingerência nos assuntos internos do país, as autoridades francesas evitaram se pronunciar a respeito das práticas repressivas das forças brasileiras de segurança.

Como vimos, ao mesmo tempo que a França foi o Estado europeu que recebeu o maior número de brasileiros exilados, protegendo-os de perseguições políticas por parte do regime militar, o país também mobilizou seu aparato de inteligência para mantê-los sob vigilância. Além disso, houve ocasiões em que as informações obtidas pelas autoridades francesas foram transmitidas para o governo brasileiro por meio da Embaixada em Paris. Embora as evidências não nos permitam afirmar que tal procedimento tenha sido sistemático, é possível observar que houve colaboração pontual entre as autoridades dos dois países em casos específicos, por exemplo, com relação a Miguel Arraes, Josué de Castro, Adhemar de Barros, Jean Marc van der Weid, João Quartim de Moraes, Apolônio de Carvalho, entre outros.

O fato de o governo francês evitar atritos com o Brasil não significa que a Embaixada da França em nosso país deixasse de perceber a adoção gradual de medidas excepcionais pelas autoridades brasileiras. Os diplomatas franceses, desde os momentos posteriores ao golpe, transmitiam, por meio de correspondências sigilosas, suas análises sobre o que consideravam ser um progressivo percurso do país em direção a um regime ditatorial. O decreto do AI-5, por exemplo, e as consequências desse dispositivo legal foram muito malvistos pelos diplomatas franceses. A partir daquele momento, não houve mais dúvidas de que o regime de exceção brasileiro firmava-se como uma ditadura. As medidas excepcionais atingiram fortemente cidadãos estrangeiros, inclusive franceses, o que levou o serviço diplomático daquele país a apontar certa "tentação xenófoba" no governo brasileiro.

Ao longo do segundo governo militar, o campo das relações franco-brasileiras que mais prosperou foi o da cooperação técnica e científica. A França ocupava o segundo lugar como parceira do Brasil nesse domínio, ficando atrás apenas dos Estados Unidos. Conforme mencionamos, o Acordo de Cooperação Técnica e Científica firmado entre os dois países em 1967, criando a Comissão Mista Franco-Brasileira, representou um grande impulso para as relações bilaterais, que só tenderam a se fortalecer. A França, assim como todos os demais países industrializados, queria obter vantagens com as altas taxas de crescimento do Brasil durante o chamado "milagre econômico". Assim, o governo francês esteve disposto a desconsiderar as denúncias relativas à prática de tortura pelo governo brasileiro para fazer prevalecer seus interesses econômicos e financeiros — postura que ficou muito evidente na ocasião da venda dos aviões militares Mirage, no início da década de 1970. Em um contexto em que o Brasil buscava promover uma guinada nacionalista à sua política externa, evitando manter o exclusivismo de seus vínculos com os Estados Unidos, outras nações viram-se estimuladas a investir no mercado brasileiro.

O "milagre", no entanto, beneficiou grupos muito restritos da sociedade brasileira. Enquanto as autoridades nacionais, munidas de um pujante aparato de propaganda, esforçavam-se para configurar no imaginário social a ideia de que, eliminados alguns obstáculos, o país finalmente se tornaria uma grande potência mundial, no exterior, as denúncias feitas por religiosos católicos, apoiados por organizações internacionais e por vários veículos da imprensa estrangeira, expunham as contradições do regime, sobretudo a grave desigualdade social e a prática de tortura. Embora o Itamaraty tenha atuado constantemente para buscar construir uma imagem internacional positiva do Brasil, suas estratégias, com o decorrer do tempo, revelaram-se pouco eficazes e muitos foram os constrangimentos enfrentados pela ditadura em âmbito mundial.

O governo do presidente Geisel, último período analisado neste livro, embora não tenha sido aquele que encerrou o período do regime de exceção brasileiro, foi marcado por iniciar o processo de abertura política do país. No que concerne às relações franco-brasileiras, foi um momento marcado pelo progresso dos vínculos bilaterais no âmbito econômico-financeiro. Decerto, a presença de Delfim Netto à frente da Embaixada brasileira em Paris contribuiu para essa configuração, bem como a viagem oficial que Geisel fez à França, em 1976. No entanto, não se pode deixar de observar que, embora as relações econômico-financeiras entre o Brasil e a França tenham prosperado ao longo da ditadura, o sentimento predominante, sobretudo por parte dos franceses, foi de frustração. As autoridades daquele país lamentavam constantemente o fato de não conseguirem obter vantagens satisfatórias com as altas taxas de crescimento econômico obtidas pelo Brasil ao longo da década de 1970, considerando as potencialidades tanto do mercado brasileiro quanto da indústria francesa. Outras potências mundiais haviam conseguido tirar melhor proveito daquela configuração histórica, como foi o caso dos Estados Unidos. É preciso reforçar, contudo, que a França acabou funcionando como uma alternativa para o Brasil no domínio dos armamentos, à medida que os norte-americanos aumentavam as restrições para o fornecimento de armas. Assim, o governo francês soube aproveitar essa oportunidade, tornando-se um dos principais parceiros do Brasil nesse setor.

Ao mesmo tempo, a segunda metade dos anos 1970 foi marcada pela atuação de grupos de brasileiros que, organizados em torno do tema da luta pela anistia, buscavam, a partir do exterior, enfraquecer o regime ditatorial enfrentado pelo nosso país. Como vimos, tais iniciativas, embora tenham sido controladas pelos órgãos governamentais brasileiros, muitas vezes com auxílio de autoridades francesas, foram paulatinamente ganhando força. Assim, é possível afirmar que, ao lado de outros movimentos de oposição, a luta pela anistia e a defesa dos direitos humanos exercidas no exterior, especialmente na França, tiveram papel fundamental na fragilização da ditadura e, finalmente, contribuíram para o seu progressivo desmantelamento. De todo modo, o longo processo de abertura política enfrentou diversos obstáculos e, ainda hoje, é possível afirmar que os traços autoritários da cultura política brasileira, certamente exacerbados no período da ditadura, ainda dificultam a consolidação de uma democracia plena no Brasil.

Lista de siglas e abreviações

Aerp — Assessoria Especial de Relações Públicas
AFP — Agence France-Presse
ARP — Assessoria de Relações Públicas
CBA — Comitê Brasileiro pela Anistia
CBTN — Companhia Brasileira de Tecnologia Nuclear
CEA — Commissariat à l'Énergie Atomique (Comissariado de Energia Atômica)
CEE — Comunidade Econômica Europeia
CID — Centro Internacional para o Desenvolvimento
Ciex — Centro de Informações do Exterior
CGI — Comissão Geral de Investigações
CIDH — Comissão Interamericana de Direitos Humanos
CNAE — Centro Nacional de Atividades Espaciais
CNEN — Comissão Nacional de Energia Nuclear
CNES — Centre National d'Études Spatiales (Centro Nacional de Estudos Espaciais)
CNR — Conselho Nacional de Resistência
CNV — Comissão Nacional da Verdade
CPAGB — Comitê Pró-Anistia Geral no Brasil
DCRG — Direction Centrale des Renseignements Généraux (Direção Central das Informações Gerais)
DGPN — Direction Générale de la Police Nationale (Direção Geral da Polícia Nacional)
DGSE — Direction Générale de la Sécurité Extérieure (Direção Geral da Segurança Externa)
DGSI — Direction Générale de la Sécurité Intérieure (Direção Geral da Segurança Interna)

DSI-MRE — Divisão de Segurança e Informações do Ministério das Relações Exteriores
DST — Direction de la Surveillance du Territoire (Direção de Vigilância do Território)
EMFA — Estado-Maior das Forças Armadas
ESG — Escola Superior de Guerra
Fiesp — Federação das Indústrias do Estado de São Paulo
FLN — Front de Libération Nationale (Frente de Libertação Nacional)
INA — Institut National de l'Audiovisuel (Instituto Nacional do Audiovisual)
JOC — Juventude Operária Católica
JUC — Juventude Universitária Católica
OAS — Organisation de l'Armée Secrète (Organização do Exército Secreto)
ORTF — Office Radiodiffusion-Télévision Française (Ofício da Radiodifusão-Televisão Francesa)
Otan — Organização do Tratado do Atlântico Norte
RTF — Radiodiffusion-Télévision Française (Radiodifusão-Televisão Francesa)
SBPC — Sociedade Brasileira para o Progresso da Ciência
SDECE — Service de Documentation Extérieure et de Contre-espionnage (Serviço de Documentação Exterior e de Contraespionagem)
Sisni — Sistema Nacional de Informações
SNI — Serviço Nacional de Informações
SPI — Serviço de Proteção ao Índio

Organograma de Autoridades Brasileiras e Francesas

Ano	Brasil			França		
	Presidente	Ministro das Relações Exteriores	Embaixador na França	Presidente	Ministro dos Negócios Estrangeiros	Embaixador no Brasil
1964	Castelo Branco (15 de abril)	Leitão da Cunha (4 de abril)	Mendes Viana (julho)	Charles de Gaulle (8 de janeiro de 1959)	Couve de Murville (1º de junho de 1958)	Jacques Baeyens (janeiro) / Pierre Sébilleau (5 de junho) / Dufresne de la Chauvinière (19 de setembro)
1965	Castelo Branco	Leitão da Cunha	Mendes Viana	Charles de Gaulle	Couve de Murville	Pierre Sébilleau (22 de junho) / Jean Binoche (3 de novembro)
1966	Castelo Branco	Leitão da Cunha (15 de janeiro) / Juracy Magalhães	Mendes Viana (abril)/ Bilac Pinto	Charles de Gaulle	Couve de Murville	Jean Binoche
1967	Castelo Branco (15 de março) / Costa e Silva	Juracy Magalhães (15 de março) / Magalhães Pinto	Bilac Pinto	Charles de Gaulle	Couve de Murville	Jean Binoche
1968	Costa e Silva	Magalhães Pinto	Bilac Pinto	Charles de Gaulle	Couve de Murville (31 de maio) / Michel Debré	Jean Binoche François (31 de outubro) / Lefebvre de Laboulaye

Organograma de Autoridades Brasileiras e Francesas

Ano	Brasil		França	
1969	Costa e Silva (31 de agosto) / Junta Militar (30 de outubro) / Médici	Magalhães Pinto (30 de outubro) / Gibson Barbosa	Bilac Pinto	Charles de Gaulle (28 de abril) / Georges Pompidou	Michel Debré (22 de junho) / Maurice Schumann	Lefebvre de Laboulaye
1970	Médici	Gibson Barbosa	Bilac Pinto (abril) / Lyra Tavares	Georges Pompidou	Maurice Schumann	Lefebvre de Laboulaye
1971	Médici	Gibson Barbosa	Lyra Tavares	Georges Pompidou	Maurice Schumann	Lefebvre de Laboulaye
1972	Médici	Gibson Barbosa	Lyra Tavares	Georges Pompidou	Maurice Schumann	Lefebvre de Laboulaye (18 de janeiro) / Paul Fouchet
1973	Médici	Gibson Barbosa	Lyra Tavares	Georges Pompidou (2 de abril) / Giscard d'Estaing	Maurice Schumann (15 de março) / Michel Jobert	Paul Fouchet
1974	Médici (15 de março) / Geisel	Gibson Barbosa (15 de março) / Azeredo da Silveira	Lyra Tavares	Giscard d'Estaing	Michel Jobert (28 de maio) / Jean Sauvagnargues	Paul Fouchet
1975	Geisel	Azeredo da Silveira	Delfim Netto	Giscard d'Estaing	Jean Sauvagnargues	Paul Fouchet (14 de abril) / Michel Legendre

Organograma de autoridades brasileiras e francesas

Ano	Brasil		França	
1976	Geisel	Azeredo da Silveira	Delfim Netto	Giscard d'Estaing	Jean Sauvagnargues (27 de agosto) / Louis de Guiringaud	Michel Legendre
1977	Geisel	Azeredo da Silveira	Delfim Netto	Giscard d'Estaing	Louis de Guiringaud	Michel Legendre / Jean Béliard
1978	Geisel	Azeredo da Silveira	Delfim Netto (fevereiro) / Saraiva Guerreiro	Giscard d'Estaing	Louis de Guiringaud (29 de novembro) / Jean François Poncet	Jean Béliard
1979	Geisel (15 de março) / Figueiredo	Azeredo da Silveira (15 de março) / Saraiva Guerreiro	Saraiva Guerreiro (15 de março) / Nascimento e Silva	Giscard d'Estaing	Jean François Poncet	Jean Béliard

Cronologia

1958

2 de junho: a Assembleia Nacional da França investe o general Charles de Gaulle como presidente do Conselho (atual primeiro-ministro) concedendo-lhe plenos poderes por seis meses para reformar a Constituição, que seria aprovada por referendo em 28 de setembro.

21 de dezembro: Charles de Gaulle é eleito presidente da França, inaugurando a Quinta República, que instaurou o presidencialismo.

1962

Março: criação do posto de adido técnico para questões nucleares na Embaixada da França no Brasil.

2 de maio: celebração do acordo bilateral sobre utilização da energia atômica para fins pacíficos.

19 de março: fim da Guerra da Argélia.

1º de julho: referendo sobre a autodeterminação da Argélia.

3 de julho: independência da Argélia.

22 de agosto: atentado do Petit-Clamart contra o general de Gaulle

27 de agosto: criação da Comissão Nacional de Energia Nuclear (CNEN).

28 de outubro: referendo sobre a realização de eleições presidenciais por sufrágio universal na França.

1963

31 de janeiro: três barcos de pesca franceses são apresados pela Marinha brasileira ao capturarem lagostas na costa nordestina sem autorização.

22 de fevereiro: França envia o destróier *Tartu* para a costa brasileira e, em reação, o Brasil mobiliza navios de guerra. Esse episódio ficou conhecido como Guerra da Lagosta.

9 de abril: chegada do ex-primeiro-ministro francês Georges Bidault ao seu exílio no Brasil, onde permaneceria até maio de 1967.

4 de outubro: Goulart solicita ao Congresso a decretação do estado de sítio, porém retiraria o pedido poucos dias mais tarde.

22 de novembro: o presidente estadunidense John F. Kennedy é assassinado em Dallas.

1964

27 de janeiro: a França estabelece relações diplomáticas com a República Popular da China.

13 de março: Comício da Central do Brasil.

15 de março: o papa Paulo VI designa dom Hélder Câmara como arcebispo de Olinda e Recife.

19 de março: 1ª Marcha da Família com Deus pela Liberdade, realizada em São Paulo.

25 de março: o filme *Deus e o Diabo na terra do Sol*, de Glauber Rocha, é incluído na seleção do Festival de Cannes, na França.

30 de março: discurso de Goulart no Automóvel Clube no Rio de Janeiro na ocasião da festa dos sargentos da Polícia Militar.

31 de março: início do movimento militar em Minas Gerais com deslocamento de tropas comandadas pelo general Mourão Filho.

31 de março: uma força-tarefa da Marinha norte-americana é deslocada em direção à costa brasileira como parte da Operação Brother Sam.

2 de abril: o Congresso Nacional declara vaga a Presidência da República.

6 de abril: nomeação de Vasco Leitão da Cunha como ministro das Relações Exteriores e ministro da Saúde.

9 de abril: decretado o Ato Institucional, que confere ao presidente da República poderes para cassar mandatos eletivos e suspender direitos políticos até 15 de junho de 1964, entre outros poderes discricionários.

9 de abril: O novo ministro das Relações Exteriores, Vasco Leitão da Cunha, concede uma entrevista coletiva à imprensa para anunciar as diretrizes da política externa a ser adotada a partir daquele momento.

15 de abril: Castelo Branco toma posse como presidente da República.

23 de abril: Carlos Lacerda chega a Paris em missão para divulgar a nova conjuntura política brasileira após o golpe de Estado.
13 de maio: o governo brasileiro rompe relações diplomáticas com Cuba.
8 de junho: o ex-presidente e senador Juscelino Kubistchek tem o seu mandato cassado e seus direitos políticos suspensos por dez anos.
13 de junho: criação do SNI.
3 de julho: extinção da União Nacional dos Estudantes.
22 de julho: prorrogado o mandato do marechal Castelo Branco até 15 de março de 1967. As eleições presidenciais são adiadas para outubro de 1966.
24 de agosto: O deputado federal pelo PTB, Doutel de Andrade, lê na Câmara dos Deputados um manifesto enviado por Goulart de seu exílio no Uruguai.
24 de setembro: SNI autoriza a Embaixada em Paris a utilizar os serviços do *bureau* de informações de Georges Albertini.
13 a 16 de outubro: visita oficial do presidente Charles de Gaulle ao Brasil.

1965

Junho: Miguel Arraes deixa o Brasil em direção à Argélia.
27 de outubro: publicado o Ato Institucional n. 2.
19 de dezembro: o general Charles de Gaulle é eleito novamente presidente da França.

1966

4 de março: a França abandona o comando integrado da Otan.
Junho: após ter seu mandato cassado e seus direitos políticos suspensos, Adhemar de Barros passa a viver exilado em Paris.
28 de outubro: lançado o manifesto da Frente Ampla.
Criação do Ciex (data desconhecida).

1967

16 de janeiro: assinatura do Acordo de Cooperação Técnica e Científica e instalação da Comissão Mista Franco-Brasileira durante a visita de Juracy Magalhães, ministro das Relações Exteriores, a Paris.
24 de janeiro: promulgada a nova Constituição brasileira.
15 de março: Costa e Silva toma posse como presidente da República.

4 de julho: as Seções de Segurança Nacional dos ministérios civis passam a ser denominadas Divisões de Segurança e Informações (DSI) por meio do Decreto n. 60.940.

18 de julho: morte de Castelo Branco.

1968

15 de janeiro: criação da Assessoria Especial de Relações Públicas (Aerp), órgão incumbido da propaganda política do regime.

Abril: o diácono francês Guy Thibault, enquadrado na Lei de Segurança Nacional, deixa o Brasil após um acordo entre autoridades brasileiras e francesas para evitar sua expulsão.

4 de abril: detenção de Jacques de Grignon Dumoulin, no Rio de Janeiro, representante da ORTF na América do Sul.

Maio-junho: protestos estudantis e manifestações populares na França e em diversos outros países, incluindo o Brasil. No país europeu, o início dos movimentos de contestação da juventude desencadeou uma instabilidade social geral, que acabou causando uma grave crise política.

Julho: atentado ao Teatro Maison de France, no Rio de Janeiro, mesmo prédio onde se localizava a sede da Embaixada da França (hoje hospeda o Consulado-Geral). No local, estava em cartaz uma peça de Molière dirigida por Paulo Autran. Um grupo de militantes anticomunistas pichou, na parede do edifício, a frase "Morte aos comunistas", acompanhada do desenho de uma pessoa pendurada em uma forca.

24 de julho: lei de anistia decretada para os fatos relativos à Argélia.

Agosto: expulsão do padre francês Pierre Wauthier do Brasil.

Novembro: prisão dos padres franceses da ordem dos assuncionistas, Michel Le Ven, François-Xavier Berthou e Hervé Croguennec.

13 de dezembro: decretado o Ato Institucional n. 5.

1969

5 de janeiro: primeira detenção do jornalista Irineu Guimarães, correspondente do jornal *Le Monde* no Brasil.

28 de abril: Charles de Gaulle renuncia à presidência.

15 de junho: Georges Pompidou é eleito presidente da França.

31 de agosto: a Junta Militar formada pelos ministros militares assume a Presidência da República em razão da doença de Costa e Silva, impedindo a posse do vice-presidente, que não concordara com o Ato Institucional n. 5.
4 de setembro: sequestro do embaixador estadunidense Charles Elbrick.
5 de setembro: decretação do Ato Institucional n. 13, que estabelece a pena de banimento do território nacional.
30 de outubro: Médici toma posse como presidente da República.

1970

11 de março: sequestro do cônsul-geral do Japão em São Paulo, Nobuo Okuchi.
21 de abril: o Ministério das Relações Exteriores é transferido definitivamente do Rio de Janeiro para Brasília.
Maio: assinatura do contrato de compra pelo Brasil de dezesseis caças supersônicos Mirage.
11 de junho: sequestro do embaixador alemão Ehrenfried Von Holleben.
16 de junho: instituído o Plano Nacional de Informações.
Julho: embaixador francês François de Laboulaye sofre ameaça de sequestro.
29 de outubro: o episcopado francês se manifesta contra o comércio de armas.
9 de novembro: morte do general de Gaulle.
7 de dezembro: sequestro do embaixador suíço Giovanni Enrico Bucher.
Dezembro: expulsão do diretor da Agence France-Presse no Brasil, jornalista François Pelou.
Dezembro: estabelecimento da Política Governamental de Comunicação Social no Campo Externo, resultado das atividades de um grupo de trabalho integrado por representantes do SNI, da Aerp, do MRE e do EMFA.
14 e 15 de dezembro: 1ª reunião da Comissão Mista Franco-Brasileira.

1971

21 de janeiro: o ministro das Relações Exteriores, Mário Gibson Barbosa, propõe à OEA a adoção de um instrumento jurídico de repressão ao terrorismo.

1972

Março: criação da Escola Nacional de Informações.

1973

Fevereiro: lançamento do filme *Estado de sítio*, do cineasta Costa-Gavras, que fazia referências críticas à ditadura brasileira.

Setembro: chegada dos aviões Mirage ao Brasil.

11 de setembro: golpe militar do general Augusto Pinochet derruba o governo socialista de Salvador Allende. O Brasil reconhece o novo governo chileno no dia 14 de setembro.

18 de setembro: celebração de acordo comercial entre o Brasil e a Comunidade Econômica Europeia.

23 de dezembro: primeiro choque do petróleo.

1974

15 de março: Geisel toma posse como presidente da República.

30 de março: sessão inaugural do Tribunal Russell II em Roma, que condenaria simbolicamente o Brasil por crimes contra os direitos humanos.

2 de abril: morte do presidente francês Georges Pompidou.

19 de maio: Valéry Giscard d'Estaing é eleito presidente da França.

2 de setembro: assinatura do acordo bilateral de segurança relativo à troca de informações de caráter sigiloso.

1975

Maio: expulsão do padre francês François Jentel do Brasil.

15 de maio: criação de uma base do Ciex na Embaixada em Paris.

27 de junho: assinatura do Acordo Nuclear entre o Brasil e a República Federal da Alemanha.

23 e 24 de outubro: visita oficial à França de Azeredo da Silveira, ministro das Relações Exteriores.

24 de outubro: celebração do acordo para a constituição de uma Grande Comissão franco-brasileira.

16 de dezembro: ocorre em Paris a Conferência sobre Cooperação Econômica Internacional, que inaugura o diálogo Norte-Sul.

1976

28 de janeiro a 1º de fevereiro: visita oficial ao Brasil de Jean Sauvagnargues, ministro dos Negócios Estrangeiros francês.

26 a 28 de abril: visita oficial do presidente Geisel à França, primeira visita de um chefe de Estado brasileiro ao país.

2 de novembro: Jimmy Carter é eleito presidente dos Estados Unidos.

1977

11 de março: após receber críticas dos norte-americanos em relatório sobre a situação dos direitos humanos no país, o Brasil denuncia o Tratado de Assistência Militar com os Estados Unidos de 1952.

1978

29 a 31 de março: o presidente norte-americano, Jimmy Carter, visita o Brasil. O objetivo é discutir divergências bilaterais com relação à energia nuclear e aos direitos humanos.

18 de julho: entra em vigor a Convenção Americana de Direitos Humanos.

4 a 8 de outubro: visita oficial do presidente Valéry Giscard d'Estaing ao Brasil.

13 de outubro: Emenda Constitucional n. 11 declara extintos os poderes discricionários estabelecidos pelo AI-5 e demais legislações repressivas, criando as "medidas de emergência" e o "estado de emergência".

1979

1º de janeiro: extinção do AI-5.

15 de março: Figueiredo toma posse como presidente da República.

28 de agosto: a Lei de Anistia é sancionada pelo presidente João Figueiredo.

Fontes Primárias

Brasil

Arquivo Histórico do Itamaraty (AHMRE). Ministério das Relações Exteriores. Brasília. Fundos: Embaixada do Brasil em Paris, Consulado-Geral do Brasil em Paris.

Arquivo Nacional (AN). Coordenação Regional. Brasília. Fundos: Centro de Informações do Exterior (Ciex), Divisão de Segurança e Informações do Ministério das Relações Exteriores (DSI-MRE), Comissão Nacional da Verdade (CNV).

Biblioteca Nacional (BN). Rio de Janeiro. Coleções: periódicos da imprensa brasileira. Principais jornais consultados: *Correio da Manhã, O Estado de S. Paulo, Folha de S.Paulo, O Globo, Jornal do Brasil* (Hemeroteca Digital Brasileira).

Fundação Getulio Vargas (FGV). Centro de Pesquisa e Documentação de História Contemporânea do Brasil. Rio de Janeiro. Série: Fontes Orais. Entrevistas: Violeta Arraes, Raul Ryff.

França

Archives de l'Assemblée Nationale de France. Paris. Fundo: Grupo Parlamentar de Amizade França-Brasil.

Archives du Ministère des Affaires Étrangères (AMAE). Direction des Archives Diplomatiques. La Courneuve. Série: Amériques. Subsérie: Brésil. Série: Cabinet du Ministre. Série: Information et Presse. Série: Fontes Orais. Entrevista: embaixador François Lefebvre de Laboulaye.

Archives de la Préfecture de Police de Paris (APF). Le Pré-Saint-Gervais. Dossiês: Josué de Castro, Juscelino Kubitschek, Samuel Wainer.

Bibliothèque de Documentation Internationale Contemporaine (BDIC). Nanterre. Coleções: publicações de grupos de oposição à ditadura no exterior.

Bibliotèque Nationale de France (BNF). Paris. Coleções: periódicos da imprensa francesa. Principais jornais consultados: *Combat, La Croix, Le Figaro, France-soir, L'Humanité, Libération, Le Monde, Le Parisien libéré.*

Fondation Charles de Gaulle. Paris. Coleção: viagem de Charles de Gaulle ao Brasil.

Institut Georges Pompidou. Paris. Fundo: Fontes Orais. Entrevistas: embaixador Jean-Paul Anglès, embaixador Jacques Vimont.

Institut d'Histoire Sociale. Bibliothèque La Souvarine. Nanterre. Fundo: Georges Albertini. Coleção: Revista *Est & Ouest*.

Institut National de l'Audiovisuel (INA). Paris. Fontes: emissões televisivas sobre o Brasil entre 1964 e 1979.

Entrevistas: Jean-Paul Anglès (primeiro-conselheiro e encarregado de negócios da Embaixada da França no Brasil de 1962 a 1964, sendo que de março de 1963 a junho de 1964 assumiu as funções de embaixador), André Villepreux (vice-cônsul arquivista e, a partir de 1964, terceiro-secretário da Embaixada da França no Brasil de janeiro de 1963 a 1966) e Michel Koch (oficial das Forças Armadas, diplomata "disfarçado" e responsável pela política e segurança da Embaixada da França no Brasil de junho de 1963 a junho de 1966) — cedidas pela jornalista Luciana Uchoa.

Bibliografia

Obras gerais

ABREU, Alzira Alves de et al. (Orgs.). *Dicionário histórico-biográfico brasileiro.* Rio de Janeiro: FGV, 2001.

AMADO, Janaína; FERREIRA, Marieta. *Usos & abusos da história oral.* Rio de Janeiro: FGV, 2001.

AMNESTY INTERNATIONAL. *Rapport sur la torture.* Paris: Gallimard, 1975.

_____. *Pourquoi faire? Comment agir?* Paris: AI, 1978.

_____. *Les assassinats politiques.* Rapport sua la responsabilité des États. Paris: Seuil, 1983.

_____. *Torture. Instrument de pouvoir, fléau à combattre.* Paris: Seuil, 1984.

ANKERSMIT, F. R. *Sublime Historical Experience*: cultural memory in the present. Stanford: Stanford University Press, 2005.

ARCHIVES NATIONALES DE FRANCE. *Le témoignage oral aux archives*: de la collecte à la communication. Paris, 1990.

ARENDT, Hannah. *As origens do totalitarismo.* São Paulo: Companhia das Letras, 2013.

ARON, Raymond. Que é uma teoria das relações internacionais? In: *Estudos Políticos.* Brasília: UnB, 1980.

ARÓSTEGUI, Julio. *La historia vivida*: sobre la historia del presente. Madri: Alianza, 2004.

BERSTEIN, Serge. A cultura política. In: RIOUX, S. (Org.). *Para uma história da cultura.* Lisboa: Estampa, 1998.

BLANC, Florent; LOISEL, Sébastien; SCHERRER, Amandine. Politique étrangère et opinions publiques: les stratégies gouvernamentales d'influence et de controle de l'opinion publique à l'épreuve de son internationalisation. *Raisons Politiques*, Paris, n. 19, p. 119-141, 2005.

BOBBIO, Norberto; MATTEUCCI, Nicola; PASQUINO, Gianfranco (Orgs.). *Dicionário de Política*. 12. ed. Brasília: UnB, 1999.

BORGES, Vavy Pacheco. História e política: totalidade e imaginário. *Estudos Históricos*, Rio de Janeiro, v. 9, n. 17, p. 151-160, 1996.

BOURDIEU, Pierre. *O poder simbólico*. 8. ed. Rio de Janeiro: Bertrand Brasil, 2005.

_____. *Razões práticas*. Sobre a teoria da ação. 7. ed. Campinas: Papirus, 2005.

_____. *Sobre a televisão*. Rio de Janeiro: Zahar, 1997.

BRAILLARD, Philippe; DJALILI, Mohammad Reza. *Les relations internationales*. Paris: PUF, 2004.

BRESCIANI, Stella; NAXARA, Marcia (Orgs.). *Memória e (res)sentimento*: indagações sobre uma questão sensível. Campinas: Editora Unicamp, 2001.

BRUNEAU, Thomas. A inteligência como profissão. In: *Seminário de atividades de inteligência no Brasil*: contribuições para a soberania e a democracia. Brasília: Gráfica ABIN, 2003. p. 109-249.

CAPELATO, Maria Helena Rolim. História política. *Estudos Históricos*, Rio de Janeiro, v. 9, n. 17, p. 161-165, 1996.

CARDOSO, Ciro Flamarion; VAINFAS, Ronaldo. (Orgs.). *Domínios da história*: ensaios de teoria e metodologia. Rio de Janeiro: Campus, 1997.

_____. *Novos domínios da história*. Rio de Janeiro: Campus, 2011.

CARDOSO, Ciro Flamarion; MALERBA, Jurandir (Orgs.). *Representações*: contribuições a um debate transdisciplinar. Campinas: Papirus, 2000.

CEFAÏ, Daniel (Dir.). *Cultures Politiques*. Paris: Presses Universitaires de France, 2001.

CHARTIER, Roger. *À beira da falésia*: a história entre incertezas e inquietudes. Porto Alegre: Editora da UFRGS, 2002.

CHEKISTY, John J. Dziak. *A History of the KGB*. Lexington: Lexington Books, 1988.

COMBE, Sonia. *Archives interdites*. L'histoire confisqué. Paris: La Découverte, 2010.

COSTA, Haroldo. *Política e religiões no carnaval*. São Paulo: Irmãos Vitale, 2007.

COSTA, Maria Célia Leite. Intimidade versus interesse público: a problemática dos arquivos. *Estudos Históricos*, Rio de Janeiro, FGV, n. 21, 1998.

DABENE, Olivier. *A América Latina no século XX*. Porto Alegre: Editora PUC-RS, 2003.

ELIAS, Norbert. *Os alemães*: a luta pelo poder e a evolução do *habitus* nos séculos XIX e XX. Rio de Janeiro: Zahar, 1996.

_____. *Escritos & ensaios*. Rio de Janeiro: Zahar, 2006. v. 1.

FICO, Carlos. História que temos vivido. In: VARELLA, F.; MOLLO, H. M.; PEREIRA, M. F.; MATTA, S. (Orgs.). *Tempo presente & usos do passado*. Rio de Janeiro: FGV, 2012. v. 1, p. 31-49.

―――. Violência, trauma e frustração no Brasil e na Argentina: o papel do historiador. *Topoi*, v. 14, n. 27, jul./dez. 2013, p. 239-261.

―――. ARAÚJO, Maria Paula. GRIN, Monica (Orgs.). *Violência na história: memória, trauma e reparação*. Rio de Janeiro: Ponteio, 2012.

FITZMAURICE, Malgosia; ELIAS, Olufemi. *Contemporary Issues in the Law of Treaties*. Utrecht: Eleven International Publishing, 2005.

FRANK, Robert (Dir.). *Pour l'histoire des relations internationales*. Paris: PUF, 2012.

FRANÇOIS, Étienne. Os "Tesouros da Stasi" ou a miragem dos Arquivos. In: BOUTIER, Jean; JULIA, Dominique (Orgs.). *Passados Recompostos*: campos e canteiros da História. Rio de Janeiro: FGV/UFRJ, 1998. p. 155-162.

GELLATELY, Robert. *Apoiando Hitler:* consentimento e coerção na Alemanha nazista. Rio de Janeiro: Record, 2011.

GIRARDET, Raoul. *Mitos e mitologias políticas*. São Paulo: Companhia das Letras, 1987.

GOMES, Ângela de Castro. Política: história, ciência, cultura etc. *Estudos Históricos*, Rio de Janeiro, v. 9, n. 17, p. 59-84, 1996.

GONÇALVES, Williams da Silva. O campo teórico das relações internacionais. In: BRIGAGÃO, Clóvis. *Estratégias de negociações internacionais* — uma visão brasileira. Rio de Janeiro: Aeroplano, 2001.

HALBWACHS, Maurice. *A memória coletiva*. São Paulo: Vértice, 1990.

HASTEDT, Glenn. *Controlling intelligence:* defining the problem. Londres: Frank Cass, 1991.

HERMAN, Michael. *Intelligence power in peace and war*. Cambridge: University Press, 1996.

HUYSSEN, Andreas. *Seduzidos pela memória*. Rio de Janeiro: Aeroplano, 2000.

―――. *En busca del futuro perdido:* cultura y memoria en tiempos de globalización. Buenos Aires: Fondo de Cultura Económica, 2001.

JELIN, Elizabeth. *Los trabajos de la memoria*. Buenos Aires: Siglo XXI, 2001.

JOHNSON, Loch K. *Secret Agencies:* U. S. Intelligence in a Hostile World. New Haven: Yale University Press, 1996.

―――. (Ed.). *Handbook of Intelligence Studies*. Londres: Routledge, 2007.

JULLIARD, Jacques. A política. In: LE GOFF, J., NORA, P. (Dirs.). *História*: novas abordagens. 3. ed. Rio de Janeiro: Francisco Alves, 1976. p. 180-196.

LABORIE, Pierre. *L'opinion française sous Vichy*. Les Français et la crise d'identité nationale (1936-1944). Paris: Seuil, 2001.

LACAPRA, Dominick. *Writing history, writing trauma*. Baltimore: The Johns Hopkins University Press, 2001.

_____. *Historia en tránsito*: experiencia, identidad, teoría crítica. Buenos Aires: Fondo de Cultura Económica, 2006.

LAQUEUR, Walter. *The uses and limits of intelligence*. New Brunswick: Transaction Publishers, 1995.

LEFORT, Claude. *A invenção democrática*. São Paulo: Autêntica, 2011.

LONGERICH, Peter. *Les allemands et la Solution finale (1933-1945)*. Paris: Editions Héloïse d'Ormesson, 2008.

MACIEL, Lício; NASCIMENTO, José Conegundes do (Orgs.). *Orvil*: tentativas de tomada do poder. Brasília: Schoba, 2012.

MARTINS, Ana Luiza; LUCA, Tania Regina. *História da imprensa no Brasil*. São Paulo: Contexto, 2015.

MAZZUOLI, Valério de Oliveira. *Curso de Direito Internacional Público*. São Paulo: Revista dos Tribunais, 2008.

MERLE, Marcel. *Sociologia das relações internacionais*. Brasília: UnB, 1981.

MILZA, Pierre. Opinion publique et politique étrangère. *Actes du Colloque Opinion publique et politique extérieure (1870-1915)*, n. 54, École Française de Rome e Universidade de Milão, 1981, p. 663-687.

NOGUEIRA, João Pontes; MESSARI, Nizar. *Teoria das relações internacionais*. Correntes e debates. Rio de Janeiro: Elsevier, 2005.

PÉCORA, Alcir. *Máquina de gêneros*. São Paulo: Edusp, 2001.

PENNA FILHO, Pio. A pesquisa histórica no Itamaraty. *Revista Brasileira de Política Internacional*, Rio de Janeiro, v. 2/1999, p. 117-144, 1999.

POLLAK, Michel. Memória, esquecimento e silêncio. *Estudos Históricos*, Rio de Janeiro, v. 2, n. 3, p. 3-15, 1989.

PORTO, Gilson (Org.). *História do tempo presente*. Bauru: Edusc, 2007.

RÉMOND, René. *Les États-Unis devant l'opinion française, 1815-1852*. Paris: Armand Collin, 1962.

_____. (Org.). *Por uma história política*. Rio de Janeiro: FGV, 2003.

RENOUVIN, Pierre; DUROSELLE, Jean-Baptiste. *Introduction à l'histoire des relations internationales*. Paris: Armand Collin, 2010.

REZEK, Francisco. *Direito internacional público*. São Paulo: Saraiva, 2005.

RICHELSON, Jeffrey T. *A century of spies:* Intelligence in the twentieth century. Oxford: Oxford University Press, 1996.

ROLLEMBERG, Denise; QUADRAT, Samantha Viz. *A construção social dos regimes autoritários*. Legitimidade, consenso e consentimento no século XX. Rio de Janeiro: Civilização Brasileira, 2010. 3 vols.

ROUDINESCO, Elizabeth. *A análise e o arquivo*. Rio de Janeiro: Jorge Zahar, 2006.

SARLO, Beatriz. *Tempo Passado:* cultura da memória e guinada subjetiva. São Paulo: Companhia das Letras, UFMG, 2007.

SELIGMANN-SILVA, Márcio. *História, memória, literatura*. Campinas: Editora Unicamp, 2003.

SILVA, Francisco Carlos Teixeira da; MEDEIROS, Sabrina Evangelista; VIANA, Alexander Martins. *Dicionário crítico do pensamento da direita*. Rio de Janeiro: FAPERJ/Mauad, 2000.

_____. *O século sombrio:* uma história geral do século XX. Rio de Janeiro: Elsevier, 2004.

SIMS, Jennifer. What is intelligence? Information for decision makers. In: GODSON, R. (Ed.). *U. S. Intelligence at the crossroads*. Nova York: Brassey's, 1995.

SIRINELLI, Jean-François. Génération et Histoire Politique. *Vingtième Siècle. Revue d'Histoire*, n. 22, abril-jun 1989.

SHULSKY, Abram N. *Silent warfare:* understanding the world of Intelligence. Washington: Brasseys, 1993.

STEINER, Zara. On Writing International History: chaps, maps and much more. *International Affairs*, v. 73, n. 3, p. 531-546, 1997.

THIESEN, Icléia (Org.). *Documentos sensíveis*. Informação, arquivo e verdade na ditadura de 1964. Rio de Janeiro: 7 Letras, 2014.

TRAVERSO, Enzo. *Le passé, mode d'emploi:* histoire, mémoire, politique. Paris: La Fabrique, 2005.

WEINER, Tim. *Inimigos:* uma história do FBI. Rio de Janeiro: Record, 2015.

WOLOSZYN, André Luís. *Guerra nas sombras*. Os bastidores dos serviços secretos internacionais. São Paulo: Contexto: 2013.

ZWEIG, Stefan. *Brasil, país do futuro*. Rio de Janeiro: Nova Fronteira, 1981.

História do Brasil contemporâneo e o regime militar

ALMEIDA, Maria Hermínia Tavares; WEIS, Luiz. Carro-zero e pau-de-arara: o cotidiano da oposição da classe média ao regime militar. In: SCHWARCZ,

L. M. (Org.). *História da vida privada no Brasil*: contrastes da intimidade contemporânea. São Paulo: Companhia das Letras, 1997. p. 319-410.

ALVES, Márcio Moreira. *Torturas e torturados*. Rio de Janeiro: Idade Nova, 1966.

ALVES, Maria Helena Moreira. *Estado e oposição no Brasil (1964-1984)*. Petrópolis: Vozes, 1984.

AMNESTY INTERNATIONAL. *Rapport sur des accusations de torture au Brésil*. 1972.

_____. *Brésil, des tortionnaires impunis*. Paris: AI, 1990.

ARAÚJO, Maria Paula Nascimento. *A utopia fragmentada*. As novas esquerdas no Brasil e no mundo na década de 1970. Rio de Janeiro: FGV, 2002.

ARQUIDIOCESE DE SÃO PAULO. *Brasil: nunca mais*. Petrópolis: Vozes, 1985.

ARTURI, Carlos. *Brésil: une tentative de démocratisation octroyée (1974-1985)*. Villeneuve d'Ascq: Presses du Septentrion, 1999.

BANDEIRA, Luiz Alberto Moniz. *O governo João Goulart: as lutas sociais no Brasil (1961-1964)*. Rio de Janeiro: Revan, 2001.

BRANCO, Carlos Castello. *Os militares no poder: de 1964 ao AI-5*. Rio de Janeiro: Nova Fronteira, 2007.

CANTARINO, Geraldo. *A ditadura que o inglês viu*. Rio de Janeiro: Mauad, 2014.

CARVALHO, José Murilo de. *Forças Armadas e política no Brasil*. Rio de Janeiro: Jorge Zahar, 2005.

CHAGAS, Carlos. *A ditadura militar e os golpes dentro do golpe*. Rio de Janeiro: Record, 2014.

_____. *A ditadura militar e a longa noite dos generais*. Rio de Janeiro: Record, 2015.

CHIRIO, Maud. *A política nos quartéis*. Revoltas e protestos de oficiais na ditadura militar brasileira. Rio de Janeiro: Zahar, 2014.

COMBLIN, Joseph. *A ideologia da Segurança Nacional: o poder militar na América Latina*. Rio de Janeiro: Civilização Brasileira, 1997.

Comissão Especial sobre Mortos e Desaparecidos Políticos. *Direito à memória e à verdade*. Brasília: Secretaria Especial dos Direitos Humanos da Presidência da República, 2007.

Comissão Estadual de Direito à Verdade, à Memória e à Justiça do Amazonas. *A ditadura militar e o genocídio do povo Waimiri-Atroari*: "por que kamña matou kiña"? Campinas: Curt Nimuendajú, 2014.

Comissão Estadual da Memória e Verdade. *Prêmio Nobel da Paz: A atuação da ditadura militar brasileira contra a indicação de Dom Helder Câmara*. Cadernos da Memória e Verdade. Recife: Secretaria da Casa Civil do Governo do Estado de Pernambuco, 2015. v. 4.

Comissão Nacional da Verdade. *Relatório*. Brasília: CNV, 2014.
COMPAGNON, Olivier. *Adeus à Europa*: a América Latina e a Grande Guerra. Rio de Janeiro: Rocco, 2014.
D'ARAUJO, Maria Celina; CASTRO, Celso (Orgs.). *Democracia e Forças Armadas no Cone Sul*. Rio de Janeiro: FGV, 2000.
_____. 3 ed. *Dossiê Geisel*. Rio de Janeiro: FGV, 2002.
DELGADO, Lucília de Almeida Neves; FERREIRA, Jorge (Orgs.). *O Brasil Republicano*. O tempo da ditadura: regime militar e movimentos sociais em fins do século XX. Rio de Janeiro: Civilização Brasileira, 2003.
DEL PORTO, Fabíola Brigante. *A luta pela anistia no regime militar brasileiro*: a constituição da sociedade civil no país e a construção da cidadania. 2002. Tese (Doutorado em História) — Programa de Pós-Graduação em História, Universidade Estadual de Campinas.
DINIZ, Eli. A transição política no Brasil. Uma reavaliação da Abertura. *Dados*. Rio de Janeiro, v. 28, n. 3, p. 329-246, 1985.
DREIFUSS, René Armand. *1964: a conquista do Estado*. Ação política, poder e golpe de classe. Rio de Janeiro: Vozes, 1981.
FERREIRA, Jorge (Org.). *O populismo e a sua história*. Debate e crítica. Rio de Janeiro: Civilização Brasileira, 2001.
_____. GOMES, Angela de Castro. *1964*: o golpe que derrubou um presidente, pôs fim ao regime democrático e instituiu a ditadura no Brasil. Rio de Janeiro: Civilização Brasileira, 2014.
FICO, Carlos (Org.). Algumas Notas sobre Historiografia e História da Ditadura Militar. *Estudos de História,* Franca, v. 8, n. 1, p. 69-90, 2001.
_____. 'Prezada Censura': Cartas ao regime militar. *Topoi*, Rio de Janeiro, n. 5, p. 251-286, set. 2002.
_____. *1964-2004: 40 anos do golpe*: ditadura militar e resistência no Brasil. Rio de Janeiro: 7 Letras, 2004.
_____. *O grande irmão*. O governo dos Estados Unidos e a ditadura militar brasileira: da Operação Brother Sam aos anos de chumbo. Rio de Janeiro: Civilização Brasileira, 2008.
_____. ARAÚJO, Maria Paula (Org.). *1968 — 40 anos depois*. História e memória. Rio de Janeiro: 7 Letras, 2009.
_____. A negociação parlamentar da anistia de 1979 e o chamado "perdão dos torturadores". *Revista Anistia Política e Justiça de Transição*, n. 4, p. 318-332, jul./dez. 2010.
_____. *O golpe de 1964*: momentos decisivos. Rio de Janeiro: FGV, 2014.

FIGUEIREDO, Lucas. *Olho por olho*: os livros secretos da ditadura. Rio de Janeiro: Record, 2011.

GARCIA, Miliandre. *"Ou vocês mudam ou acabam"*: teatro e censura na ditadura militar (1964-1985). 2008. Tese (Doutorado em História Social) — Programa de Pós-Graduação em História Social, Universidade Federal do Rio de Janeiro.

GASPARI, Elio. *Ilusões armadas:* a ditadura envergonhada. Rio de Janeiro: Companhia das Letras, 2002. (a)

_____. *Ilusões armadas:* a ditadura escancarada. Rio de Janeiro: Companhia das Letras, 2002. (b)

_____. *O sacerdote e o feiticeiro:* a ditadura derrotada. Rio de Janeiro: Companhia das Letras, 2003.

_____. *O sacerdote e o feiticeiro:* a ditadura encurralada. Rio de Janeiro: Companhia das Letras, 2004.

GOMES, Paulo César. *Os bispos católicos e a ditadura militar brasileira*: a visão da espionagem. Rio de Janeiro: Record, 2014.

GONÇALVES, Daniel Accioly. *A influência doutrinária francesa no pensamento do Exército brasileiro no pós-guerra*. 2013. Dissertação (Mestrado em História Social) — Programa de Pós-Graduação em História Social, Universidade Federal do Rio de Janeiro.

GORENDER, Jacob. *Combate nas trevas*. 2. ed. São Paulo: Ática, 2003.

GREEN, James N. *Apesar de vocês:* oposição à ditadura brasileira. São Paulo: Companhia das Letras, 2009.

GRECO, Heloísa Amélia. *Dimensões fundamentais da luta pela anistia*. 2003. Tese (Doutorado em História) — Programa de Pós-Graduação em História, Universidade Federal de Minas Gerais.

KLEIN, Lucia; FIGUEIREDO, Marcus F. *Legitimidade e coação no Brasil pós-64*. Rio de Janeiro: Forense-Universitária, 1978.

KNACK, Diego. *O combate à corrupção durante a ditadura militar por meio da Comissão Geral de Investigações (1968-1978)*. 2014. Dissertação (Mestrado em História Social) — Programa de Pós-Graduação em História Social, Universidade Federal do Rio de Janeiro.

MARCELINO, Douglas Attila. Introdução. In: *Repertório analítico da legislação brasileira produzida pelo regime militar (1964-1985)*. Site do Grupo de Estudos sobre a Ditadura Militar www.gedm.ifcs.ufrj.br.

MARTINS FILHO, João Roberto. *Movimento estudantil e ditadura militar no Brasil*. Campinas: Papirus, 1987.

──────. *O Palácio e a Caserna*. A dinâmica militar das crises políticas na ditadura (1964-1969). São Carlos: EDUFSCAR, 1995.

──────. A influência doutrinária francesa sobre os militares brasileiros nos anos de 1960. *Revista Brasileira de Ciências Sociais*. São Paulo, v. 23, n. 67, jun. 2008.

──────. A conexão francesa da Argélia ao Araguaia. *Varia Historia*, Belo Horizonte, v. 28, n. 48, p. 519-536, jul. 2012.

──────. *Segredos de Estado*: o governo britânico e a tortura no Brasil (1969-1976). 2015. Tese (Professor Titular) — Universidade Federal de São Carlos.

MELO, Murilo Fiuza de; GUEDES, Ciça. *O caso dos nove chineses*. Rio de Janeiro: Objetiva, 2014.

MORAES, João Quartim de. A mobilização democrática e o desencadeamento da luta armada no Brasil em 1968. Notas historiográficas e observações críticas. *Tempo social*, Revista de Sociologia da USP, São Paulo, 1 (2): 135-158, 2º sem. 1989.

MOTTA, Rodrigo Patto Sá. *Em guarda contra o "perigo vermelho"*: o anticomunismo no Brasil (1917-1964). São Paulo: Perspectiva, 2002.

──────. O perigo é vermelho e vem de fora: o Brasil e a URSS. *Locus*, Juiz de Fora, v. 13, n. 2, p. 227-246, 2007.

──────. *As universidades e o regime militar*. Rio de Janeiro: Zahar, 2014.

PRESOT, Aline. *As Marchas da Família com Deus pela Liberdade*. 2004. Dissertação (Mestrado em História Social) — Programa de Pós-Graduação em História Social, Universidade Federal do Rio de Janeiro.

REIS, Daniel Aarão. *A revolução faltou ao encontro*. Os comunistas no Brasil. São Paulo: Brasiliense, 1990.

──────. RIDENTI, Marcelo e MOTTA, Rodrigo Patto Sá (Orgs.). *O golpe e a ditadura militar*: quarenta anos depois (1964-2004). Bauru, São Paulo: Edusc, 2004.

──────. As esquerdas no Brasil: culturas políticas e tradições. In: FORTES, A. (Org.). *História e perspectivas da Esquerda*. São Paulo: Perseu-Abramo, 2005.

──────. *Ditadura militar*: esquerdas e sociedade. Rio de Janeiro: Jorge Zahar, 2005.

──────. *Imagens da revolução*. São Paulo: Expressão Popular, 2006.

──────. MORAES, Pedro de. *1968. A paixão de uma utopia*. Rio de Janeiro: FGV, 2008.

──────. ROLLAND, Denis (Org.). *Modernidades Alternativas*. Rio de Janeiro: FGV, 2008.

_____. *A ditadura que mudou o Brasil*. 50 anos do golpe de 1964. Rio de Janeiro. Zahar, 2014.

_____. *Ditadura e democracia no Brasil*. Rio de Janeiro: Zahar, 2014.

RIDENTI, Marcelo. *O fantasma da revolução brasileira*. São Paulo: Unesp, 1993.

RODRIGUES, Sérgio. *Entre a cruz e a espada*: relações diplomáticas entre a ditadura militar brasileira e o Vaticano (1964-1977). 2006. Dissertação (Mestrado em História Social) — Programa de Pós-Graduação em História Social, Universidade Federal do Rio de Janeiro.

ROLLAND, Denis (Org.). *Intellectuels et politique*, Brésil-Europe, XIXe-XXe siècles. Paris: L'Harmattan, 2003.

ROLLEMBERG, Denise. *O apoio de Cuba à luta armada no Brasil*: o treinamento guerrilheiro. Rio de Janeiro: Mauad, 2001.

ROUQUIÉ, Alain. *L'État militaire en Amérique latine*. Paris: Seuil, 1982.

SASAKI, Daniel Leb. *Pouso forçado*. A história por trás da destruição da Panair do Brasil pelo regime militar. Rio de Janeiro: Record, 2015.

SERBIN, Kenneth P. *Diálogos na Sombra*: bispos e militares, tortura e justiça social na ditadura. Companhia das Letras: São Paulo, 2001.

SKIDMORE, Thomas. *Brasil: de Castelo a Tancredo*. 7. ed. Rio de Janeiro: Paz e Terra, 1988.

STEPAN, Alfred. *Os militares na política*. Rio de Janeiro: Artenova, 1975.

_____. *Rethinking Military Politics-Brazil and the Southern Cone*. Princeton: Princeton University Press, 1998.

TOSI, Giuseppe; Lúcia de Fátima Guerra Ferreira (Orgs.). *Brasil, violação dos direitos humanos*: Tribunal Russell II. João Pessoa, Editora UFPB, 2014.

VALENTE, Rubens. *História de sangue e resistência indígena na ditadura*. São Paulo: Companhia das Letras, 2017.

VIANNA FILHO, Luís. *O governo Castelo Branco*. Rio de Janeiro: José Olympio, 1975. 2 vols.

VILLA, Marco Antonio. *Ditadura à brasileira — 1964-1985*: A democracia golpeada à esquerda e à direita. São Paulo: Leya, 2014.

França: história, cultura, política e relações exteriores

ALBERT, Pierre; TUDESQ, André-Jean. *Que sais-je?* Histoire de la radio-télévision. Paris: Presses Universitaires de France, 1996.

AGRIKOLIANSKY, Eric. La gauche, le libéralisme politique et les droits de l'homme. In: BECKER, J. J.; CANDAR, G. *Histoire des gauches en France*. Paris: La découverte, 2004. p. 524-541. v. 2.

ALLAIN, Jean-Claude; GUILLEN, Pierre; SOUTOU, Georges-Henri; THEIS, Laurent; VAÏSE, Maurice. *Histoire de la diplomatie française*. De 1815 à nos jours. Paris: Perrin, 2007.

AMNESTY INTERNATIONAL. *La securité des étrangers en France*. Première partie. Les refugiés politiques. Dossiê. Dezembro, 1986.

BECKER, Jean-Jacques; BERSTEIN, Serge. L'anticommunisme en France et l'histoire, *Vingtième Siècle — Revue d'Histoire*, n. 15, 1987.

BERLIERE, Jean-Marc; VOGEL, Marie. Aux origines de la police politique républicaine. *Criminocorpus*, revue hypermédia. Disponível em: <http://criminocorpus.revues.org/257>. Acesso em: 05 jun. 2013.

BERSTEIN, Serge; MILZA, Pierre. *Histoire de la France au XXe siècle*. 1958 à nos jours. Paris: Perrin, 2009.

BOUVIER, Jean; GIRAULT, René; THOBIE, Jacques (Dir.). *L'impérialisme à la française*. Paris: Éditions de la Découverte, 1986.

BRANCHE, Raphaëlle. *La torture et l'armée pendant la guerre d'Algérie 1954-1962*. Paris: Gallimard, 2001.

CHANTRIAUX, Olivier. *De Gaulle et la diplomatie par l'image*. Paris: Institut National de l'Audiovisuel, 2010.

CHONCHOL, Jacques; MARTINIÈRE, Guy. *L'Amérique latine et le latino-américanisme en France*. Paris: L'Harmattan, 1985.

COMPAGNON Olivier. L'Euro-Amérique en question. Comment penser les échanges culturels entre l'Europe et l'Amérique latine, *Nuevo Mundo — Mundos Nuevos*, Paris, fev. 2009.

DOISE, Jean; VAÏSSE, Maurice. *Politique étrangère de la France. Diplomatie et outil militaire (1871 —1991)*. Paris: Seuil, 1992.

DUARTE-PLON, Leneide. *A tortura como arma de guerra*. Rio de Janeiro: Civilização Brasileira, 2016.

EVENO, Patrick. *Que sais-je?* La presse. Paris: Presses Universitaires de France, 2010.

FALIGOT, Roger; GUISNEL, Jean; KAUFFER, Rémi. *Histoire politique des services secrets français*. De la Seconde Guerre mondiale à nos jours. La Découverte: Paris, 2012.

FERRO, Marc. *História de França*. Lisboa: Edições 70, 2013.

FONSECA, Osmar Santos. *Confrontation de la presse brésilienne et de la presse française pendant le voyage du général Charles de Gaulle au Brésil*. Nancy: Publications du Centre Européen Universitaire, 1966.

FULIGNI, Bruno. *Dans les archives secrètes de la police.* Quatre siècles d'Histoire de crimes et de faits divers. Paris: Gallimard, 2011.

_____. *Dans les archives inédites des services secrets.* Un siècle d'espionnage français (1870-1889). Paris: Gallimard, 2014.

GARCIA, Marco Aurélio; VIEIRA, Maria Alice (Coords.). *Rebeldes e contestadores* — 1968, França e Alemanha. São Paulo: Perseu-Abramo, 1999.

GOURDON, Vincent; LE NAOUR, Jean-Yves; COMPAGNON, Olivier. *Histoire politique de la France depuis 1940.* Paris: Hachette, 2002.

GROSSER, Alfred. *Affaires extérieures:* la politique de la France (1944-1989). Paris: Flammarion, 1989.

KAUFFER, Rémi. *Histoire Mondiale des services secrets.* Paris: Perin, 2015.

LABORIE, Pierre. 1940-1944. Os franceses do pensar-duplo. In: ROLLEMBERG, Denise; QUADRAT, Samantha Viz. *A construção social dos regimes autoritários.* Legitimidade, consenso e consentimento no século XX. Rio de Janeiro: Civilização Brasileira, 2010. 3 vols.

LANZAC, Abel; BLAIN, Christophe. *Quai d'Orsay.* Chroniques diplomatiques. Paris: Dargaud, 2010.

MINISTÈRE DES AFFAIRES ÉTRANGÈRES. *Annuaire diplomatique et consulaire.* Paris: Imprimerie Nationale, 1964-1979.

MITTERAND, François. *Reflexions sur la politique extérieure de la France.* Paris: Fayard, 1986.

PAHLAVI, Pierre Cyril. *La guerre révolutionnaire de l'armée française en Algérie (1954-1961).* Entre esprit de conquête et conquête des esprits. Paris: L'Harmattan, 2004.

POELS, Géraldine. *Les trente glorieuses du téléspectateur.* Une histoire de la réception télévisuelle des années 1950 aux années 1980. Paris: INA Editions, 2015.

SAUVAGE, Monique; VEYRAT-MASSON, Isabelle. *Histoire de la télévision française.* Paris: Nouveau Monde, 2012.

STORA, Benjamin. *Histoire de la guerre d'Algérie (1954-1962).* Paris: La Découverte, 2006.

WARESQUIEL, Emmanuel de. *Dans les archives secretes du Quai d'Orsay.* Cinq siècles d'histoire et de diplomatie. Paris: L'Iconoclaste, 2015.

ZANCARINI-FOURNEL, Michele; DELACROIX, Christian. *La France du temps présent (1945-2005).* Paris: Belin, 2014.

Itamaraty, política externa e relações franco-brasileiras

ABREU, Alzira Alves de; LAMARÃO, Sérgio (Orgs.). *Personalidades da política externa brasileira*. Brasília: FUNAG, 2007.

ALBUQUERQUE, José Augusto Guilhon. *Sessenta anos de política externa brasileira* (1930-1990): prioridades, atores e políticas. 2. ed. Rio de Janeiro: Lumen Juris, 2006.

ALMEIDA, Paulo Roberto. *Relações internacionais e política externa do Brasil*: história e sociologia da diplomacia brasileira. Porto Alegre: UFRGS, 2004.

_____. Do alinhamento recalcitrante à colaboração relutante: o Itamaraty em tempos de AI-5. In: MUNTEAL, Oswaldo; VENTAPANE, Jacqueline e FREIXO, Adriano de. *Tempo negro, temperatura sufocante:* Estado e Sociedade no Brasil do AI-5. Rio de Janeiro: Contraponto, 2008.

ARAÚJO, Rodrigo Nabuco. *Conquête des esprits et commerce des armes*. La diplomatie militaire française au Brésil. 2011. Tese (Doutorado) — Université Toulouse 2 Le Mirail.

_____. L'art français de la guerre. Transferts de la doctrine de la guerre révolutionnaire au Brésil (1958-1974). *Cahiers des Amériques latines*, Varia, n. 70, Paris, IHEAL, p. 39-58, jan 2014.

_____. Conquête des esprits et commerce des armes: la diplomatie militaire gaulliste au Brésil (1958-1969). In: VAÏSE, Maurice (Org.). *De Gaulle et l'Amérique latine*. Rennes: Presses Universitaires de Rennes, 2014. p. 197-211.

BASTIDE, Roger. Échanges culturels entre la France et le Brésil. *France et Brésil. Exposition à l'hôtel de Rohan*, Paris, mai.-jun. 1955, p. 82-83.

BASTOS, Elide Rugai; RIDENTI, Marcelo; ROLLAND, Denis (Orgs.). *Intelectuais: sociedade e política:* Brasil-França. São Paulo: Cortez, 2003.

BARRETO, Fernando de Mello. *Os sucessores do barão (1912-1964)*. São Paulo: Paz e Terra, 2001. v. I.

_____. *Os sucessores do barão (1964-1985)*. São Paulo: Paz e Terra, 2006. v. II.

BATISTA, David do Nascimento. *Habitus diplomático* — um estudo do Itamaraty em tempos de regime militar (1964-1985). Recife: UFPE, 2010.

BRAGA, Cláudio da Costa. *A guerra da lagosta*. Rio de Janeiro: Serviço de Documentação da Marinha, 2004.

BRASIL. Assessoria de Relações Públicas da Presidência da República. *Viagem do Presidente Geisel à França:* registro histórico, repercussões. Brasília: Imprensa Nacional, 1976.

BUENO, Clodoaldo; CERVO, Amado. *História da Política exterior do Brasil*. 3. ed. Brasília: UnB, 2006.

CAPE, Anouck. Febrônio/Fébronio. Transfigurations d'un fait divers dans l'imaginaire brésilien de Cendrars. *Cahiers des Amériques Latines* — Brésil/Brésils, n. 48-49, Paris, IHEAL, p. 41-58, jun. 2005.

CARELLI, Mario. *Culturas cruzadas*. Intercâmbios culturais entre França e Brasil. Campinas: Papirus, 1994.

CASTRO, Flávio Mendes de Oliveira. *Dois séculos de história da organização do Itamaraty (1808-2008)*. Brasília: Fundação Alexandre de Gusmão, 2009. v. I e II.

CERVO, Amado Luiz (Org.). *O desafio internacional*: a política exterior de 1930 a nossos dias. Brasília: UnB, 1994.

CHEIBUB, Zairo Borges. *Diplomacia, diplomatas e política externa*: aspectos do processo de institucionalização do Itamaraty. Rio de Janeiro: Iuperj, 1984.

_____. Diplomacia e construção institucional: o Itamaraty em perspectiva histórica. *Dados*, Rio de Janeiro, v. 28, n. 1, p. 113-131, 1985.

COMPAGNON Olivier; DROULERS Martine (Dirs.). Le Brésil et la France au XXe siècle, *Cahiers des Amériques Latines*, n. 48-49, 2005/1 et 2, p. 17-106.

CORADINI, Odaci Luiz. A formação da elite médica, a Academia Nacional de Medicina e a França como centro de importação. *Estudos Históricos*. Rio de Janeiro, n. 35, 2005. p. 3-22.

FLÉCHET, Anaïs. La *bossa nova* en France: un modele musical? *Cahiers des Amériques Latines* — Brésil/Brésils, n. 48-49, Paris, IHEAL, p. 59-74, jun. 2005.

GARCIA, Eugênio Vargas. *Cronologia das relações internacionais*. Rio de Janeiro: Contraponto, 2005.

GAROT, Emmanuel. *Les relations politiques et économiques franco-brésiliennes de 1961 à 1976 (vues à travers la presse française)*. 1993. Mestrado (Dissertação) — Universidade Paris IV.

_____. Le Brésil des militaires à travers le regard français, 1964-1976. *Cahiers du Brésil Contemporain*, n. 23-24, p. 145-163, 1994.

GONÇALVES, Williams da Silva; MIYAMOTO, Shiguenoli. Os militares na política externa brasileira: 1964-1984. *Estudos Históricos*. Rio de Janeiro, vol. 6, n. 12, 1993. p. 211-246.

_____. Militares, diplomatas e política externa no Brasil pós-64. In: ALBUQUERQUE, José Augusto Guilhon. *Sessenta anos de política externa brasileira (1930-1990)*: prioridades, atores e políticas. 2. ed. Rio de Janeiro: Lumen Juris, 2006.

LESSA, Antônio Carlos. A diplomacia universalista do Brasil: a construção do sistema contemporâneo de relações bilaterais. *Revista Brasileira de Política Internacional*. Brasília, n. 41, 1998. p. 29-41.

_____. A Guerra da Lagosta e outras guerras: conflito e cooperação nas relações França-Brasil (1960-1964). *Cena Internacional*, ano 1, n. 1, 1999, p. 109-120.

_____. Os vértices marginais de vocações universais: as relações entre a França e o Brasil de 1945 a nossos dias. *Revista Brasileira de Política Internacional*, Brasília, n. 43, 2000, p. 28-58. (a)

_____. *A parceria bloqueada*. As relações entre França e Brasil, 1945-1990. 2000. Tese (Doutorado em História) — Programa de Pós-Graduação em História, Universidade de Brasília. (b)

MARTINIERE, Guy; CARDOSO, Luiz Cláudio (Coords.). *Brasil-França: vinte anos de cooperação*. Brasília: Fundação Alexandre de Gusmão, 1989.

MARTINS, Carlos Benedito (Org.). *Diálogos entre o Brasil e a França*. Formação e Cooperação Acadêmica/ *Dialogues entre le Brésil et la France*. Formation et Coopération Académique. Recife: Massangana, 2005. 2 vols.

MARTINS, Carlos Estevam. A evolução da política externa brasileira na década 64/74. *Estudos CEBRAP*, São Paulo, n. 12, 1975.

MATTOSO, Katia Queirós; SANTOS, Idelette Muzart-Fonseca; ROLLAND, Denis (Dirs.). *Le Brésil, l'Europe et les équilibres internationaux (XVIe-XXe Siècles)*. Paris: Centre d'Etudes sur le Brésil - Presses de l'Université de Paris--Sorbonne, 1999.

MILANI, Carlos R. S.; MUNOZ, Enara E.; DUARTE, Rubens de S.; KLEIN, Magno. *Atlas da política externa brasileira*. Rio de Janeiro: EdUerj, 2015.

MOURA, Cristina Patriota de. *O Instituto Rio Branco e a diplomacia brasileira*. Um estudo de carreira e socialização. Rio de Janeiro, FGV, 2007.

PINHEIRO, Letícia. *Política externa brasileira (1889-2002)*. Rio de Janeiro: Jorge Zahar, 2004.

RIVAS, Pierre. *Encontro entre literaturas*. França, Portugal, Brasil. São Paulo: Hucitec, 1995.

RODRIGUES, Georgete Medleg. *Les attitudes françaises face à l'influence des États-Unis au Brésil (1944-1960)*. Villeneuve d'Ascq: Presses Universitaires du Septentrion, 2002.

ROLLAND, Denis. (Org.). *Le Brésil et le monde*. Pour une histoire des relations internationales des puissances émergentes. Paris: L'Harmattan, 1998.

ROLLAND, Denis; LESSA, Antônio Carlos (Coords.). *Relations Internationales du Brésil*. Les chemins de la puissance. Paris: L'Harmattan, 2010. 2 vols.

SABOIA, Anita Clémens. Vingt ans de thèses françaises sur le Brésil. Normalisation et vitesse de croisière (1985-2004). *Cahiers du Brésil Contemporain*, 2004-2005, n. 57/58, p. 129-148.

SARAIVA, José Flávio Sombra. *História das relações internacionais Contemporâneas*. São Paulo: Saraiva, 2007.

SUPPO, Hugo Rogélio. *La politique culturelle française au Brésil entre les années 1920-1950*. Villeneuve d'Ascq: Presses Universitaires du Septentrion, 2000.

TAVARES, Lyra. *Brasil-França ao longo de 5 séculos*. Rio de Janeiro: Biblioteca do Exército, 1979.

UCHOA, Luciana. *L'attitude de la France à l'égard du nouveau régime instauré par le coup d'État militaire au Brésil du 31 mars 1964*. 2000. Dissertação (Mestrado em Ciência Política) — Universidade Paris I.

VIZENTINI, Paulo Fagundes. *A política externa do regime militar brasileiro: multilateralização, desenvolvimento e construção de uma potência média (1964-1985)*. Porto Alegre: Editora da UFRGS, 1998.

Repressão no Brasil: propaganda, polícia política, censura e espionagem

ANTUNES, Priscila Carlos Brandão. *SNI e ABIN:* uma leitura da atuação dos serviços secretos brasileiros ao longo do século XX. Rio de Janeiro: FGV, 2002.

BAFFA, Ayrton. *Nos porões do SNI*. O retrato do monstro de cabeça oca. Rio de Janeiro: Objetiva, 1989.

CEPIK, Marco A. C. *Espionagem e democracia*. Rio de Janeiro: FGV, 2003.

DINGES, John. *Os anos de Condor* — uma década de terrorismo internacional no Cone Sul. São Paulo: Companhia das Letras, 2005.

EMILIO, Luís Antônio Bitencourt. *O poder legislativo e os serviços secretos no Brasil (1964-1990)*. Brasília: Universidade Católica de Brasília, 1992.

FERNANDES, Ananda Simões. *Quando o inimigo ultrapassa a fronteira:* as conexões repressivas entre a ditadura civil-militar brasileira e o Uruguai (1964-1973). 2009. 274 p. Dissertação (Mestrado em História) — Programa de Pós-Graduação em História, Universidade Federal do Rio Grande do Sul.

FERNANDES, Julio Mangini. *As práticas repressivas da ditadura civil-militar brasileira aos exilados brasileiros na Argentina (1964-1979)*. 2009. 111 p. Dissertação (Mestrado em História) — Programa de Pós-Graduação em História, Universidade Federal de Mato Grosso.

FICO, Carlos. *Reinventando o otimismo*. Ditadura, propaganda e imaginário social no Brasil. Rio de Janeiro: FGV, 1997.

_____. *Como eles agiam*. Os subterrâneos da ditadura militar: espionagem e polícia política. Rio de Janeiro: Record, 2001.

_____. Espionagem, polícia política, censura e propaganda. In: DELGADO, L. A. N.; FERREIRA, J. (Orgs.). *O Brasil Republicano*. O tempo da ditadura: regime militar e movimentos sociais em fins do século XX. Rio de Janeiro: Civilização Brasileira, 2003. p. 169-205.

_____. *Além do golpe*. Versões e controvérsias sobre 1964 e a Ditadura Militar. Rio de Janeiro: Record, 2004. (b).

FIGUEIREDO, Lucas. *Ministério do silêncio*. Rio de Janeiro: Record, 2005.

FON, Antônio Carlos. *Tortura: a história da repressão política no Brasil*. São Paulo: Global, 1979.

FRANCO, Bernardo Mello. Itamaraty usou o AI-5 para investigar a vida privada e expulsar diplomatas. *O Globo*, Rio de Janeiro, 28 jun. 2009.

HUGGINS, Martha K. *Polícia e política*: relações Estados Unidos/América Latina. São Paulo: Cortez, 1998.

ISHAQ, Vivien; FRANCO, Pablo E.; SOUSA, Teresa E. de. *A escrita da repressão e da subversão 1964-1985*. Rio de Janeiro: Arquivo Nacional, 2012.

LAGOA, Ana. *SNI: como nasceu, como funciona*. São Paulo: Brasiliense, 1983.

LONGHI, Carla Reis. *Ideias e práticas do aparato repressivo*: um olhar sobre o acervo do Deops/SP — a produção do SNI em comunicação com o Deops/SP. 2005. Tese (Doutorado em História Social) — Programa de Pós-Graduação em História Social, Universidade de São Paulo.

MAGALHÃES, Marionilde Dias Brephol de. A lógica da suspeição: sobre os aparelhos repressivos à época da ditadura militar no Brasil. *Revista Brasileira de História*, São Paulo, v. 17, n. 34, p. 203-220, 1997.

MARCELINO, Douglas Attila. *Subversivos e pornográficos*: censura de livros e diversões públicas nos anos 1970. Rio de Janeiro: Arquivo Nacional, 2011.

MARIANO, Nilson. *As garras do condor*: como as ditaduras militares da Argentina, do Chile, do Uruguai, do Brasil, da Bolívia e do Paraguai se associaram para eliminar o adversário. Petrópolis: Vozes, 2003.

OLIVEIRA, Lúcio Sérgio Porto. *A história da atividade de inteligência no Brasil*. Brasília: ABIN, 1999.

PAZ, Alfredo Boccia. Operativo Cóndor: un ancestro vergonzoso? *IDES*, Buenos Aires, n. 7, 1999.

PENNA FILHO, Pio. O Itamaraty e a repressão além-fronteiras: o Centro de Informações do Exterior — Ciex (1966-1986). In: FICO, C. (Org.). *1964-2004*:

40 anos do golpe: ditadura militar e resistência no Brasil. Rio de Janeiro: 7 Letras, 2004. p. 163-172.

_____. A Operação Condor e a Europa. *Meridiano 47* (UnB), v. 89, p. 2-3, 2007.

_____. Os Arquivos do Centro de Informações do Exterior (Ciex) — O elo perdido da repressão. *Acervo,* Rio de Janeiro, v. 21, p. 79-92, 2008.

_____. O Itamaraty nos anos de chumbo: o Centro de Informações do Exterior (Ciex) e a repressão no Cone Sul (1966-1984). *Revista Brasileira de Política Internacional,* v. 2/2009, p. 43-62, 2009.

QUADRAT, Samantha Viz. Os porões internacionais da repressão. In: FICO, C. (Org.). *1964-2004: 40 anos do golpe:* ditadura militar e resistência no Brasil. Rio de Janeiro: 7 Letras, 2004. p. 153-162.

_____. Muito além das fronteiras. In: REIS, D. A.; RIDENTI, M. e MOTTA, R. P. S. (Orgs.). *O golpe e a ditadura militar:* quarenta anos depois (1964-2004). Bauru, São Paulo: Edusc, 2004.

SEQUEIRA, Claudio Dantas. O Serviço Secreto do Itamaraty. *Correio Braziliense,* Brasília, 22 jul. 2007.

_____. As vítimas do Ciex. *Correio Braziliense,* Brasília, 22 jul. 2007.

_____. O pai do Serviço Secreto do Itamaraty. *Correio Braziliense,* Brasília, 23 jul. 2007.

_____. Espiões na pele de diplomatas. *Correio Braziliense,* Brasília, 23, jul. 2007.

_____. O plano do Itamaraty de busca externa. *Correio Braziliense,* Brasília, 24 jul. 2007.

_____. Dinheiro de Cuba bancou exilados. *Correio Braziliense,* Brasília, 25 jul. 2007.

_____. Diplomatas convocados. *Correio Braziliense,* Brasília, 26 jul. 2007.

SETEMY, Adrianna Lopes. *Sentinelas das fronteiras:* o Itamaraty e a diplomacia brasileira na produção de informações para o combate ao inimigo comunista (1935-1966). 2013. 341 p. Tese (Doutorado em História Social) — Programa de Pós-Graduação em História Social, Universidade Federal do Rio de Janeiro.

Exílio, asilo e refúgio

ACNUR (Alto-Comissariado das Nações Unidas para Refugiados). (1951), *Convención sobre el Estatuto de los Refugiados.* Disponível em <http://www.acnur.org/biblioteca/pdf/0005.pdf>. Acesso em 15 out. 2016.

ALMEIDA, Guilherme Assis de; RAMOS, André de Carvalho e RODRIGUES, Gilberto (Orgs.). *60 anos de ACNUR:* perspectiva de futuro. São Paulo: CL-A Cultural, 2011.

BACHMANN, B. *Brasileiros em Paris*. 1990. Dissertação (Mestrado) — Institut des Hautes Etudes de l'Amérique Latine.

BARRETO, Luiz Paulo Teles F. *Das diferenças entre os institutos jurídicos do asilo e do refúgio*. Disponível em: <http://www.facensa.com.br/paginapessoal/juliana/files/Direito_Internacional_Publico/das_diferencas_entre_asilo_e_refugio.pdf>. Acesso em: 12 mar. 2013.

BASSARKY, Lina. Enfoque de redes sociales en las migraciones de América Latina hacia Francia. Exilios latinoamericanos en Francia en el siglo XX. *Anuario de Estudios Americanos,* Sevilla, 64, 1, 2007.

BOLTANSKI, Luc. *La souffrance à distance*. Morale humanitaire, médias et politique. Paris: Métailié, 1993.

CARRETE, Erasmo Sáenz. *El exilio latinoamericano en Francia*: 1964-1979. México: UNAM/Unidad Iztapalapa-Potrerillos Editores, 1995.

CHIRIO, Maud. *Les trajectoires intelectuelles et politiques des exilés brésiliens pendant le régime militaire (1964-1979)*. 2004. Mémoire de DEA — Université Paris I, Sorbonne.

———. Formes et dynamiques des mobilisations politiques des exilés brésiliens en France (1968-1979). *Cahiers des Amériques Latines* — Brésil/Brésils, n. 48-49, Paris, IHEAL, p. 75-89, jun 2006.

CHOTIL, Mazé Torquato. *L'exil ouvrier*. La saga des Brésiliens contraints au départ (1964-1985). Auchy les Orchies: Editions Estaimpuis, 2015.

CORTEZ, Lucili Grangeiro. *O drama barroco dos exilados do Nordeste*. Fortaleza: UFC, 2005.

CUNHA-GABBAI, Gloria da. *El exilio: realidad y ficción*. Montevideo: ARCA, 1992.

DREYFUS-ARMAND, Geneviève; GROPPO, Bruno. Objectifs de la journée d'études "Exilés et réfugiés politiques dans la France du Xxe siècle". *Matériaux pour l'histoire de notre temps*, n. 44. p. 6-8, 1996.

FRANCO, Leonardo et alii. *Investigación: El Asilo y la Protección de los Refugiados en América Latina*. Acerca de la Confusión Terminológica 'Asilo-Refugio'. Informe de Progreso. 2001. Disponível em <http://www.acnur.org/biblioteca/pdf/0269.pdf>. Acesso em: 15 out. 2016.

FRANCO, Marina. *Exilio*. Argentinos en Francia durante la dictadura. Buenos Aires: Siglo XXI, 2007.

GAILLARD, Anne-Marie. *Exils et retours*. Itinéraires chiliens. Paris: Ciemi-L'Harmattan, 1997.

GARCIA, Afrânio. L'exil politique des étudiants brésiliens en Europe et en Afrique et la création des universités (1964-1985). In: SAINT MARTIN, M.; NIANE, B.; LEBEAU, Y.; PIRIOU, A. (Orgs.). *États et acteurs émergents en Afrique.* Paris, Karthala: IFRA, 2003.

GREEN, James N. Clerics, exiles and academics: opposition to the Brazilian military dictatorship in the United States, 1969-1974. *Latin American Politics and Society,* v. 45, n. 1, p. 87-117, 2003.

GROPPO, Bruno. *La notion de réfugié au XXe siècle. Exils et Migrations Ibériques* — Les politiques publiques face au problème migratoire en France et en Argentine, n. 7, Paris, CERIC/CERMI, 1999.

INOSTROZA, Marta; RAMÍREZ, Gustavo. *Exilio y retorno.* Estocolmo: ABF, 1986.

JACQUES, André. *Les déracinés.* Refugiés et migrants dans le monde. Paris: Éditions de la Découverte, 1985.

KAMINSKY, Amy K. *After Exile.* Writing the Latin American Diaspora. Minneapolis: University of Minnesota Press, 1999.

KASPI, André; MARÈS, Antoine (Orgs.). *Le Paris des étrangers depuis un siècle.* Paris: Imprimerie Nationale, 1989.

LEGOUX, Luc. *La crise de l'asile politique en France.* Paris: Centre Français sur la Population et le Développement, 1995.

LEQUIN, Yves (Org.). *Histoire des étrangers et de l'immigration en France.* Paris: Larousse, 1992.

LESBRE, Laurence. *Les exilés brésiliens venus en France.* 1997. Dissertação (Mestrado) — Université Paris XII.

Les étrangers en France. *Guide des sources d'archives publiques et privées XIXe--XXe siècles.* Paris: Direction des Archives de France, 1999. 3 v.

MACHADO, Cristina Pinheiro. *Os exilados*: 5 mil brasileiros à espera da anistia. São Paulo: Alfa-Ômega, 1979.

MARÈS, Antoine; MILZA, Pierre. *Le Paris des étrangers depuis 1945.* Paris: Publications de la Sorbonne, 1995.

MARQUES, Teresa Cristina Schneider. *Militância política e solidariedade transnacionais:* a trajetória política dos exilados brasileiros no Chile e na França (1968-1979). 2011. 272 p. Tese (Doutorado) — Programa de Pós-Graduação em História, Universidade Federal do Rio Grande do Sul.

MASSENA, Andreia Prestes. *Entre Brasil e Moçambique*: os caminhos percorridos no exílio. Estudios Interdisciplinarios de América Latina y el Caribe, 20:1, 2008-2009, p. 67-92.

MATHIEU, Jean-Luc. *Migrants et refugiés*. Paris: Presses Universitaires de France, 1991.

NOREK, Claude; DOUMIC-DOUBLET, Frédérique. *Le Droit d'asile en France*. Paris: Presses Universitaires de France, Ed. Que Sais-je?, 1989.

PAILLER, Claire (Org.). *Les Amériques et l'Europe*: voyage, émigration et exil. Toulouse: Université Toulouse-Le Mirail, 1985.

PALUDAN, Anne. *Problème des réfugiés et des exilés en Europe*. Les nouveaux refugiés en Europe. Fonds Internacional d'Echages Universitaires. Groupe de travail sur les refugiés en Europe et aux États-Unis. Paris: Payot, 1988, 2 vols.

PONTY, Janine. Réfugiés, exilés, des catégories problématiques. *Matériaux pour l'Histoire de Notre Temps* — Exilés et Réfugiés politiques dans la France du XXe siècle, Paris, n. 44, p. 9-13, out-dez. 1996.

QUADRAT, Samantha Viz. *Caminhos cruzados*: história e memória dos exílios latino-americanos no século XX. Rio de Janeiro: FGV, 2011.

QUIRÓS, Pilar González Bernaldo de (Coord.). Dossier Emigrar en tiempo de crisis al país de los derechos humanos. Exilios latinoamericanos en Francia en el siglo XX. *Anuario de Estudios Americanos*, Sevilla, vol. 64, n. 1, 2007.

ROLLAND, Denis; SANTOS, Idelette Muzart Fonseca dos. *Le Brésil des gouvernements militaires et l'exil*: 1964-1985. Paris: L'Harmattan, 2008. (a)

_____. *L'exil brésilien en France*. Histoire e imaginaire. Paris: L'Harmattan, 2008. (b)

ROLLEMBERG, Denise. *Exílio*. Entre raízes e radares. Record: Rio de Janeiro, 1999.

_____. A imprensa no exílio. In: TUCCI, M. L. C. (Org.). *Minorias silenciadas. História da censura no Brasil*. São Paulo: Edusp, 2002.

RONIGER, Luis; GREEN, James (Coords.). Dossiê: "Exile and the Politics of Exclusion in Latin America". *Latin American Perspectives*, 34, 4, julho de 2007.

RONIGER, Luís. Exílio massivo, inclusão e exclusão política no século XX. *Dados*, Rio de Janeiro, vol. 53, n. 1, p. 91-123, 2010.

RONIGER, Luís, YANKELEVICH, Pablo. Exilio y política en América Latina: nuevos estudios y avances teóricos. *Estudios Interdisciplinarios de América Latina y el Caribe*, vol. 19, n. 2, 2009.

SHAIN, Yossi. *The Frontier of Loyalty*. Political Exiles in the Age of the Nation--States. Ann Arbor: University of Michigan Press, 2005.

SHEFFER, Gabriel. *Diaspora Politics at Home and Abroad*. Cambridge: Cambridge University Press, 2003.

SILVA, Helenice Rodrigues. Os exílios dos intelectuais brasileiros e chilenos na França durante as ditaduras militares: uma história cruzada. *Nuevo Mundo Mundos Nuevos, Debates*, 2007.

SIMPSON, John. *The Oxford book of exile*. Oxford: Oxford University Press, 1995.

SZNAJDER, Mario; RONIGER, Luis. *The Politics of Exile in Latin America*. Nova York: Cambridge University Press, 2009.

TABORI, Paul. *The Anatomy of Exile*. A Semantic and Historical Study. Londres: Harrap, 1972.

TIBERGHIEN, Frédéric. *La protection des refugiés en France*. Aix-en-Provence: Presses Universitaires de Marseille, 1984.

VASQUEZ, Ana; ARAÚJO, Ana Maria. *Exils latino-américains*. La malédiction d'Ulysse. Paris: L'Harmattan, 1988.

VIÑAR, Marcelo; VIÑAR, Maren. *Exílio e tortura*. São Paulo: Escuta, 1992.

WEIL, Patrick. *La France et ses étrangers*. L'aventure d'une politique de l'immigration 1938-1991. Paris: Calmann-Lévy, 1991.

YANKELEVICH, Pablo; JENSEN, Silvina Jensen (Coords.). *Exilios*. Destinos y experiencias bajo la dictadura militar. Buenos Aires: Libros del Zorzal, 2007.

YANKELEVICH, Pablo; RONIGER, Pablo; GREEN, James. *Exile & the Politics of Exclusion in the Americas*. Sussex Academic Press, 2012.

Biografias, memórias, depoimentos, entrevistas e obras literárias

ABREU, Hugo. *O outro lado do poder*. Rio Janeiro: Nova Fronteira, 1979.

_____. *Tempo de crise*. Rio de Janeiro: Nova Fronteira, 1980.

AGUIAR, Cláudio. *Francisco Julião*: uma biografia. Rio de Janeiro: Civilização Brasileira, 2014.

AGUIAR, Ricardo Osman G. *Leonel Brizola*: uma trajetória política. Rio de Janeiro: Record, 1991.

AFFONSO, Almino. *Da tribuna ao exílio*. São Paulo: Letras & Letras, 2003.

AMADO, Rodrigo. *Araújo Castro*. Brasília: UnB, 1982.

BADARÓ, Murilo. *Bilac Pinto*. O homem que salvou a República. Gryphus: Rio de Janeiro, 2010.

BAEYENS, Jacques. *Au bout du Quai*: souvenirs d'un retraité des postes. Paris: Fayard, 1975.

_____. *Etranges Affaires Étrangères*. Paris: Fayard, 1976.

BARBOZA, Mario Gibson. *Na diplomacia, o traço todo da vida*. 3. ed. Rio de Janeiro: Record, 1992.

BRIGAGÃO, Clóvis; RIBEIRO, Trajano. *Brizola*. São Paulo: Paz e Terra, 2015.

CAMARGO, Aspásia et al. (Coords.). *Vasco Leitão da Cunha*: diplomacia em alto-mar. Depoimento ao CPDOC. Rio de Janeiro: FGV, 2003.

CAMPOS, Roberto. *A lanterna na popa*. Rio de Janeiro: Topbooks, 2001.

CANABRAVA FILHO, Paulo. *Adhemar de Barros*. Trajetória e realizações. São Paulo: Terceiro Nome, 2004.

CARABANTES, Enrique Bernstein. *Recuerdos de un diplomático*. Embajador ante de Gaulle (1965-1960). Santiago: Editorial Andres Bello, 1987.

CARVALHO, Apolônio de. *Vale a pena sonhar*. Rio de Janeiro: Rocco, 1997.

CAVALCANTI, Pedro C. U.; RAMOS, Jovelino (Orgs.). *Memórias do exílio*: Brasil (1964-19??). São Paulo: Livramento, 1978.

COELHO, Ricardo Corrêa. *De Gaulle*: o homem que resgatou a honra da França. São Paulo: Contexto, 2014.

CONRAD, Joseph. *O agente secreto*. São Paulo: Landmark, 2004.

CONY, Carlos Heitor. *JK e a ditadura*. Rio de Janeiro: Objetiva, 2012.

COOK, Don. *Charles de Gaulle*. São Paulo: Planeta, 2007.

CORRÊA, Marcos Sá. *Oscar Niemeyer*. Rio de Janeiro: Relume, 2005.

CORRÊA, Pio. *O mundo em que vivi*. Rio de Janeiro: Expressão e Cultura, 1996. 2 vols.

COSTA, Albertina Oliveira da (Coord.). *Memórias das mulheres do exílio*. Rio de Janeiro: Paz e Terra, 1980.

COUTO, Ronaldo Costa. *História indiscreta da ditadura e da abertura. Brasil, 1964-1985*. Rio de Janeiro: Record, 1998.

_____. *Memória viva do regime militar*. Rio de Janeiro: Record, 1998.

DALLOZ, Jacques. *Georges Bidault*: biographie politique. Paris: L'Harmattan, 1993.

D'ARAUJO, Maria Celina; SOARES, Gláucio Ary Dilon; CASTRO, Celso (Orgs.). *Visões do golpe*: a memória militar sobre 1964. 2. ed. Rio de Janeiro: Relume--Dumará, 1994. (a)

_____. *Os anos de chumbo*: a memória militar sobre a repressão. Rio de Janeiro: Relume-Dumará, 1994. (b)

_____. *A volta aos quartéis*: a memória militar sobre a abertura. Rio de Janeiro: Relume-Dumará, 1995.

D'ARAUJO, Maria Celina; CASTRO, Celso (Orgs.). *Ernesto Geisel*. Rio de Janeiro: FGV, 1997.

DUHAMEL, Morvan. *Entretiens confidentiels de Georges Albertini*. Paris: Éditions Amalthée, 2013.

FERREIRA, Jorge. *João Goulart:* uma biografia. Rio de Janeiro: Civilização Brasileira, 2011.

FORSYTH, Frederick. *O dia do Chacal.* Rio de Janeiro: Record, 2006.

GARATE, Jean-Philippe de. *Couve de Murville (1907-1999). Un président impossible.* Paris: Ed. L'Harmattan, 2007.

GUEIROS, José Alberto. *O último tenente.* Depoimento de Juracy Margalhães. Rio de Janeiro: Record, 1996.

HELIODORO, Affonso. *JK exemplo e desafio.* Brasília: Thesaurus, 1991.

KOIFMAN, Fábio. *Quixote nas trevas:* o embaixador Souza Dantas e os refugiados do nazismo. Rio de Janeiro: Record, 2002.

LACERDA, Carlos. *Depoimento.* Rio de Janeiro: Nova Fronteira, 1978.

LACOUTURE, Jean. *De Gaulle*: le souverain (1959-1970). Paris: Éditions du Seuil, 1985.

LEMIRE, Laurent. *L'Homme de l'ombre.* Georges Albertini. 1911-1993. Paris: Ed. Baland, 1989.

LEVY, Jean. *Le Dossier Georges Albertini.* Une intelligence avec l'ennemi. Paris: Ed. L'Harmattan, 1992.

LIRA NETO. *Castello:* a marcha para a ditadura. São Paulo: Contexto, 2004.

MANÇANO, Bernardo; WALTER, Carlos. *Josué de Castro*: vida e obra. São Paulo: Expressão Popular, 2000.

MELO, Marcelo Mário de; NEVES, Teresa Cristina Wanderley (Orgs.). *Josué de Castro.* Brasília: Câmara dos Deputados, Coordenação de Publicações, 2007. (Perfis parlamentares n. 52)

MAGALHÃES, Juracy. *Minha experiência diplomática.* Rio de Janeiro: José Olympio, 1971.

MARCHI, Carlos. *Todo aquele imenso mar de liberdade*: a dura vida do jornalista Carlos Castello Branco. Rio de Janeiro: Record, 2015.

MONTELLO, Josué. *O Juscelino Kubitschek de minhas recordações.* Rio de Janeiro: Nova Fronteira, 1999.

OLIVEIRA NETO, Godofredo de. *Amores exilados.* Rio de Janeiro: Record, 2011.

ORICO, Osvaldo. JK *Confissões do exílio.* Rio de Janeiro: Francisco Alves, 1977.

PINTO, Fernando. *Memórias de um repórter.* Brasília: Thesaurus, 2004.

RABELO, José Maria; RABELO, Theresa. *Diáspora*: os longos caminhos do exílio. São Paulo: Geração Editorial, 2001.

RIBEIRO, Edgard Telles. *O punho e a renda.* Rio de Janeiro: Record, 2014.

RIGOULOT, Pierre. *Georges Albertini, socialiste, collaborateur, gaulliste*. Paris: Perrin, 2012.

ROUSSEL, Éric. *Georges Pompidou*. Paris: Perrin, 2004.

———. *De Gaulle*. Paris: Gallimard, 2008.

ROZOWYKWIAT, Tereza. *Arraes*. São Paulo: Iluminuras, 2006.

SILVA, Luiz Hildebrando da. *Crônicas da nossa época (Memórias de um cientista engajado)*. São Paulo: Paz e Terra, 2001.

SILVESTRE, Edney. *Se eu fechar os olhos agora*. Rio de Janeiro: Record, 2009.

———. *Vidas provisórias*. Rio de Janeiro: Intrínseca, 2013.

SOUZA, Carlos Alves de. *Um embaixador em tempos de crise*. Rio de Janeiro: Francisco Alves, 1979.

SPEKTOR, Mathias (Org.). *Azeredo da Silveira*: um depoimento. Rio de Janeiro: FGV, 2010.

TAVARES, Cristina; MENDONÇA, Fernando. *Conversações com Arraes*. Belo Horizonte: Vega, 1979.

TAVARES, Lyra. *O Brasil de minha geração*. Rio de Janeiro: Biblioteca do Exército, 1976.

VAÏSE, Maurice. *La Grandeur*: politique étrangère du général de Gaulle (1958-1969). Paris: Fayard, 1998.

WAINER, Samuel. *Minha razão de viver*: memórias de um repórter. Rio de Janeiro: Record, 1988.

Notas

Apresentação

1. Cabe ressaltar que, assim como o Ministério das Relações Exteriores do Brasil é comumente denominado Itamaraty, em razão do nome do edifício que a instituição passou a ocupar no final do século XIX, no Rio de Janeiro; o Ministério dos Negócios Estrangeiros francês é usualmente identificado como Quai d'Orsay, nome de um cais localizado à margem esquerda do rio Sena em Paris, e onde se situa a sede do órgão.
2. No exterior, as Embaixadas são responsáveis pelas relações bilaterais entre o Brasil e o país onde está instalada, já as repartições consulares ocupam-se, principalmente, da assistência a brasileiros no exterior.
3. Lei 12.527, de 18 de novembro de 2011. Disponível em: <http://www.planalto.gov.br/ccivil_03/_ato2011-2014/2011/lei/l12527.htm>. Acesso em: 15 out. 2016.
4. *Code du Patrimoine* (vérsion 30 mai 2014), Livre II (Archives), Titre Ier (Régime Général des Archives), Chapitre III (Régime de communication), Article L-213.
5. PÉCORA, Alcir. *Máquina de gêneros*. São Paulo: Edusp, 2001, p. 11-16.
6. A Casa do Brasil é uma residência estudantil subvencionada pelo governo brasileiro e está localizada na Cidade Universitária de Paris.

PARTE I: O Brasil e a França na Guerra Fria

1. Sobre as relações entre o Brasil e França ao longo do século XX, ver LESSA, Antônio Carlos. Os vértices marginais de vocações universais: as relações entre a França e o Brasil de 1945 a nossos dias. *Revista Brasileira de Política Internacional*, Brasília, n. 43, 2000, p. 28-58 (a); *Id. A parceria bloqueada*. As relações entre França e Brasil, 1945-1990. 2000 (b). Tese (Doutorado em História) — Programa de Pós-Graduação em História, Universidade de Brasília.

2. CARELLI, Mario. *Culturas cruzadas*. Intercâmbios culturais entre França e Brasil. Campinas: Papirus, 1994, p. 34.
3. A importância que os Estados Unidos haviam assumido para o Brasil, tanto em termos políticos quanto economicos e sociais, ficou bastante evidente para a França quando foi realizada a Conferência Interamericana do Rio de Janeiro, em 1947. Ver LESSA, Antônio Carlos. Op. cit. 2000, p. 30 (a).
4. LESSA, Antônio Carlos. Op. cit. 2000, p. 54 (b).
5. "Exposição ao embaixador Antônio Mendes Viana", 16/6/1964. AHMRE, Embaixada do Brasil em Paris, Ofícios recebidos, Secreto, Aeof/Deoc/363/920.(42)(85), Anexo.
6. Ibid.
7. LESSA, Antônio Carlos. Op. cit. 2000, p. 91 (b).
8. FRANK, Robert. Culture et relations internationales: les diplomaties culturelles. In: *Id*. (Dir.). *Pour l'histoire des relations internationales*. Paris: PUF, 2012, p. 375.
9. É importante ressaltar que as Embaixadas são responsáveis por cuidar das relações bilaterais entre o Brasil e o país onde estão instaladas, já os Consulados prestam assistência aos brasileiros que ali se encontram. Em locais onde não há Consulado, é instituído um setor consular na própria Embaixada. Ver: http://www.itamaraty.gov.br.
10. "Exposição ao embaixador Antônio Mendes Viana", 16/6/1964. Ofício n. 363. AHMRE, Embaixada do Brasil em Paris, Ofícios recebidos, Secreto, Aeof/Deoc/363/920.(42)(85), Anexo.
11. ARAÚJO, Rodrigo Nabuco. *Conquête des esprits et commerce des armes*. La diplomacie militaire française au Brésil, 2011. Tese (Doutorado) — Université Toulouse 2 Le Mirail, p. 43.
12. Ibid., p. 233. Sobre a história do anticomunismo no Brasil e a influência desse ideário sobre os militares brasileiros, ver MOTTA, Rodrigo Patto Sá. *Em guarda contra o "perigo vermelho"*: o anticomunismo no Brasil (1917-1964). São Paulo: Perspectiva, 2002, sobretudo p. 36-37.
13. MARTINS FILHO, João Roberto. A influência doutrinária francesa sobre os militares brasileiros nos anos de 1960. *Revista Brasileira de Ciências Sociais*. São Paulo, v. 23, n. 67, jun. 2008, p. 41.
14. Ver também *Id*. A conexão francesa da Argélia ao Araguaia. *Varia Historia*. Belo Horizonte, v. 28, n. 48, p. 519-536, jul. 2012; CHIRIO, Maud. *A política nos quartéis*. Revoltas e protestos de oficiais na ditadura militar brasileira.

Rio de Janeiro: Zahar, 2014, p. 19-27; PAHLAVI, Pierre Cyril. *La guerre révolutionnaire de l'armée française en Algérie (1954-1961). Entre esprit de conquête et conquête des esprits*. Paris: L'Harmattan, 2004; GONÇALVES, Daniel Accioly. *A influência doutrinária francesa no Pensamento do Exército Brasileiro no pós-guerra*, 2013. Dissertação (Mestrado em História Social) — Programa de Pós-Graduação em História Social, Universidade Federal do Rio de Janeiro.

1. O contencioso franco-brasileiro

1. O contencioso franco-brasileiro é minuciosamente analisado em LESSA, Antônio Carlos. Op. cit. 2000, p. 142-155. (b)
2. BAEYENS, Jacques. *Étranges Affaires Étrangères*. Paris: Fayard, 1976, p. 177.
3. Decreto-lei n. 2.073 de 1940. Disponível em: < http://legis.senado.gov.br/legislacao/ListaPublicacoes.action?id=41183>. Acesso em: 15 out. 2016. Debêntures são títulos de dívida que garantem um direito de crédito aos que os possuem.
4. "Exposição ao embaixador Antônio Mendes Viana", 16/6/1964. Ofício 363. AHMRE, Embaixada do Brasil em Paris, Ofícios recebidos, Secreto, Aeof/Deoc/363/920.(42)(85), Anexo.
5. Decreto-lei n. 2.351 de 1940. Disponível em: <http://legis.senado.gov.br/legislacao/ListaPublicacoes.action?id=34977>. Acesso em: 15 out. 2016.
6. Decreto-lei n. 4.353 de 1942. Disponível em: <http://www2.camara.leg.br/legin/fed/declei/1940-1949/decreto-lei-4352-1-junho-1942-414669-republicacao-68227-pe.html>. Acesso em: 15 out. 2016.
7. "Exposição ao embaixador Antônio Mendes Viana", 16/6/1964. Ofício 363. AHMRE, Embaixada do Brasil em Paris, Ofícios recebidos, Secreto, Aeof/Deoc/363/920.(42)(85), Anexo.
8. "Règlement final du contentieux du Port of Pará", 20/3/1968. AMAE, Ministères des Affaires Étrangères (conseiller financier pour l'Amérique Latine), nota enviada ao Ministère de l'Economie et des Finances, 174, Caixa 150.
9. Ibid.
10. LESSA, Antônio Carlos. Op. cit. 2000, p. 153. (b).
11. Ibid., p. 154. O princípio *rebus sic stantibus* ("estando as coisas assim"), ou Princípio da Imprevisão, é uma exceção ao Princípio da Força Obrigatória e determina que o contrato pode ser alterado sempre que ocorrerem fatos

imprevistos ou imprevisíveis no momento de sua execução e que não estavam presentes no momento da sua celebração, de modo que esteja prejudicando uma das partes contratantes em benefício da outra. Ver FITZMAURICE, Malgosia; ELIAS, Olufemi. *Contemporary Issues in the Law of Treaties.* Utrecht: Eleven International Publishing, 2005, p. 173.
12. Nota expedida pela Secretaria de Estado das Relações Exteriores à Embaixada da França, 24 de janeiro de 1963, *Apud* "Exposição ao embaixador Antônio Mendes Viana", 16/6/1964. Ofício 363. AHMRE, Embaixada do Brasil em Paris, Ofícios recebidos, Secreto, Aeof/Deoc/363/920.(42)(85), Anexo.

2. O conflito da lagosta

1. LESSA, Antônio Carlos. A Guerra da Lagosta e outras guerras: conflito e cooperação nas relações França-Brasil (1960-1964). *Cena Internacional,* ano 1, n. 1, 1999, p. 109-120. Um relato do jornalista Fernando Pinto, repórter da revista *Manchete,* que ficou responsável por acompanhar alguns episódios da chamada "Guerra da Lagosta", pode ser encontrado em PINTO, Fernando. *Memórias de um repórter.* Brasília: Thesaurus, 2004, p. 167-182. Ver também BRAGA, Cláudio da Costa. *A guerra da lagosta.* Rio de Janeiro: Serviço de Documentação da Marinha, 2004.
2. "Exposição ao embaixador Antônio Mendes Viana", 16/06/1964. Ofício 363. AHMRE, Embaixada do Brasil em Paris, Ofícios recebidos, Secreto, Aeof/Deoc/363/920.(42)(85), Anexo.
3. SOUZA FILHO, Carlos Alves de. *Um embaixador em tempos de crise.* Francisco Alves: Rio de Janeiro, 1979, p. 314-333. Carlos Alves de Souza ocupou o cargo de embaixador em Paris entre março de 1956 e janeiro de 1964.
4. Além de cônsul-arquivista da Embaixada francesa, André Villepreux era responsável por escrever os relatórios de informações sobre a política brasileira para o embaixador. Entrevista de André Villepreux a Luciana Uchoa, 20 de abril de 2000.
5. BAEYENS, Jacques. Op. cit., p. 182.
6. Decreto n. 28.840, de 8 de novembro de 1950. Disponível em: <http://www2.camara.leg.br/legin/fed/decret/1950-1959/decreto-28840-8-novembro-1950--329258-publicacaooriginal-1-pe.html>. Acesso em 15 out. 2016.
7. "Exposição ao embaixador Antônio Mendes Viana", 16/6/1964. Ofício 363. AHMRE, Embaixada do Brasil em Paris, Ofícios recebidos, Secreto, Aeof/Deoc/363/920.(42)(85), Anexo.

8. *Última Hora*, 22 de fevereiro de 1963.
9. *Correio da Manhã*, 13 de março de 1963.
10. "Largue essa lagosta,/ Deixe a minha areia/ Senão vai dar coisa feia/ Faço uma proposta pra você,/ Faço um acordo de irmão:/ Traga uma francesa pra mim/ E leve tudo,/ Leve até o camarão." Composição de Jorge Washington, gravada por Isnard Simone. Ver COSTA, Haroldo. *Política e religiões no carnaval*. São Paulo: Irmãos Vitale, 2007, p. 157-158.
11. BAEYENS, Jacques. *Au bout du Quai*: souvenirs d'un retraité des postes. Paris: Fayard, 1975, p. 298.
12. SOUZA FILHO, Carlos Alves de. Op. cit., p. 317.
13. Entrevista de André Villepreux a Luciana Uchoa, 20 de abril de 2000.
14. Ver Jacques Baeyens. In: ABREU, Alzira Alves de et al. (Orgs.). *Dicionário histórico-biográfico brasileiro*. Rio de Janeiro: FGV, 2001.
15. "Relações França-Brasil", 04/2/1964. Telegrama n. 27. AHMRE, Embaixada do Brasil em Paris, Telegramas recebidos, Secreto, Deoc/920.(42)(85).
16. "Relações França-Brasil". 6/2/1964. Telegrama n. 31. AHMRE, Embaixada do Brasil em Paris, Telegramas recebidos, Secreto, Deoc/920.(42)(85).
17. UCHOA, Luciana. *L'attitude de la France à l'égard du nouveau régime instauré par le coup d'État militaire au Brésil du 31 mars 1964*. 2000. Dissertação (Mestrado em Ciência Política) — Universidade Paris I, p. 21.
18. "Relações franco-brasileiras. Prazo de permanência do embaixador Carlos Alves de Souza", 2/1/1964. Telegrama n. 1. AHMRE, Embaixada do Brasil em Paris, Telegramas expedidos, Secreto, Deoc/DP/920.(42)(85).
19. "Relações franco-brasileiras. Prazo de permanência do embaixador Carlos Alves de Souza", 8/1/1964. Telegrama n. 4. AHMRE, Embaixada do Brasil em Paris, Telegramas recebidos, Secreto, Deoc/DP/920.(42)(85).
20. Em sua biografia, Alves de Souza fala da antipatia que nutria por Raul de Vincenzi que, segundo ele, seria muito indisciplinado. Ver SOUZA FILHO, Carlos Alves de. Op. cit., p. 325.
21. O Comitê Francês de Libertação Nacional (CFLN) foi criado na Argélia, em 12 de junho de 1943, sob a presidência conjunta do general Charles de Gaulle, o comandante militar, e do general Henri Giraud, o chefe político. O Brasil reconheceu o comitê no dia 27 de agosto, após os Estados Unidos e a Grã-Bretanha, e, no mês subsequente, enviou Vasco Leitão da Cunha como delegado brasileiro. Em outubro 1943, de Gaulle assumiu sozinho o controle do CFLN e criou o Governo Provisório da República Francesa.

Ver COELHO, Ricardo Corrêa. *De Gaulle: o homem que resgatou a honra da França*. São Paulo: Contexto, 2014, p. 152-158; ver também GARCIA, Eugênio Vargas. *Cronologia das relações internacionais*. Rio de Janeiro: Contraponto, 2005, p. 158; e ver, ainda, Vasco Leitão da Cunha. In: ABREU, Alzira Alves de; LAMARÃO, Sérgio (Orgs.). *Personalidades da política externa brasileira*. Brasília: FUNAG, 2007, p. 90.

22. Sobre Souza Dantas, ver KOIFMAN, Fábio. *Quixote nas trevas*: o embaixador Souza Dantas e os refugiados do nazismo. Rio de Janeiro: Record, 2002.
23. CAMARGO, Aspásia et al. (Coords.). *Vasco Leitão da Cunha*: diplomacia em alto-mar. Depoimento ao CPDOC. Rio de Janeiro: FGV, 2003, p. 259-263.
24. COELHO, Ricardo Corrêa. Op. cit., p. 172.
25. "Nota do general Charles de Gaulle aos ministros franceses dos Negócios Estrangeiros, dos Negócios Econômicos e das Forças Armadas", 1/3/1963. AHMRE, Embaixada do Brasil em Paris, Ofícios recebidos, Secreto, sem outra classificação.
26. "Carta do *Conseil National de la Résistance* à Embaixada do Brasil em Paris", 7/5/1963. AHMRE, Embaixada do Brasil em Paris, Ofícios recebidos, Secreto, sem outra classificação.

3. O Conselho Nacional de Resistência e o exílio de Georges Bidault no Brasil

1. ROUSSEL, Éric. *De Gaulle*. Paris: Gallimard, 2008, p. 118.
2. Sobre Georges Bidault, ver DALLOZ, Jacques. *Georges Bidault: biographie politique*. Paris: L'Harmattan, 1993.
3. No período entre 30 de novembro de 1958 e 9 de outubro de 1962, Georges Bidault não estava mais filiado ao MRP, tendo exercido o seu mandato sem filiação partidária. Ver http://www.assemblee-nationale.fr/histoire/tables_archives/georges-bidault.asp#9dec1958.
4. DALLOZ, Jacques. Op. cit., p. 231.
5. Ibid., p. 384. Sobre a Guerra da Argélia, ver STORA, Benjamin. *Histoire de la guerre d'Algérie (1954-1962)*. Paris: La Découverte, 2006.
6. Ibid., p. 392. Ver também RIGOULOT, Pierre. *Georges Albertini*. Socialiste, collaborateur, gaulliste. Paris: Perrin, 2012, p. 278-279.
7. COOK, Don. Charles de Gaulle. São Paulo: Planeta, 2007, p. 354.
8. Eram eles: Georges Bidault, André Morice, Roger Duchet e Jacques Soustelle. DALLOZ, Jacques. Op. cit., p. 399. Ver também ROUSSEL, Éric. Op. cit., p. 181.

9. ZANCARINI-FOURNEL, Michele; DELACROIX, Christian. *La France du temps présent (1945-2005)*. Paris: Belin, 2014, p. 247.
10. Ibid., p. 312-313.
11. "Le CNR a seul compétence pour rétablir le fonctionnement normal des institutions de la République." Ibid., p. 420.
12. A OAS foi uma organização clandestina de caráter político-militar, criada em 1961, que defendia o pertencimento da Argélia à França em contraposição ao *Front de Libération Nationale* (FLN), grupo nacionalista argelino. A entidade lançava mão de métodos terroristas e promoveu ações contra autoridades políticas e administrativas do governo francês, entre os quais o próprio general Charles de Gaulle. Ver FERRO, Marc. *História de França*. Lisboa: Edições 70, 2013, p. 466-467. Ver também STORA, Benjamin. Op. cit., p. 60.
13. ROUSSEL, Éric. Op. cit., p. 225.
14. Quando chegou ao Brasil, Georges Bidault concedeu uma entrevista ao jornalista Fernando Pinto. Ver PINTO, Fernando. Op. cit., p. 125-131.
15. Em 24 de julho de 1968, a Assembleia Nacional francesa votou uma lei que anistiava todos os implicados nos "eventos da Argélia". O texto da lei, contudo, não previa a reintegração dos anistiados às antigas funções públicas, civis ou militares que porventura exercessem antes do conflito. Ver STORA, Benjamin. Op. cit., p. 92. Sobre a partida de Georges Bidault para a Bélgica: "Refugiado político na Bélgica. Senhor Georges Bidault", 10/7/1967. Telegrama n. 428. AHMRE, Embaixada do Brasil em Paris, Telegramas expedidos, Confidencial, Deoc/DJ/DSI/922.31(83)(42).
16. ARAÚJO, Rodrigo Nabuco. Op. cit., p. 295.
17. "Viagem para o Brasil do senhor Georges Watin", 25/2/1965. Telegrama n. 116. AHMRE, Embaixada do Brasil em Paris, Telegramas recebidos, Secreto, Deoc/601.34(85)(42).
18. Disponível em: <http://www.independent.co.uk/news/world/europe/real-life--jackal-dies-in-exile-1395472.html>. Acesso em: 15 out. 2016.
19. *Jornal do Brasil*, 31/3/1963.
20. *Última Hora*, 5/4/1963.
21. "La presse et l'asile politique pour M. Bidault", 5/4/1963. AMAE, Ambassade de France au Brésil, Ofício enviado à Direction d'Amérique (Direction des Services d'Information et de Presse), 377/IP, Caixa 166.
22. "M. Bidault et la presse brésilienne", 24/4/1963. AMAE, Ambassade de France au Brésil, nota enviada ao diretor da Direction d'Amérique, Louis Roche, Caixa 166.

23. "Traduction de l'article de M. Georges Bidault paru dans l'*Estado de S. Paulo* du 30 juin 1963", 2/7/1963. AMAE, Ambassade de France à Rio de Janeiro, nota enviada à Direction d'Amérique, 779/AM, Caixa 166.
24. "M. Georges Bidault", 16/8/1963. AMAE, Ambassade de France au Brésil, nota enviada ao Gabinete do Ministro, 1027/CM, Caixa 166. *Jornal do Brasil*, 16/08/1963.
25. "Présence de M. Georges Bidault au Brésil", 29/8/1963. AMAE, Ministère des Affaires Étrangères, Nota, 31/AM, Caixa 166.
26. "M. Georges Bidault", 14/2/1964. AMAE, Ambassade de France au Brésil, nota enviada ao Gabinete do Ministro, 156/CM, Caixa 166.
27. "M. Georges Bidault", 20/3/1964. AMAE, Ambassade de France au Brésil, nota enviada à Direction d'Amérique, 376/AM, Caixa 166.
28. "M. Georges Bidault", 9/2/1965. AMAE, Ambassade de France au Brésil, nota enviada ao Gabinete do Ministro, 224/CM, Caixa 166.
29. "Demande de certificat de vie formulée par M. Georges Bidault", 23/6/1964. AMAE, Ministère des Affaires Étrangères, Telegrama enviado ao Consulado Geral de São Paulo, n. 22/23, Caixa 166.
30. "Refugiado político no Brasil. Georges Bidault", 16/9/1964. Telegrama n. 348. AHMRE, Embaixada do Brasil em Paris, Telegramas expedidos, Ostensivo, Deoc/601.34(85)(42).
31. "Déclarations de M. Georges Bidault", 17/9/1964. AMAE, Ambassade de France au Brésil, nota enviada ao Gabinete do Ministro, 142/CM, Caixa 166.
32. "Declarações do senhor Georges Bidault", 5/10/1964. Ofício n. 609. AHMRE, Embaixada do Brasil em Paris, Ofícios recebidos, Ostensivo, Deoc/609/601.34(85)(42).
33. "M. Georges Bidault", 28/10/1964. AMAE, Consulat Général à São Paulo, nota enviada à Embaixada Francesa no Brasil, n. 73, Caixa 166.
34. "Entrevista do senhor Georges Bidault. Refugiados políticos", 12/2/1965. Telegrama n. 91. AHMRE, Embaixada do Brasil em Paris, Telegramas expedidos, Confidencial, Deoc/601.34(85)(42). "M. Georges Bidault", 19/2/1964. AMAE, Ambassade de France au Brésil, Telegrama enviado à Direction d'Amérique, 2/AM, Caixa 166.
35. "Atividades do senhor Bidault no Brasil. Noticiário na imprensa", 10/2/1965. Telegrama n. 79. AHMRE, Embaixada do Brasil em Paris, Telegramas recebidos, Confidencial, Deoc/DJ/DI/920(42)(85).
36. "M. Georges Bidault", 9/2/1965. AMAE, Ambassade de France au Brésil, nota enviada ao Gabinete do Ministro, 224/CM, Caixa 166.

457

37. "M. Georges Bidault", 24/3/1967. AMAE, Consulat Général à São Paulo, nota enviada ao Gabinete do Ministro, 62/CM, Caixa 166.

4. A resolução dos conflitos e o fim do governo João Goulart

1. "Relações França-Brasil", 8/11/1963. Telegrama n. 502. AHMRE, Embaixada do Brasil em Paris, Ofícios recebidos, Secreto, Deoc/502/920.(42)(85). O documento traz, em anexo, a transcrição do discurso.
2. Em 1959, a Assembleia Nacional decidiu subdividir o Grupo de Amizade França-América Latina, criando grupos específicos para cada um dos países. A primeira presidente do Grupo de Amizade França-Brasil foi a deputada Marcelle Devaud. Charles de Chambrun assumiu a presidência do grupo em 1963. "Groupe d'Amitié France-Brésil", 21/1/1959. AMAE, Assemblée Nationale, nota enviada ao Gabinete do Ministro, Caixa 354/CM.
3. "Visita de deputados franceses ao Brasil", 8/1/1964. Telegrama n. 5. AHMRE, Embaixada do Brasil em Paris, Telegramas recebidos, Secreto, Deoc/C/430.1(42)(85).
4. "Visita ao Brasil de delegação de deputados franceses", 17/1/1964. Telegrama n. 13. AHMRE, Embaixada do Brasil em Paris, Telegramas recebidos, Secreto, Deoc/C/430.1(42)(85).
5. "Visita de deputados franceses ao Brasil", 9/1/1964. Telegrama n. 6. AHMRE, Embaixada do Brasil em Paris, Telegramas recebidos, Secreto, Deoc/C/DPB/DPC/430.1(42)(85).
6. "Rapport de la délégation parlementaire du Groupe d'Amitié France-Brésil", 2/1964. AMAE, Ministère des Affaires Étrangères, Confidencial, Caixa 118.
7. Entrevista de André Villepreux à Luciana Uchoa, 20 de abril de 2000.
8. "Rapport de la délégation parlementaire du Groupe d'Amitié France-Brésil", 2/1964. AMAE, Ministère des Affaires Étrangères, Confidencial, Caixa 118.
9. Titre: Retour de Brasília. Collection: Tribune JT - Jugez vous même. Canal: 1. 27/2/1964. INA.
10. Titre: La nouvelle diplomatie française. Collection: JT 20h. Canal: 1. 23/1/1964. INA.
11. BAEYENS, Jacques. Op. cit., 1975, p. 298.
12. "Visita do presidente de Gaulle ao Brasil", 16/3/1964. Telegrama n. 76. AHMRE, Embaixada do Brasil em Paris, Telegramas expedidos, Confidencial, C/Deoc/76/430.(42)(85).

13. "Rapport de la délégation parlementaire du Groupe d'Amitié France-Brésil", 2/1964. AMAE, Ministère des Affaires Étrangères, Confidencial, Caixa 118.
14. Pierre Sebilleau assumiu o posto de embaixador no Rio em junho de 1964. "Pedido de agrément. Embaixador da França. Senhor Pierre Sebilleau", 10/3/1964. Telegrama n. 63. AHMRE, Embaixada do Brasil em Paris, Telegramas expedidos, Secreto, C/Deoc/921.1(85)(42).
15. "Pedido de agrément. Embaixador da França. Senhor Pierre Sebilleau", 6/3/1964. Telegrama n. 53. AHMRE, Embaixada do Brasil em Paris, Telegramas recebidos, Secreto, C/Deoc/921.1(85)(42).
16. Ver Pierre Sébilleau. In: ABREU, Alzira Alves de et al. (Orgs.). *Dicionário histórico-biográfico brasileiro*. Rio de Janeiro: FGV, 2001.
17. "Relações franco-brasileiras. Mensagem do general de Gaulle ao presidente João Goulart", 3/1/1964. Telegrama n. 1. AHMRE, Embaixada do Brasil em Paris, Telegramas Recebidos, Secretos, DEOC/920.(42)(85).
18. "La presse brésilienne et les relations France-Brésil", 29/1/1964. AMAE, Ambassade de France au Brésil, nota enviada à Direction d'Amérique, 91/AM, Caixa 153.
19. "Comício de 13 de março. Remessa de recortes", 19/3/1964. Ofício n. 152. AHMRE, Embaixada do Brasil em Paris, Ofícios recebidos, Ostensivo, DEOc/DI/152/500.
20. "Reforma agrária. Remessa de recortes", 19/3/1964. Ofício n. 154. AHMRE, Embaixada do Brasil em Paris, Ofícios recebidos, Ostensivo, DIM/DI/154/500.
21. "Virage à gauche au Brésil", "Situação política brasileira. Remessa de artigo", 20/3/1964. Ofício n. 162. AHMRE, Embaixada do Brasil em Paris, Ofícios recebidos, Ostensivo, DEOc/162/500.
22. Id.
23. Entrevista de Jean-Paul Anglès a Luciana Uchoa, 11 de abril de 2000.
24. "M. João Goulart", 16/1/1964. AMAE, Ambassade de France au Brésil, Telegrama enviado ao Gabinete do Ministro, n. 20/31, Caixa 126.
25. "Situation politique intérieure. La manifestation du 13 mars, tournant décisif de la présidence Goulart", 18/3/1964. AMAE, Ambassade de France au Brésil, nota enviada à Direction d'Amérique, 347/AM, Caixa 126.
26. "Manifestations à São Paulo", 24/3/1964. AMAE, Consulat Général de France à São Paulo, nota enviada à Direction d'Amérique, 88/AM, Caixa 126.
27. Entrevista de Jean-Paul Anglès a Luciana Uchoa, 11 de abril de 2000.
28. "Un an de gouvernement Arraes", 2/3/1964. AMAE, Ambassade de France au Brésil, nota enviada à Direction d'Amérique, 258/AM, Caixa 126.

29. Entrevista de Michel Koch a Luciana Uchoa, 27 de maio de 2000.
30. Ibid.
31. Ibid.
32. Sobre as marchas, ver PRESOT, Aline. *As Marchas da Família com Deus pela Liberdade*, 2004. Dissertação (Mestrado em História Social) — Programa de Pós-Graduação em História Social, Universidade Federal do Rio de Janeiro.
33. "L'état de l'opinion", 23/3/1964. AMAE, Consulat Général de France à São Paulo, nota enviada à Direction d'Amérique, 87/AM, Caixa 126.
34. LESSA, Antônio Carlos. Op. cit., p. 230. (b)

5. A França e o golpe de 1964

1. "Cópia de notas", 12/1/1965. Ofício n. 30. AHMRE, Embaixada do Brasil em Paris, Ofícios recebidos, Ostensivos, DEOc/30/342.2(85).
2. "M. João Goulart", 16/1/1964. AMAE, Ambassade de France au Brésil, Telegrama enviado ao Gabinete do Ministro, n. 20/31, Caixa 126.
3. "Situation politique intérieure: l'Armée et la reforme agraire", 31/1/1964. AMAE, Ambassade de France au Brésil, nota enviada à Direction d'Amérique, 109/AM, Caixa 126.
4. "Agitation dans le Minas Gerais", 10/3/1964. AMAE, Service de documentation extérieure et de contre-espionnage (SDECE), nota enviada ao primeiro-ministro, Secreto, n. D 31132/B, Caixa 164.
5. "Le mouvement des sergents", 28/1/1964. AMAE, Service de documentation extérieure et de contre-espionnage (SDECE), nota enviada ao primeiro-ministro, Secreto, n. D 29962/B, Caixa 164.
6. "Situation politique", 26/3/1964. AMAE, Service de documentation extérieure et de contre-espionnage (SDECE), nota enviada ao primeiro-ministro, Secreto, n. D 31553/B, Caixa 164.
7. "Discours de M. Goulart (30 mars 1964)", 30/3/1964. AMAE, Ambassade de France au Brésil, nota enviada à Direction d'Amérique, 439/AM, Caixa 126.
8. "Agravation de la situation économique", 25/2/1964. AMAE, Service de documentation extérieure et de contre-espionnage (SDECE), nota enviada ao primeiro-ministro, Secreto, n. D 30706/B, Caixa 164.
9. O Setor Político da Embaixada era responsável por selecionar os recortes das matérias sobre o Brasil na imprensa francesa. Cf. 28/4/1964. Ofício n. 243. AHMRE, Embaixada do Brasil em Paris, Ofícios recebidos, Ostensivos.

10. *Le Monde*, 4/4/1964. Cf. "Remessa de recortes", 7/4/1964. Ofício n. 187. AHMRE, Embaixada do Brasil em Paris, Ofícios recebidos, Ostensivos, Deoc/DD/187/500.591.7(85), anexo.
11. "Eleição presidencial", 8/4/1964. Carta-telegrama n. 93. AHMRE, Embaixada do Brasil em Paris, Cartas-telegrama recebidas, Ostensivos, Deoc/DI/93/500.
12. "Remessa de recortes", 7/4/1964. Ofício n. 187. AHMRE, Embaixada do Brasil em Paris, Ofícios recebidos, Ostensivos, Deoc/DD/187/500.591.7(85).
13. GAROT, Emmanuel. Le Brésil des militaires à travers le regard français, 1964-1976. *Cahiers du Brésil Contemporain*, n. 23-24, 1994, p. 147.
14. "Situação política no Brasil. Comentários na imprensa francesa", 8/4/1964. Telegrama n. 98. AHMRE, Embaixada do Brasil em Paris, Telegramas expedidos, Ostensivos, Deoc/DI/500.591.7(85).
15. CUNHA, Vasco Leitão. *Diplomacia em alto-mar*. FGV: Rio de Janeiro, 1994, p. 272. Ver também, "Comunismo no Brasil vinha do alto e era um desastre continental, afirma Vasco". *Jornal do Brasil*, Rio de Janeiro, 9 abr. 1964, p. 5.
16. Vasco Leitão da Cunha. In: ABREU, Alzira Alves de; LAMARÃO, Sérgio (Orgs.). *Personalidades da política externa brasileira*. Brasília: FUNAG, 2007, p. 91.
17. "Situação política no Brasil. Missão do governador Carlos Lacerda", 18/5/1964. Telegrama n. 129. AHMRE, Embaixada do Brasil em Paris, Telegramas expedidos, Secreto, G/Deoc/430.1(42)(600), 13/4/1964. AMAE, Présidence de la République, Telegrama enviado ao Serviço de Comunicação, Caixa 127.
18. "Conditions juridiques et politiques de l'élection du nouveau président", 14/4/1964. AMAE, Ambassade de France au Brésil, nota enviada à Direction d'Amérique, 508/AM, Caixa 127.
19. "Situação política no Brasil. Comentários da imprensa francesa", 12/4/1964. Telegrama n. 85. AHMRE, Embaixada do Brasil em Paris, Telegramas recebidos, Confidenciais, Deoc/DI/500. O ministro Louis Joxe escreveu um *memorandum* em que analisava a conjuntura política brasileira e o leu em uma reunião do Ministério dos Negócios Estrangeiros. Esse documento foi entregue a Raul de Vincenzi pelo deputado Charles de Chambrun, que reforçou a importância de mantê-lo sob sigilo e de enviá-lo para o Itamaraty. No entanto, não localizei o *memorandum* no AHMRE, onde está apenas o seu encaminhamento. Cf. "Situação política nacional. *Memorandum* do ministro Joxe", 14/4/1964. Ofício n. 209. AHMRE, Embaixada do Brasil em Paris, Ofícios recebidos, Secreto, AEAf/Deoc/209/500. Houve várias reportagens

na televisão francesa sobre a conjuntura política brasileira. Titre: Brésil: un feu qui couvait. Collection: Cinq colonnes à la une. Canal: 1. 3/4/1964. INA. Titre: Brésil. Collection: JT 20H. Canal: 1. 3/4/1964. INA. Titre: Les événements du Brésil. Collection: Les actualités françaises. Canal: 1. 8/4/1964. INA.
20. "Réaction de la presse brésilienne aux commentaires de la presse française", 7/4/1964. AMAE, Ambassade de France au Brésil, nota enviada à Direction d'Amérique, 470/AM, Caixa 127.
21. Thomas C. Mann acumularia a função de secretário assistente para Assuntos Interamericanos com a de coordenador da Aliança para o Progresso e assistente especial do presidente para a América Latina. Ver FICO, Carlos. *O Grande Irmão*: da Operação *Brother Sam* aos anos de chumbo. Rio de Janeiro: Record, 2008, p. 34-35.
22. "Artigo em *Le Monde* sobre a revolução brasileira". 10/4/1964. Carta-telegrama n. 96. AHMRE, Embaixada do Brasil em Paris, Cartas-telegrama recebidas, Ostensivas, Deoc/500. O recorte do artigo "*Fin du Kennedysme*", publicado na edição do dia 10 de abril de 1964, foi enviado no mesmo dia em anexo ao Ofício n. 203. AHMRE, Embaixada do Brasil em Paris, Ofícios recebidos, Ostensivos, Deoc/DI/500.591.7(85).
23. "Visita do general de Gaulle ao Brasil". 10/4/1964. Ofício n. 202. AHMRE, Embaixada do Brasil em Paris, Ofícios recebidos, Ostensivos, C/202/430(85)(42).
24. Entrevista de Jean-Paul Anglès a Luciana Uchoa, 11 de abril de 2000.
25. "Situação nacional. Remessa de publicação". 20/4/1964. Ofício n. 224. AHMRE, Embaixada do Brasil em Paris, Ofícios recebidos, Ostensivos, Deoc/224/500.
26. Entrevista de Michel Koch a Luciana Uchoa, 27 de maio de 2000.
27. Entrevista de Jean-Paul Anglès a Luciana Uchoa, 11 de abril de 2000.
28. Ibid.
29. 1/4/1964. AMAE, Ambassade de France au Brésil, Telegrama enviado à Direction d'Amérique, 305/AM, Caixa 127.
30. UCHOA, Luciana. *L'attitude de la France à l'égard du nouveau régime instauré par le coup d'État militaire au Brésil du 31 mars 1964*. 2000. Dissertação (Mestrado em Ciência Política) — Universidade Paris I, p. 28.
31. 6/4/1964. AMAE, Ministère des Affaires Étrangères, Telegrama enviado à Ambassade de France au Brésil, 180, Caixa 127.
32. 2/4/1964. AMAE, Ambassade de France au Brésil, Telegrama enviado à Direction d'Amérique, 322/AM, Caixa 127.

33. 6/4/1964. AMAE, Ministère des Armées, Telegrama enviado ao Ministère des Affaires Étrangères, 176, Caixa 127.
34. 3/4/1964. AMAE, Organização do Tratado do Atlântico Norte, Telegrama enviado ao Ministère des Affaires Étrangères, 128, Caixa 127.
35. 3/4/1964. AMAE, Ambassade de France aux États-Unis, Telegrama enviado à Direction d'Amérique, 2539, Caixa 127. Sobre o apoio norte-americano ao golpe de 1964, ver FICO, Carlos. *O grande irmão*. O governo dos Estados Unidos e a ditadura militar brasileira: da Operação Brother Sam aos anos de chumbo. Rio de Janeiro: Civilização Brasileira, 2008.
36. Ver VILLA, Marco Antonio. *Ditadura à brasileira — 1964-1985*: A democracia golpeada à esquerda e à direita. São Paulo: Leya, 2014.
37. 9/4/1964. AMAE, Ambassade de France au Brésil, Telegrama enviado à Direction d'Amérique, 398, Caixa 127.
38. "Acte institutionnel du 9 avril 1964", 10/4/1964. AMAE, Ambassade de France au Brésil, nota enviada à Direction d'Amérique, 486/AM, caixa 127.
39. "La répression révolutionnaire au Brésil — 1er au 10 avril 1964", 10/4/1964. AMAE, Ambassade de France au Brésil, nota enviada à Direction d'Amérique, 487/AM, caixa 127.
40. "La chute de Goulart", 7/4/1964. AMAE, Ambassade de France au Brésil, nota enviada à Direction d'Amérique, 172/AM, caixa 127.
41. 10/4/1964. AMAE, Ambassade de France au Brésil, Telegrama enviado à Direction d'Amérique, 412, caixa 127.
42. 12/5/1964. AMAE, Ambassade de France au Brésil, Telegrama enviado à Direction d'Amérique, 529, caixa 163, 26/10/1964. AMAE, Ambassade de France en Yougoslavie, Telegrama enviado à Direction d'Amérique, 792, caixa 163.

6. Exílio, asilo, refúgio e banimento

1. MAZZUOLI, Valério de Oliveira. *Curso de Direito Internacional Público*. São Paulo: Revista dos Tribunais, 2008, p. 670-675. Ver também "Asilo, direito de". BOBBIO, Norberto; MATTEUCCI, Nicola; PASQUINO, Gianfranco (Orgs.). Dicionário de Política. 12. ed. Brasília: UnB, 1999, p. 57-60. REZEK, Francisco. *Direito internacional público*. São Paulo: Saraiva, 2005, p. 214.
2. MAZZUOLI, Valério de Oliveira. Op. cit., p. 676; 679.
3. ROLLEMBERG, Denise. *Exílio*. Entre raízes e radares. Record: Rio de Janeiro, 1999, p. 37-45.
4. FRANCO, Marina. *Exilio*. Argentinos en Francia durante la dictadura. Buenos Aires: Siglo XXI, 2007.

7. O Ato Institucional, as partidas para o exílio e os primeiros protestos internacionais contra o governo brasileiro

1. ROLLEMBERG, Denise. Op. cit., p. 50; 57.
2. 4/9/1964. AMAE, Direction des Affaires Politique (Amérique), Telegrama enviado à Ambassade de France au Brésil, Iugoslávia, Bolívia e México, Caixa 163.
3. 4/9/1964. AMAE, Direction des Affaires Politique (Amérique), Telegrama enviado à Ambassade de France au Brésil, Iugoslávia, Bolívia e México, Caixa 163. Em fevereiro de 1973, o ex-ministro Almino Afonso foi identificado pelo Ciex como chefe da Frente Brasileira de Informações. "Frente Brasileira de Informações. Almino Afonso", 7/2/1973. Informe n. 53. AN, Ciex, Secreto.
4. 27/10/1964. AMAE Ambassade de France au Brésil, Telegrama enviado à Direction d'Amérique, 934, Caixa 163.
5. 23/7/1964. AMAE Ambassade de France en Bolivie, Ficha enviada à Direction d'Amérique, Caixa 163.
6. 16/2/1965. AMAE Ambassade de France en Tchécoslovaquie, Telegrama enviado ao Gabinete do Ministro, 2978, Caixa 163.
7. "Situation du nommé SOBRAL Eduardo Quintiliano", 20/11/1964. AMAE, Ministère de l'Intérieur, nota enviada ao Gabinete do Ministro, Caixa 163.
8. 8/2/1965. AMAE Ambassade de France au Brésil, Telegrama enviado à Direction d'Amérique, 75, Caixa 113. "Attitude à l'égard des réfugiés politiques latino-américains". 17/8/1966. AMAE, Cabinet du Ministre, nota enviada ao Ministre de l'Intérieur, Caixa 156.
9. KAUFFER, Rémi. *Histoire Mondiale des services secrets.* Paris: Perin, 2015; FALIGOT, Roger; GUISNEL, Jean; KAUFFER, Rémi. *Histoire politique des services secrets français.* De la Seconde Guerre mondiale à nos jours. La Découverte: Paris, 2012; FULIGNI, Bruno. *Dans les archives secrèttes de la police.* Quatre siècles d'Histoire de crimes et de faits divers. Paris: Gallimard, 2011; Id. *Dans les archives inédites des services secrets.* Un siècle d'espionnage français (1870-1889). Paris: Gallimard, 2014; WARESQUIEL, Emmanuel de. *Dans les archives secretes du Quai d'Orsay.* Cinq siècles d'histoire et de diplomatie. Paris: L'Iconoclaste, 2015.
10. Esse arquivo também guarda os acervos da 2ª seção dos ministérios militares.
11. "Rapport de fin de mission de l'Attaché Naval près cette Ambassade", 26/6/1968. AMAE, Ambassade de France au Brésil, nota enviada à Direction d'Amérique, 1410/AM, Caixa 164.

12. O acesso aos documentos do SDECE disponíveis no arquivo do Quai d'Orsay foi possível a partir de um pedido de derrogação do prazo de sigilo feito ao ministério com base no Código do Patrimônio francês. No entanto, só foi possível acessar os documentos correspondentes ao período de 1964 a 1970. O acesso aos documentos dos anos posteriores não foi autorizado.
13. O Arquivo Nacional da França também guarda o acervo da extinta *Cour de Sûreté de l'État*, órgão que, entre 1963 e 1981, julgava as questões relativas à espionagem.
14. Ver MANÇANO, Bernardo; WALTER, Carlos. *Josué de Castro: vida e obra*. São Paulo: Expressão Popular, 2000. Ver também MELO, Marcelo Mário de; NEVES, Teresa Cristina Wanderley (Orgs.). *Josué de Castro*. Brasília: Câmara dos Deputados, Coordenação de Publicações, 2007.
15. "Centro Internacional para o Desenvolvimento", 16/7/1965. Telegrama n. 473. AHMRE, Embaixada do Brasil em Paris, Telegramas expedidos, Secreto, SSN/Deoc/Doa/650.(00).
16. "Informações sobre o Centro Internacional para o Desenvolvimento", 8/10/1965. Ofício n. 916. AHMRE, Embaixada do Brasil em Paris, Ofícios recebidos, Secreto, Aeaf/Deoc/Dpf/916/650.(00).
17. "Frente intelectual. Centro Internacional de Desenvolvimento. Josué de Castro", 5/2/1970. Informe n. 36. AN, Ciex, Secreto.
18. "Situação política. Remessa de cartas", 17/4/1964. Ofício n. 216. AHMRE, Embaixada do Brasil em Paris, Ofícios recebidos, Ostensivos, Deoc/216/500. As cartas não foram encontradas no AHMRE. A Embaixada também recebeu uma carta de protesto da Associação Internacional de juristas democratas para ser encaminhada ao presidente Castelo Branco. "Associação Internacional de juristas democratas. Remessa de cartas", 24/04/1964. Ofício n. 226. AHMRE, Embaixada do Brasil em Paris, Ofícios recebidos, Ostensivos, Deoc/226/500. Essas cartas tampouco foram encontradas no AHMRE.
19. "Combat d'un peuple pour la démocratie", 6/5/1964. AMAE, Consulat Général à São Paulo, nota enviada à Ambassade de France au Brésil, Caixa 128.
20. GASPARI, Elio. *Ilusões armadas*: a ditadura envergonhada. Rio de Janeiro: Companhia das Letras, 2002, p. 129-136.
21. "La répression anticommuniste", 18/4/1964. AMAE, Service de documentation extérieure et de contre-espionnage (SDECE), nota enviada ao primeiro-ministro, Secreto, n. D 32098/B, Caixa 164.
22. "Remessa de recortes", 24/4/1964. Ofício n. 231. AHMRE, Embaixada do Brasil em Paris, Ofícios recebidos, Ostensivos, Deoc/DI/251/500. Jornal *Le*

Monde 24 de abril de 1964 "Privé de ses droits politiques au Brésil M. Josué de Castro compte se fixer à Paris".

23. "Atividades de asilados na Europa", 5/11/1964. Ofício n. 124. AHMRE, Secretaria de Estado das Relações Exteriores, Ofícios expedidos, Secreto, G/SSN/124/922.31.(44)(42).
24. "Prorrogação de passaporte. Josué de Castro", 16/5/1969. Telegrama n. 64. AHMRE, Consulado-Geral em Paris, Telegramas recebidos, Confidencial, DPp/DAJ/DJ/511.14(701).
25. "Josué de Castro", 7/1/1958. APP, Préfecture de Police, Réf. 77W5005-641029.
26. "Séjour à Paris du Président de l'Association Mondiale de Lutte contra la Faim", 16/10/1959. APP, Préfecture de Police, Réf. 77W5005-641029.
27. "Centre International pour le Developpement", 8/1965. APP, Préfecture de Police, Réf. 77W5005-641029.
28. "Lord Bertrand Russell", 30/9/1966. APP, Préfecture de Police, Réf. 77W5005-641029. O Ciex também produziu informações sobre o Tribunal Bertrand Russell. "Fundação para a Paz Bertrand Russell", 3/11/1966. Informe n. 599. AN, Ciex, Secreto.
29. "Association Mondiale de Lutte contre la Faim", 10/1/1967. APP, Préfecture de Police, Réf. 77W5005-641029.
30. "Josué de Castro", 26/6/1970. APP, Préfecture de Police, Réf. 77W5005-641029.
31. "Association Médicale Internationale pour l'Étude des Conditions de la Vie et de la Santé", 2/1973. APP, Préfecture de Police, Réf. 77W5005-641029.
32. WAINER, Samuel. *Minha razão de viver:* memórias de um repórter. Rio de Janeiro: Record, 1988.
33. "Accréditation de M. Samuel Wainer", 26/6/1964. AMAE, Ambassade de France au Brésil, nota enviada à Direction d'Amérique, 904/AM, Caixa 153.
34. "Concessão de facilidades ao senhor Samuel Wainer. Correspondente em Paris", 3/8/1964. Telegrama n. 281. AHMRE, Embaixada do Brasil em Paris, Telegramas expedidos, Ostensivo, DAJ/DJ/DI/281.501.34(85).
35. "Situação brasileira. Artigo *Le Monde*", 21/8/1964. Telegrama n. 270. AHMRE, Embaixada do Brasil em Paris, Telegramas recebidos, Secreto, DJ/Deoc/DI/SSN/500. Pouco tempo após ter passado a viver em Paris, Bocayuva Cunha solicitou ao Consulado-Geral em Paris que ele pudesse passar uma procuração para a venda de bens no Brasil. A Secretaria de Estado condicionou a emissão do documento a ser informada se o produto da venda seria utilizado para o "financiamento de atividades contrárias aos interesses nacionais". Cf.

"Asilados brasileiros. Luiz Fernando Bocayuva Cunha", 14/8/1964. Telegrama n. 290. AHMRE, Embaixada do Brasil em Paris, Telegramas expedidos, Secreto, DAJ/DJ/Dcn/SSN/922.31(95)(42). Luiz Fernando Bocayuva Cunha vivia legalmente em Paris com um visto concedido em 24 de junho de 1964. 24/6/1964. AMAE, Direction des Affaires Politiques (Amérique), Telegrama enviado à Ambassade de France en Yougoslavie, 306, Caixa 163.

36. "Artigo Claude Julien. França-Brasil", 1/9/1964. Carta-telegrama n. 241. AHMRE, Embaixada do Brasil em Paris, Cartas-telegramas recebidas, Secreto, DJ/Deoc/DI/SSN/500.
37. WAINER, Samuel. Op. cit., p. 264-265.
38. "Concessão de passaporte comum ao senhor Samuel Wainer", 11/7/1967. Telegrama n. 434. AHMRE, Embaixada do Brasil em Paris, Telegrama expedido, Secreto, G/DSI/DCI/511.14(701).
39. "Concessão de passaporte comum ao senhor Samuel Wainer", 17/7/1967. Telegrama n. 352. AHMRE, Embaixada do Brasil em Paris, Telegrama recebido, Secreto, G/DSI/DCI/511.14(701).
40. "Comportamento político do cassado Samuel Wainer", 7/8/1967. Telegrama n. 481. AHMRE, Embaixada do Brasil em Paris, Telegrama expedido, Secreto, G/DSI/591.3(85).
41. "Comportamento político do cassado Samuel Wainer", 30/8/1967. Telegrama n. 414. AHMRE, Embaixada do Brasil em Paris, Telegrama recebido, Secreto, G/DSI/591.3(85). "Comportamento político do cassado Samuel Wainer", 1/8/1967. Ofício n. 692. AHMRE, Embaixada do Brasil em Paris, Ofício recebido, Secreto, G/DSI/692/922.31(42)(85).
42. "Samuel Wainer". APP, Préfecture de Police, Réf. 77W3955-399351.
43. "Federação Internacional dos Direitos do Homem. Remessa de carta". 24/4/1964. Ofício n. 225. AHMRE, Embaixada do Brasil em Paris, Ofícios recebidos, Ostensivos, Deoc/225/500.
44. Ver MELO, Murilo Fiuza de; GUEDES, Ciça. *O caso dos nove chineses*. Rio de Janeiro: Objetiva, 2014.
45. "Situação interna do Brasil. Prisão de chineses". 22/4/1964. Telegrama n. 98. AHMRE, Embaixada do Brasil em Paris, Telegramas recebidos, Secretos, AEAs/DAO/Deoc/DI/920.(42)(52b).
46. "Situação política nacional. Apelos recebidos em prol dos integrantes da Missão Comercial Chinesa", 21/5/1964. Ofício n. 306. AHMRE, Embaixada do Brasil em Paris, Ofícios recebidos, Ostensivo, Deoc/DAO/DI/306/500.

47. "Prisão de chineses no Brasil. Vistos para o Grupo Internacional de Advogados", 15/12/1964. Telegrama n. 121. AHMRE, Consulado-Geral em Paris, Telegramas recebidos, Confidencial, DPp/DAO/DJ/SSN.
48. "Prisão de comunistas chineses no Brasil", 16/2/1965. Telegrama n. 103. AHMRE, Embaixada do Brasil em Paris, Telegramas expedidos, Secretos, SSN/DJ/Dao/Deoc.
49. MELO, Murilo Fiuza de; GUEDES, Ciça. Op. cit., p. 92-95; 106-111.
50. "La Chine et la crise brésilienne", 22/4/1964. AMAE, Consulat Général de France à Hong Kong, nota enviada à Direction d'Asie-Océanie, 265/AS, caixa 127.
51. "Prisão de comunistas chineses no Brasil". 13/2/1965. Telegrama n. 90. AHMRE, Embaixada do Brasil em Paris, Telegramas recebidos, Secretos, SSN/DJ/DAC/Deoc/7(52)(42)15.
52. "Prisão de chineses no Brasil. Propaganda em Paris". 1/4/1965. Telegrama n. 199. AHMRE, Embaixada do Brasil em Paris, Telegramas recebidos, Confidenciais, DAJ/DJ/SSN/Deoc.
53. Em 1968, o escritório da Agência Nova China no Brasil foi fechado. "Rapport de fin de mission de l'Attaché Naval près cette Ambassade". 26/6/1968. AMAE, Ambassade de France au Brésil, nota enviada à Direction d'Amérique, 1410/AM, Caixa 164.
54. FICO, Carlos. Op. cit. 1997, p. 45-52.
55. O grupo responsável pela execução da nova política eram o diplomata Dario Castro Alves, presidente do grupo; Ronaldo Rebello de Britto Poletti, representante do Ministério da Justiça; Alarico Silveira Júnior, representante do MRE; o capitão de mar e guerra Fernando Carvalho Chagas, representante do Estado-Maior das Forças Armadas; o tenente-coronel Milton Machado Martins, representante do SNI; e o diplomata João Clemente Baena Soares, representante da Aerp. "Política Governamental de Comunicação Social no Campo Externo". Arquivo Nacional, DSI-MJ, BR.AN,RIO.TT.O.MCP.PRO.180.

8. Diplomacia e espionagem

1. Ver SETEMY, Adrianna. *Sentinelas das fronteiras*: o Itamaraty e a diplomacia brasileira na produção de informações para o combate ao inimigo comunista (1935-1966), 2013, 341 p. Tese (Doutorado em História Social) — Programa de Pós-Graduação em História Social, Universidade Federal do Rio de Janeiro.

2. Há apenas dois trabalhos que tratam da percepção que a polícia e a diplomacia francesas tinham sobre os exilados brasileiros, que são, respectivamente: CHIRIO, Maud. Les exilés brésiliens et la police française: un exemple de contrôle politique dans un pays d'accueil. In. ROLLAND, D.; SANTOS, I. M. *L'exil brésilien en France*. Histoire et imaginaire. Paris: L'Harmattan, 2008, p. 145-158. ROLLAND, Denis. L'État français et les exils brésiliens: prudence d'État, Guerre froide et propagandes. In. Ibid., p. 49-124.
3. O SISNI só seria inteiramente estruturado a partir da aprovação do Plano Nacional de Informações, em junho de 1970. Cada órgão do SISNI ficava responsável por orientar a produção de informações dentro de sua esfera administrativa. O Itamaraty estabeleceu o seu Plano Setorial de Informações em novembro de 1970. Ver Comissão Nacional da Verdade. *Relatório*. Brasília: CNV, 2014, v. II, p. 178.
4. Sobre a estrutura e o funcionamento do sistema de informações do regime militar brasileiro, ver FICO, Carlos. *Como eles agiam. Os subterrâneos da ditadura militar: espionagem e polícia política*. Rio de Janeiro: Record, 2001. Ver também FIGUEIREDO, Lucas. *Ministério do silêncio*. Rio de Janeiro: Record, 2005.
5. A partir da Portaria n. 357, de 15 de março de 1973, o Ciex passou a constar do organograma do MRE como Assessoria de Documentação de Política Exterior (ADOC). Depois de 1975, foi denominado Secretaria de Documentação de Política Exterior (Sedoc). O fundo Ciex, no Arquivo Nacional, guarda mais de 10 mil páginas de documentos produzidos pelo órgão. Esses papéis são padronizados e identificados com o carimbo e o timbre do órgão.
6. Arquivo CNV, 00092.000292/2015-93: Informe Interno de 12 de julho de 1967: Criação do Serviço de Informações no Exterior.
7. Arquivo CNV, 00092.000256/2015-20: Despacho-telegráfico secreto-exclusivo n. 446, de 15 de maio de 1975, expedido pelo gabinete do ministro de Estado para a Embaixada em Paris. Sabe-se que o SDECE atuou na Revolução dos Cravos com o intuito de impedir a tomada do poder pelos comunistas. Da mesma forma, é conhecida a importância da participação do órgão para a chegada do presidente socialista Mário Soares ao poder. Ver FALIGOT, Roger; GUISNEL, Jean; KAUFFER, Rémi. Op. cit., p. 329.
8. Arquivo CNV, 00092.000771/2014-29: Depoimento de Guy Mendes Pinheiro de Vasconcellos à CNV, em 17 de fevereiro de 2014.

9. "Disposições baixadas pelo Decreto n. 60.940, de 4/7/1967 sobre as Divisões de Segurança e Informações dos Ministérios Civis", 12/7/1967. Ofício n. 275. AHMRE, Secretaria de Estado das Relações Exteriores, Ofício expedido ao Conselho de Segurança Nacional, Secreto, G/DSI/275.
10. "Designação de oficial para colaborar com a SSN", 5/5/1964. Ofício n. 60. AHMRE, Secretaria de Estado das Relações Exteriores, Ofício expedido ao Ministério da Guerra, Secreto, SSN/60/356.1.
11. "Aide-mémoire", 1811/1969. AMAE, Ambassade de France au Brésil, Documento enviado à Direction d'Amérique, Caixa 162.
12. "Organismos do governo francês responsáveis pela proteção da segurança", 3/6/1970. Ofício n. 410. AHMRE, Embaixada do Brasil em Paris, Ofício recebido, Secreto, DSI/DA/410/502.35.
13. FIGUEIREDO, Lucas. *Ministério do silêncio*. Rio de Janeiro: Record, 2005, p. 177.
14. Sobre o relacionamento dos órgãos de informações com a censura, ver MARCELINO, Douglas Attila. *Subversivos e pornográficos*: censura de livros e diversões públicas nos anos 1970. Rio de Janeiro: Arquivo Nacional, 2011. Com relação à polícia política, ver LONGHI, Carla Reis. *Ideias e práticas do aparato repressivo*: um olhar sobre o acervo do Deops/SP — a produção do SNI em comunicação com o Deops/SP. 2005. Tese (Doutorado em História Social) — Programa de Pós-Graduação em História Social, Universidade de São Paulo.
15. Uma relação das publicações dos exilados pode ser encontrada em ROLLEMBERG, Denise. Op. cit., p. 354-355.
16. PENNA FILHO, Pio. O Itamaraty e a repressão além-fronteiras: o Centro de Informações do Exterior — Ciex (1966-1986). In: FICO, C. (Org.). Op. cit., 2004, p. 166.
17. SETEMY, Adrianna. Op. cit., p. 120.
18. Ibid.
19. Sobre a memória do Itamaraty, ver BARRETO, Fernando de Mello. *Os sucessores do barão (1912-1964)*. São Paulo: Paz e Terra, 2001, volume I; *Id.. Os sucessores do barão (1964-1985)*. São Paulo: Paz e Terra, 2006, volume II.
20. Um exemplo dessa perspectiva na literatura ficcional pode ser encontrado no romance *O punho e a renda*, de Edgar Telles Ribeiro. Rio de Janeiro: Record, 2014.
21. Arquivo CNV, 00092.000781/2014-64: Depoimento de Adolpho Corrêa de Sá e Benevides à CNV, em 16 de abril de 2014.

22. Não há um estudo aprofundado sobre o processo repressivo promovido pelo Ministério das Relações Exteriores contra o seu próprio quadro de funcionários. Sabe-se que o órgão executou uma verdadeira política de expurgo, perseguindo funcionários por motivações ideológicas e, notadamente, por questões morais e comportamentais. Ver Comissão Nacional da Verdade. *Relatório*. Brasília: CNV, 2014, vol. I, cap. 5, p. 196-199.
23. PENNA FILHO, Pio. O Itamaraty e a repressão além-fronteiras: o Centro de Informações do Exterior — Ciex (1966-1986). In: FICO, C. (Org.). Op. cit., 2004, p. 163-172; *Id*. Os Arquivos do Centro de Informações do Exterior (Ciex) — O elo perdido da repressão. Op. cit., 2008.
24. Arquivo CNV, 00092.003487/2014-12: Aviso secreto G/DSI/48/500.5, de 9 de outubro de 1970, assinado pelo ministro das Relações Exteriores Mario Gibson Barboza e endereçado ao general Carlos Alberto da Fontoura, Chefe do SNI.
25. "Serviço Nacional de Informações no Exterior". 21/6/1971. Ofício n. 605. AHMRE, Embaixada do Brasil em Paris, Ofício recebido, Secreto, DSI/500.5. Grifos no original.
26. 6/10/1972. AMAE, Ambassade du Brésil en France, nota enviada à Direction d'Amérique, 117, Caixa 176.
27. 14/3/1973. AMAE, Ambassade du Brésil en France, nota enviada à Direction d'Amérique, 35, Caixa 176. "Indicação de nomes para estágio de informações na França". 9/3/1973. Telegrama n. 199. AHMRE, Embaixada do Brasil em Paris, Telegrama expedido, Secreto, G/DSI/604.3(846). "Estágio de informações na França". 16/3/1973. Telegrama n. 245. AHMRE, Embaixada do Brasil em Paris, Telegrama recebido, Secreto, G/DSI/604.3(846). Estágio de informações na França". 24/5/1973. Telegrama n. 460. AHMRE, Embaixada do Brasil em Paris, Telegrama recebido, Secreto, G/DSI/604.3(846).
28. Comissão Nacional da Verdade. *Relatório*. Brasília: CNV, 2014, vol. II, p. 198.
29. "Note sur nos relations avec le gouvernement brésilien", 23/6/1967. 96J32. BIHS, Fundo Georges Albertini.
30. "Serviço Nacional de Informações. Bureau Georges Albertini", 24/9/1964. Telegrama n. 362. AHMRE, Embaixada do Brasil em Paris, Telegramas expedidos, Secreto, DA/500. Os recibos de pagamento de Georges Albertini por meio de verba secreta estão no AHMRE.
31. "Despesas reservadas", 23/5/1965. Ofício n. 230. AHMRE, Embaixada do Brasil em Paris, Ofícios recebidos, Secreto, DA/230/303.92.

32. "Trabalhos do senhor Georges Albertini para o SNI e para a Embaixada do Brasil em Paris. Pedido de autorização para pagamento", 10/4/1967. Telegrama n. 172. AHMRE, Embaixada do Brasil em Paris, Telegramas recebidos, Secreto, DA/SSN/591.7(85).
33. "Bureau Albertini", 5/1965. Telegrama n. 354. AHMRE, Embaixada do Brasil em Paris, Telegramas expedidos, Secreto, DA/330.90.
34. "Revista Este-Oeste", 7/7/1966. Telegrama n. 387. AHMRE, Embaixada do Brasil em Paris, Telegramas recebidos, Confidencial, SSN/591.1(85). "Note sur nos relations avec le gouvernement brésilien", 23/6/1967. 96J32. BIHS, Fundo Georges Albertini.
35. "'Grand reportage' ou manoeuvre politique? Le vrai visage du Brésil". *Est & Ouest*, n. 339, 1 a 15/4/1965, ano 17. BIHS, Fundo Est & Ouest. "Le dispositif révolutionnaire des communistes brésiliens". Est & Ouest, n. 340, 16 a 30/4/1965, ano 17. BIHS, Fundo Est & Ouest.
36. Sobre Georges Alberni, ver RIGOULOT, Pierre. *Georges Albertini, socialiste, collaborateur, gaulliste*. Paris: Perrin, 2012; DUHAMEL, Morvan. *Entretiens confidentiels de Georges Albertini*. Paris: Editions Amalthée, 2013; LEMIRE, Laurent. *L'Homme de l'ombre. Georges Albertini*. 1911-1993. Paris: Ed. Baland, 1989; LEVY, Jean. *Le Dossier Georges Albertini*. Une intelligence avec l'ennemi. Paris: Ed. L'Harmattan, 1992.
37. RIGOULOT, Pierre. Op. cit., p. 232.
38. Em uma análise feita em 1963, Albertini estimava que a publicação alcançava cerca de 100 milhões de leitores em todo o mundo. "Note générale sur notre activité de 1949 à 1963", 22/1/1963. 96J32. BIHS, Fundo Georges Albertini.
39. "Note générale sur notre activité de 1949 à 1963". 22/1/1963. 96J32. BIHS, Fundo Georges Albertini.
40. Ver DREIFUSS, René Armand. 1964: *A conquista do Estado*. Ação política, poder e golpe de classe. Rio de Janeiro: Vozes, 1981.
41. "Note sur nos projets d'extension", 22/1/1963. 96J31. BIHS, Fundo Georges Albertini.
42. Albertini também teve a intenção de produzir edições de *Est & Ouest* em inglês e alemão, o que nunca chegou a acontecer. "Note générale sur notre activité de 1949 à 1963", 22/1/1963. 96J32. BIHS, Fundo Georges Albertini.
43. "Rapport d'une tournée en Amérique Latine", 4/10/1961. 96J31. BIHS, Fundo Georges Albertini.
44. "Nos publications consacrées à l'Amérique Latine", 23/2/1966. 96J35. BIHS, Fundo Georges Albertini.

45. "Note sur nos projets d'extension", 22/1/1963. 96J31. BIHS, Fundo Georges Albertini.
46. "Repartition geographique de nos publications et correspondances", 23/7/1964. 96J32. BIHS, Fundo Georges Albertini. Um levantamento estatístico feito por Albertini em 1966 afirmava que os textos da *Este & Oeste* haviam sido comprovadamente reproduzidos, na América Latina, até aquele momento, por 41 jornais cotidianos, 65 publicações periódicas, 40 estações de rádio, e utilizados em 125 instituições universitárias e 48 instituições políticas, entre partidos, sindicatos e outros. "Nos publications consacrées à l'Amérique Latine", 23/2/1966. 96J35. BIHS, Fundo Georges Albertini.
47. "Note sur les étudiants", 28/3/1963. 96J29. BIHS, Fundo Georges Albertini.
48. "Nos publications consacrées à l'Amérique Latine", 23/2/1966. 96J35. BIHS, Fundo Georges Albertini.
49. "Progrès du communisme en Amérique latine", *Est & Ouest*, n. 306, 1 a 15/10/1963, ano 15. BIHS, Fundo Est & Ouest.
50. A revista foi imediatamente enviada para o Itamaraty. "Remete revista *Est & Ouest*. Número dedicado ao Brasil", 21/5/1964. Ofício n. 307. AHMRE, Embaixada do Brasil em Paris, Ofícios recebidos, Ostensivo, Deoc/DD/307/500.
51. "Ce qui s'est passé au Brésil", *Est & Ouest*, n. 320, 1 a 15/5/1964, ano 16. BIHS, Fundo Est & Ouest. "L'infiltration communiste au Brésil. Preuves et documents", *Est & Ouest*, n. 323, 16 a 30/6/1964, ano 16. BIHS, Fundo Est & Ouest.
52. "Note", 22/7/1964. 96J32. BIHS, Fundo Georges Albertini.
53. "Note", 31/7/1964. 96J32. BIHS, Fundo Georges Albertini.
54. "Note", 8/9/1964. 96J32. BIHS, Fundo Georges Albertini. Albertini também auxiliava o embaixador brasileiro em Roma. Em uma reunião ocorrida em setembro de 1964, o embaixador pediu a Albertini conselhos sobre como agir nos meios democrata-cristãos italianos, que estavam bastante hostis em face do novo regime brasileiro. Além disso, Albertini indicou um amigo que ajudaria a Embaixada a monitorar os brasileiros que estavam em Roma, em particular aqueles que atuavam na FAO, cuja sede está naquela capital. Tratava-se do chefe do serviço de negócios reservados do Ministério do Interior italiano, chamado Amato. "Note", 15/9/1964. 96J32. BIHS, Fundo Georges Albertini. "Note", 13/10/1964. 96J32. BIHS, Fundo Georges Albertini. A partir de 1966, Albertini passou a ter um escritório em Roma. "Travail effectué en liaison direct avec un certain nombre de gouvernements", 22/2/1966. 96J35. BIHS, Fundo Georges Albertini.

55. "Note", 4/11/1964. 96J32. BIHS, Fundo Georges Albertini.
56. A televisão francesa produziu uma reportagem sobre o Concílio Vaticano II, na qual dava grande destaque à participação de dom Hélder Câmara. Titre: Vatican II, acte IV. Collection: Panorama. Canal: 1. 17/9/1965. INA.
57. "Note", 25/11/1964. 96J32. BIHS, Fundo Georges Albertini.
58. "Le communisme a-t-il reculé en Amérique Latine?", *Est & Ouest*, n. 331, 1 a 15/12/1964, ano 16. BIHS, Fundo Est & Ouest.
59. "Il y a un an au Brésil: Défense et illustration d'un anniversaire", *Est & Ouest*, n. 340, 16 a 30/4/1965, ano 17. BIHS, Fundo Est & Ouest. Outra grande reportagem sobre o Brasil foi publicada no início de 1966. Naquela edição, o foco principal foi o Partido Comunista Brasileiro (PCB), de orientação soviética. "Le communisme au Brésil en 1965", *Est & Ouest*, n. 357, 16 a 28/2/1966, ano 18. BIHS, Fundo Est & Ouest. Alguns meses depois, outra matéria teve como objeto o Partido Comunista do Brasil (PCdoB), pró-chinês. "L'action de la Chine communiste en Amérique latine", *Est & Ouest*, n. 367, 16 a 31/7/1966, ano 18. BIHS, Fundo Est & Ouest.
60. "General E. Garrastazu Médici", 27/4/1967. 96J35. BIHS, Fundo Georges Albertini. O mencionado relatório não foi encontrado no arquivo, apenas a carta dirigida ao general Médici.
61. "Trabalhos do senhor Georges Albertini para o SNI e para a Embaixada em Paris", 25/5/1967. Telegrama n. 337. AHMRE, Embaixada do Brasil em Paris, Telegramas expedidos, Secreto, DSI/DA/591.7(85).
62. "Colonel O. de Medeiros", 1/6/1967. 96J32. BIHS, Fundo Georges Albertini.
63. "Entretien avec le marechal Castelo Branco", 6/6/1967. 96J32. BIHS, Fundo Georges Albertini.
64. "Note sur nos relations avec le gouvernement brésilien", 23/6/1967. 96J32. BIHS, Fundo Georges Albertini.
65. "M. Paranaguá", 23/6/1967, 13/9/1967, 4/10/1967, 13/10/1967, 2/11/1967. 96J35. BIHS, Fundo Georges Albertini.
66. "Note", 25/6/1970. 96J36. BIHS, Fundo Georges Albertini.
67. "Note", 1/5/1968. 96J28. BIHS, Fundo Georges Albertini.
68. "Note", 10/6/1968. 96J28. BIHS, Fundo Georges Albertini.
69. "O Jornal, 13 août 1968", 1/9/1968. 96J28. BIHS, Fundo Georges Albertini.
70. "Note", 4/9/1968. 96J34. BIHS, Fundo Georges Albertini.
71. "Brésil", 15/3/1969. 96J36. BIHS, Fundo Georges Albertini.
72. "La situation du communiste au Brésil", *Est & Ouest*, n. 419, 1 a 15/2/1969, ano 22. BIHS, Fundo Est & Ouest. "La situation du communiste au Brésil

(les guérrillas)". *Est & Ouest*, n. 419, 16 a 28/2/1969, ano 22. BIHS, Fundo Est & Ouest. "Le régime militaire au Brésil. Une justification inattendue", *Est & Ouest*, n. 476, 1 a 15/11/1971, ano 24. BIHS, Fundo Est & Ouest. A última menção feita ao Brasil na versão francesa de *Est & Ouest* foi no texto "La première insurrection communiste en Amérique latine", *Est & Ouest*, n. 477, 16 a 30/11/1971, ano 24. BIHS, Fundo Est & Ouest, sobre a intentona comunista de 1935. "Brasil. Organizações de esquerda. Artigo da revista *Est & Ouest*", 14/8/1970. Informe n. 254. AN, Ciex, Secreto.

73. "Bolsistas brasileiros no exterior. Informações sobre a AFAL", 24/6/1969. Ofício n. 450. AHMRE, Embaixada do Brasil em Paris, Ofícios recebidos, Secreto, DSI/450/542.63(85). Não encontrei dados mais detalhados sobre a AFAL. É bastante provável que estivesse ligada à já citada Uniflac. Os dossiês mencionados no documento não foram encontrados nos arquivos do Itamaraty, tampouco no acervo pessoal de Georges Albertini.
74. "Brève note de synthèse sur l'action menée depuis 1966 auprès des étudiants latino-américains de Paris", 28/11/1967. 96J36. BIHS, Fundo Georges Albertini.
75. "Semana Latino-Americana organizada pela Uniflac. Participação do Professor Celso Furtado", 20/4/1967. Ofício n. 353. AHMRE, Embaixada do Brasil em Paris, Ofícios recebidos, Ostensivo, DEOc/DAM/DAC/DPC/DCInt/353/665(20).
76. "Organisation et articulation de l'action des groupes et organismes catholiques européens auprès des étudiants latino-américains", 10/12/1968. 96J34. BIHS, Fundo Georges Albertini.
77. ROLLEMBERG, Denise; QUADRAT, Samantha Viz. *A construção social dos regimes autoritários*. Legitimidade, consenso e consentimento no Século XX. Rio de Janeiro: Civilização Brasileira, 2010.

PARTE II: As relações entre o Brasil e a França durante o governo Castelo Branco

1. Castelo Branco foi eleito por 361 votos, sendo 123 do PSD, entre quais estava JK, 105 da UDN e 53 do PTB. Houve 72 abstenções, como, por exemplo, a de San Tiago Dantas e Tancredo Neves, e 37 ausências. Ver LIRA NETO. *Castello: a marcha para a ditadura*. São Paulo: Contexto, 2004, p. 268.
2. "Eleição presidencial brasileira. Nota do Quai d'Orsay", 20/4/1964. Ofício n. 220. AHMRE, Embaixada do Brasil em Paris, Ofícios recebidos, Ostensivos, C/Deoc/220/501.5.

3. "Premier bilan politique de la révolution", 21/4/1964. AMAE, Ambassade de France au Brésil, nota enviada à Direction d'Amérique, 545/AM, Caixa 127.
4. *Id.*
5. "Situation politique", 5/5/1964. AMAE, Service de documentation extérieure et de contre-espionnage (SDECE), nota enviada ao primeiro-ministro, Secreto, n. D 32461/B, Caixa 164.

9. A missão de Carlos Lacerda

1. LACERDA, Carlos. *Depoimento.* Rio de Janeiro: Nova Fronteira, 1978, p. 310. 15/5/1964. AMAE, Ministère des Affaires Étrangères, Carta de Raul de Vincenzi ao ministro Couve de Murville, Caixa 115.
2. "Viagem do governador Carlos Lacerda à Europa", 22/4/1964. Telegrama n. 95. AHMRE, Embaixada do Brasil em Paris, Telegramas expedidos, Secreto, G/430.1(42)(600).
3. Carlos Lacerda referia-se ao chamado "golpe de 13 maio" que, no contexto da Guerra da Argélia, derrubou o governo de Félix Gaillard e trouxe Charles de Gaulle de volta ao poder, inaugurando, assim, a Quinta República na França. Ver FERRO, Marc. *História de França.* Lisboa: Edições 70, 2013, p. 460-462.
4. "Situação interna do Brasil. Entrevista do governador Carlos Lacerda em Paris", 24/4/1964. Telegrama n. 99. AHMRE, Embaixada do Brasil em Paris, Telegramas recebidos, Secreto, G/Deoc/DI/430.1(42)(600).
5. *Id.*
6. "Visita do governador da Guanabara à França. Entrevista à imprensa", 24/4/1964. Telegrama n. 100. AHMRE, Embaixada do Brasil em Paris, Telegramas recebidos, Secreto, Deoc/100/430.1(42)(600).
7. 27/4/1964. AMAE, Direction des Affaires Politique (Amérique), Telegrama enviado à Ambassade de France au Brésil, 227, Caixa 115.
8. "Exposição ao embaixador Antônio Mendes Viana", 16/6/1964. Ofício n. 363. AHMRE, Embaixada do Brasil em Paris, Ofícios recebidos, Secreto, Aeof/Deoc/363/920.(42)(85), Anexo.
9. 29/4/1964. AMAE, Ambassade de France au Brésil, Telegrama enviado à Direction d'Amérique, 487, Caixa 115.
10. "Visita do governador da Guanabara à França. Entrevista à imprensa", 24/4/1964. Telegrama n. 100. AHMRE, Embaixada do Brasil em Paris, Telegramas recebidos, Secreto, Deoc/100/430.1(42)(600).

11. "Entrevista do governador Carlos Lacerda", 24/4/1964. Ofício n. 233. AHMRE, Embaixada do Brasil em Paris, Ofícios recebidos, Secreto, G/Aeaf/233/430.1(42)(600)
12. 3/6/1964. AMAE, Assemblée Nationale, Carta do deputado Charles de Chambrun enviada ao ministro-chefe do Gabinete Civil da Presidência da República, Caixa 115.
13. 27/4/1964. AMAE, Direction des Affaires Politique (Amérique), Telegrama enviado à Ambassade de France au Brésil, 227, Caixa 115.
14. 25/4/1964. AMAE, Ambassade de France au Brésil, Telegrama enviado ao Gabinete do Ministro, Caixa 115.
15. LACERDA, Carlos. Op cit., p. 369.
16. "Missão do governador Carlos Lacerda", 26/5/1964. Telegrama n. 151. AHMRE, Embaixada do Brasil em Paris, Telegramas recebidos, Secreto, Deoc/DP/C/500.
17. LACERDA, Carlos. Op. cit., p. 312-313.
18. "Entrevista do governador Carlos Lacerda", 30/4/1964. Telegrama n. 111. AHMRE, Embaixada do Brasil em Paris, Telegramas recebidos, Confidencial, Deoc/DI/111/500.
19. 27/5/1964. AMAE, Ambassade de France au Brésil, nota enviada ao Gabinete do Ministro, 76, Caixa 115. 30/5/1964. AMAE, Ambassade de France au Brésil, Carta enviada por Raul de Vincenzi ao Gabinete do Ministro, 59, Caixa 115.
20. "*Agrément*. Embaixador Antônio Mendes Viana", 28/5/1964. Telegrama n. 157. AHMRE, Embaixada do Brasil em Paris, Telegramas recebidos, Secreto, SG/DP/Deoc/921.1(42)(85).
21. "Relações Brasil-França. Manifestações contra o governador Carlos Lacerda em Paris", 21/5/1964. Ofício n. 312. AHMRE, Embaixada do Brasil em Paris, Ofícios recebidos, Ostensivo, Deoc/312/500.3, anexo.
22. 21/5/1964. AMAE, Ambassade de France au Brésil, Telegrama enviado à Direction de l'Amérique, 555, Caixa 115.
23. "Surveillance de M. Carlos Lacerda, gouverneur de l'État brésilien de Guanabara", 3/6/1964. AMAE, Caixa 115.
24. "Relações Brasil-França. Viagem do governador Carlos Lacerda", 25/5/1964. Ofício n. 317. AHMRE, Embaixada do Brasil em Paris, Ofícios recebidos, Confidencial, Deoc/317/500.

10. Adhemar de Barros

1. 5/5/1964. AMAE, Assemblée Nationale, Telegrama enviado à Direction de l'Amérique, Caixa 115.
2. "Relações Brasil-França. Carta do governador Adhemar de Barros", 28/5/1964. Ofício n. 323. AHMRE, Embaixada do Brasil em Paris, Ofícios recebidos, Ostensivo, DEOc/323/920.(42)(85). A carta foi publicada no jornal *Le Monde* do dia 21 de maio de 1964, sendo Adhemar de Barros identificado como um dos principais atores do golpe de Estado, 13/5/1964. AMAE, Assemblée Nationale, Carta de Charles de Chambrun à Adhemar de Barros, Caixa 115.
3. PRESOT, Aline. *As Marchas da Família com Deus pela Liberdade*. 2004. Dissertação (Mestrado em História Social) — Programa de Pós-Graduação em História Social, Universidade Federal do Rio de Janeiro, p. 60. LIRA NETO. *Castello*: a marcha para a ditadura. São Paulo: Contexto, 2004, p. 238.
4. CANABRAVA FILHO, Paulo. *Adhemar de Barros*. Trajetória e realizações. São Paulo: Terceiro Nome, 2004, p. 223.
5. "Sr. Adhemar de Barros", 10/6/1966. Ofício n. 503. AHMRE, Embaixada do Brasil em Paris, Ofícios recebidos, Ostensivo, DEOc/SSN/DI/503/500.
6. 22/7/1966. AMAE, Ministère des Affaires Étrangères, Carta de Adhemar de Barros ao primeiro-ministro francês, Caixa 122. "Ex-governador Adhemar de Barros. Pedido de passaporte", 26/9/1966. Informe n. 389. AN, Ciex, Secreto.
7. "Situação política do Senhor Adhemar de Barros", 28/7/1966. Telegrama n. 426. AHMRE, Embaixada do Brasil em Paris, Telegramas recebidos, Confidencial, DEOc/SSN/DI/426/500.
8. "Cassação dos direitos políticos do sr. Adhemar de Barros. Artigo no jornal *L'Aurore*", 17/6/1966. Ofício n. 533. AHMRE, Embaixada do Brasil em Paris, Ofícios recebidos, Ostensivo, DAM/SSN/DI/533/500.
9. Em novembro de 1966, o Itamaraty recebeu a notícia de que Adhemar de Barros voltaria ao Brasil no final daquele mês. A Embaixada acabou não conseguindo confirmar a veracidade da informação e, como vimos, ele não voltou ao país. "Pede confirmação de notícia relativa ao regresso de Adhemar de Barros ao Brasil", 8/11/1966. Telegrama n. 692. AHMRE, Embaixada do Brasil em Paris, Telegramas expedidos, Confidencial, SSN/692/500.
10. "Ex-governador Adhemar de Barros. Concessão de passaporte. Viagem aos Estados Unidos", 24/11/1966. Informe n. 561. AN, Ciex, Secreto.

11. "Condecoração legião de honra. Ex-governador Adhemar de Barros", 18/6/1966. Telegrama n. 337. AHMRE, Embaixada do Brasil em Paris, Telegramas recebidos, Secreto, C/DEOc/337/483.1(85).
12. "Condecoração legião de honra. Ex-governador Adhemar de Barros", 20/6/1966. Telegrama n. 420. AHMRE, Embaixada do Brasil em Paris, Telegramas expedidos, Secreto, AEAf/C/ 420/483.1(85).
13. "Condecoração legião de honra. Ex-governador Adhemar de Barros", 22/6/1966. Telegrama n. 350. AHMRE, Embaixada do Brasil em Paris, Telegramas recebidos, Secreto, C/DEOc/350/483.1(85). "Octroi d'une distinction honorifique à M. Adhemar de Barros, gouverneur de São Paulo", 14/6/1966. AMAE, Ambassade de France au Brésil, nota para o Gabinete do Ministro, 60/AM, Caixa 108.

11. Oposição à ditadura na França

1. "Situação nacional. Remessa de recortes", 30/4/1964. Ofício n. 254. AHMRE, Embaixada do Brasil em Paris, Ofícios recebidos, Ostensivo, Deoc/DI/254/591.7(85), anexo.
2. O jornal *L'Information Latine* publicou a carta na íntegra. "Carta elucidativa sentido e propósito revolução 1º de abril. Remessa de recortes", 12/5/1964. Ofício n. 274. AHMRE, Embaixada do Brasil em Paris, Ofícios recebidos, Confidencial, SG/DI/274/500, anexo.
3. "Situação interna brasileira", 27/5/1964. Telegrama n. 172. AHMRE, Embaixada do Brasil em Paris, Telegramas expedidos, Reservado, Deoc/500. 7/5/1964. AMAE, Ministère des Affaires Étrangères, Carta de Raul de Vincenzi à imprensa, Caixa 128.
4. "Comentários imprensa francesa. Carta elucidando sentido e propósitos da revolução de 1º de abril", 11/5/1964. Ofício n. 273. AHMRE, Embaixada do Brasil em Paris, Ofícios recebidos, Confidencial, SG/DI/273/500.
5. "Remessa de comunicado político", 12/5/1964. Ofício n. 281. AHMRE, Embaixada do Brasil em Paris, Ofícios recebidos, Confidencial, Deoc/Dam/281/500.
6. SOUZA FILHO, Carlos Alves de. Op. cit., p. 290-291.
7. Não foi possível obter dados biográficos sobre Luís Lisanti Filho.
8. "Mudança do diretor da Casa do Brasil na Cidade Universitária", 14/5/1964. Telegrama n. 124. AHMRE, Embaixada do Brasil em Paris, Telegramas recebidos, Confidencial, DCInt/C/542.93(85).

9. "Comunicado à imprensa. Casa do Brasil", 2/6/1964. Ofício n. 337. AHMRE, Embaixada do Brasil em Paris, Ofícios recebidos, Confidencial, DCInt/C/DI/337/542.93(85).
10. "Estudantes brasileiros em Paris. Auxílio financeiro", 9/6/1964. Telegrama n. 194. AHMRE, Embaixada do Brasil em Paris, Telegramas expedidos, Confidencial, DCInt/542.63(85).
11. "Estudantes brasileiros em Paris. Auxílio financeiro", 18/6/1964. Telegrama n. 187. AHMRE, Embaixada do Brasil em Paris, Telegramas recebidos, Confidencial, DCInt/542.63(85).
12. Ao longo da ditadura, tornou-se comum que os órgãos de informações auxiliassem na triagem de candidatos brasileiros a bolsas de estudos e estágios no exterior, sendo frequente, por exemplo, a recomendação pela não aceitação de determinados candidatos em razão de seus posicionamentos ideológicos ou de suas atividades políticas de oposição ao regime. Ver MOTTA, Rodrigo Patto. *As universidades e o regime militar*. Rio de Janeiro: Zahar, 2014, p. 8.
13. "Estudantes brasileiros em Paris. Auxílio financeiro", 22/6/1964. Telegrama n. 214. AHMRE, Embaixada do Brasil em Paris, Telegramas expedidos, Confidencial, DCInt/542.63(85).
14. "Estudantes brasileiros em França. Atividades subversivas", 19/8/1964. Ofício n. 492. AHMRE, Embaixada do Brasil em Paris, Ofícios recebidos, Confidencial, DCInt/492/542.63(85).
15. RUIZ, Emilien. *Fonctionnaires en dictature*: Arrêt Papon, Conseil d'État, 12 avril 2002, n. 23868. 7 jan. 2013. Disponível em: <http://fonctdict.hypotheses.org/53>. Acesso em: 20 jan. 2015.
16. "Situação política nacional. Protestos contra a prisão de asilados angolanos e guineanos", 12/5/1964. Carta-telegrama n. 123. AHMRE, Embaixada do Brasil em Paris, Cartas-telegrama recebidas, Ostensiva, Deoc/Daf/DI/922.31(42)(85).
17. ALVES, Márcio Moreira. *Torturas e torturados*. Rio de Janeiro, 1966, p. 183-185.
18. "Activités antigouvernamentales", 28/5/1964. AMAE, Service de documentation extérieure et de contre-espionnage (SDECE), nota enviada ao primeiro-ministro, Secreto, n. D 33085/B, Caixa 164.
19. 7/5/1964. AMAE, Direction des Affaires Politique (Amérique), Telegrama enviado à Ambassade de France à Montevideo, 29, Caixa 162.
20. "Situação política no Brasil. Visita do Senhor Leonel Brizola a Paris", 13/5/1964. Telegrama n. 119. AHMRE, Embaixada do Brasil em Paris, Telegramas recebidos, Secreto, Deoc/119/500. 9/5/1964. AMAE, Direction des

Affaires Politique (Amérique), Telegrama enviado à Ambassade de France au Brésil, 245, Caixa 115.
21. "Activités de Leonel Brizola", 1/6/1964. AMAE, Service de documentation extérieure et de contre-espionnage (SDECE), nota de informação, Secreto, n. D 33154/IV, Caixa 164.
22. "Situação interna brasileira. Viagem de Leonel Brizola à França", 15/5/1964. Circular n. 5188. AHMRE, Embaixada do Brasil em Paris, Circulares expedidas, Secreto, Deoc/500.
23. "Paradeiro do senhor Leonel Brizola", 25/5/1964. Telegrama n. 164. AHMRE, Embaixada do Brasil em Paris, Telegramas expedidos, Ostensivo, SSN/7(42)(85).
24. "Visita do ex-presidente João Goulart e senhora a Paris", 15/5/1964. Telegrama n. 126. AHMRE, Embaixada do Brasil em Paris, Telegramas recebidos, Secreto, Deoc/Dam/DJ/500.
25. "Situação interna do Brasil. Visita dos senhores Goulart e Brizola a Paris", 16/5/1964. Telegrama n. 127. AHMRE, Embaixada do Brasil em Paris, Telegramas recebidos, Secreto, SG/DPp/Deoc/500. Posteriormente a notícia da visita de João Goulart a Paris seria desmentida. Cf. "Remete notícia sobre viagem do Sr. João Goulart", 19/05/1964. Ofício n. 299. AHMRE, Embaixada do Brasil em Paris, Ofícios recebidos, Ostensivo, Deoc/DI/299/500.
26. "Remete noticiário sobre apelos feitos ao governo brasileiro", 15/05/1964. Ofício n. 290. AHMRE, Embaixada do Brasil em Paris, Ofícios recebidos, Ostensivo, Deoc/DI/290/500.
27. SILVA, Luiz Hildebrando da. *Crônicas da nossa época (Memórias de um cientista engajado)*. São Paulo: Paz e Terra, 2001, p. 156-157.
28. "Remete noticiário da imprensa francesa sobre o Brasil", 19/05/1964. Ofício n. 297. AHMRE, Embaixada do Brasil em Paris, Ofícios recebidos, Ostensivo, Deoc/DI/297/500.
29. As relações entre a ditadura militar e os países do leste europeu é um tema que merece estudos aprofundados.
30. MOTTA, Rodrigo Patto. O perigo é vermelho e vem de fora: o Brasil e a URSS. *Locus*, Juiz de Fora, v. 13, n. 2, 2007, p. 241.
31. "Epuration dans l'état de Goiás", *Le Monde*, 2 de junho 1964. "Remete recortes sobre o Brasil", 9/6/1964. Ofício n. 354. AHMRE, Embaixada do Brasil em Paris, Ofícios recebidos, Ostensivo, Deoc/354/500.
32. "M. Francisco Juliao arrêté au Brésil", *Le Monde*, 6 de junho 1964. "Remete recortes sobre situação política no Brasil", 9/6/1964. Ofício n. 355. AHMRE, Embaixada do Brasil em Paris, Ofícios recebidos, Ostensivo, Deoc/355/500.

33. Sobre Francisco Julião, ver AGUIAR, Cláudio. *Francisco Julião:* uma biografia. Rio de Janeiro: Civilização Brasileira, 2014.
34. "Le président Kubitschek est privé de ses droits civiques pour dix ans". *Le Monde* 10 de junho 1964. "Situação política nacional. Remessa de recortes. Suspensão direitos políticos do Sr. Juscelino Kubitschek", 9/6/1964. Ofício n. 358. AHMRE, Embaixada do Brasil em Paris, Ofícios recebidos, Ostensivo, Deoc/358/500.
35. "Remessa de recortes sobre suspensão de direitos políticos do Sr. Juscelino Kubitschek", 10/6/1964. Ofício n. 361. AHMRE, Embaixada do Brasil em Paris, Ofícios recebidos, Ostensivo, Deoc/361/500.
36. BRANCO, Carlos Castello. *Os militares no poder:* de 1964 ao AI-5. Rio de Janeiro: Nova Fronteira, 2007, p. 67.
37. "Remete artigo de *Le Monde* sobre a situação política brasileira", 18/8/1964. Ofício n. 488. AHMRE, Embaixada do Brasil em Paris, Ofícios recebidos, Ostensivo, Deoc/DI/488/500.
38. "Article sur le Brésil paru dans *Le Monde* du 6 août 1964", 12/8/1964. AMAE, Ambassade de France au Brésil, nota enviada à Direction d'Amérique, 1182/AM, Caixa 153.

12. Antônio Mendes Viana, um novo embaixador em Paris

1. *"Agrément.* Embaixador Antônio Mendes Viana", 28/5/1964. Telegrama n. 156. AHMRE, Embaixada do Brasil em Paris, Telegramas recebidos, Secreto, SG/DP/Deoc/921.1(42)(85).
2. *"Agrément.* Embaixador Antônio Mendes Viana", 28/5/1964. Telegrama n. 157. AHMRE, Embaixada do Brasil em Paris, Telegramas recebidos, Secreto, SG/DP/Deoc/921.1(42)(85).
3. *"Agrément.* Embaixador Antônio Mendes Viana", 3/6/1964. Telegrama n. 163. AHMRE, Embaixada do Brasil em Paris, Telegramas recebidos, Secreto, SG/DP/Deoc/921.1(42)(85).
4. Anais do Senado, maio de 1976, volume II, Brasília, Senado Federal, 73ª Sessão da 2ª Sessão Legislativa da 8ª Legislatura, 24 de maio de 1976, p. 208-210. Ver Antônio Mendes Viana. In: ABREU, Alzira Alves de *et al.* (Orgs.). *Dicionário histórico-biográfico brasileiro.* Rio de Janeiro: FGV, 2001. "Agrément d'un nouveau ambassadeur du Brésil en France", 22/5/1964. AMAE, Ambassade de France au Brésil, nota enviada à Direction d'Amérique, 706/AM, Caixa 112.

5. CARABANTES, Enrique Bernstein. *Recuerdos de un diplomático*. Embajador ante de Gaulle (1965-1960). Santiago: Editorial Andres Bello, 1987, p. 10.
6. Arquivo CNV 00092.000000268/2015-54: Relatório Secreto da CIS 69 s/n, de 7 de março de 1969.
7. "Visita ao Brasil do general de Gaulle". 22/6/1964. Telegrama n. 212. AHMRE, Embaixada do Brasil em Paris, Telegramas expedidos, Confidencial, Deoc/212/430.(85)(42).
8. "Apresentação de credenciais. Entrevista de Gaulle". 28/7/1964. Ofício n. 441. AHMRE, Embaixada do Brasil em Paris, Ofícios recebidos, Ostensivo, C/DP/Deoc/441/921.1(42)(85).
9. "Entrevista do embaixador brasileiro em Paris com o presidente de Gaulle". 29/7/1964. Telegrama n. 239. AHMRE, Embaixada do Brasil em Paris, Telegramas recebidos, Confidencial, Deoc/239/920.(42)(85). 30/6/1964. AMAE, Ambassade de France au Brésil, Carta do presidente Castelo Branco ao general Charles de Gaulle, Caixa 112. Há também a carta de resposta de Charles de Gaulle a Castelo Branco.
10. "Telegrama particular ao ministro Vasco Leitão da Cunha". 11/9/1964. Telegrama. AHMRE, Embaixada do Brasil em Paris, Telegramas recebidos, Secreto, P-467.
11. 23/7/1964. AMAE, Ambassade de France au Brésil, Telegrama enviado à Direction d'Amérique, 767, Caixa 128.
12. "L'amendement constitutionnel du 23 juillet 1964", 25/7/1964. AMAE, Ambassade de France au Brésil, nota enviada à Direction d'Amérique, 1077/AM, Caixa 128.
13. "Situation intérieure", 8/5/1964. AMAE, Service de documentation extérieure et de contre-espionnage (SDECE), nota enviada ao primeiro-ministro, Secreto, n. D 35063/B, Caixa 164.
14. "Politique intérieure", 23/1/1965. AMAE, Service de documentation extérieure et de contre-espionnage (SDECE), nota enviada ao primeiro-ministro, Secreto, Caixa 164.

13. A Embaixada brasileira: um braço da ditadura na França

1. "Distribuição de telegrama", 15/5/1964. Memorando. AHMRE, Serviço de Segurança Nacional, Memorandos Expedidos, Secreto, SSN/346.
2. "Atividades contrarrevolucionárias", 19/8/1964. Telegrama n. 301. AHMRE, Embaixada do Brasil em Paris, Telegramas expedidos, Secreto, G/500.

3. "Atividades contrarrevolucionárias", 20/8/1964. Telegrama n. 267. AHMRE, Embaixada do Brasil em Paris, Telegramas recebidos, Secreto, G/DJ/SSN/500.
4. "Atividades contrarrevolucionárias", 21/8/1964. Telegrama n. 269. AHMRE, Embaixada do Brasil em Paris, Telegramas recebidos, Secreto, G/DJ/SSN/500.
5. CONY, Carlos Heitor. *JK e a ditadura*. Rio de Janeiro: Objetiva, 2012, p. 128.
6. "Situation politique intérieure: après la publication du manifeste de l'ex-président Goulart", 2/9/1964. AMAE, Ambassade de France au Brésil, nota enviada à Direction d'Amérique, 1313/AM, Caixa 128.
7. "Telegrama particular a Vasco Leitão da Cunha", 4/9/1964. Telegrama. AHMRE, Embaixada do Brasil em Paris, Telegramas recebidos, Secreto, P-449.
8. "Viagem de estudantes da UNE a Paris", 16/12/1964. Telegrama n. 454. AHMRE, Embaixada do Brasil em Paris, Telegramas recebidos, Confidencial, Deoc/SSN/500.21(85).
9. "Viagem de estudantes da UNE a Paris", 22/12/1964. Telegrama n. 538. AHMRE, Embaixada do Brasil em Paris, Telegramas expedidos, Confidencial, Deoc/SSN/500.31(85).
10. "Asilados brasileiros no exterior. Renúncia ao asilo", 24/8/1964. Circular n. 5285. AHMRE, Embaixada do Brasil em Paris, Circulares expedidas, Secreto, DAJ/DJ/SSN/AAA/922.31(00)(42).
11. "Concessão de passaportes a asilados políticos", 10/6/1965. Telegrama n. 53. AHMRE, Consulado-Geral do Brasil em Paris, Telegramas expedidos, Confidencial, DAJ/AEAf/Dpp/922.21(00)(42).
12. "Repatriação do senhor e senhora Raul Ryff", 3/2/1965. Telegrama n. 15. AHMRE, Consulado-Geral do Brasil em Paris, Telegramas recebidos, Secreto, DAJ/DJ/ SSN/AA/AEAf/922.21(42)(95).
13. "Repatriação do senhor e senhora Raul Ryff", 15/3/1965. Telegrama n. 27. AHMRE, Consulado-Geral do Brasil em Paris, Telegramas recebidos, Secreto, DAJ/DJ/ SSN/AEAf/922.31(42)(95).
14. "Pedido de concessão de passaporte. Senhor Raul Ryff", 5/5/1967. Telegrama n. 71. AHMRE, Consulado-Geral do Brasil em Paris, Telegramas expedidos, Confidencial, DSI/511.14(701).
15. "Pedido de passaporte. Regresso do senhor Raul Ryff", 24/4/1968. Telegrama n. 60. AHMRE, Consulado-Geral do Brasil em Paris, Telegramas recebidos, Confidencial, DSI/511.14(701). "Solicitação de passaporte comum. Raul Francisco Ryff", 1/4/1968. Informe n. 164. AN, Ciex, Secreto.

16. "Refugiado político. Senhor Raul Ryff", 14/3/1968. Telegrama n. 132. AHMRE, Embaixada do Brasil em Paris, Telegramas recebidos, Ostensivo, DSI/ DJ/ Deoc/601.34(85)(42). "Atividades de asilados brasileiros na França", 29/11/1966. Informe n. 582. AN, Ciex, Secreto.
17. "Asilados brasileiros em Paris", 26/7/1966. Informe n. 220. AN, Ciex, Secreto.
18. "Viagem de asilado político do Uruguai para a França: Waldir Pires", 6/1/1966. Telegrama n. 7. AHMRE, Embaixada do Brasil em Paris, Telegramas expedidos, Confidencial, DAJ/DAM/SSN/7/922.31(44)(42). Ver também Waldir Pires. In: ABREU, Alzira Alves de et al. (Orgs.). Op. cit., A chegada de Waldir Pires foi confirmada pelo seguinte documento: "Viagem de asilado político do Uruguai para a França: Waldir Pires", 26/1/1966. Telegrama n. 36. AHMRE, Embaixada do Brasil em Paris, Telegramas recebidos, Confidencial, DAJ/ DAM/SSN/36/922.31(44)(42). Em janeiro de 1970, Waldir Pires renunciou ao asilo territorial e retornou ao Brasil. "Regresso ao Brasil do professor Waldir Pires de Souza", 21/1/1970. Ofício n. 31. AHMRE, Consulado-Geral do Brasil em Paris, Ofício recebido, Confidencial, DAJ/AAA/31/501.34(85).
19. "Viagem de asilado brasileiro para a França. Amarantho Jorge Rodrigues Moreira", 28/1/1966. Telegrama n. 28. AHMRE, Embaixada do Brasil em Paris, Telegramas expedidos, Confidencial, DAJ/DAM/SSN/DEOc/28/922.31(44)(42).
20. "Pedido de prorrogação de passaporte. Brasileiro cassado Ruy Rodrigues da Silva", 6/9/1966. Telegrama n. 558. AHMRE, Embaixada do Brasil em Paris, Telegramas expedidos, Confidencial, DPp/SSN/DJ/558/511.14(701).
21. "Pedido de prorrogação de passaporte. Brasileiro cassado Ruy Rodrigues da Silva", 14/9/1966. Telegrama n. 475. AHMRE, Embaixada do Brasil em Paris, Telegramas recebidos, Confidencial, DPp/SSN/DJ/558/511.14(701).
22. "Pedidos de informação sobre Ruy R. Da Silva", 10/11/1966. Telegrama n. 617. AHMRE, Embaixada do Brasil em Paris, Telegramas recebidos, Confidencial, DPp/SSN/617/511.1.
23. "Viagem do asilado Francisco Julião", 10/3/1966. Telegrama n. 117. AHMRE, Embaixada do Brasil em Paris, Telegramas expedidos, Confidencial, DAC/ DEOc/DJ/SSN/117/500.
24. "Viagem do asilado Francisco Julião", 26/3/1966. Telegrama n. 142. AHMRE, Embaixada do Brasil em Paris, Telegramas recebidos, Confidencial, DAC/ DEOc/DJ/SSN/142/500.

25. "Ação subversiva da China comunista na América Latina", 29/5/1967. Informe n. 326. AN, Ciex, Secreto. "Viagens de brasileiros à China comunista", 24/11/1967. Informe n. 619. AN, Ciex, Secreto.

14. A viagem de Charles de Gaulle ao Brasil

1. "Visita do general de Gaulle ao Brasil", 12/9/1964. Telegrama n. 296. AHMRE, Embaixada do Brasil em Paris, Telegramas recebidos, Secreto, C/Deoc/430(85)(42).
2. VIANNA FILHO, Luís. *O governo Castelo Branco*. Rio de Janeiro: José Olympio, 1975, p. 175-176.
3. Ver FICO, Carlos. Op. cit., 2008.
4. VIZENTINI, Paulo Fagundes. *A política externa do regime militar brasileiro: multilateralização, desenvolvimento e construção de uma potência média (1964-1985)*. Porto Alegre: Editora da UFRGS, 1998, p. 56.
5. "Visita do presidente de Gaulle ao Brasil", 5/10/1964. Ofício n. 98. AHMRE, Embaixada do Brasil em Paris, Telegramas expedidos, Secreto, Deoc/98/430.(85)(42).
6. "Numeração de telegramas", 17/10/1964. Telegrama n. 374. AHMRE, Embaixada do Brasil em Paris, Telegramas recebidos, Secreto, DCA/346.2(85).
7. "Visita do presidente de Gaulle à América Latina", 7/10/1964. Telegrama n. 350. AHMRE, Embaixada do Brasil em Paris, Telegramas recebidos, Secreto, Deoc/Dam/350/430.(85)(30).
8. LESSA, Antônio Carlos. *A parceria bloqueada*. As relações entre França e Brasil, 1945-1990. 2000. Tese (Doutorado em História) — Programa de Pós-Graduação em História, Universidade de Brasília, p. 238-239.
9. "Thèmes généraux susceptibles d'être développés à propos de la visite du Général de Gaulle en Amérique latine", 24/7/1964. AMAE, Ambassade de France au Brésil, nota enviada ao Gabinete do Ministro, Caixa 188.
10. "Viagem do general de Gaulle à América Latina. Apreciação", 19/10/1964. Ofício n. 660. AHMRE, Embaixada do Brasil em Paris, Ofícios recebidos, Ostensivo, Deoc/Dam/660/430.(85)(20).
11. "Visita do presidente de Gaulle ao Brasil", 15/10/1964. Telegrama n. 421. AHMRE, Embaixada do Brasil em Paris, Telegramas expedidos, Ostensivo, Deoc/C/DI/421/430.(85)(42).

12. "Visita do general de Gaulle ao Brasil. Notícias de imprensa", 20/10/1964. Ofício n. 667. AHMRE, Embaixada do Brasil em Paris, Ofícios recebidos, Ostensivo, Deoc/DI/667/430.(85)(42).
13. "Visita do general de Gaulle ao Brasil. Notícias desfavoráveis na imprensa francesa", 16/10/1964. Ofício n. 647. AHMRE, Embaixada do Brasil em Paris, Ofícios recebidos, Ostensivo, Deoc/DI/647/430.(85)(42).
14. "Artigo sobre o Brasil em *Paris Presse*", 20/10/1964. Ofício n. 663. AHMRE, Embaixada do Brasil em Paris, Ofícios recebidos, Ostensivo, Deoc/DI/663/430.(85)(42).
15. "Declaração de indesejável. Jean-Pierre Renard", 22/10/1964. Telegrama n. 434. AHMRE, Embaixada do Brasil em Paris, Telegramas expedidos, Ostensivo, G/Deoc/DI/434.
16. 16/10/1964. AMAE, Direction des Services d'Information et de Presse, Telegrama enviado ao Consulado-Geral do Rio de Janeiro, 792, Caixa 153.

15. Jornalistas estrangeiros

1. "Jornalistas e personalidades a visitar o Brasil", 8/12/1964. Ofício n. 772. AHMRE, Embaixada do Brasil em Paris, Ofícios recebidos, Ostensivo, Deoc/772/591.
2. "Viagem do jornalista Louis Sapin", 7/7/1965. Carta-telegrama n. 353. AHMRE, Embaixada do Brasil em Paris, Cartas-telegrama recebidas, Ostensivo, DI/DCInt/691.3(85)(42).
3. "Numero especial da revista 'Jours de France' sobre o Brasil e o IV centenário do Rio de Janeiro", 12/8/1965. Ofício n. 779. AHMRE, Embaixada do Brasil em Paris, Ofícios recebidos, Ostensivo, CRJ/SG/Deoc/OI/779/591.7(85).
4. "Artigo de Georges Andersen sobre o Brasil em *Combat*", 5/1/1965. Ofício n. 6. AHMRE, Embaixada do Brasil em Paris, Ofícios recebidos, Ostensivo, Deoc/DI/6/591.7(85). "La dernière étape de la révolution brésilienne", *Combat*, 3/1/1965, anexo.
5. "Artigos contra o Brasil em *La Croix*", 29/1/1965. Ofício n. 70. AHMRE, Embaixada do Brasil em Paris, Ofícios recebidos, Ostensivo, Deoc/DI/70/591.71(85). "Brésil de tous les jours: samba, misère et 'révolution'", *La Croix*, de 8 a 15/1/1965, anexo.
6. "Emissão sobre o Brasil na televisão francesa", 8/2/1965. Ofício n. 87. AHMRE, Embaixada do Brasil em Paris, Ofícios recebidos, Ostensivo, DDC/Deoc/87/591.0(85). A carta não foi encontrada no AHMRE.

7. "Jornalistas franceses. Visita ao Brasil", 8/6/1966. Telegrama n. 308. AHMRE, Embaixada do Brasil em Paris, Telegramas recebidos, Confidencial, DEOc/DI/308/691.3(85)(42).
8. "Jornalistas franceses. Visita ao Brasil", 14/6/1966. Telegrama n. 407. AHMRE, Embaixada do Brasil em Paris, Telegramas expedidos, Confidencial, DEOc/DI/407/691.3(85)(42).
9. "Jornalistas franceses. Visita ao Brasil", 25/6/1966. Telegrama n. 342. AHMRE, Embaixada do Brasil em Paris, Telegramas recebidos, Confidencial, DEOc/DI/407/691.3(85)(42); "Visita ao Brasil de jornalistas franceses", 28/6/1966. Telegrama n. 411. AHMRE, Embaixada do Brasil em Paris, Telegramas expedidos, Confidencial, DEOc/DI/407/691.3(85)(42). "Audience du ministre--conseiller de l'Ambassade du Brésil", 22/6/1966. AMAE, Ministère des Affaires Étrangères (Direction des Services d'Information et de Presse), Telegrama enviado à Direction d'Amérique, 208/IP, Caixa 154.
10. "Convite a jornalistas franceses a visitar o Brasil", 6/7/1966. Telegrama n. 456. AHMRE, Embaixada do Brasil em Paris, Telegramas expedidos, Confidencial, DEOc/DI/407/691.3(85)(42).

16. Os irmãos Miguel e Violeta Arraes

1. "Diligências feitas por personalidades francesas a favor da liberação de Arraes", 9/3/1965. Ofício n. 174. AHMRE, Embaixada do Brasil em Paris, Ofícios recebidos, Ostensivo, Deoc/DI/174.
2. 11/4/1964. AMAE, Ambassade de France au Brésil, Telegrama enviado à Direction d'Amérique, Caixa 165.
3. "Situation de M. Gervaiseau actuellement au Brésil", 6/5/1964. AMAE, Ministère des Affaires Étrangères, Carta enviada por M. Claude Gruson, diretor do "Institut National de la Statistique et des Etudes Économiques" ao ministro dos Negócios Estrangeiros Couve de Murville, Caixa 165.
4. Sobre Violeta Arraes, ver CORTEZ, Lucili Grangeiro. *O drama barroco dos exilados do Nordeste*. Fortaleza: UFC, 2005, p. 49; 74-75.
5. "Asilados brasileiros na França. Grupo de Miguel Arraes", 24/11/1967. Informe n. 617. AN, CIEX, Secreto.
6. 1/4/1964. AMAE, Consulat de France à Recife, Telegrama enviado à Direction d'Amérique, 214/AM, Caixa 127.

7. "Situation dans le nord-est", 8/5/1964. AMAE, Service de documentation extérieure et de contre-espionnage (SDECE), nota enviada ao primeiro-ministro, Secreto, n. D 32501/B, Caixa 164.
8. "Premier bilan politique de la révolution", 21/4/1964. AMAE, Ambassade de France au Brésil, nota enviada à Direction d'Amérique, 545/AM, Caixa 127.
9. "Situation politique intérieure: résistances à une véritable normalisation de la vie politique", 4/2/1965. AMAE, Ambassade de France au Brésil, nota enviada à Direction d'Amérique, 187/AM, Caixa 129.
10. "M. Miguel Arraes refugié à l'ambassade d'Algérie", 25/5/1965. AMAE, Ambassade de France au Brésil, nota enviada à Direction d'Amérique, 775/AM, Caixa 163.
11. "Concessão de asilo diplomático ao ex-governador Miguel Arraes de Alencar", 16/6/1965. Telegrama n. 397. AHMRE, Embaixada do Brasil em Paris, Telegramas expedidos, Confidencial, DOP/DJ/SSN/397. 16/6/1965. AMAE, Ambassade de France au Brésil, Telegrama enviado à Direction d'Amérique, 436, Caixa 163.
12. "L'ancien gouverneur Miguel Arraes déclare: 'Mon seul espoir est l'attitude de l'Église au Brésil'", *Le Monde,* Paris, 19 jun. 1965. "Declarações do senhor Miguel Arraes em *Le Monde*". 21/6/1965. Ofício n. 549. AHMRE, Embaixada do Brasil em Paris, Ofícios recebidos, Ostensivo, Deoc/SSN/DI/549/501.34(85).
13. "Entrevista de Miguel Arraes publicada em *Le Monde*", 6/1965. Telegrama n. 411. AHMRE, Embaixada do Brasil em Paris, Telegramas expedidos, Ostensivo, DEOc/SSN/DI/411/922.31(85)(42).
14. "Situation politique intérieure: affaire Arraes et nouveau durcissement du régime", 22/5/1965. AMAE, Ambassade de France au Brésil, nota enviada à Direction d'Amérique, 756/AM, Caixa 163.
15. Sobre Miguel Arraes, ver TAVARES, Cristina; MENDONÇA, Fernando. *Conversações com Arraes*. Belo Horizonte: Vega, 1979; ROZOWYKWIAT, Tereza. *Arraes*. São Paulo: Iluminuras, 2006.
16. "Le Brésil est livré au complexe industriel et militaire des États-Unis'", *Le Monde,* Paris, 31 jul. 1965. "Entrevista de Miguel Arraes publicada em *Le Monde*", 31/7/1965. Ofício n. 729. AHMRE, Embaixada do Brasil em Paris, Ofício recebido, Ostensivo, DEOc/DOP/DI/APP/729/501.34(85).
17. "Declarações do Senhor Miguel Arraes em *Le Monde*", 2/8/1965. Ofício n. 730. AHMRE, Embaixada do Brasil em Paris, Ofício recebido, Ostensivo, DOP/Deoc/DOI/APP/DI/730/501.34(85).

18. "Entrevista do Senhor Miguel Arraes publicada pela imprensa francesa", 2/8/1965. Telegrama n. 424. AHMRE, Embaixada do Brasil em Paris, Telegrama recebido, Confidencial, DJ/SSN/Deoc/DI/424/501.34(85).
19. "Atividades de Miguel Arraes", 13/10/1966. Telegrama n. 636. AHMRE, Embaixada do Brasil em Paris, Telegramas expedidos, Secreto, SG/SSN/636/501.34(85); "Atividades de Miguel Arraes", 18/10/1966. Telegrama n. 560. AHMRE, Embaixada do Brasil em Paris, Telegrama recebido, Secreto, SG/SSN/560/922.31(42)(85). "Atividades de Miguel Arraes", 19/10/1966. Informe n. 454. AN, Ciex, Secreto.
20. TAVARES, Cristina; MENDONÇA, Fernando. Op. cit., p. 104.
21. "M. Miguel Arraes", 29/7/1965. AMAE, Direction d'Amérique, nota enviada ao Gabinete do Ministro, 81/AM, Caixa 163.
22. 30/7/1965. AMAE, documento sem identificação, Caixa 163.
23. 20/9/1965. AMAE, Ministère des Affaires Étrangères, Caixa 163.
24. "Nouvel examen de la situation du ressortissant brésilien de Arraes de Alencar Miguel", 9/11/1965. AMAE, Ministère de l'Intérieur, nota enviada ao Gabinete do Ministro, Caixa 163.
25. "Asilado político. Miguel Arraes", 1/7/1970. Telegrama n. 223. AHMRE, Embaixada do Brasil em Paris, Telegramas recebidos, Secreto, DSI/DEOc/AIG/501.34(85).
26. "Asilado político. Miguel Arraes", 3/7/1970. Telegrama n. 254. AHMRE, Embaixada do Brasil em Paris, Telegramas expedidos, Secreto, DSI/DEOc/AIG/501.34(85).
27. "Miguel Arraes de Alencar", 24/8/1970. AMAE, Ministère des Affaires Étrangères, Caixa 163.

17. Juscelino Kubitschek

1. "Informações sobre imóvel. Senhor Juscelino Kubitschek", 4/6/1965. Telegrama n. 369. AHMRE, Embaixada do Brasil em Paris, Telegramas expedidos, Secreto, SSN/922.31(85)(42).
2. "Informações sobre imóvel. Senhor Juscelino Kubitschek", 10/9/1965. Telegrama n. 505. AHMRE, Embaixada do Brasil em Paris, Telegramas expedidos, Secreto, SSN/922.31(85)(42).
3. MONTELLO, Josué. *O Juscelino Kubitschek de minhas recordações*. Rio de Janeiro: Nova Fronteira, 1999, p. 209-210.

4. "Pedido de informações sobre Juscelino Kubitschek e Josué de Castro", 16/8/1965. Telegrama n. 537. AHMRE, Embaixada do Brasil em Paris, Telegramas expedidos, Secreto, SSN/922.31(85)(42).
5. "Sr. Juscelino Kubitschek no Brasil. Artigo em *Le Figaro*", 22/10/1965. Ofício n. 976. AHMRE, Embaixada do Brasil em Paris, Ofícios recebidos, Ostensivo, DEOc/APP/DI/1035/500.
6. "Situação política no Brasil", 10/11/1965. Ofício n. 1035. AHMRE, Embaixada do Brasil em Paris, Ofícios recebidos, Ostensivo, DEOc/APP/DI/922/500. Sobre JK, ver CONY, Carlos Heitor. Op. cit.; MONTELLO, Josué. Op. cit.
7. HELIODORO, Affonso. *JK exemplo e desafio*. Brasília: Thesaurus, 1991, p. 151.
8. Um estudo aprofundado sobre a CGI foi feito por KNACK, Diego. *O combate à corrupção durante a ditadura militar por meio da Comissão Geral de Investigações (1968-1978)*, 2014. Dissertação (Mestrado em História Social) — Programa de Pós-Graduação em História Social, Universidade Federal do Rio de Janeiro.
9. "Activités de Juscelino Kubitschek", 16/5/1964. AMAE, Service de documentation extérieure et de contre-espionnage (SDECE), nota enviada ao primeiro-ministro, Secreto, n. D 32758/B, Caixa 164.
10. 9/6/1964. AMAE, Ambassade de France au Brésil, Telegrama enviado à Direction d'Amérique, 601, Caixa 128.

18. Um ano depois do golpe

1. "Artigos sobre o Brasil na imprensa francesa", 1/4/1965. Ofício n. 249. AHMRE, Embaixada do Brasil em Paris, Ofícios recebidos, Ostensivo, G/APP/Deoc/DI/249.541.7. Naquele mesmo mês, alguns dias depois, o jornalista Jean-Marc Kalflèche faria uma matéria elogiando o governo brasileiro pela libertação de Miguel Arraes. Ver "Liberação de Arraes. Artigo em *Combat*", 27/4/1965. Ofício n. 348. AHMRE, Embaixada do Brasil em Paris, Ofícios recebidos, Ostensivo, Deoc/APP/DI/348/500. É possível comprovar que, em ao menos uma ocasião, Kalflèche foi financiado pelo governo brasileiro para vir ao Brasil, o que propiciou a publicação de duas matérias sobre o país no ano seguinte. "Visita ao Brasil do jornalista Jean Marie Kalflèche", 4/12/1967. Telegrama n. 595. AHMRE, Embaixada do Brasil em Paris, Telegramas recebidos, Ostensivo, DI/Deoc/691.3(85)(42). "Política e economia do Brasil. Artigo de Kalflèche em *Combat*", 14/3/1968. Ofício n. 204. AHMRE, Embaixada do

Brasil em Paris, Ofícios recebidos, Ostensivo, AEO/204/591.7(85). "Problemas do Nordeste. Artigo em *Combat*", 25/3/1968. Ofício n. 223. AHMRE, Embaixada do Brasil em Paris, Ofícios recebidos, Ostensivo, AEO/223/591.7(85).

2. "Comentários da Imprensa francesa sobre a Revolução brasileira", 7/4/1965. Ofício n. 270. AHMRE, Embaixada do Brasil em Paris, Ofícios recebidos, Ostensivo, Deoc/APP/DI/270.541.7.

3. Reportagem na televisão francesa sobre as eleições de novembro de 1966. Titre: Elections brésiliennes. Collection: JT 20H. Canal: 1. 19/11/1966. INA.

4. "Un an de régime dit révolutionnaire, c'est-à-dire de pouvoir militaire", 7/4/1965. AMAE, Ambassade de France au Brésil, nota enviada à Direction d'Amérique, 405/AM, Caixa 129.

5. "Artigos contra o Brasil em *Le Figaro*", 10/6/1965. Ofício n. 510. AHMRE, Embaixada do Brasil em Paris, Ofícios recebidos, Ostensivo, Deoc/APP/DI/510/591.71(85).

6. "Comentários sobre o Brasil em *Le Figaro* e *Le Monde*", 24/6/1965. Ofício n. 579. AHMRE, Embaixada do Brasil em Paris, Ofícios recebidos, Ostensivo, Deoc/APP/DI/579/591.7(85). O jornal *Le Monde* defendia perspectiva semelhante.

7. "Lei de inelegibilidades. Artigo em *Le Monde*", 21/7/1965. Ofício n. 683. AHMRE, Embaixada do Brasil em Paris, Ofícios recebidos, Ostensivo, Deoc/APP/DI/683/500.

8. "Agrément para o novo embaixador da França", 22/8/1965. Telegrama n. 556. AHMRE, Embaixada do Brasil em Paris, Telegramas expedidos, Secreto, C/921.1(85)(42).

9. "Agrément para o novo embaixador da França", 25/8/1965. Telegrama n. 461. AHMRE, Embaixada do Brasil em Paris, Telegramas recebidos, Secreto, C/921.1(85)(42).

10. "Instructions pour notre ambassadeur au Brésil", 9/11/1965. AMAE, Nations Unies et Organisations Internationales, nota enviada à Direction d'Amérique, 11/AM, Caixa 108.

11. "Festival Internacional do Filme do Rio de Janeiro. Convite a Jean-Luc Godard", 24/9/1965. Ofício n. 873. AHMRE, Embaixada do Brasil em Paris, Ofícios recebidos, Ostensivo, CRJ/DDC/Deoc/DI/873/640.612(00).

12. "Jean-Luc Godard recusa ir ao Rio por amizade a Goulart". *Le Monde*, 24 setembro 1965.

13. "Prisão do professor Cruz Costa. Informações", 14/9/1965. Telegrama n. 512. AHMRE, Embaixada do Brasil em Paris, Telegramas recebidos, Secreto, DCInt/DEOc/SSN/542.
14. "Ataque do jornal *Le Monde* contra o Brasil", 6/9/1965. Ofício n. 831. AHMRE, Embaixada do Brasil em Paris, Ofícios recebidos, Confidencial, DCInt/DEOc/SSN/542.
15. "Artigo de *Le Monde* sobre o Brasil", 8/10/1965. Ofício n. 913. AHMRE, Embaixada do Brasil em Paris, Ofícios recebidos, Ostensivo, DEOc/APP/DI/913/500.
16. "Artigo sobre o Brasil em *L'Express*", 13/10/1965. Ofício n. 939. AHMRE, Embaixada do Brasil em Paris, Ofícios recebidos, Ostensivo, DEOc/APP/DI/939/500. Os principais jornais franceses noticiaram as eleições estaduais brasileiras, no entanto, nenhum foi tão mordaz quanto *Le Monde* e *L'Express*. Ver "Situação política do Brasil. Recortes de jornais franceses", 8/10/1965. Ofício n. 915. AHMRE, Embaixada do Brasil em Paris, Ofícios recebidos, Ostensivo, DEOc/APP/DI/915/500.
17. "Situation politique intérieure: la 'Révolution' brésilienne à la croisée des chemins", 11/10/1965. AMAE, Ambassade de France au Brésil, nota enviada à Direction d'Amérique, 1528/AM, Caixa 130.
18. "Ato Institucional n. 2. Artigos em jornais franceses", 29/10/1965. Ofício n. 1002. AHMRE, Embaixada do Brasil em Paris, Ofícios recebidos, Ostensivo, DAJ/SG/SSN/211/501.37(85).
19. 27/10/1965. AMAE, Ambassade de France au Brésil, Telegrama enviado à Direction d'Amérique, 799, Caixa 130.
20. "Referências ao Brasil em entrevista do Sr. Mitterrand", 5/1/1966. Ofício n. 15. AHMRE, Embaixada do Brasil em Paris, Ofícios recebidos, Ostensivo, DEOc/APP/DI/15/591.71(85).
21. Titre: Visite du général da Silva à M. Messmer. Collection: JT 13H. Canal: 1. 18/1/1966. INA.
22. "Viagem do ministro da Guerra à França. Artigos em jornais franceses", 25/1/1966. Ofício n. 80. AHMRE, Embaixada do Brasil em Paris, Ofícios recebidos, Ostensivo, DEOc/DI/80/430.1(42)(85).
23. 20/1/1966. AMAE, Ambassade de France au Brésil, Telegrama enviado pelo adido militar ao Ministère des Armées, 15, Caixa 116. Na parte V deste livro, tratarei o tema da cooperação militar franco-brasileira com maior detalhamento.

24. Ver parte II deste livro.
25. "Note", 11/01/1966. 96J35. BIHS, Fundo Georges Albertini.
26. "Remessa de relação dos principais órgãos de imprensa. Circular 5.952", 4/2/1966. Ofício n. 106. AHMRE, Embaixada do Brasil em Paris, Ofícios recebidos, Ostensivo, DI/106/691.1(85).
27. 7/2/1966. AMAE, Ambassade de France au Brésil, Telegrama enviado ao Gabinete do Ministro, 80, Caixa 131.
28. "Situação política brasileira", 9/2/1966. Ofício n. 131. AHMRE, Embaixada do Brasil em Paris, Ofícios recebidos, Ostensivo, DEOc/DI/131/591.7(85).
29. "Situação política brasileira", 11/2/1966. Ofício n. 134. AHMRE, Embaixada do Brasil em Paris, Ofícios recebidos, Ostensivo, DEOc/DI/134/500.
30. "Artigo no *Le Monde* sobre a política do Brasil", 10/2/1966. Telegrama n. 59. AHMRE, Embaixada do Brasil em Paris, Telegramas expedidos, Confidencial, AEAf/APP/DEOc/DI/500.

19. A chegada de Bilac Pinto à Embaixada brasileira em Paris

1. "Chefia de missão diplomática", 4/2/1966. Telegrama n. 39. AHMRE, Embaixada do Brasil em Paris, Telegramas expedidos, Secreto, G/921.1(42)(32).
2. 16/4/1966. AMAE, Ministère des Affaires Étrangères, Telegrama enviado à Ambassade de France au Brésil, Caixa 108.
3. Ver BADARÓ, Murilo. *Bilac Pinto. O homem que salvou a República.* Gryphus: Rio de Janeiro, 2010.
4. "Entrega de credenciais do embaixador Bilac Pinto", 6/5/1966. Ofício n. 378. AHMRE, Embaixada do Brasil em Paris, Ofícios recebidos, Ostensivo, C/DP/DEOc/378/921.1(42)(85).
5. "Projeto de instruções para o novo embaixador em Paris", 6/5/1966. Ofício n. 388. AHMRE, Embaixada do Brasil em Paris, Ofícios recebidos, Ostensivo, DPC/DEOc/DALALC/DCET/DAM/384/800.5(600).
6. "M. Bilac Pinto", 26/4/1966. AMAE, Ambassade de France au Brésil, nota enviada à Direction d'Amérique, Caixa 112.
7. "Entrega de credenciais do embaixador Bilac Pinto", 13/5/1966. Memorando. AHMRE, Embaixada do Brasil em Paris, Memorandos expedidos, Secreto, AEAf/DEOc/34/921.1(42)(85).
8. Foram registrados sete candidatos para o pleito: Charles de Gaulle, Jean Lecanuet (democratas cristãos), Pierre Marcilhacy (liberal), François Mitterand (socialistas e comunistas), Jean-Louis Tixier-Vignancour (extrema

direita), Paul Antier (agricultor) e Marcel Barbu (apoio desconhecido). Antes das eleições, Paul Antier desistiu de concorrer. Marcilhacy e Barbu eram considerados inexpressivos. Charles de Gaulle ganhou em segundo turno contra Mitterrand com uma pequena margem devido à queda de sua popularidade. Mitterrand seria finalmente eleito presidente em 1981, em sua terceira tentativa de conquistar o cargo. "Eleição presidencial. Candidaturas", 18/11/1965. Carta-telegrama n. 571. AHMRE, Embaixada do Brasil em Paris, Cartas-telegrama recebidas, Ostensivo, DEOc/571/600(85); "Eleição presidencial. Desistência", 19/11/1965. Carta-telegrama n. 575. AHMRE, Embaixada do Brasil em Paris, Cartas-telegrama recebidas, Ostensivo, DEOc/575/600(85); "Eleição presidencial. Situação dos candidatos", 30/11/1965. Carta-telegrama n. 586. AHMRE, Embaixada do Brasil em Paris, Cartas-telegrama recebidas, Ostensivo, DEOc/586/600(85); "Eleição presidencial. Declaração do general de Gaulle", 22/12/1965. Carta-telegrama n. 629. AHMRE, Embaixada do Brasil em Paris, Cartas-telegrama recebidas, Ostensivo, DEOc/629/600(85).

9. COOK, Don. Op. cit., p. 407.
10. "Atividades culturais", 14/10/1966. Ofício n. 974. AHMRE, Embaixada do Brasil em Paris, Ofícios recebidos, Ostensivo, DOC/DCInt/DEOc/974/542.6(85).

20. Dom Hélder Câmara denuncia a ditadura em Paris

1. GOMES, Paulo César. *Os bispos católicos e a ditadura militar brasileira*: a visão da espionagem. Rio de Janeiro: Record, 2014, capítulo 3.
2. "Conferência de dom Hélder Câmara", 14/4/1965. Ofício n. 314. AHMRE, Embaixada do Brasil em Paris, Ofícios recebidos, Confidencial, Deoc/DI/314/591.7(85).
3. Dom Hélder esteve constantemente em Paris, ao longo do regime, e são numerosos os exemplos de suas declarações na imprensa daquele país. "Entrevista de Dom Hélder Câmara e relatório da Ação Católica. *Le Figaro*", 23/9/1966. Ofício n. 914. AHMRE, Embaixada do Brasil em Paris, Ofícios recebidos, Ostensivo, DEOc/DI/914/591.7(85). "Dom Hélder Câmara", 6/3/1965. AMAE, Consulat Général de France à Pernambuco (Presse et information) Carta enviada ao Ministère des Affaires Étrangères, Caixa 468.
4. "A Igreja Católica e o governo Castelo Branco. Artigos em jornais franceses", 8/8/1966. Ofício n. 758. AHMRE, Embaixada do Brasil em Paris, Ofícios recebidos, Ostensivo, DEOc/DI/758/591.7.(85).

5. "Pedido de informações sobre o 'Comitê Católico contra a fome e para o desenvolvimento'", 22/8/1966. Telegrama n. 532. AHMRE, Embaixada do Brasil em Paris, Telegramas expedidos, Confidencial, SSN/DPp/532/650.18.(85).
6. "Pedido de informações sobre o 'Comitê Católico contra a fome e para o desenvolvimento'", 23/9/1966. Telegrama n. 497. AHMRE, Embaixada do Brasil em Paris, Telegramas recebidos, Confidencial, SSN/DPp/497/650.18.(85).
7. "Política brasileira. Comentários da Rádio-televisão francesa. Cancelamento de programa de dom Hélder", 26/10/1966. Ofício n. 1012. AHMRE, Embaixada do Brasil em Paris, Ofícios recebidos, Confidencial, DEOc/1012/500.

21. Celso Furtado e outros exilados brasileiros

1. "Conversa do embaixador Bilac Pinto com o diretor do *Le Monde*", 14/10/1966. Telegrama n. 552. AHMRE, Embaixada do Brasil em Paris, Telegramas recebidos, Confidencial, DEOc/DJ/DI/552/500.
2. "Conversa do embaixador Bilac Pinto com o diretor do *Le Monde*", 17/10/1966. Telegrama n. 649. AHMRE, Embaixada do Brasil em Paris, Telegramas expedidos, Confidencial, AEAf/DEOc/649/500.
3. "Conversa do embaixador Bilac Pinto com o diretor do *Le Monde*", 22/10/1966. Telegrama n. 572. AHMRE, Embaixada do Brasil em Paris, Telegramas recebidos, Confidencial, AEAf/DEOc/572/500.
4. "Autorização para extensão de validade territorial do passaporte do Senhor Celso Furtado", 27/10/1966. Telegrama n. 680. AHMRE, Embaixada do Brasil em Paris, Telegramas expedidos, Confidencial, DPp/680/511.14(701).
5. "Concessão de visto à Senhora Aída Monteiro Furtado", 3/12/1966. Telegrama n. 660. AHMRE, Embaixada do Brasil em Paris, Telegramas recebidos, Confidencial, DPp/SSN/680/511.14(701).
6. "Concessão de visto à Senhora Aída Monteiro Furtado", 8/12/1966. Telegrama n. 747. AHMRE, Embaixada do Brasil em Paris, Telegramas expedido, Confidencial, DPp/SSN/747/511.14(701)
7. Em julho de 1970, a Embaixada recebeu um pedido da Associação Internacional de História Econômica, assinado pelo célebre historiador Fernand Braudel, para que Celso Furtado fosse autorizado a participar de um congresso da entidade em Leningrado. Naquela ocasião, a representação brasileira não foi autorizada a conceder a extensão territorial do passaporte de Furtado. O Itamaraty dizia lamentar que "a decisão de negar o pedido [...] possa re-

sultar em repercussão negativa na imprensa, mas essa mesma má vontade da imprensa francesa, de tantas formas manifesta com absoluta má-fé, não logrou ser abrandada no passado quando atendemos pedido feito em favor do senhor Celso Furtado pelo então diretor de Le Monde". "Concessão de passaporte. Senhor Celso Furtado. Apelo da Associação Internacional de História Econômica", 4/7/1970. Telegrama n. 233. AHMRE, Embaixada do Brasil em Paris, Telegrama recebido, Confidencial, DSI/DEOc/DPp/511.14. "Concessão de passaporte. Senhor Celso Furtado", 27/10/1966. Telegrama n. 680. AHMRE, Embaixada do Brasil em Paris, Telegramas expedidos, Confidencial, DPp/680/511.14(701). A mesma situação se repetiu no mês seguinte, quando o economista foi convidado para uma reunião do Acordo de Cartagena em Lima e não teve a validade de seu passaporte estendida para aquele país pelas autoridades brasileiras. Assim, foi necessário que o governo peruano concedesse a ele um *laissez-passer* para que ele pudesse sair legalmente da França. "Voyage au Pérou. M. Celso Furtado", 14/8/1970. AMAE, Ambassade de France au Pérou, nota enviada à Direction d'Amérique, Caixa 113.

8. "Séjour au Brésil de M. Celso Furtado", 15/7/1968. AMAE, Ambassade de France au Brésil, nota enviada à Direction d'Amérique, 1519/AM, Caixa 133.
9. "Asilados políticos brasileiros", 20/9/1966. Carta-telegrama n. 211. AHMRE, Embaixada do Brasil em Paris, Cartas-telegramas recebidas, Confidencial, DPp/SSN/617/511.1.
10. "Asilados políticos brasileiros", 23/9/1966. Telegrama n. 499. AHMRE, Embaixada do Brasil em Paris, Telegramas recebidos, Confidencial, DAJ/SG/SSN/499/922.31(42)(85).
11. "Viagem de cidadãos com direitos cassados. Valério Regis Konder e Clovis Ferro Costa", 17/2/1967. Telegrama n. 109. AHMRE, Embaixada do Brasil em Paris, Telegramas expedidos, Confidencial, SSN/109/500.
12. Valério Konder. In: ABREU, Alzira Alves de et al (Orgs.). Op. cit.
13. Ferro Costa. In: ABREU, Alzira Alves de et al (Orgs.). Op. cit.
14. André Grabois. In: Comissão Nacional da Verdade. *Relatório*. Brasília: CNV, 2014.
15. "Viagem de estudante à China Comunista. José Vieira da Silva Júnior", 17/2/1967. Telegrama n. 111. AHMRE, Embaixada do Brasil em Paris, Telegramas expedidos, Confidencial, SSN/109/500.1.
16. "Décret sur la Sécurité Nationale", 20/3/1967. AMAE, Ambassade de France au Brésil, nota enviada à Direction d'Amérique, Caixa 132.
17. GAROT, Emmanuel. Op. cit., p. 46.

PARTE III: As relações entre o Brasil e a França durante o governo Costa e Silva

1. "Séjour en France du Maréchal Costa e Silva", 20/12/1966. AMAE, Ambassade de France au Brésil, nota enviada à Direction d'Amérique, Caixa 116.
2. "Fiche: general Artur da Costa e Silva", 21/12/1966. AMAE, Service de documentation extérieure et de contre-espionnage (SDECE), nota enviada ao primeiro-ministro, Secreto, Caixa 162.
3. "Posse do marechal Costa e Silva. Comentários em jornais franceses", 22/3/1967. Ofício n. 256. AHMRE, Embaixada do Brasil em Paris, Ofícios recebidos, Ostensivo, DEOc/DI/256/501.4.
4. "Conférence de presse du président Costa e Silva", 3/4/1967. AMAE, Ambassade de France au Brésil, nota enviada à Direction d'Amérique, Caixa 132.
5. "Retour au Brésil de l'ancien président Kubitschek", 12/4/1967. AMAE, Ambassade de France au Brésil, nota enviada à Direction d'Amérique, Caixa 132.
6. "Politique intérieure: le marechal Costa e Silva et la 'ligne dure'", 10/7/1967. AMAE, Ambassade de France au Brésil, nota enviada à Direction d'Amérique, Caixa 132.
7. "Le programme du président Costa e Silva", 22/3/1967. AMAE, Ambassade de France au Brésil, nota enviada à Direction d'Amérique, Caixa 132.
8. "Visita ao Brasil. Jornalista francês Marcel Niedergang", 22/3/1967. Telegrama n. 146. AHMRE, Embaixada do Brasil em Paris, Telegramas recebidos, Ostensivo, DEOc/DI/691.3(85)(42).
9. "Visita ao Brasil. Jornalista francês Marcel Niedergang'", 8/4/1967. Telegrama n. 171. AHMRE, Embaixada do Brasil em Paris, Telegramas recebidos, Confidencial, DEOc/DI/691.3(85)(42).
10. "Artigos do jornalista Marcel Niedergang sobre o Brasil", 4/8/1967. Ofício n. 624. AHMRE, Embaixada do Brasil em Paris, Ofícios recebidos, Ostensivo, AEAf/624/591.7(85).
11. "Críticas ao regime brasileiro. Artigo na revista *Esprit*", 25/8/1967. Ofício n. 679. AHMRE, Embaixada do Brasil em Paris, Ofícios recebidos, Ostensivo, Aeaf/679/591.7(85).
12. "Frente intelectual. Revista *Esprit*. Artigos contra o governo brasileiro", 31/8/1967. Informe n. 499. AN, Ciex, Secreto.
13. "Panorama político-econômico brasileiro. Comentário do matutino *L'Humanité*", 31/10/1967. Telegrama n. 517. AHMRE, Embaixada do Brasil em Paris, Ofícios recebidos, Ostensivo, DEOc/DPC/500.

14. Sobre a guerrilha de Caparaó, ver ROLLEMBERG, Denise. *O apoio de Cuba à luta armada no Brasil*: o treinamento guerrilheiro. Rio de Janeiro: Mauad, 2001.
15. "Six mois de gouvernement du marechal Costa e Silva", 20/9/1967. AMAE, Ambassade de France au Brésil, Telegrama enviado à Direction d'Amérique, Caixa 132.
16. "Le rôle de l'Armée dans la nation", 4/10/1967. AMAE, Ambassade de France au Brésil, nota enviada à Direction d'Amérique, Caixa 132.

22. A progressão das tendências autoritárias do regime e o AI-5

1. "Conseil de Securité Nationale", 17/1/1968. AMAE, Ambassade de France au Brésil, nota enviada à Direction d'Amérique, 149/AM, Caixa 133.
2. "Nomination des maires des principales villes du Brésil", 7/2/1968. AMAE, Ambassade de France au Brésil, nota enviada à Direction d'Amérique, 357/AM, Caixa 133.
3. "Augmentation des effectifs de l'Armée", 21/2/1968. AMAE, Ambassade de France au Brésil, nota enviada à Direction d'Amérique, 447/AM, Caixa 124.
4. "Censure théatrale", 23/2/1968. AMAE, Ambassade de France au Brésil, nota enviada à Direction d'Amérique, 464/AM, Caixa 133.
5. Ver FICO, Carlos. 'Prezada Censura': Cartas ao regime militar. *Topoi*, Rio de Janeiro, n. 5, p. 251-286, set. 2002. Sobre a censura teatral, ver GARCIA, Miliandre. *"Ou vocês mudam ou acabam": teatro e censura na ditadura militar (1964-1985)*. 2008. Tese (Doutorado em História Social) — Programa de Pós-Graduação em História Social, Universidade Federal do Rio de Janeiro.
6. "Terrorisme et agitation sociale à São Paulo", 18/7/1968. AMAE, Consulat Général de France à São Paulo, nota enviada à Ambassade de France au Brésil, 131/AM, Caixa 133.
7. "Manifestation contre le Théâtre de la Maison de France", 29/7/1968. AMAE, Ambassade France au Brésil, nota enviada à Direction d'Amérique, 264/AM, Caixa 114.
8. "Le mouvement étudiant: le 30º Congrès de l'Union Nationale des Étudiants", 17/10/1968. AMAE, Ambassade France au Brésil, nota enviada à Direction d'Amérique, Caixa 133.
9. REIS, Daniel Aarão; MORAES, Pedro de. *1968. A paixão de uma utopia*. Rio de Janeiro: FGV, 2008, p. 19.

10. "La crise brésilienne", 8/1/1969. AMAE, Ambassade France au Brésil, nota enviada à Direction d'Amérique, 23/AM, Caixa 134. No início de 1969, o general Lyra Tavares concedeu uma entrevista para a televisão francesa para falar sobre a situação política do Brasil. Titre: Les colonels de l'Amérique Latine. Collection: Point contrepoint. Canal: 2, 28/1/1969. INA.
11. Entrevista com o embaixador François Lefebvre de Laboulaye, 18/11/1990. AMAE, Collection des Archives Orales, AO 38.
12. "Instructions pour l'ambassadeur de France au Brésil", 14/12/1968. AMAE, Direction d'Amérique, nota enviada à Ambassade France au Brésil, Caixa 109.
13. 14/12/1968. AMAE, Ambassade France au Brésil, Telegrama enviado à Direction d'Amérique, Caixa 133.
14. 15/12/1968. AMAE, Ambassade France au Brésil, Telegrama enviado à Direction d'Amérique, Caixa 133.
15. 16/12/1968. AMAE, Ambassade France au Brésil, Telegrama enviado à Direction d'Amérique, Caixa 133.
16. "La crise brésilienne", 17/12/1968. AMAE, Ambassade France au Brésil, nota enviada à Direction d'Amérique, Caixa 133.
17. "Brésil. Situation politique", 14/1/1969. AMAE, Service de documentation extérieure et de contre-espionnage (SDECE), nota enviada ao ministro do Exército, Secreto, n. D 69602/II B, Caixa 164.
18. "Crise brésilienne", 19/12/1968. AMAE, Ambassade France aux États-Unis, nota enviada à Direction d'Amérique, 2243/AM, Caixa 133.
19. "Ato Institucional n. 5 de 13/12/1968. Repercussão na França", 21/12/1968. Telegrama n. 690. AHMRE, Embaixada do Brasil em Paris, Telegrama recebido, Confidencial, SSG/DSI/DEOc/500.
20. "Ato Institucional n. 5. Repercussão na França", 23/12/1968. Telegrama n. 691. AHMRE, Embaixada do Brasil em Paris, Telegrama recebido, Secreto, SSG/DSI/DEOc/500.
21. "Situação política interna do Brasil. Repercussão no exterior", 31/1/1969. Telegrama n. 49. AHMRE, Embaixada do Brasil em Paris, Telegrama expedido, Confidencial, SSG/DSI/DEOc/500.
22. "Detenção de representante do jornal *Le Monde* no Brasil", 6/1/1969. Telegrama n. 8. AHMRE, Embaixada do Brasil em Paris, Telegrama recebido, Secreto, G/SSG/AEOc/900.1(42).
23. "Detenção de representante do jornal *Le Monde* no Brasil", 9/1/1969. Telegrama n. 17. AHMRE, Embaixada do Brasil em Paris, Telegrama expedido, Secreto, DSI/DEOc/500.1(85).

24. "Detenção de representante do jornal *Le Monde* no Brasil", 11/1/1969. Telegrama n. 26. AHMRE, Embaixada do Brasil em Paris, Telegrama recebido, Ostensivo, DSI/DEOc/500.1(85).
25. "Correspondant du *Monde*", 18/2/1970. AMAE, Ambassade France au Brésil Telegrama enviado à Direction d'Amérique, Caixa 155. De acordo com o obituário de Irineu Guimarães, publicado pelo jornal *Le Monde* no dia 16 de dezembro de 2015 (Disparitions: Irénée Guimaraes, philosophe et journaliste brésilien), ele foi detido pela polícia política do regime militar por 19 vezes. Disponível em: <http://www.lemonde.fr/disparitions/article/2005/12/16/irenee-guimaraes-philosophe-et-journaliste-bresilien_722157_3382.html>. Acesso em: 15 out. 2016.
26. Entrevista de Carlos Lacerda. Titre: Brésil. Collection: Régie 4. Canal: 2, 14/1/1969. INA.
27. "Entrevista do senhor Carlos Lacerda à televisão francesa", 15/1/1969. Telegrama n. 32. AHMRE, Embaixada do Brasil em Paris, Telegrama recebido, Ostensivo, DSI/DEOc/500.
28. A perseguição política a Niomar Sodré motivou a elaboração de um abaixo-assinado em sua defesa. O documento foi enviado à Embaixada pela curadora de arte francesa Myriam Prévot. "Abaixo-assinado de personalidades do meio artístico em favor da senhora Niomar Moniz Sodré", 17/4/1969. Ofício n. 253. AHMRE, Embaixada do Brasil em Paris, Ofício recebido, Confidencial, DSI/AEO/253/500. "França. Frente artística e de imprensa. Artigo contra o Brasil", 6/3/1969. Informe n. 78. AN, Ciex, Secreto.
29. "Premiéres difficultés de la "révolution dans la révolution", 5/2/1969. AMAE, Ambassade France au Brésil Nota enviada à Direction d'Amérique, 265/AM, Caixa 134.
30. "Évolution de la situation politique intérieure", 1/4/1969. AMAE, Ambassade France au Brésil Nota enviada à Direction d'Amérique, 613/AM, Caixa 134.

23. O monitoramento de brasileiros e estrangeiros por órgãos oficiais

1. "Cassação de direitos políticos. Pedido de informação", 16/3/1967. Telegrama n. 136. AHMRE, Embaixada do Brasil em Paris, Telegramas recebidos, Ostensivo, DEOc/SSN/500. "Direitos políticos. Oscar Niemeyer", 17/3/1967. Telegrama n. 147. AHMRE, Embaixada do Brasil em Paris, Telegramas expedidos, Ostensivo, DEOc/500.

2. CORRÊA, Marcos Sá. Oscar Niemeyer. Rio de Janeiro: Relume, 2005. "Autorização para exercer sua profissão em França ao arquiteto Oscar Niemeyer", 1/3/1967. Ofício n. 184. AHMRE, Embaixada do Brasil em Paris, Ofício recebido, Ostensivo, DEOc/DI/184/540/33(85).
3. "Exposições de arquitetura. Pal. Itamaraty e Niemeyer", 12/11/1969. Telegrama n. 619. AHMRE, Embaixada do Brasil em Paris, Telegrama expedido, Ostensivo, DDC/DEOc/540/33(85). Em 1965, a televisão francesa fez uma reportagem sobre a exposição de Niemeyer no Museu de Artes Decorativas enquanto Juscelino Kubitschek a visitava. No entanto, por motivo que não foi possível apurar, a matéria não foi ao ar. Titre: Exposition de réalisations de l'architecte brésilien Oscar Niemeyer. Collection: Non utilisés, 1/1/1965. INA.
4. "Curso de Ciência Política na Universidade da Bahia. Professor Georges Vedel", 27/6/1967. Telegrama n. 402. AHMRE, Embaixada do Brasil em Paris, Telegramas expedidos, Confidencial, DCInf/542.62(85).
5. Doyen é o equivalente a decano e foi o termo utilizado na França até 1968, quando foi substituído por *directeur d'unité d'enseignement et de recherche*. "Curso de Ciência Política na Universidade da Bahia. Professor Georges Vedel", 1/8/1967. Telegrama n. 382. AHMRE, Embaixada do Brasil em Paris, Telegramas recebidos, Confidencial, DCInf/542.62(85).
6. "Viagem do ex-governador Miguel Arraes", 29/4/1967. Telegrama n. 256. AHMRE, Embaixada do Brasil em Paris, Telegramas expedidos, Secreto, DSI/500.
7. "Viagem do ex-governador Miguel Arraes", 16/5/1967. Telegrama n. 230. AHMRE, Embaixada do Brasil em Paris, Telegramas recebidos, Secreto, DSI/500.
8. "Defesa contra movimentos subversivos na América Latina. Informações sobre o senhor Maedo", 5/5/1967. Telegrama n. 268. AHMRE, Embaixada do Brasil em Paris, Telegramas expedidos, Secreto, DEOc/DAM/DSI/600(20).
9. "Defesa contra movimentos subversivos na América Latina. Informações sobre o senhor Maedo", 8/5/1967. Telegrama n. 219. AHMRE, Embaixada do Brasil em Paris, Telegramas recebidos, Secreto, DEOc/DAM/DSI/600(20).
10. "Viagem do ex-presidente João Goulart à Europa", 3/8/1967. Telegrama n. 478. AHMRE, Embaixada do Brasil em Paris, Telegrama expedido, Confidencial, DEOc/DSI/430.1(42)(85).
11. "Viagem do ex-presidente João Goulart à Europa", 5/8/1967. Telegrama n. 392. AHMRE, Embaixada do Brasil em Paris, Telegrama recebido, Confidencial,

DEOc/DSI/430.1(42)(85), 8/8/1967. AMAE, Ambassade de France à Montevideo, Telegrama enviado à Direction d'Amérique, Caixa 113.
12. "Viagem do ex-presidente João Goulart à Europa. Entrevista com o general de Gaulle", 26/9/1967. Telegrama n. 568. AHMRE, Embaixada do Brasil em Paris, Telegrama expedido, Confidencial, DEOc/DAM/500. "Viagem do ex-presidente João Goulart à Europa. Entrevista com o general de Gaulle", 28/9/1967. Telegrama n. 457. AHMRE, Embaixada do Brasil em Paris, Telegrama recebido, Confidencial, DEOc/DAM/922.31(42)(44). "Viagem do ex-presidente João Goulart à Europa. Entrevista com o general de Gaulle", 4/10/1967. Telegrama n. 470. AHMRE, Embaixada do Brasil em Paris, Telegrama recebido, Secreto, DEOc/DAM/500.
13. 12/3/1968. AMAE, Ambassade de France au Brésil, Telegrama enviado à Direction d'Amérique, Caixa 114.
14. "Passagem de Carlos Marighella por Praga procedente de Cuba com destino a Montevidéu", 30/9/1967. Telegrama n. 578. AHMRE, Embaixada do Brasil em Paris, Telegrama expedido, Secreto, DSI/501.34(80).
15. "Passagem de Carlos Marighella por Praga procedente de Cuba com destino a Montevidéu", 6/10/1967. Ofício n. 157. AHMRE, Embaixada do Brasil em Paris, Ofício expedido, Secreto, DSI/501.34(80).
16. "Visto de retorno. Senhor Pu Ping Shu", 10/10/1967. Ofício n. 221. AHMRE, Consulado-Geral do Brasil em Paris, Ofício recebido, Confidencial, DPp/DAO/DSI/221/511.141.
17. "Visto de retorno. Senhor Pu Ping Shu", 16/10/1967. Telegrama n. 170. AHMRE, Consulado-Geral do Brasil em Paris, Telegrama expedido, Confidencial, DIm/DSI/511.141.
18. "Dejean Magno Pellegrin". 13/11/1967. Telegrama n. 653. AHMRE, Embaixada do Brasil em Paris, Telegrama expedido, Secreto, DSI/DA/7(42)(85). "Dejean Magno Pellegrin", 13/11/1967. Telegrama n. 613. AHMRE, Embaixada do Brasil em Paris, Telegrama recebido, Secreto, DSI/DA/7(42)(85).
19. Ver http://www.abi.org.br/o-cinema-perde-dejean-pellegrin/. Acesso 17 nov. 2016.
20. "Concessão de passaporte especial. Ruy Rodrigues da Silva", 29/11/1967. Telegrama n. 215. AHMRE, Embaixada do Brasil em Paris, Telegrama recebido, Confidencial, DPp/511.12(85).
21. "Concessão de passaporte especial. Ruy Rodrigues da Silva", 2/12/1967. Ofício n. 271. AHMRE, Embaixada do Brasil em Paris, Ofício recebido, Confidencial, DPp/511.14(701).

22. "Concessão de passaporte especial. Ruy Rodrigues da Silva", 26/12/1967. Telegrama n. 213. AHMRE, Embaixada do Brasil em Paris, Telegrama expedido, Confidencial, DPp/511.14(701).
23. "Comportamento político de elementos subversivos brasileiros na França", 12/10/1967. Ofício n. 861. AHMRE, Embaixada do Brasil em Paris, Ofício recebido, Secreto, 922.31(42)(85).
24. "Exilados políticos", 11/12/1967. Ofício n. 914. AHMRE, Embaixada do Brasil em Paris, Ofício recebido, Secreto, DAJ/AEAf/DSI/914.
25. 5/4/1968, AMAE, Ambassade de France au Brésil, Telegrama enviado à Direction d'Amérique, Caixa 155. "Missão do jornalista Grignon Dumoulin no Rio de Janeiro", 5/4/1968. Telegrama n. 172. AHMRE, Embaixada do Brasil em Paris, Telegramas recebidos, Ostensivo, DI/DSI/DEOc/500.
26. 6/4/1968, AMAE, Ambassade de France au Brésil, Telegrama enviado à Direction d'Amérique, Caixa 155.
27. "Le Mouvement Populaire de Libération", 27/1/1969. AMAE, Service de documentation extérieure et de contre-espionnage (SDECE), nota enviada ao ministro do Exército, Secreto, n. D 69790/IV, Caixa 164.
28. "Atividades de Marcos Lins Correia. Grupo de Miguel Arraes", 21/10/1966. Informe n. 473. AN, Ciex, Secreto.
29. Sobre o *Orvil*, ver FIGUEIREDO, Lucas. *Olho por olho — os livros secretos da ditadura*. Rio de Janeiro: Record, 2011.
30. *Orvil*, p. 278. As citações do *Orvil* presentes nesta obra se referem à versão disponível digitalmente em: <http://www.averdadesufocada.com/images/orvil/orvil_completo.pdf>. Acesso em 15 out. 2016. Em 2012, o livro finalmente alcançou uma edição comercial. Ver MACIEL; NASCIMENTO (orgs.), 2012.
31. "Documentation de base. Le communisme au Brésil", 26/3/1969. AMAE, Ambassade de France au Brésil, nota enviada à Direction d'Amérique, 560/AM, Caixa 134.
32. "Anuário Internacional dos Prisioneiros Políticos", 16/5/1969. Ofício n. 338. AHMRE, Embaixada do Brasil em Paris, Ofícios recebidos, Ostensivo, AEO/478. "Anuário Internacional dos Prisioneiros Políticos", 23/6/1969. Ofício n. 446. AHMRE, Embaixada do Brasil em Paris, Ofícios recebidos, Secreto, DSI/AEO/478.
33. Comissão Nacional da Verdade. *Relatório*. Brasília: CNV, 2014. vol. II, p. 198-199.
34. Arquivo Nacional, SNI: BR_DFANBSB_V8_AC_ACE_63719-73.

24. A oposição no Brasil e no exterior de religiosos católicos à ditadura

1. "Septième assemblée générale des évêques du Brésil", 24/5/1967. AMAE, Ambassade de France au Brésil, nota enviada à Direction d'Amérique, 114/AM, Caixa 138.
2. "L'Église et la situation politique et sociale au Brésil", 711/1967. AMAE, Ambassade de France au Brésil, nota enviada à Direction d'Amérique, 2347/AM, Caixa 132.
3. "Application par l'armée de la loi sur la sécurité nationale", 29/11/1967. AMAE, Ambassade de France au Brésil, nota enviada à Direction d'Amérique, 2523/AM, Caixa 132.
4. "Affaire du diacre Guy Michel Thibault", 30/4/1968. AMAE, Ambassade de France au Brésil, nota enviada à Direction d'Amérique, 986/AM, Caixa 165.
5. "Concessão de vistos para o Brasil a religiosos. Pedido de informações", 8/12/1967. Ofício n. 731. AHMRE, Embaixada do Brasil em Paris, Ofício expedido, Confidencial, DSI/DPp/DEOc/511.1.
6. "Concessão de vistos a cidadãos chilenos. Consulta prévia à Secretaria de Estado", 1/12/1970. Telegrama n. 546. AHMRE, Embaixada do Brasil em Paris, Telegrama recebido, Secreto, SG/DCI/DPp/DIm/DSI/511.1.
7. "L'Église catholique et le régime", 6/12/1967. AMAE, Ambassade de France au Brésil, nota enviada à Direction d'Amérique, 2578/AM, Caixa 132.
8. Sobre a Comissão Bipartite, ver SERBIN, Kenneth P. *Diálogos na Sombra*: bispos e militares, tortura e justiça social na ditadura. Companhia das Letras: São Paulo, 2001.
9. "Conferência de dom Hélder Câmara na França. Notícia publicada na imprensa", 15/4/1968. Telegrama n. 177. AHMRE, Embaixada do Brasil em Paris, Telegrama expedido, Ostensivo, DEOc/900.1(00).
10. "Conferência de dom Hélder Câmara em Paris", 20/4/1968. Telegrama n. 186. AHMRE, Embaixada do Brasil em Paris, Telegrama recebido, Ostensivo, DEOc/DSI/900.1(00).
11. "Artigos sobre dom Hélder Câmara em jornais franceses", 26/4/1968. Ofício n. 297. AHMRE, Embaixada do Brasil em Paris, Ofício recebido, Ostensivo, DEOc/DSI/591.7(85).
12. "Dom Hélder Câmara", 26/4/1968. AMAE, nota enviada da Préfecture de Police enviada à Direction d'Amérique, Caixa 114.
13. "Les lendemains de la grève d'Osasco", 25/7/1968. AMAE, Ambassade de France au Brésil, nota enviada à Direction d'Amérique, 135/AM, Caixa 133.

14. Lei 4.330, de 1º jun. 1964. Disponível em: <http://www.planalto.gov.br/ccivil_03/leis/1950-1969/L4330.htm>. Acesso em: 30 out. 2016.
15. "Expulsion du R, p. Wauthier", 28/8/1968. AMAE, Consulat Général de France à São Paulo, nota enviada à Ambassade de France Brésil, 66, Caixa 165.
16. "Refus par le cardinal Rossi de l'Ordre National du Mérite Brésilien", 9/10/1968. AMAE, Consulat Général de France à São Paulo, nota enviada à Ambassade de France au Brésil, 84, Caixa 133.
17. No dia 13 de dezembro, poucos dias após a detenção dos sacerdotes assuncionistas, dois padres-operários franceses, Bernard Hervey e Henri Beguin, membros da organização Filhos da Caridade, foram presos na cidade de Santos (SP) e, logo em seguida, levados para o DOPS, onde ficaram até o dia 19 daquele mesmo mês. 16/12/1968. AMAE, Ambassade de France au Brésil, Telegrama enviado à Direction d'Amérique, Caixa 133. 23/12/1968. AMAE, Ambassade de France au Brésil, Telegrama enviado à Direction d'Amérique, Caixa 165. Em outubro de 1969, outro padre francês, Camille Rolland, foi obrigado a sair do Brasil por ter se envolvido com atividades sindicais no estado da Bahia. "Départ force du père Camille Rolland", 1/10/1969. AMAE, Ambassade de France au Brésil, nota enviada à Direction d'Amérique, 2068/AM, Caixa 165.
18. "Prisão de padres assuncionistas em Belo Horizonte", 3/12/1968. Ofício n. 225. AHMRE, Consulado-Geral em Paris, Ofício recebido, Confidencial, DEOc/DSI/225.
19. 14/12/1968. AMAE, Ambassade de France en Italie, Telegrama enviado ao Ministério dos Negócios Estrangeiros, Caixa 160.
20. 7/12/1968. AMAE, Préfecture de Police, nota confidencial, Caixa 165.
21. "Prêtres français détenus à Belo Horizonte", 5/2/1968. AMAE, Ambassade de France au Brésil, nota enviada à Direction d'Amérique, 255/AM, Caixa 165.
22. "Religieux français en dificulté au Brésil", 11/3/1969. AMAE, Ambassade de France au Brésil, nota enviada à Direction d'Amérique, 498/AM, Caixa 165.
23. "Religieux français en dificulté au Brésil", 19/3/1969. AMAE, Ambassade de France au Brésil, nota enviada à Direction d'Amérique, 354/AM, Caixa 165.
24. "Difficultés rencontrées par des religieux français au Brésil. Abbé Jules Vitte. Amnesty International", 17/6/1969. AMAE, Ambassade de France en Grand Bretagne, nota enviada ao Gabinete do Ministro, 706/CM, Caixa 165.
25. "Apelo a favor de dom Hélder Câmara. Recolhimento de assinaturas", 24/6/1969. Telegrama n. 414. AHMRE, Embaixada do Brasil em Paris, Telegrama recebido, Ostensivo, DEOc/DSI/500.

26. "Abaixo-assinado de membros da JOC. Protesto contra perseguições", 25/6/1969. Ofício n. 454. AHMRE, Embaixada do Brasil em Paris, Ofício recebido, Ostensivo, AEO/500.
27. "Audiência com representantes da JOC-JOCF", 1/7/1969. Telegrama n. 431. AHMRE, Embaixada do Brasil em Paris, Telegrama recebido, Secreto, DEOc/DSI/500.
28. "Abaixo-assinado de membros da JOC. Protesto contra perseguições", 2/7/1969. Ofício n. 488. AHMRE, Embaixada do Brasil em Paris, Ofício recebido, Ostensivo, AEO/500. "Abaixo-assinado de membros da JOC. Protesto contra perseguições", 10/12/1969. Ofício n. 907. AHMRE, Embaixada do Brasil em Paris, Ofício recebido, Ostensivo, AEO/907/500.
29. "Visto permanente para padres católicos franceses destinados à Arquidiocese de Olinda e Recife", 4/7/1969. Ofício n. 118. AHMRE, Consulado-Geral em Paris, Ofício recebido, Confidencial, DIm/DSI/118.
30. "Concessão de visto permanente para padres católicos franceses destinados à Arquidiocese de Olinda e Recife", 15/10/1969. Telegrama n. 94. AHMRE, Consulado-Geral em Paris, Telegrama expedido, Confidencial, DIm/G/511.141.
31. "Visto permanente para padres franceses", 28/8/1970. Ofício n. 217. AHMRE, Consulado-Geral em Paris, Ofício recebido, Confidencial, DCJ/DSI/511.141.
32. "Visto permanente para padres franceses", 2/10/1970. Telegrama n. 90. AHMRE, Consulado-Geral em Paris, Telegrama expedido, Confidencial, DSI/DIm/511.141.

25. Cooperação franco-brasileira

1. O acordo foi ratificado pelo Congresso Nacional em dezembro de 1963. "Note". 19/10/1965. AMAE, Ministère des Affaires Étrangères (Service des Affaires Atomiques), nota enviada ao embaixador, Caixa 123.
2. "Note d'information sur la coopération atomique à des fins pacifiques entre la France et le Brésil", 15/10/1964. AMAE, Ambassade de France au Brésil (adido para questões nucleares), nota enviada ao embaixador, Caixa 123. "Le projet de Centrale Nucléaire et la politique de coopération nucléaire suivie par a France au Brésil", 9/11/1964. AMAE, Ambassade de France au Brésil (adido para questões nucleares), nota enviada ao embaixador, Caixa 123.
3. "Coopération nucléaire — production d'eletricité d'origine nucléaire", 23/11/1964. AMAE, Ambassade de France au Brésil (adido para questões nucleares), nota enviada ao Commissariat à l'Énergie Atomique, Caixa 123.

4. "Directives présidentielles en matière nucléaire", 22/1/1965. AMAE, Ambassade de France au Brésil (adido para questões nucleares), nota enviada à Direction des affaires atomiques, Caixa 123.
5. Em fevereiro de 1969, Israel seria o terceiro país a criar o posto de adido para o setor atômico. "Rapport de l'attaché pour les questions nucléaires", 5/2/1969. AMAE, Ambassade de France au Brésil (adido para questões nucleares), nota enviada à Direction d'Amérique, Caixa 125.
6. "Rapport de fin de mission", 28/2/1966. AMAE, Ambassade de France au Brésil (adido para questões nucleares), nota enviada à Direction des affaires atomiques, Caixa 159.
7. "Audience de M. Correa da Costa, secrétaire general du Ministère des Affaires Ètrangères brésilien", 13/5/1967. AMAE, Ministère des Affaires Ètrangères, nota enviada ao secretário-geral, Caixa 116.
8. "Efforts de développement de la coopération nucléaire entre le Brésil et les États-Unis", 7/8/1967. AMAE, Ambassade de France au Brésil, nota enviada à Direction d'Amérique, 1660/AM, Caixa 124.
9. "Rapport d'activité", 15/12/1967. AMAE, Ambassade de France au Brésil (attaché pour les questions nucléaire), nota enviada à Direction d'Amérique, Caixa 124.
10. "Política nuclear", 23/8/1968. AHMRE, Ministério das Relações Exteriores, Informação para o presidente da República, Secreto. "Posição brasileira sobre o TNP. Entrevista coletiva à imprensa", 9/12/1969. Telegrama n. 669. AHMRE, Embaixada do Brasil em Paris, Telegrama expedido, Ostensivo, DI/953(04).
11. Em 1969, por exemplo, o orçamento da CNEN passou de 25 milhões de cruzeiros novos para 60 milhões. "Rapport de l'attaché pour les questions nucléaires", 5/2/1969. AMAE, Ambassade de France au Brésil (adido para questões nucleares), nota enviada à Direction d'Amérique, Caixa 125.
12. Les rapports franco-brésiliens dans le domaine nucléaire". 11/10/1968. AMAE, Ministère des Affaires Étrangères (Direction d'Amérique), Nota, Caixa 124. Para saber mais sobre cientistas perseguidos na ditadura, ver http://www.ciencianaditadura.net/.
13. "Coopération technique avec le Brésil". 22/12/1966. AMAE, Ministère des Affaires Étrangères, nota enviada ao Gabinete do Ministro, Caixa 116.
14. "Documentation de base: les influences extérieures au Brésil". 26/12/1966. AMAE, Ambassade de France au Brésil, nota enviada à Direction d'Amérique, 2555/AM, Caixa 120.

15. Reportagem na televisão francesa sobre a assinatura do Acordo de Cooperação Técnica e Científica durante a visita de Juracy Magalhães à França. Titre: Accords franco-brésiliens. Collection: JT Nuit. Canal: 1. 16/1/1967. INA.
16. "Signature de l'accord franco-brésilien de coopération technique et scientifique", 11/1/1967. AMAE, Ambassade de France au Brésil, nota enviada ao secretário-geral, Caixa 159. "Acordo básico de cooperação técnica e científica com a França. Aprovação", 11/3/1968. Ofício n. 39. AHMRE, Embaixada do Brasil em Paris, Ofícios expedidos, Ostensivos, DAI/CET/DEOc/39/550/0(85).
17. "Comité de contacts franco-brésilien", 19/19/1969. AMAE, Ministère des Affaires Étrangères (Direction d'Amérique), Note, Caixa 163.
18. "Construção de base de lançamento de foguetes na Guiana Francesa", 1/4/1968. Informe n. 162. AN, Ciex, Secreto.
19. "Visite de M. Juracy Magalhães à Paris", 3/2/1967. AMAE, Ambassade de France au Brésil, nota enviada à Direction d'Amérique, Caixa 116. "Comission mixte franco-brésilienne", 16/1/1967. AMAE, nota da Direction d'Amérique, 4/AM, Caixa 156.
20. "Coopération spatiale franco-brésilienne", 15/10/1968. AMAE, Ministère des Affaires Etrangères (Direction d'Amérique), Note, Caixa 124.

26. Maio de 1968 na França e seus desdobramentos

1. "Agitação estudantil na Europa", 29/4/1968. Ofício n. 299. AHMRE, Embaixada do Brasil em Paris, Ofício recebido, Ostensivo, AEO/299/600(600).
2. ZANCARINI-FOURNEL, Michele; DELACROIX, Christian. *La France du temps présent (1945-2005)*. Paris: Belin, 2014, p. 367; 418; 433. ARAÚJO, Maria Paula. Disputas em torno da memória de 68 e suas representações. In. FICO, C.; ARAÚJO, M, p. (Orgs.). *1968 — 40 anos depois*. História e memória. Rio de Janeiro: 7 Letras, 2009. RIDENTI, Marcelo. A época de 1968: cultura e política. In. Ibid. GARCIA, Marco Aurélio; VIEIRA, Maria Alice (Coord.). *Rebeldes e contestadores* — 1968, França e Alemanha. São Paulo: Perseu-Abramo, 1999.
3. "Manifestações estudantis no Quartier Latin", 7/5/1968. Telegrama n. 220. AHMRE, Embaixada do Brasil em Paris, Telegrama recebido, Ostensivo, DSI/DEOc/DCInt/642.93(85).
4. "Manifestações estudantis na França", 9/5/1968. Telegrama n. 223. AHMRE, Embaixada do Brasil em Paris, Telegrama recebido, Ostensivo, DSI/DEOc/DCInt/642.93(85).

5. "Manifestações estudantis na França", 12/5/1968. Telegrama n. 225. AHMRE, Embaixada do Brasil em Paris, Telegrama recebido, Ostensivo, DSI/DEOc/DCInt/642.93(85).
6. "Crise político-social na França", 20/5/1968. Telegrama n. 240. AHMRE, Embaixada do Brasil em Paris, Telegrama recebido, Confidencial, DEOc/600(85).
7. "Crise político-social na França", 25/5/1968. Telegrama n. 263. AHMRE, Embaixada do Brasil em Paris, Telegrama recebido, Confidencial, DEOc/600(85).
8. "Crise social", 7/6/1968. Telegrama n. 306. AHMRE, Embaixada do Brasil em Paris, Telegrama recebido, Ostensivo, DEOc/600(85).
9. "Crise político-social na França", 11/6/1968. Telegrama n. 315. AHMRE, Embaixada do Brasil em Paris, Telegrama recebido, Ostensivo, DEOc/600(85).
10. "Crise político-social na França", 12/6/1968. Telegrama n. 317. AHMRE, Embaixada do Brasil em Paris, Telegrama recebido, Ostensivo, DEOc/600(85).
11. "Crise francesa. Detenção de brasileiros", 22/6/1968. Telegrama n. 335. AHMRE, Embaixada do Brasil em Paris, Telegrama recebido, Confidencial, DCInt/DSI/DEOc/600(85).
12. ZANCARINI-FOURNEL, Michele; DELACROIX, Christian. Op. cit., p. 416.
13. "Política interna da França", 23/7/1968. Telegrama n. 380. AHMRE, Embaixada do Brasil em Paris, Telegrama recebido, Confidencial, DEOc/600(85).
14. "L'opinion brésilienne et la crise française", 17/6/1968. AMAE, Ambassade de France au Brésil, nota enviada ao Serviço de Imprensa, 1250/IP, Caixa 114.
15. 2/7/1968. AMAE, Ambassade de France au Brésil, Telegrama enviado à Direction d'Amérique, Caixa 155.
16. "Renúncia do general de Gaulle", 28/4/1969. Telegrama n. 251. AHMRE, Embaixada do Brasil em Paris, Telegrama recebido, Ostensivo, DEOc/600(85).
17. COOK, Don. *Charles de Gaulle*. São Paulo: Planeta, 2007, p. 23.
18. ROUSSEL, Éric. *De Gaulle*. Paris: Gallimard, 2008, p. 270-271.
19. "Manifestação de estudantes na Casa do Brasil", 29/4/1968. Telegrama n. 204 AHMRE, Embaixada do Brasil em Paris, Telegrama recebido, Confidencial, DSI/DEOc/DCInt/542/93(85).
20. "Crise francesa. Situação universitária", 29/5/1968. Telegrama n. 272. AHMRE, Embaixada do Brasil em Paris, Telegrama recebido, Confidencial, DCInt/DEOc/642.93(85).
21. "Crise francesa. Ocupação da Casa do Brasil em Paris", 29/5/1968. Telegrama n. 276. AHMRE, Embaixada do Brasil em Paris, Telegrama recebido, Confidencial, DCInt/DEOc/DSI/542.93(85).

22. Poucos meses mais tarde, Luís Lisanti pediu exoneração da diretoria da Casa do Brasil, sendo substituído pelo professor José Guimarães Alves. "Pedido de exoneração. Professor Luís Lisanti Filho", 7/8/1968. Ofício n. 534. AHMRE, Embaixada do Brasil em Paris, Ofício recebido, Ostensivo, DCInt/DEOc/DSI/542.93(85). "Casa do Brasil em Paris", 13/8/1968. Ofício n. 112. AHMRE, Embaixada do Brasil em Paris, Ofício expedido, Ostensivo, DCInt/112/542.93(85).
23. "Ocupação da Casa do Brasil em Paris", 30/5/1968. Ofício n. 103. AHMRE, Consulado-Geral em Paris, Ofício recebido, Confidencial, DC/542.93(85).
24. Naquele contexto, provavelmente por desconfiança acerca do envolvimento de Gilberto de Faria com atividades políticas na Casa do Brasil, o Ciex, a pedido do CIE, fez um levantamento de informações sobre o médico. "Pedido de informações. Gilberto Maurício Pradez de Faria", 24/7/1968. Informe n. 413. AN, Ciex, Secreto.
25. "Crise na França. Ocupação da Casa do Brasil em Paris", 31/5/1968. Ofício n. 378. AHMRE, Embaixada do Brasil em Paris, Ofício recebido, Confidencial, DCInt/DEOc/DSI/378/542.93(85).
26. "Crise na França. Ocupação da Casa do Brasil em Paris", 3/6/1968. Telegrama n. 288. AHMRE, Embaixada do Brasil em Paris, Telegrama recebido, Confidencial, DCInt/DEOc/DSI/542.93(85).
27. Crise na França. Ocupação da Casa do Brasil em Paris", 14/6/1968. Telegrama n. 320. AHMRE, Embaixada do Brasil em Paris, Telegrama recebido, Confidencial, DCInt/642.93(85).
28. "Reclamação contra estudante brasileiro", 31/5/1968. Ofício n. 377. AHMRE, Embaixada do Brasil em Paris, Ofício recebido, Confidencial, DCInt/DEOc/DSI/377/542.93(85).
29. "Novo regulamento da Casa do Brasil", 28/11/1969. Telegrama n. 648. AHMRE, Embaixada do Brasil em Paris, Telegrama expedido, Secreto, DCInt/DSI/377/542.93(85).
30. "Casa do Brasil em Paris", 15/12/1969. Ofício n. 920. AHMRE, Embaixada do Brasil em Paris, Ofício recebido, Secreto, DCInt/DSI/920/542.93(85).
31. "Casa do Brasil. Controle pelo governo brasileiro", 12/11/1969. Informe n. 414. AN, Ciex, Secreto.
32. "Pagamento de ajuda do Itamaraty a bolsistas residentes na Casa do Brasil", 18/10/1970. Ofício n. 765. AHMRE, Embaixada do Brasil em Paris, Ofício recebido, Confidencial, DC/542.63(85).

27. As relações franco-brasileiras após o AI-5

1. "Conversa com o embaixador da França sobre intercâmbio econômico, financeiro e comercial", 7/5/1969. Ofício n. 306. AHMRE, Embaixada do Brasil em Paris, Ofício recebido, Confidencial, AEO/306/811/(42)(85).
2. "Brésil — Relations économiques et financières avec la France", 5/6/1969. AMAE, Ambassade France au Brésil, Nota, Caixa 141. "Financiamento para a expansão da indústria siderúrgica nacional. Relatório das negociações de Paris", 25/6/1969. Ofício n. 456. AHMRE, Embaixada do Brasil em Paris, Ofício recebido, Ostensivo, AAE/456/822.3(85).
3. "Influences étrangères au Brésil", 4/4/1968. AMAE, Ambassade de France au Brésil, nota enviada à Direction d'Amérique, 761/AM, Caixa 162.
4. "Synthèse trimestrielle de politique intérieure et extérieure du Brésil", 2/4/1969. AMAE, Ambassade France au Brésil, Nota enviada à Direction d'Amérique, 632/AM, Caixa 134.
5. Decreto-lei n. 417 de 10 jan. 1969. Disponível em: <http://www.planalto.gov.br/ccivil_03/decreto-lei/1965-1988/Del0417.htm>. Acesso em: 20 nov. 2016.
6. "L'expulsion des étrangers 'indésirables'", 15/4/1969. AMAE, Ambassade France au Brésil, nota enviada à Direction d'Amérique, 744/AM, Caixa 134.
7. "Perspectives à court et moyen terme de la révolution brésilienne", 12/8/1969. AMAE, Ambassade France au Brésil. Nota enviada à Direction d'Amérique, 1685/AM, Caixa 135.
8. Emenda Constitucional n. 1 de 17 out. 1969. Disponível em: <https://www.planalto.gov.br/ccivil_03/constituicao/emendas/emc_anterior1988/emc01-69.htm>. Acesso em: 20 nov. 2016.
9. "Perspectives à court et moyen terme de la révolution brésilienne", 12/8/1969. AMAE, Ambassade France au Brésil, Nota enviada à Direction d'Amérique, 1685/AM, Caixa 135.
10. "La situation brésilienne". 11/6/1969. AMAE, Ambassade France au Brésil, Nota enviada à Direction d'Amérique, Caixa 135. "Évolution de la situation politique brésilienne", 9/7/1969. AMAE, Ambassade France au Brésil, nota enviada à Direction d'Amérique, 1407/AM, Caixa 135.
11. 1/9/1969. AMAE, Ambassade France au Brésil. Telegrama enviado à Direction d'Amérique, Caixa 135.
12. 11/9/1969. AMAE, Ambassade France au Brésil. Telegrama enviado à Direction d'Amérique, Caixa 135.

13. "Situation politique au Brésil", 17/9/1969. AMAE, Ambassade France au Brésil. Nota enviada à Direction d'Amérique, Caixa 135.
14. 1/9/1969. AMAE, Ambassade France au Brésil. Telegrama enviado à Direction d'Amérique, Caixa 135.
15. "Situation politique au Brésil", 3/9/1969. AMAE, Ambassade France au Brésil Nota enviada à Direction d'Amérique, Caixa 135.
16. "Impedimento do presidente Costa e Silva. Reações na França", 2/9/1969. Telegrama n. 532. AHMRE, Embaixada do Brasil em Paris, Telegrama recebido, Confidencial, DEOc/501.4.
17. "Notícia sobre tortura no Brasil", 7/9/1969. Ofício n. 745. AHMRE, Embaixada do Brasil em Paris, Ofício recebido, Confidencial, DAJ/DSI/745. Jornal *Le Monde*, 7/10/1969.
18. Reportagem sobre o sequesto de Charles Elbrick na televisão francesa. Titre: Enlèvement ambassadeur US — Rio de Janeiro. Collection: JT 13H. Canal: 1. 5/9/1969. INA.
19. "Situation politique au Brésil", 10/9/1969. AMAE, Ambassade France au Brésil, nota enviada à Direction d'Amérique, 1913/AM, Caixa 135.
20. Titre: Le rapt de Rio. Collection: Panorama. Canal: 1, 11/9/1969. INA.
21. "Apelo em favor do professor Darcy Ribeiro", 11/7/1969. Ofício n. 516. AHMRE, Embaixada do Brasil em Paris, Ofício recebido, Ostensivo, DJ/DSI/516/922.31.
22. "'Apelo pelo Brasil'. Abaixo-assinado", 11/7/1969. Ofício n. 521. AHMRE, Embaixada do Brasil em Paris, Ofício recebido, Ostensivo, AEO/521/500.
23. "'Comitê de Defesa dos Universitários Brasileiros'. Abaixo-assinado", 25/7/1969. Ofício n. 570. AHMRE, Embaixada do Brasil em Paris, Ofício recebido, Ostensivo, AEO/570/500. "'Comitê de Defesa dos Universitários Brasileiros'. Abaixo-assinado", 28/7/1969. Ofício n. 571. AHMRE, Embaixada do Brasil em Paris, Ofício recebido, Ostensivo, AEO/571/500.

PARTE IV: As relações entre o Brasil e a França durante o governo Médici

1. "Réunion de travail sur le Brésil". 12/3/1970. AMAE, Ambassade de France au Brésil, nota enviada à Direction d'Amérique, Caixa 114.
2. O discurso de Médici havia sido redigido pelo coronel Octávio Costa, recém--convidado para chefiar a Aerp, que, não tendo muito tempo para elaborar o

texto e sem ter conseguido obter dados sobre o programa de governo, acabou optando por inspirar-se "em sua memória geral de conhecedor da poesia brasileira". Foi essa a origem do discurso "poético" proferido por Médici, que chamou a atenção do embaixador francês. Ver FICO, Carlos. Op. cit., p. 75-76.

3. 8/10/1969. AMAE, Ambassade de France au Brésil, Telegrama enviado à Direction d'Amérique, Caixa 135. No dia 29 de outubro, o presidente francês, Georges Pompidou, enviou uma mensagem de felicitação a Médici, 29/10/1969. AMAE, Ministère des Affaires Étrangères, Telegrama enviado à Ambassade de France au Brésil, Caixa 114.
4. "Reação francesa à fala televisionada do general Garrastazu Médici", 11/10/1969. Telegrama n. 712. AHMRE, Embaixada do Brasil em Paris, Telegrama recebido, Confidencial, DEOc/501.4.
5. "Programme du gouvernement Garrastazu Médici", 12/1/1970. AMAE, Ambassade de France au Brésil, Telegrama enviado à Direction d'Amérique, 73/AM, Caixa 136.
6. "Note sur le Brésil", 12/1/1970. AMAE, Ambassade de France au Brésil, nota enviada à Direction d'Amérique, Caixa 114.
7. "Une nouvelle orientation de la politique extérieure brésilienne: le nationalisme", 21/4/1970. AMAE, Ambassade de France au Brésil, nota enviada à Direction d'Amérique, Caixa 122.
8. Decreto-lei n. 1.077, de 26 de janeiro de 1970. Disponível em: <http://www.planalto.gov.br/ccivil_03/decreto-lei/1965-1988/Del1077.htm>. Acesso em: 10 jan. 2017. Ver também FICO, Carlos. 'Prezada Censura': Cartas ao regime militar. *Topoi*, Rio de Janeiro, n. 5, set. 2002, p. 256.
9. "Aggravation de la censure", 18/2/1970. AMAE, Ambassade de France au Brésil, nota enviada à Direction d'Amérique, 272/AM, Caixa 136.
10. "Essaie d'analyse des rapports de force au sein de la societé politique brésilienne", 2/3/1970. AMAE, Ambassade de France au Brésil, nota enviada à Direction d'Amérique, 341/AM, Caixa 136.
11. "Conférence de presse du general Garrastazu Médici", 2/3/1970. AMAE, Ambassade de France au Brésil, nota enviada à Direction d'Amérique, Caixa 136.
12. "Le discours programme du président Garrastazu Médici à l'Ecole Supérieure de Guerre", 16/3/1970. AMAE, Ambassade de France au Brésil, nota enviada à Direction d'Amérique, 425/AM, Caixa 136.
13. "Le régime brésilien: 'fascisme tropical' ou 'autoritarismo policier'?", 1/6/1970. AMAE, Ambassade de France au Brésil, nota enviada à Direction d'Amérique, 948/AM, Caixa 136.

14. No canal 1 da televisão francesa uma matéria sobre as eleições de 1970 apresentava o Brasil como um país que havia encontrado a ordem e a estabilidade política. Titre: Les élections au Brésil. Collection: JT 20H. Canal: 1, 15/11/1970. INA.
15. Apesar da grande vitória do partido governista, a Arena, o número de votos brancos e nulos foi muito expressivo (no Rio de Janeiro chegou a 25% e em São Paulo ultrapassou os 50%) e preocupou os governantes, embora eles tenham tentado diminuir a importância da questão. "La consultation électorale du 15 novembre: succès du parti gouvernemental mais échec du régime?", 2/12/1970. AMAE, Ambassade de France au Brésil, nota enviada à Direction d'Amérique, 2267/AM, Caixa 136.
16. "Le Brésil au début de l'année 1971", 29/1/1971. AMAE, Ambassade de France au Brésil, nota enviada à Direction d'Amérique, Caixa 187.
17. *Jornal do Brasil*, 20 jul. 1970.
18. "Brésil. Relations économiques et financières avec la France", 3/8/1970. AMAE, Ambassade de France au Brésil, nota enviada à Direction d'Amérique, Caixa 114.
19. "Rapport de mission au Brésil. Général Buchalet (Comité Franco-Brésilien)", 10/9/1971. AMAE, Ambassade de France au Brésil, Caixa 193.
20. "Action eventuelle des terroristes", 8/9/1971. AMAE, Ministère des Affaires Étrangères, Telegrama enviado à Ambassade de France au Brésil, Caixa 195.
21. "*La Croix*. Artigos sobre o Brasil", 25/6/1971. Ofício n. 625. AHMRE, Embaixada do Brasil em Paris, Ofício recebido, Ostensivo, DSI/AIG/591.7(85).
22. "Séjour au Brésil de M. Giscard d'Estaing", 13/9/1971. AMAE, Ambassade de France au Brésil, Telegrama enviado à Direction d'Amérique, Caixa 195.
23. "Premier bilan du gouvernement Garrastazu Médici", 14/1/1971. AMAE, Ambassade de France au Brésil, nota enviada à Direction d'Amérique, 75/AM, Caixa 187.
24. "Mythologie et réalité du 'médicisme'", 11/3/1971. AMAE, Ambassade de France au Brésil, nota enviada à Direction d'Amérique, 403/AM, Caixa 187.

28. A repercussão internacional dos maus-tratos aos povos indígenas

1. "Note pour le cabinet du Ministre", 19/2/1965. AMAE, Bureau Radio-Télévision, nota enviada ao ministro, Caixa 154.
2. "Le service brésilien de protection des Indiens s'est livré à un véritable génocide", *Le Monde*, 16 mar. 1968.

3. Comissão Nacional da Verdade. *Relatório*. Brasília: CNV, 2014. Vol. II, texto 5, p. 205. O relatório da Comissão Estadual da Verdade do Amazonas identificou nomes de mais de 2 mil indivíduos do povo Waimiri-Atroari assassinados, entre 1972 e 1977, na ocasião da abertura da rodovia BR-174, que conecta Manaus a Boa Vista. Comissão Estadual de Direito à Verdade, à Memória e à Justiça do Amazonas. *A ditadura militar e o genocídio do povo Waimiri-Atroari*: "por que kamña matou kiña"? Campinas: Curt Nimuendajú, 2014, p. 7; 10. Ver também VALENTE, Rubens. *História de sangue e resistência indígena na ditadura*. São Paulo: Companhia das Letras, 2017.
4. Após ficar desaparecido por 45 anos, o Relatório Figueiredo foi encontrado, em 2013, pelo pesquisador Marcelo Zelic no Museu do Índio, no Rio de Janeiro. Pensava-se que o documento de 7 mil páginas havia sido perdido em um incêndio no Ministério da Agricultura em 1968.
5. "Le scandale du Service de Protection des Indiens", 17/4/1968. AMAE, Ambassade de France au Brésil, nota enviada à Direction d'Amérique, 863/AM, Caixa 137.
6. "L'affaire du Service de Protection des Indiens", 11/10/1968. AMAE, Ambassade de France au Brésil, nota enviada à Direction d'Amérique, 2234/AM, Caixa 137.
7. 23/7/1969, AMAE, Embaixada do Brasil em Paris, nota enviada ao Gabinete do Ministro, Caixa 137.
8. 10/11/1969, AMAE, Embaixada do Brasil em Paris, nota enviada à Direction d'Amérique, 173, Caixa 137.
9. "Le problème des Indiens", 24/11/1969. AMAE, Ambassade de France au Brésil, nota enviada à Direction d'Amérique, 2437/AM, Caixa 137.
10. "Declarações do senhor presidente da República sobre supostas violências contra os índios", 6/12/1969. Telegrama n. 660. AHMRE, Embaixada do Brasil em Paris, Telegrama expedido, Ostensivo, G/DEOc/540.163.
11. "Extermínio de índios no Brasil", 12/1/1970. Ofício n. 19. AHMRE, Embaixada do Brasil em Paris, Ofício recebido, Ostensivo, AEO/19/540.163.
12. "Le problème des Indiens. Le Brésil au banc des accusés", 10/12/1969. AMAE, Ambassade de France au Brésil, nota enviada à Direction d'Amérique, 2555/AM, Caixa 137.
13. "Situação dos índios no Brasil", 17/1/1970. Telegrama n. 25. AHMRE, Embaixada do Brasil em Paris, Telegrama expedido, Ostensivo, AIG/DEOc/DDC/540.163.

14. "Programa na ORTF sobre 'tortura' no Brasil", 19/2/1970. Ofício n. 144. AHMRE, Embaixada do Brasil em Paris, Ofício recebido, Secreto, AEO/DSI/144/540.163.
15. "Note pour le secrétaire général", 15/5/1970. AMAE, Diréction d'Amérique, nota enviada ao Secretário Geral, Caixa 164.
16. "Les Indiens et l'intégration nationale au Brésil", 13/12/1971. AMAE, Diréction d'Amérique, nota enviada à Direction d'Amérique, 2132/AM, Caixa 192. "As cartas de Possidônio: 'se necessário, morro pelos índios'", Jornal *O Globo*, 7 dez. 1971. "Índios Cintas-Largas entram em contato com a Funai e afirmam que mataram Possidônio", Jornal *Correio da Manhã*, 29 dez. 1971. "Problèmes des Indiens au Brésil", 9/6/1972. AMAE, Diréction d'Amérique, nota enviada à Direction d'Amérique, 1032/AM, Caixa 192.
17. Comissão Estadual de Direito à Verdade, à Memória e à Justiça do Amazonas. Op. cit., p. 81.
18. "Viagem do presidente da Funai à Europa", 16/5/1973. Telegrama n. 399. AHMRE, Embaixada do Brasil em Paris, Telegrama expedido, Confidencial, AIG/610.53(B46). "Viagem do presidente da Funai à Europa", 22/5/1973. Telegrama n. 450. AHMRE, Embaixada do Brasil em Paris, Telegrama recebido, Secreto, AIG/610.53(B46). "Viagem do presidente da Funai à Europa", 24/5/1973. Telegrama n. 425. AHMRE, Embaixada do Brasil em Paris, Telegrama expedido, Secreto, AIG/610.53(B46).

29. Sequestros de diplomatas: ameaças ao embaixador francês

1. "Enlèvement du consul general du Japon à São Paulo", 20/3/1970. AMAE, Ambassade de France au Japon, nota enviada à Direction d'Asie, 261/AS, Caixa 122.
2. "Le Brésil craint de nouveaux enlèvements de diplomates", 20/3/1970. AMAE, Direction de la Surveillance du territoire, nota enviada à Direction d'Amérique, Caixa 162.
3. "L'enlèvemet de M. Von Holleben et les relations germano-brésiliennes", 22/6/1970. AMAE, Ambassade de France au Brésil, nota enviada à Direction d'Amérique, 1118/AM, Caixa 122.
4. Entrevista com o embaixador François Lefebvre de Laboulaye, 18/11/1990. AMAE, Collection des Archives Orales, AO 38.
5. 17/7/1970. AMAE, Ambassade de France au Brésil, Telegrama enviado à Ambassade de France au Brésil, Caixa 110. "Projeto de rapto do embaixador

LIBERDADE VIGIADA

Laboulaye", 17/7/1970. Telegrama n. 253. AHMRE, Embaixada do Brasil em Paris, Telegrama recebido, Secreto, DSI/922.2(85)(42).

6. "Projetada tentativa de sequestro do embaixador Laboulaye", 18/7/1970. Telegrama n. 280. AHMRE, Embaixada do Brasil em Paris, Telegrama expedido, Secreto, DSI/922.2(85)(42).
7. "Actions d'extrémistes brésiliens contre le corps diplomatique", 29/7/1970. AMAE, Service de documentation extérieure et de contre-espionnage (SDECE), Ficha enviada ao Ministério da Defesa Nacional, Secreto, n. 5495/IV, Caixa 110.
8. 11/8/1970. AMAE, Ambassade de France au Brésil, Telegrama enviado à Direction d'Amérique, Caixa 110.
9. "Informações sobre o senhor Tayeb Boulahrouf", 18/9/1970. Telegrama n. 415. AHMRE, Embaixada do Brasil em Paris, Telegrama expedido, Secreto, AOP/SG/C/DSI/7(85K)(85)01. "Informações sobre o senhor Tayeb Boulahrouf", 1/10/1970. Telegrama n. 416. AHMRE, Embaixada do Brasil em Paris, Telegrama recebido, Secreto, AOP/SG/C/DSI/7(85K)(85)01. "Algérie: nomination de M. Boulahrouf au poste d'ambassadeur à Rio de Janeiro". 24/9/1970. AMAE, Service de documentation extérieure et de contre-espionnage (SDECE), Ficha enviada ao Ministério da Defesa Nacional, Secreto, n. 5875/IIA, Caixa 162.
10. Titre: L'affaire Bucher et les brésiliens exhilés à Alger. Collection: JT 20H. Canal: 1, 9/12/1970. INA.
11. "Securité des diplomates". 22/12/1970. AMAE, Ambassade de France au Brésil, Telegrama enviado à Direction d'Amérique, Caixa 122.
12. 28/12/1970, AMAE, Ambassade de France au Brésil, Telegrama enviado à Direction d'Amérique, n. 967, Caixa 110.
13. "Segurança do embaixador da França no Brasil". 6/1/1971. Telegrama n. 6. AHMRE, Embaixada do Brasil em Paris, Telegrama recebido, Secreto, G/SG/DSI/922/2(85)(42). 15/1/1971. AMAE, Ministère des Affaires Étrangères, Telegrama enviado à Ambassade de France au Brésil, Caixa 168.

30. A expulsão do jornalista François Pelou, diretor da Agence France-Presse no Brasil

1. "Diretor da *France-Presse* no Brasil. François Pelou", 22/12/1970. Telegrama n. 620. AHMRE, Embaixada do Brasil em Paris, Telegrama expedido, Confidencial, G/AIG/DSI/AEO/691.3(85)(42). "Diretor da *France Presse*

no Brasil. François Pelou", 23/12/1970. Telegrama n. 621. AHMRE, Embaixada do Brasil em Paris, Telegrama expedido, Ostensivo, G/AIG/DSI/AEO/691.3(85)(42).
2. "Detenção do correspondente da AFP no Brasil". 24/12/1970. Telegram n. 604. AHMRE, Embaixada do Brasil em Paris, Telegrama recebido, Confidencial, AIG/DEOc/691.3(85)(42). "Detenção do correspondente da AFP no Brasil", 24/12/1970. Telegram n. 606. AHMRE, Embaixada do Brasil em Paris, Telegrama recebido, Confidencial, G/AIG/DEOc/691.3(85)(42).
3. Titre: Arrivée à Paris de François Pelou, journaliste, Agence France-Presse. Collection: JT 20H. Canal: 2, 27/12/1970. INA.
4. "Detenção do correspondente da AFP no Brasil", 28/12/1970. Telegram n. 610. AHMRE, Embaixada do Brasil em Paris, Telegrama recebido, Confidencial, G/AIG/DEOc/691.3(85)(42).
5. "Detenção do correspondente da AFP no Brasil", 29/12/1970. Telegram n. 613. AHMRE, Embaixada do Brasil em Paris, Telegrama recebido, Confidencial, G/AIG/DEOc/691.3(85)(42).
6. "M. Pelou", 24/12/1970. AMAE, Ambassade de France au Brésil, Telegrama enviado à Direction d'Amérique, Caixa 165.

31. General Lyra Tavares: do Ministério do Exército à Embaixada em Paris

1. "Agrément", 6/4/1970. Telegrama n. 29. AHMRE, Embaixada do Brasil em Paris, Telegrama expedido, Secreto, G/921.1(42)(85).
2. "Remise de la copie figurée de ses lettres de créance par l'Ambassadeur du Brésil", 3/8/1970. AMAE, Ambassade de France au Brésil, nota enviada à Direction d'Amérique, 206/AM, Caixa 112.
3. "Programa de trabalho da Embaixada junto à imprensa", 6/9/1971. Telegrama n. 742. AHMRE, Embaixada do Brasil em Paris, Telegrama recebido, Confidencial, AIG/DEOc.

32. Cooperação militar: a compra dos aviões Mirage III

1. "Visite en France du marechal Costa e Silva", 20/12/1966. AMAE, Ambassade de France au Brésil, nota enviada ao Ministère des Armées, Caixa 162.
2. "Projets de vente au Brésil d'avions CM 170 Fouga Magister et Mirage III", 30/4/1964. AMAE, Ambassade de France au Brésil (adido militar), nota enviada ao Ministère des Armées, 149/S, Caixa 123.

LIBERDADE VIGIADA

3. "Projets brésiliens d'achat de matériel militaire français", 5/5/1964. AMAE, Ambassade de France au Brésil, nota enviada à Direction des Affaires Économiques et Financières, 620/DE, Caixa 123.
4. 18/3/1965, AMAE, Ambassade de France au Brésil (adido militar), Carta enviada ao deputado Charles de Chambrun, Caixa 123.
5. "Visite du Général Balloussier (Brésil)", 22/6/1965. AMAE, Ministère des Armées, Ficha enviada ao ministro, Caixa 123.
6. "Achat par le Brésil d'avions français", 29/6/1965. AMAE, Service de documentation extérieure et de contre-espionnage (SDECE), Ficha, Secreto, n. 2155, Caixa 164.
7. "Note sur les problèmes franco-brésiliens dans le domaine de l'Armement", 21/9/1967. AMAE, Ministère des Armées, nota enviada ao ministro, Caixa 124.
8. "Compra de aviões Mirage", 3/8/1967. Telegrama n. 386. AHMRE, Embaixada do Brasil em Paris, Telegrama recebido, Secreto, DEOc/DPB/DPC/DPF/524.71(85).
9. "Note sur les problèmes franco-brésiliens dans le domaine de l'Armement", 21/9/1967. AMAE, Ministère des Armées, nota enviada ao ministro, Caixa 124.
10. "Missão do general Vernon Walters na França. Compra de aviões supersônicos pelo Brasil", 16/8/1967. Telegrama n. 496. AHMRE, Embaixada do Brasil em Paris, Telegrama expedido, Secreto, DAS/DEOc/524.71(85)(22).
11. "Missão do general Vernon Walters na França. Compra de aviões supersônicos pelo Brasil", 9/9/1967. Telegrama n. 431. AHMRE, Embaixada do Brasil em Paris, Telegrama recebido, Secreto, DAS/DEOc/524.71(85)(22).
12. "Visita ao Brasil de missões militares francesas", 13/5/1969. Ofício n. 322. AHMRE, Embaixada do Brasil em Paris, Oficio recebido, Ostensivo, AEO/322/620.23(85)(22).
13. "Séjours du Centre des Hautes Etudes de l'Armement et de l'Institut des Hautes de la Défense Nationale", 27/5/1969. AMAE, Ambassade de France au Brésil, nota enviada à Direction d'Amérique, 1041/AM, Caixa 125.
14. "Aquisição de material militar. Venda de aviões ao Brasil", 20/2/1970. Telegrama n. 26. AHMRE, Embaixada do Brasil em Paris, Telegrama recebido, Ultrassecreto.
15. 14/3/1970. AMAE, Ministère des Affaires Étrangères (Direction Économique), Telegrama enviado à Ambassade de France au Brésil, Caixa 117.

16. "Aquisição de aviões Mirage III. Assinatura de convênio complementar ao Acordo Básico de Cooperação Técnica e Científica", 13/5/1970. Ofício n. 370. AHMRE, Embaixada do Brasil em Paris, Ofício recebido, Secreto, AEO/539.40(85).
17. "Protesto contra a venda de aviões Mirage ao Brasil", 2/7/1970. Ofício n. 487. AHMRE, Embaixada do Brasil em Paris, Ofício recebido, Ostensivo, AEO/AAE/640.45(85).
18. "Évêque de Blois a jeuné pour le désarmement". *Le Monde*, 7 jul. 1970.
19. "L'archevêque de Reims intervient à son tour". *Le Monde*, 23 jul. 1970.
20. "Le trafic des armes: une nécessaire réglementation". *Le Monde*, 2 jan. 1971.
21. A receita francesa de exportações de armamentos foi de 2.510 milhões de francos em 1969 para 7.210 milhões no ano seguinte. "Les exportations d'armes par la France". *Le Monde*, 13 jan. 1971.
22. "Exportações de armas pela França em 1970", 22/1/1971. Ofício n. 66. AHMRE, Embaixada do Brasil em Paris, Ofício recebido, Ostensivo, AEO/624.2(00)(85). "Exportações de material aeronáutico francês. Venda de aviões Mirage", 12/2/1971. Ofício n. 162. AHMRE, Embaixada do Brasil em Paris, Ofício recebido, Ostensivo, AEO/624.2(00)(85). "La France a vendu à l'étranger deux cent dix-huit Mirage". *Le* Monde, 9 fev. 1971.
23. "Compra de aviões Breguet", 7/5/1971. Telegrama n. 318. AHMRE, Embaixada do Brasil em Paris, Telegrama recebido, Secreto, G/SG/AAE/845.151(42)(85). "Vente de Breguet Atlantique au Brésil", 7/5/1971. AMAE, Ambassade de France au Brésil, Telegrama enviado ao Gabinete do Ministro, Caixa 177.
24. "Aquisição de unidades de sistema Roland I e II", 8/1/1972. Telegram n. 18. AHMRE, Embaixada do Brasil em Paris, Telegrama expedido, Secreto, AAO/DSI/624.3(85).
25. "Les Forces Armées Brésiliennes", 30/11/1973. AMAE, Ambassade de France au Brésil, Exposição feita pelo coronel Jean-Louis Guillot, adido das Forças Armadas, 1041/AM, Caixa 125.
26. "Brasília prepara-se para a grande parada militar do dia da Independência". *Jornal do Brasil*, 23 ago. 1973.
27. "Accord de securité avec le Brésil", 27/2/1973. AMAE, Ambassade de France au Brésil, nota enviada à Direction d'Amérique, 95/AM, Caixa 176. "Protocolo de segurança Brasil-França", 10/5/1973. Telegrama n. 375. AHMRE, Embaixada do Brasil em Paris, Telegrama expedido, Secreto, DE-I/602.5(B46)(F37).

521

28. "Protocolo de segurança Brasil-França", 21/5/1973. Telegrama n. 441. AHMRE, Embaixada do Brasil em Paris, Telegrama recebido, Secreto, DE-I/602.5(B46)(F37).
29. "Protocolo de segurança para assuntos sigilosos entre o Brasil e a França", 4/1/1974. Telegrama n. 3. AHMRE, Embaixada do Brasil em Paris, Telegrama expedido, Secreto, DE-I/602.5(B46)(F37). "Accord de securité avec le Brésil", 7/1/1974. AMAE, Ambassade de France au Brésil, Telegrama enviado à Direction d'Amérique, Caixa 176.
30. "Assinatura do acordo de segurança entre o Brasil e a França", 2/10/1974. Telegrama n. 743. AHMRE, Embaixada do Brasil em Paris, Telegrama expedido, Secreto, DE-I/602.5(B46)(F37).
31. FICO, Carlos. *O grande irmão*. O governo dos Estados Unidos e a ditadura militar brasileira: da Operação Brother Sam aos anos de chumbo. Rio de Janeiro: Civilização Brasileira, 2008, p. 254-257.
32. ARAÚJO, Rodrigo Nabuco. Op. cit. 2011, p. 356; 361.

33. Cooperação técnica e científica franco-brasileira: reunião da Comissão Mista

1. "Coopération franco-brésilienne en matière atomique", 3/6/1970. AMAE, Ambassade de France au Brésil, nota enviada à Direction Générale, 702/DG, Caixa 125.
2. "Rapports franco-brésiliens dans le domaine nucléaire", 23/3/1976. AMAE, Ministère des Affaires Étrangères (Service des Affaires Scientifiques), nota, Caixa 240.
3. "Comission Culturelle, Scientifique et Technique Franco-Brésilienne", 20/12/1970. AMAE, Ambassade de France au Brésil, Relatório enviado à Direction d'Amérique, Caixa 156. "Concorrência para construção da usina nuclear de Angra dos Reis", 4/1/1971. Ofício n. 1. AHMRE, Embaixada do Brasil em Paris, Ofício expedido, Ostensivo, DOA/DEOc/1/514. "Rapport du conseiller scientifique", 1/3/1971. AMAE, Ambassade de France au Brésil, Relatório enviado à Direction d'Amérique, Caixa 203.
4. "Cooperação entre o Commissariat à l'Énergie Atomique e a CNEN. Prospecção de minérios atômicos e construção de reatores rápidos", 4/3/1971. Ofício n. 49. AHMRE, Embaixada do Brasil em Paris, Ofício expedido, Secreto, DEOc/1/663.8(85).

34. Brasil: um país conhecido pela prática de tortura

1. "Projeção de documentários sobre o Brasil", 26/11/1969. Telegrama n. 825. AHMRE, Embaixada do Brasil em Paris, Telegrama recebido, Ostensivo, DEOc/591.0(95). "Apresentação de filmes brasileiros sobre o Brasil", 12/12/1969. Telegrama n. 863. AHMRE, Embaixada do Brasil em Paris, Telegrama recebido, Ostensivo, DDC/591.0(95).
2. "Torturas de presos políticos. Carta do reverendo padre Marcel Piot", 29/12/1969. Ofício n. 935. AHMRE, Embaixada do Brasil em Paris, Ofício recebido, Ostensivo, AEO/935/500.
3. "Torturas de presos políticos. Remessa de publicação", 31/12/1969. Ofício n. 939. AHMRE, Embaixada do Brasil em Paris, Ofício recebido, Ostensivo, AEO/939/500.
4. As outras publicações eram *Christianisme Social*, *La Lettre*, *Témoignage Chrétien* e *Terre Entière*. "Campanha contra a tortura de prisioneiros. Manifestação em Paris", 14/1/1970. Ofício n. 22. AHMRE, Embaixada do Brasil em Paris, Ofício recebido, Ostensivo, AEO/22/500.
5. "Campanha contra a tortura de prisioneiros. Manifestação em Paris", 23/1/1970. Ofício n. 37. AHMRE, Embaixada do Brasil em Paris, Ofício recebido, Ostensivo, AEO/37/500.
6. "Lettre du cardinal Roy, président de la Comission 'Justice et Paix', au sujet de 'la torture au Brésil'", 31/1/1970. AMAE, Ambassade de France près le Saint-Siège, nota enviada à Direction d'Europe, 24/EU, Caixa 138.
7. "Les autorités brésiliennes et la torture", 28/1/1970. AMAE, Ambassade de France au Brésil, nota enviada à Direction d'Amérique, 155/AM, Caixa 136.
8. "Paixão segundo Cristino", 2/4/1970. Ofício n. 237. AHMRE, Embaixada do Brasil em Paris, Ofício recebido, Confidencial, 540.36(85).
9. "Campanha contra o Brasil no exterior. 'Cristo das torturas' em Paris", 2/6/1970. Telegrama n. 180. AHMRE, Embaixada do Brasil em Paris, Telegrama expedido, Secreto, DSI/DEOc/AIG/500. Campanha contra o Brasil no exterior. 'Cristo das torturas' em Paris", 4/6/1970. Telegrama n. 162. AHMRE, Embaixada do Brasil em Paris, Telegrama recebido, Secreto, DSI/DEOc/AIG/500. "Manifestation d'exilés brésiliens dans l'église du Saint-Germain des Prés", 24/7/1970. AMAE, Ambassade de France au Brésil, nota enviada à Direction d'Amérique, 111/AM, Caixa 113.
10. "'Cristo das torturas' em Paris", 16/6/1970. Telegrama n. 192. AHMRE, Embaixada do Brasil em Paris, Telegrama recebido, Secreto, DSI/DEOc/AIG/500.

11. "Charles Bosson", 28/4/1970. AMAE, Ministère des Affaires Étrangères, Caixa 164. O mesmo conteúdo da carta de Schumann a Bosson foi repetido quando o magistrado Maurice Rolland, presidente da Amicale des Magistrats Résistants, escreveu ao ministro para protestar contra a prática sistemática de tortura no Brasil. "Application systématique de la torture au Brésil", 15/10/1970. AMAE, Ministère des Affaires Étrangères, Caixa 164. Vários outros protestos de figuras destacadas do cenário francês foram recebidos pelo ministro Schumann naquele contexto. É possível citar, como exemplo, o deputado pelo departamento de Mayenne, Bertrand Denis, o deputado pelo departamento de Seine Maritime, Roger Dusseaux, o deputado pelo departamento de Landes, Jean-Marie Commenay, os deputados pelo departamento de Haute Marne, Jacques Delong e Jean Favre, entre outros.
12. "Les autorités brésiliennes et la torture", 20/5/1970. AMAE, Ambassade de France au Brésil, nota enviada à Direction d'Amérique, 885/AM, Caixa 136.
13. "Imagem do Brasil no exterior. Relações com a imprensa", 27/4/1970. Ofício n. 338. AHMRE, Embaixada do Brasil em Paris, Ofício recebido, Confidencial.
14. "Imagem do Brasil no exterior. Tentativa de condenação na ONU", 7/5/1970. Telegrama n. 83. AHMRE, Embaixada do Brasil em Paris, Telegrama recebido, Secreto, G/DEOc/DSI/DNU/591.71(85).
15. "Noticiário da imprensa sobre torturas. Imagem do Brasil no exterior", 18/5/1970. Telegrama n. 103. AHMRE, Embaixada do Brasil em Paris, Telegrama recebido, Secreto, SG/AEO/AAA/AIG/591.71(85).
16. "Imagem do Brasil no exterior. Nota da Embaixada de Paris", 27/5/1970. Ofício n. 396. AHMRE, Embaixada do Brasil em Paris, Ofício recebido, Confidencial, AIG/AEO/591.71(85).
17. "La campagne de la presse contre le Brésil", 5/10/1970. AMAE, Ambassade de France au Brésil, nota enviada à Diréction d'Amérique, 1824/AM, Caixa 114.
18. "Fédération Luthérienne Mondiale", 15/7/1970. AMAE, Consulat Général de France à Porto Alegre, nota enviada à Ambassade de France au Brésil, Caixa 138.
19. "Situation de la Jeunesse Ouvrière Chrétienne au Brésil", 19/8/1970. AMAE, Ambassade de France au Brésil, nota enviada à Diréction d'Amérique, 1750/AM, Caixa 164.
20. GOMES, Paulo César. *Os bispos católicos e a ditadura militar brasileira*: a visão da espionagem. Rio de Janeiro: Record, 2014, p. 54.

21. "Campanha da JOC francesa", 13/10/1970. Telegrama n. 441. AHMRE, Embaixada do Brasil em Paris, Telegrama recebido, Confidencial, AIG/DEOc/DCInt/500.
22. "Campanha da JOC francesa", 21/10/1970. Telegrama n. 465. AHMRE, Embaixada do Brasil em Paris, Telegrama recebido, Confidencial, AIG/DEOc/DCInt/500.
23. "Imagem do Brasil no exterior", 19/10/1970. Telegrama n. 460. AHMRE, Embaixada do Brasil em Paris, Telegrama recebido, Secreto, G/DSI/DEOc/500.
24. "Imagem do Brasil na França. Acordo de intercâmbio entre a TV Cultura e a ORTF", 5/10/1970. Telegrama n. 422. AHMRE, Embaixada do Brasil em Paris, Telegrama recebido, Confidencial, AIG/DEOc/DCInt/591.71(85).
25. "Intercâmbio televisivo com a ORTF", 6/6/1973. Ofício n. 508. AHMRE, Embaixada do Brasil em Paris, Ofício expedido, Confidencial, DDC/AIG/508/674(B46)(F37).
26. "Dom Agnelo Rossi et son sucesseur Mgr. Arns", 3/11/1970. AMAE, Consulat Général de France à São Paulo, nota enviada à l'Ambassade de France au Brésil, 161, Caixa 138.
27. "Declarações do arcebispo de São Paulo. Repercussão na imprensa estrangeira", 12/2/1971. Telegrama n. 92. AHMRE, Embaixada do Brasil em Paris, Telegrama expedido, Confidencial, AIG/DEOc/DSI/500.
28. "Declarações do arcebispo de São Paulo. Repercussão na imprensa estrangeira", 16/2/1971. Telegrama n. 97. AHMRE, Embaixada do Brasil em Paris, Telegrama recebido, Confidencial, AIG/DEOc/DSI/500.
29. "Manifestação contra o governo brasileiro", 15/12/1971. Telegrama n. 1054. AHMRE, Embaixada do Brasil em Paris, Telegrama recebido, Secreto, DEOc/AIG/DSI/500. "Manifestação contra o governo brasileiro", 6/1/1972. Ofício n. 68. AHMRE, Embaixada do Brasil em Paris, Ofício recebido, Secreto, DEOc/AIG/DSI/500.
30. FICO, Carlos. *Reinventando o otimismo*. Ditadura, propaganda e imaginário social no Brasil. Rio de Janeiro: FGV, 1997.
31. "Desenvolvimento brasileiro. Cinema. TV. Entendimentos Aerp/MRE", 9/2/1972. Telegrama n. 101. AHMRE, Embaixada do Brasil em Paris, Telegrama recebido, Secreto, DEOc/AIG/DSI/500.
32. "Festival de Cinema de Cannes. Filme *Prata Palomares*", 20/4/1972. Telegrama n. 318. AHMRE, Embaixada do Brasil em Paris, Telegrama expedido, Confidencial, DSI/DDC/640.612(85). "Festival de Cinema de Cannes. Filme

Prata Palomares", 19/5/1972. Telegrama n. 434. AHMRE, Embaixada do Brasil em Paris, Telegrama expedido, Confidencial, DSI/DDC/640.612(85). Disponível em: <http://www.historiadocinemabrasileiro.com.br/andre-faria--jr/>. Acesso em 10 jan. 2017.

33. "OEA trata de violência no Brasil". *Jornal do Brasil*, 6 jun. 1972.
34. "De la presse et de torture", 23/6/1972. AMAE, Ambassade de France au Brésil, nota enviada à Direction d'Amérique, 1210/AM, Caixa 202.
35. AMNESTY INTERNATIONAL. *Rapport sur des accusations de torture au Brésil*. 1972.
36. "*Amnesty International*. Artigos sobre o Brasil. *Herald Tribune. Le Monde*", 10/9/1972. Ofício n. 924. AHMRE, Embaixada do Brasil em Paris, Ofício recebido, Confidencial, AIG/DEOc/DSI/691.7(B46)(F37).
37. "Un rapport accablant d'Amnesty International". *Le Monde*, 13 set. 1972.
38. O professor João Roberto Martins Filho, em sua tese de livre-docência, defende que a Amnesty International foi a principal responsável por inserir o tema dos direitos humanos na esfera internacional, sendo que a questão da prática de tortura no Brasil foi bastante emblemática para a instituição. MARTINS FILHO, João Roberto. Op. cit. 2015, p. 58.
39. "Amnesty International. Debate sobre o Brasil", 27/9/1972. Telegrama n. 857. AHMRE, Embaixada do Brasil em Paris, Telegrama recebido, Confidencial, DSI/AIG/601.31(00).
40. Segundo informe do Ciex, entre 25 de fevereiro e 4 de março de 1970, os advogados Louis Pettiti e Jean-Louis Weil, ambos membros da Corte de Apelação francesa, foram enviados ao Brasil pela Federação Internacional dos Direitos Humanos, pelo Secretariado Internacional dos Jornalistas Católicos, pela Associação Internacional de Juristas Democratas e pela Amnesty International para avaliar as condições de encarceramento dos presos políticos brasileiros. Após essa visita, os advogados teriam produzido um relatório, no entanto, não foi possível encontrar o documento nos arquivos consultados. "Relatório sobre torturas no Brasil. Louis E. Pettiti e Jean-Louis Weil", 28/7/1970. Informe n. 255. AN, Ciex, Secreto.
41. "Amnesty International. Debate sobre o Brasil", 9/11/1972. Telegrama n. 1087. AHMRE, Embaixada do Brasil em Paris, Telegrama recebido, Confidencial, DSI/AIG/601.31(00).
42. "Amnesty International. Conferência sobre a tortura", 23/11/1973. Telegrama n. 1148. AHMRE, Embaixada do Brasil em Paris, Telegrama recebido, Secreto,

AIG/DSI/601.31(00). "Amnesty International. Conferência para abolição da tortura, em Paris. Representação da OEA", 1/12/1973. Telegrama n. 1163. AHMRE, Embaixada do Brasil em Paris, Telegrama expedido, Confidencial, AIG/DSI/601.31(00). "Amnesty International. Conferência sobre a tortura. Noticiário da imprensa", 5/12/1973. Telegrama n. 1179. AHMRE, Embaixada do Brasil em Paris, Telegrama recebido, Confidencial, AIG/DSI/601.31(00). "Amnesty International. Conferência sobre a tortura", 13/12/1973. Telegrama n. 1219. AHMRE, Embaixada do Brasil em Paris, Telegrama recebido, Secreto, AIG/DDC/DSI/601.31(00).

43. "Colóquio europeu sobre o Brasil. Organizado por sindicatos e pelo PCF", 7/1/1974. Telegrama n. 15. AHMRE, Embaixada do Brasil em Paris, Telegrama recebido, Confidencial, DSI/AIG/691.7(B46)(F37).
44. Em junho de 1972, o Ciex informou a diversos órgãos do governo brasileiro que Costa-Gavras havia se reunido em Santiago com o líder Tupamaro Raul Sendic, quando estava na cidade para gravar o filme *Estado de sítio*. "Chile. Atividades de Raul Sendic. Tupamaros", 5/6/1972. Informe n. 295. AN, Ciex, Secreto.
45. "Filmagens de *Estado de sítio*, de Costa-Gavras. Referências ao Brasil", 23/1/1973. Telegrama n. 54. AHMRE, Embaixada do Brasil em Paris, Telegrama expedido, Confidencial, DSI/AIG/DEOc/601.31(B39).
46. "Filmagens de *Estado de sítio*, de Costa-Gavras. Referências ao Brasil", 27/1/1973. Telegrama n. 72. AHMRE, Embaixada do Brasil em Paris, Telegrama recebido, Secreto, DSI/AIG/DEOc/601.31(B39). "Filmagens de *Estado de sítio*, de Costa-Gavras. Referências ao Brasil", 27/1/1973. Telegrama n. 79. AHMRE, Embaixada do Brasil em Paris, Telegrama recebido, Secreto, DSI/AIG/DEOc/601.31(B39). "Démarche brésilienne au sujet du film *État de Siège*". 26/1/1973. AMAE, Ministère des Affaires Étrangères, nota enviada ao Secretário Geral, 16/AM, Caixa 176.
47. "Filmagens de *Estado de sítio*, de Costa-Gavras. Referências ao Brasil", 1/2/1973. Telegrama n. 98. AHMRE, Embaixada do Brasil em Paris, Telegrama recebido, Secreto, DSI/AIG/DEOc/601.31(B39).
48. "Exibição do filme *Estado de sítio*", 1/2/1973. Ofício n. 126. AHMRE, Embaixada do Brasil em Paris, Ofício recebido, Ostensivo, DSI/AIG/DEOc/640.352(B2) (F37).
49. "Exibição do filme *Estado de sítio*", 9/2/1973. Telegrama n. 121. AHMRE, Embaixada do Brasil em Paris, Telegrama recebido, Secreto, AIG/DEOc/

DBP/DSI/DCINT. "Nouvelle démarche brésilienne au sujet du film *État de Siège*". 15/2/1973. AMAE, Ministère des Affaires Étrangères, nota enviada ao Gabinete do Ministro, 22/AM, Caixa 176.

50. "Exibição do filme *Estado de sítio*", 16/2/1973. Telegrama n. 137. AHMRE, Embaixada do Brasil em Paris, Telegrama expedido, Secreto, AIG/DSI/601.3(B39). "Propagande hostile au Brésil". 15/2/1973. AMAE, Ambassade de France au Brésil, Telegrama enviado à Direction d'Amérique, Caixa 176. "Du film *État de Siège*", 16/2/1973. AMAE, Direction d'Amérique, Telegrama enviado à Ambassade de France au Brésil, Caixa 176.

51. "Exibição do filme *Estado de sítio*", 26/2/1973. Telegrama n. 180. AHMRE, Embaixada do Brasil em Paris, Telegrama recebido, Secreto, DEOC/AIG/DSI/601.3(B39). 22/2/1973. AMAE, Ministère des Affaires Étrangères, Carta enviada à Embaixada do Brasil na França (Maurice Schumann), Caixa 176.

52. "Imagem do Brasil. Exibição do filme *Estado de sítio* por iniciativa da Embaixada da França em Praga", 7/7/1973. Telegrama n. 540. AHMRE, Embaixada do Brasil em Paris, Telegrama expedido, Secreto, AIG/DSI/691.7(B46)(F37).

53. "Projection de *L'État de Siège*", 18/7/1973. AMAE, Ministère des Affaires Étrangères, Telegrama enviado à Ambassade de France à Prague, Caixa 176. "Projection de *L'État de Siège*". 20/7/1973. AMAE, Ambassade de France à Prague, Telegrama enviado ao Ministère des Affaires Étrangères, Caixa 176.

54. Comissão Estadual da Memória e Verdade. *Prêmio Nobel da Paz*: A atuação da ditadura militar brasileira contra a indicação de Dom Hélder Câmara. Cadernos da Memória e Verdade. Recife: Secretaria da Casa Civil do Governo do Estado de Pernambuco, 2015, v. 4.

55. A televisão francesa transmitiu a cerimônia da premiação, denominando ironicamente a láurea de "prêmio selvagem da paz". Titre: Dom Hélder Câmara (prix de la paix). Collection: JT 20H. Canal: 1, 10/2/1974. INA.

56. "Dom Hélder Câmara. Prêmio Popular da Paz. Programa da ORTF", 12/1/1974. Ofício n. 136. AHMRE, Embaixada do Brasil em Paris, Ofício recebido, Secreto, AIG/DSI/640.1(F24). "Dom Hélder Câmara. Prêmio Popular da Paz. Programa na televisão norueguesa", 9/2/1974. Telegrama n. 155. AHMRE, Embaixada do Brasil em Paris, Telegrama recebido, Secreto, AIG/DSI/640.1(F24).

57. "Monseigneur Hélder Câmara", 13/5/1970. AMAE, Ambassade de France au Brésil, nota enviada à Direction d'Amérique, 827/AM, Caixa 138. "Candidature éventuelle de Mgr Hélder Câmara, archevêque de Recife, au prix

Nobel de la Paix", 27/3/1970. AMAE, Direction d'Amérique, nota enviada ao Gabinete do Ministro, 96/AM, Caixa 138.
58. A televisão francesa transmitiu cenas da conferência de dom Hélder. Titre: Dom Hélder Câmara. Collection: JT 20H. Canal: 1, 27/5/1970. INA.
59. GOMES, Paulo César. Op. cit., p. 66.
60. "Dom Hélder Câmara", 27/5/1970. AMAE, Préfecture de Police, nota enviada à Direction d'Amérique, Caixa 138.
61. "Visita de dom Hélder Câmara à França. Imagem do Brasil no exterior", 27/5/1970. Ofício n. 397. AHMRE, Embaixada do Brasil em Paris, Ofício recebido, Ostensivo, AEO/430.1(42)(85).
62. O documento não informa qual a origem do pedido de informações. "Reunião de dom Hélder Câmara em Paris", 19/8/1970. Telegrama n. 349. AHMRE, Embaixada do Brasil em Paris, Telegrama expedido, Secreto, DSI/591.71(85). "Reunião de dom Hélder Câmara em Paris", 31/8/1970. Telegrama n. 358. AHMRE, Embaixada do Brasil em Paris, Telegrama recebido, Secreto, DSI/591.71(85). "Reunião de dom Hélder Câmara em Paris", 8/9/1970. Telegrama n. 370. AHMRE, Embaixada do Brasil em Paris, Telegrama recebido, Secreto, DSI/500.
63. GOMES, Paulo César. Op. cit., p. 144-146.

35. França: terra de asilo?

1. No mesmo contexto, por meio do AI-14, foi instituída a pena de morte.
2. "Activités des mouvements révolutionnaires brésiliens", 8/1/1970. AMAE, Secretariat Général de la Défense Nationale (Centre d'Exploitation du Renseigment), nota de informação, Caixa 164.
3. 26/5/1970. AMAE, Ambassade de France au Brésil, Telegrama enviado ao Gabinete do Ministro, Caixa 162.
4. 29/5/1970. AMAE, Ministère des Affaires Étrangères (Direction des Conventions Administratives et des Affaires Consulaires), Telegrama enviado à Ambassade de France au Brésil, Caixa 162, 18/6/1970. AMAE, Ministère des Affaires Étrangères (Direction des Conventions Administratives et des Affaires Consulaires), Telegrama enviado à Ambassade de France au Brésil, Caixa 162.
5. "Militants syndicalistes brésiliens", 24/8/1970. AMAE, Ministère des Affaires Étrangères (Direction des Conventions Administratives et des Affaires Consulaires), nota enviada ao Gabinete do Ministro, Caixa 163.

6. "Atividades subversivas. Sebastião Ribeiro Hoyos". 26/1/1968. Informe n. 57. AN, Ciex, Secreto.
7. "Partida do ex-deputado Márcio Moreira Alves do Chile para Paris", 30/6/1970. Telegrama n. 242. AHMRE, Embaixada do Brasil em Paris, Telegrama expedido, Secreto, DSI/500. "Asilado brasileiro em Paris. Márcio Moreira Alves". 9/12/1969. Informe n. 457. AN, Ciex, Secreto. "Márcio Moreira Alves. Atividades", 19/8/1970. Informe n. 260. AN, Ciex, Secreto.
8. "Partida de Márcio Moreira Alves do Chile para Paris. Uso de passaporte comum brasileiro caduco", 13/7/1970. Telegrama n. 270. AHMRE, Embaixada do Brasil em Paris, Telegrama expedido, Secreto, DSI/Dpp/AAA/500. "Márcio Moreira Alves", 23/7/1970. AMAE, Ministère des Affaires Étrangères, nota enviada à Direction des Conventions Administratives et des Affaires Consulaires, 35/AM, Caixa 163.
9. ROLLEMBERG, Denise. Op. cit., p. 201-206.
10. "Márcio Moreira Alves. Atividades na França", 25/7/1973. Telegrama n. 627. AHMRE, Embaixada do Brasil em Paris, Telegrama expedido, Secreto, DSI/500.
11. "Relação de elementos asilados, cassados ou banidos", 1/7/1970. Telegrama n. 245. AHMRE, Embaixada do Brasil em Paris, Telegrama expedido, Confidencial, DSI/501.34(85). "Relação de elementos asilados, cassados ou banidos", 3/7/1970. Telegrama n. 57. AHMRE, Consulado-Geral do Brasil em Paris, Telegrama expedido, Confidencial, DSI/501.34(85). "Relação de elementos asilados, cassados ou banidos", 6/7/1970. Telegrama n. 53. AHMRE, Consulado-Geral do Brasil em Paris, Telegrama recebido, Confidencial, DSI/501.34(85).
12. "Álbum dos brasileiros banidos do território nacional", 17/9/1970. Ofício n. 171. AHMRE, Embaixada do Brasil em Paris, Ofício expedido, Confidencial, DSI/501.33.
13. "Fichário de elementos subversivos. Ida de funcionário para atualizá-lo", 17/11/1972. Telegrama n. 135. AHMRE, Consulado-Geral do Brasil em Paris, Telegrama recebido, Secreto, DSI/601.2(B46)(F37).
14. "Asilado brasileiro em Paris. Francisco Heron de Alencar. Viagem ao Brasil", 18/9/1968. Informe n. 530. AN, Ciex, Secreto.
15. "M. Nobre Alves", 9/12/1970. AMAE, Ministère des Affaires Étrangères, nota enviada ao Office Français de Protection des Refugiés et Apatrides, 68/AM, Caixa 163.

16. Considerada "uma das professoras de esquerda mais atuantes no meio estudantil [e que] muito concorreu para comunizar o Instituto de Filosofia e Ciências Sociais. "Antecedentes de Maria Yedda Leite Linhares", 8/9/1970. Telegrama n. 80. AHMRE, Consulado-Geral do Brasil em Paris, Telegrama expedido, Confidencial, DSI/DPp/501.34(85).
17. "Atualização dos brasileiros asilados e refugiados no exterior", 28/8/1970. Ofício n. 653. AHMRE, Embaixada do Brasil em Paris, Ofício recebido, Confidencial, DSI/DAJ/922.31(42)(85).
18. O acervo documental do Comité francês Europa-América Latina encontra-se na Bibliothèque de Documentation Internationale Contemporaine (BDIC), na Universidade de Nanterre, na França.
19. "*Front Brésilien*. Delegação de Argel. Programa de manifestações", 3/7/1970. Telegrama n. 226. AHMRE, Embaixada do Brasil em Paris, Telegrama expedido, Confidencial, DSI/DEOC/AIG/500.
20. "Programa organizado pelo Front Brésilien de Paris", 13/7/1970. Telegrama n. 264. AHMRE, Embaixada do Brasil em Paris, Telegrama expedido, Confidencial, DSI/500.
21. Entre as organizações que apoiavam o Comitê estavam: Ligue Communiste, Parti Socialiste Unifié, Alliance des Jeunes pour le Socialisme, Organisation Révolutionnaire Anarchiste, Fédération Anarchiste, Association Internationale des Juristes Démocrates e Union Nationale des Étudiants de France. "Comité français Europe-Amérique Latine", 19/6/1970. AMAE, Ministère de l'Intérieur (Direction Générale de la Police Nationale), nota enviada ao Ministère des Affaires Étrangères (Direction d'Amérique), Caixa 163.
22. "Proibição da venda do livro *Pour la libération du Brésil*, de Carlos Marighella", 20/3/1970. Ofício n. 216. AHMRE, Embaixada do Brasil em Paris, Ofício recebido, Ostensivo, AEO/216/591.7(85).
23. "Proibição da venda do livro *Pour la libération du Brésil*, de Carlos Marighella", 20/3/1970. Ofício n. 216. AHMRE, Embaixada do Brasil em Paris, Ofício recebido, Ostensivo, AEO/591.7(85). "Proibição da venda do livro de Carlos Marighella", 18/7/1970. Telegrama n. 249. AHMRE, Embaixada do Brasil em Paris, Telegrama recebido, Confidencial AEO/591.7(85).
24. "Atividades da VAR/Palmares", 10/7/1970. Telegrama n. 62. AHMRE, Consulado-Geral do Brasil em Paris, Telegrama expedido, Secreto, DSI/7(42)(85)01.
25. "Ligações de membro da VAR/Palmares em Paris", 27/7/1970. Telegrama n. 298. AHMRE, Embaixada do Brasil em Paris, Telegrama expedido, Secreto,

DSI/511.01. "Ligações de membro da VAR/Palmares em Paris", 4/8/1970. Telegrama n. 315. AHMRE, Embaixada do Brasil em Paris, Telegrama expedido, Secreto, DSI/511.01.

26. "Ligação de membro da VAR/Palmares em Paris", 4/11/1970. Informe n. 387. AN, Ciex, Secreto.
27. "Atividades do terrorista banido Jean-Marc von der Weid", 8/3/1971. Ofício n. 268. AHMRE, Embaixada do Brasil em Paris, Ofício recebido, Secreto, DSI/501.33.
28. "Démarche de l'Ambassade du Brésil au sujet de M. Van der Weid, ancier prisionier politique", 17/3/1971. AMAE, Ministère des Affaires Étrangères, nota enviada ao Ministère de l'Intérieur, Caixa 175.
29. "Atividades de asilados brasileiros no exterior. Jean Marc Friederich Charles van der Weid", 23/11/1971. Informe n. 516. AN, Ciex, Secreto.
30. "Prorrogação de passaporte. João Carlos Kfouri Quartim de Moraes", 24/10/1972. Telegrama n. 209. AHMRE, Consulado-Geral do Brasil em Paris, Telegrama expedido, Secreto, DSI/DPp/511.111(335).
31. "Prorrogação de passaporte. João Carlos Kfouri Quartim de Moraes", 31/10/1972. Telegrama n. 122. AHMRE, Consulado-Geral do Brasil em Paris, Telegrama recebido, Secreto, DSI/DPp/511.111(335).
32. "Convention d'extradition entre la France et le Brésil", 2/2/1976. AMAE, Ministère des Affaires Étrangères (Direction des Conventions administratives et Affaires consulaires), nota enviada à Direction d'Amérique, Caixa 220. "Tratado de extradição em negociação pelo Brasil e por França. Proposta francesa", 7/4/1976. Ofício n. 122. AHMRE, Embaixada do Brasil em Paris, Ofício recebido, Confidencial, DJ/DAI/DE-I/010(B46)(F37).
33. "Relations judiciaires avec le Brésil — projet de convention d'extradition", 17/12/1975. AMAE, Ministère des Affaires Étrangères (Directions des Conventions Administratives et des Affaires Consulaires), nota enviada à Direction d'Amérique, Caixa 176.
34. "Situação irregular de brasileiros na Guiana Francesa", 1/10/1974. Telegrama n. 739. AHMRE, Embaixada do Brasil em Paris em Paris, Telegrama expedido, Confidencial, DPp/700(B46)(B16).
35. "Repatriamento de brasileiros da Guiana Francesa", 6/12/1974. Telegrama n. 956. AHMRE, Embaixada do Brasil em Paris em Paris, Telegrama expedido, Confidencial, DCJ/DCI/702(B46)(B16).

36. "Programa de trabalho da Embaixada em Paris. Etapa inicial", 3/3/1975. Ofício n. 26. AHMRE, Embaixada do Brasil em Paris em Paris, Ofício expedido, Secreto, G/SG/300.5(F37).
37. Decreto n. 5.258 de 27 de outubro de 2004. Disponível em: <http://www.planalto.gov.br/ccivil_03/_ato2004-2006/2004/decreto/d5258.htm>. Acesso: 10 jan. 2017.
38. CARVALHO, Apolônio de. *Vale a pena sonhar*. Rio de Janeiro: Rocco, 1997. GORENDER, Jacob. *Combate nas trevas*. 2. ed. São Paulo: Ática, 2003.
39. "Famille Apolonio de Carvalho", 25/3/1970. AMAE, Ambassade de France au Brésil, nota enviada ao Gabinete do Ministro, Caixa 162.
40. "Affaire Carvalho", 26/3/1970. AMAE, Ambassade de France au Brésil, Telegrama enviado à Direction d'Amérique, Caixa 162.
41. "Famille Apolonio de Carvalho", 1/4/1970. AMAE, Ambassade de France au Brésil, Telegrama enviado à Direction des Affaires Administratives et des Affaires Consulaires, 501/CH, Caixa 162.
42. 31/3/1970. AMAE, Direction d'Amérique, Telegrama enviado à Ambassade de France au Brésil, Caixa 162.
43. "Affaire Carvalho", 26/3/1970. AMAE, Ambassade de France au Brésil, Telegrama enviado à Direction d'Amérique, Caixa 162.
44. "Lettre", 18/3/1970. AMAE, Association Républicaine des Anciens Combattants de la Résistance, Carta enviada ao Gabinete do Ministro, Caixa 162. "Campanha contra a tortura de prisioneiros no Brasil. Cartas de protesto", 6/4/1970. Ofício n. 256. AHMRE, Embaixada do Brasil em Paris, Ofício recebido, Ostensivo, DSI/500. O ministro do Quai d'Orsay, Maurice Schumann, também recebeu uma carta de apoio a Apolônio de Carvalho remetida pelo deputado pelo departamento de Orne, na Normandia, Louis Terrenoire. "Lettre". 18/3/1970. AMAE, Assemblée Nationale (Louis Terrenoire), Carta enviada ao Gabinete do Ministro, Caixa 162.
45. "Apolonio de Carvalho", 26/3/1970. AMAE, Direction des Affaires Politiques, nota enviada ao Gabinete do Ministro, Caixa 162.
46. "Note pour le ministre", 8/4/1970. AMAE, Direction des Affaires Politiques, nota enviada ao Gabinete do Ministro, Caixa 162. "Prisão do senhor Apolônio de Carvalho. Interesse do governo francês", 20/4/1970. Telegrama n. 24. AHMRE, Embaixada do Brasil em Paris, Telegrama recebido, Secreto, DSI/DEOc/7(85)(42)15.

47. "Au sujet de la venue en Algérie de 40 prisonniers politiques brésiliens", 1/7/1970. AMAE, Ministère de l'Intérieur, nota enviada ao Gabinete do Ministro, Caixa 162.
48. "Demande de visas formulée par deux réfugiés brésiliens ayant trouvé refuge en Algérie", 28/7/1970. AMAE, nota enviada ao Gabinete do Ministro, Caixa 162.
49. "Venue en France de refugies politiques brésiliens", 22/7/1970. AMAE, Ministère des Affaires Étrangères, nota enviada ao Gabinete do Ministro, 198/AM, Caixa 163. "Grupo de Argel. Solicitação de entrada e permanência na França", 26/8/1970. Telegrama n. 351. AHMRE, Embaixada do Brasil em Paris, Telegrama recebido, Confidencial, DSI/500.
50. "Demande de visas d'entrée en France de refugies politiques brésiliens en Algérie", 28/7/1970. AMAE, Ministère des Affaires Étrangères, nota enviada ao Gabinete do Ministro, 205/AM, Caixa 163.
51. "Demande de visas". 21/8/1970. AMAE, Ministère de l'Intérieur, nota enviada ao Gabinete do Ministro, Caixa 163. "Apolônio de Carvalho. Recusa de visto de entrada na França", 26/8/1970. Telegrama n. 351. AHMRE, Embaixada do Brasil em Paris, Telegrama recebido, Confidencial, DSI/500.
52. "Expulsion de trois ressortissants brésiliens", 10/11/1970. AMAE, Ambassade de France en Suisse, nota enviada à Direction d'Europe, 857/EU, Caixa 162.
53. "Apolônio de Carvalho". 10/8/1971. AMAE, Ministère des Affaires Étrangères, nota enviada à Direction d'Amérique, Caixa 162. "Apolônio de Carvalho. Recusa de visto de entrada na França", 18/8/1970. Ofício n. 815. AHMRE, Embaixada do Brasil em Paris, Telegrama recebido, Confidencial, DSI/DEOC/DAf/AIG/511.16.
54. "Mythologie et réalité du 'médicisme'", 11/3/1971. AMAE, Ambassade de France au Brésil, nota enviada à Direction d'Amérique, 403/AM, Caixa 187. "Développement économique et distribution de revenus", 15/5/1972. AMAE, Ambassade de au Brésil, nota enviada à Direction d'Amérique, 825/AM, Caixa 188.
55. "Répression de la subversion au Brésil", 19/1/1973. AMAE, Ambassade de France au Brésil, nota enviada à Direction d'Amérique, 34/AM, Caixa 189. "Situation politique intérieure", 31/8/1973. AMAE, Ambassade de France au Brésil, nota enviada à Direction d'Amérique, 751/AM, Caixa 189.
56. "Évolution de la répression au Brésil", 31/5/1972. AMAE, Ambassade de France au Brésil, nota enviada à Direction d'Amérique, 943/AM, Caixa 187.

57. "Réunion consulaire à Brasilia", 6/10/1972. AMAE, Ambassade de France au Brésil, nota enviada à Direction d'Amérique, 1866/AM, Caixa 173.
58. "Relations économiques entre la France et le Brésil en 1972 — perspectives 1973", 24/4/1973. AMAE, Ambassade de France au Brésil (Le conseiller comercial), nota enviada ao Ministre de l'Economie et des Finances, 222/DE, Caixa 193.
59. "Brésil. Relations économiques et financières avec la France", 13/6/1973. AMAE, Ambassade de France au Brésil, nota enviada à Direction d'Amérique, Caixa 193. "Brésil. Relations économiques et financières avec la France", 7/3/1974. AMAE, Ambassade de France au Brésil, nota enviada à Direction d'Amérique, Caixa 193.
60. "Discours de fin d'année du président Médici", 4/1/1974. AMAE, Ambassade de France au Brésil, nota enviada à Direction d'Amérique, 4/AM, Caixa 190.

PARTE V: As relações entre o Brasil e a França durante o governo Geisel, a abertura, a Lei de Anistia e o retorno dos exilados

1. "Sucession présidentielle et liberté de presse", 3/10/1972. AMAE, Ambassade de France au Brésil, nota enviada à Direction d'Amérique, 1841/AM, Caixa 188.
2. "Mécanisme d'élection l'présidentielle", 21/3/1973. AMAE, Ambassade de France au Brésil, nota enviada à Direction d'Amérique, 125/AM, Caixa 189.
3. "Désignation du général Ernesto Geisel comme candidat officiel à la sucession présidentielle", 22/6/1973. AMAE, Ambassade de France au Brésil, nota enviada à Direction d'Amérique, 459/AM, Caixa 189.
4. "Sucession présidentielle (Congrès extraordinaire de l'Arena)", 21/9/1973. AMAE, Ambassade de France au Brésil, nota enviada à Direction d'Amérique, 817/AM, Caixa 189.
5. "Les futures tendences 'libérales' du régime vues de Rio de Janeiro", 17/12/1973. AMAE, Ambassade de France au Brésil, nota enviada à Direction d'Amérique, Caixa 189.
6. "Election du general Ernesto Geisel à la Présidence de la République", 18/1/1974. AMAE, Ambassade de France au Brésil, nota enviada à Direction d'Amérique, 75/AM, Caixa 190.
7. "Le rôle politique de l'Armée brésilienne", 8/4/1974. AMAE, Ambassade de France au Brésil, nota enviada à Direction d'Amérique, Caixa 173. "Discours

du président Geisel", 27/4/1974. AMAE, Ambassade de France au Brésil, nota enviada à Direction d'Amérique, 440/AM, Caixa 190.
8. SPEKTOR, Mathias (Org.). *Azeredo da Silveira: um depoimento*. Rio de Janeiro: FGV, 2010, p. 277-308.
9. "Définition de la politique étrangère du Brésil", 23/4/1974. AMAE, Ambassade de France au Brésil, nota enviada à Direction d'Amérique, 561/AM, Caixa 179.
10. "Le premier mai et le monde du travail", 9/5/1974. AMAE, Ambassade de France au Brésil, nota enviada à Direction d'Amérique, 651/AM, Caixa 190.
11. ZANCARINI-FOURNEL, Michele; DELACROIX, Christian. Op. cit., p. 449-450.
12. "Relatório da Embaixada em Paris relativo ao ano de 1973", 15/3/1974. Ofício n. 255. AHMRE, Embaixada do Brasil em Paris, Ofício recebido, Confidencial, Deoc/300.2(47).
13. "Eleições presidenciais na França. Resultados do segundo turno", 20/5/1974. Telegrama n. 464. AHMRE, Embaixada do Brasil em Paris, Telegrama recebido, Confidencial, Deoc/602.2(F37).
14. "Programme de coopération pour 1974", 5/12/1973. AMAE, Ambassade de France au Brésil, nota enviada ao Service de la Coopération Culturelle et Technique, 1185/DG, Caixa 204.
15. "Energia nuclear. Cooperação Brasil-França", 9/4/1974. Ofício n. 134. AHMRE, Embaixada do Brasil em Paris, Ofício expedido, Secreto, DPB/134/430.(F37)(B46).
16. "Création de Nuclebras", 1/11/1974. AMAE, Ambassade de France au Brésil, nota enviada à Direction des Affaires Atomiques, 1757/QS, Caixa 185.
17. "L'expansion brésilienne", 25/3/1974. AMAE, Ministère des Affaires Étrangères, Caixa 169. "Le gouvernement Geisel et la France", 5/9/1974. AMAE, Ambassade de France au Brésil, nota enviada à Direction d'Amérique, 1361/DG, Caixa 176.
18. "Répression à l'Université de São Paulo", 21/6/1974. AMAE, Ambassade de France au Brésil, nota enviada à Direction d'Amérique, 187/AM, Caixa 190.
19. "Dépêche AFP sur la guérilla au Brésil", 12/5/1975. AMAE, Ambassade de France au Brésil, Telegrama enviado à Direction d'Amérique, Caixa 191.
20. Ver ROLLEMBERG, Denise. "Memória, opinião e cultura política. A Ordem dos Advogados do Brasil sob a ditadura (1964-1974)". In: REIS, Daniel Aarão; ROLLAND, Denis (Org.). *Modernidades Alternativas*. Rio de Janeiro: FGV, 2008, p. 57-96.

21. "Concessão de diploma de doutor *honoris causa* da Sorbonne. Dom Hélder Câmara", 20/2/1975. Telegrama n. 138. AHMRE, Embaixada do Brasil em Paris, Telegrama recebido, Confidencial, DC/DSI/AIG/484(F37).
22. "Doctorat *honoris causa*. Dom Hélder Câmara", 4/7/1974. AMAE, Ambassade de France au Brésil, nota enviada ao Gabinete do Ministro, 1007/CM, Caixa 176.
23. "Dom Hélder Câmara", 29/1/1975. AMAE, Ministère des Affaires Étrangères, Telegrama enviado à Ambassade de France au Brésil, Caixa 205.
24. "Une libéralisation en demi-teintes: euphorie et inquiètudes", 6/3/1975. AMAE, Ambassade de France au Brésil, nota enviada à Direction d'Amérique, 375/AM, Caixa 191. "Des rapports entre l'Église et l'État au Brésil", 13/9/1974. AMAE, Consulat Général de France à São Paulo, nota enviada à Direction d'Amérique, 275/AM, Caixa 190. "Conversations avec dom Hélder Câmara", 2/10/1974. AMAE, Consulat Général de France à Recife, nota enviada à Ambassade de France au Brésil, 142, Caixa 190.
25. "La politique intérieure brésilienne après six mois de gouvernment Geisel", 13/9/1974. AMAE, Ambassade de France au Brésil, nota enviada à Direction d'Amérique, 1442/AM, Caixa 190.
26. "Elections des nouveaux gouverneurs d'états fédérés", 11/10/1974. AMAE, Ambassade de France au Brésil, nota enviada à Direction d'Amérique, 1625/AM, Caixa 190.
27. "Prochaines consultations électorales et situation intérieure", 30/10/1974. AMAE, Ambassade de France au Brésil, nota enviada à Direction d'Amérique, 1727/AM, Caixa 190. "Elections législatives au Brésil". 29/11/1974. AMAE, Ambassade de France au Brésil, nota enviada à Direction d'Amérique, 1926/AM, Caixa 190. "Les élections brésiliennes et l'évolution du régime", 15/1/1975. AMAE, Ambassade de France au Brésil, nota enviada à Direction d'Amérique, 95/AM, Caixa 191. A televisão francesa difundiu imagens de manifestações populares no contexto eleitoral. Titre: TV grammes monde. Collection: JT 13H. Canal: 1. 15/11/1974. INA.
28. "La censure à Rio", 29/11/1974. AMAE, Consulat Général de France à Rio de Janeiro, nota enviada à Ambassade de France au Brésil, 468, Caixa 190.
29. "Discours de M. Armando Falcão", 7/2/1975. AMAE, Consulat Général de France à Rio de Janeiro, nota enviada à Ambassade de France au Brésil, Caixa 191.
30. "Situation intérieure", 14/2/1975. AMAE, Ambassade de France au Brésil, nota enviada à Direction d'Amérique, 239/AM, Caixa 191. "Multiplication

des demandes d'information sur les prisonniers. Attitude du gouvernement", 28/2/1975. AMAE, Ambassade de France au Brésil, nota enviada à Direction d'Amérique, 328/AM, Caixa 191.

36. Tribunal Bertrand Russell II: o regime militar no banco dos acusados

1. "Notícia sobre criação de um 'Tribunal Russell para o Brasil'", 2/5/1973. Telegrama n. 353. AHMRE, Embaixada do Brasil em Paris, Telegrama expedido, Confidencial, AIG/DSI/DEU/691.7(B46).
2. "Imagem do Brasil 'Tribunal Russell'", 16/5/1973. Telegrama n. 401. AHMRE, Embaixada do Brasil em Paris, Telegrama expedido, Confidencial, AIG/DSI/DE-I/691.7(B46).
3. "Imagem do Brasil 'Tribunal Russell'", 5/6/1973. Telegrama n. 457. AHMRE, Embaixada do Brasil em Paris, Telegrama expedido, Confidencial, AIG/DSI/DE-I/691.7(B46).
4. ROLLEMBERG, Denise. Op. cit., p. 233-245.
5. "Imagem do Brasil 'Tribunal Russell'", 16/5/1973. Telegrama n. 401. AHMRE, Embaixada do Brasil em Paris, Telegrama expedido, Confidencial, AIG/DSI/DE-I/691.7(B46).
6. "Imagem do Brasil 'Tribunal Russell'", 18/7/1973. Telegrama n. 655. AHMRE, Embaixada do Brasil em Paris, Telegrama recebido, Confidencial, AIG/DSI/DE-I/691.7(B46)(F31). "Tribunal Bertrand-Russell. Recorte de *Le Monde*". 16/10/1973. Ofício n. 875. AHMRE, Embaixada do Brasil em Paris, Ofício recebido, Ostensivo, AIG/DSI/DE-I/610.5(00).
7. "Tribunal Russell II. Notícia de *La Croix*", 19/11/1973. Ofício n. 958. AHMRE, Embaixada do Brasil em Paris, Ofício recebido, Ostensivo, AIG/DSI/DE-I/691.7(B46)(F37). "Tribunal Russell", 10/1/1974. Telegrama n. 26. AHMRE, Embaixada do Brasil em Paris, Telegrama expedido, Secreto, AIG/DSI/691.7(B46)(F37).
8. "Tribunal Russell. Reunião em Roma", 18/1/1974. Telegrama n. 63. AHMRE, Embaixada do Brasil em Paris, Telegrama recebido, Confidencial, AIG/DSI/DE-I/691.7(B46)(F37).
9. "Tribunal Russell II". 22/3/1974. Ofício n. 193. AHMRE, Embaixada do Brasil em Paris, Ofício recebido, Confidencial, AIG/DSI/DE-I/691.7(B46)(F37).
10. "Tribunal Russell II para a América Latina", 9/4/1974. Telegrama n. 362. AHMRE, Embaixada do Brasil em Paris, Telegrama recebido, Secreto, AIG/DSI/DE-I/691.7(B46)(F37).
11. "Tribunal Russell II". 4/4/1974. Informe n. 180. AN, Ciex, Secreto.

37. Delfim Netto, um economista à frente da Embaixada brasileira em Paris

1. "Embaixada do Brasil em Paris", 5/2/1976. Informe n. 35. AN, Ciex, Secreto.
2. "Programa de trabalho da Embaixada em Paris. Sistema de comunicações", 16/4/1975. Ofício n. 44. AHMRE, Embaixada do Brasil em Paris, Ofício expedido, Secreto, DE-I/DTI/DI/300.5(F37). "Programa de trabalho da Embaixada em Paris. Remessa de publicações", 16/4/1975. Ofício n. 45. AHMRE, Embaixada do Brasil em Paris, Ofício expedido, Secreto, DE-I/DTI/DI/300.5(F37).
3. "Programa de trabalho da Embaixada em Paris. Etapa inicial", 3/3/1975. Ofício n. 26. AHMRE, Embaixada do Brasil em Paris, Ofício expedido, Secreto, G/SG/300.5(F37). "Programa de trabalho da Embaixada em Paris", 29/5/1975. Ofício n. 250. AHMRE, Embaixada do Brasil em Paris, Ofício recebido, Secreto, G/SG/300.5(F37).

38. Avanços nas relações franco-brasileiras

1. Emissão no canal 1 da televisão francesa sobre o progresso industrial brasileiro. Titre: Le conquérant du Brésil. Collection: IT1 13H. Canal: 1. 1/12/1975. INA.
2. "Fin de mission". 21/4/1975. AMAE, Ambassade de France au Brésil, nota enviada à Direction d'Amérique, 710/AM, Caixa 170.
3. Ver GOURDON, Vincent; LE NAOUR, Jean-Yves; COMPAGNON, Olivier. Op. cit., p. 104.
4. "Instructions du Département", 21/5/1975. AMAE, Ministère des Affaires Étrangères, nota enviada à Ambassade de France au Brésil, Caixa 171.
5. "Session de la Comission Mixte franco-brésilienne", 10/6/1975. AMAE, Ambassade de France au Brésil, nota enviada à Direction d'Amérique, Caixa 206.
6. "Tratamento de temas brasileiros nos manuais de escolares franceses e enciclopédias", 18/3/1976. Telegrama n. 346. AHMRE, Embaixada do Brasil em Paris, Telegrama expedido, Confidencial, DDC/DCInt/ DE-I/641(B46).
7. "Informações sobre o professor Frédéric Mauro", 17/8/1972. Ofício n. 138. AHMRE, Consulado-Geral do Brasil em Paris, Ofício recebido, Secreto, DSI/701(F37)(B46). "História do Brasil. Professor Mauro", 5/1/1974. Ofício n. 22. AHMRE, Embaixada do Brasil em Paris, Ofício recebido, Confidencial, DC/641.1(B46).

8. "Réflexions sur l'accord nucléaire germano-brésilien", 23/6/1975. AMAE, Ambassade de France au Brésil, Telegrama enviado à Direction d'Amérique, Caixa 186.
9. "Orientation de notre action économique au Brésil", 11/8/1975, AMAE, Ministère des Affaires Étrangères (Direction des Affaires Économiques et Financières), nota enviada à Ambassade de France au Brésil, Caixa 194.
10. "Accord nucléaire Brésil-RFA. Premières interprétations politiques", 1/7/1975. AMAE, Ambassade de France au Brésil, Telegrama enviado à Direction d'Amérique, Caixa 186.
11. "Accord nucléaire germano-brésilien. Réactions des milieux scientifiques", 21/7/1975. AMAE, Ambassade de France au Brésil, nota enviada à Direction Générale des Relations Culturelles, 1425/QS, Caixa 186.
12. "Visita do ministro de Estado à França. Providências administrativas", 17/10/1975. Telegrama n. 985. AHMRE, Embaixada do Brasil em Paris, Telegrama expedido, Secreto, 430.1(F37)(B46). "Política. Relações entre Brasil e França. Visita oficial do ministro de Estado das Relações Exteriores a Paris. Projeto de 'registro de conclusão e decisões'", 21/10/1975. Telegrama n. 893. AHMRE, Embaixada do Brasil em Paris, Telegrama recebido, Confidencial, DTI/DE-I/430.1(F37)(B46). "M. Antonio Azeredo da Silveira. Visite oficielle", 25/10/1975. AMAE, Ministère des Affaires Étrangères, Caixa 177.
13. Titre: Sauvargnargues Brésil. Collection: IT1 13H. Canal: 1, 2/2/1976. INA.
14. "Política externa. Visita do ministro das Relações Exteriores da França ao Brasil", 12/12/1975. Ofício n. 548. AHMRE, Embaixada do Brasil em Paris, Ofício recebido, Confidencial, DE-I/C/430.1(F37)(B46). "Visite au Brésil de son excellence monsieur Jean Sauvagnargues", 5/2/1976. AMAE, Ambassade de France au Brésil, nota enviada à Direction d'Amérique, 190/AM, Caixa 221.

39. Retrocessos no processo de abertura política

1. "Politique intérieure", 12/12/1975. AMAE, Ambassade de France au Brésil, nota enviada à Direction d'Amérique, 2437/AM, Caixa 177. "Réunion générale de la mission diplomatique et consulaire", 27/12/1975. AMAE, Ambassade de France au Brésil, nota enviada à Direction d'Amérique, 2480/AM, Caixa 168.
2. "Le message présidentiel du 30 décembre et les difficultés du miracle brésilien", 2/1/1976. AMAE, Ambassade de France au Brésil, nota enviada à Direction d'Amérique, 1/AM, Caixa 242. "L'exception au Brésil. Cassation de mandats

parlamentaires", 12/1/1976. AMAE, Ambassade de France au Brésil, nota enviada à Direction d'Amérique, 56/AM, Caixa 242.
3. "Brésil: la présidence du general Geisel", 13/5/1976. AMAE, Secrétariat Général de la Défense Nationale (Division du Renseigment), Caixa 242.
4. "Imprensa. Síntese do noticiário", 13/1/1976. Telegrama n. 47. AHMRE, Embaixada do Brasil em Paris, Telegrama recebido, Confidencial, G/SG/691.7(B46)(F37).
5. GOURDON, Vincent; LE NAOUR, Jean-Yves; COMPAGNON, Olivier. Op. cit., p. 97.
6. "Síntese de atividades em 1975. Resumo analítico da conjuntura interna da França em 1975", 13/1/1976. Telegrama n. 48. AHMRE, Embaixada do Brasil em Paris, Telegrama recebido, Confidencial, G/SG/600(B46)(F37).
7. "Política externa da França. Resenha anual", 16/1/1976. Telegrama n. 74. AHMRE, Embaixada do Brasil em Paris, Telegrama recebido, Confidencial, G/SG/DE-I/900(B46)(F37).

40. Viagem de Geisel à França

1. "Carta do presidente Ernesto Geisel ao presidente Valéry Giscard d'Estaing", 5/9/1975. Ofício n. 100. AHMRE, Embaixada do Brasil em Paris, Ofício expedido, Secreto, G/DE-I/601.4(F37).
2. "Visite officielle du général Ernesto Geisel". 26/4/1976. AMAE, Ambassade de France au Brésil, nota enviada à Direction d'Amérique, Caixa 227.
3. "Relations franco-brésiliennes et voyage présidentielle", 10/3/1976. AMAE, Ambassade de France au Brésil, Telegrama enviado à Direction d'Amérique, Caixa 227.
4. Ricardo Zarattini foi inocentado do crime supracitado em 2013.
5. "Possibilidade de atentado contra o senhor Presidente da República", 2/4/1976. Telegrama n. 416. AHMRE, Embaixada do Brasil em Paris, Telegrama expedido, Ultrassecreto, G/DSI.
6. "Possibilidade de atentado contra o senhor Presidente da República", 26/4/1976. Telegrama n. 581. AHMRE, Embaixada do Brasil em Paris, Telegrama expedido, Ultrassecreto, G/DSI.
7. "Movimento antibrasileiro em Paris", 19/6/1976. Informe n. 185. AN, Ciex, Secreto.
8. "Visita presidencial. Entrega de petição pelo Comité Brésil Amnistie", 19/4/1976. Telegrama n. 648. AHMRE, Embaixada do Brasil em Paris, Telegrama recebido, Secreto, DSI/DE/-I/AIG/430.1(B46)(F37).

9. "Visita do senhor Presidente da República à França. Entrega de abaixo-assinado", 15/4/1976. Telegrama n. 635. AHMRE, Embaixada do Brasil em Paris, Telegrama recebido, Secreto, DSI/DE/-I/AIG/430.1(B46)(F37).
10. "Visita presidencial. Reação do Partido Socialista Francês", 16/4/1976. Telegrama n. 641. AHMRE, Embaixada do Brasil em Paris, Telegrama recebido, Confidencial, DE/430.1(B46)(F37).
11. "Visita presidencial. Convite para manifestação antibrasileira", 20/4/1976. Telegrama n. 653. AHMRE, Embaixada do Brasil em Paris, Telegrama recebido, Secreto, DSI/DE-I/430.1(B46)(F37).
12. "Possível ida à França do ex-deputado Lysâneas Maciel. Manifestações contrárias à viagem do presidente Geisel", 20/4/1976. Telegrama n. 538. AHMRE, Embaixada do Brasil em Paris, Telegrama expedido, Ultrassecreto, G/DSI.
13. "Imprensa. Visita presidencial à França", 22/4/1976. Telegrama n. 676. AHMRE, Embaixada do Brasil em Paris, Telegrama recebido, Secreto, AIG/DE-I/430.1(B46)(F37).
14. "Imprensa. Visita presidencial à França", 22/4/1976. Telegrama n. 677. AHMRE, Embaixada do Brasil em Paris, Telegrama recebido, Secreto, AIG/DE-I/430.1(B46)(F37).
15. "Imprensa. Visita presidencial", 23/4/1976. Telegrama n. 683. AHMRE, Embaixada do Brasil em Paris, Telegrama recebido, Secreto, AIG/DE--I/430.1(B46)(F37). "Imprensa. Visita presidencial", 24/4/1976. Telegrama n. 697. AHMRE, Embaixada do Brasil em Paris, Telegrama recebido, Secreto, AIG/DE-I/430.1(B46)(F37).
16. "Imprensa. Viagem presidencial à França", 23/4/1976. Telegrama n. 685. AHMRE, Embaixada do Brasil em Paris, Telegrama recebido, Secreto, AIG/DE-I/430.1(B46)(F37).
17. Em novembro de 1975, a Embaixada recebeu cerca de 350 cartas, entre as quais uma da Amnesty International, solicitando a libertação de Manuel Conceição dos Santos, que estava preso no Brasil. "Remessa de cartas e cartões que solicitam a liberação de Manuel Conceição dos Santos", 25/11/1975. Ofício n. 520. AHMRE, Embaixada do Brasil em Paris, Ofício recebido, Secreto, DSI/AIG/601.31(00). "Imprensa. Viagem presidencial à França", 23/4/1976. Telegrama n. 692. AHMRE, Embaixada do Brasil em Paris, Telegrama recebido, Secreto, AIG/DE-I/430.1(B46)(F37). "Imprensa. Viagem presidencial à França", 23/4/1976. Telegrama n. 693. AHMRE, Embaixada do Brasil em Paris, Telegrama recebido, Secreto, AIG/DE-I/430.1(B46)(F37).

18. "Viagem presidencial. Distribuição de panfletos subversivos", 24/4/1976. Telegrama n. 695. AHMRE, Embaixada do Brasil em Paris, Telegrama recebido, Secreto, DSI/DE-I/430.1(B46)(F37).
19. "Imprensa. Viagem presidencial à França", 22/4/1976. Telegrama n. 664. AHMRE, Embaixada do Brasil em Paris, Telegrama recebido, Secreto, AIG/DE-I/430.1(B46)(F37).
20. "Entrevista do presidente Geisel ao jornal *Le Figaro*", 22/4/1976. Telegrama n. 549. AHMRE, Embaixada do Brasil em Paris, Telegrama expedido, Secreto, G/430.1(B46)(F37).
21. "Encaminha o texto integral da entrevista do Exmo. Sr. Presidente da República. TF 1, Paris", 22/4/1976. Telegrama n. 553. AHMRE, Embaixada do Brasil em Paris, Telegrama expedido, Secreto, AIG/G/DE-I/430.1(B46)(F37).
22. "Viagem presidencial à França. Cobertura de imprensa", 29/4/1976. Telegrama n. 726. AHMRE, Embaixada do Brasil em Paris, Telegrama recebido, Confidencial, AIG/DE-I/430.1(B46)(F37). Na semana em que Geisel estava na França, além da entrevista mencionada, houve várias emissões televisivas sobre a visita e também sobre outros temas relacionados ao Brasil. Titre: Interview Geisel. Collection: IT1 20H. Canal: 1. 25/4/1976. INA. Titre: Arrivée Geisel. Collection: IT1 13H. Canal: 1. 26/4/1976. INA. Titre: Situation Brésil. Collection: FR3 Dernière. Canal: 3, 26/4/1976. INA. Titre: Visite Geisel. Collection: IT1 13H. Canal: 1, 27/4/1976. INA. Titre: Brésil économique. Collection: IT1 13H. Canal: 1, 27/4/1976. INA.
23. "Voyage du président Geisel. Commentaires de presse", 20/4/1976. AMAE, Ambassade de France au Brésil, Telegrama enviado à Direction d'Amérique, Caixa 227.
24. "Voyage du président Geisel. Commentaires de presse", 23/4/1976. AMAE, Ambassade de France au Brésil, Telegrama enviado à Direction d'Amérique, Caixa 227.
25. "Voyage du président Geisel en France, en Grande Bretagne et au Japon", 26/4/1976. AMAE, Ministère des Affaires Étrangères, nota de dossiê, Caixa 227.
26. "Voyage en France du président Geisel", 29/4/1976. AMAE, Ambassade de France au Brésil, Telegrama enviado à Direction d'Amérique, Caixa 227.
27. BRASIL. Assessoria de Relações Públicas da Presidência da República. *Viagem do Presidente Geisel à França: registro histórico, repercussões*. Brasília: Imprensa Nacional, 1976, p. 38.
28. Ibid., p. 61.

41. Colaboração franco-brasileira no âmbito da perseguição a "subversivos"

1. "Semanário *Opinião*. Garcia dos Santos. Novo correspondente em Paris", 19/3/1974. Telegrama n. 267. AHMRE, Embaixada do Brasil em Paris, Telegrama recebido, Secreto, DSI/AIG/DE-I/691.3(B46)(F37).
2. "Semanário *Opinião*. Garcia dos Santos. Novo correspondente em Paris", 19/4/1974. Telegrama n. 285. AHMRE, Embaixada do Brasil em Paris, Telegrama expedido, Secreto, DSI/691.3(B46)(F37).
3. Em maio de 1975, por exemplo, as autoridades francesas de segurança solicitaram à Embaixada dados sobre Augusto Eustáquio dos Santos e Sônia Meinberg, pretensamente membros do PCB e que iam frequentemente a Paris. "Pedido de informações sobre membros do Partido Comunista Brasileiro residentes no exterior", 15/5/1975. Telegrama n. 322. AHMRE, Embaixada do Brasil em Paris, Telegrama recebido, Secreto, DSI/600.1(B46).
4. "Prisão de cidadão francês no Brasil. Guy Valette", 27/9/1974. Telegrama n. 905. AHMRE, Embaixada do Brasil em Paris, Telegrama recebido, Secreto, DJ/701(F37)(B46).
5. "Prisão de cidadão francês no Brasil. Guy Valette", 2/10/1974. Telegrama n. 742. AHMRE, Embaixada do Brasil em Paris, Telegrama expedido, Secreto, DSI/DJ/C/701(F37)(B46).
6. "Prisão de cidadão francês no Brasil. Guy Valette", 26/9/1974. Ofício n. 671. AHMRE, Embaixada do Brasil em Paris, Ofício recebido, Confidencial, DSI/701(F37)(B46).
7. "Programa de trabalho da Embaixada em Paris. Etapa inicial", 3/3/1975. Ofício n. 26. AHMRE, Embaixada do Brasil em Paris, Ofício expedido, Secreto, G/SG/300.5 (F37).
8. "Programa de trabalho da Embaixada em Paris", 29/5/1975. Ofício n. 250. AHMRE, Embaixada do Brasil em Paris, Ofício recebido, Secreto, G/SG/300.5(F37).
9. "Concessão de título de nacionalidade sem consulta prévia", 19/3/1975. Telegrama n. 122. AHMRE, Consulado-Geral do Brasil em Paris, Telegrama expedido, Secreto, DPp/DSI/511.1110.
10. "Comissão dos Direitos Humanos. Resposta do governo brasileiro", 23/1/1976. Telegrama n. 117. AHMRE, Embaixada do Brasil em Paris, Telegrama recebido, Secreto, DNU/DSI/610.5(000).

11. "Comissão dos Direitos Humanos. 32ª Sessão. Dossiê Brasil", 6/2/1976. Telegrama n. 154. AHMRE, Embaixada do Brasil em Paris, Telegrama expedido, Ultrassecreto, DNU/DSI/610.5(000).
12. "Comissão dos Direitos Humanos. 32ª Sessão. Dossiê Brasil", 6/2/1976. Telegrama n. 155. AHMRE, Embaixada do Brasil em Paris, Telegrama expedido, Secreto, DNU/DSI/610.5(000).
13. "Comissão dos Direitos Humanos. 32ª Sessão. Dossiê Brasil", 17/3/1976. Telegrama n. 338. AHMRE, Embaixada do Brasil em Paris, Telegrama expedido, Secreto, DNU/DSI/610.5(000). "32eme Session de la Comission des Droits de l'Homme: Brésil", 4/3/1976. AMAE, Ministères des Affaires Étrangères, Telegrama enviado à Direction d'Amérique, Caixa 245.

42. O estado das relações franco-brasileiras no final do governo Geisel

1. Titre: Matériel ferroviaire. Collection: Soir 3. Canal: 3, 4/10/1978. INA.
2. Titre: Barrage de Tucuruí. Collection: IT1 13H. Canal: 1, 2/1/1978. INA.
3. "Relations économiques franco-brésiliennes", 9/7/1978. AMAE, Ambassade de France au Brésil, nota enviada à Direction d'Amérique, Caixa 251.
4. "Brésil: la présidence du general Geisel", 13/5/1976. AMAE, Secrétariat Général de la Défense Nationale (Division du Renseigment), Caixa 242.
5. "Réunion consulaire des 9 et 10 août 1976. Les relations franco-brésilienne dans le domaine militaires". 15/8/1976. AMAE, Ambassade de France au Brésil (Attaché des Forces Armées), nota enviada à Direction d'Amérique, 1738/AM, Caixa 216.
6. "La propagande à la rádio et à la télévision pour les élections municipales (loi Falcão)", 28/6/1976. AMAE, Ambassade de France au Brésil, nota enviada à Direction d'Amérique, 1235/AM, Caixa 242.
7. "Elections municipales du 15 novembre au Brésil". 23/11/1976. AMAE, Ambassade de France au Brésil, nota enviada à Direction d'Amérique, Caixa 242. "Bilan des élections municipales du 15 novembre 1976", 30/12/1976. AMAE, Ambassade de France au Brésil, nota enviada à Direction d'Amérique, 2455/AM, Caixa 242.
8. GOMES, Paulo César. Op. cit., p. 74.
9. "Nouvelle tension entre l'Église et l'État", 19/11/1976. AMAE, Ambassade de France au Brésil, nota enviada à Direction d'Amérique, 2199/AM, Caixa 244.

10. "Questões relacionadas com direitos humanos. Igreja Católica", 6/1/1976. Ofício n. 9. AHMRE, Embaixada do Brasil em Paris, Ofício recebido, Secreto, DNU/DEA/DE-I/610.5(008)(040).
11. "Réunion consulaire", 10/1/1977. AMAE, Ambassade de France au Brésil, nota enviada à Direction d'Amérique, Caixa 216.
12. Sobre a história da oposição à ditadura brasileira nos Estados Unidos, ver GREEN, James N. *Apesar de vocês*. São Paulo: Companhia das Letras, 2009.
13. "Les aspects actuels de la politique extérieure brésilienne", 17/1/1977. AMAE, Ambassade de France au Brésil, nota enviada à Direction d'Amérique, 78/AM, Caixa 233.
14. "Dénonciation par le Brésil de l'Accord d'Assistance Militaire de 1952 avec les États-Unis et la crise americano-brésilienne", 28/3/1977. AMAE, Ambassade de France au Brésil, nota enviada à Direction d'Amérique, 467/AM, Caixa 234.
15. "Crise politique au Brésil et relations americano-brésiliennes", 1/4/1977. AMAE, Ambassade de France au Brésil, nota enviada à Direction d'Amérique, Caixa 242.
16. "Les nouvelles règles du jeu politique au Brésil", 15/4/1977. AMAE, Ambassade de France au Brésil, Telegrama enviado à Direction d'Amérique, Caixa 242.
17. "Rapport sur les droits de l'homme au Brésil", 23/6/1977. AMAE, Ambassade de France au Brésil, Telegrama enviado à Direction d'Amérique, Caixa 245.
18. O relatório elaborado por Joinet e Stasi foi apresentado em Paris no dia 17 de fevereiro de 1977 em uma reunião que contou com a presença de membros de diversas organizações de direitos humanos, tais como, Comité Brésil pour l'Amnistie, Comité de Solidarité France-Brésil, Amnesty International, Comissão de Justiça e Paz, Associations des Chrétiens pous l'Abolition de la Torture (ACAT) e a Cimade. De acordo com o Ciex, cerca de oitenta pessoas teriam comparecido ao evento. O órgão enviou para o SNI todo o material que foi distribuído na ocasião: um folheto intitulado *Témoignage des Prisoniers de Prison de la Justice Militaire Fédérale de São Paulo*, editado pela seção francesa da Amnesty International; o boletim n. 14 de janeiro de 1977, editado pelo Comité France-Brésil; os dois volumes da publicação *Brésil Dossiers*, editado pelo Comité Brésil pour l'Amnistie; além do convite impresso do evento. "Direitos humanos. Reunião de informações sobre o Brasil", 17/3/1977. Informe n. 127. AN, Ciex, Secreto.
19. "Droits de l'homme au Brésil", 18/7/1977. AMAE, Ambassade de France au Brésil, nota enviada à Direction d'Amérique (Service des Archives et de la Documentation), 1340/DOC, Caixa 245.

20. "Droits de l'homme au Brésil", 13/9/1977. AMAE, Ambassade de France au Brésil, nota enviada à Direction d'Amérique, 1752/AM, Caixa 245.
21. "Le Brésil et la 7ème Conférence de l'OEA (14-24 juin)", 29/6/1977. AMAE, Ambassade de France au Brésil, nota enviada à Direction d'Amérique, 1197/AM, Caixa 245.
22. "Rapport de fin de mission", 20/9/1977. AMAE, Ambassade de France au Brésil, nota enviada à Direction d'Amérique, 1744/AM, Caixa 214.
23. "Audience du président Geisel", 14/10/1977. AMAE, Ambassade de France au Brésil, Telegrama enviado à Direction d'Amérique, Caixa 214.
24. "Réaction du general Silvio Frota", 14/10/1977. AMAE, Ambassade de France au Brésil, nota enviada à Direction d'Amérique, 1894/AM, Caixa 242.
25. "Le Brésil à la fin de 1977", 25/11/1977. AMAE, Ministère des Affaires Étrangères, nota enviada ao Gabinete do Ministro, 284/AM, Caixa 212.
26. "Esquisses de bilan 1977", 3/1/1978. AMAE, Ambassade de France au Brésil, nota enviada à Direction d'Amérique, 6/AM, Caixa 243. "Situation intérieure du Brésil", 19/5/1978. AMAE, Ambassade de France au Brésil, Telegrama enviado à Direction d'Amérique, Caixa 243.
27. "Sucession présidentielle", 10/1/1978. AMAE, Ambassade de France au Brésil, nota enviada à Direction d'Amérique, 15/AM, Caixa 243.
28. "Opinions du général Figueiredo sur la démocratie française", 5/4/1978. AMAE, Ambassade de France au Brésil, Telegrama enviado à Direction d'Amérique, Caixa 219.
29. "Déclaration du général Figueiredo", 6/4/1978. AMAE, Ministère des Affaires Étrangères, Telegrama enviado à Ambassade de France au Brésil, Caixa 219.
30. "Déclaration du général Figueiredo", 7/4/1978. AMAE, Ambassade de France au Brésil, Telegrama enviado à Direction d'Amérique, Caixa 219.
31. "Opinions du général Figueiredo", 7/4/1978. AMAE, Ambassade de France au Brésil, Telegrama enviado à Direction d'Amérique, Caixa 219.
32. "La déclaration du général Figueiredo", 10/4/1978. AMAE, Ministère des Affaires Étrangères, nota enviada ao Gabinete do Ministro, 46/AM, Caixa 219. "Política. Relações Brasil-França. Declarações atribuída pela imprensa ao general de Exército João Batista Figueiredo", 7/4/1978. Telegrama n. 295. AHMRE, Embaixada do Brasil em Paris, Telegrama expedido, Ultrassecreto, G/SEI/DE-I/DSI.
33. "Désignation du candidat à la Présidence", 13/1/1978. AMAE, Ambassade de France au Brésil, nota enviada à Direction d'Amérique, 86/AM, Caixa 243.

34. Discurso feito por Figueiredo em sua posse. Titre: Figueiredo. Collection: IT1 20H. Canal: 1, 15/3/1979. INA.
35. "Projets de M. Delfim Netto". 29/12/1977, AMAE, Ambassade de France au Brésil, Telegrama enviado à Direction d'Amérique, Caixa 217.
36. "M. Delfim Netto, ancien ambassadeur à Paris", 21/10/1978. AMAE, Ambassade de France au Brésil, Telegrama enviado à Direction d'Amérique, Caixa 243.
37. "Visite officielle du président de la République au Brésil", 4/10/1978. AMAE, Ministère des Affaires Étrangères, nota de síntese, Caixa 222.
38. Imagens da viagem de Giscard d'Estaing ao Brasil foram muito difundidas por todos os canais da televisão francesa. O teor das reportagens foi invariavelmente positivo e não foram feitas críticas ao regime brasileiro. Foram também mostradas matérias dos projetos franceses no Brasil. Titre: Brésil politique. Collection: IT1 20H. Canal: 1, 3/10/1978. INA. Titre: Arrivée Valéry Giscard d'Estaing à Brasília. Collection: JA2 20H. Canal: 2. 4/10/1978. INA. Titre: Transamazonienne. Collection: JA2 20H. Canal: 2, 4/10/1978. INA. Titre: Docteur Morellon à propos du voyage de Giscard d'Estaing au Brésil. Collection: Soir 3. Canal: 3. 4/10/1978. INA. Titre: Valéry Giscard d'Estaing au Brésil (avant-sujet). Collection: IT1 13H. Canal: 1, 4/10/1978. INA. Titre: Brésil: deuxième journée Valéry Giscard d'Estaing au Brésil. Collection: IT1 20H. Canal: 1, 5/10/1978. INA. Titre: Relations Brésil France. Collection: IT1 13H. Canal: 1, 5/10/1978. INA. Titre: São Paulo. Collection: JA2 20H. Canal: 2, 6/10/1978. INA. Titre: Rio: économie Brésil. Collection: JA2 20H. Canal: 2. 6/10/1978. INA. Titre: Valéry Giscard d'Estaing au Brésil. Collection: Soir 3 19H10. Canal: 3. 6/10/1978. INA. Titre: Rétour Valéry Giscard d'Estaing. Collection: Midi 2. Canal: 2, 8/10/1978. INA. Titre: Bilan voyage Valéry Giscard d'Estaing. Collection: IT1 20H. Canal: 1, 8/10/1978. INA.
39. "Déclaration commune franco-brésilienne", 8/10/1978. AMAE, Ambassade de France au Brésil, nota enviada à Direction d'Amérique, Caixa 224.
40. "Extraits d'éditoriaux". 4/10/1978. AMAE, Ambassade de France au Brésil, nota enviada à Direction d'Amérique, Caixa 224.
41. "Les entreprises françaises sur le marché brésilien — bilan et perspectives", 30/9/1978. AMAE, Ministère des Affaires Étrangères, nota, Caixa 251.
42. "Le voyage au Brésil de M. Jean-François Deniau, ministre du Commerce Extérieur", 5/9/1978. Ambassade de France au Brésil, Relatório enviado à Direction d'Amérique, Caixa 225.

43. "Discours de fin d'année du président Geisel", 3/1/1979. AMAE. Ambassade de France au Brésil, Telegrama enviado à Direction d'Amérique, Caixa 243.
44. "Le Brésil à la veille du changement de gouvernement", 6/3/1979. Ambassade de France au Brésil, nota enviada à Direction d'Amérique, 41/AM, Caixa 243.

43. As mobilizações sociais pela anistia e o retorno dos exilados

1. Lei n. 6.683 de 28 ago. 1979. Disponível em: <http://www.planalto.gov.br/ccivil_03/leis/L6683.htm>.
2. D'ARAUJO, Maria Celina; CASTRO, Celso (Orgs.). *Ernesto Geisel*. Rio de Janeiro: FGV, 1997, p. 398.
3. Sobre os movimentos pela anistia, ver GRECO, Heloísa Amélia. *Dimensões fundamentais da luta pela anistia*. 2003. Tese (Doutorado em História) — Programa de Pós-Graduação em História, Universidade Federal de Minas Gerais. A parte V deste livro trata dos movimentos pela anistia no exterior. Ver também DEL PORTO, Fabíola Brigante. *A luta pela anistia no regime militar brasileiro: a constituição da sociedade civil no país e a construção da cidadania*. 2002. Tese (Doutorado em História) — Programa de Pós--Graduação em História, Universidade Estadual de Campinas. FICO, Carlos. A negociação parlamentar da anistia de 1979 e o chamado "perdão dos torturadores". *Revista Anistia Política e Justiça de Transição*, n. 4, p. 318-332, jul./dez. 2010.
4. "Le projet d'amnistie présenté par le gouvernement", 3/7/1979. AMAE, Ambassade de France au Brésil, nota enviada à Direction d'Amérique, 74/AM, Caixa 245.
5. Lei 6.767, de 20 de dezembro de 1979. Disponível em: <http://www.planalto.gov.br/ccivil_03/leis/1970-1979/L6767.htm>. Acesso em: 15 out. 2016.
6. "França. Asilados brasileiros. 'Comitê Brasil pela Anistia (CBPA)'", 9/4/1976. Informe n. 115. AN, Ciex, Secreto.
7. ROLLEMBERG, Denise. Op. cit., p. 247.
8. "Portugal. Atividades do 'Comitê Pró-Anistia Geral no Brasil (CPAGB). Fernando Piteira Santos. A. Vicente Campinas", 16/9/1976. Informe n. 311. AN, Ciex, Secreto.
9. "Portugal. Atividades do 'Comitê Pró-Anistia Geral no Brasil (CPAGB)". 19/9/1976. Informe n. 411. AN, Ciex, Secreto.
10. ROLLEMBERG, Denise. Op. cit., p. 245-248.

11. "Imprensa. Comitê Brasileiro pela Anistia. Boletim de informação destinado ao estrangeiro", 8/5/1979. Telegrama n. 632. AHMRE, Embaixada do Brasil em Paris, Telegrama recebido, Confidencial, SEI/DE-I/DSI/601.31(B46).
12. "Política. Brasil. Anistia. Cobertura da imprensa", 27/8/1979. Telegrama n. 1062. AHMRE, Embaixada do Brasil em Paris, Telegrama recebido, Confidencial, SEI/DE-I/690.4(B46)(F37).
13. Entre 1974 e 1979, o Brasil possuía três Consulados-Gerais na França, o de Paris, o de Marseille e o do Havre; e dez Consulados Honorários que ficavam nas seguintes cidades: Bayonne, Bordeaux, Dunquerque, Lyon, Nantes, Nice, Pau, Strasbourg, Toulouse e Caiena. Ver MINISTÈRE DES AFFAIRES ÉTRANGÈRES. *Annuaire diplomatique et consulaire*. Paris: Imprimerie Nationale, 1974-1979.
14. "Concessão de passaporte. Carlos Scliar", 3/4/1975. Ofício n. 90. AHMRE, Consulado-Geral do Brasil em Paris, Ofício recebido, Confidencial, DPp/DSI/511.111(335).
15. "Passaporte comum. Prorrogação. Martha Albina Rosa", 18/3/1977. Ofício n. 65. AHMRE, Consulado-Geral do Brasil em Paris, Ofício recebido, Confidencial, DPp/DSI/007.
16. A embaixada da França no Brasil produziu um relatório para o Quai d'Orsay detalhando os tipos de atividades que esses religiosos executavam no Brasil, bem como sua distribuição no território do país. De acordo com o documento, em meados de 1978, havia 310 religiosos franceses no Brasil, entre homens e mulheres, o que representava apenas 6% do número de religiosos estrangeiros que viviam em nosso país. No entanto, apesar do número reduzido, a importância das atividades sociais que exerciam era muito significativa (evangelização, educação, assistência e reinserção social, entre outras). Em contrapartida, além das más condições materiais de trabalho, a maior dificuldade vivenciada pelos religiosos franceses eram as reações, muitas vezes violentas, dos grupos dirigentes. "Les religieux français au Brésil", 29/6/1978. AMAE, Ambassade de France au Brésil, nota enviada à Direction d'Amérique, 129/AM, Caixa 244.
17. "Imigração de religiosos para o Brasil. Vistos e estatísticas", 9/11/1977. Ofício n. 224. AHMRE, Consulado-Geral do Brasil em Paris, Ofício recebido, Confidencial, DIM/SEB/511(B46)(F37).
18. "Passaporte comum. Concessão com validade restrita pela Dops/SSP/SP", 16/8/1979. Ofício n. 224. AHMRE, Consulado-Geral do Brasil em Paris, Ofício recebido, Confidencial, DIM/SEB/511(B46)(F37).

19. "Rapport de fin de mission (octobre 1977 — avril 1981)", 25/631981. AMAE, Ambassade de France au Brésil, nota enviada à Direction d'Amérique, 611/AM, Caixa 244.

CONSIDERAÇÕES FINAIS

1. BERSTEIN, Serge; MILZA, Pierre. *Histoire de la France au XXe siècle*. 1958 à nos jours. Paris: Perrin, 2009, p. 697. "França. Intromissão em assuntos internos de países estrangeiros", 12/5/1983. Informe n. 49. AN, Ciex, Secreto.

ÍNDICE ONOMÁSTICO

A

Abbé Pierre, 85
Abreu Sodré, 222
Adhemar de Barros, 53-55, 125-127, 134, 403
Adolpho Corrêa de Sá e Benevides, 99
Adriano Hipólito, 379
Agnelo Rossi, 223, 228-231, 310
Aída Furtado, 190
Alain Poher, 247
Alain Rouquier, 313
Albertino Bittencourt Pereira, 246
Albuquerque Lima, 209, 270
Alfred Kastler, 132, 353, 374
Alfred Sauvy, 153
Alfredo Buzaid, 306, 312, 341
Almino Afonso, 79
Aloísio Lorscheider, 230, 308
Álvaro da Costa Franco, 309
Amarantho Jorge Rodrigues Moreira, 143
Amaury Kruel, 90
Amerino Raposo, 198
André Gérard, 233
André Giraud, 344
André Grabois, 191
André Lucien Lepoutre, 233
André Luiz de Souza Faria, 311
André Villepreux, 43, 58
Angelo Pezzuti, 332
Annina de Carvalho, 313
Antoine Argoud, 51
Antoine Guérin, 232
Antoine Pinay, 40
Antônio Cândido de Melo e Souza, 182
António de Oliveira Salazar, 51
Antônio Delfim Netto, 30, 96, 199, 222, 262, 292, 355, 356, 358, 364, 368, 387, 388, 404
Antônio Erasmo Dias, 345
Antônio Fragoso, 112
Antônio Henrique Pereira Neto, 231, 347
Antônio Mendes Viana, 36, 137, 141
Apolônio de Carvalho, 278, 321, 329, 330-333, 351, 397, 403
Armando Falcão, 349
Arthur da Costa e Silva, 29, 110, 172, 173, 179, 195, 197-201, 203-205, 209, 227, 229, 232, 237, 238, 252, 254-257, 261, 264, 287, 290, 321, 355, 368
Assis Brasil, 107

Aurélio de Lyra Tavares, 198, 204, 206, 267, 274, 279, 281, 287, 288, 295, 310, 311, 313-316, 319, 327, 359, 373
Auro de Moura Andrade, 71
Avelar Brandão, 223
Azeredo da Silveira, 343, 347, 356, 361, 367, 384

B

Barbosa Lima Sobrinho, 342
Beata Vettori, 216
Beatriz Bandeira Ryff, 73, 143, 325
Bento Prado, 325
Bernard Blin, 309
Bernard Everwyn, 233
Bernardo Leighton, 228
Bernardus Johannes Alfrink, 109
Bertrand Russell, 85, 351, 352
Bocaiúva Cunha, 108
Bruno Bibollet, 232

C

Cândido Padim, 112
Carlos Alves de Souza, 43, 45, 46, 131
Carlos Calero Rodrigues, 144, 157, 169, 174, 175, 191
Carlos Fico, 13, 23, 311
Carlos Lacerda, 28, 55, 90, 108, 119-123, 126, 132, 134, 145, 211, 215, 224
Carlos Lamarca, 277
Carlos Marighella, 216, 219-221, 326
Carlos Scliar, 396
Carlos Tasso de Saxe-coburgo e Bragança, 161
Carvalho Pinto, 355
Castelo Branco, 18, 19, 28, 62, 65, 68, 71, 87, 89, 90, 103, 107, 108-111, 113, 115, 117, 119, 122, 126, 132, 134, 137, 138, 139, 145, 146, 147, 150, 153, 156, 157, 162, 165, 166, 168, 169, 171-175, 179, 180, 191, 192, 197, 204, 207, 215, 236, 252, 257, 261, 264, 290, 342, 343, 355, 402
Celso Furtado, 72, 112, 189, 190, 192, 325
Charles Bosson, 304
Charles Brabant, 151
Charles Burke Elbrick, 76, 255, 277, 313
Charles Chandler, 327
Charles de Chambrun, 57, 58, 108, 121, 125, 152, 290
Charles de Gaulle, 19, 28, 45-47, 50, 51, 53, 54, 58, 59, 62, 65, 68, 70, 81, 108, 112, 113, 117, 119, 120-123, 127, 132, 138, 145-147, 172, 173, 179, 180, 215, 216, 235, 238, 244-248, 266, 289, 401
Charles Morazé, 153
Charles Vanhecke, 364
Chico Buarque, 206
Christian Rudel, 151
Claude Julien, 87, 108
Cláudio Jorge Câmara, 327
Clóvis Ferro Costa, 191
Colette Dubail, 308
Costa-Gavras, 314, 316

D

Dan Mitrione, 315
Daniel Benoîst, 369
Daniel Garric, 67
Danton Jobim, 87

Darcy Ribeiro, 107, 141, 142, 256
David Rockefeller, 112
Dean Rusk, 72
Dejean Magno Pellegrin, 216, 217
Denise Crispim, 353
Denise Rollemberg, 13, 352, 393
Deusdedith Almeida do Carmo, 246
Di Cavalcanti, 108
Doutel de Andrade, 142
Dufresne de la Chauvinière, 55, 59, 112, 146

E
Edgar Faure, 104
Edmundo Moniz de Aragão, 325
Edouard Bailby, 86, 170, 265, 306
Edson Luís, 218
Eduardo Abramovay, 327
Eduardo Lins Clark Ribeiro, 246
Eduardo Quintiliano da Fonseca Sobral, 80
Edward Kennedy, 306
Ehrenfried Von Holleben, 278
Elisa Frota Pessoa, 257
Emílio Garrastazu Médici, 29, 97, 101, 102, 110, 259, 261-266, 268, 272, 278, 283, 294, 306, 308, 322, 333-336, 341, 355
Enrique Bernstein Carabantes, 138, 228
Ernesto Geisel, 23, 29, 30, 96, 101, 102, 126, 339, 341-344, 346-348, 350, 355, 358, 360, 361, 367-372, 377, 379-383, 385-389, 391-399, 404
Étienne Burin de Roziers, 173
Ettore Biocca, 353

F
Félix Gouin, 50
Fernando Collor de Melo, 102
Fernando Costa Andrade, 132
Fernando Fontoura, 346
Fernando Gabeira, 353
Fidelis Cabral, 132
Flávio Suplicy de Lacerda, 131
Florentino Maboni, 379
Francisco Heron de Alencar, 80, 325
Francisco Julião, 134, 144, 170
Francisco Pinto, 348
François Jentel, 335
François Lefebvre de Laboulaye, 207, 208, 211, 251-255, 261-267, 278-280, 285, 303, 307, 308, 318, 322, 323, 330-332
François Lhermitte, 254
François Marty, 318
François Mauriac, 153, 256
François Mitterrand, 31, 171, 172, 180, 314, 344, 400
François Pelou, 29, 208, 280, 283-285
François Perroux, 83
François Rigaux, 353
François Seydoux, 72
François-Xavier Berthou, 229
Fred Martinache, 186
Frédéric Mauro, 359
Frédéric Ptecher, 151

G
Gabriel García Márquez, 353
Gabriel Rosaz, 310
Geoffroy de La Tour du Pin, 62, 228, 229
George Suffert, 152

Georges Albertini, 15, 28, 50, 102-113, 142, 172, 173
Georges Andersen, 150, 151
Georges Balandier, 83
Georges Bidault, 47, 49, 50-56, 133
Georges Casalis, 302, 351, 353
Georges Hourdin, 153
Georges Pessis, 311
Georges Pinet, 313
Georges Pompidou, 66, 104, 246, 247, 266, 287, 293, 294, 344
Georges Rougeron, 271
Georges Sauge, 70
Georges Séguy, 323
Georges Siguier, 293
Georges Vedel, 214
Georges Watin (Chacal), 52
Geraldo Vandré, 304
Gérard Huygue, 256
Germaine Sénéchal, 90
Getúlio Vargas, 39, 86, 117, 131, 168
Gilbert Blardonne, 153
Gilberto Maurício Pradez de Faria, 249
Gilles Baudoin, 382
Giocondo Grotti, 231
Giovanni Enrico Bucher, 280
Giulio Girardi, 353
Giulio Vicini, 310
Giuseppe Fontanella, 379
Gladstone Teixeira, 225
Golbery do Couto e Silva, 96, 103, 107, 109, 110 , 126, 142, 383
Gonçalves de Oliveira, 40
Guilherme Figueiredo, 149, 168
Gustavo Borges, 89
Guy Aurenche, 368
Guy Mendes Pinheiro de Vasconcellos, 96
Guy Michel Thibault, 225, 226, 229, 330
Guy Mollet, 104
Guy Valette, 374
Guy-Marie-Joseph Riobé, 293

H

Hélder Câmara, 109, 112, 154, 185-187, 199, 223, 227, 228, 231, 232, 293, 307, 310, 317-320, 346, 347, 379
Hélio Beltrão, 198, 199
Hélio Scarabotolo, 230, 232, 232
Henri Bartoli, 153
Henri Desroches, 153
Henri Rochereau, 85
Henrique Teixeira Lott, 126, 169
Hermano de Deus Nobre Alves, 325
Hervé Alphand, 278, 281
Hervé Croguennec, 229, 230
Hubert Beuve-Méry, 66, 120, 130, 157, 189, 190, 210
Hubert de Germiny, 313
Hugo Gouthier de Oliveira Gondim, 325

I

Irineu Guimarães, 67, 120, 134, 167, 171, 210, 257
Israel Pinheiro, 169

J

J. M. G. Le Clézio, 272
Jacob Gorender, 329
Jacques Baeyens, 43, 45, 46, 59, 60
Jacques Beaumont, 153

Jacques Chaban-Delmas, 104
Jacques Chirac, 104
Jacques de Grignon Dumoulin, 218, 256
Jacques Debu-Bridel, 331
Jacques Soustelle, 51
Jacques Vimont, 317
Jacques-Bernard Dupont, 151
Jader de Figueiredo Correia, 270
Jaime Barros Câmara, 309
Jan Honoré Talpe, 302
Jânio Quadros, 86, 89, 126
Jayme Tiomno, 257
Jean André Binoche, 167, 174, 197, 198, 200, 201, 205, 207, 224-227, 237, 247
Jean Béliard, 385, 386, 389, 392, 397, 398
Jean Desbois, 293
Jean Jurgensen, 132, 306, 307, 331
Jean Laffargue, 293
Jean Manzon, 122, 301
Jean Marc von der Weid, 327, 403
Jean Maurice Verdier, 313
Jean Moulin, 49
Jean Picart le Doux, 374
Jean Sauvagnargues, 361
Jean Schapira, 374
Jean-Denis Perrin, 233
Jean-Jacques de Felice, 221, 302
Jean-Luc Godard, 168
Jean-Marc Kalflèche, 165
Jean-Marie Desmeurmaux, 233
Jean-Marie Domenach, 153, 199
Jean-Marie Muller, 293
Jean-Paul Anglès, 46, 52, 60, 61, 66, 70-72, 290

Jean-Paul Sartre, 18, 23, 302, 352
Jean-Pierre Gosse, 272
Jean-Pierre Renard, 148
Jimmy Carter, 31, 380, 381
João Bosco Penido Burnier, 379
João Cruz Costa, 168
João Dória, 54
João Figueiredo, 29, 102, 149, 385-393, 397
João Goulart, 19, 43, 45, 47, 54, 57-63, 65, 66, 69-73, 79, 83, 84, 86, 88, 89, 107-110, 117, 118, 120, 130, 132, 133, 142, 150, 167-170, 191, 215, 236, 289, 401, 402
João Paulo dos Reis Veloso, 262, 367
João Quartim de Moraes, 327, 403
João Roberto Martins Filho, 13, 37
Joaquim Manuel de Macedo, 287
Joel Rufino dos Santos, 80
John Thuthill, 237
Jorge de Sá Almeida, 291
José Alberto Castro Pinto, 226
José Bonifácio, 40
José Costa Cavalcanti, 199, 271, 272, 312
José Leite Lopes, 257, 325
José Lima de Azevedo, 132
José Maria Alkimin, 117
José Monteiro Barbosa, 322, 323
José Serra, 163
José Vieira da Silva Júnior (André Grabois), 191
Joseph Cardijn, 153
Joseph Folliet, 153
Joseph Goupy, 293
Joseph Poli, 152

Joseph Rovan, 153
Josué de Castro, 82-86, 88, 185, 192, 325, 403
Juan Bosch, 353
Juan Peron, 168
Jules Vitte, 231
Juliette Boisriveaud, 152
Júlio Cortázar, 353
Juracy Magalhães, 239
Juscelino Kubitschek (JK), 40, 88, 108, 131, 134, 141, 142, 161-163, 168, 169, 197, 198, 215, 236

L
Ladislau Dowbor, 332
Lamartine Távora, 79
Lars Persson, 271
Laurent Schwartz, 132, 374
Laymert Garcia dos Santos, 373
Le Corbusier, 131
Leandro Konder, 191
Lelio Basso, 351-353
Leonel Brizola, 55, 132, 133, 224, 392
Léopold Senghor, 83
Louis Bonte, 292
Louis de Condé, 53
Louis Gabriel Robinet, 174
Louis Joinet, 382
Louis Joxe, 46, 68, 69
Louis Peffau, 235, 236
Louis Pettiti, 313
Louis Sapin, 149
Lucien Bodard, 272
Lucien Neuwirth, 58
Lucien Renault, 309
Lúcio Costa, 80, 131
Luís Carlos Prestes, 163, 220, 392
Luís Edgar de Andrade, 45
Luís Lisanti Filho, 131
Luís Vinhas Neves, 270
Luiz Bocayuva Cunha, 87
Luiz Itunaldes, 327
Luiz Vianna, 121
Lyra Tavares, *ver* Aurélio de Lyra Tavares
Lysanêas Maciel, 369

M
Magalhães Pinto, 111, 199, 222, 232
Maillard, 90
Manoel Pio Corrêa, 96
Manuel Conceição Santos, 370
Manuel Pinho, 200
Mao Tsé-Tung, 88
Marcel Déat, 50, 103
Marcel Niedergang, 157, 198, 199, 227
Marcel Piot, 302
Marcello A. R. da Roza, 97
Marcelo Gato, 364
Marcelo Ridenti, 244
Márcio de Sousa Melo, 287, 292, 294
Márcio Moreira Alves, 199, 200, 220, 324, 374, 396
Marco Antônio Tavares Coelho, 349
Marcos Limas, 219
Marcos Lins Correia, 219, 220
Maria Yedda Leite Linhares, 83, 325
Mário Alves, 329
Mário Schenberg, 133, 257
Mario Stasi, 382
Martha Albina Rosa, 396
Martin Niemöller, 351

Maurice Couve de Murville, 50, 67, 68, 158, 180, 239, 246
Maurice Duverger, 69
Maurice Papon, 131, 132
Maurice Roy, 303
Maurice Schumann, 121, 266, 280, 304, 305, 308, 315, 316, 329
Mauro Borges, 144, 220
Max da Costa Santos, 325
Max Olivier-Lacamp, 67
Michel d'Ornano, 361
Michel de Certeau, 302
Michel Koch, 62
Michel Le Ven, 229
Michel Legendre, 357, 358, 360, 361, 364, 377-385
Michel Rocard, 333
Michel Schooyans, 313
Michel Wagner, 217
Miguel Arraes de Alencar, 61, 130, 153-159, 168, 192, 199, 214, 218-220, 224, 279, 303, 353, 392, 397, 403
Moacir Ribeiro Coelho, 270
Moacyr Vasconcellos, 325
Mozart Gurgel Valente, 84

N
Nádia Moreno, 246
Negrão de Lima, 169
Nelson Fabiano Sobrinho, 364
Nelson Freire Lavanère-Wanderley, 290
Nelson Lima Piauhy Dourado, 191
Niomar Muniz Sodré Bittencourt, 211, 325
Nobuo Okuchi, 277

Norbert Ségard, 361
Norman Statham, 382

O
Olavo Bilac Pinto, 87, 88, 101, 127, 179, 180, 189, 190, 199, 209-211, 213-215, 217, 221, 222, 227, 231, 232, 243, 246, 248-250, 255, 272, 273, 291, 292, 301, 302, 305
Oscar Bandeira de Mello, 274, 275
Oscar Niemeyer, 199, 213
Osnelli Martinelli, 167
Otávio de Medeiros, 110

P
Paul Bourgogne, 322
Paul Chauchard, 256, 302
Paul Fouchet, 281, 312, 334-336, 342, 345-350, 357
Paul Fraisse, 153
Paul Lambert, 269
Paul Ricoeur, 153
Paulo Alberto Monteiro de Barros, 80, 163
Paulo Alcoforado, 249
Paulo Autran, 205
Paulo Evaristo Arns, 310, 345, 346
Paulo Freire, 151, 154
Paulo Freire (capitão de mar e guerra), 101
Paulo Henrique Paranaguá, 111, 159, 245, 273, 278, 304, 306, 307, 309, 319, 331
Paulo Maluf, 360, 387
Paulo Planet Buarque, 309
Pedro Aleixo, 199, 255
Pedro Celso Uchoa, 80

Péricles Madureira de Pinho, 131
Philippe Halpen, 152
Philippe Noury, 165-167, 171, 211
Pierre Brisson, 130
Pierre Charpy, 148
Pierre de Montesquiou, 58
Pierre Dessaux, 329
Pierre Emannuel, 153
Pierre Gervaiseau, 154, 158
Pierre Goutet, 153
Pierre Haubtmann, 256
Pierre Jalee, 302
Pierre Juvigny, 375, 376
Pierre Lallart, 289
Pierre Lantenac, 272
Pierre Laurent, 298
Pierre Messmer, 172
Pierre Monbeig, 153, 168, 256
Pierre Sébilleau, 58, 59, 137, 139, 146, 156, 166, 167, 170
Pierre Sergent, 51
Pierre Wauthier, 228, 229
Pierre-Henri Simon, 256
Pinochet, 348, 370
Pio Penna, 99
Plínio Sussekind, 257
Possidônio Cavalcanti Bastos, 273
Pu Ping Shu, 216

R
Raimundo Saraiva Martins, 388
Ramón de Alderete Granados, 305, 306
Ramon Sugranyes de Franch, 153
Ranieri Mazzilli, 18, 58, 68
Raul (filho de Apolônio de Carvalho e Renée Laugier), 329-331

Raul de Vincenzi, 46, 59, 66-69, 89, 90, 121, 122, 125, 129, 130-134
Raul Francisco Ryff, 73, 79, 107, 143, 325
Raymond Barre, 361
Raymond Marcellin, 332, 333
Raymond Poussard, 273
René Chambé, 228
René Coty, 50, 120
René Dumont, 153, 256
René Gros, 375
Renée Laugier, 329, 331
René-Louis (filho de Apolônio de Carvalho e Renée Laugier), 329-331
Ricardo Zarattini, 367
Robert Aubreton, 256
Robert Bengel, 256
Robert Buron, 83, 256
Robert-André Vivien, 58
Roberto Campos, 113, 150, 169, 170, 198, 222
Roberto Décio de las Casas, 325
Roberto Lascases, 313
Roberto Marinho, 370
Roberto Pacífico Barbosa, 101
Rodolfo Lubenkeim, 379
Rodrigo Nabuco de Araújo, 37, 395
Roger Bastide, 151, 153
Roger Massip, 175
Rogério Monteiro de Souza, 80
Ronaldo Dutra Machado, 367
Ruy Mesquita, 341
Ruy Rodrigues da Silva, 144, 217, 325

S
Salvador Allende, 226
Samuel Wainer, 86-88, 108, 185, 192

Sandra Cavalcanti, 122
Sebastiano Baggio, 230
Sebastião Paes de Almeida, 161
Sérgio Correa da Costa, 237
Sérgio Paranhos Fleury, 353
Sérgio Vieira de Mello, 249
Severo Gomes, 367
Shigeaki Ueki, 367
Silvio Frota, 385, 386
Sizeno Sarmento, 209
Sobral Pinto, 90
Sonia de Wilde, 152
Souza Dantas, 46

T
Taurino de Resende, 162
Tayeb Boulahrouf, 279, 280
Theobaldo de Nigris, 111
Thomas Mann, 69

U
Ulysses Guimarães, 342

V
V. Berger-Vachon, 149
Valério de Oliveira Mazzuoli, 76
Valério Regis Konder, 191

Valéry Giscard d'Estaing, 23, 267, 292, 344, 358, 361, 364, 365, 367, 370, 372, 388
Vasco Leitão da Cunha, 46, 47, 55, 57, 67, 68, 84, 97, 121, 133, 142
Vasco Mariz, 298
Vernon Walters, 19, 291, 292
Vicente Campinas, 392
Vicente Scherer, 224
Vincent Auriol, 50, 104
Violeta Arraes, 153, 154, 157, 192, 218
Vladimir Herzog, 363

W
Waldir Calheiros, 225, 226
Waldir Pires, 143
Wellington Diniz, 353
William Studer, 309
Wilson Campos, 363

Y
Yara Spadini, 310
Yves Montand, 315
Yvonne Teixeira de Almeida, 246

Z
Zdenek Kvita, 134

Este livro foi composto na tipografia Minion Pro, em corpo 11,5/15, e impresso em papel off-white no Sistema Cameron da Divisão Gráfica da Distribuidora Record.